DER GROSSE PLOETZ IM BILD

DER GROSSE PLOETZ IM BILD

Ein Bildatlas zur Weltgeschichte

Herausgegeben vom Verlag Ploetz

VERLAG PLOETZ FREIBURG · WÜRZBURG

Schlußredaktion: Werner Wahls, Freiburg i. Br.

Erfassung und EDV-Verarbeitung des Registers:
Kühn & Weyh Software GmbH, Freiburg
Gesamtherstellung: Freiburger Graphische Betriebe 1987
ISBN 3-87640-189-5

INHALT

Einführung 15

ERDGESCHICHTE 17

Das Sonnensystem 18/19
Erde und Weltraum 20
Menschen und Menschenaffen 21
Fossile Pflanzen und Tiere I 22
Fossile Pflanzen und Tiere II 23

VORGESCHICHTE 24

Zeitmaße und Gliederung der Urgeschichte 26
Archäologisches Grabungswesen 27
Früheste Steinwerkzeuge 28
Kulturhöhe und technisches Niveau in der Steinzeit 29
Steinzeitkunst 30
Altsteinzeitliche Höhlenmalerei 31
Altsteinzeitliche Ornamentik und Plastik 32
Stilvarianten der Altsteinzeitkunst 33
Vergrößerung der Festlandgebiete 34
Jungsteinzeit: Opfertisch und Grabkammer 35
Depotfunde 36
Kunst der europäischen Bronzezeit 37
Megalithische Kultbauten 38
Kunst der frühen Kelten und Steppennomaden 39
Spätlatènezeit 40
Antike Hochkultur und nördliche Randvölker. 41

ALTERTUM 42

Frühe Siedlungsgebiete und -formen 44
Räume – Vorgeschichte 45
Anpassung und Planung 46
Planung in Hochkulturen 47
Technik des Altertums 48

Die Hochkulturen Ägyptens, des Vorderen Orients und Italiens 49
Ägyptische Kunst 50
Ägypten I 51
Ägypten II 52
Ägypten III 53
Isis und Osiris 54
Entwicklung der Schrift 55
Schriftträger 56
Vorderer Orient I 57
Vorderer Orient II 58
Vorderer Orient III 59
Vorderer Orient IV 60
Vorderer Orient V 61
Induskultur 62

Großreiche von Sargon bis Nebukadnezar 63
Frühe Hochkulturen 64
Kulturzentren und -verbindungen im Mittelmeerraum 65
Die Etrusker 66
Etruskisches Stadttor, Perugia 67
Unruhezeit um 1200 v. Chr. 68

Griechenland vor dem Hellenismus 69
Apollotempel zu Delphi 70/71
Die Perserkriege 72
Entwicklung der athenischen Verfassung 73
Das Kriegswesen der Griechen 74
Griechenland in klassischer Zeit 75
Akropolis von Athen 76/77
Die griechische Polis I 78
Die griechische Polis II 79
Griechische Kunst I 80
Griechische Kunst II 81
Griechische Kunst III 82
Antike und Moderne 83
Poseidontempel, Kap Sunion 84
Die Entwicklung des griechischen Alphabets 85
Die griechische Historiographie 86

Alexander und der Hellenismus 87
Der hellenistische Herrscher 88
Alexanderreich und Diadochenreiche 89
Kunst im Hellenismus 90

Römische Geschichte 91
Der römische Staat in der Zeit der Republik 92
Rom und Italien 93
Das republikanische Rom 94
Die Provinzen des römischen Weltreiches 95
Forum Romanum 96/97
Römische Kunst I 98
Römische Kunst II 99
Römische Literatur 100
Römische Malerei 101
Die Stadt im römischen Kaiserreich 102
Das römische Heer der Kaiserzeit 103
Römische Kaiser und ihre Münzbilder 104
Aus dem Privatleben des Römers 105
Engelsburg 106
Spätantike 107
Religiöse Strömungen 108
Das Christentum in der Antike 109
Justinian 110

Randstaaten, Einflußbereiche, Regionalgeschichte des Imperium Romanum 111
Germanien zur Römerzeit I 112
Germanien zur Römerzeit II 113
Römisches Importgut 114
Amphitheater von Pula 115

MITTELALTER 116

Die sog. Völkerwanderungszeit und die Kontinuität des Imperiums 118
Die Christianisierung Europas 119
Bischof Severin 120
Bonifatius 121
Book of Kells, Irland 122

Das Frühmittelalter und die Entstehung der mittelalterlichen Staatenwelt 123
Merowingerzeit I 124
Merowingerzeit II 125
Büste Karls des Großen 126
Herrschaftszeichen 127
Karolingische Kunst 128
Karolingische Renaissance 129
Kreuz Lothars II. 130

Das Hochmittelalter 131
Herrscherdarstellungen 132
Mittelalterliche Kaiserurkunde 133
Kaiser Barbarossa vor Papst Alexander III. 134
Mittelalterliches Münzwesen 135
Handel, Handwerk, Landwirtschaft 136
Bäuerliches Arbeiten 137
Alphabet 138
Die Geburt der abendländischen Dichtung 139
Der mittelalterliche Dichter 140
Mittelalterliche Dichtung 141
Das mittelalterliche Welt- und Menschenbild 142
Kreuzzüge und Pilgerreisen 143
Romanische Kunst 144
Byzantiner, Normannen und Araber in Italien 145
Byzantinische Kunst I 146
Byzantinische Kunst II 147
Byzanz und Osteuropa 148

Das Spätmittelalter 149
Mittelalterliche Technik 150
Europa um 1470 151
Gotische Baukunst 152
Gotische Plastik 153
Gotische Malerei I 154
Gotische Malerei II 155
Alexanderschlacht von Altdorfer 156/157
Kaiser und Papst im 14. Jahrh. 158
Deutschland Anfang des 15. Jahrhunderts 159
Das Kaisertum des Spätmittelalters 160
Das Wahlkönigtum 161
Die Hanse 162
Der Nord-Ostsee-Raum 163

EUROPÄISCHE NEUZEIT 164

Frühe Neuzeit (etwa 1500 bis Ende des 18. Jh.s) 166
Allgemeine Entwicklung 167
Geistig-praktische Ereignisse 168
Kunst und Technik der Renaissance 169

Baukunst der Renaissance . . . 170
Malerei der Renaissance . . . 171
Manierismus . . . 172
Renaissance in Deutschland . . . 173
Humanistische Gelehrsamkeit . . . 174
Renaissance – Humanismus . . . 175
Europäische Universitäten und Druckorte . . . 176
Zukunftsweisende Erfindungen . . . 177
Technik des 16./17. Jahrhunderts I . . . 178
Technik des 16./17. Jahrhunderts II . . . 179
Glaube und Religiosität . . . 180
Barock I . . . 181
Barock II . . . 182
Barock III . . . 183
Nachwirkungen des „Don Quijote" . . . 184
Shakespeare . . . 185
Französische Klassik . . . 186
Gesellschaftsvertrag – Klassiker der Neuzeit . . . 187
Die internationalen Ereignisse vom 15. bis 18. Jh. . . . 188
Entdeckungsfahrten . . . 189
Die Ausbreitung Europas – Kulturkontakte und Kulturkonflikte . . . 190
Ausbreitung des Christentums in der Welt . . . 191
Koloniale Bauwerke der frühen Neuzeit . . . 192
Handel und Lebensformen in den Kolonien . . . 193
Europa zur Zeit der Reformation (1547) . . . 194
Europa nach den Glaubenskämpfen (um 1650) . . . 195
Europa im Zeitalter des Absolutismus . . . 196
Die einzelstaatliche Entwicklung von Ständestaaten zur absoluten Fürstenmacht . 197
Martin Luther . . . 198
Reformation in Deutschland . . . 199
Der deutsche Bauernkrieg . . . 200
Politische Ereignisse des 16. und 17. Jahrhunderts . . . 201
Brandenburg-Preußens territoriale Entwicklung . . . 202
Absolutismus in Preußen . . . 203
Heerwesen im absolutistischen Preußen . . . 204
Kriegführung im absolutistischen Preußen . . . 205
Steuerpolitik im Preußen Friedrichs des Großen . . . 206
Gewerbe im absolutistischen Preußen . . . 207
Industrielle Entwicklung im absolutistischen Preußen . . . 208
Österreichs territoriale Entwicklung . . . 209
Italiens territoriale Entwicklung . . . 210
Rußlands Aufstieg zur Großmacht (vor 1800) . . . 211
Rußlands Annäherung an Europa (16.–18. Jahrhundert) . . . 212

VON DER FRANZÖSISCHEN REVOLUTION BIS ZUM ERSTEN WELTKRIEG (1789–1914) . . . 213

Grundzüge und Grundprobleme europäischer Geschichte im 19. Jahrhundert . . . 215
Dampfmaschinen . . . 216
Dampfschiffe und Eisenbahnen . . . 217
Industrialisierung – Technische und soziale Revolution I . . . 218
Industrialisierung – Technische und soziale Revolution II . . . 219
Bevölkerungsdichte Europas und Eisenbahnlinien . . . 220
Neuere zukunftsweisende Erfindungen . . . 221
Romantik I . . . 222
Romantik II . . . 223
Vom Idealismus zum Realismus . . . 224

Historismus . . . 225
Realismus – Naturalismus I . . . 226
Realismus – Naturalismus II . . . 227
Impressionismus . . . 228
Politische Umgestaltung der atlantischen Welt . . . 229
Europa und die Welt Anfang des 19. Jahrhunderts . . . 230
Europa zwischen Restauration und Revolution I . . . 231
Europa zwischen Restauration und Revolution II . . . 232
Europa um die Mitte des 19. Jahrhunderts . . . 233
Zwei neue Großmächte: USA und Japan . . . 234
Das Zeitalter des Imperialismus . . . 235
Orientpolitik . . . 236
Europäische Bündnissysteme 1879–1912 . . . 237
Die Einzelstaaten (1789–1914) . . . 238
Preußische Reformen I . . . 239
Preußische Reformen II . . . 240
Deutsche Romantik . . . 241
Hambacher Fest 1832 . . . 242
Die Einigung Deutschlands . . . 243
Die Reichsgründung . . . 244
Bismarck und das Deutsche Reich . . . 245
Staat und Gesellschaft im Deutschen Kaiserreich I . . . 246
Staat und Gesellschaft im Deutschen Kaiserreich II . . . 247
Das deutsche Reich als Industrienation . . . 248
Sturm auf die Bastille . . . 249
Das Zeitalter der Revolution und Napoleons . . . 250
Balzac und Zola . . . 251
Südosteuropa 1815–1915 . . . 252
Rußland 1812–1917 . . . 253

DAS ZEITALTER DER WELTKRIEGE (1914–1945) . . . 254

Moderne I . . . 256
Moderne II . . . 257
Deutsche literarische Zeitschriften . . . 258
Surrealismus . . . 259
Kunstrichtungen des 20. Jahrhunderts I . . . 260
Kunstrichtungen des 20. Jahrhunderts II . . . 261
Übernationale Entwicklung . . . 262
Europa verliert seine Vormachtstellung in der Welt . . . 263
Die Durchsetzung des Nationalstaatsprinzips in Europa . . . 264
Erster Weltkrieg: Karte . . . 265
Der Stellungskrieg im Ersten Weltkrieg . . . 266
Erster Weltkrieg . . . 267
Kriegserlebnis im Ersten Weltkrieg I . . . 268
Kriegserlebnis im Ersten Weltkrieg II . . . 269
Friedensbemühungen und ihr Scheitern zwischen den Kriegen . . . 270
Schrecken des Krieges . . . 271
Kriegsende 1918 . . . 272
Armillarsphäre vor dem Genfer Völkerbundpalast . . . 273
Pariser Friedenskonferenz und Völkerbund . . . 274/275
Weltwirtschaft zwischen den Weltkriegen . . . 276
Weltwirtschaftskrise und Zweiter Weltkrieg . . . 277
Der Zweite Weltkrieg bis Stalingrad . . . 278
Zweiter Weltkrieg: Karte . . . 279
Der europäische Krieg . . . 280
Kriegserlebnis im Zweiten Weltkrieg . . . 281

Verschlüsselung im Zweiten Weltkrieg 282
Entschlüsselung in der Atlantikschlacht 283
Luftkrieg im Zweiten Weltkrieg 284
Kriegführung im Zweiten Weltkrieg 285
Der weltweite Krieg 286
Der ostasiatisch-pazifische Kriegsschauplatz 287
Die Wende des Krieges 288
Der Zweite Weltkrieg: Wende und Ende 289
Die Einzelstaaten 290
Deutschland: Von der Demokratie zur Diktatur 291
Die NSDAP auf dem Weg zur Macht 292
Deutsche Plakate 293
Hitlers Machtübernahme 294
NS-„Machtergreifung“ 295
Kirchen im Dritten Reich 296
Unterdrückung und Widerstand im Dritten Reich 297
Macht und Terror im Dritten Reich I 298
Macht und Terror im Dritten Reich II 299
Juden im Dritten Reich I 300
Juden im Dritten Reich II 301
Mahnmal Dachau 302/303
Großbritannien 304
Frankreich 305
Russische Revolution 306
Sowjetunion 307
Der italienische Faschismus 308
Südosteuropa 1918–1948 309
Schweiz 310

DIE AUSSEREUROPÄISCHE WELT VON IHREN ANFÄNGEN BIS ZUM ENDE DES ZWEITEN WELTKRIEGES 311

Asien 312
Die Schang-Zeit 313
Chinesische Kunst I 314
Bronzekunst 315
Chinesische Kunst II 316
Chinesische Kunst III 317
Chinesische Schrift 318
Erfindung von Papier und Blockdruck in China 319
Die Wirtschaft im alten China 320
Chinesische Grenzbefestigungen 321
Chinesische Geschichte im Überblick 322
Das Chinabild der Europäer 323
Krisen im China des 19. Jahrhunderts 324
Erwachen des chinesischen Nationalismus 325
Fremde Mächte in China I 326
Fremde Mächte in China II 327
China und Japan 328
Japanische Kunst I 329
Japanische Kunst II 330
Japanische Kunst III 331
Buddhismus 332
Hinduismus 333
Indische Schrift 334
Indien im Überblick 335

Islamisch-arabische Welt 336
Ausbreitung des Islams 337
Die arabische Welt von der Hedschra bis zum 20. Jh. 338/339
Die arabische Welt von der Hedschra bis zum Zweiten Weltkrieg 340/341
Islamische Kunst I 342
Islamische Kunst II 343
Mohammeds Lehre: Grundpflichten der Muslime 344
Islam und orientalisches Christentum 345
Das osmanische Reich 346
Europa und der Orient 347

Afrika südlich der Sahara 348
Afrika: Sprachen 349
Naturvölker Afrikas 350

Amerika 351
Leben und Kultur der Indianer 352/353
Kunst der Indianer Nordamerikas 354
Altamerika I 355
Altamerika II 356
Altamerika III 357
Altamerikanische Kunst I 358
Altamerikanische Kunst II 359
Altamerikanische Kunst III 360
Altamerikanische Kunst IV 361
Alt- und neuweltliche Pflanzenkultivierung 362
Entdeckung und Kolonisierung Nordamerikas 363
Die Verfassung der Vereinigten Staaten 364
Besiedlung der USA 365
Pioniertaten und erster technischer Aufstieg der USA I 366
Pioniertaten und erster technischer Aufstieg der USA II 367
Soziale Frage und Konflikte in den Vereinigten Staaten 368
Alte Welt – Neue Welt 369
Aufstieg der USA zur Großmacht 370
Aufstieg der USA zur Weltmacht 371
Europa und die USA I 372
Europa und die USA II 373
Lateinamerika von der Kolonialherrschaft zur Unabhängigkeit 374
Mexikanische Revolutionen 375

Australien und Ozeanien mit Neuseeland 376
Kunst in Ozeanien I 377
Kunst in Ozeanien II 378

NEUESTE ZEIT 379

Kunst im 20. Jahrhundert I 380
Kunst im 20. Jahrhundert II 381
Kunst im 20. Jahrhundert III 382
Kunst im 20. Jahrhundert IV 383
Weltorganisationen und Weltwirtschaft 384
Religionen der Erde 385
Flaggen der Staaten 386/387
Bevölkerungsentwicklung 388
Bevölkerungsphasen und Bevölkerungsweisen 389
Mehr Menschen auf kleiner Erde 390
Bevölkerungsdichte 391

Verbreitung der wichtigsten Nahrungsmittelpflanzen 392
Verbreitung der wichtigsten Genußmittel- und Industriepflanzen 393
Landbauzonen und Industriegürtel 394/395
Industrialisierung: Produktivität und Beschäftigung 396/397
Industrialisierung in der Welt 398
Entwicklung der Weltwirtschaft bis 1970 399
Schlüsselindustrien – Indikatoren der Wirtschaftsentwicklung 400
Moderne Technologie 401
Wohlstand und Armut 402
Energiekrise der Industriestaaten 403
Wirtschaftsbündnisse im Wandel (1957–1984) 404
Handelssprachen der Erde 405
Kommunikationsarten 406
Luftverkehr 407
Alte und neue Berufe 408/409
Bildungsprobleme 410
Bildungsreformen 411
Macht und Kontrolle der Verwaltung 412
Interessenkonflikte 413
Städtische Ballungszentren: Großstädte und Stadtregionen 414/415
Neue Verkehrssysteme 416/417
Infrastrukturpolitik als Gesellschaftspolitik 418
Soziale Risiken – Soziale Sicherung 419
Die Ost-West-Beziehungen 420
Paktsysteme im Wandel 421
Bewaffnete Konflikte und Rüstungswettlauf bis 1969 422
Die deutsche Frage 423
Neue Formen des Ost-West-Konflikts 424
Friedens- und Konfliktforschung 425
Moderne Waffensysteme 426
Rüstungskontrolle, Politik und Industrie 427
Salt und Waffentechnik 428
Saltgespräche und strategische Offensivwaffen 429

Westliche Welt 430
Internationale Beziehungen innerhalb der westlichen Welt 431
Alte Welt – Neue Welt nach 1945 432
Europa nach dem Zweiten Weltkrieg 433
Europa: Bodennutzung 434
Europa: Bodenschätze und Industriegebiete 435
Europa: Von Hilfe zu Selbsthilfe 436
NATO und EG in der Krise 437
Die einzelnen Staaten westlicher Bündnissysteme 438
Die USA in den fünfziger und sechziger Jahren 439
Streitkräfte und Staat der USA 440
Tradition und Bedeutung der Streitkräfte der USA 441
Amerikanische Außenpolitik von Eisenhower bis Nixon 442/443
Minderheiten und Rassenfrage der Vereinigten Staaten 444
Die USA in den siebziger und achtziger Jahren 445
Deutschland und Österreich nach 1945 446
Die beiden deutschen Staaten 447
Außenpolitik von Adenauer bis Brandt 448
Innenpolitik von Adenauer bis Brandt 449
Wirtschaftlicher Wiederaufbau und internationale Verflechtung der
Bundesrepublik Deutschland 450
Die Bundesrepublik in den siebziger und achtziger Jahren 451
Öffentliche Verwaltung in der Bundesrepublik Deutschland 452
Literarische Kultur in der Bundesrepublik 453

Frankreichs Fünfte Republik I . . . 454
Frankreichs Fünfte Republik II . . . 455
Großbritannien . . . 456
Italien und der Vatikan I . . . 457
Italien und der Vatikan II . . . 458
Portugal . . . 459
Spanien: Von der Diktatur zur Demokratie . . . 460
Spanien, Portugal und der Westen . . . 461
Benelux-Staaten . . . 462
Norwegen, Island . . . 463
Griechenland . . . 464
Balkan . . . 465
Zypern-Konflikt . . . 466
Korea/Südkorea . . . 467
Japan . . . 468
Neutrale Staaten in Europa . . . 469
Österreich I . . . 470
Österreich II . . . 471
Schweiz I . . . 472
Schweiz II . . . 473

Kommunistisch strukturierter Teil der Welt . . . 474
Sowjetische Wirtschaft . . . 475
Sowjetunion: Bodenschätze . . . 476
Sowjetunion: Industrie . . . 477
Opposition in der Sowjetunion . . . 478
DDR I . . . 479
DDR II . . . 480
Polen von Gomulka bis Gierek . . . 481
Polen: Krise und Militärdiktatur . . . 482
China: Der Große Sprung vorwärts . . . 483
Das chinesische Dorf vor der Revolution . . . 484
Das chinesische Dorf nach der Revolution . . . 485
Die Kollektivierung in der chinesischen Landwirtschaft . . . 486
Die Kulturrevolution . . . 487

Nicht durch Blockbündnis geprägter Teil der Welt . . . 488
Die Bewegung der bündnisfreien Staaten . . . 489
Blockfreien-Bewegung . . . 490
Entkolonialisierung und Entwicklungsländer 1945 bis 1965 . . . 491
Entkolonialisierung und politische Systeme bis 1970 . . . 492
Islamisch-arabische Region . . . 493
Arabische Welt im Überblick . . . 494/495
Islamische Politik . . . 496
Islamische Staaten . . . 497
Arabische Liga . . . 498
Die Streitkräfte der arabischen Staaten . . . 499
Arabisches Erdöl I . . . 500
Arabisches Erdöl II . . . 501
Sozialstruktur der arabischen Länder . . . 502
Lebensbedingungen der Araber . . . 503
Ethnische und religiöse Minderheiten in der arabischen Welt . . . 504
Fremde Mächte in der arabischen Welt . . . 505
Konflikte in der arabischen Welt: Israel und der Libanon . . . 506
Israel: Gründung und Einwanderung . . . 507
Palästinenser-Problem . . . 508
Nahost-Konflikt . . . 509
Der Staat Israel im Überblick . . . 510

Syrien, Irak, Jordanien . . . 511
Arabische Halbinsel I . . . 512
Arabische Halbinsel II . . . 513
Nordafrika I . . . 514
Nordafrika II . . . 515
Das Kaiserreich Iran . . . 516
Islamische Republik Iran . . . 517
Afghanistan . . . 518
Afrika südlich der Sahara . . . 519
Stadt und Land in Afrika . . . 520
Das neue Afrika . . . 521
Kongo- und Biafra-Krise . . . 522
Indischer Subkontinent . . . 523
Indien I . . . 524
Indien II . . . 525
Pakistan und sein Konflikt mit Indien . . . 526
Bangla Desh . . . 527
Südostasien . . . 528
Indonesien und Malaysia . . . 529
Philippinen . . . 530
Australien, Neuseeland und Ozeanien . . . 531
Australien, Neuseeland und Ozeanien . . . 532
Lateinamerika . . . 533
Die Staaten Lateinamerikas . . . 534
Ethnische Gruppen Lateinamerikas . . . 535
Kirche und Gesellschaft Lateinamerikas . . . 536
Religionen und Kulte Lateinamerikas . . . 537
Guerilla . . . 538
Staatsstreiche in Lateinamerika . . . 539
Wirtschaftswachstum und Investitionen in Lateinamerika . . . 540
Entwicklungshilfe in Lateinamerika . . . 541
Entwicklungsprobleme Lateinamerikas . . . 542
Lebensstandard in Lateinamerika . . . 543
Lateinamerikanische Landwirtschaft . . . 544
Bodenschätze Lateinamerikas I . . . 545
Bodenschätze Lateinamerikas II . . . 546
Mittelamerika mit Mexiko I . . . 547
Mittelamerika mit Mexiko II . . . 548
Mittelamerika mit Mexiko III . . . 549
Mittelamerika und die Karibik . . . 550
Peru . . . 551
Uruguay und Bolivien . . . 552
Argentinien . . . 553
Brasilien . . . 554
Chile . . . 555
ABC-Staaten in den achtziger Jahren . . . 556

NAMEN- UND SACHREGISTER . . . 557

QUELLENNACHWEISE . . . 572

EINFÜHRUNG

Der neue Ploetz-Band, sozusagen eine „Weltgeschichte im Bild", ist kein Geschichtsbuch im üblichen Sinne. Mit dem zunehmenden Interesse an der Geschichte wuchs in den letzten Jahren auch das Bedürfnis nach lebendiger Anschauung und persönlicher Begegnung mit den Gestalten und Ereignissen der Vergangenheit. Diesem Bedürfnis einer breiten Leserschicht kommt das nun vorgelegte Werk entgegen. Es ist damit sowohl für den historisch vorgebildeten Leser geeignet, dem es Illustration seiner Kenntnisse bietet, wie auch für den Leser, der sich einen ersten Einblick oder einen gut verständlichen Überblick erhofft.

Die Fülle der großenteils farbigen Bilder, Grafiken und Karten machen den Band zu einer sinnvollen Ergänzung des „Großen Ploetz" und der anderen bekannten und beliebten Ploetz-Ausgaben. Zu den in diesen Werken gebotenen sachlichen Informationen aus Politik-, Wirtschafts-, Sozial- und Kulturgeschichte bietet das vorliegende Buch zeitgenössische Abbildungen, Bildnisse geschichtlicher Persönlichkeiten, anschauliche Darstellungen der Lebensverhältnisse und der kulturellen Leistungen einer Epoche sowie geographische Übersichten und zeichnerische Veranschaulichungen von Zusammenhängen. So entsteht ein umfassendes Gesamtbild vergangener Zeiten, fremder Kulturwelten und nicht zuletzt unserer jüngsten Vergangenheit. Ansichten und Darstellungen von Lebensweisen und Kultur der Menschen vergangener Epochen lassen die historische Atmosphäre wiedererstehen. Keine andere menschliche Lebensäußerung erfaßt so sensibel und komplex das Selbstverständnis und den Geist einer Zeit wie die Kunst. Deshalb sind in diesem Band auch die Entwicklungen der bildenden Kunst anschaulich und breit dokumentiert.

Die Anlage der Bildtafeln bietet dem Leser schnelle Orientierung und erleichtert die Benutzung des Bandes. Um trotz der Reichhaltigkeit des Materials eine gewisse Ordnung zu ermöglichen, wurde jeweils eine Einzel- oder Doppelseite unter einem Thema zusammengefaßt, das von der Überschrift am Kopf der Seite benannt wird. Bei der Auswahl der Abbildungen wurde darauf geachtet, jeweils die für eine Epoche bestimmenden Gestalten, wichtige Ereignisse oder charakteristische Lebensbedingungen und Kulturwerke vorzustellen. Die Bildtafeln selbst sind größtenteils mit Erläuterungen versehen, die in gut verständlichen Texten das Dargestellte erklären, in Zusammenhänge einordnen und auf wichtige Entwicklungen verweisen. Tabellen, Schaubilder und Kartentafeln bieten Informationen, die über die Darstellungsmöglichkeiten der Texte und Bilder hinausgehen. Die Tabellen bestehen meist aus chronologischen Übersichten zur Untergliederung längerer Zeiträume oder aus thematischen Übersichten mit konzentrierten, leicht überschaubaren Zusammenstellungen von Daten, die sonst nur verstreut dargeboten werden können. Die Schautafeln stellen Verfassungs- und Wirtschaftsformen, Entwicklungen und soziale Strukturen dar. Sie führen Zusammenhänge vor Augen, deren Erläuterung in einem Text mühselig und unübersichtlich geraten würde. Die Kartentafeln orientieren schließlich über die Schauplätze der Geschichte, über Grenzen und Einflußbereiche, über soziale, wirtschaftliche und politische Verhältnisse und ihre Veränderung in den verschiedenen Ländern. Abbildungen, Schaubilder, Karten und Text bilden so eine Einheit verschiedener Elemente, die sich gegenseitig ergänzen.

Die Gliederung des Bandes wurde der des „Großen Ploetz" angeglichen und lehnt sich damit eng an den historischen Gang der Ereignisse an. Die erdgeschichtlichen Voraussetzungen aller menschlichen Geschichte werden zu Anfang kurz umrissen. Beispiele erster menschlicher Kulturen finden sich in der Vorgeschichte, die über die Steinzeit bis ins erste Jahrtausend vor Christus reicht. Am Anfang des geschichtlichen Abschnitts, den wir „Altertum" nennen, stehen die frühen Hochkulturen Ägyptens, des Vorderen Orients und Italiens. Die griechische Geschichte wird in zwei Kapiteln besonders ausführlich dargestellt, wobei der Kultur der Griechen und ihrem fortbestehenden Weiterwirken in die Gegenwart besondere Aufmerksamkeit geschenkt wird. Weil die Bedeutung des Römischen Reiches sich nicht auf einen eng umgrenzten zeitlichen und geographischen Raum beschränkt, befaßt sich ein separates Kapitel mit den Randstaaten, der Regionalgeschichte des Römischen Reiches und seinem Einfluß im germanischen Raum.

Der Abschnitt „Mittelalter“ ist in vier Kapitel von der Völkerwanderungszeit bis zum Spätmittelalter gegliedert. Der Lebenswelt des mittelalterlichen Menschen, seinem Weltbild, seiner politischen und wirtschaftlichen Ordnung sowie der mittelalterlichen Kunst sind eigene Tafeln gewidmet.
Der Abschnitt „Europäische Neuzeit“ ist in drei chronologische Blöcke aufgeteilt, die alle ähnlich aufgebaut sind: In einem ersten Kapitel werden die technischen Erfindungen sowie die Veränderungen des Menschenbilds, der Wandel der Vorstellungen von Gesellschaft und Staat, aufgezeigt. Auf die Grundzüge der alle europäischen Länder betreffenden Entwicklungen folgen dann jeweils die Bildtafeln zur Geschichte der europäischen Einzelstaaten, wobei auf die deutsche Geschichte besonderes Gewicht gelegt wurde. Der Abschnitt „Europäische Neuzeit“ umfaßt Europa bis zum Ende des Zweiten Weltkrieges.
Die Entwicklung der außereuropäischen Welt von den Anfängen bis zum Ende des Zweiten Weltkriegs ist in einem eigenen Abschnitt zusammengefaßt. Alle vier außereuropäischen Kontinente sind hier vertreten, wobei die Vereinigten Staaten von Amerika wegen ihrer gegenwärtigen Bedeutung entsprechend mehr Berücksichtigung finden als kleinere Territorien.
Der Abschnitt „Neueste Zeit“, der mit der weltpolitischen Zäsur des Jahres 1945 einsetzt, behandelt die Gesamtheit aller Länder und nimmt vom Umfang her fast ein Drittel des Bandes ein. Diese Schwerpunktsetzung kommt dem aktuellen Interesse entgegen. Ein Überblick über die Entwicklung der Kunst im 20. Jahrhundert wurde vorangestellt. Mit Rücksicht auf die politische Entwicklung nach 1945 ist der Abschnitt „Neueste Zeit“ in Kapitel über die westliche Welt, die kommunistische Welt und die blockfreien Staaten gegliedert. In einer breiten Übersicht werden außerdem unter „Weltorganisationen und Weltwirtschaft“ die die Staatsgrenzen und Kontinente übergreifenden weltweiten Entwicklungen deutlich gemacht, die auch heute noch unser Leben bestimmen: Bevölkerungsentwicklung, Ernährungslage, Beziehungen von Industrie- und Entwicklungsstaaten, Veränderungen in Gesellschaft und Technik. Von ähnlich großer Bedeutung sind die Frage der „Ost-West-Beziehungen“ und in diesem Zusammenhang Probleme der Rüstung und Rüstungsbegrenzung, die eigens thematisiert sind. Wirtschaftlich oder politisch bedeutenden Staaten und Gebieten wird in den drei Kapiteln über die Länder der westlichen Welt, der kommunistischen Welt und über die blockfreien Länder mehr Aufmerksamkeit geschenkt als anderen Regionen. Wie im gesamten Abschnitt „Neueste Zeit“ werden auch hier dem Leser durch Informationen und Anschauungsmaterial Orientierungshilfen bei der Beurteilung aktueller Entwicklungen und Konflikte im Weltgeschehen zur Verfügung gestellt.
Ein umfangreiches Namen- und Sachregister ermöglicht das schnelle Auffinden von Personen, Begriffen und Bildern. Die Erarbeitung des vielfältigen Materials und die Umsetzung in anschauliche Darstellungen und Texte erfolgte durch die bewährte Ploetz-Redaktion.

Erdgeschichte

Das Bild gibt eine Übersicht über die neun großen Planeten und unzählig viele kleinere Himmelskörper unseres Sonnensystems. Trotz der gewaltigen Ausmaße nimmt das Sonnensystem nur einen winzigen Raum im unermeßlich weiten Weltall ein.

Größen von Sonne und Planeten im richtigen Maßstab

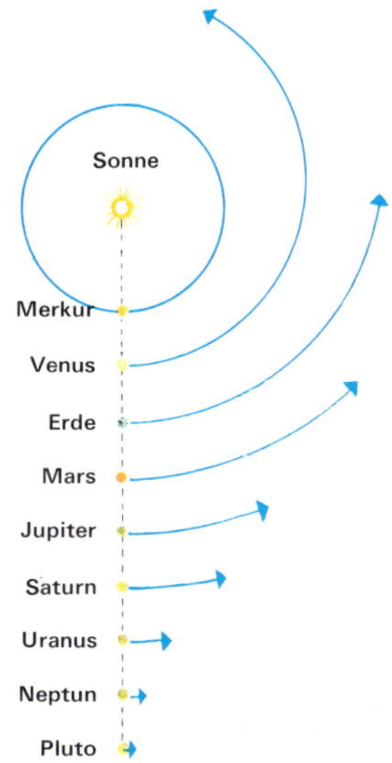

Die Bahngeschwindigkeit eines Planeten ist abhängig von seinem Abstand zur Sonne. Je weiter ein Planet von der Sonne entfernt ist, um so langsamer läuft er auf seiner Bahn. Merkur, der innerste Planet des Sonnensystems, benötigt für einen Umlauf nur 88 Tage; die mittlere Bahngeschwindigkeit beträgt 48 km/sec. Während dieser Zeit haben die anderen Planeten nur Stücke auf ihrer Bahn zurückgelegt, die durch die blauen Pfeile des Schemas wiedergegeben sind. Pluto vollendet einen Umlauf in 248 Jahren, seine mittlere Bahngeschwindigkeit beträgt 4,7 km/sec. Die mittlere Bahngeschwindigkeit der Erde beträgt 30 km/sec bei ihrem Umlauf von 365 Tagen.

Die Bahnen der Planeten unseres Sonnensystems sind fast kreisförmig. Die Abb. unten zeigt die Neigung der Bahnebenen der Planeten. Die Planeten kreisen mit einer Ausnahme alle in etwa der gleichen Ebene. Nur die Bahn von Pluto, die die größte Exzentrizität besitzt, ist auffallend gegen die andern geneigt.

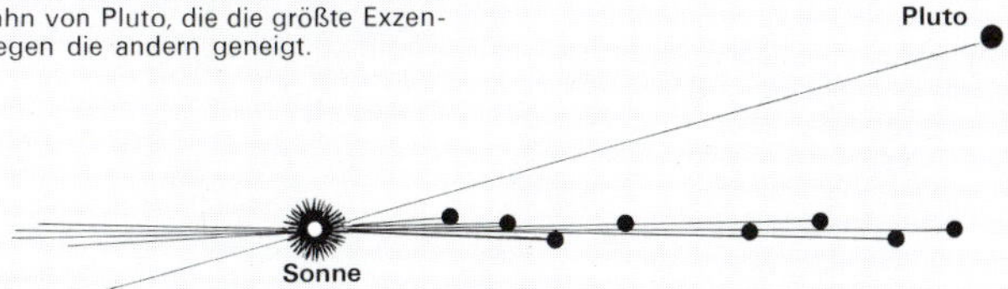

Merkur befindet sich im Mittel 58 Millionen km, Pluto 6 Milliarden km von der Sonne entfernt. Die Abb. rechts gibt die mittleren Sonnenabstände der Planeten maßstabsgetreu wieder.

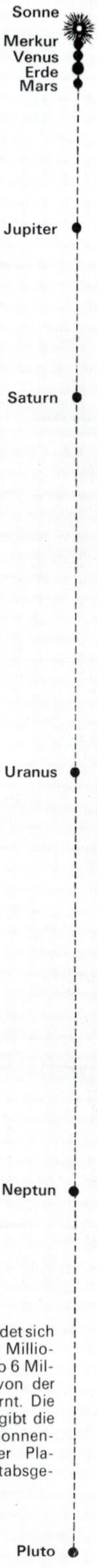

Vom Weltraum aus betrachtet, ist die Erde nur ein kleiner Planet, der mit 8 anderen Planeten um die Sonne kreist. Wenn sich Astronomen auf einem hypothetischen Planeten befänden, der um den uns nächsten Fixstern kreist, so könnten sie die Erde (auch mit den größten Fernrohren) wegen ihres kleinen Durchmessers und ihrer Sonnennähe nicht wahrnehmen.

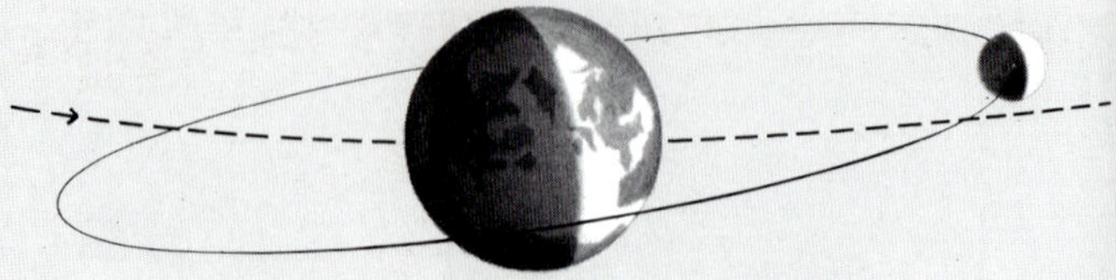

1 Unser Planet

Die Erde gehört zu den kleinsten Planeten unseres Sonnensystems. Von der Sonne aus gesehen, ist sie der dritte Planet und befindet sich etwa 150 Millionen km von ihr entfernt. Sie wird von einem Mond begleitet, dessen mittlere Entfernung von der Erde 380 000 km beträgt.

2 Unser Sonnensystem

Die Erde läuft mit 8 anderen Planeten und deren Monden um die Sonne, ferner eine große Zahl von Planetoiden, Kometen und Meteoriten. Die Sonne bildet den Mittelpunkt unseres Planetensystems. Aufgrund ihrer Strahlungsenergie ist sie der Ursprung für jegliche Art von Leben auf der Erde.

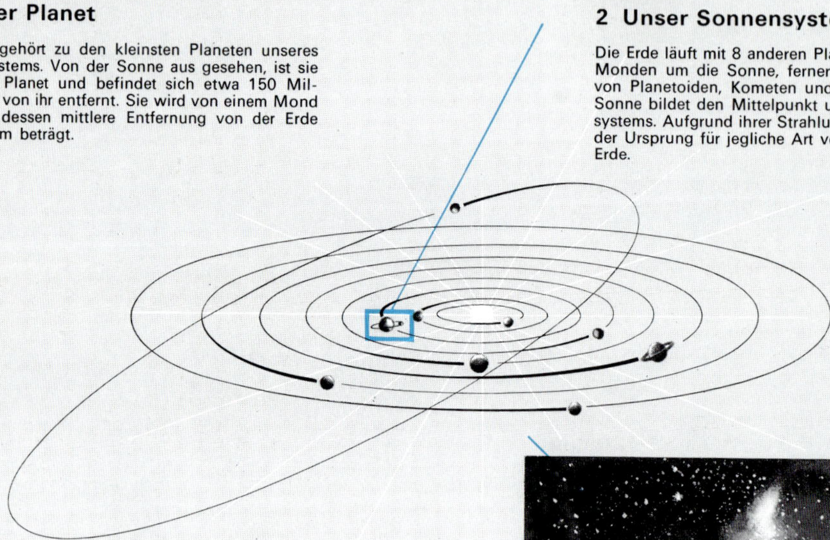

3 Die Sonne ist ein durchschnittlicher Stern und befindet sich in Randnähe des Milchstraßensystems, das etwa 100 Milliarden Sterne enthält. Der Raum zwischen den Sternen ist nicht vollkommen leer. Er enthält Wolken von sehr verdünntem Gas und Staub, die *interstellare Materie*.

4 Unser Milchstraßensystem

Unser Sternsystem ist nur eines unter vielen Milliarden im Kosmos. Es hat die Form eines Diskus mit einem äquatorialen Durchmesser von 100 000 Lichtjahren; der polare Durchmesser („Dicke") beträgt 15 000 Lichtjahre. Alle Sterne des Milchstraßensystems nehmen an einer Rotationsbewegung um den galaktischen Kern teil. Die Sonne und ihr Planetensystem benötigen für einen Umlauf etwa 250 Millionen Jahre.

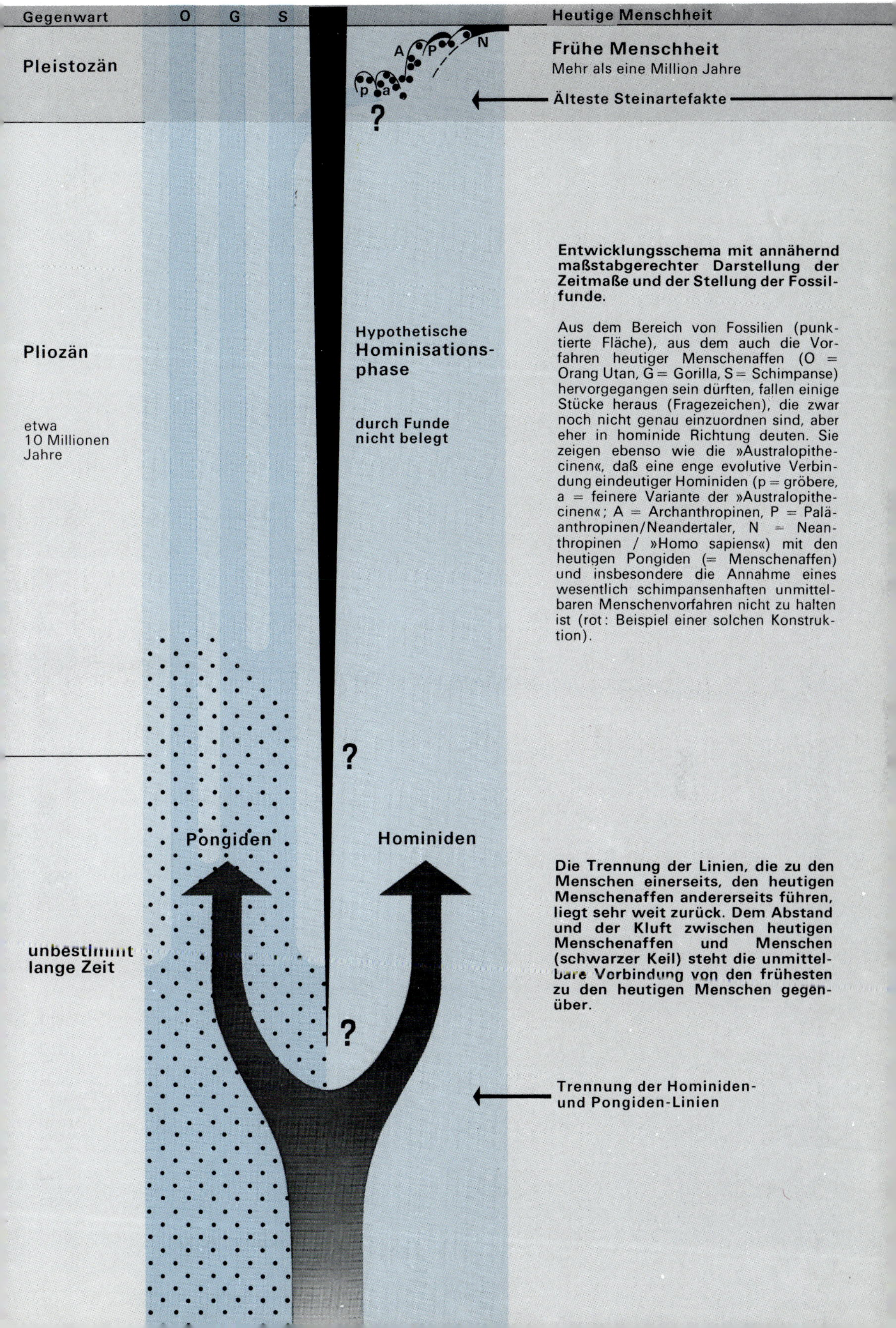

Entwicklungsschema mit annähernd maßstabgerechter Darstellung der Zeitmaße und der Stellung der Fossilfunde.

Aus dem Bereich von Fossilien (punktierte Fläche), aus dem auch die Vorfahren heutiger Menschenaffen (O = Orang Utan, G = Gorilla, S = Schimpanse) hervorgegangen sein dürften, fallen einige Stücke heraus (Fragezeichen), die zwar noch nicht genau einzuordnen sind, aber eher in hominide Richtung deuten. Sie zeigen ebenso wie die »Australopithecinen«, daß eine enge evolutive Verbindung eindeutiger Hominiden (p = gröbere, a = feinere Variante der »Australopithecinen«; A = Archanthropinen, P = Paläanthropinen/Neandertaler, N = Neanthropinen / »Homo sapiens«) mit den heutigen Pongiden (= Menschenaffen) und insbesondere die Annahme eines wesentlich schimpansenhaften unmittelbaren Menschenvorfahren nicht zu halten ist (rot: Beispiel einer solchen Konstruktion).

Die Trennung der Linien, die zu den Menschen einerseits, den heutigen Menschenaffen andererseits führen, liegt sehr weit zurück. Dem Abstand und der Kluft zwischen heutigen Menschenaffen und Menschen (schwarzer Keil) steht die unmittelbare Verbindung von den frühesten zu den heutigen Menschen gegenüber.

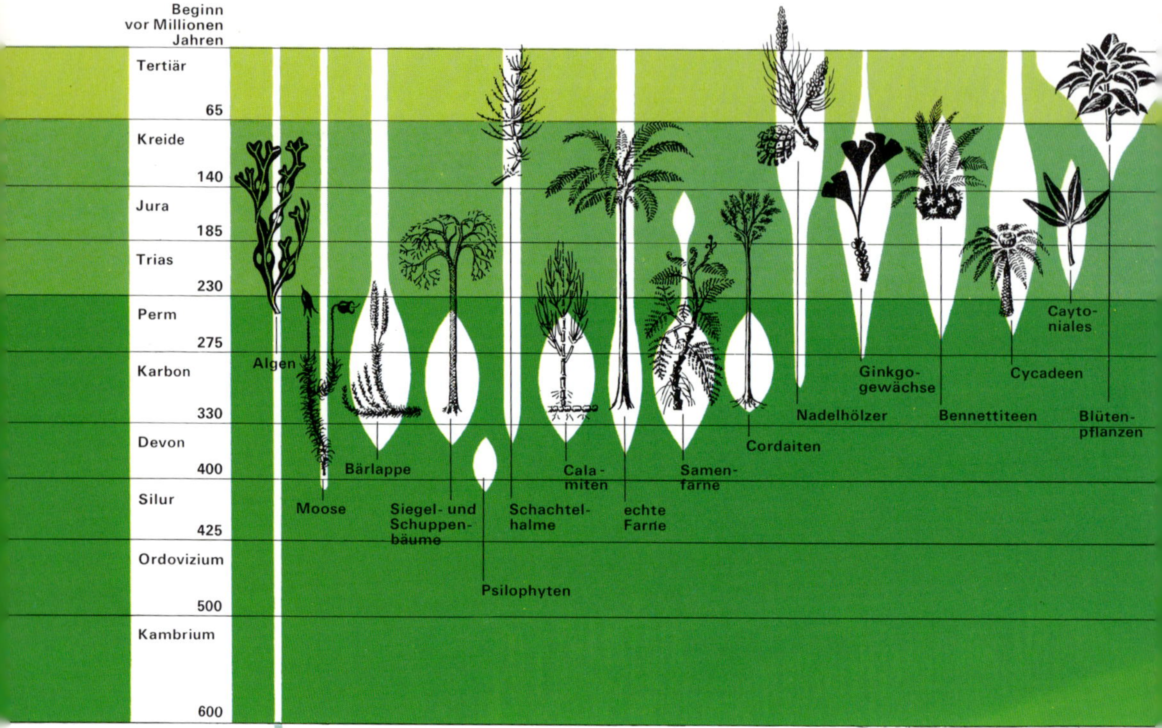

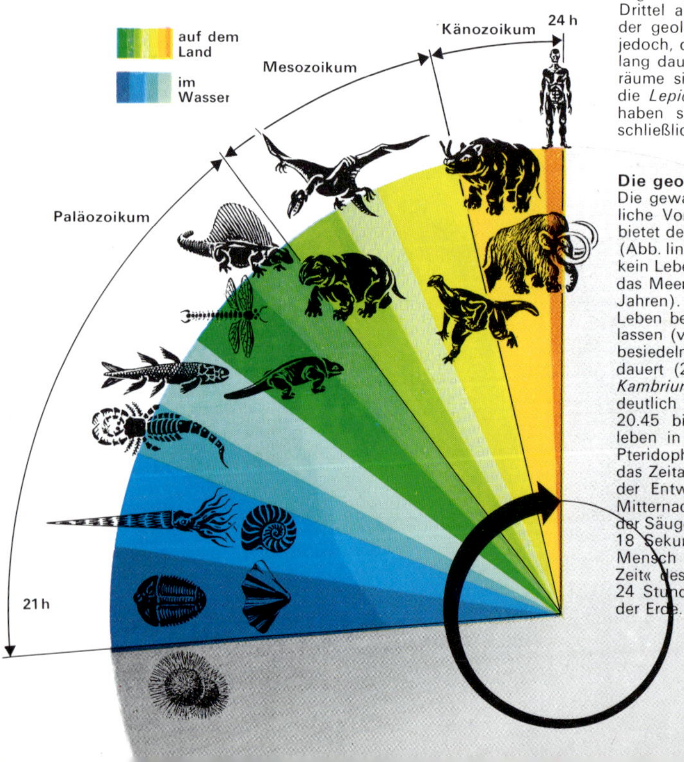

Fossile Pflanzen

Die Oberfläche des festen Landes ist heute durch eine Vielzahl von Vegetationsformationen charakterisiert: Wälder, Savannen, Steppen, Wiesen, Tundren. Zur beherrschenden Flora der »Blumen«, der *Laub-* und *Nadelbäume (Spermatophyten)* treten die *Farne (Pteridophyten)* mit Bärlappen, Schachtelhalmen und echten Farnen, die *Moose (Bryophyten), Pilze (Mycophyten)* und *Algen (Phycophyten)*, die vor allem in den oberen Schichten der Seen und Meere leben. Der Schwerpunkt der heutigen Flora liegt bei den *Blütenpflanzen (Angiospermen)*, zu denen zwei Drittel aller lebenden Pflanzenarten gehören. Die Einbeziehung der geologischen Vorzeit in die Betrachtung (Abb. oben) zeigt jedoch, daß das heutige Bild der Pflanzenwelt das Ergebnis einer lang dauernden Evolution darstellt. Große Gruppen früherer Zeiträume sind heute ausgestorben (z. B. unter den *Pteridophyten* die *Lepidodendren, Calamiten* und *Samenfarne*), neue Gruppen haben sich erst spät entfaltet (z. B. *Angiospermen*), andere schließlich haben lange Zeiträume überdauert (z. B. *Moose*).

Die geologische Uhr

Die gewaltigen geologischen Zeiträume übersteigen die menschliche Vorstellungskraft. Eine Möglichkeit der Veranschaulichung bietet der Vergleich der Erdgeschichte mit einem 24-Stunden-Tag (Abb. links). Von 0 Uhr Mitternacht bis etwa 5.15 Uhr früh ist noch kein Leben auf der Erde, die Erdkruste hat sich gebildet, es entsteht das Meer und das Festland (*Azoikum*, von ca. 4,5–3,5 Milliarden Jahren). Von 5.15 bis 13.15 Uhr dauert das *Kryptozoikum;* das Leben beginnt sich zu entwickeln, hat aber kaum Spuren hinterlassen (von 3,5 bis ca. 2 Milliarden). Einfache Pflanzen und Tiere besiedeln das Wasser im *Proterozoikum*, das bis um 20.45 abends dauert (2 bis 0,6 Milliarden Jahre). Erst dann beginnt mit dem *Kambrium* die Zeit, in der wir die Entfaltung der Tiere und Pflanzen deutlich verfolgen können. Im *Erdaltertum (Paläozoikum)*, von 20.45 bis 22.50 Uhr, herrschen die Wirbellosen; die Fische leben in zahlreichen Formen, auf dem Land entfalten sich die Pteridophyten. Um 22.50 beginnt das *Erdmittelalter (Mesozoikum)*, das Zeitalter der Reptilien, der Entstehung der Vögel und Säuger, der Entwicklung der Gymnospermen. 20 Minuten vor 24 Uhr Mitternacht beginnt die *Erdneuzeit (Känozoikum)*, das Zeitalter der Säugetiere und der Blütenpflanzen (Angiospermen). Und etwa 18 Sekunden vor dem Ende des Tags erscheint der »moderne« Mensch (Homo sapiens). Für die 2000 Jahre der »historischen Zeit« des Menschen bleibt kaum mehr eine halbe Sekunde der 24 Stunden, der mehr als 4500 Millionen Jahre der Geschichte der Erde.

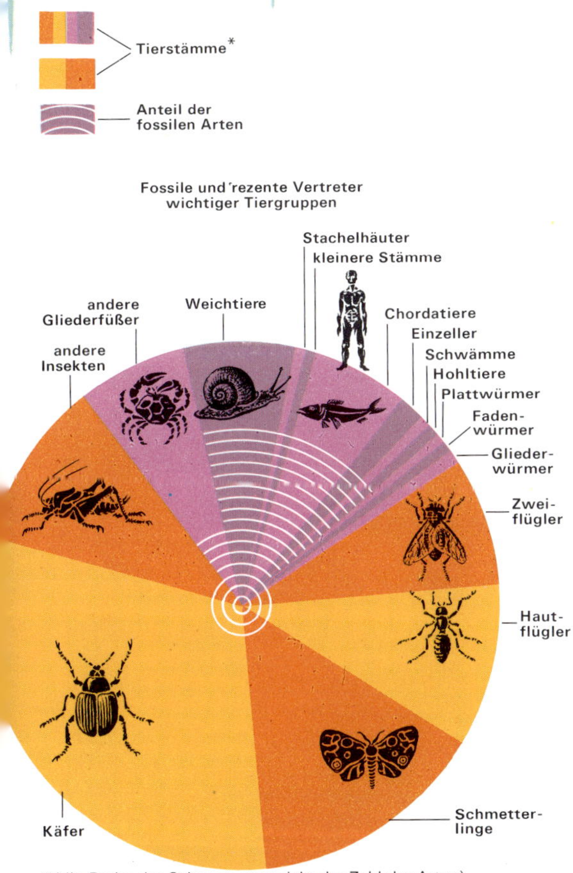

*(die Breite der Sektoren entspricht der Zahl der Arten)

Fossile Tiere

Den etwa 360000 lebenden Pflanzenarten stehen mehr als 1 Million rezenter Tierarten gegenüber. Die zahlreichen Organisationsformen und Baupläne machen es schwierig, diese Mannigfaltigkeit in ihren phylogenetischen Zusammenhängen zu erkennen. Die Kenntnis der fossilen Tierwelt ist daher unerläßlich. Besonders von solchen Tiergruppen, die über erhaltungsfähige Hartteile (Skelette, Schalen) verfügen, hat man zahlreiches fossiles Material gefunden, so daß wichtige Probleme der Umwandlungen und Linien im Verlauf der Erdgeschichte rekonstruiert werden können. Von vielen Tierstämmen (Abb. links) sind allerdings nur wenige fossile Formen bekannt. Man hat geschätzt, daß von allen heutigen Tierstämmen nur etwa ein Fünftel fossil so gut bekannt ist, von Tierklassen etwa die Hälfte, daß ein Bild ihrer Entwicklung entworfen werden kann. Auf Abb. oben ist für einige wichtige Tierstämme (es ist jeweils ein Vertreter gezeichnet) die Verbreitung im Laufe der geologischen Zeiträume aufgezeichnet: Amöben (Stamm *Protozoen, Einzeller*), Korallen *(Coelenteraten, Hohltiere)*, Nautiliden und Ammoniten *(Mollusken, Weichtiere)*, *Armfüßer (Brachiopoden)*, Urskorpione, Trilobiten und Insekten *(Arthropoden, Gliederfüßer)*, Seelilien *(Echinodermen, Stachelhäuter)*, *Wirbeltiere* (Kieferlose, Fische, Amphibien, Reptilien, Vögel, Säugetiere).

Die *Fossilien*, Forschungsobjekte der *Paläontologie* — *Paläobotanik* wie *Paläozoologie* — sind die Überreste von Lebewesen. Die Paläontologie ist daher mit der *Biologie* eng verbunden: an der Lösung der Frage nach der Geschichte des Lebens und der Lebewesen, der *Evolution*, sind Biologie und Paläontologie gleichermaßen beteiligt. Die Paläontologie muß allerdings auf die experimentellen Methoden der Biologie verzichten; sie kann im Grunde auf die Frage »warum« keine Antwort geben.

Entscheidend dagegen sind die Aussagen der Paläontologie über den Ablauf der pflanzlichen und tierischen Entwicklung: ihr steht der gewaltige Zeitraum von mehr als 2 Milliarden Jahren zur Verfügung, in denen sich die Entfaltung der Floren und Faunen auf der Erde vollzog. Enge Verbindungen bestehen damit zur Geologie, welche die Räume der Vorzeit nach Morphologie, Klima und Geographie, also die Umwelt der Lebewesen, zu rekonstruieren versucht.

Flint-Keil und Pfeilspitzen der Steinzeit,
gefunden in Nordschleswig

Vorgeschichte

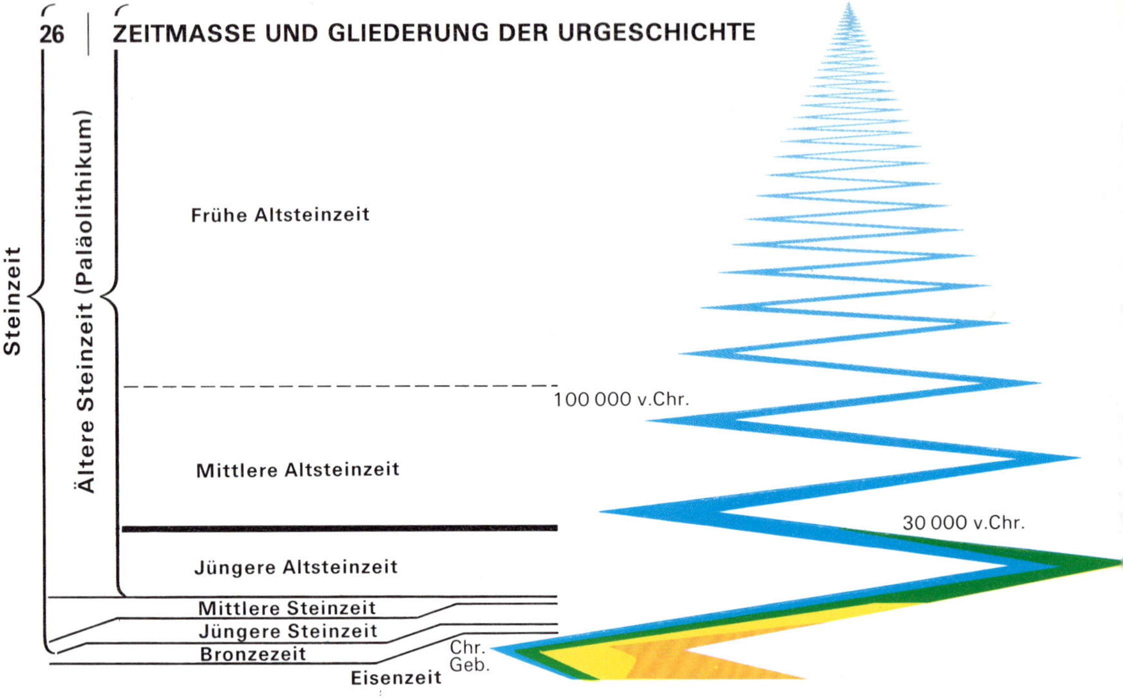

Zeitmaße und Gliederung der Urgeschichte Nur ein Trickbild (oben) kann eine Vorstellung von den Zeitmaßen und der ungleichmäßigen Dauer der urgeschichtlichen Perioden bieten: Wie beim Rückblick auf einen Serpentinenweg, bei dem jeder Zug 20 000 Jahren entspricht, verlieren sich die Anfänge in unbestimmter Ferne. — Die gängige Gliederung der Urgeschichte (links: nur für Europa und einige benachbarte Gebiete gültig) läßt die entscheidendste Epochenmarke (dicke Linie) leicht zurücktreten und täuscht als einfache Tabelle über die wirklichen Zeitmaße.

Nach- und Nebeneinander verschiedener Kulturformen und -elemente am Beispiel einiger Gebiete Europas und des Mittelmeerraumes (unten). Die gängigen Einteilungen folgen zwar in einzelnen Gebieten als »Zeiten« aufeinander, liegen aber auch als »Zonen« nebeneinander.

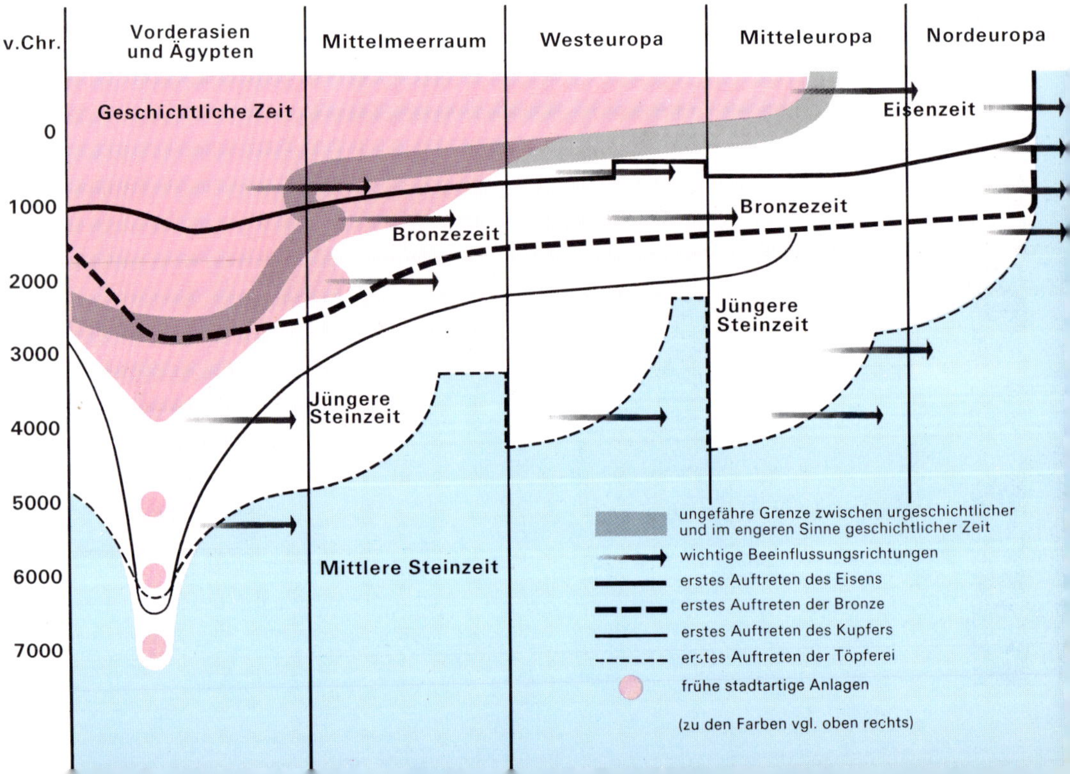

Ermittlung, Freilegung und Bergung von Funden sind die wichtigsten Stationen der archäologischen Ausgrabung. Zuweilen sind entsprechende Objekte an deutlichen Veränderungen der Erdoberfläche erkennbar (links: *Hügel in der Nähe von Uruk,* in denen je eine Totengruft freigelegt wurde).

Andere Objekte müssen erst mit Hilfe verfeinerter Methoden nachgewiesen werden, zu denen u. a. die *Luftbild-Archäologie* gehört. Ehemalige Fundamentgruben bieten noch nach Jahrhunderten andere Wachstumsbedingungen als der gewachsene Mutterboden ringsum (unten: *Bodendenkmal in Müden,* Kr. Cochem; daneben: Schema) und sind daher aus der Luft noch deutlich erkennbar. Hier kann also eine Grabung gezielt angesetzt werden.

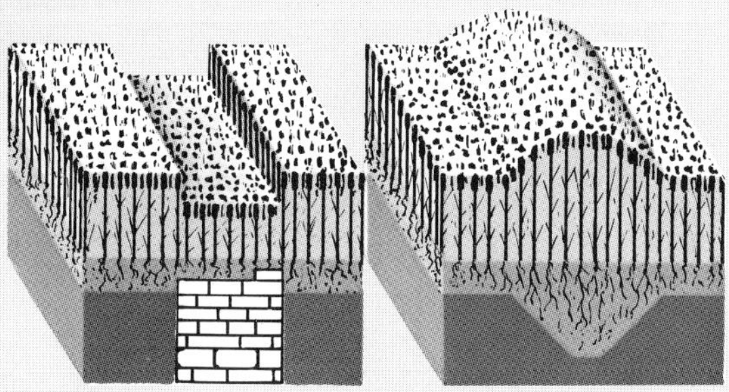

Wachstum über Fundamentresten

Wachstum über einer Grabenausfüllung

Zur Grabung gehört u. a. das *Anlegen schachbrettartiger Suchschnitte,* um die Anlage möglichst wenig zu beschädigen (unten: Ausgrabung eines mittelneolithischen Befestigungssystems bei Langweiler, Kr. Jülich). Da die ursprüngliche Lage einzelner Fundstücke zueinander für Datierung und Rekonstruktion wichtig ist, werden sie mit äußerster Vorsicht gehoben (unten rechts).

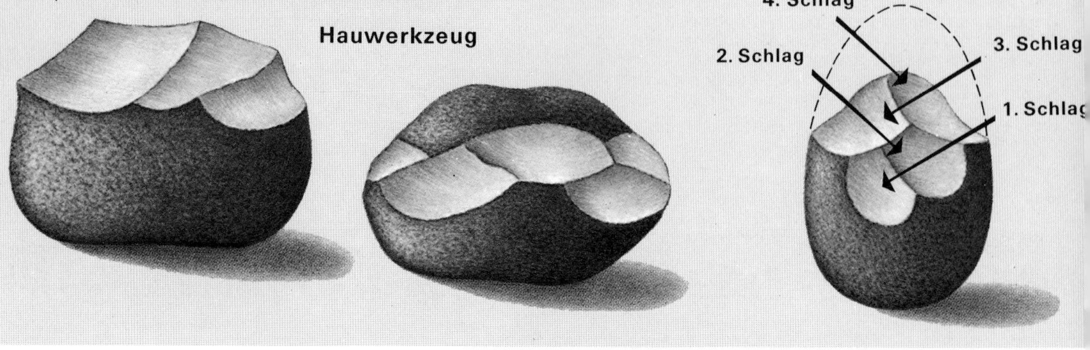

Früheste Steinwerkzeuge und ihre Wertung

Von den ältesten uns bisher bekannten Steinwerkzeugen kommt das »Hauwerkzeug« dadurch zustande, daß aus verschiedener Richtung auf einen Gesteinsknollen geschlagen und so durch Abtrennen kleinerer Gesteinsstücke eine zickzack-förmig verlaufende Kante erzeugt wird (oben: Reihenfolge der Schläge). Schlägt man hingegen an mehreren dicht beieinander gelegenen Punkten in einem bestimmten Winkel auf einen Stein (a) oder auf die Fläche eines so »gekappten« Stückes (b), erhält man scheibenförmige »Abschläge« mit scharfen Kanten (c: drei Abschläge von teilweise noch weiter zugerichteten Kernstücken und mit zusätzlicher Randbearbeitung).

Wie das untenstehende Beziehungsschema verdeutlicht, heben sich beide Arten einfacher Steinwerkzeugherstellung in der Aufeinanderfolge und Zueinanderordnung sowohl der Ausführung (ausgezogene Linien) als auch der vorherigen Konzeption (durchbrochene Linien) klar von den Leistungen heutiger Menschenaffen ab.

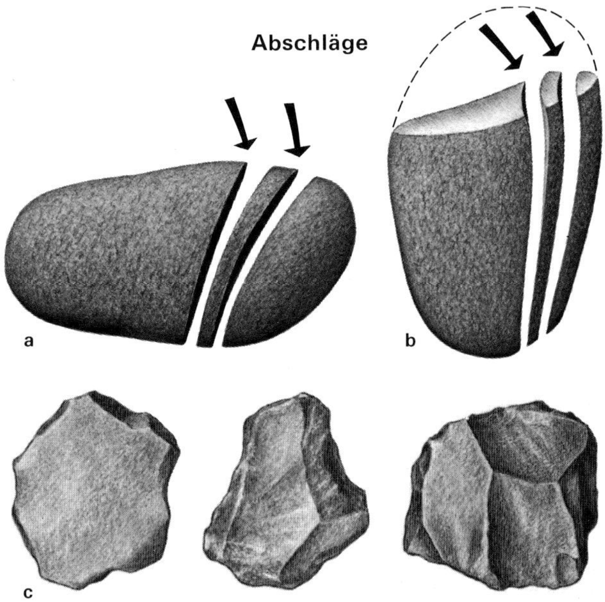

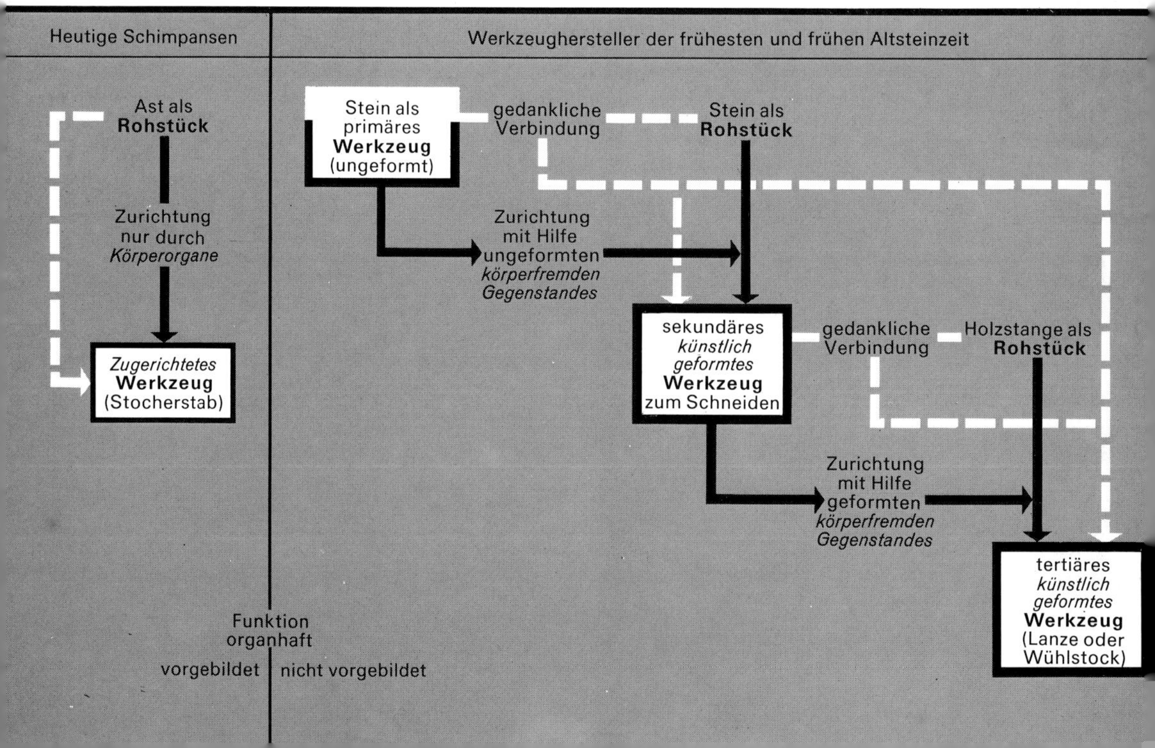

Die Speerschleuder dient dazu, die Hebelkraft des Armes zu verstärken. Das Speerende ruht dabei vor einem Zapfen der Speerschleuder.
Schön geschnitzte Stücke, die vielleicht nicht dem praktischen Gebrauch dienten, kennen wir aus der jüngeren Altsteinzeit in Frankreich (unten) und Spanien.

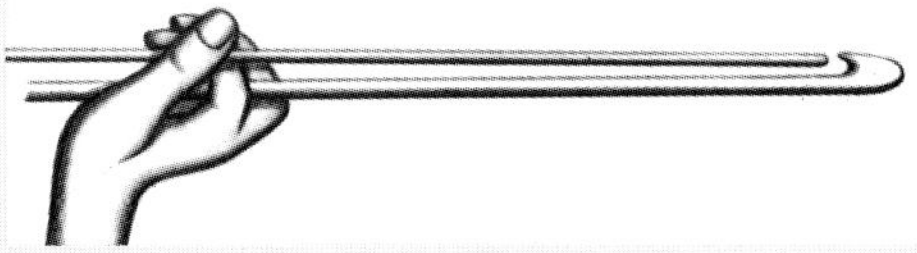

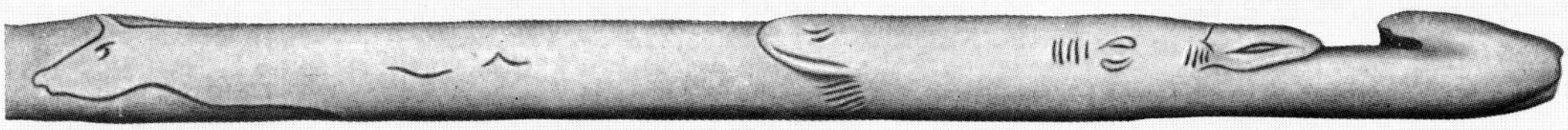

Die Speerschleudern (oben) bezeugen ebenso wie andere Waffen und Werkzeuge aus Stein (unten), Knochen und Elfenbein (rechts) für die jüngere Altsteinzeit einen deutlichen technischen Fortschritt gegenüber der ältesten Epoche der Urgeschichte, an dem allerdings nicht alle Erdgebiete gleichmäßig teilnehmen (vgl. unten).

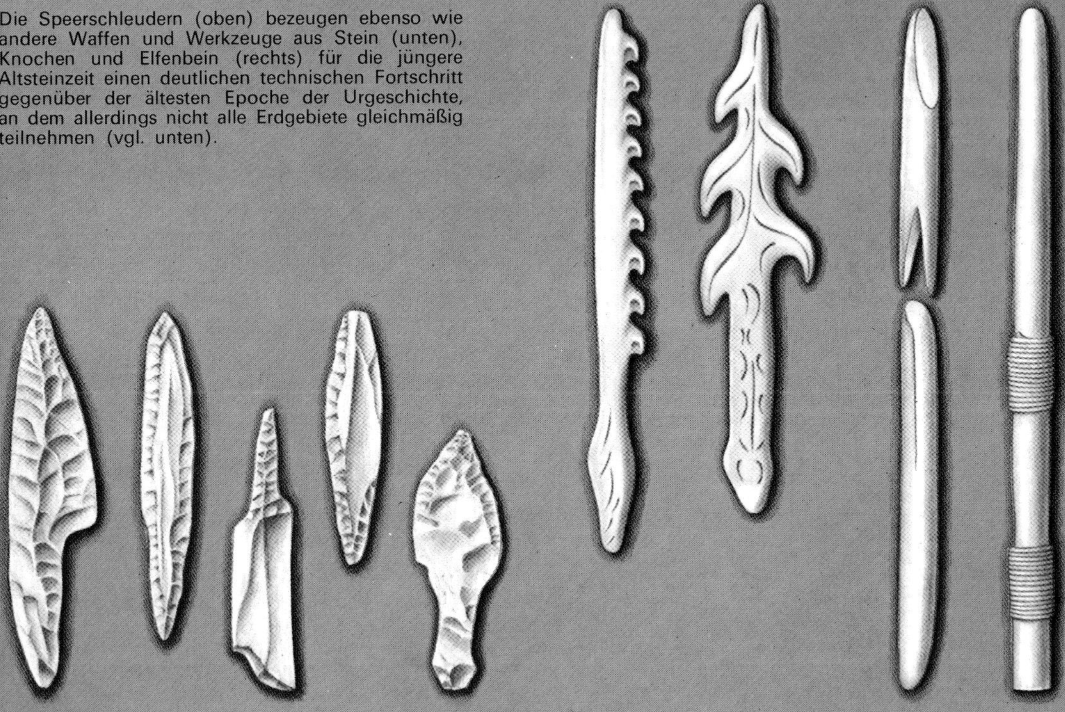

Wie verfehlt es wäre, Einfachheit der Steinwerkzeuge schon zum Gradmesser der Kulturhöhe zu machen, zeigen deutlich die Funde aus dem 3. Jt. v. Chr. von der *Huaca Prieta* in Peru, die technisch nicht »höher« stehen als die ältesten bekannten Steinwerkzeuge überhaupt, jedoch einer Kultur mit Geflechten und Netzen und der Kultivierung von Kürbissen, Bohnen und Baumwolle angehören: Wären diese leicht vergänglichen Dinge nicht durch günstige Verhältnisse konserviert, könnte eine vorschnelle Wertung der »Primitivität« der Steinwerkzeuge allein arg in die Irre führen.

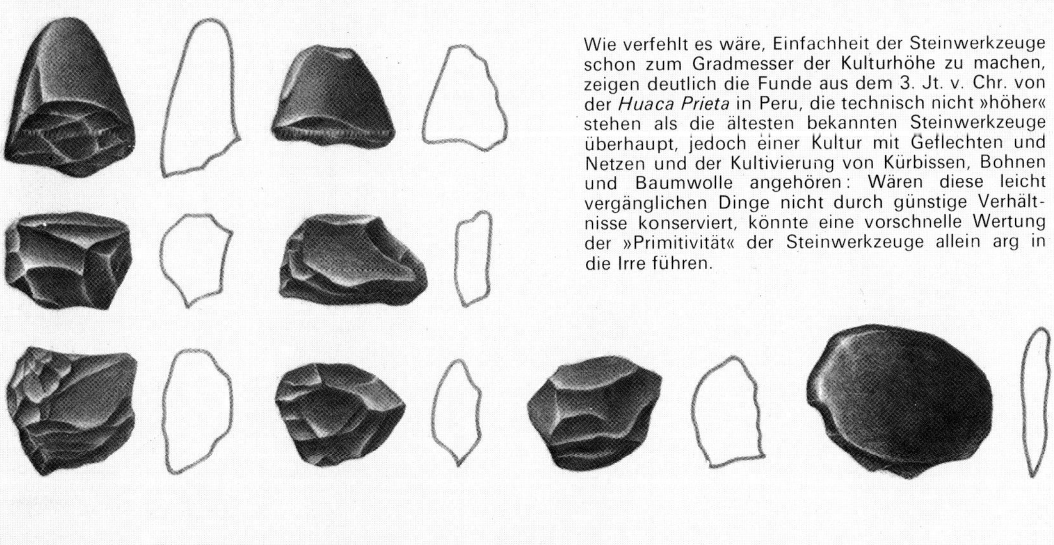

1

2

3

4

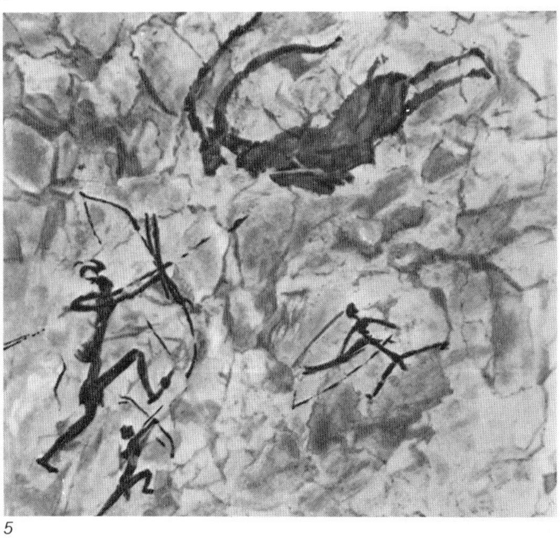

5

Steinzeitkunst

1 *Tiergruppe mit Bisons* in der Höhle von *Niaux* (Frankreich). Niaux ist die einzige Höhle, die mit Lascaux sowohl in der Qualität und Ausführung der Kunstwerke als auch im Reichtum und Gehalt der Kompositionen wetteifern kann
2 Weibliche *Statuette von Willendorf* (Österreich). Sie gehört zur Gruppe der sog. *Venusstatuetten*, Figürchen fettleibiger Frauen, die eine Verkörperung des weiblichen Prinzips im Sinne eines Fruchtbarkeitskults darstellen
3 Aus dem Felsen gehauenes *Flachrelief zweier Auerochsen* in der Höhle von *Bourdeilles* / Le Fourneau du Diable (Frankreich). Die gesicherte chronologische Einordnung dieses Reliefs macht es zu einem besonders kostbaren Dokument der paläolithischen Kunst (ca. 16000 – 15000 v. Chr.)
4 Nur selten ist in der altsteinzeitlichen Kunst das *Gesicht des Menschen* dargestellt wie hier in dem 3,7 cm hohen *Elfenbeinköpfchen von Brassempouy*
5 Auf den *nacheiszeitlichen Felsbildern Ostspaniens* ist nicht mehr das Tier, sondern der Mensch bevorzugter Gegenstand der Darstellung in figurenreichen Szenen (hier bei der Jagd)

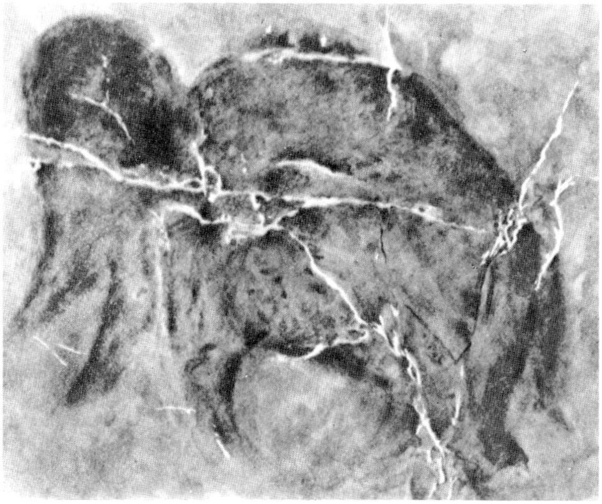

Verschiedenartigkeit der Anbringung von Bildern in Höhlen.

Altsteinzeitliche Tiermalereien auf Höhlenwänden sind fast ausschließlich aus Frankreich und Spanien bekannt: Die einzige Ausnahme bilden Wandmalereien ausgestorbener Tiere (hier eines *Mammuts*: links) in der *Kapovaja-Höhle* im Südural.

Die *Tierbilder* an der Höhlendecke von *Altamira*/Spanien (Mitte) sind in ihrer Form den herabhängenden Felsbuckeln angepaßt und nur mit Mühe und dabei nicht die Decke als Ganzes zu betrachten. In *Lascaux*/Frankreich (unten) hingegen finden wir sie an der ziemlich glatten Wand eines großen Höhlensaales, doch war bei den damaligen Beleuchtungsmöglichkeiten (Fettlampe, Fackel, Kienspan) auch diese kaum als Gesamtheit zu sehen, sondern jeweils nur eins oder wenige Tiere.

Die im Osten Europas besonders häufigen und oft stark schematisierten *Frauenfigürchen* des Jungpaläolithikums zeigen auch in Mittel- und Westeuropa verschiedene Grade der Naturnähe und Stilisierung (rechts): Völlige Vernachlässigung des Gesichts, der Arme und der Füße sind allgemein festzustellende Züge. Mit der östlichen geometrisierenden Tendenz verschmolzen ist das weibliche Prinzip in einer Ritzung von *Předmost* in Mähren (unten).

In Westeuropa finden sich *fettleibige Frauen* auch als Reliefs dargestellt (unten: *Laussel*, Frankreich).

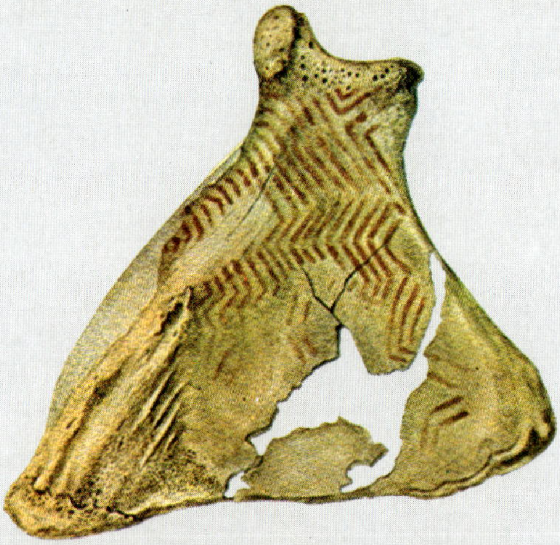

In *Mezin* a.d. Desna sind *geometrische Ornamente* (Zickzack und Mäander) nicht nur (u.a.) in ein Elfenbeinarmband eingeritzt, sondern auch in menschen- und vogelartigen Figuren und sogar aufgemalt auf verschiedene Tierknochen (oben: Mammutschulterblatt): Reiner Schmuckcharakter scheidet hier aus.

Die Wiedergabe ein- und desselben Motivs, des Pferdes, in einer kleinen Plastik (Vogelherd/Württ., oben links) und in Malereien aus französischen Höhlen (Le Portel, oben rechts; Niaux, rechts, Lacaux, unten) zeigt die Vielfalt der Auffassung und Gestaltung in der Altsteinzeitkunst: Neben der mehrfarbigen Ausgestaltung stehen einfache Schattierung oder sparsame Innenzeichnung, neben der naturnah-realistischen Wiedergabe die Unterordnung unter den stilistischen Schwung, neben der naturgetreuen Proportionierung die Zurückdrängung oder Hervorhebung einzelner Teile.

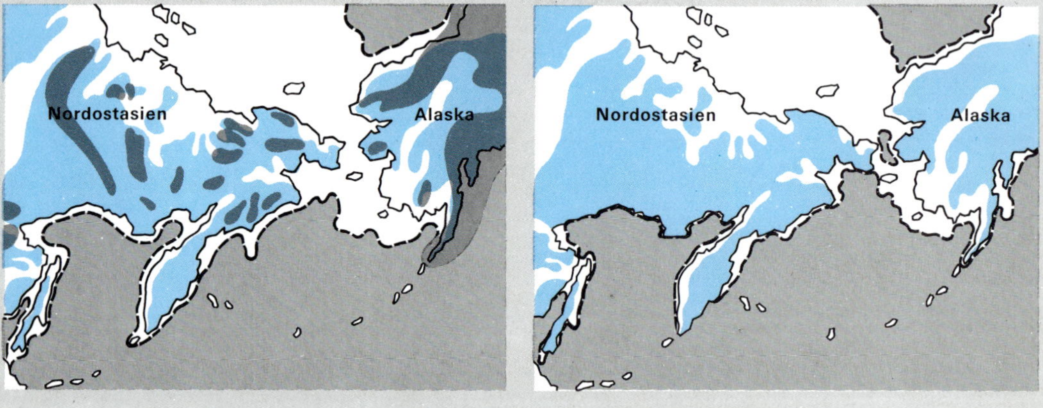

In der letzten Kaltzeit (Würmeiszeit) sank der Meeresspiegel bis zu 90–100 m (1 = heutige, 2 = eiszeitliche Küsten, 3 = Bergland). Es entstand eine fast 1000 km breite Landbrücke zwischen Nordostasien und Alaska (oben links); doch die eiszeitlichen Gletscher (4) Alaskas riegelten dieses »Beringland« gegen Amerika ab, wogegen in etwas gemäßigteren Anfangs-, Zwischen- und Endphasen (ca. 40000–28000, 25000–20000 und 13000–9000 v. Chr.) dieses Hindernis nicht bestand, wohl aber die Landbrücke mit einerseits geringerer Breite (oben rechts: Meeresspiegelsenkung 50 m), andererseits günstigeren Umweltbedingungen (zumal im Südstreifen). — Noch stärker fiel der Meeresspiegel während der größten Vereisung überhaupt (vor ca. 400000 Jahren), die u. a. Teile Indonesiens durch ein »Sundaland« mit dem Kontinent verband, weitere Inseln vergrößerte und die Seewege verringerte (unten).

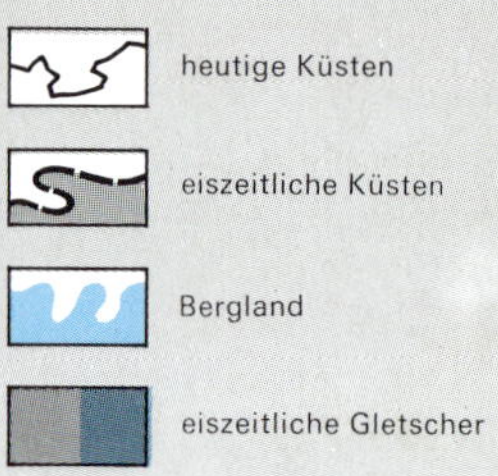

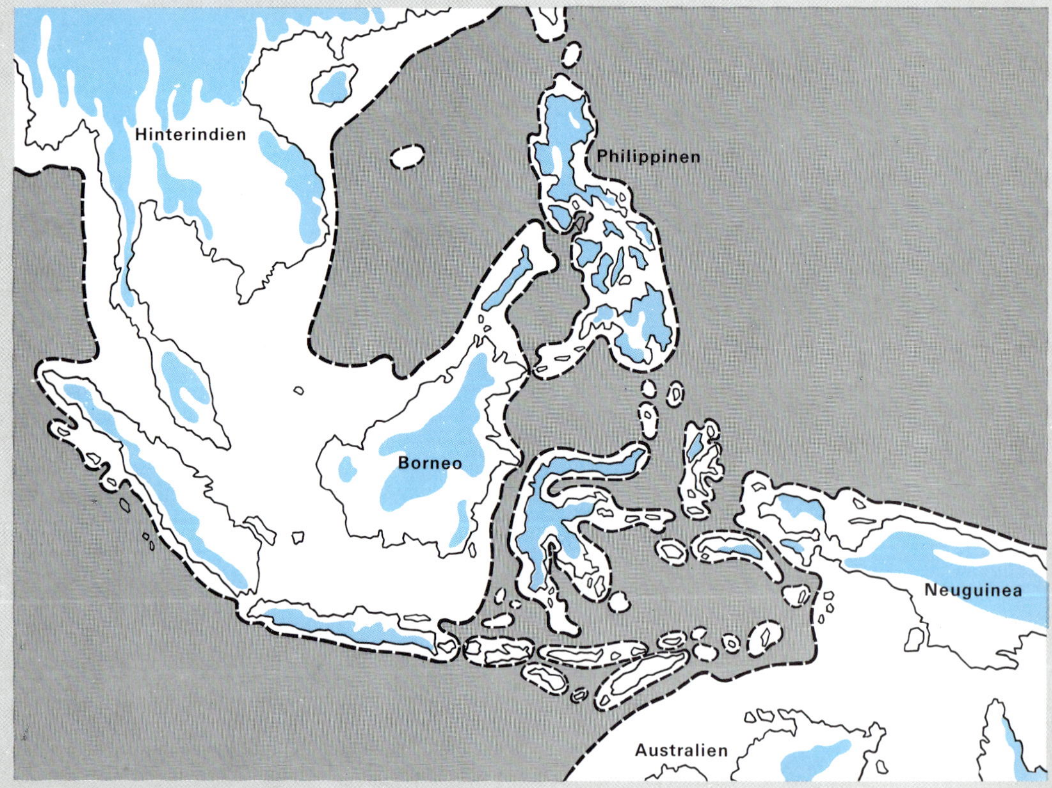

»Depotfund« von der Karbuna
(sowjetische Moldaurepublik)
In der Nähe einer Siedlung wurden zwei Gefäße (oben links; Maßstab etwa 1 : 7) in solcher Art entdeckt, daß das kleinere als Deckel auf das größere gestülpt war (wie oben rechts). So in den Boden eingegraben, enthielt dieses Behältnis neben 408 Gegenständen aus Marmor, anderem Stein, Mittelmeermuscheln, Knochen und Elchzähnen allein 444 Objekte aus Kupfer, vor allem röhrchen- und ringförmige sowie konkave Perlen, flache Platten verschiedener Form und einige andere Dinge (unten; Maßstab etwa 1 : 4).

Die »jungsteinzeitlich« — bäuerliche sog. *Cucuteni-Tripolje-Kultur* Rumäniens und der Westukraine im 4. Jt. v. Chr. war bis vor wenigen Jahren lediglich aus Siedlungsfunden und Beigaben einiger weniger Gräber bekannt. In diesen Fundarten spielte das Kupfer nur eine sehr geringe Rolle. Dieses Bild wurde gründlich geändert durch den »Depotfund« von dem Flüßchen Karbuna: Hier wurden größere Mengen von Kupfergegenständen aus uns nicht bekannten Gründen niedergelegt und blieben so vor dem Wiedereinschmelzen bewahrt.

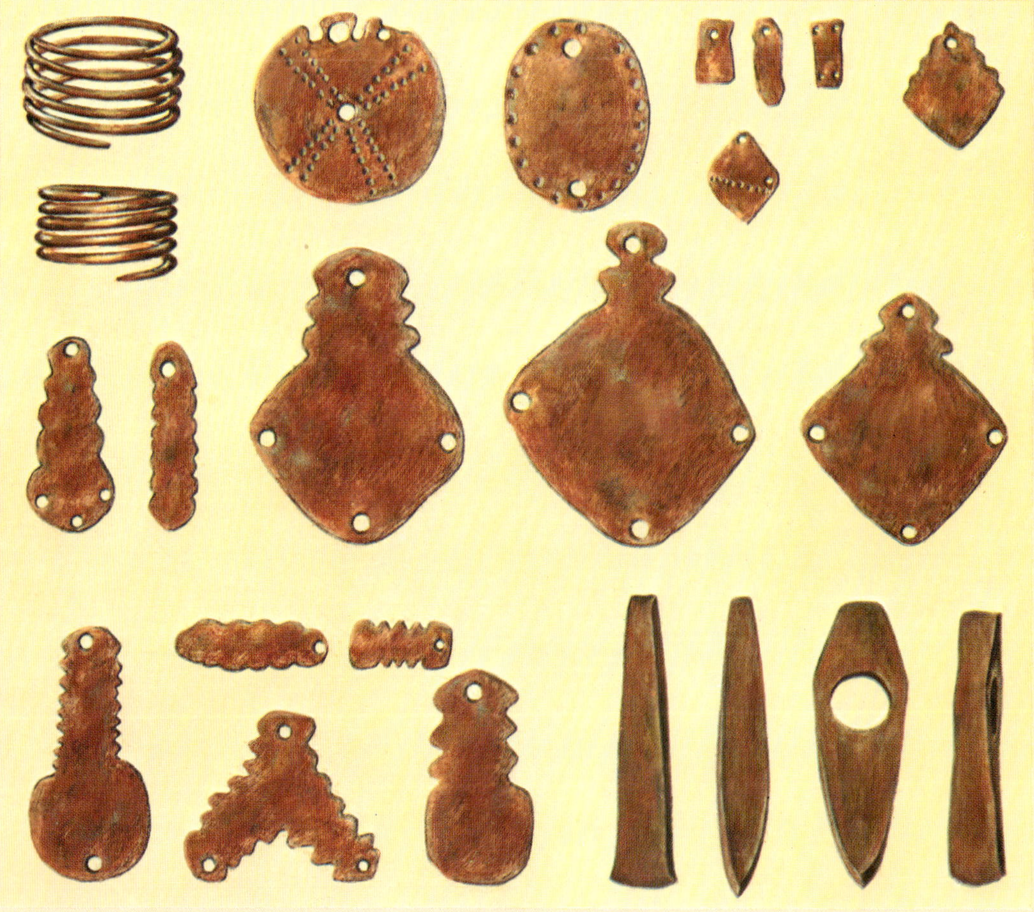

Europäische Bronzezeit

Im 2. Jt. v. Chr. gelangte die Kenntnis der Bronzetechnik nach Mittel- und Nordeuropa. Es bildeten sich, zeitlich gestaffelt, regionale Bronzekulturen aus.

1 *Buckelgefäß* der süddeutschen *Hügelgräberzeit* aus Hundersingen (Württemberg)

2 Boden eines *Hängegefäßes* aus Bronze mit *Wellenbandmuster* der jüngeren *Nordischen Bronzezeit*

3 *Bronzewaffen:* Vollgriffschwert und Vollgriffdolch

1

2

3

4

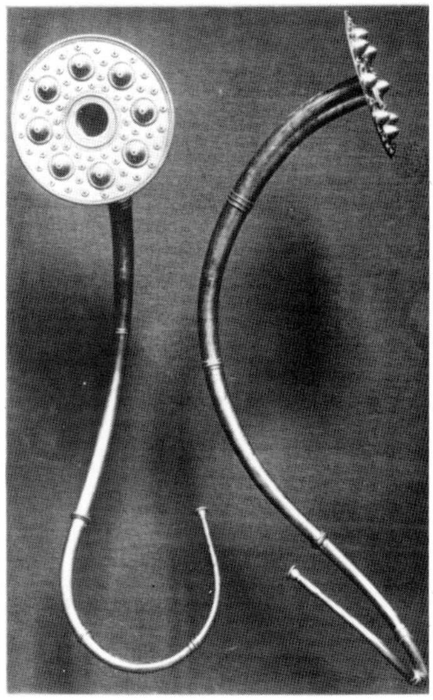

5

6

7

4 *Fibel* aus dem Depotfund von Dötzing (Niedersachsen). Jüngere *Nordische Bronzezeit*, Periode der *Spiralornamentik*

5 *Luren* der mittleren Bronzezeit

6 Kultischer *Sonnenwagen* (um 1400/1200 v. Chr.) aus dem Moor von *Trundholm* (Dänemark)

7 Wandplatte aus dem *Steinkistengrab von Kivik* (Schweden; um 1300/1100 v. Chr.) mit Darstellung von Waffen, Streitwagen, Sonnenrädern, Menschen- und Tierfiguren

Tustrup (Jütland)
In der Nähe von jungsteinzeitlichen Großsteingräbern unter mächtigen Erdhügeln (ein Beispiel: rechts) liegt eine nach Osten offene Steinsetzung von ca. 6 × 5 m (darunter rechts), wohl ein Kultplatz, mit Gruben und zahlreichen Tongefäßen von sonst seltenerer Art, die am ehesten rituellen Zwecken gedient haben.

Stonehenge (Südengland)
Das Luftbild dieses frühbronzezeitlichen »Sonnenheiligtums« (Mitte) läßt um die inneren Steinsetzungen einen Graben und Wall (darin Spuren von Hügeln) und (durch die helle Auffüllung) den äußeren von mehreren Grubenkreisen erkennen. Die mächtigen, durchweg 25 t schweren und aus mehr als 30 km Entfernung herangeschafften aufrecht stehenden Steine und darüberliegenden Decksteine des äußeren Steinringes (unten: noch aufrecht stehendes Teilstück mit Durchblick auf einen Stein, der etwa den Aufgangspunkt zur Zeit der Sommersonnenwende anzeigt) sind durch Aushöhlungen und Zapfen miteinander verbunden (rechts).

Obwohl Griechisches und Etruskisches in Einzelheiten nachklingt, zeigt die Steinsäule von Pfalzfeld/Hunsrück (noch 1,48 m hoch; links) besonders deutlich die Eigenart des *keltischen Frühlatène-Stils* mit seinen Schwellblatt- und Fischblasenornamenten.

Unter den Einflüssen der südlichen Hochkulturen haben die *Steppennomaden* gleichwohl einen unverkennbar eigenartigen »Tierstil« hervorgebracht (alle hier abgebildeten Beispiele aus Gold). Die Tierfiguren der *»skythischen« Kunst* (oben rechts) sind spannungsreich in schräge, mit kurvigen Graten aneinanderstoßende Flächen aufgeteilt, während der »Rollstil« (links) vor allem in Sibirien vorkommt. Arbeiten griechischer Werkstätten des Schwarzmeerraumes passen sich zwar im Motivschatz ihren Abnehmern an (z. B. unten fischförmiges Schirrungs- oder Rüstungsstück von *Vettersfelde;* Länge 41 cm), sind jedoch nicht mit deren eigenem Tierstil zu verwechseln.

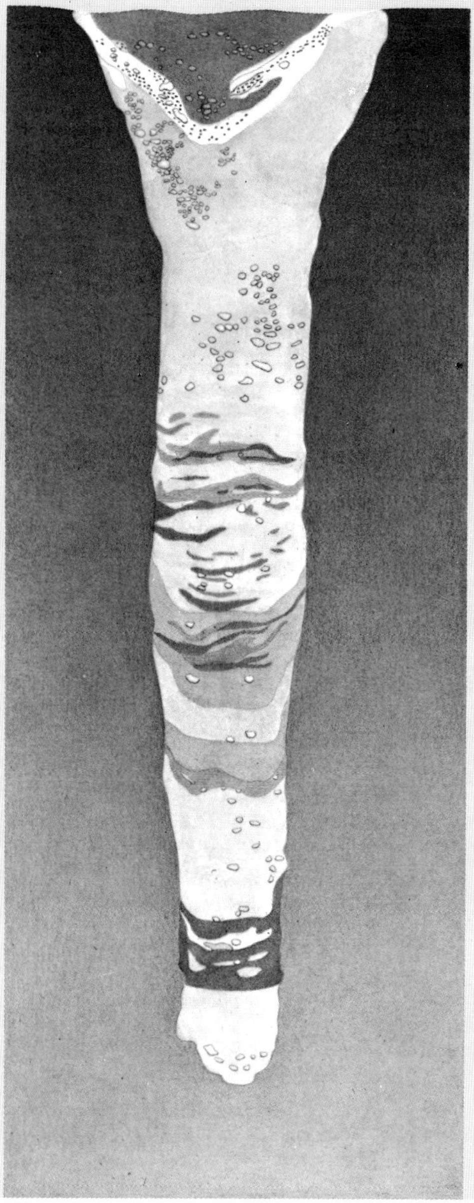

Zu den merkwürdigsten vorgeschichtlichen Anlagen gehören die sog. *Kultschächte,* die in den spätkeltischen Viereckschanzen angetroffen wurden (links, 18 m tief). Eindrucksvolle Beispiele einer hohen keltischen Festungsbaukunst bieten die keltischen *oppida,* deren Tore aufgrund der Bodenverfärbungen (Spuren ehemaliger Pfosten, unten) gut rekonstruiert werden können (unten Mitte).

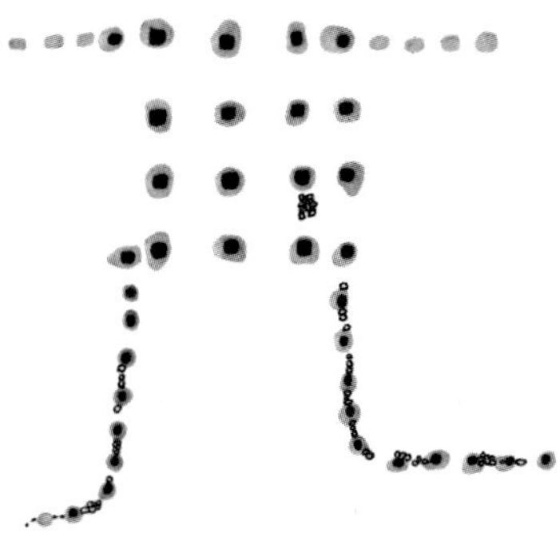

Prägestempel für Münzen und *Gußformen* (unten und rechts, beide aus Szalacskán in Ungarn) sind für die Bestimmung von Herstellungsorten von größter Wichtigkeit, doch gehören sie leider zu den seltenen Fundstücken.

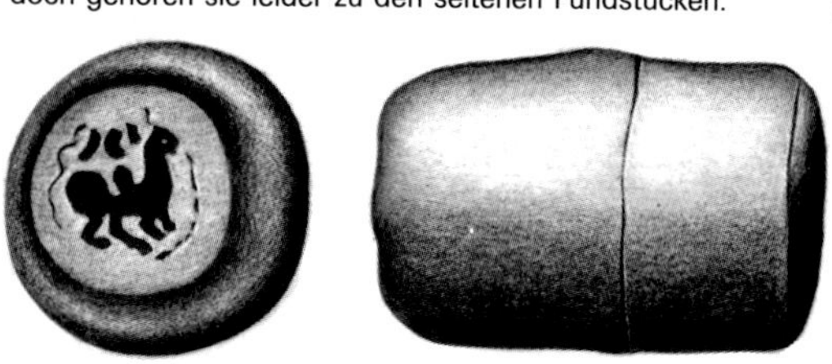

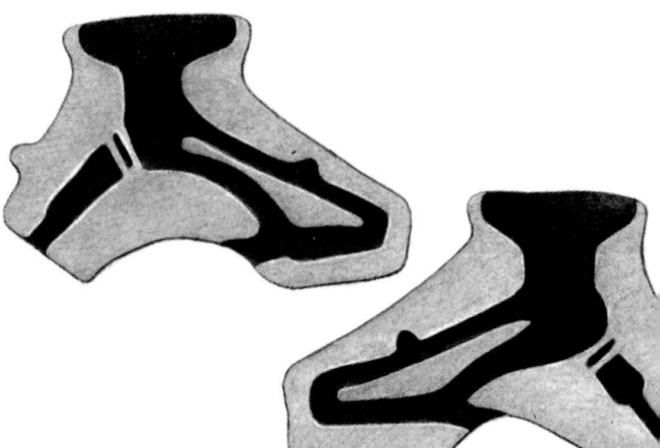

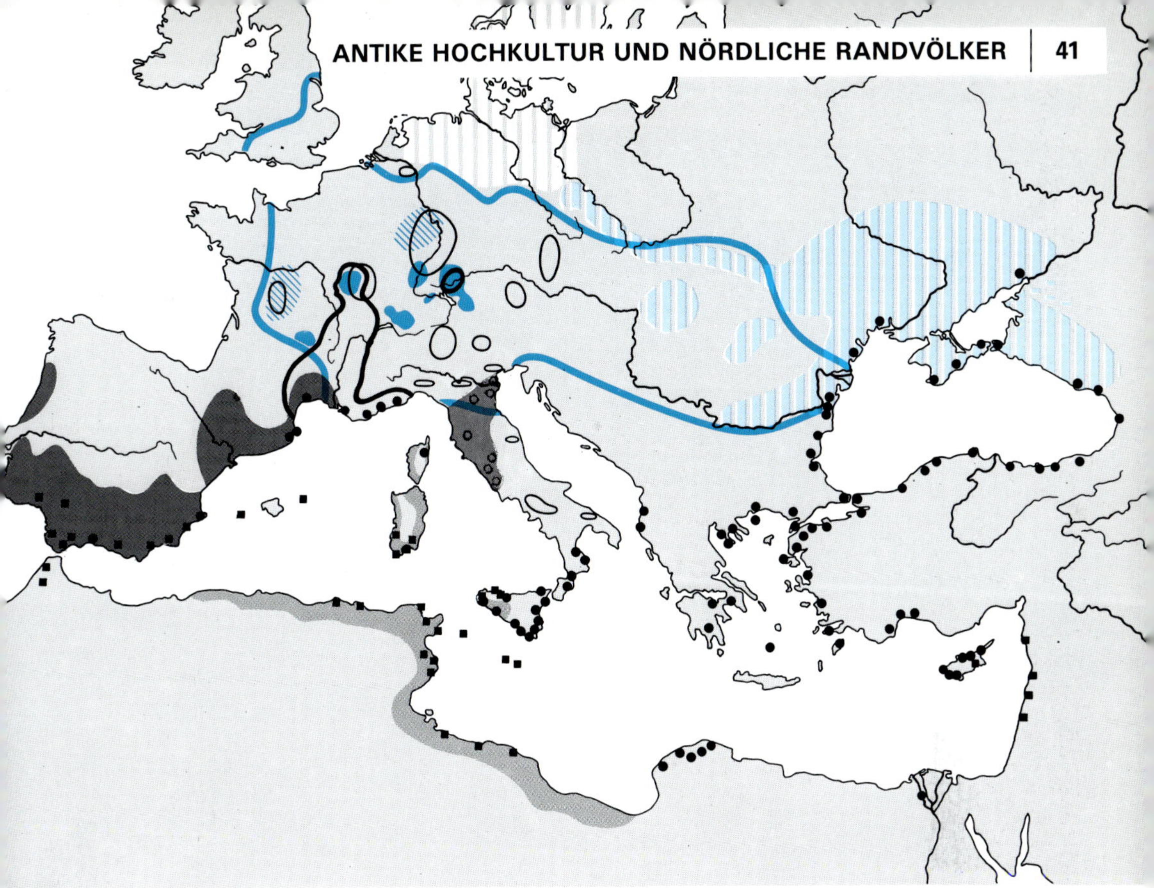

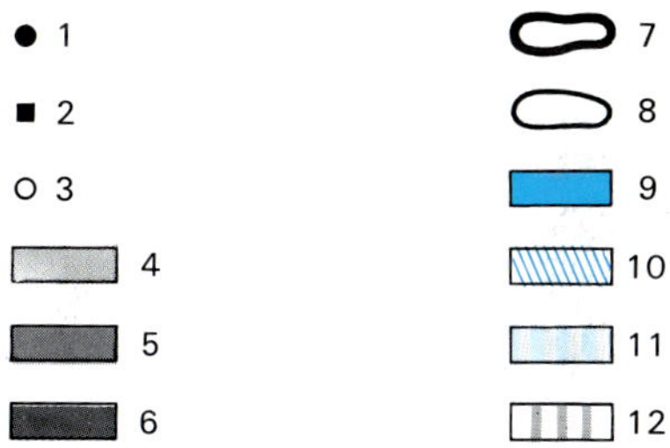

Hallstattkreis

Im 8. Jh. v. Chr. bildet sich der Hallstattkreis (namengebende Fundstelle: Ⓗ ; am besten bekannte frühe Siedlung der Goldberg: G), dessen westlicher Teilbereich sich den Impulsen und Importen aus dem Mittelmeerraum stärker öffnet als der östliche: Sie werden im 6. Jh. v. Chr. zumal in einem Bereich mit reich ausgestatteten Gräbern und Siedlungen (z. B. Vix-Mont Lassois: V; Heuneburg: H) faßbar, dessen ungefähre Nordgrenze durch die rote Linie angegeben ist.

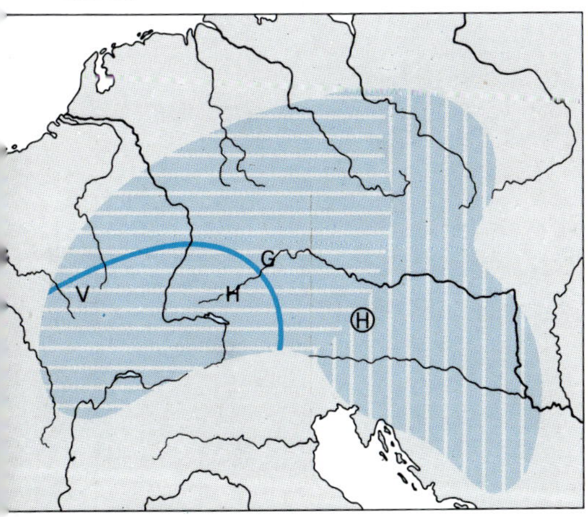

Die griechischen Mutterstädte und ihre Kolonien (1) und ebenso die phönikisch-karthagischen (2; 4 = Vorschieben des karthagischen Machtbereiches) sowie die Formierung der etruskischen Siedlungszentren (3) und des etruskischen Kulturbereiches (5) sind nicht nur an der Formierung neuer Gruppen (z. B. der sog. tartessisch-iberischen Kultur: 6) beteiligt, sondern Impulse und Exporte griechischer (7) und etruskischer (8) Art gehen weit nach Norden. Sie werden vor allem aufgenommen durch eine Oberschicht, die zunächst durch die späthallstättischen (9) und später durch die nordwestlicheren frühlatènezeitlichen (10) Fürstensitze und reichen Gräber faßbar wird. Von ihnen geht die Prägung des Keltentums aus, das später in engem Zusammenhang mit der vollen Latènekultur steht (dicke rote Linie: ungefährer Umfang um 300 v. Chr.). Nördlich des Schwarzen Meeres entsteht gleichzeitig mit der Hallstattkultur ein Formenkreis (11), der mit den Skythen und verwandten Völkern zu verbinden ist und nach Westen vorstößt. Im Norden sind einige Gruppen (12) den Vorfahren der später dort bezeugten Germanen und möglicherweise auch anderen (unbekannten) Völkern zuzuschreiben.

Odysseus in der Unterwelt
(Wandgemälde vom Esquilin in Rom)

Altertum

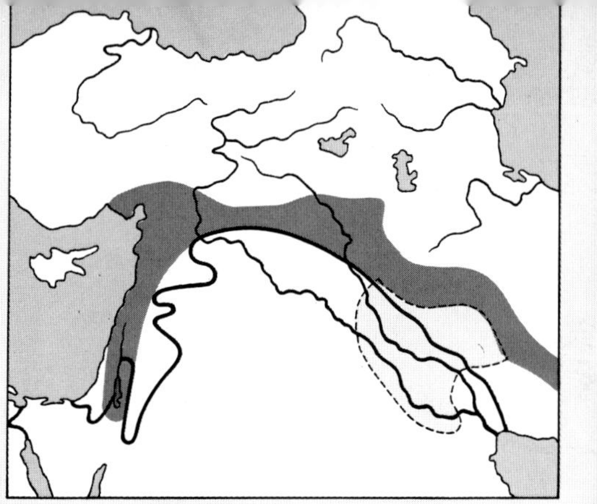

Frühe Ackerbaukulturen im Nahen Osten
Die frühesten Ackerbaukulturen des 7.–6. Jt. v. Chr. (2) lagen in der Regenfeldbauzone der Stufenplateaus und Randberge um den „Fruchtbaren Halbmond" (1: Süd-

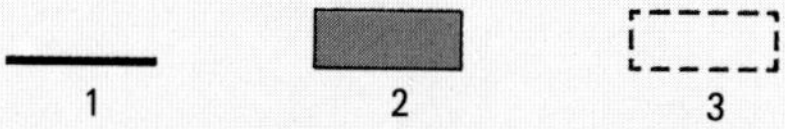

grenze der Gebiete mit mehr als 40 cm Niederschlag), während die niederschlagsarmen Stromtäler erst seit ca. 5000 v. Chr. durch künstliche Bewässerung in Kultur genommen wurden (3).

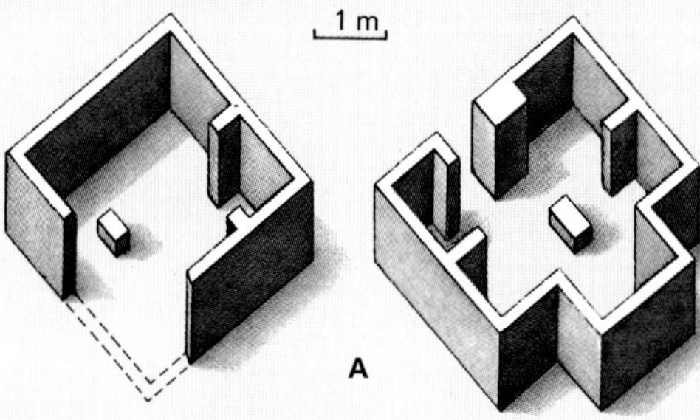

A

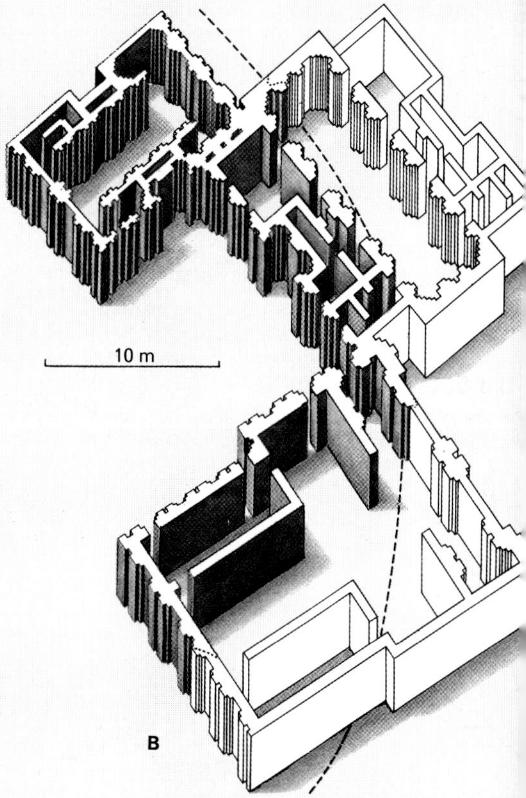

B

Teilrekonstruktionen von Heiligtümern und Siedlungsanlagen des Zweistromlandes im 5. und 4. Jt. v. Chr.
Aus dürftigen Anfängen um 5000 v. Chr. (A: Ältestes Heiligtum von Eridu und Erweiterung in der nächsten Bauperiode) entwickelten sich Tempelbauten aus Lehmziegeln mit kunstvoller Nischenarchitektur (B: Tepe Gaura XIII, ca. Ende des 5. Jt.). Die noch wenig bekannten Siedlungsanlagen nahmen mehr und mehr städtischen Charakter an (C: Ausschnitt aus Tepe Gaura XII, um 4000 v. Chr.).
Vorübergehend kam im 4. Jt. v. Chr. ein anderer Typus auf (D: Tepe Gaura IX), wurde jedoch bald durch die Fortentwicklung der alten Tradition zurückgedrängt.

C

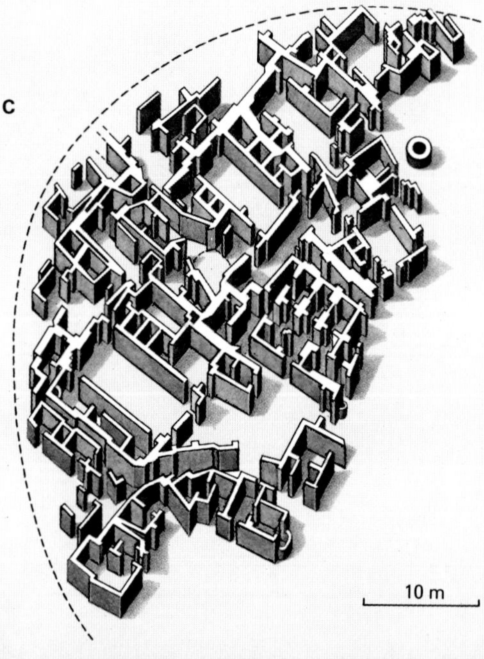

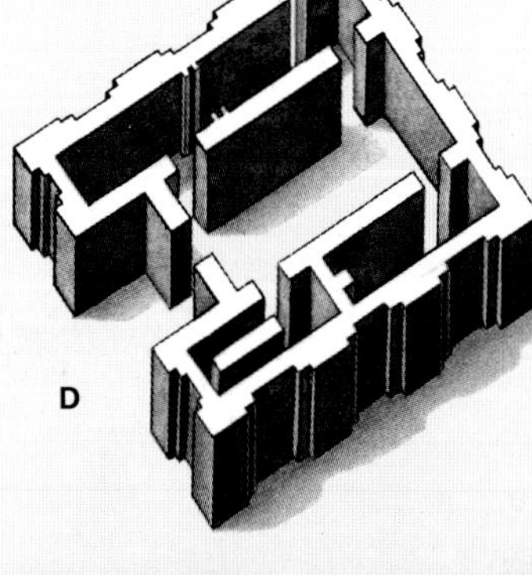

D

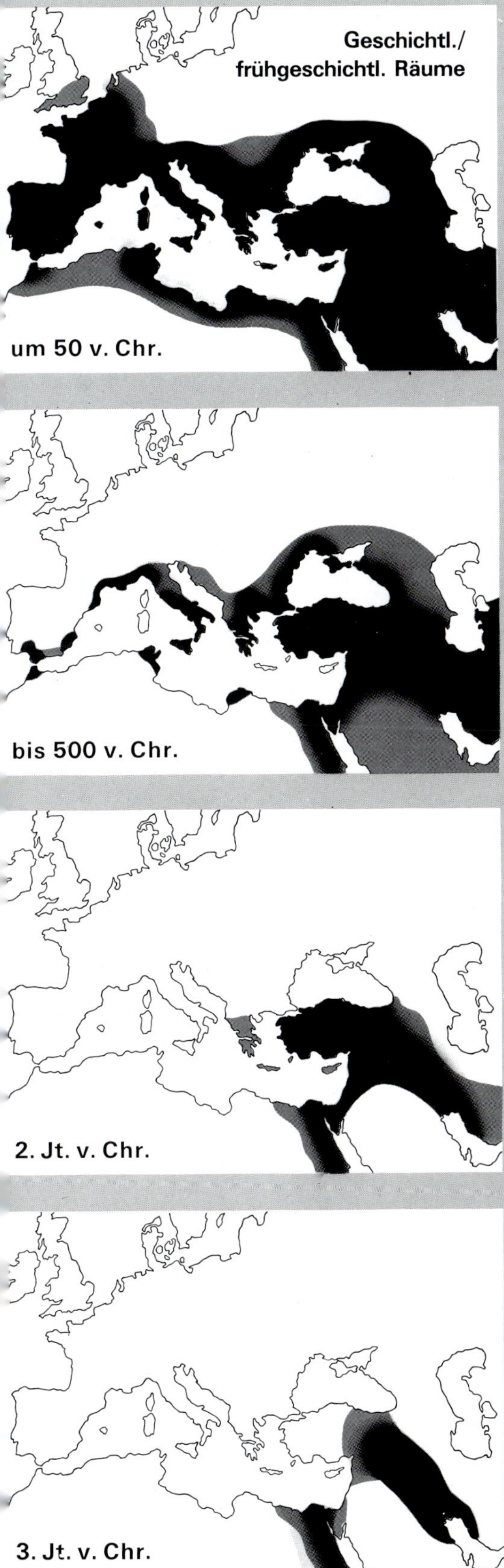
Geschichtl./
frühgeschichtl. Räume
um 50 v. Chr.
bis 500 v. Chr.
2. Jt. v. Chr.
3. Jt. v. Chr.

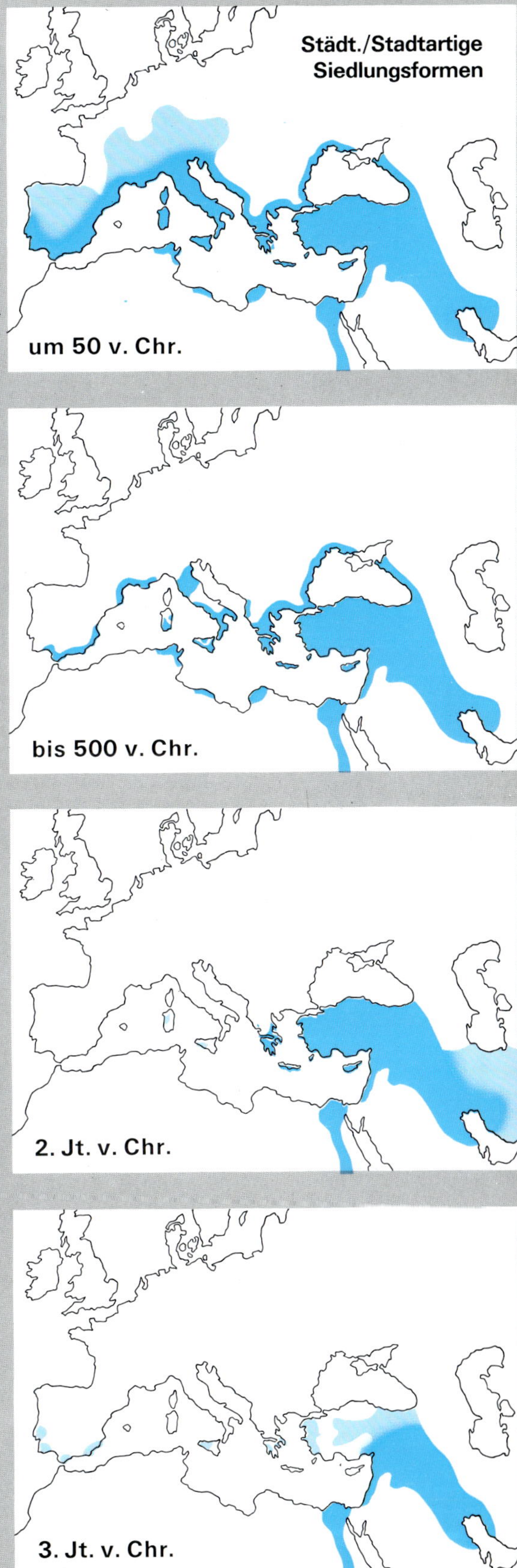
Städt./Stadtartige
Siedlungsformen
um 50 v. Chr.
bis 500 v. Chr.
2. Jt. v. Chr.
3. Jt. v. Chr.

Planung als absichtsvolle Veränderung der Daseinsbedingungen gibt es in den einfachen Gesellschaften noch nicht. Das Leben ist dort weitgehend durch Brauch und Anpassung an die gegebenen Verhältnisse bestimmt — was natürlich nicht ausschließt, bestimmte Techniken zu entwickeln und zu nutzen (oben: Jagan-Indianer in Feuerland; Mitte: Eingeborene auf den Philippinen). — Dagegen werden in den Hochkulturen durchaus schon die Kräfte vieler einzelner planvoll zur Erreichung bestimmter Zwecke effektiv eingesetzt, koordiniert, organisiert (unten: Transport einer Kolossalstatue in Ägypten). Organisation ist eine wesentliche Voraussetzung für erfolgreiche Veränderungen natürlicher und sozialer Gegebenheiten.

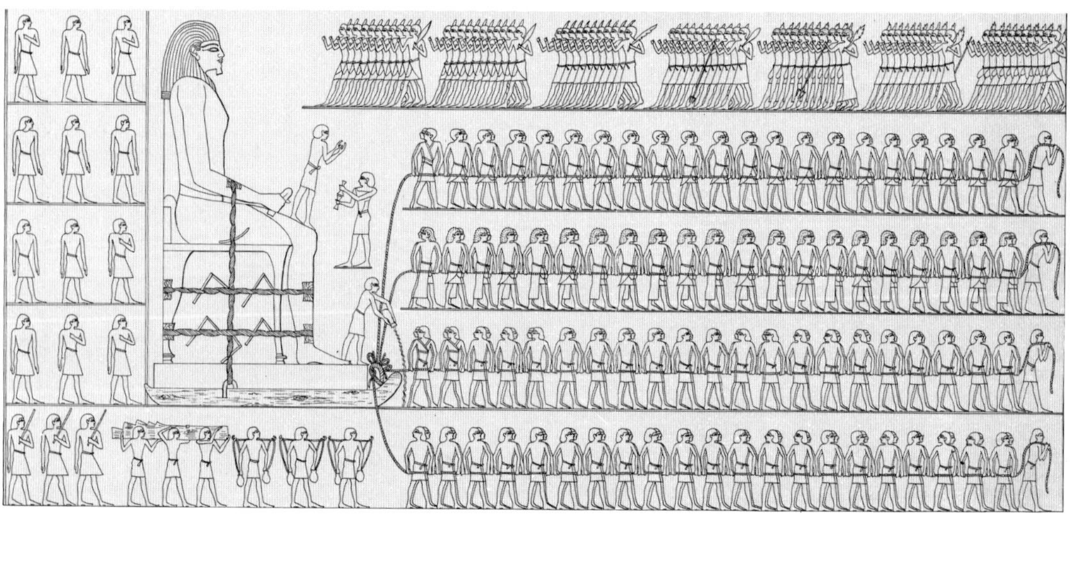

Durch organisierten Arbeitseinsatz sind in den Hochkulturen bedeutende Leistungen erbracht worden. Das betrifft militärische Ziele ebenso wie wirtschaftliche Versorgung und kulturelle Einrichtungen. Beispiele sind: Chinesische Mauer zur Sicherung des Reiches (oben links), Römische Wasserleitung zur Versorgung größerer Siedlungen (oben rechts), Via Appia zur räumlichen Erschließung durch Straßen (rechts), Bewässerungssysteme zur Bodennutzung in China (unten rechts), Pyramiden zur Dokumentierung von herrschaftlicher Macht und religiöser Gesinnung (unten).

Hebel, Schraube und Flaschenzug sind 3 frühzeitig bekannte Maschinenelemente; sie werden z. B. in der Olivenpresse (Abb. ganz rechts) angewendet. Schraubenpressen wurden wohl erst im 1. Jahrhundert vor Christus erfunden.

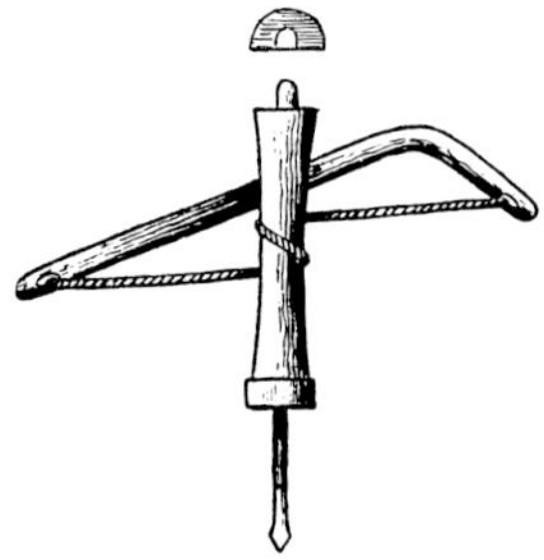

Altägyptischer Bogenbohrer; Material Kupfer.

Das Rad ist die wichtigste technische Erfindung des Menschen. Die Abb. zeigt ein Wagenrad aus Ur (Mesopotamien, 3. Jahrtausend vor Christus).

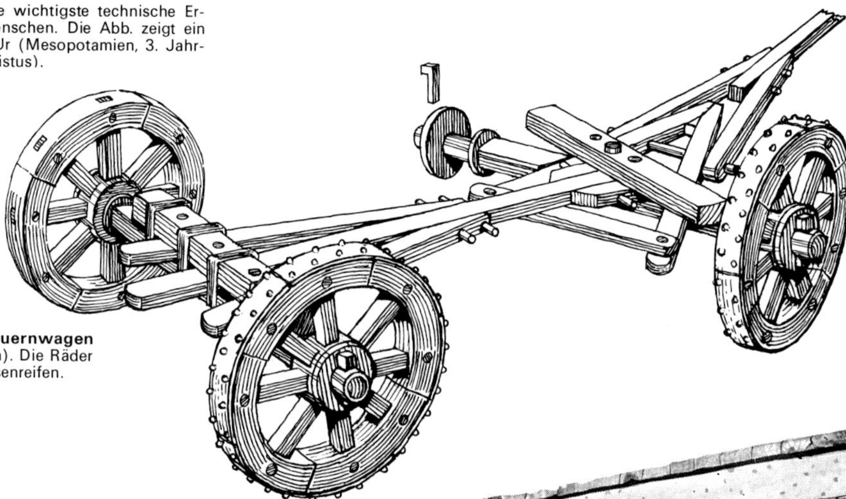

Römischer Bauernwagen (Rekonstruktion). Die Räder hatten einen Eisenreifen.

Römische Wasserleitung. Dieses Stück eines Aquädukts gibt einen Eindruck von der römischen Baukunst. Rechts erkennt man zwei Wasserkanäle.

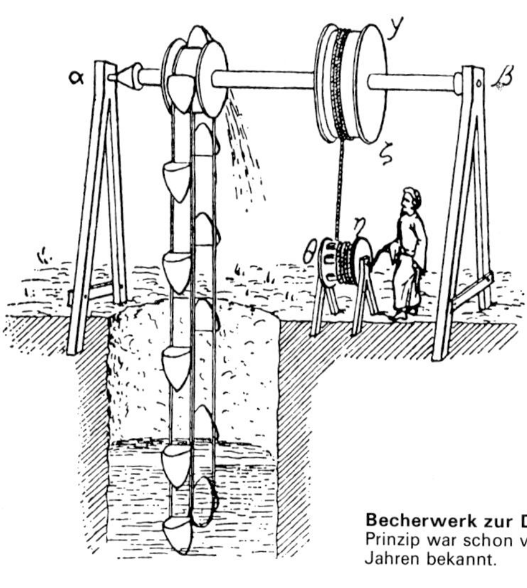

Becherwerk zur Drainage. Dieses Prinzip war schon vor einigen tausend Jahren bekannt.

Die Hochkulturen Ägyptens, des Vorderen Orients und Italiens

Der goldene Sarg
des Tutenchamun

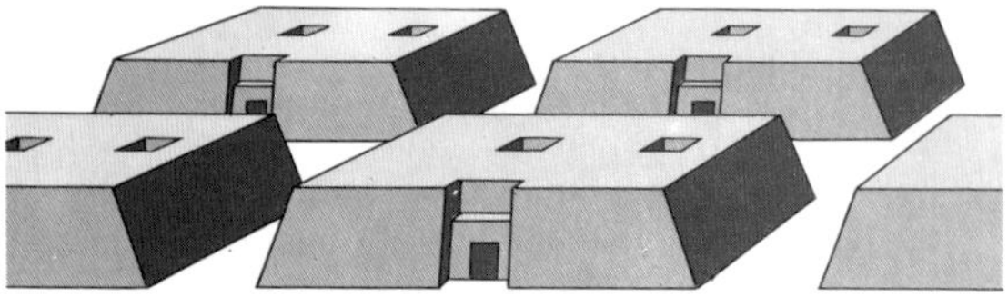

1

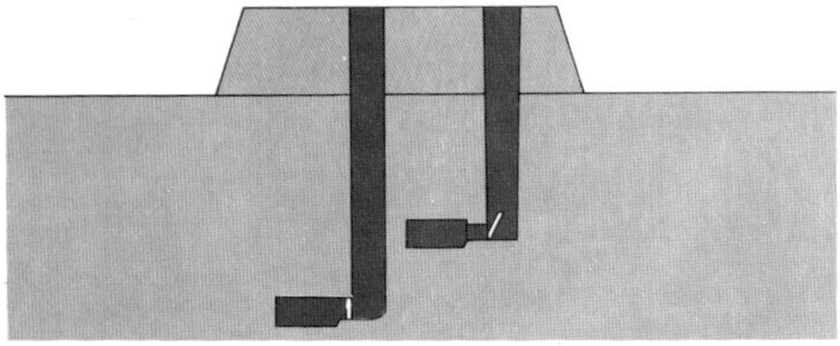

3

4

5

2

1 *Mastabafeld.* Jede Mastaba besaß einen sichtbaren Überbau für Vorratskammer, Raum für den Totenkult und Gelaß (*Serdab*) für Statuen des Toten. Schächte oder Treppen führten in die Grabkammer
2 *Stufenpyramide* des Kg. Djoser *in Sakkara* (3. Dynastie). Es ist unsicher, ob der Bau ursprünglich die eigentliche Pyramidenform hatte oder ob eine echte Pyramide zwar geplant, aber nicht ausgeführt war
3 *Cheopspyramide* des Pyramidenfriedhofs von *Gise* mit dem *Sphinx* (4. Dynastie). — Rechts: Schnitt durch die Pyramide
4 *Karnak,* der *Große Amuntempel* (19. Dynastie)
5 *Grabtempel der Hatschepsut, Der el-Bahri* (18. Dyn.)
6 *Felsentempel von Abu Simbel* (19. Dynastie)

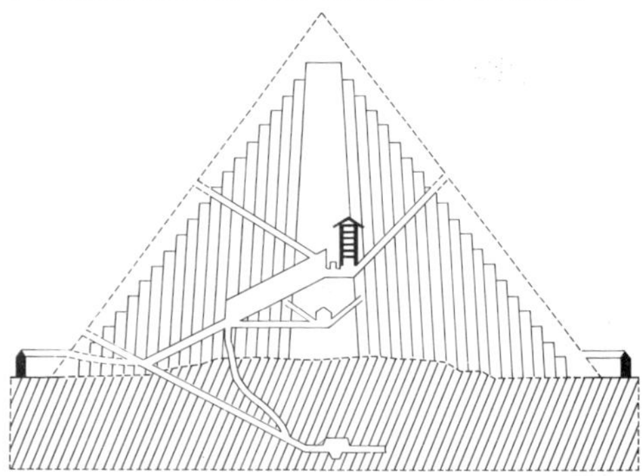

6

Rechts: *Narmer-Siegespalette.* Auf dem oberen Relief der Vorderseite besichtigt Narmer mit Gefolge, angetan mit der unterägypt. Krone, in der Residenz Buto die enthaupteten Leichen unterägypt. Rebellen. Auf der Rückseite erscheint Narmer dagegen mit der oberägypt. Königskrone. Rechts vom König stellt eine Bildgruppe dar, wie der königl. Falkengott Horus (= Narmer) die Personifizierung des feindlichen Papyruslandes (d. h. des unterägypt. Nordens) in die Gefangenschaft führt.

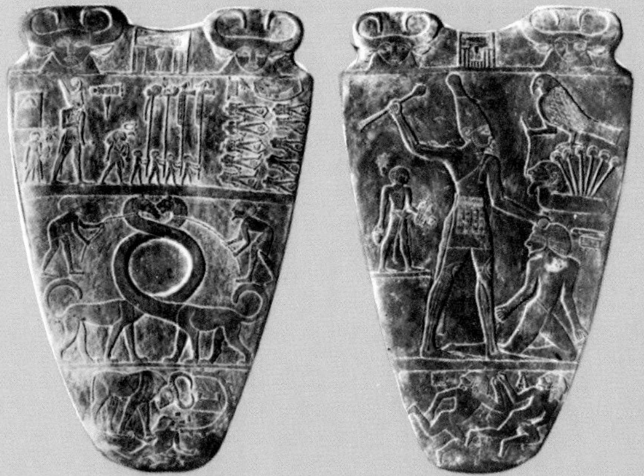

Oben: *König Chephren,* vom Horusfalken umschirmt.

Links: Der *Pyramidenfriedhof von Gise* (4 Dyn.) nach der Rekonstruktion von U. Hölscher. Die größte, am sorgfältigsten gemauerte Cheopspyramide — erstellt in maximal 23 Jahren — erhob sich zu 146 m Höhe. 2,3 Mill. Kalksteinblöcke von durchschnittlich 1 m³ Inhalt (2,5 t Gewicht) wurden in sie verbaut. Die Bekleidungsblöcke aus feinstem, schneeweißem Kalkstein wurden ohne Mörtel fugenlos versetzt.

Unten, 3. Abb. von links: Granitstatue *Ramses' II.* mit Königshelm

König Mykerinos in Begleitung der Göttin Hathor und einer Gaugöttin

Amenophis IV. Echnaton mit einer Tochter; über dem Pharao der »Strahlen-Aton«.

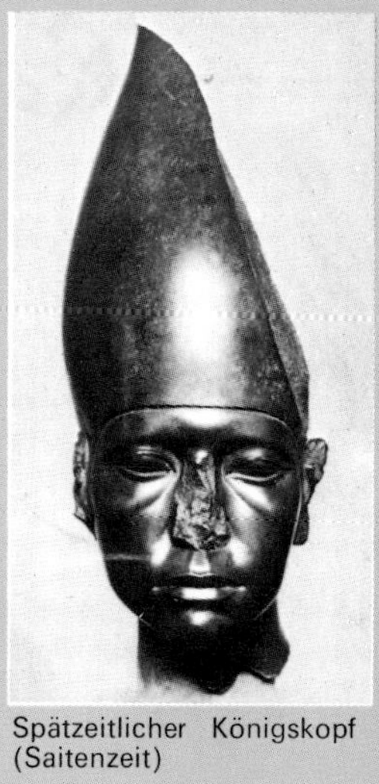

Spätzeitlicher Königskopf (Saitenzeit)

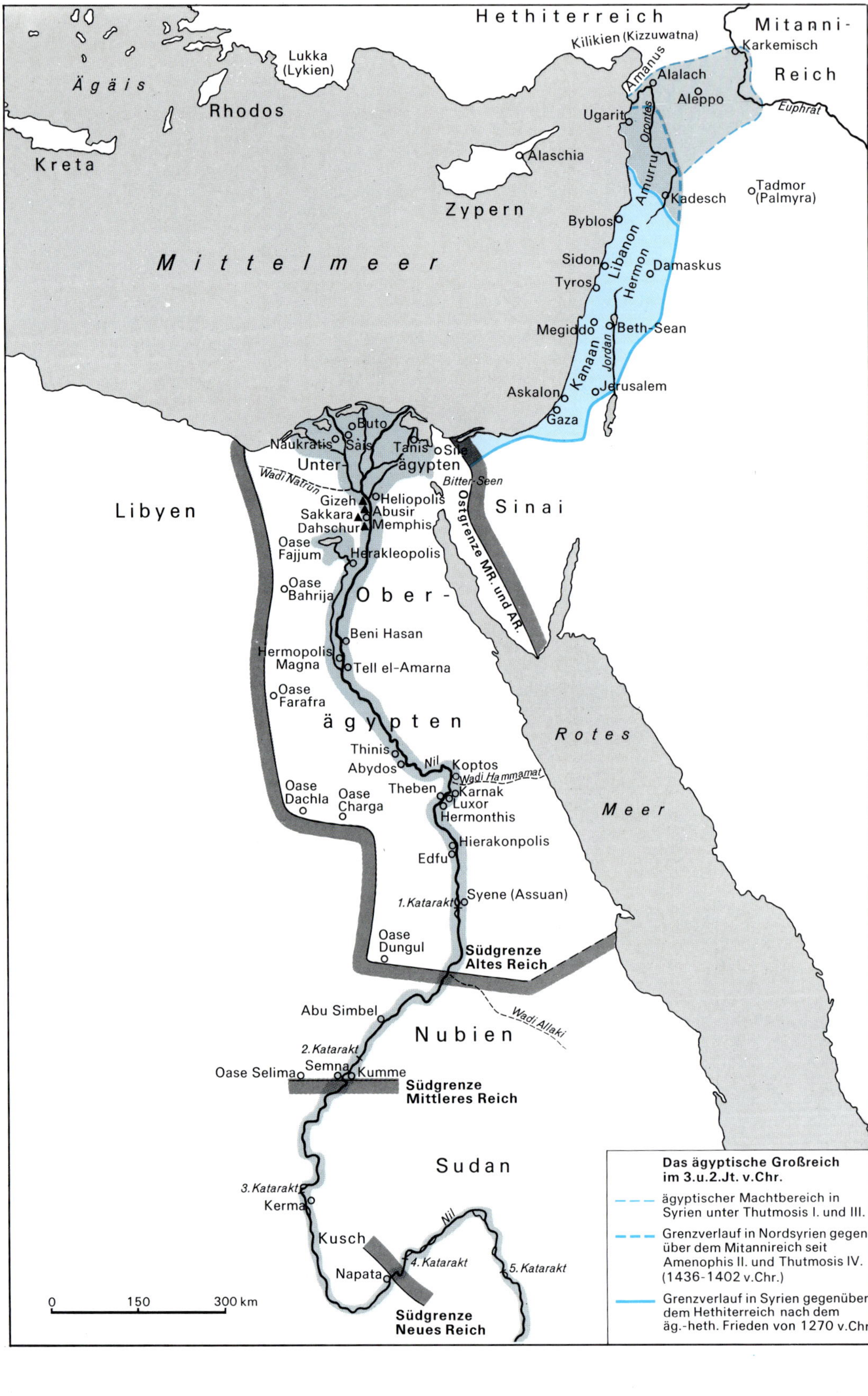

Das ägyptische Großreich im 3.u.2.Jt. v.Chr.

- - - ägyptischer Machtbereich in Syrien unter Thutmosis I. und III.

— — Grenzverlauf in Nordsyrien gegenüber dem Mitannireich seit Amenophis II. und Thutmosis IV. (1436-1402 v.Chr.)

—— Grenzverlauf in Syrien gegenüber dem Hethiterreich nach dem äg.-heth. Frieden von 1270 v.Chr.

Rechts: *Prinz Rahotep und seine Gemahlin Nofret* (4. Dyn.)

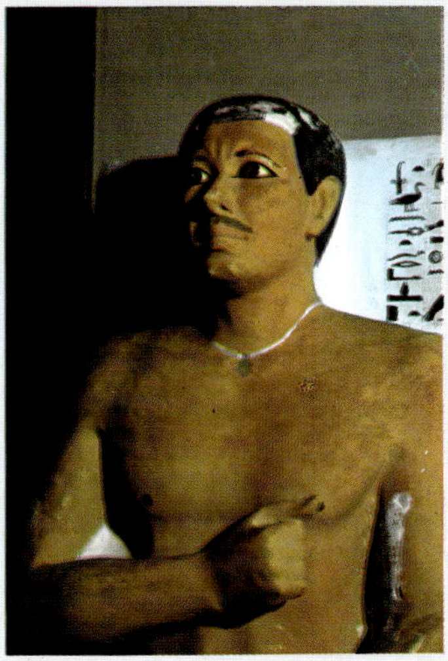

Unten: Oberteil des 2. Sarkophags des Königs *Tutanchamun* (1347 bis 1339 v. Chr.). — Darunter: *Brustschmucktafel* aus einem Prinzessinnengrab (12. Dyn.) mit dem Königsring Sesostris' III., flankiert von 2 Königsfalken mit ägyptischer Doppelkrone

Mitte rechts: *Königliche Tischlerwerkstatt* (Ausschnitt; Wandmalerei aus dem Grab des Wesirs Rechmirē).

Rechts: *Bemalte* (mit Gesso überzogene) *Holztruhe* aus dem Grabe des Tutanchamun: der Pharao an der Spitze seiner Wagentruppe im siegreichen Angriff auf syrische Feinde.

Opfer der Toten vor Osiris. Denkstein des Polizeiwachtmeisters Ptahmai (um 1800 v. Chr., Memphis).

Gottesdienst in einem römischen Isistempel. Wandgemälde aus Herkulaneum (um 50 v. Chr.).

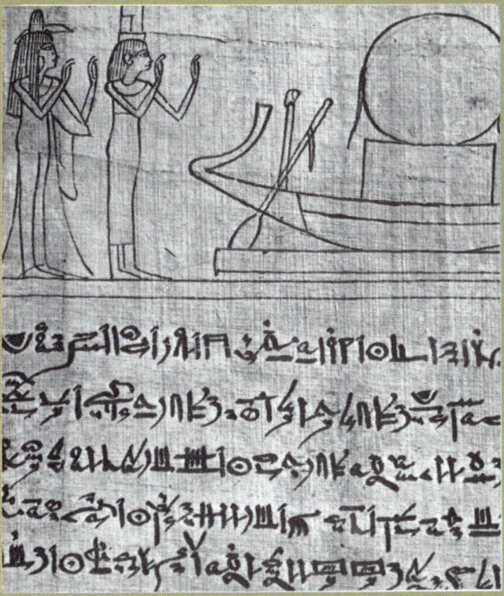

Älteste bekannte Schriftform ist die von den Völkern des Zweistromlandes um 3000 v. Chr. entwickelte *Keilschrift* (links: altbabylonische Keilschrift, um 2000 v. Chr.), die durch Abschleifung zur Keilform aus einer bildschriftlichen Vorstufe entstand. Wohl unter sumerischem Einfluß bildete sich um 3000 v. Chr. die *Hieroglyphen-Schrift* der Ägypter (links Mitte: mit dem Pinsel geschriebene, aus den Hieroglyphen entstandene *hieratische Schrift;* ca. 21. Dynastie). Beide Schriften bestehen aus *Wortzeichen* oder *Ideogrammen*, die den Begriff des Dargestellten sinnlich wahrnehmbar wiedergeben, *phonetischen Zeichen*, die zur Unterscheidung mehrdeutiger Symbole dienen, sowie *Determinativen*, nicht ausgesprochenen Deutezeichen, die bei gleicher Lautung unterschiedlicher Begriffe Anwendung fanden.

Etwa im 9./8. Jh. v. Chr. entwickelte sich aus der *phönikischen Schrift* die *griechische Schrift* (links unten: Inschrift aus dem 5./4. Jh. v. Chr.), deren älteste erhaltene Zeugnisse aus dem frühen 8. Jh. v. Chr. stammen. Im 6. Jh. v. Chr. entstand mit der aus der *etruskischen Schrift* hervorgegangenen *lateinischen Schrift* (oben: römische Inschrift) unsere heutige Schrift. — Die ältesten Schriftzeichen der Germanen, die *Runen* (unten: Runeninschrift, angelsächsisch, 8. Jh.?), entstanden aus der lateinischen oder etruskischen Schrift. Jede Rune bezeichnet zugleich einen Buchstaben und ein Wort. Die ältesten bekannten Runeninschriften stammen aus dem 2./3. Jh. n. Chr.

Die Art der verwendeten Schriftträger ist unterschiedlich und hing im wesentlichen von den zur Verfügung stehenden Materialien und den jeweiligen technischen Fähigkeiten der Menschen ab. Älteste Schriftträger sind Felswände, auf denen der steinzeitliche Mensch seine Bilder und Symbole anbrachte.
Im Zweistromland wurden *Tontafeln* (1) verwendet, in die die Schriftzeichen mit Holzgriffeln eingeritzt wurden. Schreibstoff der Ägypter, später auch der Griechen und Römer, war der *Papyrus* (2), der aus dem in Scheiben geschnittenen und kreuzweise verklebten Mark der Papyrusstaude hergestellt wurde, in Indien waren es *Palmblätter* (3), die wie der Papyrus mit Pinsel und Tinte beschrieben wurden.

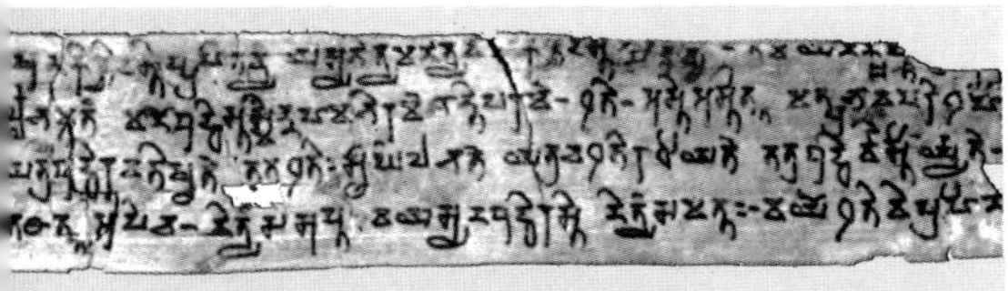
3

4

5

1

2

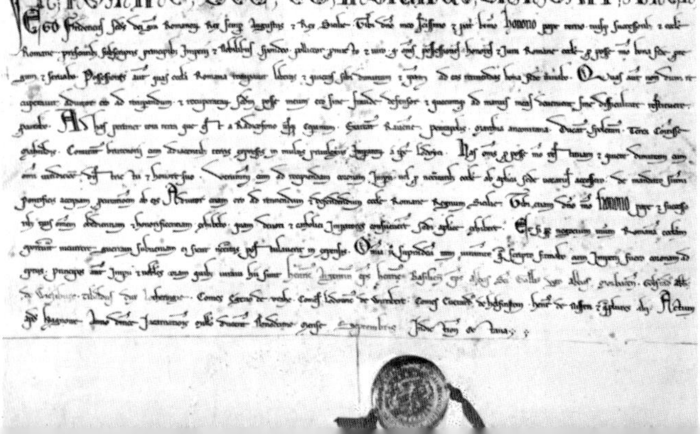
6

Griechen und Römer verwendeten neben dem Papyrus *Wachstafeln*, wachsüberzogene Holztafeln (4). Im 2. Jh. v. Chr. wurde der Papyrus durch das *Pergament* (5) verdrängt, das besonders als Schreibstoff für Urkunden verwendet wurde. Im Mittelalter brachten die Araber das im 1. Jh. n. Chr. von den Chinesen erfundene *Papier* (6), das bald zum vorherrschenden Schreibstoff wurde, nach Europa.

Entwicklung des Schriftbildes von der Dschemdet-Nasr-Zeit (Uruk IV/III) bis zur neuassyrischen bzw. neubabylonischen Periode.

Die waagerechten Spalten 1–4 enthalten die Zeichen für die Begriffe 1 = *Gott* (sumerisch: *dingir*), 2 = *Erde (ki)*, 3 = *Mensch (lu)* und 4 = *Frau (sal)*. Die senkrechten Spalten I — VIII zeigen die Entwicklung jener Zeichen in den folgenden Perioden: I und II = *Uruk IV/III (Dschemdet-Nasr-Zeit)*, *III* = *Fara/Ur I-Zeit* (Tontafelschrift), IV = *Fara/Ur I-Zeit* (in Stein geritzte Schrift), V/VI = *altakkadisch-neusumerische Zeit*, VII = *altbabylonische Zeit*, VIII = *neuassyrische Zeit.*

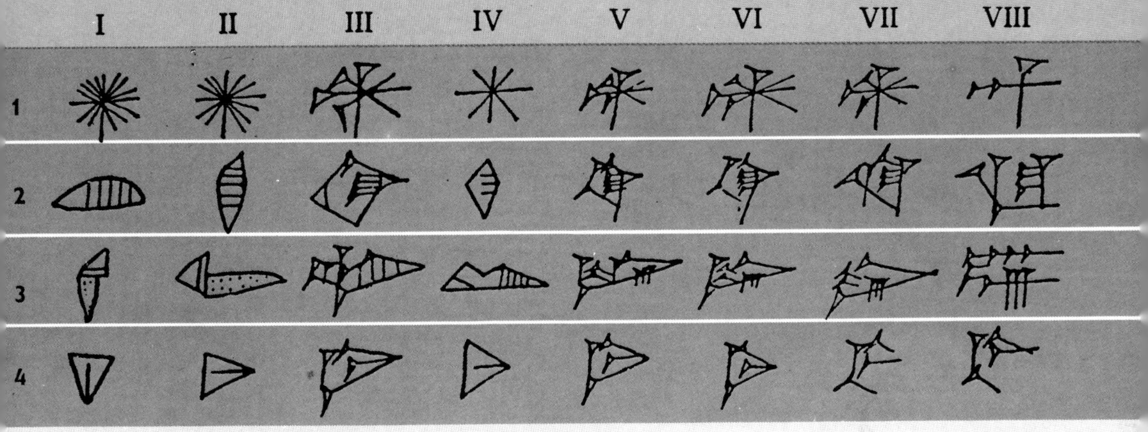

Mitte: *Skulptur eines frühsumerischen Fürsten* (Uruk IV/III-Zeit). Eine Haube, das Haar verhüllend, und ein langer Bart waren Charakteristika des Mannes. Er trug meist einen langen Rock zu nacktem Oberkörper. — Rechts: *Keule des Mesalim von Kisch* (Mesilim-Zeit). Der »abstrahierende« Stil führte A. Moortgat dazu, eine Gruppe von Denkmälern gleicher Merkmale als »Mesilim-Stil« zu bezeichnen. — Unten: *Zylindersiegel der Mesilim-Zeit* (Abrollung). In der linken Gruppe greift ein Stiermensch einen Löwen an, in der rechten, symmetrischen Gruppe werden zwei auf den Vorderbeinen stehende Capriden von Stiermenschen gegen Löwen verteidigt. Zwischen beiden Gruppen ein menschlicher Held, mit einem Dolch bewaffnet. Die Löwendarstellungen sind mit der Löwendarstellung auf der Keule des Mesalim stilverwandt.

Unten: *Statuette eines Beters* (Fara-Zeit). Der im Tempel vor seiner Gottheit im ewigen Gebet zu denkende Mann trägt die für seine Zeit typische Tracht, den sog. Zottenrock.

Bronzekopf eines akkadischen Herrschers (?). Der Dargestellte ist nicht zu identifizieren. Nach Barttracht und Gesichtszügen ist das Kunstwerk in die Akkad-Zeit zu datieren.

Oben: Teil einer *Siegesstele des sumerischen Fürsten Eannatum*, sog. »Geierstele« (Ur I-Zeit). Der Gott Ningirsu schlägt mit einer Keule einem Gegner, den er mit anderen in einem Netz gefangenhält, auf den Kopf. In der anderen Hand hält er den Verschluß des Netzes in Gestalt seines »Emblems«, eines Mischwesens aus Löwe und Adler (Anzud), das seine Krallen in Löwen schlägt. — Mitte: *Akkadisches Rollsiegel* (moderne Abrollung). Zwei nackte Helden bekämpfen ein Rind bzw. einen Löwen. Das Rind trinkt (?) vom Wasser des Lebens, das die Grundlinie für das Bild darstellt. Am Himmel das Symbol des Sonnengottes Schamasch; unter der Inschrift, die den Mundschenken Ur-kadi als Eigentümer des Siegels nennt, ein kleiner Wasserbüffel. — Links: *Standbild des Fürsten Gudea* (neusumerisch). Der Fürst, als Beter dargestellt, ist mit einer Kappe bekleidet, deren Stoff Haarlocken nachahmt. Sein togaartiges Gewand ist ohne jeden Faltenwurf wiedergegeben. Die Inschrift gibt an, daß er sein Bild der Göttin Geschtinanna, der Gemahlin seines Schutzgottes Ningizzida, geweiht hat.

Links: Oberteil der *Stele des Codex Hammurabi* (altbabylon.): Hammurabi anbetend vor dem Sonnengott Schamasch, der im alten Orient Richterfunktion ausübte. — Oben: *Grenzstein (Kudurru)* aus der Zeit Mardukaplaiddinas I. (1176–64 v. Chr.; mittelbabylon.). Die thronende Göttin ist durch ihren Hund als Heilgöttin Gula gekennzeichnet.

Oben: *Torlaibungsfiguren* (Hethit. Großreich) *aus Alaça Hüyük.* Aus Syrien, evtl. aus Babylonien, konnte der Brauch torschützender Genien übernommen worden sein; sie an einer Stadtmauer zu errichten scheint jedoch typisch hethit. zu sein. Ägypt. Einfluß zeigt die Kopfbedeckung der Sphingen (Mischform aus Königskopftuch und sog. Hathorfrisur). — Oben rechts: *Mittelassyr. Rollsiegel* (13. Jh. v. Chr.; moderne Abrollung). Löwe und geflügeltes Pferd im Kampf. Zu ihren Füßen ein Fohlen, zwischen den kämpfenden Tieren das Symbol des Wettergottes, darunter das Omega-Symbol einer weibl. Gottheit. — Rechts: *Rollsiegel des Schauschattar* (um 1450; churr.-mitann.; antike Abrollung). Weibliche geflügelte Löwensphinx hält zwei Löwen an den Hinterbeinen, drei menschlich gebildete Helden im Kampf mit Löwen. Über der Sphingengruppe ein Beter vor dem Symbol der geflügelten Sonnenscheibe. Auffallend der syr. (Hathormaske unter den Füllfiguren) und babylon. (kämpfende Helden) Einfluß.

Rechts: *Relief aus dem Nordpalast Assurbanipals in Ninive* (neuassyrisch). Der König zielt auf Löwen. Zwei außer dem Lenker im Wagen befindliche Männer bekämpfen einen angeschossenen Löwen mit dem Speer.

Mitte: *Relief aus dem Nordwestpalast Assurnasirpals II. in Kalach* (neuassyrisch). Der König, kenntlich an der polosartigen Kappe mit Kegelaufsatz, zielt auf einen schon getroffenen Löwen; hinter ihm zwei Soldaten, unter den Pferden ein zusammengebrochener Löwe. Die betont lineare Darstellung der Muskeln ist typisch für die harte, aber eindrucksvolle Darstellungsweise der Zeit.

Die stilistischen Unterschiede beider Löwenjagdszenen zeigen die Entwicklung der assyrischen Reliefkunst von großen, kräftigen (Mitte) zu feinen, detaillierteren (oben) Formen, die naturnäher wirken, aber an Aussagekraft verloren haben.

Rechts: *Reliefverzierte Treppenwange* eines als »Tripylon« bezeichneten Gebäudes (Dareios' I., Xerxes') aus Persepolis (achämenidisch). Persische Garden, kenntlich an ihrer Tracht und Bewaffnung, schreiten, sich unterhaltend, die Treppe empor, wie sie es vielleicht tatsächlich am persischen Neujahrsfest an dieser Stelle taten.

Am Beginn der neubabylonischen Zeit nahm Nabupolassar die große, ca. 1000 Jahre zuvor von Hammurabi im Dienste des Marduk begründete Bautradition in Babylon wieder auf. Größter Förderer dieser Entwicklung war Nabupolassars Sohn Nebukadnezar II. (604–562 v. Chr.).

Vom *Ischtartor* in der Nordmauer ausgehend (oben: östlicher Pfeiler des Ischtartores, Grabungsbefund; rechts: das ausgegrabene, im Vorderasiatischen Museum in Berlin wiedererrichtete Ischtartor) durchzog eine etwa 300 m lange Prozessionsstraße die Stadt. Charakteristisch war der Schmuck mit Tierdarstellungen und Ornamenten von Rosetten und Lotospalmettenranken aus emaillierten Formziegeln.

Links: *Darstellung eines Löwen von der Prozessionsstraße.* Der Löwe war das attributive Tier der kriegerischen Göttin Ischtar. Der Löwe schreitet den aus der Stadt gehenden Menschen entgegen. Durch diese Straße bewegte sich die Prozession der Götterbilder und Teilnehmer am Neujahrsfest. Die Stilisierung des Löwen mit seinem aufgerissenen Maul, mit betonter Backenmähne und Bauchbehaarung geht auf das altakkadische Vorbild zurück.

Die Induskultur war die älteste Stadtkultur auf indischem Boden (ca. 2300 – 1600 v. Chr.). Sie war nicht auf das namengebende Indusgebiet beschränkt (vgl. die Karte). Bis heute sind über 70 Fundorte bekannt. Die Städte hatten gut ausgebaute Kanalisation, Bäderanlagen (Mitte: das *Bad von Mohendscho-Daro*), Getreidespeicher (unten: die in ihrer ursprünglichen Gestalt rekonstruierten *Getreidespeicher von Harappa*) und (auf einem Hügel über der Stadt gelegene) Festungsanlagen. Die Induskultur besaß eine hochentwickelte Kleinkunst. Die Tiere auf den *Specksteinsiegeln* (rechts oben und Mitte) und die *weiblichen Tonfiguren* (unten rechts) haben uns unbekannten religiösen Charakter. Wenn die Annahme zutrifft, daß der Elefant auf einem der Siegel eine Decke trägt, haben wir das älteste Zeugnis für eine Zähmung vor uns.

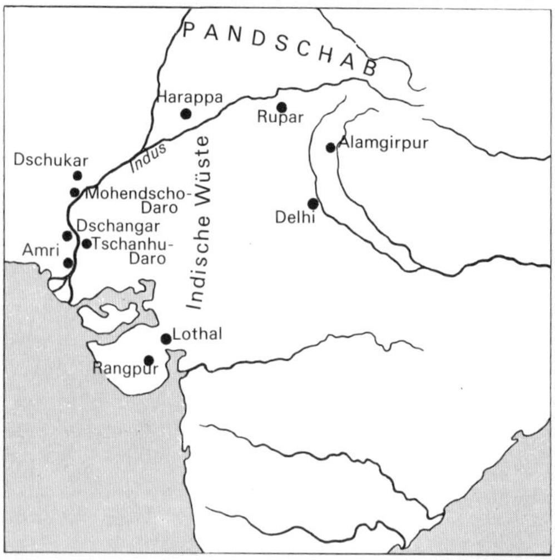

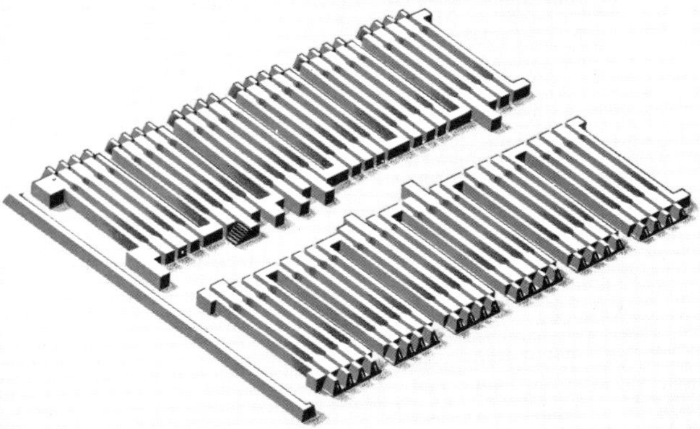

Die Karten geben nur in Annäherung die Ausdehnung der verschiedenen Herrschaftsbereiche wieder, da deren Grenzen im einzelnen aufgrund unzureichender Quellenlage unsicher sind.

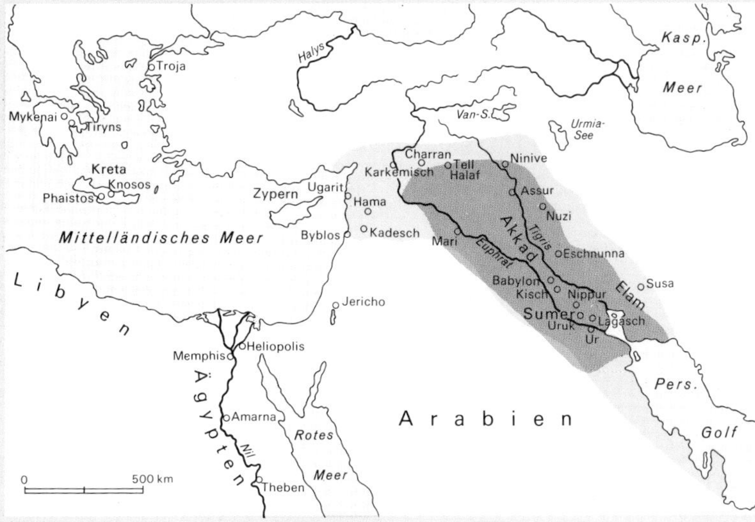

Akkadisches Reich unter Sargon (um 2350 v. Chr.)

Altbabylonisches Reich unter Hammurabi (1726–1686 v. Chr.)

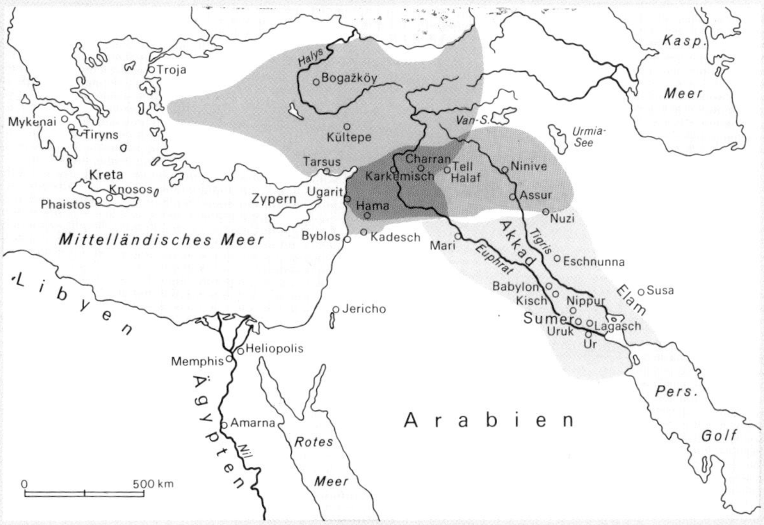

Reich der Churri/ Mitanni (um 1400 v. Chr.)

Kassitisches Reich (um 1400 v. Chr.)

Hethitisches Großreich unter Suppiluliuma (um 1370 v. Chr.)

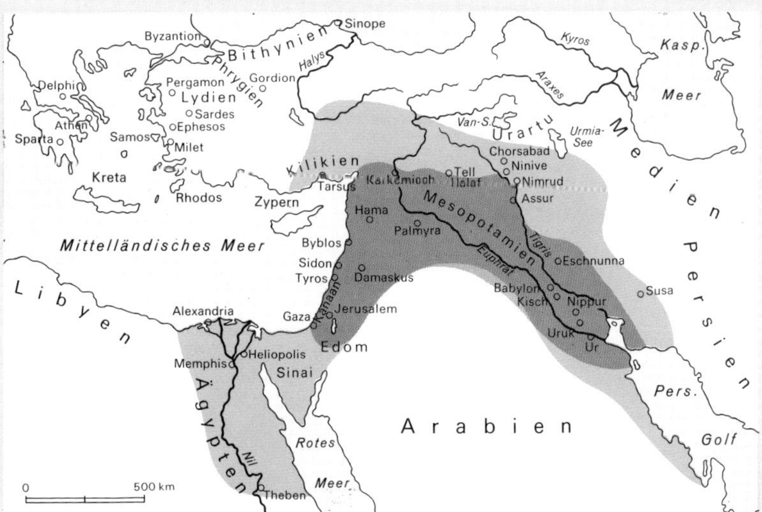

Neuassyrisches Reich unter Assurbanipal (668–626 v. Chr.)

Spätbabylonisches Reich unter Nebukadnezar (604–562 v. Chr.)

Jericho um 1900

Die schon früh vorgenommene schematische, jeweils doppelte Dreiteilung der »Helladischen«, »Kykladischen« und »Minoischen« Kultur entspricht nicht den wirklich wesentlichen Einschnitten und Umbrüchen (dicke Trennungslinien in der Tabelle), wird aber aus praktischen Gründen in der archäologischen Forschung beibehalten. Innerhalb der drei Kulturgebiete verlagern sich die Schwerpunkte und Zentren der weiterreichenden Verbindungen und damit auch die Einflußrichtungen (Pfeile auf der Tabelle = Hauptrichtungen).

v. Chr.	Griechenland	Ägäische Inseln	Kreta (minoisch)
1200	Späthelladisch: Spätmykenisch (jünger)	»Inselmykenisch«	Spätminoisch III
	Späthelladisch: Spätmykenisch (älter)	Spätkykladisch	
1500	Späthelladisch: Mittelmykenisch		Spätminoisch II
	Späthelladisch: Frühmykenisch		Spätminoisch I MM III (jünger)
1700	Mittelhelladisch III	Mittelkykladisch	MM III (älter)
	Mittelhelladisch I–II		Mittelminoisch I–II
2000	Frühhelladisch III	Frühkykladisch III	
2200	Frühhelladisch II	Frühkykladisch II	Frühminoisch
2500	Frühhelladisch I	Frühkykladisch I	
	?		?
2700			
3000	Spätneolithisch	?	Spätneolithisch

Die Karte deutet durch Bildsymbole mit Hilfe einiger Beispiele des Vorkommens bezeichnender Grabformen und Arten der Befestigungs- und Mauertechnik die weitreichenden Verbindungen innerhalb des Mittelmeerraums und teilweise darüber hinaus um und nach der Mitte des 3. Jt. v. Chr. an.

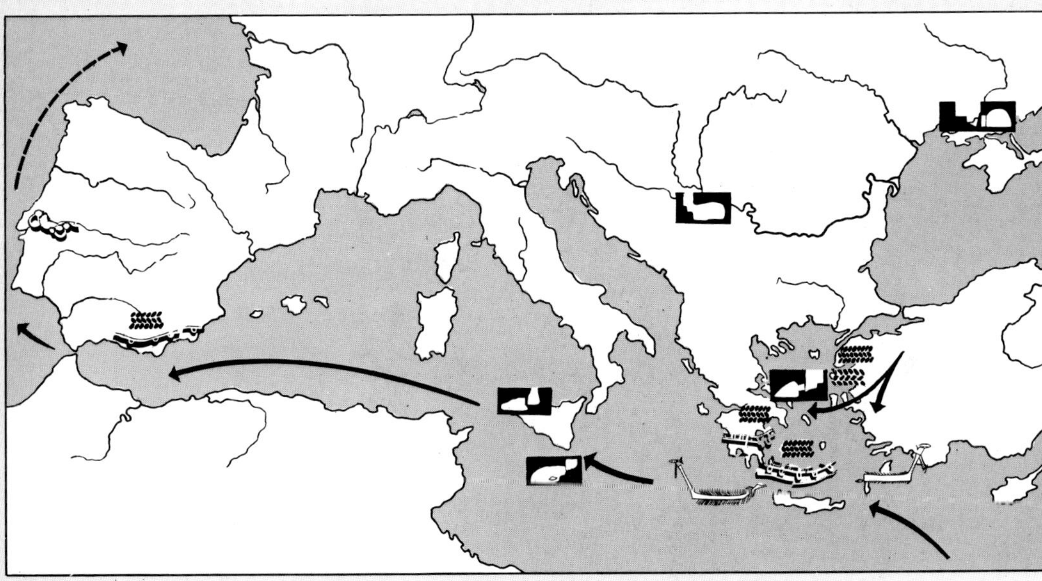

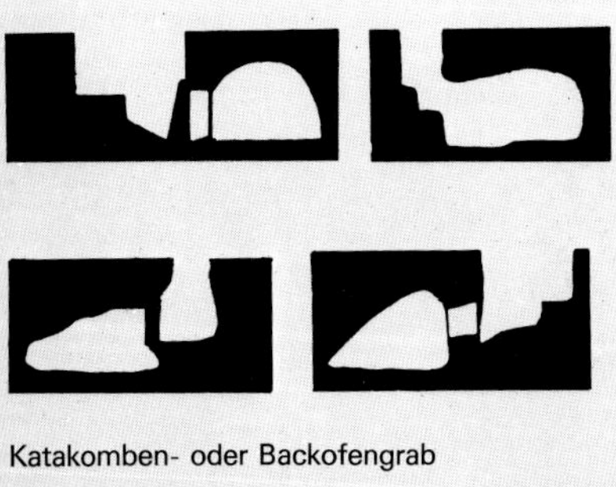

Katakomben- oder Backofengrab

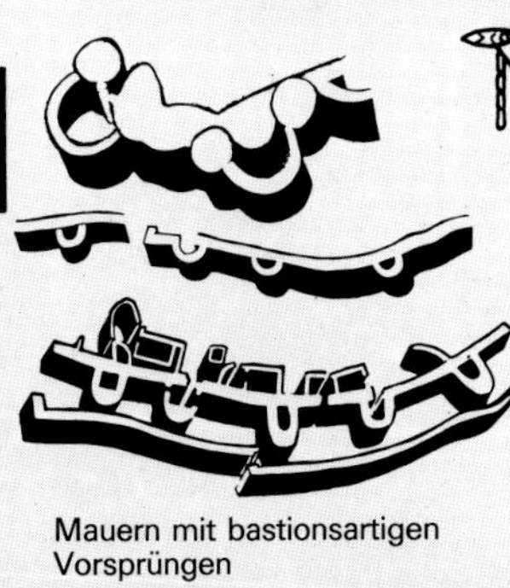

Mauern mit bastionsartigen Vorsprüngen

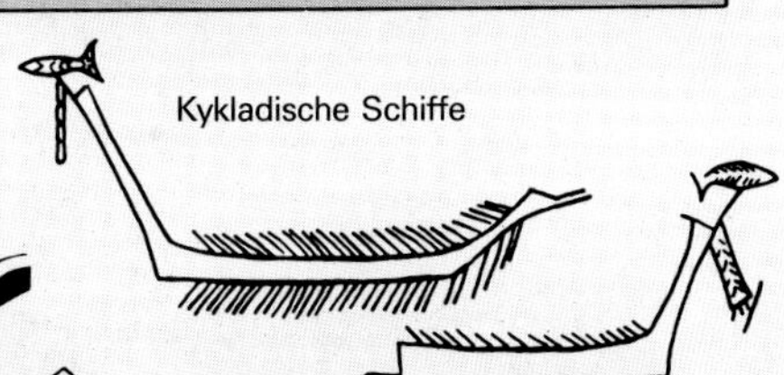

Kykladische Schiffe

Fischgrätenmauerwerk

Unsere Kenntnisse über die Etrusker stammen größtenteils aus den Gräbern Etruriens (Toskana), die einen guten Eindruck vom privaten, öffentlichen und religiösen Leben geben, ferner aus Resten von Tempeln und Stadtmauern etruskischer Städte. – Die *etruskische Kunst* ist von den Griechen abhängig. In der Überarbeitung griechischen Kulturgutes entwickelten die Etrusker jedoch eine eigenständige Kunst, die vor allem durch ihre dem Formgefühl der Griechen fremde Linienführung in der Antike einen besonderen Platz einnimmt. Sie waren Meister der Bronze- und Goldschmiedekunst.

Terrakottasarkophag (rechts) aus Caere (Cerveteri; ca. 500 v. Chr.). Anders als die Griechen bildeten die Etrusker Mann und Frau gemeinsam ab, was für eine gehobene soziale Stellung der Frau spricht.

Grabmalerei aus Tarquinia (1. Hälfte 5. Jh.) mit Szenen eines Gelages (Mitte; im Ausschnitt zwei Tänzer). Den Toten wurde das Grab wie ein Haus hergerichtet, da man sich das Leben im Jenseits ähnlich dem Erdenleben vorstellte. – Basis eines *Bronzekandelabers* aus Vulci (rechts). Der Jüngling hält in der Rechten ein Ei, in der Linken den Fuß einer Schale. Um den Hals trägt er ein Band mit einem Tierkopf, an den Füßen Schnabelschuhe. – *Bronzespiegel* (ganz rechts) aus der Umgebung von Perugia (4.–3. Jh. v. Chr.). Links Perseus, ein Sichelmesser haltend, mit dem er der Medusa den Kopf abgeschlagen hat; rechts Hermes und Athene, letztere hält den Medusenkopf hoch und läßt ihn unten in einer Pfütze widerspiegeln. Da jeder, der Medusa ansah, nach der Sage zu Stein wurde, mußte man einen indirekten Weg wählen, um sie zu betrachten. Die Namen der Dargestellten sind in etruskischer Schrift beigefügt.

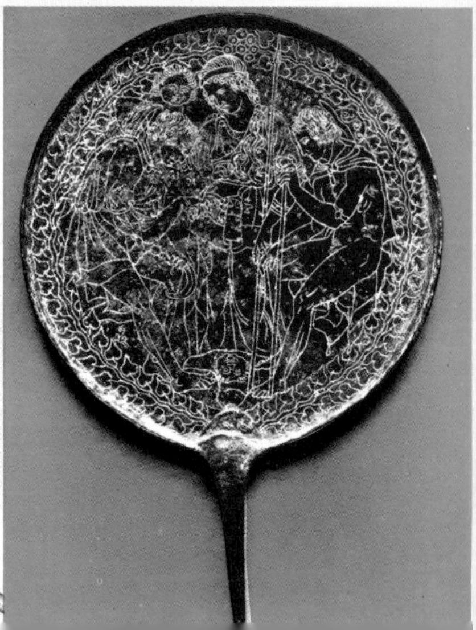

Zahlreiche Zerstörungen von Städten, Burgen und Palästen (wichtige Beispiele: schwarze Punkte auf der Karte) sind auf Vorgänge zurückzuführen, die mit der Formierung und Ausbreitung der »Urnenfelderkulturen«, deren unmittelbaren oder eher indirekten Fernwirkungen zu verbinden sind. Nachhaltig getroffen wurden das Hatti-Reich Kleinasiens und große Teile der Mykenischen Kultur, zumal auf dem griechischen Festland. Eine der Ausnahmen bildete Attika, wo u. a. die Burg von Athen den Angriffen widerstand und die Entwicklung weiterging (rechts: »Kyklopische« Mauer der mykenischen Befestigung auf der Akropolis, darüber sichtbar der Parthenon-Tempel der klassischen Zeit).

Kern- und Ausbreitungsgebiete der Urnenfelderkulturen und verwandter Gruppen

Kerngebiete, Verbreitungsraum und Einflußzonen der spätmykenischen Kultur

Pontische Bronzekultur (Proto-Kimmerier?)

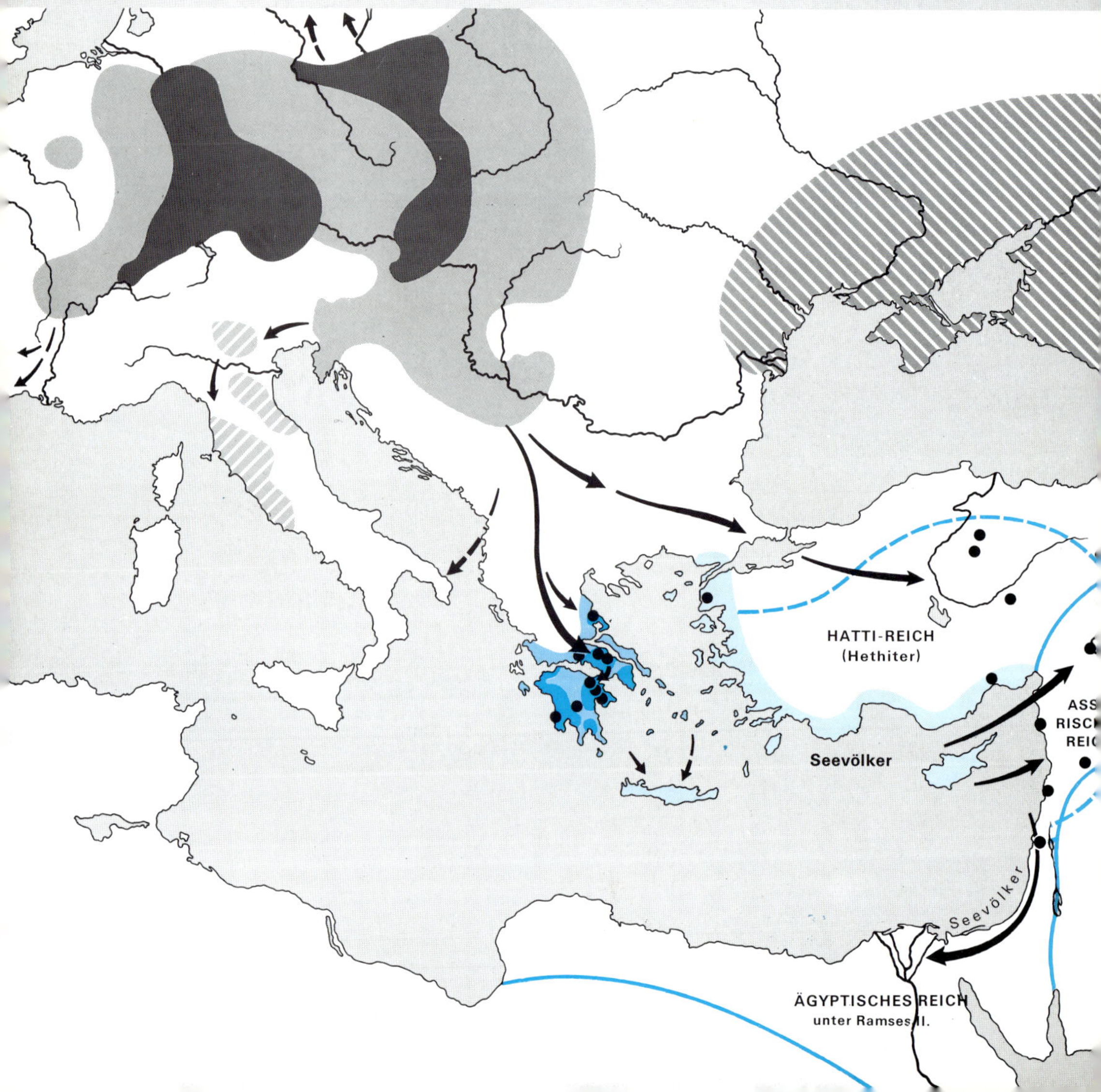

Griechenland vor dem Hellenismus

Apollo von Belvedere

Die westkleinasiatischen Griechen waren bereits durch Kyros II. unter die persische Oberherrschaft geraten; die Eroberung des griechischen Mutterlandes wurde von Dareios I. beschlossen, als ein Aufstand kleinasiatischer Griechen unter Führung Milets, der damals bedeutendsten Stadt der griechischen Welt, im Mutterland Sympathie und auch (geringe) materielle Unterstützung gefunden hatte. Der schließliche Sieg über die Perser hat die politische und kulturelle Geschichte der Griechen weitgehend bestimmt. Es wurden das Selbstbewußtsein der Griechen und das Gefühl ihrer kulturellen Einheit gestärkt, aber auch das im Perserkrieg entwickelte hegemoniale Machtstreben einzelner Städte und die machtpolitische Expansion gefördert. Vor allem aber ist das Bewußtsein des Wertes der äußeren und inneren Freiheit gestiegen.
Dadurch, daß der athenische Staatsmann Themistokles die militärstrategische Bedeutung der Flotte in einem Krieg gegen die Perser rechtzeitig erkannte und in Athen eine große Flotte bauen ließ, die dann auch die Entscheidung im Kampfe herbeiführte, bahnte sich der macht- und wirtschaftspolitische Aufschwung Athens und gleichzeitig damit die Auseinandersetzung mit der alten Führungsmacht der Griechen, Sparta, an.

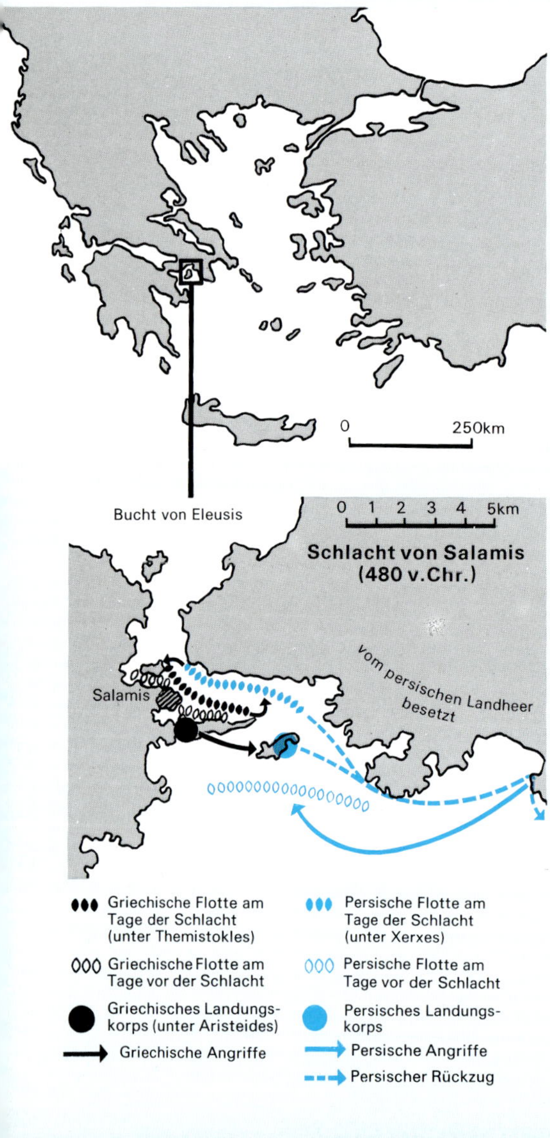

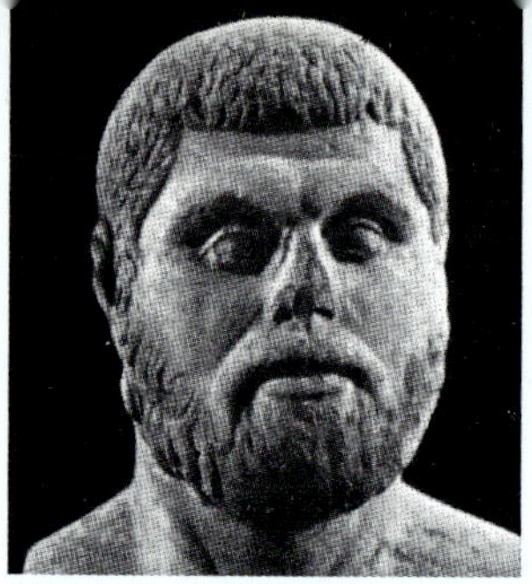
Themistokles

Daten zur Geschichte der Perserkriege

547	Kyros II. nimmt Sardes, die Hauptstadt des lydischen Königreiches; die griechischen Städte Westkleinasiens wechseln von der lockeren lydischen in die persische Oberhoheit
500/494	Aufstand der ionischen Griechen Westkleinasiens gegen die Perser; 498 Eroberung von Sardes
497	Die Perser erobern das ebenfalls abgefallene Zypern zurück
494	Milet wird von den Persern nach der Seeschlacht bei Lade erobert und niedergebrannt
492	Zug des persischen Feldherrn Mardonios nach Thrakien
490	Feldzug des Datis und Artaphernes über See gegen Eretria und Athen; Eretria wird zerstört, das persische Heer aber nach der Landung in Attika bei Marathon durch Miltiades geschlagen
seit 483	Rüstungen der Perser unter dem neuen Großkönig Xerxes (486–465/464) gegen die Griechen
482	Beginn des themistokleischen Flottenbaus in Athen
481	Verkündigung eines allgemeinen Landfriedens und Bildung einer Eidgenossenschaft unter den abwehrwilligen griechischen Staaten
480	Vergeblicher Abwehrversuch an den Thermopylen und am Artemision (Hochsommer); Räumung Athens; vernichtende Niederlage der Perser in der Seeschlacht bei Salamis (Ende September)
479	Das persische Landheer bei Platää, die Flotte bei Mykale geschlagen; Abfall der kleinasiatischen Griechen von den Persern
478/477	Anfänge der gegen die Perser gerichteten delisch-attischen Symmachie unter Führung Athens
ca. 467	Der athenische Feldherr Kimon schlägt die Perser zu Lande und zu Wasser am Eurymedon/Lykien
465	Zug des Kimon gegen die persischen Besitzungen auf der thrakischen Chersones (heute Gallipoli)
460	Athenische Expedition nach Ägypten; Einnahme von Memphis
456	Niederlage der Athener in Ägypten; 454 wird das Expeditionsheer fast völlig vernichtet; die Perser gewinnen Zypern zurück
450	Seesieg der Athener bei Salamis/Zypern
449	Sog. Kallias-Frieden zwischen Athen und dem persischen Großkönig; letzterer verzichtet auf Westkleinasien

Aristogeiton und Harmodios, die Mörder des Tyrannen Hipparchos und durch diese Tat Freiheitssymbol der zu Selbstbewußtsein gelangten Athener

Perikles († 429 v. Chr.), seit 461 Führer der Demokraten, seit 443 als jährlich wiedergewählter Stratege Leiter des attischen Staates; vollendete die Demokratie

Entwicklung der athenischen Verfassung zur Demokratie

594/593 *Reform Solons*, durch die die alte Adelsherrschaft zugunsten einer timokratischen Herrschaftsstruktur eingeschränkt wurde; Errichtung von Appellationshöfen zur Festigung der Rechtssicherheit, Beseitigung der Schuldknechtschaft

561/560 bis 510 *Tyrannis der Peisistratiden* in Athen; durch sie wurde die politische Aktivität der Athener zwar eingeschränkt, doch bereitete sie durch die langjährige Ausschaltung des Adels als des bisher bestimmenden politischen Elements die politische Gleichstellung zumindest der besitzenden Bürger vor

508/507 Beginn der *Reformen des Kleisthenes*: Einteilung der Bürgerschaft nach geographischen (statt wie bisher gentilizischen) Einheiten; Errichtung eines neuen, nach den geographischen Bezirken zusammengesetzten Rates *(Bulé)*, der die politische Bedeutung des Adelsrates *(Areopag)* allmählich zurückdrängte

487/486 Das zentrale Amt, das *Archontat, wurde Losamt*: Beginn der Entmachtung der staatlichen Exekutive

482 Beginn des *Flottenbaus durch Themistokles*. Da nunmehr auch die Ärmsten als Ruderer Kriegsdienst leisteten und — entsprechend der Verbindung von Wehrdienst und politischem Recht — damit den Anspruch auf Beteiligung am politischen Willensbildungsprozeß erheben konnten, bedeutete der Flottenbau den *Anfang der radikalen Demokratisierung Athens*

462 *Ephialtes* entmachtete das letzte Bollwerk des Adels, den Areopag dadurch, daß die Verfassungsaufsicht auf den neuen demokratischen Rat und auf die Volksversammlung übertragen wurde. Der Areopag behielt nur seine Blutgerichtsbarkeit und einige sakrale Kompetenzen

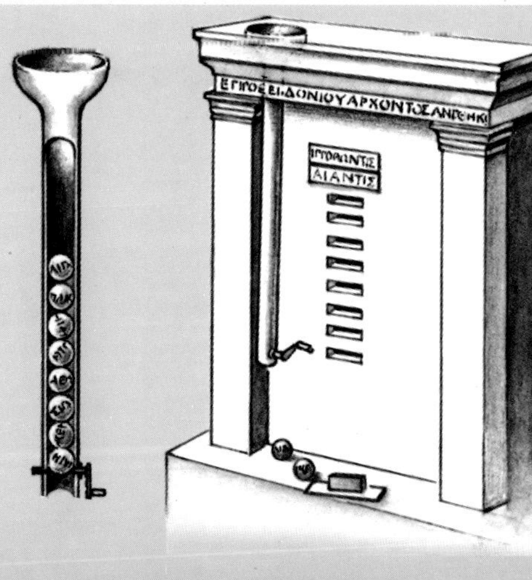

Rekonstruktion einer auf der Agora in Athen gefundenen steinernen *Losmaschine*. Die das individuelle bzw. das Gruppeninteresse ausschließende Losung ist eines der Prinzipien, auf denen in Athen die Idee der Gleichheit aller ruhte. Fast alle Ämter und Richter wurden ausgelost. Nicht einmal den Vorgang der Losung mochte man Individuen anvertrauen, sondern erfand dazu Maschinen, von denen die abgebildete die einfachste Form darstellte

Waren die Kämpfe im 8. und 7. Jh v. Chr. noch Einzelkämpfe zwischen Adligen gewesen, in denen der Streitwagen, später zumindest das Pferd eine wichtige Rolle gespielt hatten, wurde durch die politische Gleichstellung weiter Bevölkerungsteile seit Anfang des 6. Jh. der Fußsoldat immer wichtiger. Noch im 6. Jh. wurde die lange Schlachtreihe *(Phalanx)* aus dicht gereihten schwerbewaffneten Fußsoldaten (*Hopliten;* rechts: Bronzestatuette, 5. Jh.) das entscheidende Kriegsinstrument. Die *Phalanxtaktik,* bis zur Vollendung weiterentwikkelt, hat den Griechen bis in die hellenistische Zeit die militärische Überlegenheit über die „Barbaren" gesichert.

Der Wehrdienst bildete die Grundlage für die politischen Rechte. Da jeder Waffen und Rüstung selbst stellen mußte (links: *Grabstele des Aristion;* Krieger mit Harnisch, Beinschienen, Helm und Lanze), konnten nur Bürger mit einem gewissen Einkommen Militärdienst leisten. Das wurde in Athen anders, als mit den Perserkriegen die Bedeutung der Flotte wuchs, Kriegsschiffe benötigten nämlich Ruderer, weil das Segelwerk allein ihnen nicht die erforderliche Wendigkeit gab. Da der Ruderer keine Waffen stellen mußte, konnten nun auch ärmere Leute Kriegsdienst leisten und damit politische Rechte verlangen. Das wurde der Ausgangspunkt für die Entwicklung der athenischen Verfassung zur radikalen Demokratie. Die meisten Kriegsschiffe waren *Trieren* (unten: Querschnitt und Relief einer attischen Triere). Neben den Ruderern gab es noch die eigentliche Schiffsmannschaft und die Fußsoldaten. Gekämpft wurde entweder mit dem Schiff selbst durch Rammen oder durch Kampf der Schwerbewaffneten von Deck zu Deck. Später baute man auch größere, aber bedeutend unbeweglichere Kriegsschiffe mit fünf oder sieben Ruderreihen.

Querschnitt einer attischen Triere, d.h. eines Schiffes mit drei Reihen (insgesamt ca. 170) Ruderern.

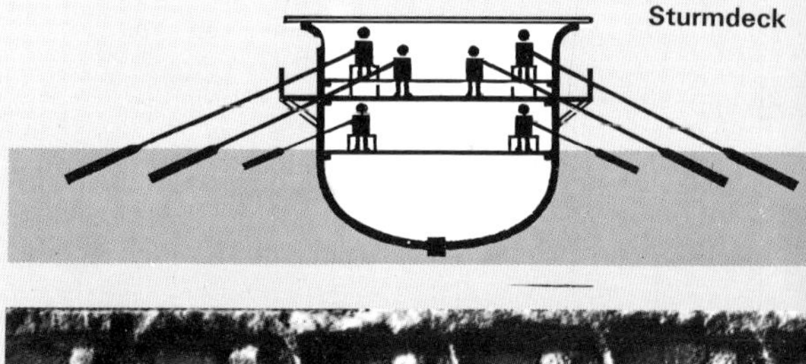

Entwurf: U. Kahrstedt

VERLAG HERDER FREIBURG

Das Bild oben zeigt die *Akropolis von Athen* mit Parthenon, Erechtheion und (links) den Propyläen; vorne links, angelehnt an den Akropolisberg, das Theater des Herodes Atticus aus der Kaiserzeit; weiter westlich das Dionysos-Theater; im Hintergrund der Lykabettoshügel.

In der Mitte rechts *Modell des Zentrums von Priene,* einer mittelgroßen Stadt im Mündungsgebiet des Mäander (heute Menderes) in Westkleinasien; darunter der *Sitzungssaal des Rathauses* (nach der Ausgrabung), oben links ein rekonstruiertes *Säulenjoch vom Athena-Tempel* (unten davor ein Originalkapitell) in Priene.

Die Architektur der griechischen Stadt ist ein Spiegelbild des gesellschaftlichen Lebens der Stadt und ihrer Isoliertheit nach außen. Schon früh besitzt jede Stadt eine Mauer und meist mehrere steinerne, dann auch marmorne Tempel als Zeugen des mit dem öffentlichen Leben eng verknüpften Kultes. In hellenistischer Zeit (seit Ende des 4. Jh.) wird die Architektur vielfältiger und aufwendiger. Fast jede Stadt hat nun mehrere Gymnasien (Turnplätze für die Jugend) und Stadien für die Wettläufe. Auch das Rathaus (Buleuterion) wird ein besonderer Bautyp. Die Straßen sind schön ausgepflastert; unter ihnen laufen Kanalisationsgräben. Auch die Privathäuser werden nun infolge eines relativ hohen wirtschaftlichen Wohlstandes besser ausgebaut; es gibt bereits viele villenartige Bauten.

Mit dem Kultleben der antiken Stadt hängt auch das offene Theater zusammen, das immer prächtiger ausgestaltet wird (später gibt es auch ein geschlossenes Theater, das Odeion, in dem vor allem Musikstücke aufgeführt werden). Oben: *Skene und Orchestra des Theaters von Priene*, darunter Versuch einer *Rekonstruktion des Theaters*. — Von den beiden Bildern links zeigt das obere einen *Waschraum im unteren Gymnasion von Priene*, das untere einen *Marmorsessel im Theater von Priene*. — Im Bild unten Teil eines *Reliefs mit Sportszenen* aus den späten 6. Jh.; dargestellt sind ein startender Läufer, Ringkämpfer und ein Speerwerfer.

Der griechische Tempel

1 *Tempelformen. a griechisches Haus* mit Vorhalle. Urform des griechischen Tempels — *b Antentempel* — *c Doppelantentempel* — *d Prostylos* — *e Amphiprostylos* — *f Peripteros* (mit Säulenring) — *g Dipteros* (mit doppeltem Säulenring). Sonderformen: *h Monopteros* — *i Tholos*

2 *Parthenon* auf der Akropolis zu Athen, *dorischer Peripteros*, 447–438 v. Chr. von *Iktinos* und *Kallikrates* erbaut

3 *Tempel der Athena Nike* auf der Akropolis zu Athen, *ionischer Amphiprostylos*, um 435 v. Chr. erbaut.

4 *Säulenordnungen*. Von links nach rechts: *Dorische Säulenordnung*, u. a. ohne Basis; Kapitell aus Echinus und Abakus; Triglyphen-Metopen-Fries. — *Ionische Säulenordnung*, u. a. mit Basis; Volutenkapitell (daneben u. a. mit reicherer Basis, aber ohne Bildfries). — *Korinthische Säulenordnung* mit reichem Blattkapitell (sonst entsprechend der Ionischen Säulenordnung)

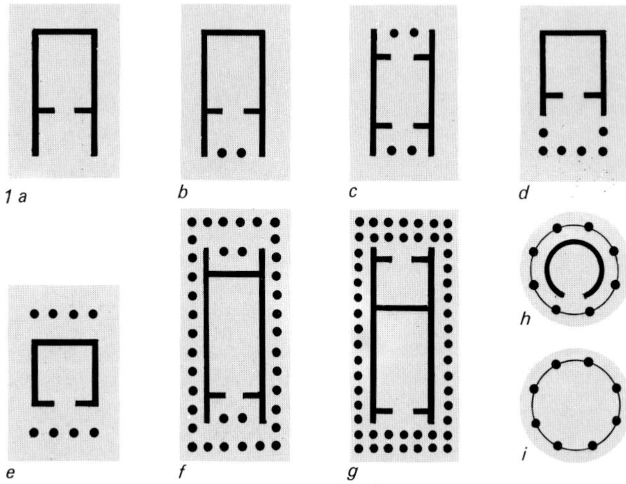

2

3

4

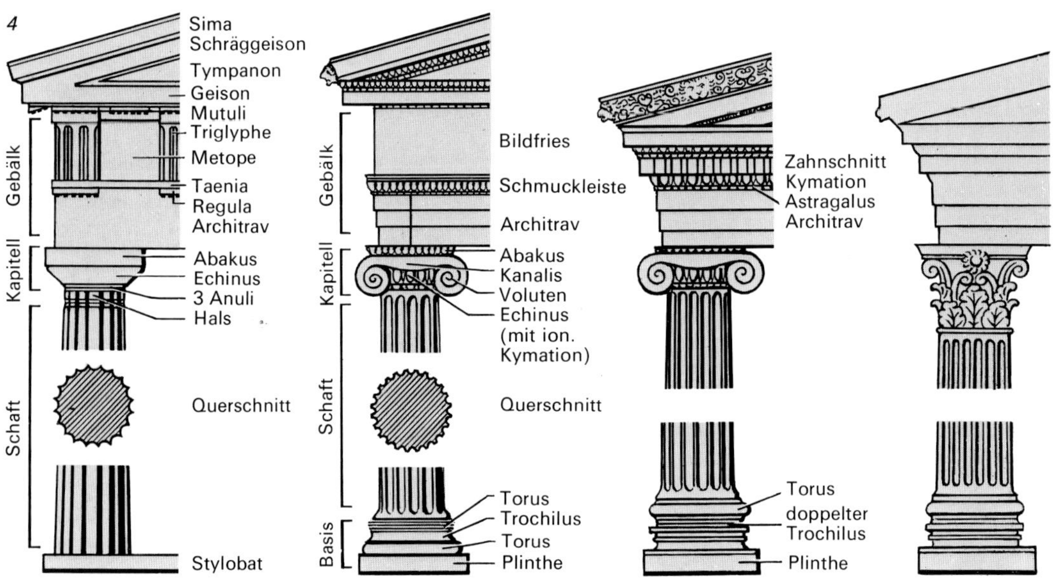

1

2

3

Griechische Vasenkunst

Nach einer ersten Hochblüte in der Ägäischen Kultur im 2. Jt. v. Chr. erhielt die Vasenkunst einen neuen Ansatz im *protogeometrischen* und im *geometrischen Stil* der Kunst Griechenlands (ca. 1100–700 v. Chr.). Seit ca. 800 drangen silhouettenartige *Trierfriese* und *erzählende Figurenbilder* ein. Seit dem 8. Jh. machte sich *orientalischer Einfluß* stärker geltend. Die *hocharchaische Periode* ist durch den *schwarzfigurigen Stil,* die *spätarchaische und klassische Periode* durch den *rotfigurigen Stil* gekennzeichnet.

1 Vase im geometrischen Stil (um 800 v. Chr.)
2 Kanne aus Rhodos im orientalisierenden Stil (7. Jh. v. Chr.)
3 Attische schwarzfigurige Hydria (520/510 v. Chr.)
4 Rotfiguriger Kelchkrater des *Euphronios* (um 510 v. Chr.)

4

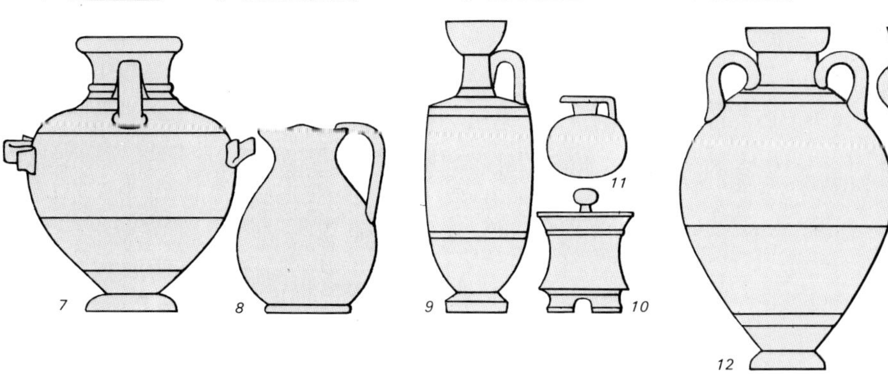

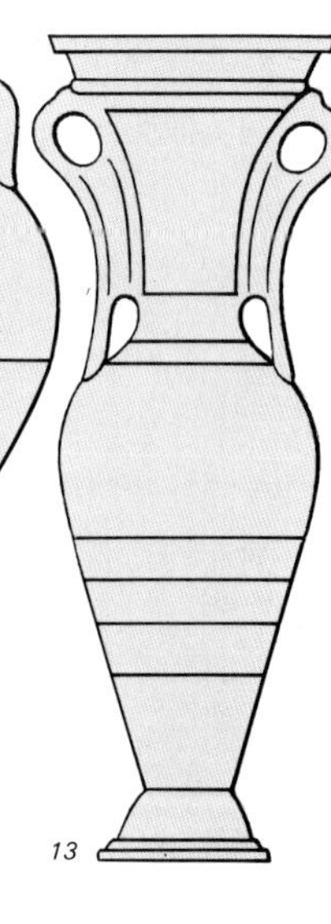

Gefäßtypen. Die griechische Vasenkunst kannte zahlreiche, streng unterschiedene Gefäßtypen. Zu den *Vorratsgefäßen* zählen *Halsamphora* (*1*) und *Pelike* (*2*), zu den *Mischgefäßen* gehören *Volutenkrater* (*3*) und *Kelchkrater* (*4*). *Trinkgefäße* waren u. a. *Kantharos* (*5*) und *Skyphos* (*6*). Als *Schöpf- und Gießgefäße* dienten u. a. *Hydria* (*7*) und *Oinochoe* (*8*). Zu den *Salbgefäßen und Büchsen* gehören *Lekythos* (*9*), *Pyxis* (*10*) und *Aryballos* (*11*), zu den *Kultgefäßen Lutrophoros* (*12*) und *Panathenäische Amphora* (*13*)

Griechische Plastik

In *archaischer Zeit* bildeten sich *zwei Grundtypen* aus: der Jüngling in heroischer Nacktheit (*Kuros*) und die bekleidete Mädchen- (*Kore*) bzw. Frauengestalt

1. *Kuros* (um 600 v. Chr.)
2. Mantillen-*Kore* (um 500 v. Chr.)
3. *Verwundeter Krieger*. Skulptur vom Westgiebel des dorischen *Aphaiatempels auf Ägina* (um 500 v. Chr.). Übergang vom archaischen zum klassischen Stil

Die *klassische Zeit* überwand die Frontalität und strebte nach der in Raum und Tiefe sich frei bewegenden Figur u. a. durch *Körperperspektive* und *Kontrapost*

4. *Knabe des Kritios; strenger Stil* (um 490/480 v. Chr.)
5. *Myron, Diskobolos* (Diskuswerfer); *hochklassisch* (römische Kopie; 5. Jh. v. Chr.)
6. *Polyklet, Doryphoros* (Speerträger); *hochklassisch* (römische Kopie; um 440 v. Chr.)
7. *Praxiteles, Hermes mit dem Dionysosknaben; spätklassisch* (370/320 v. Chr.)
8. *Lysippos, Ruhender Hermes; spätklassisch* (Ende 4. Jh. v. Chr.)

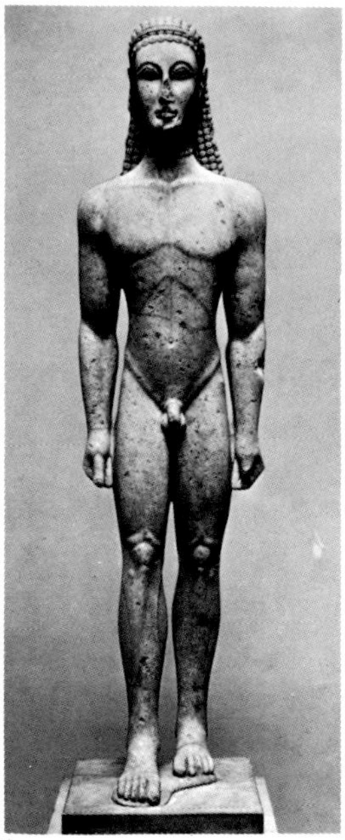
1

2

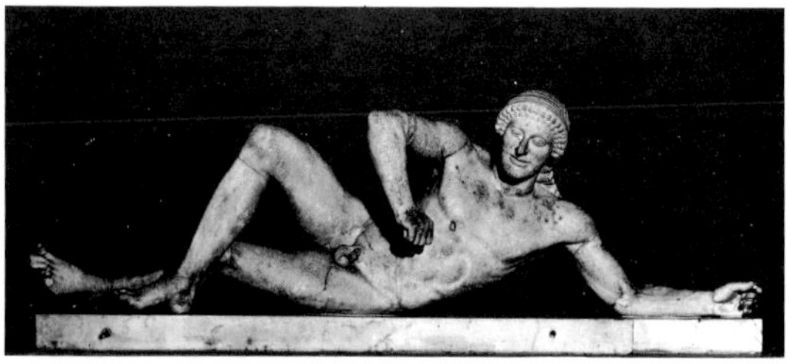
3

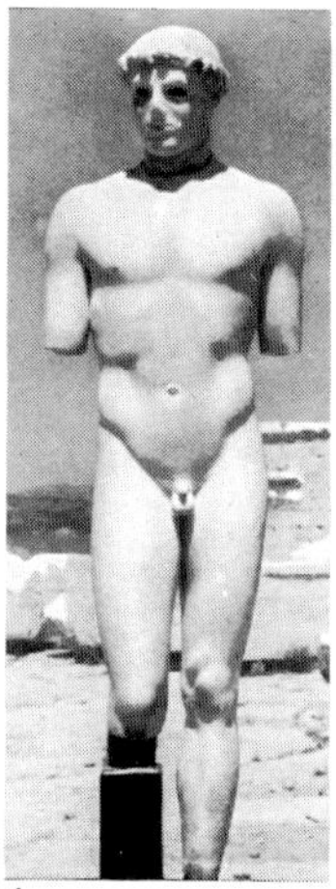
4

5

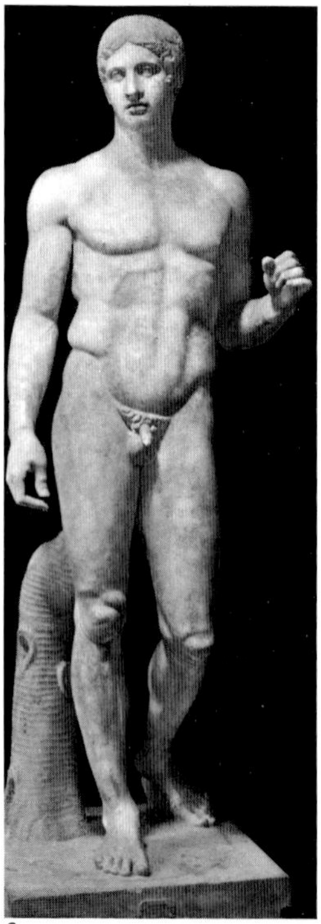
6

7

8

Das in der Antike von *Aischylos*, *Euripides* und *Sophokles* dramatisch gestaltete Schicksal des *Atridengeschlechts* (oben links: apulisches Vasenbild, um 400 v. Chr., zu *Sophokles'* »Elektra«) bot der modernen Dichtung eine besondere Möglichkeit, die aktuelle Frage nach Schuld und Leid aufzuwerfen. Der *Elektra-Stoff* in der Sophokleischen Version wurde im 20. Jh. von *Hugo von Hofmannsthal* (oben rechts: Aufführung im *Neuen Theater zu London*), *Gerhart Hauptmann* (Mitte links: Inszenierung von *E. Piscator* am *Theater am Kurfürstendamm, Berlin*), *Jean Giraudoux* (Mitte rechts: Aufführung am *Thalia-Theater, Hamburg*), *Eugene O'Neill* (»Trauer muß Elektra tragen«, Aufführung am *Deutschen Schauspielhaus, Hamburg*) und *Jean-Paul Sartre* (Szene aus »Die Fliegen«, Aufführung am *Düsseldorfer Schauspielhaus* unter der Regie von *G. Gründgens*) behandelt (unten).

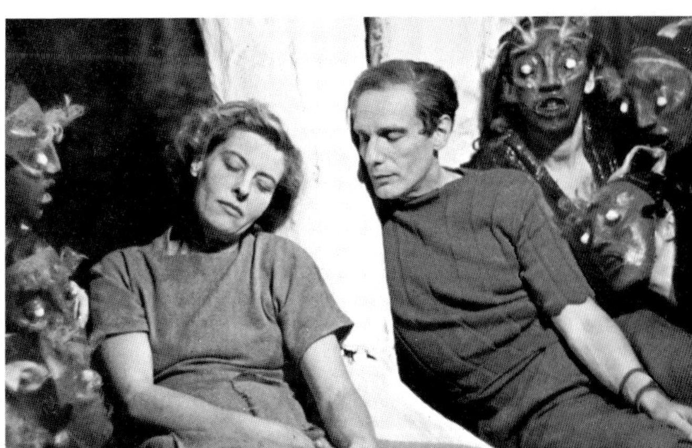

Schon in mykenischer Zeit kannten die Griechen eine Schrift: das dem kretischen (minoischen) Kulturkreis entlehnte sog. *Linear-B*. Aber die Kenntnis dieser nur einer kleinen Schreiberkaste geläufigen Schrift ging in den Wirren der Großen Wanderung wieder verloren. Das spätere griechische Alphabet geht auf die *phönikische Schrift* zurück. Die Wahl dieser Schrift als Vorbild zur Schaffung einer eigenen Schrift war Ursache dafür, daß die Schrift später allgemein erlernbar war. Denn die Phöniker waren die einzigen gewesen, die nicht für jeden Begriff,

Phönikische Schriftzeichen

sondern für den einzelnen Lautwert Zeichen setzten und damit den Umfang der zu erlernenden Schriftzeichen begrenzten. Zwar haben auch schon andere mediterrane Schriftsysteme gelegentlich für Konsonanten Zeichen gesetzt, doch nur die Phöniker verwendeten konsequent alle Zeichen für Lautwerte, und zwar nur für Konsonanten (die Vokale sind im Semitischen zur Erkennung eines Wortes von sekundärer Bedeutung) und beschränkten damit die Summe der Zeichen auf 22 (oben). Das phönikische Zeichensystem, das durch phönikische Kaufleute zu den Griechen gelangte, wurde — wahrscheinlich von einem einzelnen — in genialer Weise weiterentwickelt und der griechischen Sprache angepaßt, indem nun neben den Konsonanten auch die Vokale, die im Griechischen für die Erkennung eines Wortes größere Bedeutung haben, mit Zeichen gekennzeichnet wurden (Mitte). Für die Vokale nahm man phönikische Zeichen, für deren Lautwert man im Griechischen keine Verwendung hatte. Die weitere Vervollständigung der griechischen Lautwerte wurde durch Erfindung von Zusatzzeichen erreicht, die aus den vorhandenen Zeichen entwickelt wurden (oben rechts).

Da die Phöniker von rechts nach links schrieben, taten es die Griechen im ersten Stadium der Übernahme der Schrift auch. Nach manchen Übergängen schrieben sie dann von links nach rechts, wobei — dem Schriftduktus folgend — die phönikischen Zeichen in Spiegelschrift geschrieben wurden (z. B. 8 →B). Das *griechische Alphabet* wurde zu Beginn des 9. Jh. v. Chr. von den Phönikern übernommen. Aus dem Uralphabet entwickelten sich durch die jeweils verschiedene Bezeichnung der über die 23 Buchstaben dieses Alphabets noch hinaus benötigten Zeichen und durch weitere Sonderentwicklungen verschiedene Alphabete, die man (nach A. Kirchhoff) in *vier große Gruppen* einteilt, die nach Farben benannt werden (*grün, dunkelblau, hellblau* und *rot;* unten); sie unterscheiden sich u. a. besonders in der Verwendung der sog. Zusatzbuchstaben ξ, φ, χ und ψ. Den Sieg über die anderen Alphabete errang schließlich das *dunkelblaue Alphabet*, das in der Handelsmetropole Milet verwendet wurde; dazu hat nicht nur die wirtschaftliche, sondern vor allem auch

Altgriechische Schriftzeichen

Entwickeltes griechisches Alphabet

die in der archaischen Zeit unbestreitbare kulturelle Überlegenheit Milets als zentrale Stadt des kleinasiatischen Ioniens beigetragen. 403 v. Chr. hat dann auch Athen (bisher hellblaues Alphabet) das dunkelblaue Alphabet übernommen.

Unser heutiges *lateinisches Alphabet* ist übrigens aus dem *roten* Alphabet entwickelt worden. Denn dieses Alphabet wurde in Chalkis auf Euböa benutzt, von wo es Kolonisten nach Kyme, der nördlichsten griechischen Kolonie in Italien, mitnahmen. Von hier gelangte es sehr wahrscheinlich direkt oder über die Etrusker nach Rom. Deswegen verwenden wir heute — anders als die Griechen, die später ja allgemein das dunkelblaue Alphabet übernahmen — das X für den Lautwert x (ks); im griechischen dunkelblauen Alphabet hat dieses Zeichen den Lautwert ch. Da das kymäische Alphabet außerdem noch das (Q) = Koppa hatte, das im späteren gemeingriechischen Alphabet nicht mehr vorhanden ist, besitzen wir heute im Gegensatz zu den Griechen auch diesen Buchstaben mit dem ursprünglichen Lautwert q.

Lautwert →	ph	ch	ps	ks
grün	–	–	–	–
dunkelblau	Φ ϕ	X +	Ѱ Ψ	Ξ
hellblau	Φ ϕ	X +	(ΠΣ)	(XΣ)
rot	Φ ϕ	Ѱ Ψ	–	X +

Die Griechen haben wie in vielen anderen Literaturzweigen so auch für die abendländische Geschichtsschreibung die Grundlage gelegt. Von den zahlreichen griechischen Historiographen haben die folgenden Männer die Nachwelt besonders stark beeinflußt:

HERODOT

(ca. 484–430 v. Chr.) wurde in Halikarnassos an der südlichen Westküste Kleinasiens geboren, verließ aber schon früh seine Vaterstadt, um sich auf längere Reisen zu begeben. Er kam für die Verhältnisse seiner Zeit weit herum, sah u. a. Südrußland, Ägypten, das Zweistromland und natürlich die zentralen Stätten des griechischen Mutterlandes. 444 wurde er Bürger von Thurioi in Unteritalien. Vorträge über seine Reisen führten ihn auch nach Athen, was den politischen Standort seines Werkes nicht unbeeinflußt gelassen hat. Sein Werk, die *Historie*, d. i. die Darlegung dessen, was er gesehen und gehört hatte, unterscheidet sich von der älteren Literatur darin, daß nicht mehr die mythische Vergangenheit, sondern die durch das menschliche Bewußtsein noch erfaßbare Geschichte erzählt wird und daß neben geographische, ethnographische und novellistische Erzählungen, die es schon vor ihm bzw. zu seiner Zeit gab, der Ablauf der politischen Geschichte dargestellt wird. Die Rahmenerzählung liefert dabei die Geschichte der lydischen und persischen Könige, in die jeweils dann, wenn diese Geschichte auf andere, besonders griechische Staaten stößt, für die Darstellung von deren Geschichte unterbrochen wird, bis in den Perserkriegen alle Geschichte in dieses große Ereignis einmündet. Herodot übt noch keine historische Kritik; eine besondere Rolle spielt in der Welterklärung das Wirken der Götter, z. B. der Neid der Götter gegenüber dem Erfolgreichen. Im Zentrum aber steht ihm das Menschliche, das Wirken des einzelnen, und das Individuelle wird ihm zum Exemplarischen. Die große Erzählerkunst und das große Talent, die verschiedenen Bereiche historischen Seins zu verbinden, geben seinem Werk wie kaum einem anderen „historisches Kolorit« und haben ihm zu Recht den Namen eines »Vaters der Geschichte« eingetragen.

THUKYDIDES

(ca. 460–400 v. Chr.) entstammte einer vornehmen athenischen Familie. Im Peloponnesischen Krieg wurde er Feldherr, kehrte aber nach einem militärischen Mißerfolg nicht mehr nach Athen zurück. In seinem Werk stellt Thukydides die Geschichte des Peloponnesischen Krieges von 431 bis 411 dar; an der Schilderung der letzten Kriegsjahre hat ihn wohl der Tod gehindert. Anders als Herodot ist Thukydides um strengste Exaktheit bemüht, selbst die mündliche Überlieferung gilt ihm als verdächtig. Weil er allem Fabulieren und ungehemmten Erzählen ablehnend gegenübersteht, beschränkt er sich auf die rein militär-politische Geschichte, also auf die Machtpolitik im engeren Sinne. Vor allem aber zeichnet ihn der Wille aus, über die Ursachen des Geschehens Gewißheit zu erlangen, wobei er zwischen der vordergründigen Veranlassung und der tieferen Ursache eines Ereignisses unterscheidet (was danach klassisch geworden ist). Die Ursachen des Geschehens sind ihm aber nicht einfach weiter zurückliegende Entwicklungstendenzen, obwohl er auch sie berücksichtigt, sondern er sucht sie in der Natur des Menschen, in seinen Leidenschaften, Hoffnungen und Trieben. Aus der Kenntnis der menschlichen Natur ergibt sich dann eine Typik im Geschehen, die das Studium des Geschehens wegen des damit verbundenen Wissens um diese Typik nützlich macht.

XENOPHON

(ca. 426 – nach 355 v. Chr.) gehörte einer vornehmen athenischen Familie an, wurde aber durch seine Bewunderung für Sparta seiner Heimatstadt entfremdet, in die er erst gegen Ende seines Lebens wieder zurückkehrte. Er steht in der Nachfolge des Thukydides, ohne dessen Genialität zu erreichen. Doch zeichnen sich seine historischen Schriften, unter denen vor allem die Schilderung des Zuges der Zehntausend gegen den persischen Großkönig *(Anabasis)*, den Xenophon an leitender Stelle mitmachte, und die *Hellenika* (griechische Geschichte von 411–362) hervorstechen, durch die Kunst des Erzählens und durch nüchterne, bisweilen allerdings auch von politischem Eifer etwas verzerrte Sachlichkeit aus. Bemerkenswert ist auch sein militärischer Sachverstand.

POLYBIOS

(ca. 200–120 v. Chr.) entstammte einer vornehmen Familie aus Megalopolis auf der Peloponnes. Er kam als Internierter nach Rom, wo er bald Anschluß an den mächtigen römischen Politiker und Feldherrn Scipio Aemilianus erhielt. Sein Hauptwerk ist eine nur z. T. auf uns gekommene Universalgeschichte von 220/219–146 v. Chr. (mit Rückblick bis 264), die den Aufstieg Roms zur Weltherrschaft beschreibt und ihn zu verstehen sucht. Polybios bemüht sich um wissenschaftliche Objektivität, um nüchterne, rationale Darstellung. Zur Historiographie gehört ihm Ursachenforschung genauso wie das Quellenstudium. Es diskutiert seine Quellen methodisch und polemisiert auch — in z. T. modern-akademischer Weise — gegen seine Gegner.

Herodots Erdbild
(nach Niebuhr)

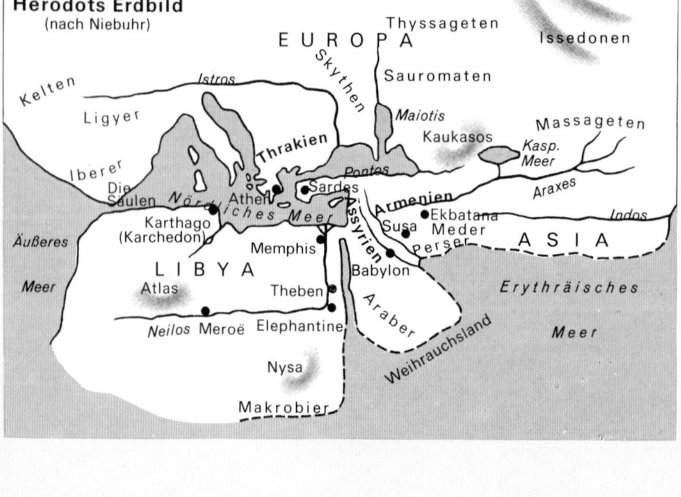

Alexander und der Hellenismus

Alexander der Große in der Schlacht bei Issos (Alexandermosaik)

Alexander der Große

Seleukos I. Nikator

Ptolemaios I. Soter

Die Königreiche der hellenistischen Zeit bildeten sich aus der Auflösung des Alexanderreiches; die Herrscher der größeren Reiche waren Nachkommen der Generale Alexanders. Nach dem allmählichen Zerfall des Seleukidenreiches und später auch Ägyptens entstanden zahlreiche kleinere Dynastien, die z. T. von gräzisierten einheimischen Fürsten gegründet wurden. Neben den Königreichen blieben vor allem im griechischen Mutterland zahlreiche Städte unabhängig (z. B. Athen und Rhodos), und es gelang größeren Bünden von Städten, sich im Spiel der politischen Kräfte gegenüber den Königen zu behaupten (z. B. der Ätolische und der Archäische Bund).

Die Macht der hellenistischen Herrscher ruhte auf der Verfügungsgewalt über das Militär und über den Beamtenapparat sowie auf einem unterschiedlich großen Königsbesitz an Land. Im einzelnen war die Struktur der Herrschaft sehr verschieden, in manchen Ländern, wie in Ägypten, baute sie ganz auf der vorgriechischen Wirtschafts- und Sozialstruktur auf. Vielfach spielten die griechischen Städte innerhalb eines Königreiches eine besondere Rolle.
Die hellenistischen Herrscher waren zum Teil bedeutende Feldherrn und Staatsmänner, deren Leistung durch das moderne, auf die klassische Zeit gerichtete Geschichtsbild nicht angemessen gewürdigt wird.

Die Seleukiden

312–281	Seleukos I. Nikator
281–261	Antiochos I. Soter
261–246	Antiochos II. Theos
246–225	Seleukos II. Kallinikos
225–223	Seleukos III. Soter
223–187	Antiochos III. der Große
69–64	Antiochos XIII. Asiatikos
65–64	Philippos II.

Die Attaliden
(pergamenische Dynastie)

263–263	Philhetairos
263–241	Eumenes I.
241–197	Attalos I. Soter
197–160/59	Eumenes II. Soter
160/59–139/38	Attalos II.
139/38–133	Attalos III.

Die Antigoniden
(makedonische Dynastie)

294–287	Demetrios Poliorketes (als König von Makedonien)
276–239	Antigonos Gonatas (als König von Makedonien)
239–229	Demetrios II.
229–222/21	Antigonos Doson
222/21–179	Philipp V.
179–168	Perseus

Die Ptolemäer
(ägyptische Dynastie)

–283	Ptolemaios I. Soter
285–246	Ptolemaios II. Philadelphos
246–221	Ptolemaios III. Euergetes I.
221–204(?)	Ptolemaios IV. Philopator
203–180	Ptolemaios V. Epiphanes
51–30	Kleopatra VII.

Philhetairos

Antiochos III.

Mithridates VI. Eupator

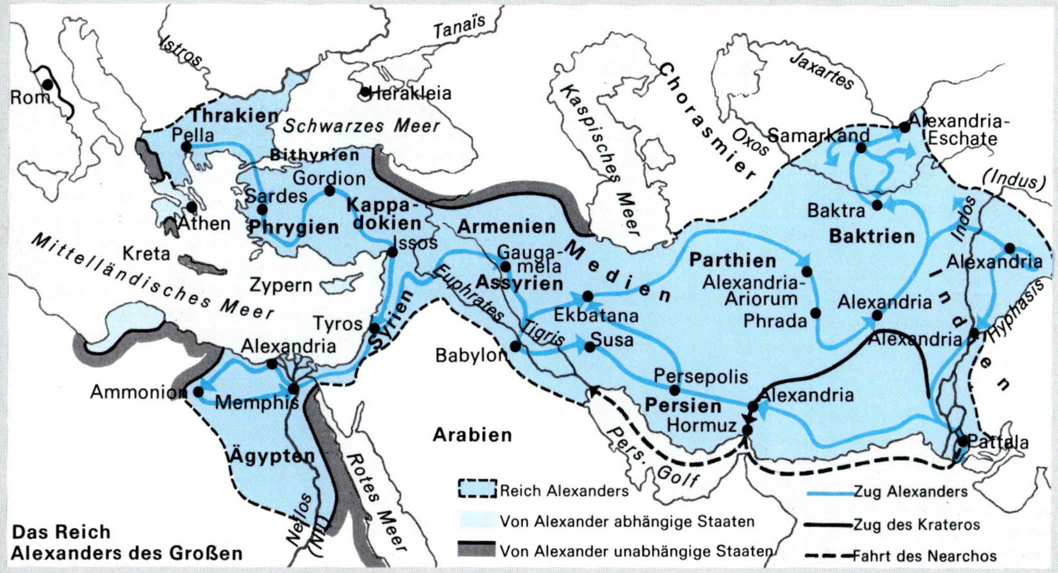

Das Reich Alexanders des Großen

Alexanders Weltbild vor und nach seinem Indienzuge

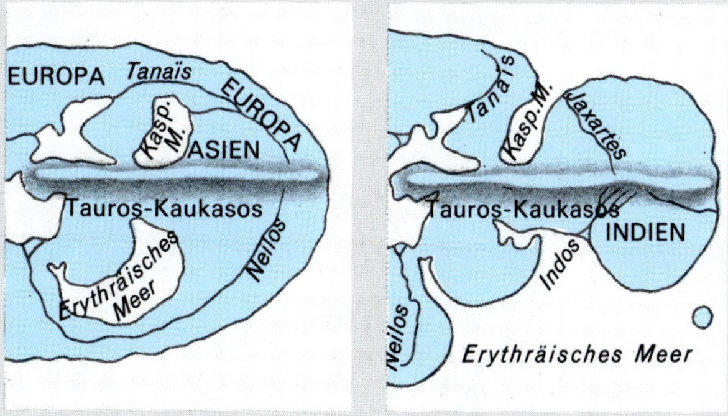

Die Eroberungen Alexanders des Großen waren gleichzeitig ein Entdecken des geographischen Bildes der Erde. Da Alexander in der letzten Phase seines Zuges nach der Weltherrschaft strebte und er diese Weltherrschaft als eine Herrschaft des *geographischen* Raumes verstand, waren seine militärischen Entschlüsse des Feldzuges auch bedingt durch das geographische Weltbild, das die Griechen damals hatten, und die neuen Nachrichten, die er während des Zuges über die Gestalt der Erde sammelte.

Die Reiche der Diadochen bei Beginn der Kämpfe mit den Römern (um 200 v.Chr.)

1

2

1 *Pergamonaltar* (1. Hälfte 2. Jh. v. Chr.). Sein Sockel enthielt den 120 m langen und 2,3 m hohen *Fries* mit Darstellung der *Gigantomachie* (Detail in der Abb. *3*)
2 *Venus von Milo* (spätes 2. Jh. v. Chr.)
4 *Gallier, sein Weib und sich Tötend (Große Gallier-Gruppe).* Schule von Pergamon (römische Kopie; Ende 3. Jh. v. Chr.)
5 *Nike von Samothrake* (um 180 v. Chr.)
6 *Priene.* Die hellenistische Stadtanlage wurde Mitte des 4. Jh. v. Chr. nach dem *System des Hippodamos von Milet* erbaut.
7 *Trunkene Alte* (2.–1. Jh. v. Chr.)

3

4

5

6

7

Römische Geschichte

Die Wölfin vom Capitol

Der sogenannte Brutus (frühes 3. Jh. v. Chr.)

Das von Caesar begonnene Senatsgebäude am Forum Romanum *(curia Julia)*; der jetzige Bauzustand stammt aus diokletianischer Zeit. Die Senatssitzungen fanden in republikanischer Zeit in verschiedenen Gebäuden statt; Caesar wurde in der *curia Pompei* auf dem Marsfeld ermordet

Amtssessel der höheren Magistrate *(sella curulis)*

Abstimmung in der Volksversammlung: die Abstimmenden gehen über einen Steg, an dessen Ende die Urne steht

Etappen der Entwicklung der republikanischen Verfassung

ca. 500/475	Vertreibung der Könige durch die Häupter der vornehmen Geschlechter *(Patrizier)*; die Mitte des Staates ist nunmehr die Versammlung der Geschlechtshäupter *(Senat)*; die Exekutive übt ein jährlich wechselnder Magistrat aus
ca. 460	Beginn der Ständekämpfe, in denen sich die nichtadlige Bevölkerung *(Plebejer)* rechtliche und politische Gleichberechtigung erkämpfen will; die Vertreter der Plebs sind die Volkstribunen
ca. 450	Volkswahl der Beamten von den Plebejern durchgesetzt und die Aufzeichnung des Rechts in den *XII-Tafeln* erzwungen
ca. 370	Die Plebejer erzwingen das passive Wahlrecht für das oberste Amt; Einrichtung der *Konsulatsverfassung,* von den zwei Konsuln kann einer Plebejer sein
287	Gleichstellung des Beschlusses einer rein plebejischen Volksversammlung *(Plebiszit)* mit dem einer patrizisch-plebejischen Versammlung *(lex)*
370/200	Bildung einer neuen Adelsschicht *(Nobilität)* aus den alten patrizischen und neuen plebejischen Geschlechtern, die vor allem seit dem Hannibalkrieg kaum mehr neue Leute *(homines novi)* in ihre Reihen aufnimmt
133	*Tiberius Sempronius Gracchus* bringt als Volkstribun seine *Reformgesetze* durch, ohne diese vorher dem Senat vorgelegt zu haben; die auf diese Weise verabsolutierte magistratische Gesetzesinitiative rüttelt an den Grundfesten der Republik
88	Durch den *Marsch Sullas auf Rom* wird die Politik »militarisiert«
82/79	Sulla versucht als Diktator durch Dezentralisierung des Heeres und Entmachtung des Volkstribunats die alte Position des Senats zu erhalten
70	Wiederherstellung der alten Macht des Volkstribunats
67/63	Die über das Volkstribunat durchgesetzten außerordentlichen militärischen Kommanden des Pompeius, Caesars (58–49) und anderer Adliger untergraben die seit Jahrhunderten ausgewogene Balance der aristokratischen Gesellschaftsordnung
49	Mit dem Krieg Caesars gegen den Senat, den er um sein Recht führt, bricht die aristokratische Gesellschaftsordnung zusammen; das kurze Wiederaufleben der alten Republik nach der Ermordung Caesars am 15. 3. 44 ist nur ein Zwischenspiel vor der endgültigen Etablierung der Monarchie

Rom und seine italischen Bundesgenossen in der Zeit der Punischen Kriege

Der Begriff »Italia« beschränkt sich auf das Gebiet des »Italischen Bundes«, umfaßte also lediglich den »Stiefel« Italiens bis zu einer Linie, die nördlich von Ariminum (heute Rimini) bis nördlich von Pisae (heute Pisa) verlief. Erst unter Ks. Augustus wurde auch die Po-Ebene in Italien einbezogen. Sizilien und Sardinien gehörten nicht zu Italia.

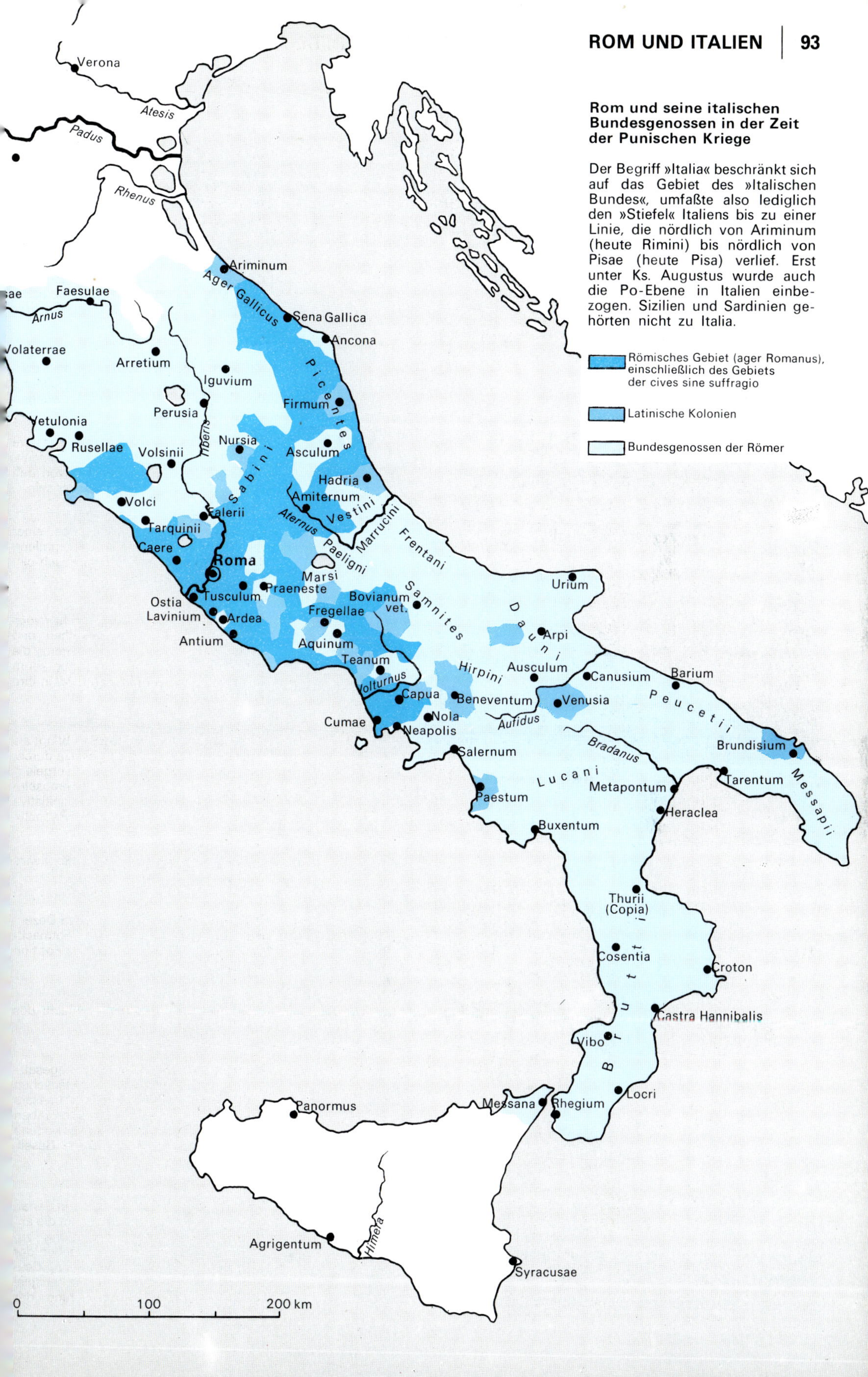

Das *Forum Romanun* war ursprünglich ein sumpfiges Tal zwischen vier Hügeln (Palatin, Quirinal, Capitol und Velia), das bereits im 7. Jh. v. Chr. als Wohnstätte und Begräbnisplatz benutzt wurde. Mit dem Aufstieg Roms wurde es Zentrum des politischen Lebens und Mittelpunkt des Römischen Weltreiches. Auf dem Bild (oben) ist links das Gebäude des Senats *(curia)* in seiner spätaniken Fassung zu erkennen. Vor dem Gebäude fanden Volksversammlungen statt; hier stand auch die Rednerbühne (*rostra*; benannt nach den Schiffsschnäbeln, die die Bühne zierten). In den länglichen Säulenhallen *(Basiliken)* links und rechts wurden Gerichtssitzungen abgehalten und auch private Geschäfte abgewickelt. Im Hintergrund das in der Zeit des flavischen Kaiserhauses errichtete große Amphitheater *(Colosseum)*. Rechts steigt der Palatin *(mons Palatinus)* an, auf dem die römischen Kaiser ihre Wohnpaläste errichteten.

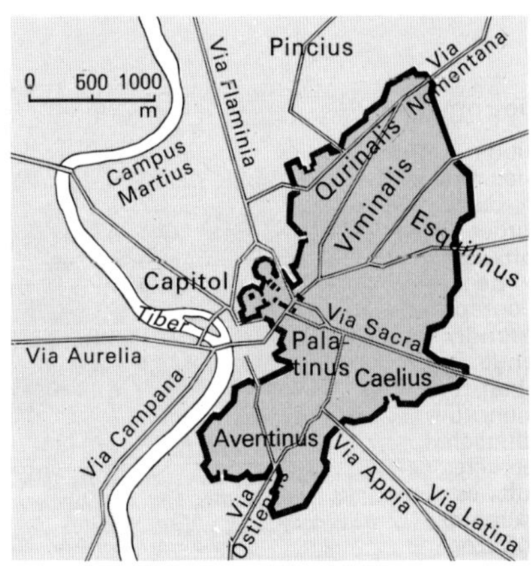

Im 4. Jh. v. Chr. wurde die sog. *Servianische Mauer* aus großen Steinquadern errichtet (links: Innenseite an der Stazione Termini; oben: das von ihr umschlossene Gebiet), als die Gallier Mittelasien bestürmten. Im 3. Jh. n. Chr., als das Römische Weltreich von den Einfällen germanischer Stämme bedroht wurde, baute Ks. Aurelian eine neue Mauer aus Ziegelsteinen, die noch sehr gut erhalten ist; sie umschloß – entsprechend der inzwischen gewachsenen Bevölkerung der Stadt – ein viel größeres Areal.

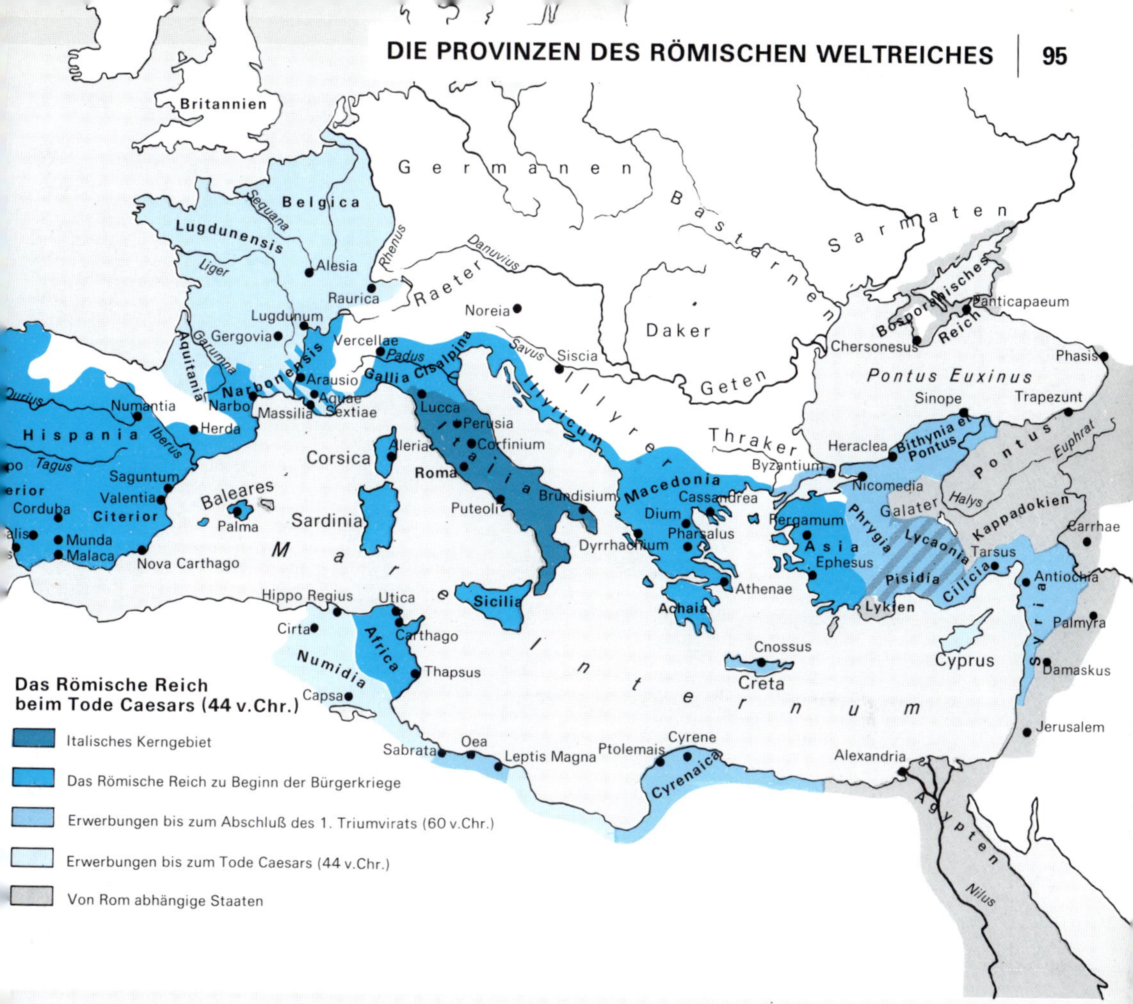

Die römische Provinzialverwaltung

Mit der Annexion von Sizilien nach dem ersten Punischen Krieg gingen die Römer von ihrer bisherigen Gewohnheit ab, das unterworfene Gebiet zu einem Teil an römische Bürger zu verteilen und den verbleibenden Rest in ein abhängiges Bundesverhältnis zu zwingen. Von nun an wurden die umfangreichen eroberten Gebiete nach geographisch abgegrenzten Provinzsprengeln von einem besonderen, dem Senat verantwortlichen Statthalter im Range eines Praetors verwaltet. Dieses von Italien scharf abgegrenzte, untertänige Provinzgebiet wuchs rasch, und entsprechend vermehrten sich die Statthalterschaften. Innerhalb einer Provinz waren die Rechte der verschiedenen Städte und Stämme vielfältig abgestuft; es gab freiere Städte, die keine Abgaben zu zahlen brauchten, tributpflichtige Gemeinden und von Rom eingezogenes Staatsland. Alle untertänigen Städte und Stämme behielten in aller Regel ihre Verwaltungsautonomie und erfreuten sich verhältnismäßiger Freiheit, doch waren ihre Lebensverhältnisse ständig durch das allmächtige Walten des Statthalters, der eine über allen stehende Gerichtsbarkeit verkörperte und auch bei Mißbrauch der Amtsgewalt in Rom nur schwer zur Rechenschaft gezogen werden konnte, bedroht. Das Steuer- und Zollgefälle wurde im allgemeinen von privaten Geschäftsleuten eingetrieben, die diese Gefälle in Rom pachteten; obwohl die Abgaben nicht zu hoch waren, lastete dieses Steuersystem, das den Geschäftsleuten — insbesondere wenn sie mit dem Statthalter zusammenarbeiteten — bei der Eintreibung viel Spielraum ließ, schwer auf den Provinzialen.

Die Erwerbung von Provinzen in chronologischer Reihenfolge (bis zum Tode Caesars)

241	Sicilia
237	Sardinia/Corsica
201	Hispania Citerior und Ulterior
um 167	Illyricum, später Dalmatia (vielleicht bis auf die caesarische Zeit von Rom aus verwaltet)
148	Macedonia (mit dem eigentlichen Griechenland als Anhang)
146	Africa
133	Asia
121	Gallia Narbonensis
103	Cilicia
96/74	Cyrenaica
81	Gallia Cisalpina (seit Anfang 2. Jh. von Rom aus verwaltet; seit Augustus mit Italien vereinigt)
74	Bithynia (nach Erweiterung i. J. 65 Bithynia et Pontus)
67	Creta (kurz darauf mit der Cyrenaica vereinigt)
64	Syria
50	Gallia comata (das heutige Frankreich ohne die Narbonensis und das heutige Deutschland westlich des Rheins; später aufgeteilt in die Provinzen Lugdunensis, Aquitania, Belgica, Germania Superior und Inferior)
46	Africa Nova (Numidia)

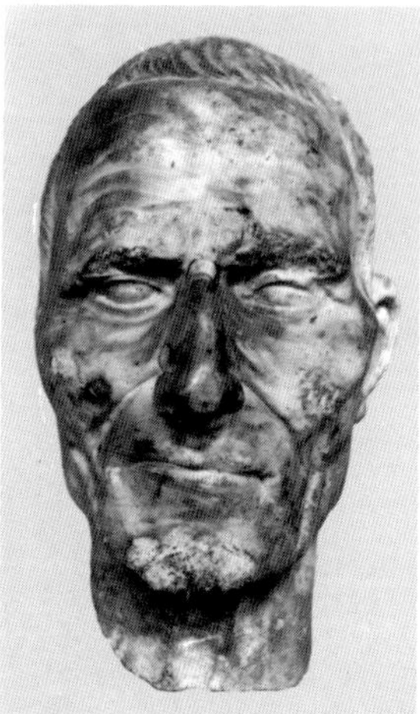

1

2

3

4

5

6

7

Das Porträt

Die römische Porträtkunst, eine der großartigsten Erscheinungen der antiken Kunst, ist *Ausdruck des römischen Wirklichkeitssinns.* Wichtig für ihre Entwicklung war die Übertragung der mit dem altrömischen Bestattungsritual verbundenen *Ahnenbildnisse* aus Wachs oder Ton in dauerhaftere Materialien.

1 *Kopf eines Mannes* (3. Viertel 1. Jh. v. Chr.) mit deutlich erkennbaren maskenhaften Zügen
2 *Porträtbüste des Kaisers Vespasian* (69–79)
3 *Porträtbüste des Kaisers Caracalla* (um 215), eine der bedeutendsten Schöpfungen der römischen Porträtkunst
4 *Togastatue* (Römer mit Ahnenmasken). Die Togastatue stellt den Herrscher, Priester oder Bürger in seiner Würde und Amtsgewalt dar
5 *Idealstatue* eines Römers. Die nackte oder halbnackte Statue zeigt den Herrscher als Gott, eine Ehrung, die auch verdiente Feldherren oder Krieger erfuhren
6 *Panzerstatue* (des Kaisers Augustus). Sie stellt den Herrscher, Feldherrn oder Offizier dar

Neben der Porträtbüste und der Statue spielte auch die alte griechische Form des *Reiterstandbildes* eine Rolle

7 Reiterstandbild des Kaisers Mark Aurel

1

2

Architektur

1 *Tempel des Jupiter Anxur,* Terracina (1. Viertel 1. Jh. v. Chr.). *Substruktionen* der Tempelterrasse aus *Gußmauerwerk*
2 *Trajansmärkte,* Rom (Anfang 2. Jh.). Die neuen Techniken erlaubten eine *mehrgeschossige* (hier sechsgeschossige) Bauweise
3 *Trajansmärkte,* Rom. *Halle* mit Kreuzgrat-*Gewölben* über zwei Ladenzeilen und zurückgestuften Tabernae
4/5 *Pantheon,* Rom (118/119–225/228). Die römische Baukunst schuf *überwölbte Räume von bisher unbekanntem Ausmaß*
6 *Hadrian-Bibliothek,* Athen (1. Hälfte 2. Jh.). Die griechischen Säulen sind *Scheinarchitektur* ohne konstruktive Funktion

3

4

5

6

Die bevorzugte literarische Gattung der römischen Literatur war die *Epik*, deren hervorragendster Vertreter *Vergil* (oben links: Vergil, umgeben von den Musen Klio und Melpomene, schreibt die Aeneis nieder; römisches Mosaik aus einer Villa in Sousse) mit seiner an dem homerischen Vorbild orientierten »Aeneis« (links: Aeneas und Dido, aus: Codex Vaticanus) ist. Auch die *Lyrik*, in der ebenfalls griech. Einflüsse erkennbar sind, erreichte in der Augusteischen Zeit mit *Horaz* (unten rechts: Fresko von *Luca Signorelli*, Dom zu Orvieto) ihre Blüte. Im dramatischen Schaffen lag der Schwerpunkt auf der *Komödie* (oben rechts: Komödienszenen mit fahrenden Sängern, Mosaik von *Dioskurides aus Samos*, Pompeji; unten links: Der König als Schauspieler, Fresko, Herculaneum), deren Hauptvertreter Plautus und Terenz waren.

Wandausschnitt aus der Villa des Publius Faunius Synistor aus Boscoreale bei Pompeji. Personifikationen der Länder Makedonien und Persien (um 50 v. Chr.).

Rom war – als Erbe etruskischer und (über die Etrusker) griechischer Kultur – ein Stadtstaat; auch außerhalb Roms siedelten sich daher die Römer in Städten als der ihnen angemessenen Lebensform an. Von Rom aus wurden mit der Ausbreitung des römischen Bürgerrechts im Reich zahlreiche Städte neu gegründet bzw. alte Siedlungszentren zur Stadt erhoben. Romanisierung bedeutete daher zugleich auch Urbanisierung. Im ganzen Reich förderte die römische Zentrale städtisches Leben, auch deswegen, weil das Reich keine Verwaltung aufbauen konnte, die lückenlos alle Personen erfaßt hätte: Man brauchte die Stadt als Selbstverwaltungskörper. Die griechischen Städte im Osten unterschieden sich zunächst sowohl in Architektur wie Verwaltung von den Städten im Westen des Reiches und auf dem Balkan, in denen lateinisch gesprochen wurde.

Aber wie jede neu gegründete Stadt einheitlich geplant und verwaltet wurde, schliffen sich mit fortschreitender Romanisierung und dem Ausbau der Reichsverwaltung die Unterschiede allmählich ab. Die Einförmigkeit des städtischen Lebens, die die Einheit der wirtschaftlichen und religiösen Vorstellungswelt in sich schloß, hat das Reichsbewußtsein ungemein gestärkt. Die Urbanisierung ist – wie die Romanisierung – eines der Arcana der römischen Herrschaft.

Die Abbildungen zeigen: Säulenstraße mit Ehrenbogen des Ks. Trajan in *Thamugadi* (Timgad)/Numidia (oben links) und die geplante, schachbrettförmige Anlage der Stadt (Mitte links). – Ladenstraße in *Ostia* (2. Jh. n. Chr.), im Altertum Handels- und Kriegshafen Roms (Mitte rechts). – Die drei Tempel der kapitolinischen Trias am Forum von *Sufetula-Sbeitla*/Afrika proconsularis (ca. 140 n. Chr.) (unten links).

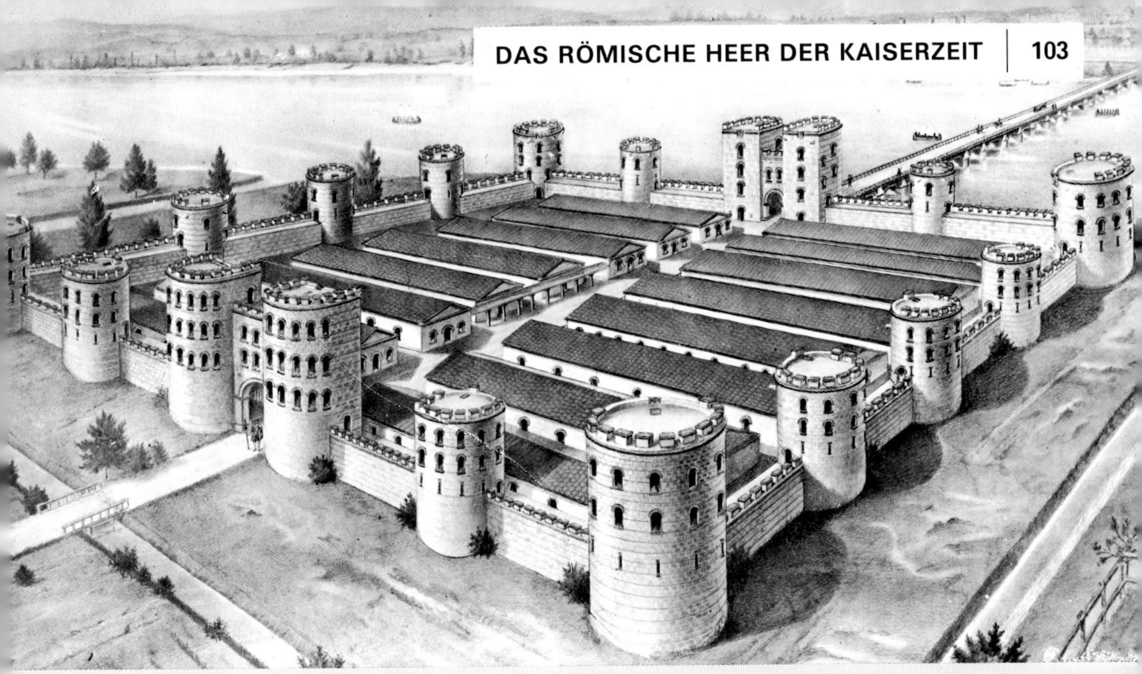

Das Heer in der Kaiserzeit war an den Grenzen in festen Lagern stationiert (rechts: römisches Lager mit Posten; Darstellung auf der Trajanssäule in Rom). Es bestand aus *Legionen,* in denen nur römische Bürger, und *Hilfstruppen (auxilia),* in denen nichtrömische Soldaten dienten, die bei ihrer Entlassung das römische Bürgerrecht erhielten. Das Heer war ein Berufsheer. Die Dienstzeit betrug für Legionare 20, für Auxiliarii 25 Jahre; nach der Dienstzeit wurde der Veteran vom Kaiser für das Alter versorgt. Ferner gab es noch die kaiserliche Garde in Rom, die *Praetorianer,* die sich zu einer Art Unteroffiziersschule entwickelte, sowie eine größere Anzahl von *Flotten,* die auch auf Seen und Flüssen stationiert waren. Die Zahl der Legionen betrug im 1. Jh. n. Chr. 25–30 (ca. 150000 Mann), die Gesamtstärke der Armee ca. 250000 Mann (wohl etwa 0,5% der Reichsbevölkerung). Mit der Verleihung des Bürgerrechtes an alle Reichsbewohner (212) entfiel der rechtliche Sonderstatus der Legionare. – Durch das lange Lagerleben an den Grenzen bildeten sich außerhalb der Lager kleinere Siedlungen (mit Kaufbuden, Kultstätten und Manufakturen), in denen auch die in wilder Ehe mit den Soldaten lebenden Frauen wohnten (der Soldat durfte nicht heiraten). Aus den Siedlungen wurden allmählich größere Wohngebiete; die meisten Städte an der römischen Reichsgrenze sind so entstanden. – Soweit die Reichsgrenze nicht durch Flüsse gebildet wurde (Rhein, Donau, Euphrat), schützte man sie anfangs nur durch eine lockere Linie von Kastellen (oben: Rekonstruktion des Kastells Deutz mit Rheinbrücke), Wachttürmen und allenfalls eine die Grenze markierende Linie.

Mit der Defensivpolitik vor allem im 2. Jh. wurde diese Linie *(limes)* jedoch stärker akzentuiert und schließlich, besonders unter Hadrian und Antoninus Pius, zu einer mit Mauer oder Wall, Graben und Palisaden befestigten Abwehrfront. Die stärksten Limites wurden in England gegen die Caledonier (Hadrianswall), in Südwestdeutschland gegen die Germanen (links: obergermanischer Limes mit Turm, Straßenkörper, Wall, Graben und Palisade; Rekonstruktion), in Nordafrika gegen Nomadenstämme der Sahara errichtet. Nach den Einbrüchen der Völkerwanderung wurde der Schwerpunkt der Verteidigung auf ein bewegliches Heer gelegt, das schnell an gefährdete Stellen verlegt werden konnte.

Die Macht des römischen Kaisers ruhte auf dem Oberkommando über das Heer und auf der Verfügungsgewalt über den Verwaltungsapparat. So oft auch der Kaiser auf Feldzügen oder Inspektionsreisen unterwegs war, liefen doch alle Fäden der Verwaltung in Rom zusammen. Erst als mit dem weiteren Ausbau der Verwaltung und vor allem mit der Bedrohung der Grenzen durch fremde Völker eine Dezentralisierung der Befehlsgewalt notwendig wurde, bildeten sich verschiedene Verwaltungszentren im Westen (neben Rom auch Trier und Mailand) und im Osten (das 330 neu gegründete Constantinopolis, Nicomedia, Alexandria, Sirmium).
Trotz der Konstruktion der kaiserlichen Gewalt als einer vom Senat zu übertragenden Rechtsgewalt blieb für die kaiserliche Nachfolge der bei den breiten Massen des Volkes und besonders im Heer lebendige dynastische Gedanke maßgebend. Die Kaiser bzw. deren Familien entstammten im 1. Jh. n. Chr. noch ausschließlich vornehmen Familien Italiens. Mit der schnellen Ausbreitung des römischen Bürgerrechtes als Folge einer intensiven Romanisierung der Provinzen und des dadurch bedingten allmählichen Ausgleichs zwischen dem italischen Kernland und den ursprünglich untertänigen Provinzen gelangten seit dem 2. Jh. dann auch Römer aus nichtitalischen Gebieten auf den Kaiserthron, so aus Spanien (Trajan, Hadrian) aus Africa (Septimius Severus, der Gründer der Severischen Dynastie) und im 3. Jh. besonders zahlreich aus den nördlichen Balkanprovinzen. Die verschiedene Herkunft der Kaiser hat jedoch nicht zu nationalen Reaktionen geführt, alle Kaiser verstanden sich als Repräsentanten des gesamten Imperiums, und oft haben gerade Kaiser, die aus jüngst romanisierten Gebieten stammten, das Römische besonders stark hervorgehoben.

C. Julius Caesar

Augustus

Nero

Trajan

Hadrian

Septimius Severus

Konstantinus I.

Arcadius

31/27 v. Chr. bis 68 n. Chr. *Julisch-Claudische Dynastie* (Augustus – 14 n. Chr.; Tiberius 14–37; Gaius 37–41; Claudius 41–54; Nero 54–68)
68/69 *Vierkaiserjahr* (Galba, Otho, Vitellius, Vespasian)
69–96 *Flavische Dynastie* (Vespasian 69–79; Titus 79–81; Domitian 81–96)
96–180 *Das humanitäre Kaisertum* (Nerva 96–98; Trajan 98–117; Hadrian 117–138; Antoninus Pius 138–161; Mark Aurel 161–180)
180–192 Commodus
193 *Fünfkaiserjahr* (Pertinax, Didius Julianus, Pescennius Niger, Septimius Severus, Clodius Albinus)
193–235 *Severische Dynastie* (Septimius Severus 193–211; Caracalla 212 bis 217; Elagabal 218–222; Alexander Severus 222–235)
235–284 *Soldatenkaiser* (über 30)
285–324 *Tetrarchenzeit* (u. a. Diokletian 284–305)
324–363 *Konstantinische Dynastie* (u. a. Konstantin I. 306/324–337; Julianus Apostata 361–363)
364–392 *Valentinianische Dynastie*
379–395 Theodosius I.

IM WESTEN

395–423 Honorius
474–480 Julius Nepos
475–476 Romulus Augustulus (letzte Kaiser der westlichen Reichshälfte)

IM OSTEN

395–408 Arcadius
527–565 Justinianus

Byzantinisches Kaisertum

Rekonstruktion der Villa dei Misteri in Pompeji (rechts). — Das Haus eines wohlhabenden Bürgers bestand aus Eingang *(ostium)*, zweiteiligem Vorraum *(vestibulum, fauces)*, Halle mit im Zentrum offenem Dach *(atrium)* und Wohnraum *(tablinum)*, der neben anderen Räumen am Atrium lag. In großen Häusern war der hinter dem Tablinum liegende Garten zu einem Säulenhof *(Peristyl)* mit angrenzenden Zimmern ausgebaut.

Bauer mit Kuh (Mitte 1. Jh. n. Chr.; unten)

Pachtzahlung von Bauern (spätes 2. Jh. n. Chr.; Mitte rechts oben)

Lehrer und Schüler (ca. 190 n. Chr.; rechts). Die Schule war in Rom eine private Einrichtung. In den Elementarschulen lernten die Schüler vom 7.–12. Lebensjahr Lesen und Schreiben. Schulpflicht bestand nicht. In den höheren Schulen (Grammatiker- und Rhetorenschulen) wurden Literatur, Redekunst u. Philosophie gelehrt. Gelegentliche öffentliche Anstellung u. die Steuerprivilegien von Lehrern beweisen ein stärkeres staatliches Interesse an diesen Schulen.

Leichenbegängnis (spätes 1. Jh. n. Chr.; unten)

1 Bronzekopf Ks. *Konstantins d. Gr.* (um 330/340)
2 Detail eines *Reliefs vom Konstantinsbogen*, Rom (312–315)
3 *Grabrelief aus Palmyra* (um 200)
4 *Fünfschiffige Basilika:* Konstantinischer Bau von *St. Peter*, Rom (326 geweiht)
5 Inneres der Kirche *S. Sabina*, Rom (5. Jh.), eine in ungewöhnlicher Reinheit erhaltene frühchristliche *Basilika*

1

2

3

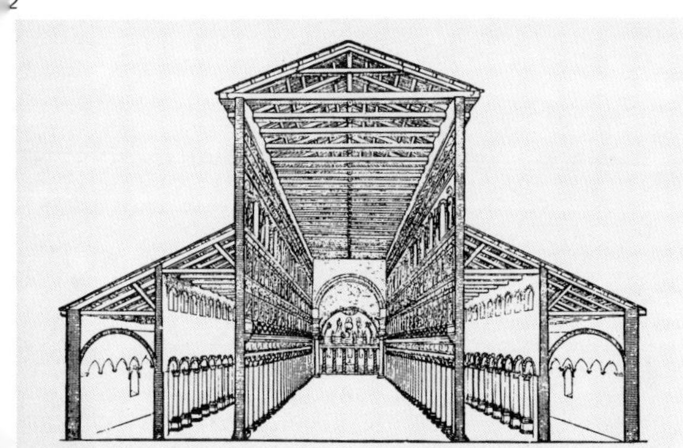

4

5

7

6 *Jugendlicher Christus.* Detail vom *Junius-Bassus-Sarkophag*, Rom (4. Jh.)
7 *Guter Hirte* (2./3. Jh.)

Die offizielle, im Staatskult anerkannte Religion der Römer hat bei den römischen Bauern wohl kaum jemals tiefere Empfindungen ausgelöst; auf dem Lande lebten die alten Vorstellungen von den in der Natur wirkenden göttlichen Kräften weiter fort (rechts: *Heiligtum der Laren* [Hausgötter] des Vettierhauses in Pompeji, 2. Hälfte des 1. Jh. n. Chr.) und begegneten dem offiziellen Kult nur dort, wo das Tabu-Denken und die Mantik altrömische Religiosität widerspiegelten. Der anthropomorphe, durch griechische Kultureinflüsse stark beeinflußte Staatskult befriedigte die Menschen erst recht nicht mehr, als in der Kaiserzeit überall in der Mittelmeerwelt das politische Leben völlig erstarb und dadurch die Beschäftigung des einzelnen mit der persönlichen Existenz zunahm. Die zunehmende Verschlechterung der wirtschaftlichen Basis des Reiches, die Existenznot der Massen angesichts der ins Reich einbrechenden Fremdvölker und die wachsende Bedrängnis durch den Steuerdruck der Zentrale und den Egoismus der wirtschaftlich Mächtigen, in deren Abhängigkeit sich bald alle freien Bauern fanden, trieb die Reichsbewohner religiösen Lehren zu, die den Menschen Erlösung von ihren Leiden im Jenseits versprachen.

So gewannen die aus dem Orient kommenden Mysterienreligionen an Boden, unter denen die aus Persien stammende Mithras-Gestalt (links: *Mithras* tötet den Urstier, aus dessen Leib im Tod die Schöpfung entsteht; Mitte 3. Jh. n. Chr.), der syrische Juppiter Dolichenus und die ägyptische *Isis* (unten: Isisprozession; frühes 2. Jh. n. Chr.) mit den dazugehörigen Göttern nur einige der bedeutenderen sind. Auch die jüdische und die sich von ihr lösende christliche Religion gehören zu diesen Erlösungsreligionen des Ostens, doch unterschieden sie sich durch ihre Intoleranz gegenüber anderen religiösen Einstellungen, die dem antiken Menschen an sich völlig fremd war. Während man jedoch den Juden diese Einstellung zugestand, weil man sie seit langem kannte und sie eine ethnisch mehr oder weniger fest umrissene Gruppe darstellten, geriet man mit den intensiv missionierenden Christen, sobald man sie als eine von den Juden verschiedene Religionsgemeinschaft erkannt hatte, in Konflikt.

Von den Mysterienreligionen der römischen Kaiserzeit geriet das Christentum in schärfsten Gegensatz zur staatlichen Autorität, weil es außer dem Christengott andere göttliche Wesen leugnete, damit auch die für den antiken Menschen unproblematische Entrückung des Kaisers in eine übermenschliche Sphäre ablehnte. Die Kaiser vermieden zunächst eine Auseinandersetzung, indem sie den als Loyalitätskult aufgefaßten Kaiserkult von den Christen nicht ausdrücklich verlangten. Die Verschlechterung der kaiserlichen Position im 3. Jh., der Affekt der nichtchristlichen Reichsbevölkerung gegen die sich absondernden Christen und die Intransigenz der Christen selbst führten schließlich zu einem Zusammenstoß, der in den Christenverfolgungen Decius' (250) und Diokletians (seit 303) seine Höhepunkte fand. Der Sieg des Christentums über die anderen Religionen (seit 311 Tolerierung des Christentums, unter Ks. Konstantin I. bevorzugte Religion, unter Theodosius I. Staatsreligion) beruhte vor allem auf seiner straffen, monarchischen Organisation, auf der Schriftlichkeit seiner Lehre und deren Verbindung mit hellenistischem Gedankengut, das die Kirchenväter in ihrem Bemühen um Rechtfertigung und tiefere dogmatische Durchdringung der christlichen Lehre aufnahmen. Durch die enge Verbindung von Staat und christlicher Religion seit Konstantin wurden die dogmatischen Streitigkeiten der Kirche („Trinitarischer Streit" im 4., „Christologischer Streit" im 5. Jh.) zum politischen Zündstoff. Sie haben die Reichsbevölkerung in feindliche Lager gespalten und ganze Provinzen innerlich vom Reich gelöst.

Die Kirche Sta. Sabina in Rom (um 430 erbaut) verkörpert sehr rein den Typ der altchristlichen Basilika (oben und rechts).

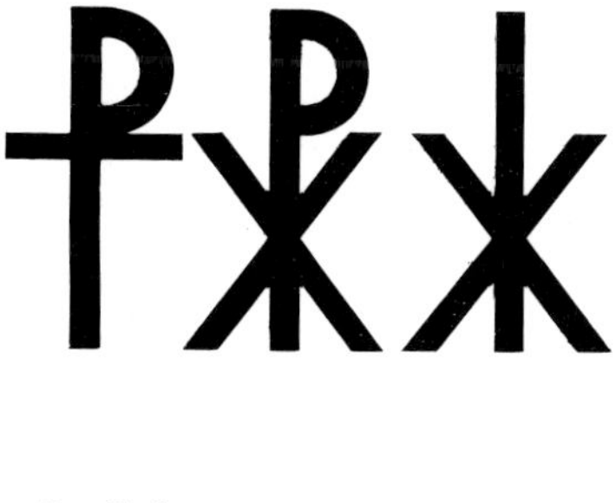

Das Christusmonogramm, das Konstantin durch eine Vission vor der entscheidenden Schlacht an der Milvischen Brücke empfing und auf göttliches Geheiß auf den Schilden der Soldaten und auf der kaiserlichen Fahne (Labarum) anbringen lassen sollte; Symbol des Sieges des Christentums über das Heidentum.

MAXIMIANVS

Randstaaten, Einflußbereiche, Regionalgeschichte des Imperium Romanum

Die Porta Nigra in Trier

Holzfunde aus dem freien Germanien. Objekte aus Holz gehören zu den seltensten vorgeschichtlichen Fundstücken. Gerade aus der jüngeren römischen Kaiserzeit kennen wir aber einige hervorragende Beispiele, so etwa das einmalige *Ruderschiff von Nydam* (Abb. unten), das für eine hohe Schiffbaukunst in der Zeit um 400 n. Chr. spricht. Bei einer größten Länge von 22,84 m konnte das Nydamboot eine Besatzung von 45 Mann einschließlich der notwendigen Ausrüstung aufnehmen. Es war allerdings nicht zum Segeln, sondern nur zum Rudern (18 Paare) eingerichtet. – Ferner die *Götterfiguren* (?) von *Braak,* Holstein (Abb. rechte Seite, 1 und 2); Gesamthöhe der Figuren fast 3 m, Höhe der Köpfe ca. 25 bis 30 cm), *Oberdorla,* Thüringen (Abb. 3; Höhe des Kopfes 9 cm), *Rude Eskildstrup,* Dänemark (Abb. 4; Gesamthöhe der Figur ca. 40 cm, Höhe des Kopfes ca. 12 cm).

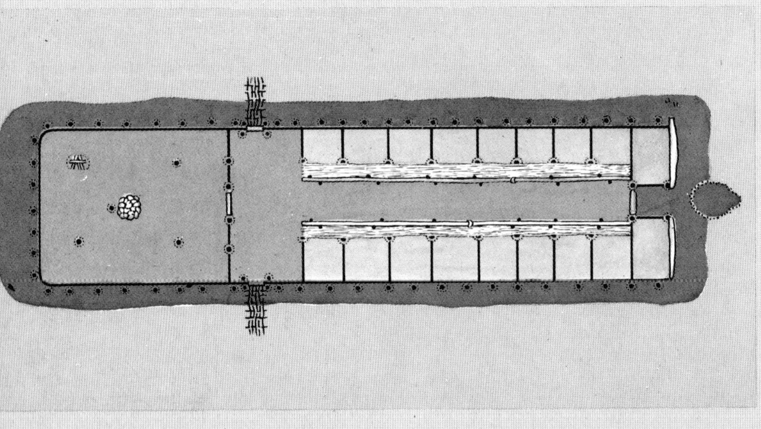

Sorgfältige Ausgrabungen in den küstengebundenen Wurten haben u. a. reichhaltige Aufschlüsse über den Hausbau geliefert. In dem langgestreckten Hausgrundriß von der Feddersen Wierde (links) ist deutlich die Untergliederung in Wohnteil (links) und Stallteil (rechts) mit Viehboxen zu erkennen. Eine Ergänzung dazu bietet die Mark-Aurel-Säule in Rom (rechte Seite, unten links), auf der runde und ovale germanische Hütten wiedergegeben sind.

Unten: »Gemma Augustea« (Teilabbildung)

1 2 3 4

Gute einheimische Darstellungen germanischer Personen kennen wir nicht, dagegen aber Bildzeugnisse aus römischer Hand. Zu den besten zählen das Bild des Wandalen Stilicho in römischen Diensten auf einem Elfenbeindiptychon in Monza (oben) und das eines gefangenen Germanen mit seiner Frau auf der Gemma Augustea (unten links).

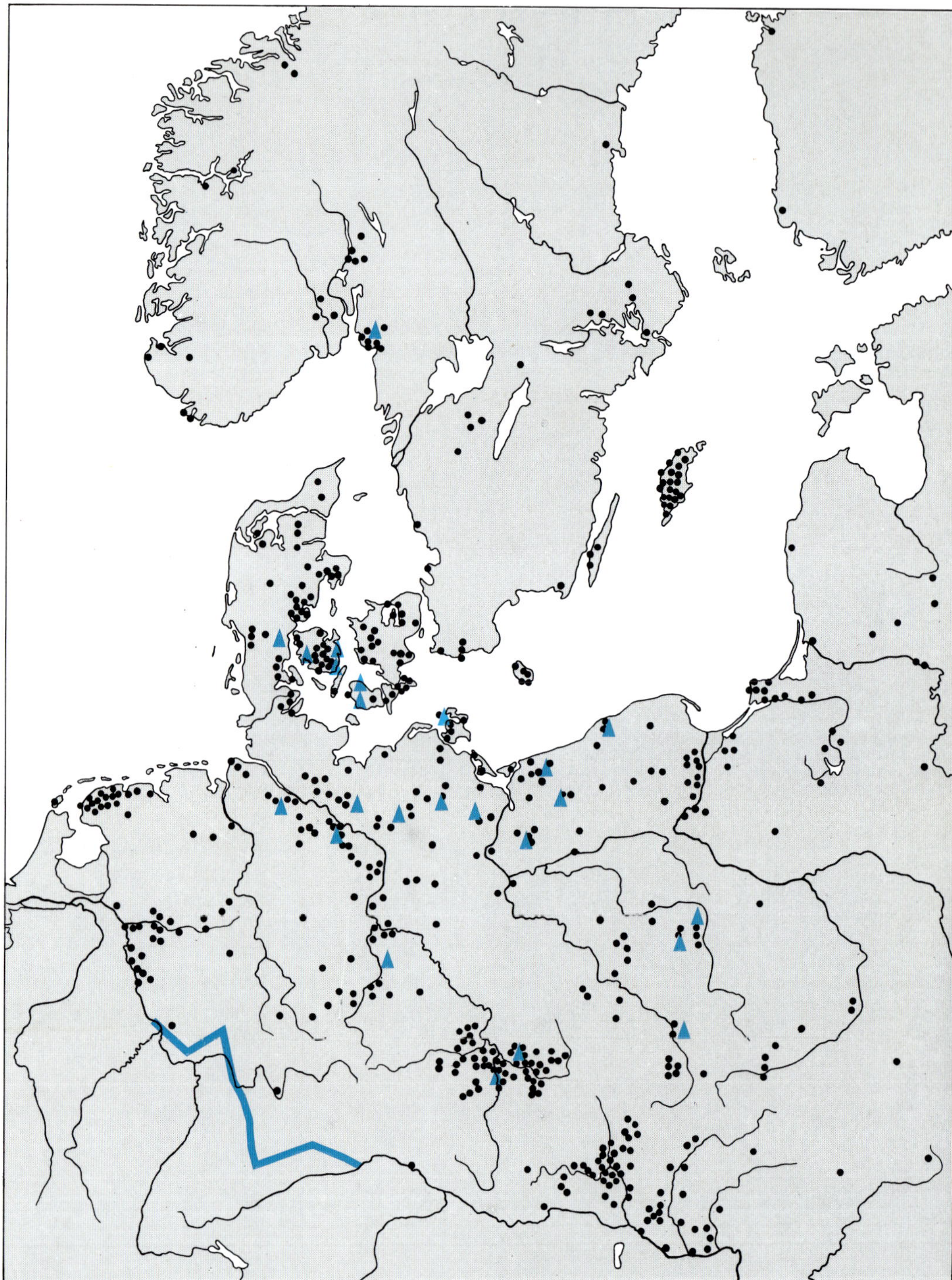

● Fundstellen (Römisches Importgut)

▲ Fürstengräber

▬ Limes

Römisches Importgut drang im 1. und 2. Jh. weit in das freie Germanien jenseits des Limes ein. Besonders in Fürstengräbern findet es sich reichlich. Die Lage der meisten Fundplätze an Flüssen und Küsten zeigt die Bedeutung der Wasserwege für den Fernhandel, ihre Ballung in einigen Gebieten (z. B. Böhmen), den besonders engen Kontakt einiger Stämme (in Böhmen die Markomannen) mit dem Römerreich oder eine besonders intensive Ausgrabungstätigkeit (z. B. Terpenuntersuchungen in Westfriesland).

AD PEVENESÆ
HIC E

ET·VENERVNT
AD PRE

Mittelalter

Die Normannen erobern England (Teppich von Bayeux)

Die sogenannte Völkerwanderungszeit und die Kontinuität des Imperiums

Die Heiligen Drei Könige (Sarkophag aus dem 5. Jh.)

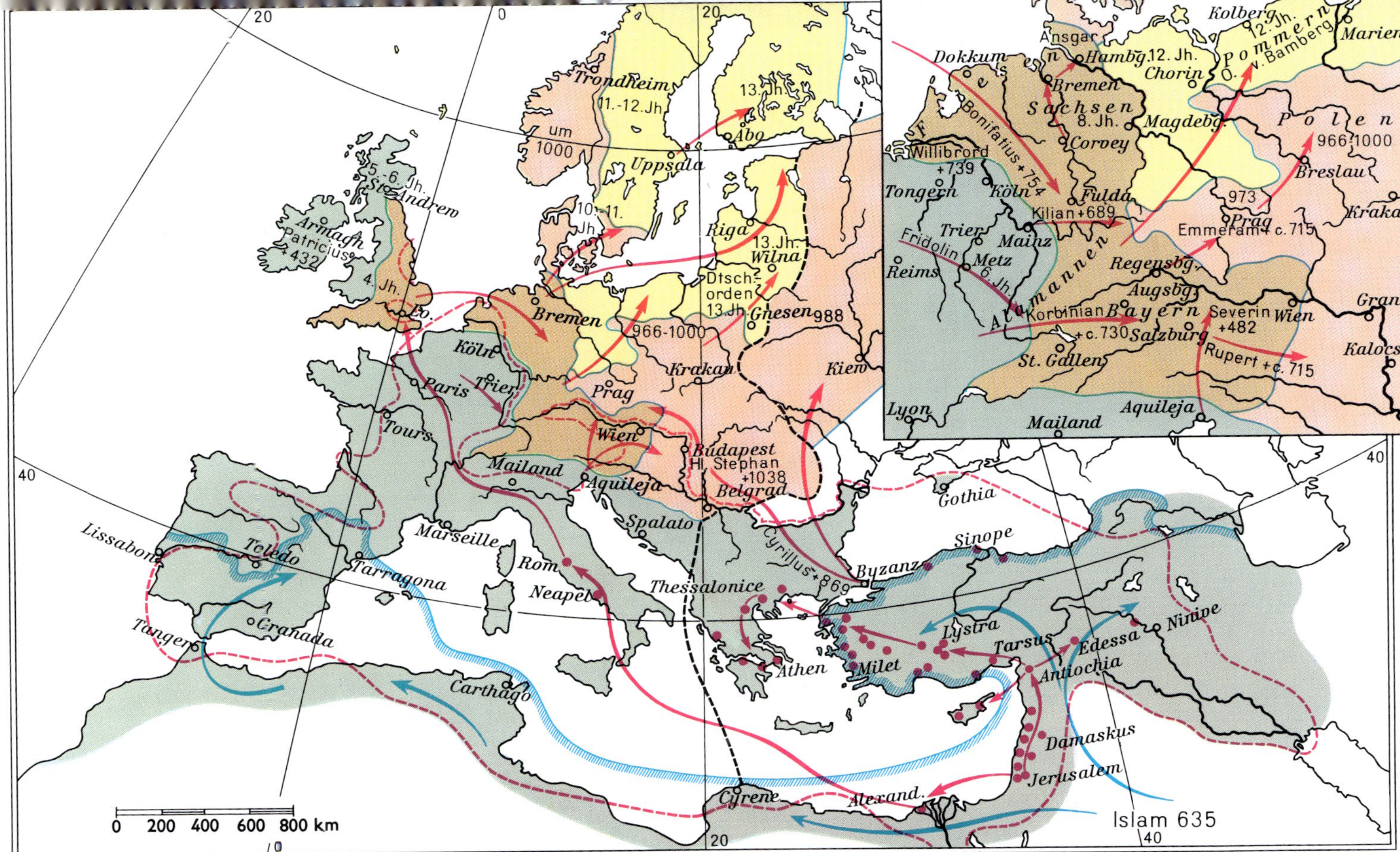

Legende	
Christliche Länder um 600	
bis 850 christlich geworden	
bis 1050 christlich geworden	
bis 1400 christlich geworden	

- ● um das Jahr 100 bezeugte Christengemeinde
- - - - Grenze, innerhalb derer sich in den ersten drei Jahrhunderten Christengemeinden nachweisen lassen
- ← Richtung der Missionierung
- — — — Grenze zwischen lateinischem und griechischem Christentum
- Grenze, bis zu welcher der Islam zu Beginn des ersten Kreuzzuges (1096) christliche Länder eroberte und das Chistentum ausrottete oder zeitweise, wie in Spanien und Portugal, unterdrückte

Entwurf: H. Emmerich SVD

SCS
SEV
ERI
NV
S
AR
CHI
EPI
SCO
P'

NON·IUN·PASS SCI BONIFATII EPI·
ET SOCIORUM EIUS·

Das Frühmittelalter und die Entstehung der mittelalterlichen Staatenwelt

Kaiser Otto II. (rechts)
belehnt Bischof Adalbert von Prag mit dem Krummstab
(Bronzerelief um 1200 in Gnesen)

Wie ein fränkisches Dorf ausgesehen hat, verdeutlicht die Rekonstruktion der Siedlung von *Gladbach*, Kreis Neuwied (oben). Auf dem Grabstein von *Niederdollendorf* (unten) scheint der Tote selbst dargestellt zu sein, umgeben von den Schlangen des Totenreiches und ausgestattet mit Beigaben (Sax und Feldflasche).

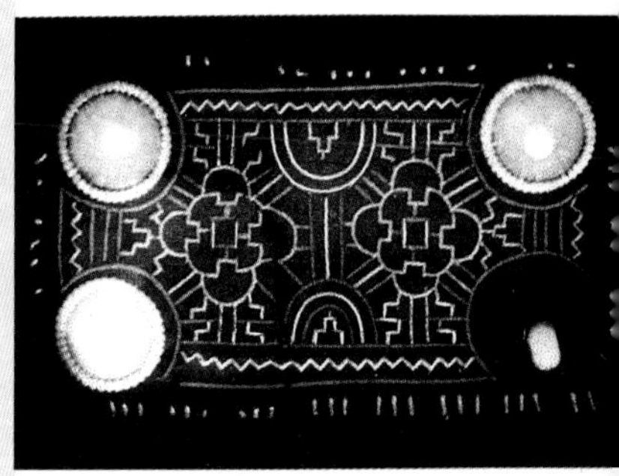

Die drei Bilder oben zeigen verschiede Stadien bei der Aufbereitung einer fränkisch tauschierten Beschlagplatte von *Morken* (v oben nach unten: Zustand bei der Auffindur Röntgenbild und fertig restaurierter Beschla Mit Hilfe von Röntgenbildern ist es auch mö lich, andere verborgene Einzelheiten an Meta objekten bereits vor der Restaurierung zu kennen. Das gilt z. B. ebenso für die Art v Damaszierungen an eisernen Schwertkling des frühen Mittelalters wie für gußtechnisc Details an Bronzegegenständen.

)ie sorgfältige Aufnahme der Befunde gehört zu den wich-
igsten Voraussetzungen archäologischer Forschung. So
assen sich noch heute anhand der 1846 gezeichneten Grab-
läne des Friedhofes von *Selzen* (Beispiel: rechts) etwa die
age von Waffen und Schmuck im Verhältnis zum Körper
rkennen. Die erst jüngst entdeckte Fibel von *Kitnaes*
Mitte, Länge 10,7 cm) und die Schnalle (unten, Länge
isgesamt 23 cm) aus dem Grab der Arnegundis in *St-Denis*
ermitteln einen Eindruck von dem hohen Stand der mero-
vingerzeitlichen Goldschmiedekunst. Vor allem auf dem
iebiet der Metallkunst wird die Farbenfreudigkeit dieser
poche sichtbar: Vergoldung, dunkles Niello auf Silber,
ilbertauschierungen auf Eisen sowie Edel- und Halb-
delsteine ergeben hier ein buntes Bild.

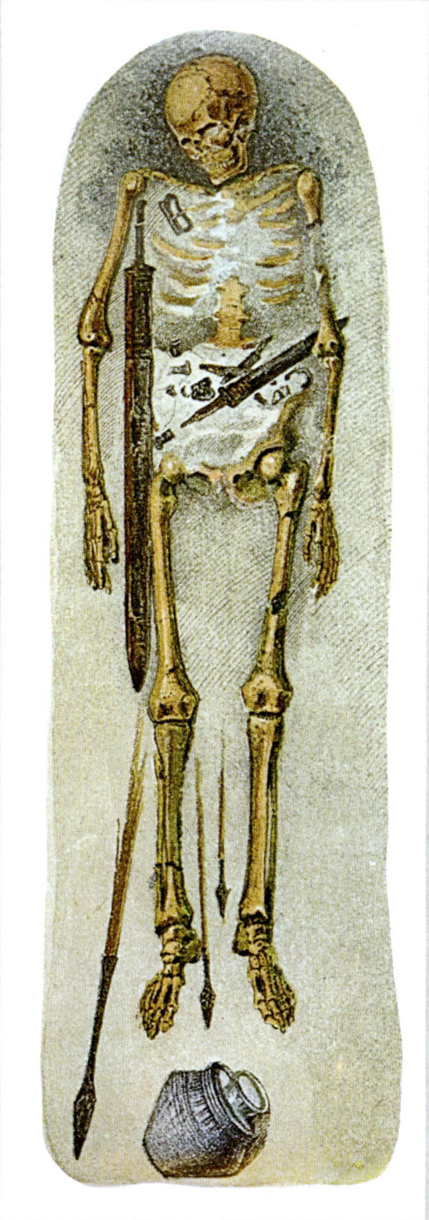

Die *Herrschaftszeichen* der fränkischen und deutschen Kaiser weisen auf den religiösen Gehalt des Herrscheramtes hin. Die *deutsche Kaiserkrone* wurde zur Kaiserkrönung Ottos I. 962 angefertigt, unter Konrad II. um 1027 mit Bügel und Kreuz versehen. Die Christusdarstellung mit der Beschriftung »p(er) me reges regnant« (durch Mich herrschen die Könige), drückt die göttliche Bindung des Königtums aus. Anzahl und Farben der Steine und Perlen und oktogonale Grundform nehmen Bezug auf die Apokalypse. – Zwei andere der vier *Emailleplatten* stellen die gesalbten *Könige Salomon und David* dar, die seit der Karolingerzeit als Vorbild christlichen Königtums galten.

Der *Thron Karls d. Gr.* (links) in der auf oktogonalem Grundriß erbauten Aachener Pfalzkapelle wurde von den deutschen Königen seit Otto I. als Sitz bei der Krönungsmesse benutzt. Zum Thron führen 6 Stufen wie nach dem 2. Chronikbuch des Alten Testaments zum Thron Salomons.

1

2

1 *Aachen, Pfalzkapelle* (um 800). – Aus Rom und Ravenna ließ Ks. Karl d. Gr. Säulen, Kapitelle und Bildwerke herschaffen, um seine Pfalz Byzanz und Rom gleichberechtigt an die Seite zu stellen. Die *Bronzegitter* auf der Empore sind bereits von einer leistungsfähigen Werkstatt am Kaiserhofe geschaffen

2 *Corvey, Abteikirche, „Kaiserloge“* (9. Jh.). – In karolingischer Zeit wurde der imperiale Bedeutungshintergrund des römischen *Triumphbogens* bewußt ins Spiel gebracht, wie die innere Gliederung des Corveyer Westwerks und die Lorscher Torhalle zeigen

3 *Elfenbeinfragment: Himmelfahrt Christi* (9. Jh.). – Eine wohl antike Elfenbeintafel ist abgearbeitet, darauf ein neues Relief geschnitzt

3

4

5

4 *Evangelist aus dem Ada-Evangeliar* (Ende 8. Jh.). – Der Handschrift sind Bilder der Evangelisten vorgeschaltet. Im Bogenfeld das Evangelistensymbol. Arkadenmotiv, Kapitellformen und die fein abgestufe Farbigkeit deuten auf antike Vorbilder

5 *Psalmenillustration aus dem Utrechtpsalter* (um 800). – Von anderem Formcharakter, aber auch ohne antike Voraussetzungen nicht zu erklären, sind die erregten Federzeichnungen aus einer *Buchmalerwerkstatt in Reims.*

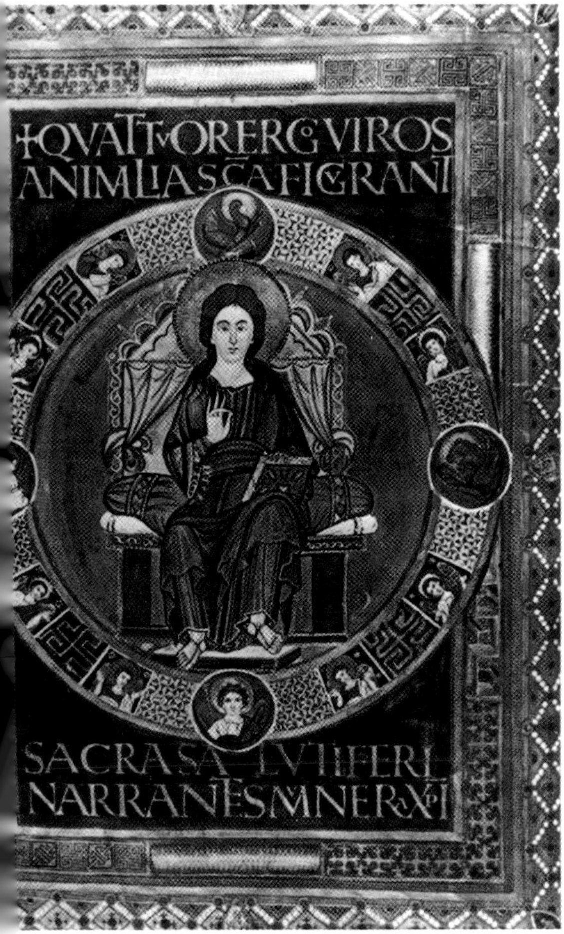

Die von Karl d. Gr. angeregte, von seinen Nachfolgern geförderte Wiederbelebung der geistigen Tätigkeit, insbesondere des Bildungswesens, führte zu einer Hebung des Bildungsstandes im Klerus und zu reger literarischer Tätigkeit (u. a. Alkuin, Einhard, Walahfrid Strabo, Hrabanus Maurus). Der Karolingischen Renaissance verdanken wir die Überlieferung der meisten erhaltenen Werke der christlichen und klassischen lateinischen Literatur. In der Kunst orientierte sie sich an antiken, byzantinischen und angelsächsischen Vorbildern.

Evangeliar aus Lorsch (oben) aus der Hofschule Karls d. Gr. (um 810). Die Buchmalerei der Karolingischen Renaissance hat ikonographische Vorbilder in der byzantinischen Kunst, wie ein Vergleich mit dem *Segnenden Christus* (rechts) aus dem Mosaik von S. Apollinare Nuovo in Ravenna (Anfang 6. Jh.) zeigt. – Auszug aus dem *„Totenbund von Attigny"* (unten) und der deutschen Abschwörungsformel. Der Text wurde Ende 8. Jh. in angelsächsischer Minuskel in Mainz geschrieben. Fragment einer althochdeutschen Übersetzung der *„Lex Salica"* (Anfang 9. Jh. in Mainz geschrieben: rechts), des Rechts der salischen Franken, das Karl im Zusammenhang mit seinen Bemühungen um die Stammesrechte aufzeichnen ließ. Die von der Hofschule Karls geschaffene Schrift, die karolingische Minuskel, weist hier Ähnlichkeiten mit der angelsächsischen Schrift auf.

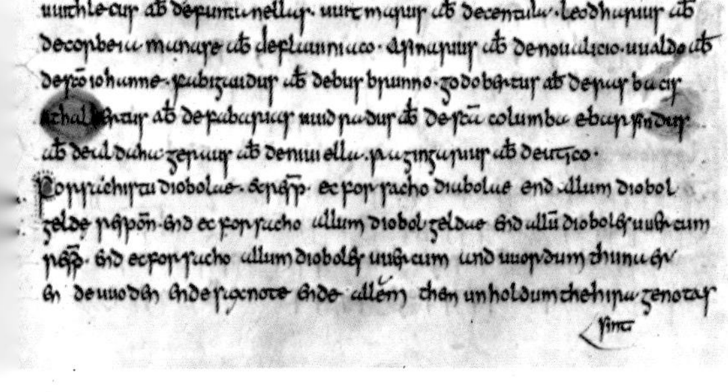

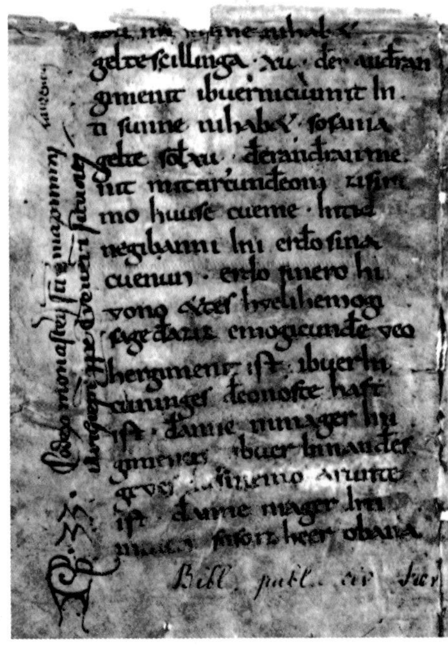

Das Hochmittelalter

Portal der Kathedrale von Chartres

Die Darstellungen geben einen Eindruck vom Verständnis der Erhabenheit und Gottesunmittelbarkeit des mittelalterlichen Herrschertums.
Unten: *Ks. Otto II. mit huldigenden Nationen* (um 983). Darunter: *Ks. Friedrich I. Barbarossa mit seinen Söhnen Kg. Heinrich VI. und Hzg. Friedrich von Schwaben* (1179/91). Zeichen der Kaiserwürde sind Thron, Krone, Mantel, Szepter und Reichsapfel, deren Form sich bei Barbarossa geändert hat. Heinrichs Königskrone ist verschieden von der Herzogskrone seines Bruders.

Oben: *Epitaph Kg. Rudolfs von Habsburg* (um 1291). Anders als auf den hochmittelalterlichen Darstellungen ist der König hier nicht typologisch in seiner Majestät, sondern als Individuum festgehalten. — Darunter: Vorderseite einer *Goldmünze Kg. Philipps VI. von Frankreich* (1328–50) mit der Umschrift: „Philippus Dei gratia Francorum rex" (Philipp, von Gottes Gnaden König der Franken (= Franzosen). Herrschaftszeichen des ersten Valois sind der reich verzierte gotische Thron, Krone, Mantel und in jeder Hand ein Szepter.

‚unde mit Goldsiegel Kaiser Heinrichs VI. von 1192, in der den Bürgern der Stadt Konstanz die Freiheit von jeglicher Besteue-
g durch ihren Bischof bestätigt wird. Älteste Urkunde der „Reichsfreiheit“. Konstanz, Rosgartenmuseum.

Bis zum 12. Jh. waren in Europa überwiegend Silbermünzen im Umlauf. Der größte Teil des Handels basierte jedoch auf Tausch. Umfangreiche Ausprägungen setzten im 12. Jh. ein. Man unterschied zwischen regionaler und internationaler Handelsmünze. Regelmäßige Münzeinziehungen und -neuprägungen waren wegen der Münzbeschneider üblich. Bezahlung mit Barren blieb möglich.

Denar Karls d. Gr. (links), Vorderseite (Avers) mit der Umschrift Karolus imp(erator) aug(ustus). Der Kaiser ist in römischer Kleidung mit dem Lorbeerkranz dargestellt. Pippin und Karl d. Gr. reformierten das merowinigische Münzwesen. Sie gingen zur reinen Silberwährung über und schufen mit dem Denar eine Münze (240 Denare = 1 Libra = Solidi), die die Grundlage des europäischen Münzsystems bis zum 12. Jh. blieb.

Silberner Hohlpfennig (Brakteat; rechts) Markgraf Albrechts des Bären (1134–70), der mit Helm, Mantel, Ringelpanzer, Schwert und Lehnsfahne dargestellt ist. Das Relief ist durchgeprägt, so daß Hohlpfennige kein Rückseitenbild (Revers) aufweisen. Das Prägerecht, ein Regal, wurde im 12. Jh. auch von Fürsten ausgeübt.

Rückseite eines *Floren* aus der 2. Hälfte des 13. Jh. links; Lilie mit der Umschrift Florentia. Die Vorderseite zeigt das Bildnis Johannes' des Täufers. Der 24karätige goldene Floren wurde im 13. und 14. Jh. die wichtigste internationale Handelsmünze Europas. Sein Münzbild ahmten die Prägungen verschiedener rheinischer Gulden nach.

Vorderseite eines *Dukaten* des venezianischen Dogen Andrea Dandolo (1342–53). Umschrift: Andr. Dandulo. S. M(arcus) Veneti. Der Doge wird vom hl. Marcus mit einer Fahne belehnt, unter der senkrecht »dux« steht. Die venezianische Goldprägung folgte der florentinischen. Die Dukaten oder Zecchinen wurden Haupthandelsmünze Osteuropas.

Die Landwirtschaft war die wirtschaftliche Basis des größten Teils der mittelalterlichen Bevölkerung. — Zentren von Handel und Handwerk waren die Städte. Im Handel spielten auch Juden eine Rolle, die von Landwirtschaft und Handwerk ausgeschlossen waren.

Rechts: *Grabstein des Wormser Judenfriedhofs* vom Jahre 1082. Die Wormser Judengemeinde unterstützte Heinrich IV., dessen Schutz sie wie alle Judengemeinden unterstand. Viele Inschriften jüdischer Grabsteine in rheinischen Städten legen Zeugnis ab von den vielen Verfolgungen, denen die Juden ausgesetzt waren; denn viele Grabsteine bezeichnen den Verstorbenen als Märtyrer. — Mitte: *Jüdische Bibelhandschrift* (Ende 13. Jh.) mit Darstellung einer Beschneidungsszene (charakteristisch sind Kopfbedeckungen und Barttracht). — Unten links: Ein *Hofschneider* (Holzschnitt auf einer Spielkarte, um 1440). Unten rechts: *Ländliche Arbeiten* (Holzschnitt, 1502).

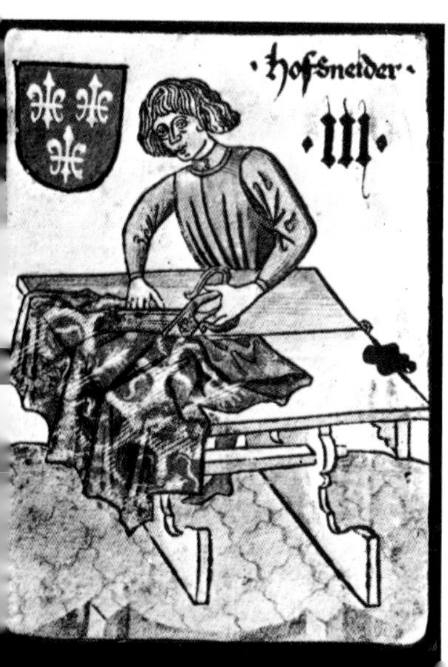

Die Bauern stellten auch im Spätmittelalter noch mit etwa 80 bis 90% der Bevölkerung die große Mehrheit im Reich (Bild: Bäuerliche Ernte und Zinszahlung in einer Handschrift des im 13. Jh. entstandenen Sachsenspiegels).

Entwicklung des Alphabets

Die Phöniker waren das erste Volk, das konsequent für den einzelnen Lautwert ein Zeichen setzte, und zwar nur für die Konsonanten (Konsonantenalphabet). Damit beschränkten sie die Zahl auf 22. Durch phönikische Kaufleute gelangte dieses Zeichensystem zu den Griechen, die es ihren Bedürfnissen anpaßten, indem sie neben den Konsonanten auch die Vokale mit Zeichen kennzeichneten. Für die Vokale wurden die phönikischen Zeichen verwendet, deren Lautwert bei den Griechen nicht verwendet wurde. Dieses griechische Uralphabet erfuhr Weiterentwicklungen zu vier Gruppen, die sich durch die Verwendung sog. Zusatzzeichen unterschieden und nach Farben benannt wurden. Für das moderne griechische Alphabet wurde das in Milet verwendete (dunkelblaue) Alphabet zur Grundlage, für das lateinische Alphabet das in Chalkis (Euböa) gebräuchliche (rote) Alphabet, das von Kolonisten nach Kyme (Italien) gebracht wurde. Es unterscheidet sich vom dunkelblauen durch den Lautwert für X und den neu hinzugekommenen Buchstaben Q = Koppa. Ob das rote Alphabet durch Vermittlung der Etrusker oder direkt von Kyme nach Rom gelangte, ist nicht geklärt.

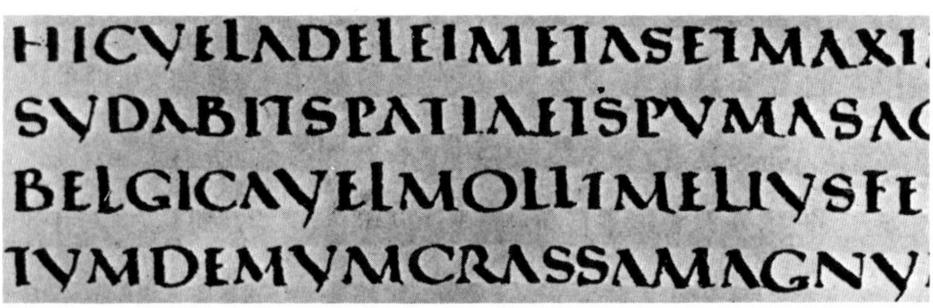

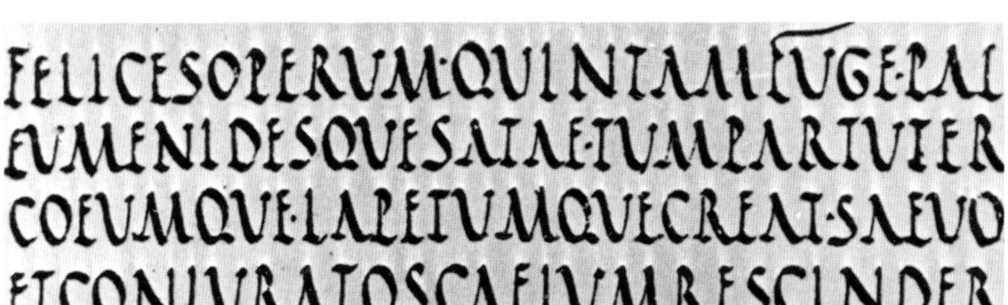

Schriftarten

Im Laufe der Jahrhunderte entstanden verschiedene Schriftformen. Die *Capitalis quadrata* (links oben) ist eine ausschließlich aus Großbuchstaben gebildete Schriftart mit quadratisch-monumentalen Buchstaben. Die *Capitalis rustica* (Mitte) unterscheidet sich von ihr durch schlankere, feinere Formen. Die *Unziale* (unten: gotische Unziale) entstand im 3./4. Jh. durch Rundung aus der römischen Kapitalschrift. (Die *Halbunziale,* eine im 5. Jh. entstandene Schreibschrift, besteht schon aus Groß- und Kleinbuchstaben).

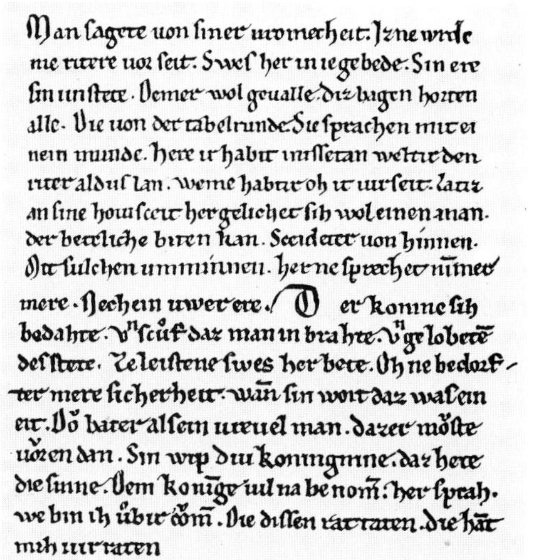

Man sagete von siner vromecheit. Jz ne wrde
nie ritere vor seit. Swes her in iegebede. Sin ere
sin unstete. Deme er wol gevalle. Diz lugen horten
alle. Die von der tabelrunde. Sie sprachen mit ei
nem munde. Here ir habit misseran welt ir den
riter aldus lan. Weme habet oh ir vir seit. latit
an sine hovescheit her gelichet sih wol einen man.
der betelliche biten kan. Sceidet er von hinnen.
Mit sulchen unminnen. her ne sprechet nimer
mere. Dechein uwer ere. Der konnic sih
bedahte. vn̄ scuf daz man in brahte. vn̄ gelobete
des stete. Ze leistene swes her bete. Oh ne bedorf-
ter mere sicherheit. wan sin wort daz was ein
eit. Dô bater als ein vrevel man. daz er môste
vôren dan. Sin wip diu koningine. daz here
die sinne. Deme konige vil na benom. her sprah.
we bin ih ûbir côm. Die dissen rat taten. die hât
mih verraten

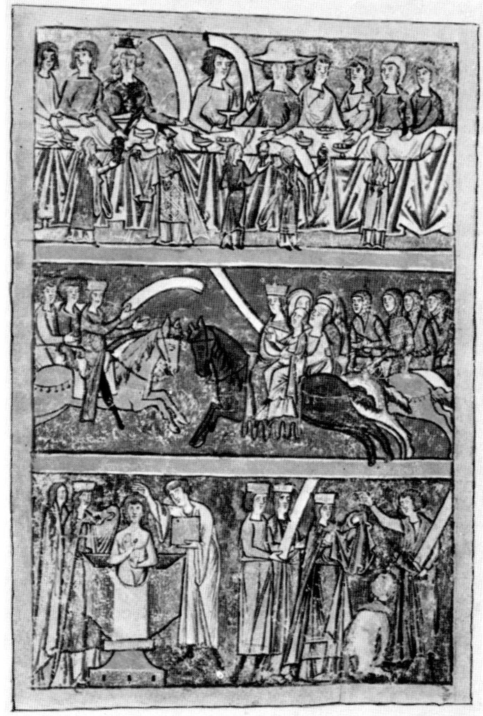

Die führende Dichtergestalt der Welt des höfischen Rittertums war *Chrestien de Troyes*, der besonders die Werke *Hartmanns von Aue* und *Wolframs von Eschenbach* beeinflußte. Unten: Der Gral erscheint den Rittern der Tafelrunde, Illustration zu *Chrestiens* »Lancelot« (15. Jh.). Oben: Textseite aus *Hartmanns* »Ivain« (Heidelberger Handschrift, 13. Jh.). Rechts: Miniatur aus *Wolframs* »Parzival« (Münchner Handschrift, nach 1230).

Auf den adeligen *Hofdichter* und *Hofsänger* des Frühmittelalters folgte der *Spielmann*, der oft mehr Possenreißer als Dichter war (oben links: *Jongleurs*, Miniatur, 13. Jh.). Mit der Entfaltung der höfischen Literatur trat der *ritterliche Dichter* (oben rechts: *Walther von der Vogelweide*, Weingartner Lieder-Hs. 13. Jh.; unten links: *Wolfram von Eschenbach*, Manessische Handschrift, 14. Jh.) wieder in den Mittelpunkt. Daneben aber blieb die volksnahe Vagantendichtung (unten rechts: *François Villon*) von Bedeutung.

Kudrunlied
Das von einem unbekannten österreichischen Spielmann zwischen 1230/40 verfaßte »Kudrunlied« (oben: Textseite aus der einzigen erhaltenen, aus dem 16. Jh. stammenden Handschrift) ist stilistisch und formal vom Nibelungenlied, stofflich von älteren Liedern beeinflußt. Das Heldenepos, das erstmals eine weibliche Gestalt zur Titelheldin hat und stark die höfische Kultur widerspiegelt, kreist um das Brautraubmotiv und das Motiv der Frauentreue. In der der Nibelungenstrophe ähnlichen Kudrunstrophe geschrieben, schildert es stark psychologisierend die Leiden und das treue Ausharren der von Hartmut entführten Kudrun und deren Befreiung durch ihren Verlobten Herwig. Im Gegensatz zum Nibelungenlied endet das Kudrunlied versöhnlich mit der Hochzeit Kudruns.

Das frühmittelalterliche Welt- und Menschenbild, in dem der einpolige Mensch in einer providentiell vorgeordneten Welt lebte, erfuhr im 12. Jh. eine tiefgreifende Wandlung. Unter dem Einfluß der auf *Averroes* (rechts: Averroes [1126–1198] im Gespräch mit Porphyrios [um 234 – um 305] zurückgehenden Lehre von der *doppelten Wahrheit*, des *Nominalismus* und der *Mystik*, deren bedeutendster deutscher Vertreter *Meister Eckhart* (Mitte links: Meister Eckhart liest mit der Herzogin Hadawig Vergil, Zeichnung von *Ludwig von Herterich*) war, setzte eine Entwicklung ein, an deren Ende die Welt säkularisiert und das Individuum selbständig war und beide in einer Wechselbeziehung zu Gott stehen. Ihr vorläufiges Ende fand diese Entwicklung in der italienischen Literatur des 14. Jh., in der bei *Petrarca* und *Boccacio* (Mitte rechts) das seit der Renaissance charakteristische Menschenbild voll ausgebildet war.

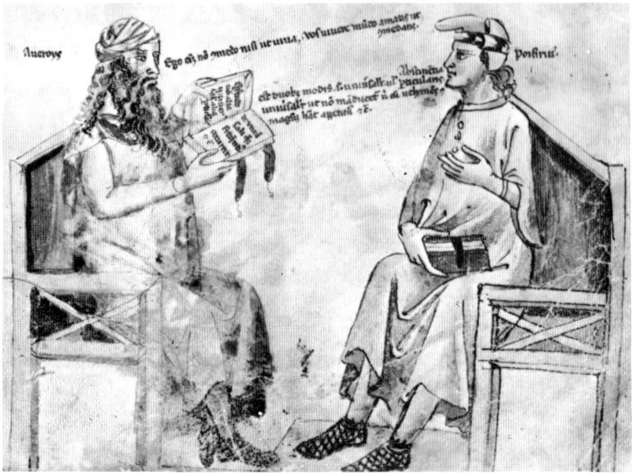

Das mittelalterliche Welt- und Menschenbild

bis 12. Jahrhundert	Umschwung gegen Ende des 12. Jh.	Entwicklung seit dem 13. Jahrhundert
Gott ▼ **Die Welt hängt an Gott**		**Gott** ▲▼ **Die Welt ist selbständig**
Sie ist providentiell vorgeordnet. Die Probleme erfahren daher eine klare und eindeutige Lösung.	Lehre von der doppelten Wahrheit. ▶	Gleichstellung und Rechtfertigung des menschlichen Wissens aus Wissenschaft und Philosophie mit dem Wissen aus der Offenbarung.
	Nominalismus ▶	Die irdische Wirklichkeit wird Voraussetzung beim Auffinden der Wahrheit und der Universalien.
	Mystik ▶	Betonung der Rolle des Individuums beim Glaubensakt. Die Vermittlerrolle der Kirche beim Heilsgeschehen fällt weg.
Der Mensch ist **einpolig.**		Der Mensch wird selbst für sich verantwortlich. Die Welt ist nicht mehr vorgeordnet. Die Probleme erfahren keine eindeutige Lösung mehr.

Spanien war das Land Europas, in dem sich seit dem 8. Jh. Muslimen und Christen begegneten. Hier entstand auch der Gedanke des Glaubenskampfes gegen die Heiden, dessen Träger die Kreuzfahrer wurden. Die Kreuzfahrerstaaten boten Gelegenheit zur Bekanntschaft mit der Welt des Islam. Nach ihrem Untergang setzte der Deutsche Ritterorden den Gedanken des Heidenkampfes im Preußenland fort. Die Pilgerfahrten ins Heilige Land setzten aus, und europäische Pilgerstätten traten wieder stärker hervor.

In der 1. Hälfte des 13. Jh. wurden die Araber in Spanien auf *Granada* zurückgedrängt (rechts oben: Löwenhof der Alhambra), dessen Fall 1492 die Geschichte des islamischen Spanien beendete. — Die Miniatur aus einer im 13. Jh. in der *Schreibschule von Akkon* entstandenen Bibel (links oben) zeigt Vertrautheit des Künstlers mit Gebräuchen in Palästina: Chaldäer, Jobs Kamele treibend, mit kegelförmigen Helmen muslimischer Soldaten; Jobs Freunde tragen Turbane mit herabhängenden Schärpen (Zeichen geistlicher Würdenträger des Islam im 13. Jh.). — 1271 verlegte der Deutsche Ritterorden seinen Hochmeistersitz von Akkon nach Venedig, nach Festigung seiner Herrschaft im Preußenland 1309 auf die *Marienburg* (Mitte). — *Pilgerfahrten* waren in jener Zeit beliebt und ein geselliges Ereignis (links: Pilger am Tisch; Holzschnitt aus einer Ausgabe von Chaucers »Canterbury Tales«, 1484).

Baukunst

1 *Mittelschiff des Speyrer Domes.* Die beim Umbau des Domes (seit ca. 1082) vorgenommene *Einwölbung* leitete eine neue folgenreiche Entwicklung in der abendländischen Baukunst ein. Sie markiert zugleich den *Beginn der 2. romanischen Stilstufe.* Betonte die frühromanische flachgedeckte Basilika im Inneren noch die Horizontale, so trat mit der Einwölbung eine Wende ein. Die zum Mittelschiffsgewölbe emporstrebenden, jetzt konstruktiv notwendigen Pfeilervorlagen betonen nun auch im Innenraum den *Vertikalismus*

2 *Alpirsbach, Klosterkirche* (1095–1099). *Flachgedeckte Kirchen* wurden u. a. bei den von der mönchischen Reformbewegung beeinflußten schlichten Bauten, wie bei der der *„Hirsauer Bauschule"* folgenden Kirche in Alpirsbach, weiter errichtet

1

2

3

4

3 *Cluny, Abteikirche, 3. Bau* (1088–1130). Die Rekonstruktion der Anlage zeigt besonders deutlich das romanische Bauprinzip, nämlich den aus stereometrisch einfachen, überschaubar neben- und übereinander angeordneten Baukörpern zur Einheit in der Mehrgliederigkeit gestalteten Massenbau

4 *Dom zu Worms* (1230 vollendet). Der doppelchörige, sechstürmige Bau ist das *klassische Beispiel hochromanischer Baukunst*

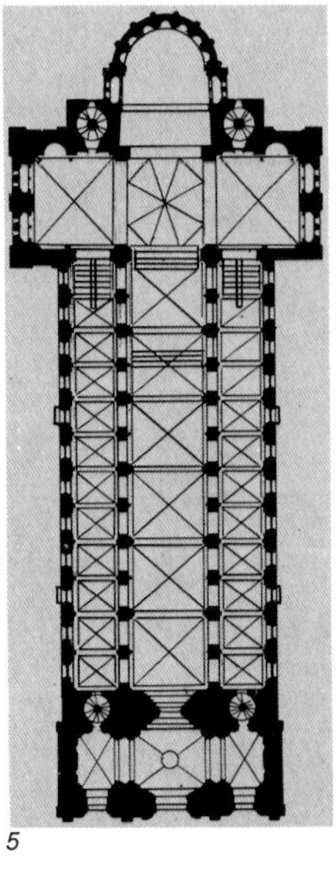

5

5 *Grundriß des Speyrer Domes.* Das *Vierungsquadrat* wurde maßgebende architektonische Einheit des ganzen Raumes. Langchor, Langhaus und Querschiff bestehen aus einer Reihe gleichgroßer, dem Vierungsquadrat entsprechender Quadrate. Dieser *quadratische Schematismus* des Grundrisses vollendete sich im *gebundenen System auch* innerhalb des Aufrisses: Die Joche der Seitenschiffe haben die halbe Länge und Breite des Vierungsquadrates, so daß auf ein Joch des Mittelschiffs zwei quadratische Joche des Seitenschiffs kommen

Süditalien war ein Schmelztiegel byzantinischer, normannischer und arabischer Kultur. Diese Vielgestaltigkeit prägte auch das höfische Leben unter dem Staufer Friedrich II. — Rechts: *Kapitell aus S. Vitale in Ravenna* (6. Jh.). Die byzantinische Kunst hat in Italien tiefe Spuren hinterlassen, da Rom und das Exarchat von Ravenna bis Mitte des 8. Jh. byzantinisch waren, Unteritalien bis zur 1. Hälfte des 11. Jh. byzantinische Verwaltung hatte.

Links: *Bischofsstuhl in der Pilgerkirche Monte Sant'Angelo* in Apulien (um 1066). Das Grottenheiligtum des Erzengels Michael war neben Santiago de Compostela in Spanien, Rom und Jerusalem Hauptpilgerstätte des Mittelalters. Als Verehrer des Erzengels lernten auch die Normannen Apulien kennen. Der Bischofsstuhl stammt aus normannischer Zeit, hat aber byzantinische Stilelemente (vgl. das oben abgebildete Kapitell). Von byzantinischer Kunst geprägte Meister wirkten in Süditalien bis zur Zeit Friedrich II.

Unten: Das von Friedrich II. auf älteren Festungsanlagen erbaute *Kastell Lucera* (Apulien) beherrscht die Landschaft. Nach Lucera siedelte Friedrich die aufständischen Sarazenen Siziliens um, beließ ihnen aber ihren Glauben und ihre Aufsichtsorgane und setzte sie in Landwirtschaft und Gewerbe ein. Als ergebene Truppen stellten sie seine Leibgarde.

1/2 *Hagia Sophia,* die Kirche der »Hl. Weisheit« (Sophienkirche), 532–537 von *Anthemios von Tralles* und *Isidoros von Milet* für Ks. Justinian I. in Konstantinopel erbaut. — Hauptstreben des byzantinischen Kirchenbaus war die verschiedenartige Verbindung von frühchristlichen basilikalen Anlagen mit der kuppelüberwölbten Raumarchitektur. Die reifste Lösung dieses Problems gelang in der Hagia Sophia. Sie beeinflußte den weiteren byzantinischen Kirchenbau und auch die großen Moscheen der Türken im 16. und 17. Jh. in Istanbul und dessen Umgebung

3 *S. Vitale in Ravenna* (525–548); achteckiger Zentralbau

1

2

3

4

5

4 *Apostelkirche in Thessalonike* (Anfang 14. Jh.). Sie zeigt den *spätbyzantinischen Stil,* der durch Zunahme der farbig dekorativen Wirkung der Außenwände und Schlankerwerden der Proportionen gekennzeichnet ist

5 *Kirche des Klosters Mistra* (13. Jh.)

6

7

6 *Bischofsstuhl des Maximianus, Ravenna* (um 550). Alexandrinische Arbeit; bedeutendes Zeugnis monumentaler byzantinischer Elfenbeinkunst
7 *Christus Pantokrator. Mosaik* in der Kirche in *Daphne* (Ende 11. Jh.)
8 *Seidengewebe* mit Darstellung von Mariä Verkündigung (um 800). Die byzantinische Textilkunst breitete sich bis nach Westeuropa aus. Auch ihre Motive lebten fort, z. B. in der Karolingischen Kunst
9 *Ikone, Madonna von Wladimir* (12. Jh.)
10 *Ikone vom Berg Athos*. Darstellung des Christus Pantokrator (15. Jh.)

8

9

10

Seit dem Ende des 10. Jh. war die Aufteilung Osteuropas in eine ost- und westkirchliche Hälfte vollzogen. Zur Westkirche gehörten Polen, Ungarn und Kroatien, zur Ostkirche Serbien, Bulgarien, Makedonien, Griechenland, das Großfürstentum Kiew und die aus ihm hervorgegangenen Teilfürstentümer.

Der Deutsche Orden, die Hanse und die polnisch-litauische Union gewannen im 14. Jh. einen Teil des baltischen Raumes der Westkirche dazu. Byzantinische Kirchlichkeit und Heiligenverehrung (besonders des Demetrios und Georgios), byzantinische Vorbilder in Ikonen-, Wand-, Buchmalerei und Architektur wurden für Osteuropa prägend. Das Bewußtsein der orth. Kirchlichkeit überdauerte die Türkenherrschaft und war eine der Wurzeln des südslaw. Nationalismus in der Neuzeit.
Oben: Die *Kirche Hagii Anargyri in Kastoria*, Griechenland (um 1000 erbaut). — Links: Die *Demetrios-Kathedrale im russischen Fürstentum Wladimir* (1193–97 erbaut). Beide Kirchen sind als Basilika, der Grundform des byzantinischen Kirchenbaus, erbaut. — Unten: *Segnung des hl. Nestor durch den hl. Demetrios*, Wandmalerei (1430–40) aus Peć in Serbien. — Unten links: *Bildnis des bulgarischen Zaren Iwan Alexander und seiner Familie* aus einem Evangeliar von 1356.

Das Spätmittelalter

Das Grabmal des Bischofs von Hohenlohe (Bamberger Dom)

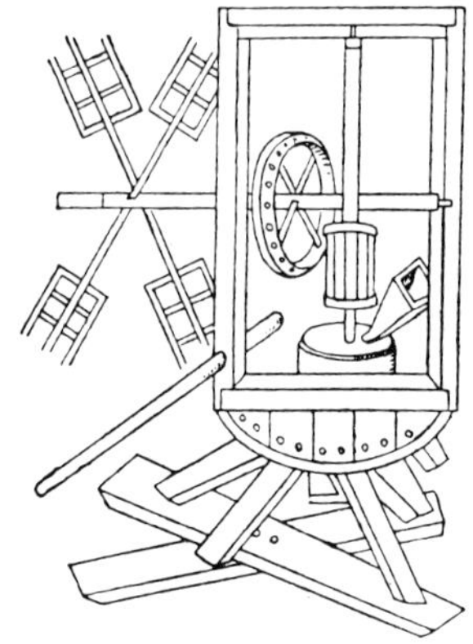

Windmühlen wurden in Nordeuropa um 1100 n. Chr. eingesetzt.

Weben und Spinnen nach einer Beschreibung aus dem Jahre 1310.

Wasserrad und Blasebalg spielten eine große Rolle im Bergbau und der Hüttenkunde bis ins 19. Jahrhundert. Kombinationen von beiden tauchten in Deutschland bereits gegen Ende des 14. Jahrhunderts auf; das Bild zeigt eine Anordnung aus dem 16. Jahrhundert.

Eine Kriegsmaschine (in der Abb. eine Balliste), wie si von Griechen und Römern benutzt wurde; mit ihr konnte schwere Steine über 300 m weit geschleudert werden.

Papierherstellung. Die Kunst der Papierfabrikation kam, durch Vermittlung der Araber, aus China nach Europa. Das Bild zeigt das Innere einer Papiermühle in der Mitte des 15. Jahrhunderts.

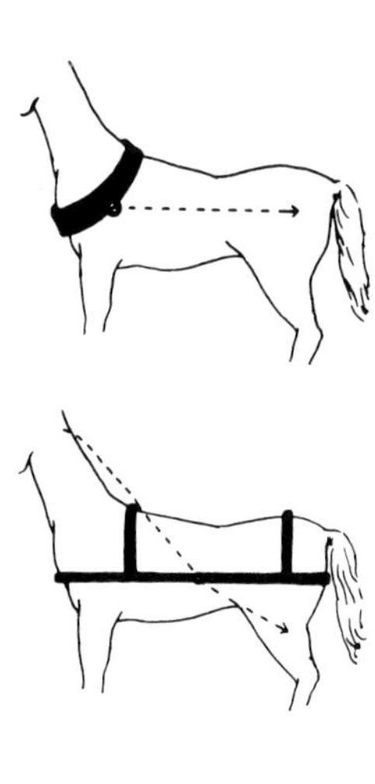

Das Pferd wurde als Zugtier in der Antike mit einem Joch-geschirr angeschirrt. Damit kann es aber nicht zum Ziehe schwerer Lasten eingesetzt werden, da das Jochgeschirr der Anatomie des Pferdes nicht angepaßt ist (Behinderung der Atmung durch Druc auf den Pferdehals). Abhilfe schuf erst das Kummetgeschir das im 9. und 10. Jahrhunde allgemein in Europa eingefüh wurde.

Grenze der kath. gegen die griech.-orthodoxe Christenheit
Grenze der Christenheit gegen den Islam
Kgr. Norwegen
Oslo
Kgr. Schweden
Stockholm
1397 Kalm. Union
Kgr. Dänemark
Lund
Reval
Deutscher Orden
Riga
Nowgorod
Großfsm. Moskau
Twer
Moskau
Kgr. Schottland
Edinburgh
Dublin
York
Kgr. England
London
Dt. Orden
Danzig
Thorn
Wilna
Großfsm. Litauen
Kiew
Lübeck
Bremen
Heiliges Röm. Reich Deutscher Nation
Dortmund
Mag.
Leipzig
Breslau
Köln
Brüssel
Hzm.
Lux.
Mainz
Nürnberg
Prag
Regensbg.
München
Wien
Basel
Innsbruck
Kgr. Polen
Krakau
Mong. Chanate
Fsm. Moldau
Ofen
Pest
Kgr. Ungarn
Fsm. Walachei
Bukarest
Belgrad
Kroatien
Paris
Angers
Chartres
Kgr. Frankreich
Dijon
Rep. Venedig
Ve.
Avignon
Toulouse
Genua
Rep. Florenz
Siena
Kirchen-staat
Rom
Korsika
Sardinien (aragon.)
Kgr. Neapel (aragon.)
Neapel
Bari
Antivari
Rep. Ragusa
Monte-negro
Osmanisches Reich
Tirnowo
Konstantinopel
Saloniki
Korfu
Athen
Chios
Samos
Smyrna
Tenos
Hzm. Naxos
Nauplia
Modon
Cerigo
Kreta
Rhodos (Johanniterorden)
Zypern 1489 venez.
Santiago
Porto
Kgr. Portugal
Lissabon
Navarra
Kgr. Kastilien
Madrid
Toledo
Córdoba
Kgr. Granada
Sara-gossa
Kgr. Aragon
Barcelona
Valencia
Tanger
Algier
Tunis
Palermo
Sizilien (aragon.)
5
20
35
40
55

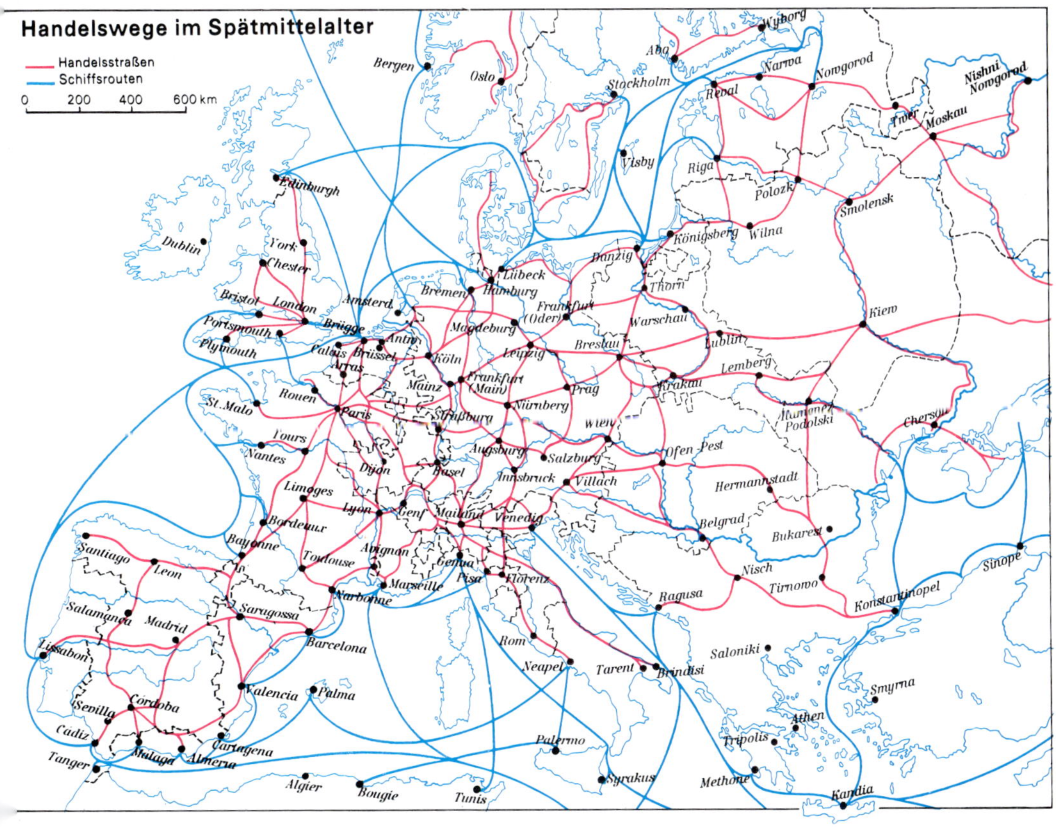
Handelswege im Spätmittelalter
Handelsstraßen
Schiffsrouten
0 200 400 600 km
Bergen
Oslo
Stockholm
Åbo
Wyborg
Narwa
Nowgorod
Reval
Nishni Nowgorod
Twer
Moskau
Visby
Riga
Polozk
Smolensk
Wilna
Königsberg
Edinburgh
Dublin
York
Chester
Bristol
London
Portsmouth
Plymouth
Amsterd.
Brügge
Calais
Brüssel
Antw.
Arras
Bremen
Hamburg
Lübeck
Danzig
Thorn
Frankfurt (Oder)
Magdeburg
Köln
Leipzig
Warschau
Breslau
Lublin
Kiew
Lemberg
Krakau
Mainz
Frankfurt (Main)
Prag
Nürnberg
Straßburg
Wien
Kamenez Podolski
Chersón
Rouen
Paris
St. Malo
Tours
Nantes
Dijon
Augsburg
Salzburg
Basel
Innsbruck
Villach
Ofen Pest
Hermannstadt
Limoges
Lyon
Genf
Mailand
Venedig
Bordeaux
Belgrad
Bukarest
Bayonne
Toulouse
Avignon
Genua
Pisa
Florenz
Marseille
Narbonne
Nisch
Tirnowo
Sinope
Santiago
Leon
Salamanca
Madrid
Saragossa
Ragusa
Konstantinopel
Barcelona
Lissabon
Rom
Saloniki
Valencia
Palma
Neapel
Tarent
Brindisi
Smyrna
Sevilla
Córdoba
Cadiz
Malaga
Almeria
Cartagena
Tanger
Palermo
Athen
Tripolis
Algier
Bougie
Tunis
Syrakus
Methone
Kandia

1

Strebewerk, Kreuzrippengewölbe und *Spitzbogen* sind die konstruktiven Elemente, die auch die Voraussetzung für die Auflösung der Wände durch große Fensterflächen schaffen. Die Gewölberippen sammeln Druck und Last und übertragen sie auf die Stützen, die durch die Widerlager des Strebewerks gehalten werden. Das gotische System ist eine unverhüllt sichtbar gemachte Konstruktion

1 Beauvais, Kathedrale St-Pierre (1227 begonnen)
2 Amiens, Kathedrale Notre Dame, (1220–27)

2

3a

3b

3c

Die Verbindung gotischer Kathedralen mit *Türmen* führte zu sehr verschiedenartigen Lösungen. Vieltürmige Anlagen wurden zwar geplant, doch ließ man der *Westfassade mit ihren zwei Türmen* die Vorherrschaft. In *Deutschland* setzte sich auch die *eintürmige Westfassade* durch.

3a Paris, Notre Dame (um 1215)
3b Freiburger Münster (Mitte 14. Jh.)
3c Kölner Dom (nach Originalrissen des 14. Jh. 1840–80 ausgeführt)

Die *architektonischen Zierformen* wurden in überreichem Maße ausgebildet

4a Wimperg (Ziergiebel)
4b Fialen mit Krabben und Kreuzblumen

4a

4b

1

Die *Steinplastik* fand ihre vornehmliche Aufgabe in der figürlichen Ausgestaltung der großen Kirchenportale. Die gotische Wand war kein »Bildträger« mehr. In einem kaum übersehbaren Reichtum umfaßten die Darstellungen die gesamte heilsgeschichtliche Thematik.

Die Blütezeit der *Holzplastik* liegt erst in der Spätgotik. Schon seit dem ausgehenden 13. Jh. hatte sich die enge Bindung zwischen Bildwerk und Architektur aufzulösen begonnen. Neben den Bauhütten gewannen nun auch die Zünfte für die Bildhauerkunst an Bedeutung. Neue Bildthemen, wie das *Vesperbild (Pietà)* oder die *Christus-Johannes-Gruppe (Johannesminne)*, entstanden. Die thronenden und stehenden Madonnen wurden menschlich vertrauter dargestellt. In den deutschen Madonnen wird dieser Zug vor allem in den sog. *»Schönen Madonnen«* deutlich. Ihre eindrucksvollsten Leistungen vollbrachte die Holzplastik in der Schaffung der großen *Schnitzaltäre*

2

3

5

4

6

1 *Kathedrale von Chartres, Teil der West-(Königs-)Portale* (Mitte 12. Jh.). Sie gelten als der Schöpfungsbau der neuen Kunst
2 *Johannesminne* (um 1450; Heiligkreuztal)
3 *Vesperbild (Marienklage)*; mittelrheinisch (2. Hälfte 14. Jh.; Bonn, Rheinisches Landesmuseum)
4 *Schöne Madonna* (um 1420; Köln, *Kunstgewerbemuseum*)
5 *Michael Pacher, St.-Wolfgang-Altar* (1471–81; Pfarrkirche St. Wolfgang)
6 *Tilman Riemenschneider, Creglinger Altar* (1505/10). Detail: Himmelfahrt Mariens (Herrgottskirche Creglingen a. d. T.)

Die *Wandmalerei* wurde in Italien, besonders in Umbrien und der Toskana, zu höchster Blüte geführt. Die Wände der Kirchen, vor allem der Bettelorden, waren nicht so weitgehend wie im Norden durch Fensterflächen aufgelöst

1 *Giotto di Bondone*, Flucht nach Ägypten. Fresko aus der Arena-Kapelle, Padua (1302–05)

1

Die *Glasmalerei*, die »echteste Tochter der Gotik«, trat im Norden weitgehend an die Stelle der Wandmalerei und erreichte schon seit dem 14. Jh. höchste Vollendung

2 Glasfenster der ehemaligen Klosterkirche in *Königsfelden* (Schweiz). Ausschnitt aus der Darstellung des Pfingstwunders (1325/30)

2

3

Die *Buchmalerei* wurde im 13.–15. Jh. entscheidend vom Frankreich beeinflußt. Gegenüber der Illuminierung der Bibel trat die von Chorbüchern und von *Stundenbüchern* in den Vordergrund

3 *Miniatur aus den »Grandes Heures de Rohan«* Beweinung Christi (1420/25)

4

Seit dem 12. Jh. erfolgte eine Wiederbelebung der *Tafelmalerei*. Ein frühes und bedeutendes Zentrum wurde Italien

4 *Simone Martini*, Christus auf dem Weg zum Kalvarienberg (um 1340). Aus einem mehrteiligen Altärchen mit miniaturhaft fein gemalten Tafeln

5

Von Italien aus wurde die *Tafelmalerei im Norden* entscheidend beeinflußt, besonders über Avignon, dem Exil der Päpste, wo sienesische Künstler (u. a. Simone Martini) tätig waren. Der Hof Ks. Karls IV. in Prag wurde ein Zentrum der neuen künstlerischen Bestrebungen. In Böhmen, in Burgund, am Niederrhein und in Norddeutschland war die Malerei im 14. Jh. vom *weichen Stil* geprägt

5 *Meister Franke*, Geißelung Christi vom Thomas-(Englandfahrer-)Altar (1414/25)

6

Aus der burgundischen Buchmalerei entwickelte sich die *Tafelmalerei in der Niederländischen Kunst* zu höchster Blüte. Zu den Begründern der altniederländischen Malerei zählt der Meister von Flémalle (wahrscheinlich identisch mit Robert Campin) mit stark realistischen, reliefhaften Tafelbildern von klarer, kühler Farbigkeit und — besonders im Spätwerk — von Monumentalität und innerer Spannung

6 *Meister von Flémalle*, Die Vermählung Mariä (1. Hälfte 15. Jh.)

Von großer Bedeutung für die weitere Entwicklung der gotischen *Tafelmalerei in Deutschland* wurde die *Kölner Malerschule*. Ihr bedeutendster Meister, *Stephan Lochner*, überwand unter niederländischem Einfluß in Altar- und Andachtsbildern den weichen Stil zugunsten einer plastisch-räumlichen Gestaltung und realistischer Erfassung von Details bei gleichzeitig starker Verinnerlichung der Figuren durch rhythmischen Bildaufbau und kostbare Farben

7 *Stephan Lochner*, Die Anbetung der Hl. Drei Könige. Mittelteil des Hochaltarbildes im Kölner Dom (um 1440)

Karl IV. baute *Prag* als Zentrum seines Hausmachtkönigreiches Böhmen aus. Er zog Künstler aus verschiedenen Gebieten an seinen Hof. Italien überließen er und der in Avignon residierende Papst sich selbst. »Aussetzung und Auffindung des Moses« aus einer *Bilderbibel der Prager Hofwerkstatt* unter Kg. Wenzel, dem Sohn Karls IV. (nach 1390) (unten). Der kunstsinnige Prager Hof hielt trotz Karls Verbindungen zu den italienischen Humanisten Petrarca und Cola di Rienzo an mittelalterlichen Formen fest.

mere vorhelen mochte do nam
sie ein sinewelles vessil von zei
nen gevlochten vnd smyrte
das mit leyme vnd mit peche
vnd tat das darein vnd satz
te das an dem vber ouf das
wasser in ein gestreute steen
de verre von im sein swester
vnd wartende der dinge czu
kunft. Vnd secht die tochter
pharaonis die gienk hin ab
das sie sich wusche in dem was
ser vnd die iuncvrowen die

Die auf Befehl Karls IV. errichtete *Brücke über die Moldau* in Prag (rechts oben) sollte auch der Erleichterung des Handelsverkehrs dienen, den Karl über Prag zu leiten hoffte.
S. Gimignano in der Toskana (Mitte). Die sogenannten *Geschlechtertürme* waren Wohnsitz und Verteidigungsanlagen von Patrizierfamilien gegen äußere Feinde und rivalisierende Parteien in den unruhigen Städten Italiens.
Westfassade des von den Päpsten 1334–70 in *Avignon* errichteten Palastes (rechts), der ihnen als Residenz und Festung diente.

Hzm. Schleswig
Kiel
Gft. Holstein
Lübeck
Hambg.
Rostock
Mecklenbg.
Schwerin
Hzm. Pommern
Kolberg
Kammin
Stettin
Danzig
Deutscher Orden
Thorn
Friesland
Gft. Holland
Bremen
Verden
Hzm. Braunschweig-Lüneburg
Vechta
Minden
Osnabrück
Braunschw.
Hildesheim
Magdeburg
Havelberg
Kfsm. Brandenburg
1373 - 1415 luxembg.
Berlin
Brandenbg.
Frankfurt
Jüterbog
Kgr. Polen
Posen
1370 - 82/86 Anjou (Ungarn)
1386 Jagiellonen
Kalisch
Utrecht
Hzm. Geldern
Kleve
Münster
Dortmund
Paderborn
Arnsbg.
Breda
Hzm. Brabant
1356 lux.
Löwen
Brüssel
Lüttich
Aachen
Namur
Hzm. Jülich
Gft. Berg
Köln
Ldgft. Hessen
Nordhsn.
Mühlhsn.
Ldgft. Thüringen
Erfurt
Anhalt
Sachsen
Halle
Merseburg
Mgft. Meißen
Meißen
Dresden
Kottbus
Görlitz
Hzm. Schlesien
Breslau
Neiße
Troppau
Wetzlar
Koblenz
Frankfurt
Coburg
Plauen
Leitmeritz
Prag
Eger
Hzm. Luxemburg
1354 Hzm.
Luxembg.
Trier
Mainz
Worms
Schweinfurt
Würzbg.
Bambg.
Nürnbg.
Kgr. Böhmen
Pilsen
1310 luxembg.
Mgft. Mähren
Brünn
1310 luxembg.
Reims
Verdun
Metz
Kurpfalz
Speyer
Rothenbg.
Wimpfen
Hall
Burggft.
Pfalz
Regensbg.
Eichstätt
Bayern-Straubing
Budweis
Toul
Hzm. Lothringen
Epinal
Straßbg.
Schlettstadt
Offenbg.
Gft. Württembg.
Gmünd
Ingolstadt
Ulm
Herzogtum Bayern-Landshut
Freising
Mühldorf
Passau
Linz
Hzm. Österreich
Wien
Waidhofen
Preßburg
Rottweil
Memmingen
Augsbg.
München
Bayern-München
Überlingen
Kaufbeuren
Mühlhsn.
Basel
Rhein
Zürich
Konstanz
St. Gallen
Salzburg
Kufstein
Ödenburg
Dijon
Besançon
Fgft. Burgund
Freibg.
Lausanne
Chur
Disentis
Innsbruck
Gft. Tirol
1363 habsb.
Brixen
Hzm. Steiermark
Graz
Hzm. Kärnten
Klagenfurt
Kgr. Ungarn
1308 - 87 Anjou.
1387 luxembg.
Genf
Savoyen
Sitten
Locarno
Aosta
Trient
Aquileja
Görz
Hzm. Krain
Agram
Slawonien
Lyon
Dauphiné
1349 franz.
Grenoble
Visconti
Mailand
1395 Hzm.
Verona
Venedig
Fiume
Kroatien
Turin
Piacenza
Alba
Mgft. Saluzzo
Gft. Nizza
Rep. Genua
Genua
Bologna
Kgr. Bosnien
Avignon
(1348 päpstl.)
Gft. Provence
(Anjou)
Marseille
Toulon
Massa
Florenz
Pisa
Rimini
Dalmatien
Spalato
Arezzo
Siena
Kirchenstaat
Perugia
Spoleto
Elba
Pescara
Korsika
(zu Genua)
Rom
Kgr. Neapel
Kgr. Frankreich
Geistliche Gebiete
Luxemburger Besitz
Wittelsbacher Besitz
Habsburger Besitz
Reichsstädte
Reichsgrenze
50 100 150 200 km

Kaiser Karl IV. im Kaiserornat mit König Wenzel und Bischöfen (Umrißstich nach einer Miniatur einer Prachthandschrift der Goldenen Bulle, um 1400).

Das Grabmal des Mainzer Erzbischofs (1230–1249) Siegfried von Eppstein im Dom zu Mainz zeigt den Kirchenfürsten als „Königsmacher" von Heinrich Raspe (1246) und Wilhelm von Holland (1247).

Die Normannen beherrschten im 9. Jh. den Nord-Ostsee-Raum durch ihre schnellen Schiffe und beteiligten sich auch am allerdings noch nicht sehr umfangreichen Handel. Seit dem 12. Jh. waren es deutsche Kaufleute, die den gleichen Raum immer stärker erschlossen und wirtschaftlich beherrschten.

Rechts: *Normannische Schiffahrtsszene* (11. Jh.) auf dem Teppich von Bayeux. Harald und seine Krieger sichten Land, werfen Anker und betreten das Land des Johann von Ponthieu.

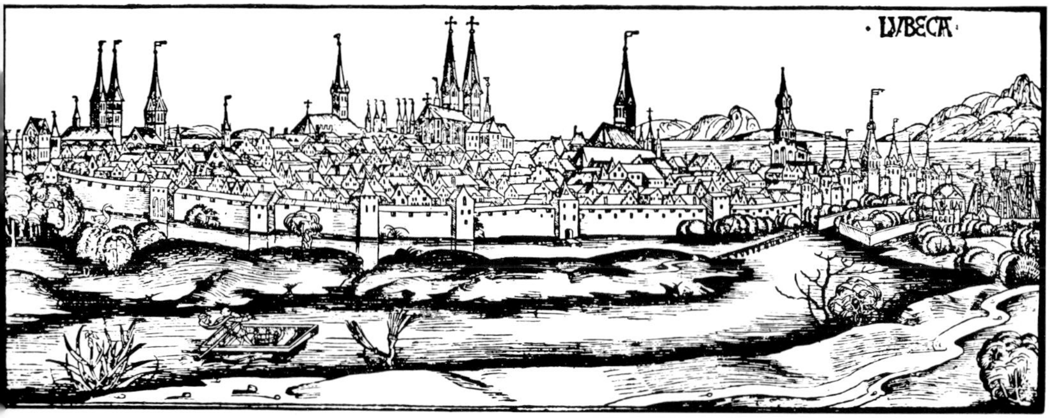

Mitte: Die *Hansestadt Lubeck* im Jahre 1493 (Schedelsche Weltchronik). Lubeck hatte zu dieser Zeit, wie die Hanse selbst, schon sehr an Bedeutung verloren. Oben: Das aus dem 14. Jh., der hansischen Blutezeit, stammende *Gestuhl in der Stralsunder Nicolai-Kirche* zeigt russische Pelzhändler, die ihre Pelze zum Verkauf an das Tor des Peterhofes in Nowgorod, das hansische Kontor, bringen. Links: Der Bottcher. Darstellung aus dem *Krakauer Zunftbuch* (um 1505), das vom Stadtschreiber angelegt wurde. Es enthalt die Privilegien und Eidesformeln der Stadt und die Satzungen der Zunfte in deutscher oder lateinischer Sprache.

Europäische Neuzeit

Die Erschaffung Adams (Michelangelo)

Frühe Neuzeit
(etwa 1500 bis Ende des 18. Jh.s)

Allgemeine Entwicklung

Der Mensch blickt ins Weltall
(Holzschnitt im Stil des 16. Jhs.)

metheus
colas S. Adam, 1762)

Wichtige Daten zur Einführung des Gregorianischen Kalenders

1582	in Italien, Spanien, Portugal, Polen, Frankreich, Lothringen, mehreren niederländischen Provinzen
1583	in den katholischen Kantonen der Schweiz
1584	in den katholischen Ländern Deutschlands
1587	in Ungarn
1700	in den protestantischen Ländern Deutschlands (»Verbesserter Kalender«), ferner in den niederländischen Generalstaaten und reformierten Kantonen der Schweiz
1710	in Dänemark und Schweden (hier 1712–15 Rückkehr zum Julianischen Kalender)
1753	in England und seinen Besitzungen
1776	Einführung des »Verbesserten Reichskalenders« für ganz Deutschland durch kaiserliches Patent; Dänemark und die Schweiz schlossen sich an
1872	in Japan
1916	in Bulgarien
1917	in Rumänien
1918	in Rußland
1923	in Griechenland
1927	in der Türkei, Ägypten u. a. islamischen Staaten
1949	in der Volksrepublik China

Auf die Fortschritte in der Astronomie wie überhaupt in der Mathematik und in den Naturwissenschaften geht die Kalenderreform Pp. Gregors XIII. zurück. Der Papst legitimierte 1582 die durch eine Gelehrtenkommission in fast 10jähriger Arbeit erzielte genauere Berechnung des Sonnenjahrs (unten: die Reformkommission tagt in Anwesenheit des Papstes). Das Kalenderjahr sprang am 4. auf den 15. Oktober 1582 über. Die meisten protestantischen Staaten lehnten die Reform aus konfessionellen Gründen ab. In Deutschland galten praktisch zwei Kalender nebeneinander, Weihnachten z. B. feierten die Protestanten 10 Tage später als die Katholiken.

Sachbücher, Reiseberichte, Nachrichten fanden unabhängig vom Streit der Konfessionen bei einem informationshungrigen Publikum guten Anklang. Den Interessen der Zeit entsprachen auf hohem Niveau Bücher wie Sebastian Münsters »Cosmographie« (1554 und öfter) oder des österreichischen Freiherrn Sigmund von Herbersteins Bericht von seiner Gesandtschaftsreise nach Moskau (1557; unten). Das Buch gehört zu den wichtigeren frühen Nachrichten über Rußland.

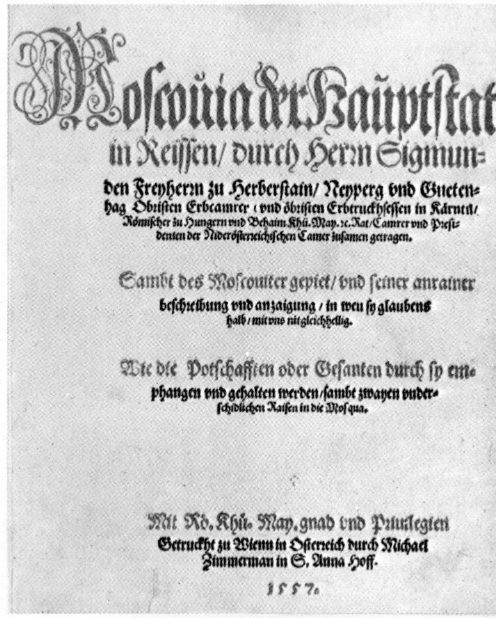
Moscouia der Hauptstat in Reissen/ durch Herrn Sigmunden Freyherrn zu Herberstain/ Neyperg vnd Guetenhag Obristen Erbcamrer / vnd öbristen Erbtruckhsessen in Kärntn/ Römischer zu Hungern vnd Behaim Khü. May. rc. Rat/ Camrer vnd Presidenten der Niderösterreichischen Camer zusamen getragen.

Sambt des Moscouiter gepiet/ vnd seiner anrainer beschreibung vnd anzaigung / in weu sy glaubens halb / mit vns nit gleichhellig.

Wie die Potschafften oder Gesanten durch sy empfangen vnd gehalten werden / sambt zwayen vnderschidlichen Raisen in die Mosqua.

Mit Rö. Khü. May. gnad vnd Priuilegien
Getruckht zu Wienn in Osterreich durch Michael Zimmerman in S. Anna Hoff.
1557.

Die Renaissancekunst löste sich mit der Rückbesinnung auf die Antike von den mittelalterlichen ästhetischen Ideen. Der symbolisch abstrakte Stil wurde zurückgedrängt durch das neue Ideal, Personen und Dinge natürlich, wie sie sich dem Auge darboten, wiederzugeben.
Donatellos (1386–1466) *David* (links), die erste figürliche Nacktdarstellung seit der Antike, ist in ihrer lockeren Haltung und anatomisch korrekten Körperlichkeit Beispiel des neuen Stils.
In *Leonardo da Vinci* (1452–1519) zeigt sich die für die Renaissancekunst typische Verbindung von mathematischem Kalkül, künstlerischer Inspiration und technischem Erfindergeist. Viele seiner technischen Entwürfe waren mit damaligen Mitteln nicht zu konstruieren. Eine Fülle zum Teil phantastisch anmutender Skizzen, u. a. eine geschützähnliche *Riesenarmbrust* (unten), sind erhalten. Die technischen Anmerkungen schrieb der Linkshänder Leonardo in Spiegelschrift.

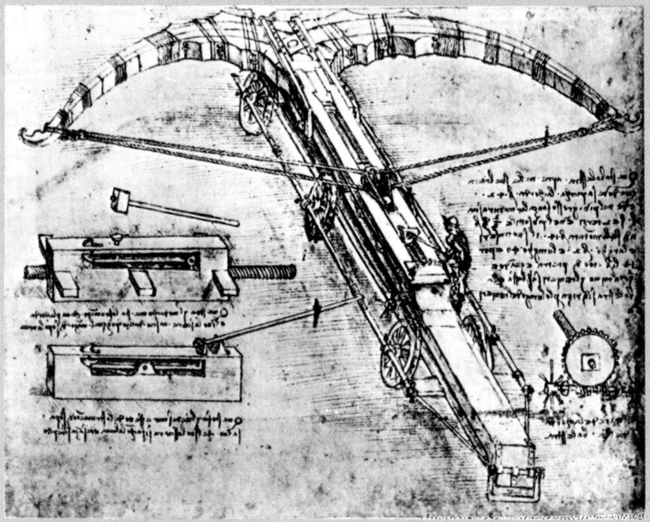

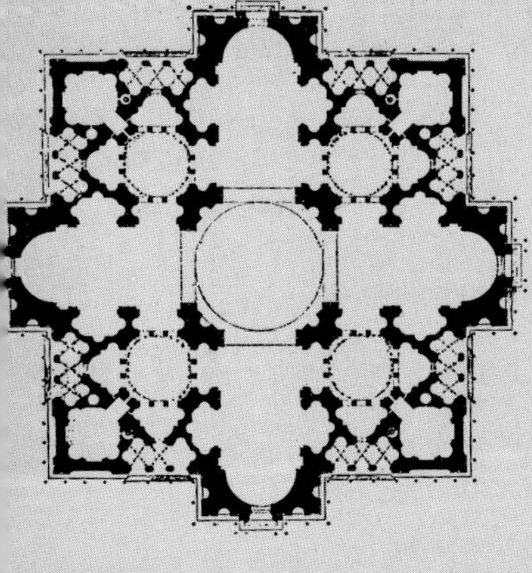

Die Lehre von der korrekten *perspektivischen Darstellung*, in der Antike in Ansätzen beherrscht, wurde im 14. und 15. Jh. in Italien wiederentdeckt und in ein System gebracht. *Brunelleschi, Alberti* und *Piero della Francesca* waren die überragenden Theoretiker, die geometrische Prinzipien für die Kunst fruchtbar machten. *Dürers* »Underweysung« verbreitete die revolutionären Vorstellungen nördlich der Alpen. Der *Holzschnitt* (oben) zeigt, wie sich mit Hilfe eines mechanischen Apparats ein perspektivisch einwandfreies Bild herstellen läßt. Zugleich ist er ein Beispiel für perspektivisches Zeichnen.
Leon Battista Alberti (1404–72), der größte Theoretiker des *Renaissance-Architektur*, verstand unter Schönheit die mathematisch fixierte Harmonie und Symmetrie der Bauteile zueinander. Seine Lehren, auf antiken Vorstellungen (Vitruv) basierend, beeinflußten die Architektur in ganz Europa. *Bramante* (1444–1514) suchte, wie der Entwurf (links) zeigt, Harmonie in einfacher Monumentalität zu verwirklichen. St. Peter in Rom als Hauptkirche der Christenheit plante er künstlerisch adäquat als kuppelgekrönten Zentralbau über einem gleicharmigen Kreuz als Grundriß.

1

2

3

Bahnbrechend für die italienische Renaissancearchitektur war *Filippo Brunelleschi*. Er hatte in Rom die antiken Bauwerke studiert, deren harmonische Maßverhältnisse und deren Bauelemente bestimmend für seine folgenden Florentiner Bauten wurden

1 *Ospedale degli Innocenti*, Florenz (1421 bis 1424), der Gründungsbau der neuen Architektur in Italien
2 *Kuppel des Domes zu Florenz* (1420–36). Mit der Renaissance begann eine neue Blütezeit großartiger monumentaler Kuppelwölbungen
3 *S. Spirito*, Florenz (1436–82). Der basilikale Bautyp wurde von allen gotischen Elementen befreit und als *Säulenbasilika* mit antiken Säulenordnungen, mit Rundbogenarkaden und Flachdecke gestaltet

5

4

Leon Battista Alberti gestaltete erstmals eine Kirchenfassade nach dem Vorbild römischer Triumphbogen

4 *S. Francesco*, Rimini (sog. Tempio Malatestiano; 1446 begonnen)

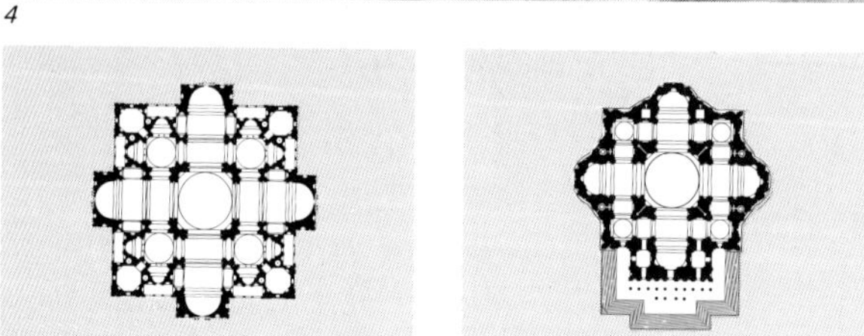

6

Das Streben der Renaissance nach Harmonie und Symmetrie fand in der Architektur sein Ideal im *Zentralbau*, mit dessen Problemen sich alle bedeutenden Architekten des 15. Jh. befaßt haben, dessen Realisierung aber auf wenige Bauten beschränkt blieb

5 *S. Biagio*, Montepulciano (1518–45; nach Plänen von *Antonio da Sangallo d. Ä.*)
6 *Zentralbauentwürfe* von *Bramante* (links) und *Michelangelo* (rechts) für den *Neubau von St. Peter in Rom*. Der reine Zentralbaugedanke wurde während der Bauarbeiten aufgegeben

1

1 *Masaccio*, Der Zinsgroschen. Fresko aus der Brancacci-Kapelle von Sta. Maria del Carmine, Florenz (1426/27). In dem Fresko wird die entscheidende Veränderung der künstlerischen Auffassung deutlich: u. a. in der *Gestaltung des Tiefenraumes* entsprechend den neuerkannten perspektivischen Gesetzen, in dem harmonischen Verhältnis von Raum und Figuren durch die *raumplastische* (nicht mehr flächenhafte) *Gruppierung der Figuren*

2 *Sandro Botticelli*, Geburt der Venus (1482; Florenz, Uffizien). Als einer der ersten Renaissancemaler stellte Botticelli neben religiösen auch *»humanistische« Themen* dar

3 *Leonardo da Vinci*, Mona Lisa (La Gioconda; 1500/04; Paris, Louvre) Leonardo hat als erster Künstler der Renaissance mit der Technik der Ölmalerei das Atmosphärische im sog. *»sfumato«* erfaßt

2

3

4

4 *Raffael*, Madonna della seggiola (Florenz, Palazzo Pitti). In dem Streben der Renaissance nach einem klaren und harmonischen Bildaufbau wurde das *Rundbild (Tondo)* zu einer beliebten Bildform, besonders bei Madonnendarstellungen

1

2

3

4

1 *Giovanni da Bologna, Merkur* (1580). — Der Merkur zeigt das Ideal manieristischer Plastik: die Figur ist elegant geschraubt, sie hat mehrere Ansichtsseiten. Ein schwieriges Motiv (Schweben, Schwerelosigkeit) ist genial gelöst

2 *Parmigianino, Madonna dal collo lungo* (Madonna mit dem langen Hals; 1534/40). — Berühmtes Beispiel für ein Altarbild des Manierismus. Erstmals tritt hier die starke Überlängung der Figur auf. Die raffinierte Eleganz, ein Hauch von Erotik sind unübersehbar

3 *El Greco, Auferstehung Christi* (1607/10). — An die Stelle der von vielen Manieristen bevorzugten Aktfigur trat bei Greco die bekleidete Figur, deren anatomische Details dem vergeistigten Pathos des Ausdrucks nachgeordnet wurden

4 *Giorgio Vasari, Hof der Uffizien*, Florenz (1560 ff). — Zwei lange Flügel umfassen einen Freiraum, der sich nicht zum Hof oder Platz weitet, sondern der zur Schlucht zusammengezwängt erscheint

1 *Albrecht Altdorfer*, Donaulandschaft bei Regensburg (um 1520/25; München, Alte Pinakothek). Bei Altdorfer, dem Hauptmeister der »Donauschule«, erscheint erstmals die *Landschaft als eigenständige Bildgattung*, d. h. ohne jedes erzählende Beiwerk und ohne jede Staffage

2 *Albrecht Dürer*, Selbstbildnis (1498; Madrid, Prado). Die neue Wertschätzung des Menschen in der Renaissance offenbarte sich (wie in der Porträtbüste und im Reiterbild) auch im gemalten Porträt, im Fremd- wie im Selbstbildnis. Dürer führte das *Selbstbildnis* zu einer eigenen Bildgattung

3 *Hans Holbein d. J.*, Der Kaufmann Georg Gisze (1532; Berlin, Staatliche Museen). Bei Holbein sind die gezeichneten und gemalten *Bildnisse* (darunter auch Bildnisminiaturen) Mittelpunkt und Höhepunkt seines Schaffens

1

2

4

3

4 *Matthias Grünewald*, Kreuzigung (Karlsruhe, Staatl. Kunsthalle). Grünewalds Werk steht in der Spannung zwischen mystisch-ekstatischer, bis zum Visionären gesteigerter Religiösität und einem extremen Naturalismus. In der Monumentalität der Figuren, der Detailbetrachtung und der Gestaltung des Lichts ist es von der *Renaissance* beeinflußt, in der religiösen Glut und Ausdruckskraft der *Spätgotik* verhaftet

In *Hieronymus* (ca. 347–420), dem Kirchenvater und Schöpfer der berühmtesten lateinischen Bibelübersetzung (Vulgata), sahen die Humanisten das Vorbild einer gelehrten, der Philologie hingegebenen Existenz. Man stellte *»Hieronymus im Gehäus«* nicht nur oft dar, sondern ließ sich, wie der durch seine Ablaßgeschäfte berüchtigte, humanistischer Attitüde aber nicht abgeneigte *Kardinal Albrecht von Brandenburg*, selbst in hieronymianisch-gelehrter Pose abbilden (rechts: Gemälde von Lucas Cranach d. Ä.).

Nach dem Vorbild italienischer Akademien gründete Ks. Maximilian 1501 zur Pflege humanistischer Gelehrsamkeit in Wien ein *Collegium poetarum* (Dichterkollegium), das als eigenen Grad den Titel eines *poeta laureatus* verleihen konnte. Szepter und Lorbeerkranz mit Reichsadler, Fingerring, Barett und Siegel waren die *Insignien* (unten) der aus Italien importierten Würde, die ihrem Besitzer wohl Ruhm und Ehre, aber keine materielle Versorgung bieten konnte. Trotzdem hielt sich die Einrichtung der Dichterkrönung bis ins 18. Jahrhundert.

ΕΥΑΓΓΕΛΙΟΝ ΚΑΤΑ ΜΑΤΘΑΙΟΝ.

ΒΙΒΛΟΣ γενέσεως ΙΗΣΟΥ ΧΡΙΣΤΟΥ, υἱοῦ Δαβίδ, υἱοῦ ἀβραάμ. Ἀβραὰμ ἐγέννησεν τὸν ἰσαάκ. ἰσαὰκ δὲ, ἐγέννησεν τὸν ἰακώβ. ἰακὼβ δὲ, ἐγέννησεν τὸν ἰούδαν, καὶ τοὺς ἀδελφοὺς αὐτοῦ. ἰούδας δὲ, ἐγέννησεν τὸν φαρὲς, καὶ τὸν ζαρὰ, ἐκ τῆς θάμαρ. φαρὲς δὲ, ἐγέννησεν τὸν ἐσρώμ. ἐσρὼμ δὲ, ἐγέννησεν τὸν ἀράμ. ἀρὰμ δὲ ἐγέννησεν τὸν ἀμιναδάβ. ἀμιναδὰβ δὲ, ἐγέννησεν τὸν ναασσών. ναασσὼν δὲ, ἐγέννησεν τὸν σαλμών. σαλμὼν δὲ, ἐγέννησεν τὸν βοὸζ ἐκ τῆς ῥαχάβ. βοὸζ δὲ, ἐγέννησεν τὸν ὠβήδ, ἐκ τῆς ῥούθ. ὠβὴδ δὲ, ἐγέννησεν τὸν ἰεσσαί. ἰεσσαὶ

EVANGELIVM SECVNDVM MATTHAEVM.

Liber generationis Iesu Christi filij Dauid, Filij Abrahã, Abraham genuit Isaac. Isaac aũt, genuit Iacob. Iacob aũt, genuit Iudã, & fratres eius. Iudas aũt, genuit Phares, & Zarã, e Thamar. Phares autẽ, genuit Esrom. Esrom aũt, genuit Aram. Arã autem, genuit Aminadab. Aminadab aũt, genuit Naasson. Naasson aũt, genuit Salmon. Salmon autẽ, genuit Boos, e Rhachab. Boos aũt, genuit Obed, e Ruth. Obed autẽ, genuit Iesse. Iesse aũt, genuit Dauid

Nachdem sich im 15. Jh. der Humanist Lorenzo Valla auch mit den literarischen Quellen der christlichen Lehre beschäftigt hatte, veröffentlichte *Eramus von Rotterdam* 1516 neben dem lateinischen erstmals auch den gesamten griechischen Text des NT (links: Anfang des Matthäusevangeliums). Schon 1514 hatten spanische Philologen eine mehrsprachige Ausgabe des AT und eine griechisch/lateinische des NT fertiggestellt (»Complutensische Polyglotte«), die aber erst 1522 erschien. Obwohl diese Bibel philologisch genauer war, verschafften das frühere Erscheinen und der europäische Ruf des Herausgebers der Erasmus-Ausgabe weit größere Verbreitung. Über Luther, der sie seiner Bibelübersetzung zugrunde legte, wurde sie bedeutsam für die evangelische Reformation.

Pico della Mirandola (1463–94) definierte die einzigartige Stellung des Menschen in der Natur und trug damit wesentlich zu einer neuen »humanistischen« Anthropologie bei. Eine adäquate Umsetzung ins Bild bietet die Darstellung des *Charles de Bouelles* aus dem »Liber de intellectu«, 1509 (rechts). Der Mensch kann alle Seinstufen, vom bloßen Sein des Steins, über das Leben der Pflanze und der sensiblen Existenz des Tiers bis zur höchsten Stufe geistiger Beschäftigung durchlaufen. Er kann in steinähnlicher Existenz erstarren, im Gelehrtendasein eines Studiosus aber den höchsten Grad menschlicher Vollendung erreichen.

Unter dem Begriff Renaissance sind zu verstehen die Wiederbelebung der Antike und ein alle Lebensbereiche umfassender Stil, bei dem im Gegensatz zum mittelalterlichen Menschen- und Weltbild Diesseitigkeit, Entfaltung der Persönlichkeit, Naturbeobachtung und das Interesse für das einzelne in seinem individuellen Charakter im Mittelpunkt stehen. Das Ideal ist der allseitig gebildete Mensch *(uomo universale)*. Als Begründer der Renaissance gilt *Petrarca* (oben links: Gemälde von *Justus van Gent*),der mit seinen Sonetten und Kanzonen einer der größten italienischen Lyriker ist und besondere Wirkung auf den deutschen Humanismus ausübte. Das Studium der antiken Philosophie und Literatur galt als der beste Weg zum edlen Menschentum. Mit seinen Drucken antiker Autoren machte *Aldo Manutius* (oben Mitte: Stich von *Philipp Galle*) deren Werke breiteren Kreisen zugänglich und trug damit wesentlich zur Wiederbelebung der Antike bei. Literarhistorisch von Bedeutung waren neben *Petrarca* und *Boccaccio* der Italiener *Aristoto* (Mitte rechts: Illustration aus »Der rasende Roland«, Kupferstich von *Daniel Chodowiecki*), der Spanier *Cervantes* (oben rechts), der mit seinem »Don Quijote« zum Begründer des modernen Prosaromans wurde, der Portugiese *Camoes*, die Franzosen *Scaliger*, *Rabelais* (unten: Illustration aus »Gargantua«, 1542), *Ronsard* und *Montaigne* sowie die Engländer *Spenser* und *Marlowe* (Mitte links), der als erster die Faust-Sage dramatisierte und der bedeutendste englische Tragiker vor Shakespeare war.

Im späten Mittelalter wurde das städtische Bürgertum zum Hauptträger der Kultur und zum Förderer humanistischer Gelehrsamkeit. Handels-, Bischofs- und Universitätsstädte waren die ersten, die Buchdruckereien finanzierten, damit einen ungeheuren Aufschwung des geistigen Lebens bewirkten und bedeutende Gelehrte an sich zogen. Erst im Laufe der nächsten Jahrhunderte erwuchs den Städten als Umschlagplatz der Bildung eine Konkurrenz in den absoluten Fürstenresidenzen.

■ bis 1470 } Verbreitung der Buchdruckerkunst
■ ab 1471

● 12. bis 14. Jh. } Universitätsgründungen
○ 15. Jh.

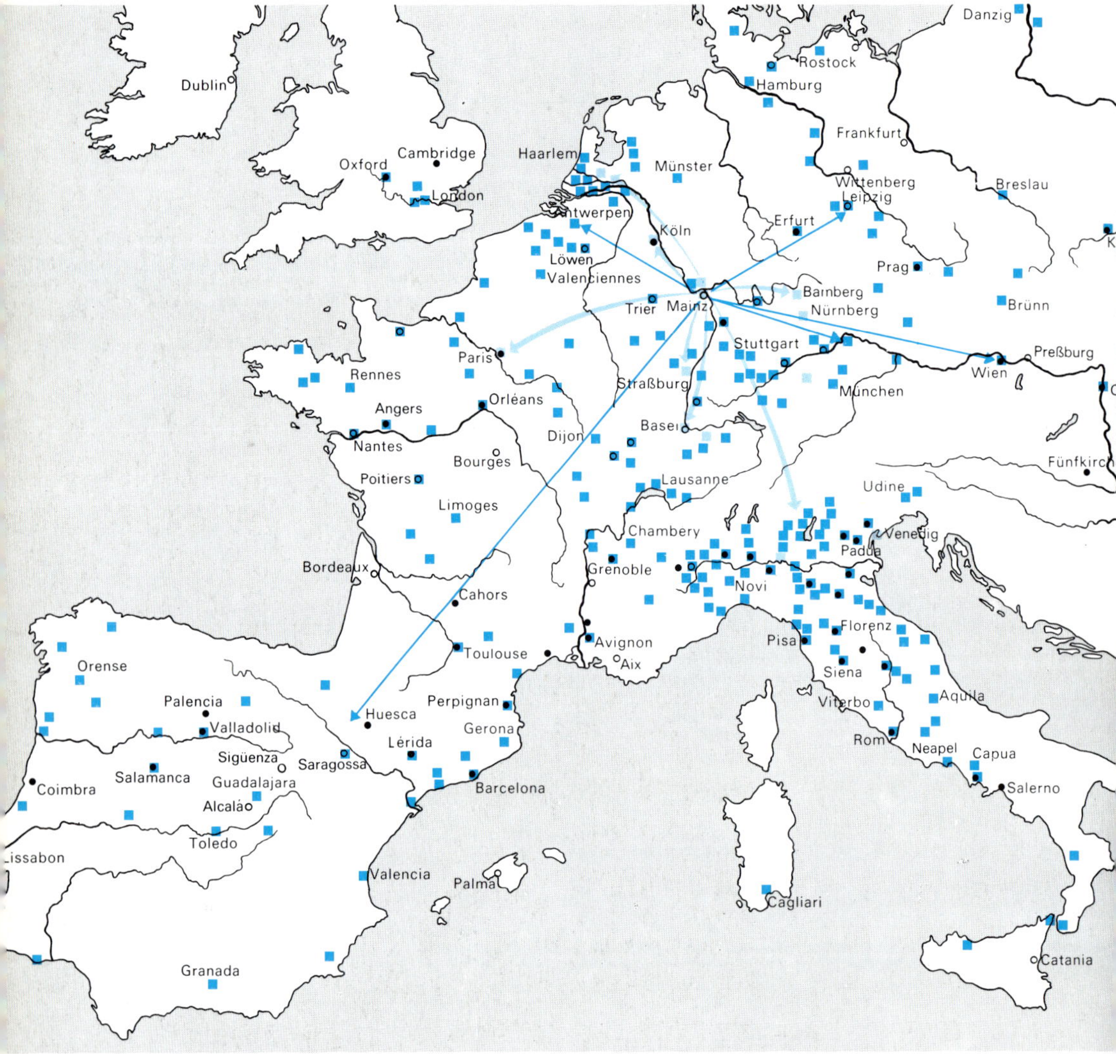

Wichtige Humanistenzentren und bedeutende Humanisten im Reich

Augsburg	Conrad Peutinger (1465–1547)
Basel	Desiderius Erasmus von Rotterdam (1469[oder 66]–1535)
Erfurt	Conradus Mutianus Rufus (1470–1526) Crotus Rubianus (1480 – um 1545) Helius Eobanus Hessus (1488–1540)
Heidelberg	Rudolf Frisius Agricola (1442[oder 44]–1485)
Nürnberg	Willibald Pirkheimer (1470–1530)
Straßburg	Jakob Wimpfeling (1450–1528) Sebastian Brant (1457–1521)
Tübingen	Johannes Reuchlin (1455–1522) Heinrich Bebel (1472–1518)
Wien	Regiomontanus (1436–1476) Konrad Celtis (1459–1508) Johannes Cuspinian (1473–1529)
Wittenberg	Philipp Melanchthon (1497–1560)

Die Fortschritte in der Technik, z. T. auf neuen, *zukunftweisenden Erfindungen* beruhend, kündigten das *industrielle Zeitalter* an. Sie schufen die Voraussetzungen für rationellere Produktionsweisen und führten zur Entstehung neuer Gewerbezweige.
Der erste »Motor« war die *Wasserkraft,* die einen Teil der Energie fließenden Wassers nutzbar machte. Auf der Abbildung rechts treibt ein Wasserrad in einer Schmiede mittels eines einfachen Hebelmechanismus gleichzeitig ein Hammerwerk und die Blasebälge an.

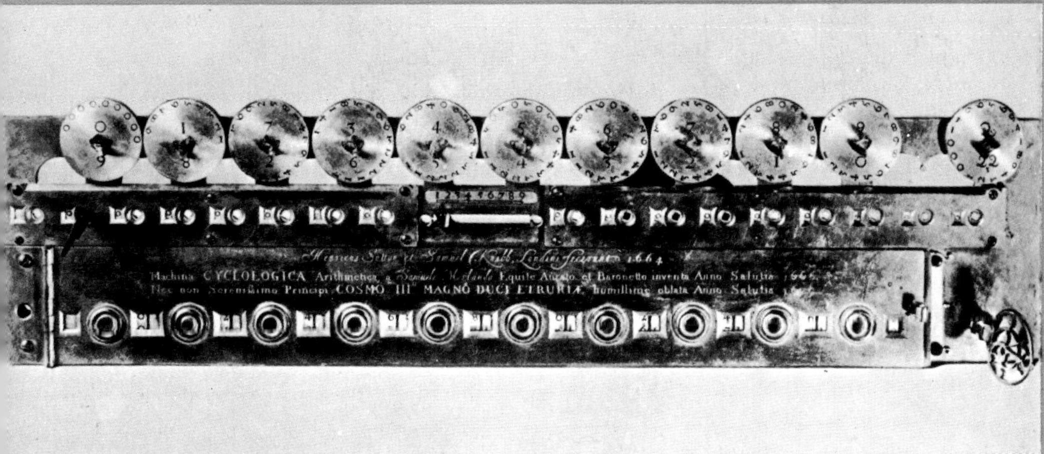

Der englische Schmied *Thomas Newcomen* entwarf eine *»Maschine zum Heben von Wasser mittels Feuer«* (oben links), welche die Arbeitsleistung von 50 Pferden beim Auspumpen von Bergwerken ersetzte. Sie war der Vorläufer der Dampfmaschine des James Watt (1769).

Die Leibniz oder/und Pascal zugeschriebene Erfindung einer *Rechenmaschine* war ein erster Meilenstein zur modernen Programmier- und Computertechnik. Die oben abgebildete, in London hergestellte »Rundrechenmaschine« aus dem Jahre 1664 widmete der Erfinder *Samuel Morlando* dem Großherzog Cosimo III. von Florenz.

Die Eroberung des Meeres und die Kolonisierung fremder Länder beginnen um 1500. Das Bild zeigt den Stapellauf eines holländischen Ostindienfahrers (Illustration aus einem Buch von 1697).

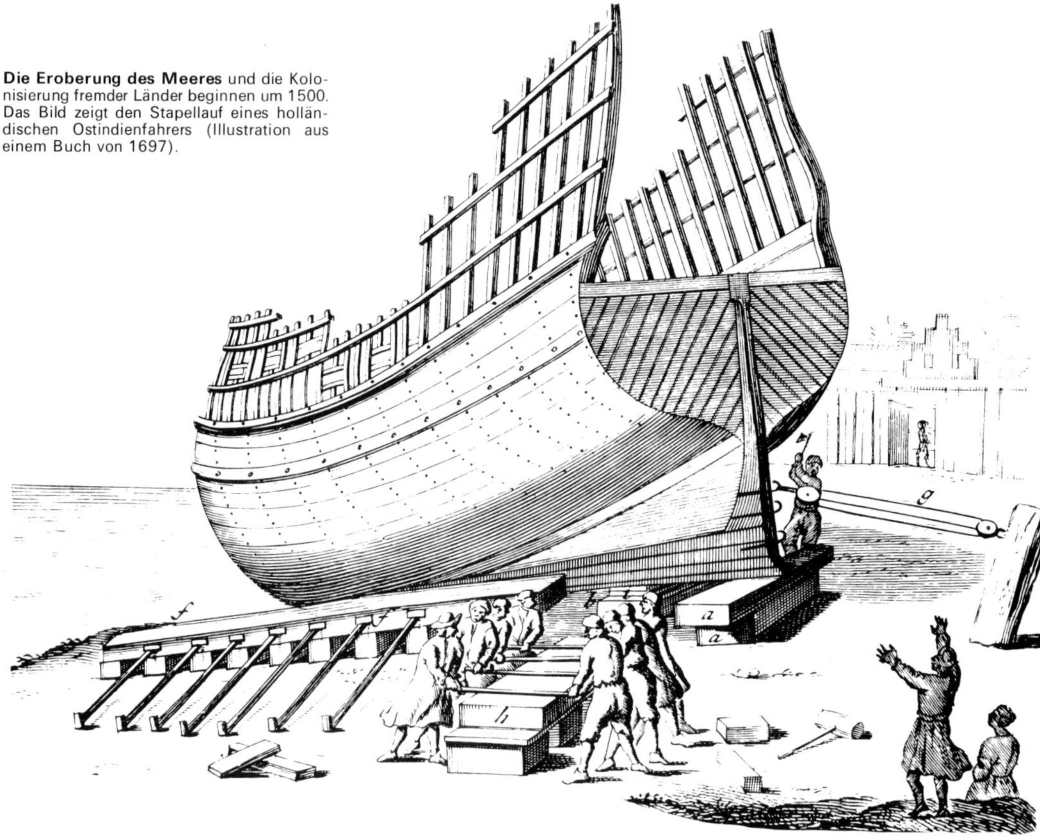

Die Kolbenpumpe (links) kam im 16. Jahrhundert auf; die Kolbendampfmaschine des 18. Jahrhunderts zeigt eine große konstruktive Ähnlichkeit.

Der »Corduan«-Leuchtturm an der Mündung der Garonne (erbaut 1584 bis 1610). Im Turm befindet sich auch eine Kapelle.

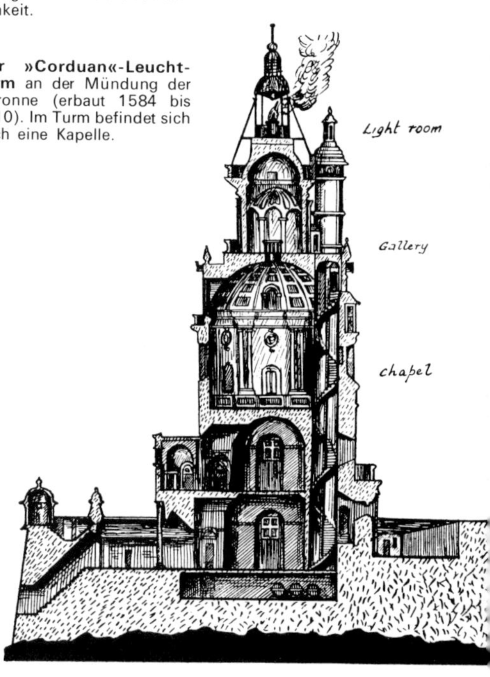

Schwefelsäureherstellung nach einer Darstellung aus dem 17. Jahrhundert.

Druckpresse, Wittenberg 1520/21.

Drechselbank (Ende des 16. Jahrhunderts).

Standardwerk der Bergleute und Hüttentechniker ast 200 Jahre war das Buch »De re metallica« (1556) Agricola. Die Abb. zeigt den Bleiguß aus diesem Buch.

Wassermühle (Ende des 16. Jahrhunderts).

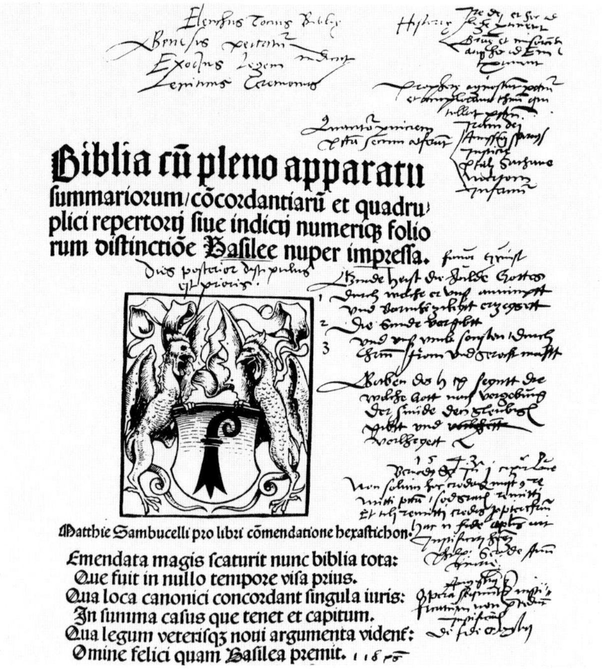

Biblia cū pleno apparatu summariorum/cōcordantiarū et quadruplici repertorij siue indicij numeriꝗ foliorum distinctiōe Basilee nuper impressa.

Matthie Sambucelli pro libri cōmendatione hexastichon.

Emendata magis scaturit nunc biblia tota:
Que fuit in nullo tempore visa prius.
Qua loca canonici concordant singula iuris:
In summa casus que tenet et capitum.
Qua legum veterisꝗ noui argumenta vident:
Omine felici quam Basilea premit.

Durch seine Bibelübersetzung, die sich deutschsprachigen Protestantismus Alle gültigkeit erwarb und auch für weitere Üb setzungen — u. a. in die nordischen Sprach —die Grundlage bildete, brachte Luther *Bibel* einem größeren Kreis von Menschen n he und prägte dadurch, ebenso wie du seine Katechismen, die evangelische Frö migkeit. Die gelehrten Theologen benutz und zitierten die Bibel weiterhin in ihrer lat nischen Fassung, der sog. Vulgata (lin gedruckte lateinische Bibel von 1509. Luth Handexemplar mit eigenhändigen Randr tizen von 1542).

An den Christlichen Adel deutscher Nation von des Christlichen standes besserung. D. Martinus Luther

Wirkungsvollstes Instrument, Glaubenslehren zu vermitteln, bildeten die *Katechismen*. Der auf den Lehren des Trienter Konzils basierende »Catechismus Romanus« von 1566 blieb für Jahrhunderte ein grundlegender Leitfaden für die römisch-katholischen Geistlichen (unten rechts eine Ausgabe von 1567). — Luthers Flugschrift »An den christlichen Adel deutscher Nation« von 1520 forderte u. a. Abschaffung des geistlichen Standes und des kirchlichen Rechtes, räumte den Inhabern der politischen Macht das Recht ein, die Kirchenreform in die Hand zu nehmen, und regte eine deutsche Nationalkirche an (rechts).

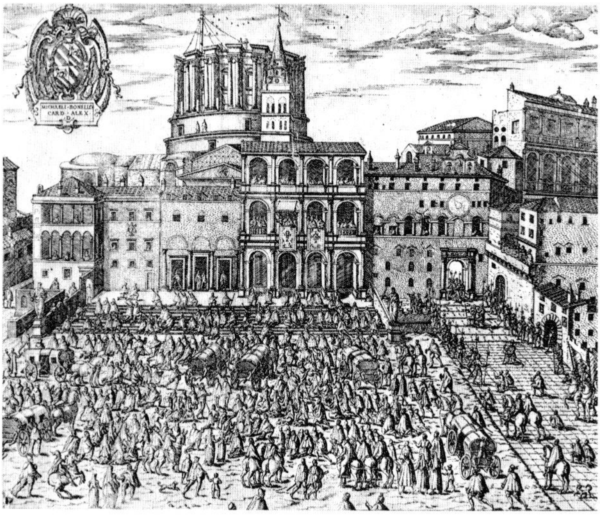

CATECHISMVS ROMANVS, Ex decreto Concilij Tridentini, AD PAROCHOS, PII QVINTI PONT. MAX. IVSSV EDITVS, NVNC VERO PRIMùm in Germania cum Maiorum autoritate, & permissu Pauli Manutij recusus. Accessit Præfatio ampliss. Domini Cardinalis & Episcopi Augustani &c.

SIC HIS QVI DILIGVNT

DILINGÆ Apud Sebaldum Mayer. 1567.

Im Gegenschlag gegen die protestantischen Angriffe auf das Papsttum werteten die Katholiken das Ansehen des päpstlichen Amtes betont auf. Im Zuge der katholischen Reform wurde das Papsttum auch in geistlicher Hinsicht wieder zum Mittelpunkt der Kirche, soweit sie katholisch blieb, und zum Zeichen der Einheit inmitten fortschreitender Zersplitterung des Protestantismus (oben: Pp. Pius V. [1566/72] erteilt den päpstlichen Segen. Im Hintergrund der Zustand der Peterskuppel 1567).

Es ist alles eitell

Du sihst / wohin du sihst nur eitelkeit auff erden.
Was dieser heute bawt / reist jener morgen ein:
Wo itzund städte stehn / wird eine wiesen sein
Auff der ein schäffers kind wird spilen mitt den heerden.
Was itzund prächtig blüht sol bald zutretten werden.
Was itzt so pocht vndt trotzt ist morgen asch vnd bein.
Nichts ist das ewig sey / kein ertz kein marmorstein.
Itzt lacht das gluck vns an / bald donnern die beschwerden.
Der hohen thaten ruhm mus wie ein traum vergehn.
Soll den das spiell der zeit / der leichte mensch bestehn.
Ach! was ist alles dis was wir für köstlich achten /
Als schlechte nichtikeitt / als schaten staub vnd windt.
Als eine wiesen blum / die man nicht wiederfindt.
Noch wil was ewig ist kein einig mensch betrachten.

Das Werk Andreas Gryphius' (oben: zeitgenössischer Stich von *Philipp Kilian*), des bedeutendsten deutschen Barockdichters, ist in seinem tiefen Pessimismus geprägt von dem Gedanken der *vanitas*, der Nichtigkeit des Irdischen, und den Eindrücken der Grausamkeiten und Zerstörungen des Dreißigjährigen Krieges (unten: Augsburger Kupfer *»Belagerung Magdeburgs durch Tilly 1631«*). Der Gedanke der Nichtigkeit steht auch im Mittelpunkt eines seiner Sonette, das nach einem Spruch aus dem *Prediger Salomo* den Titel »Es ist alles eitell« trägt.

Nach seiner Wiederholung in der ersten Zeile wird die Hauptidee durch Amplifikation immer neu umschrieben, variiert; der Angesprochene soll durch die insistierende Nennung voll und ganz überzeugt werden. Die deutlichen Zäsuren der Alexandriner nach der sechsten Silbe unterstützen die scharfen Antithesen, Halbvers gegen Halbvers, die nur zur Vermeidung formaler Langeweile etwa am Ende des ersten Quartettes aufgegeben werden. Den antithetischen Sprach- und Denkcharakter — als Stilmittel aus der antiken Rhetorik überkommen — hat man oft geradezu als das Hauptcharakteristikum des Barockzeitalters angesehen. Die Metaphorik der Vergänglichkeit geht auf die biblische Bildsprache zurück; die Identifikation mit der religiösen Tradition bestätigt und bekräftigt die Aussage. Als Sinnbilder der *fragilitas* erscheinen *asch vnd bein* (im übrigen gleichzeitig auch im realen Sinn der christlichen Eschatologie zu verstehen), der *traum* als Metapher der Irrealität, die Klimax *schaten staub vnd windt* und selbst die *wiesen blum / die man nicht wiederfindt*. Die Antwort auf die leidenschaftlich gestellte Frage der zehnten Zeile gibt bereits der folgende Satz, der in das zweite Terzett übergreift und durch die anaphorische Verkettung Eindringlichkeit erzielt. Der Schluß deutet das menschliche Elend nicht als Schicksal, sondern als Schuld. Daß das Sonett den Eindruck objektiver Gültigkeit erweckt, verdankt es der rhetorischen Meisterschaft seines Verfassers.

Das barocke Theater
Während des Barocks erlebte das Theater besonders in *Spanien* eine Blütezeit. Neben *Lope Felix de Vega Carpio* erlangte *Pedro Calderón de la Barca*, der fast ausschließlich für den Hof Philipps IV. schrieb, die größte Bedeutung. Seine Dramen »Das Leben ein Traum« und »Das große Welttheater« (unten: Szenenbild einer Aufführung am *Teatro Nacional*, Madrid) spiegeln am deutlichsten die Auffassung des Barocks wider, das Leben sei ein Schauspiel, die Welt ein Theater. Auch in *Frankreich*, dem in dieser Zeit vergleichbar große Dichterpersönlichkeiten fehlten, erfreute sich das Theater großer Beliebtheit. Am Hofe wurden, wie in Spanien, Tragödien und Tragikomödien aufgeführt, während sich auch hier die einfacheren Bevölkerungsschichten an Schäferspielen und Farcen erfreuten (oben: Französische und italienische Komödianten, anonymes Gemälde aus dem Jahre 1670, ganz links Molière). Das deutsche Drama dieser Zeit fand schon im 18. Jh. kein Verständnis mehr.

1

1 *F. Barocci, »Madonna del Popolo«* (Florenz; 1575/79). Das Bild weist auf den römischen Frühbarock voraus. Zahlreiche bewegte Figuren stehen unter dem Eindruck eines himmlischen Geschehens. Sie sind durch zarte Farben zur Einheit zusammengeschlossen

2 *Caravaggio, »Die Berufung des hl. Matthäus«* (S. Luigi dei Francesi, Rom; 1599/1600). Es handelt sich um ein ungewöhnliches Dokument: ein biblisches Ereignis ist als Wirtshausszene dargestellt, aber mit Hilfe des Lichts zum tief religiösen Geschehen erhöht

2

3

4

5

3 *P. P. Rubens, »Folgen des Krieges«* (Florenz, Uffizien; um 1637). Ein Beispiel für die barocke Auffassung einer allegorischen Szene. Mars stürmt aus dem Tempel, Venus versucht ihn zurückzuhalten, die Furie des Krieges reißt den Kriegsgott fort. Eine dramatische Szene ist mit kraftvollen Körpern durch rhythmische Farben inszeniert

4 *Rembrandt, »Bürgermeister Jan Six«* (Amsterdam, Sammlung Six; 1654). Das Porträt veranschaulicht eine mit rein farblichen Mitteln erreichte, in ihrer Eindringlichkeit nie übertroffene Charakterisierungskunst

5 *N. Poussin, »Reich der Flora«* (Dresden; 1631). Das Bild interpretiert poetische Szenen aus den »Fasti« und den »Metamorphosen« des Ovid. Um die tanzende Flora gruppieren sich Gestalten der Mythologie, die sich in Blumen verwandeln werden

PRIMERA PARTE
D'EL INGENIOSO
hidalgo don Quixote de
la Mancha.

Capitulo Primero. Que trata de la condicion, y exercicio del famoſo hidalgo don Quixote de la Mancha.

EN Vn lugar de la Mancha, de cuyo nombre no quiero acordarme, no ha mucho tiempo que viuia vn hidalgo de los de lança en aſtillero, adarga antigua, rozin flaco, y galgo corredor. Vna olla de algo mas vaca que carnero, ſalpicon las mas noches, duelos y quebrãtos los Sabados, lantejas los Viernes, algun palomino de añadidura los Domingos: conſumian las tres partes de ſu hazienda. El reſto della concluian, ſayo de velarte, calças de velludo para las fieſtas, con ſus pantuflos de

Der im Laufe der Jahrhunderte unterschiedlich interpretierte »Don Quijote« hatte großen Einfluß auf die europäische Literatur des 18. Jh. Die in dem Roman von *Cervantes* angewendete satirische Methode wurde vielfach auf andere erfundene Gestalten übertragen, so etwa bei *Henry Fielding* in dem Roman »Tom Jones«, bei *Pierre Marivaux* in »Voiture embourbée« und bei *Christoph Martin Wieland* in »Abenteuer des Don Sylvio von Rosalva«. Oben links: Erste Textseite der Erstausgabe von *Cervantes'* »Don Quijote« (1605). Oben rechts: Titelkupfer aus einer frühen »Don Quijote«-Ausgabe. Links: Illustration aus *Wielands* »Don Sylvio von Rosalva« (Kupferstich von D. Berger, 1793). Unten: Illustration aus *Fieldings* »Tom Jones«.

Eng mit dem Theater verbunden — er war Schauspieler, seit 1597 Teilhaber am *Globe-Theater* (oben links: Handzeichnung, Anfang 17. Jh.; oben rechts: Innenansicht des *Swantheaters* mit der charakteristischen *Shakespeare-Bühne*, Zeichnung von *J. de Witt*, 1596) —, schrieb William Shakespeare in erster Linie für das Theater. Sein Werk (Mitte: Titelblatt der 1623 posthum erschienenen Ausgabe der Bühnenwerke) umfaßt neben 38 Dramen (vgl. unten), darunter »Hamlet«, »Othello«, »König Lear« und »Macbeth« (unten links: Szenenbild aus dem 3. Aufzug, Stich von *A. W. Böhm*), 154 Sonette, Gedichte und Verserzählungen.

MR. WILLIAM
SHAKESPEARES
COMEDIES,
HISTORIES, &
TRAGEDIES.
Publiſhed according to the True Originall Copies.

LONDON
Printed by Iſaac Iaggard, and Ed. Blount. 1623.

Titus Andronicus	1589–90?
The Taming of the Shrew	1589–90?
1 Henry VI	1591–92
2 Henry VI	1590–92
3 Henry VI	1590–92
Richard III	1592–93
The Comedy of Errors	1590–94
The Two Gentlemen of Verona	1590–98
Love's Labour's Lost	1593–95
Romeo and Juliet	1591–97
A Midsummer-Night's Dream	1594–98
King John	1591–98
Richard II	1594–95
The Merchant of Venice	1594–97
1 Henry IV	1596–97
2 Henry IV	1597–98
The Merry Wives of Windsor	1598–1602
Henry V	1599
Julius Caesar	1599
Much Ado About Nothing	1598–1600
As You Like It	1598–1600
Twelfth Night	1600–02
Hamlet	1599–1601
Troilus and Cressida	1601–03
All's Well That Ends Well	1601–04
Measure for Measure	1603–04
Othello	1603–04
King Lear	1605–06
Macbeth	1606–11
Antony and Cleopatra	1606–08
Timon of Athens	1605–08
Coriolanus	1609–10
Pericles	1606–08
Cymbeline	1608–11
The Winter's Tale	1610–11
The Tempest	1609–11
Henry VIII	1612–13
Two Noble Kinsmen	1613–14

Die französische Klassik wird beherrscht von den Dramatikern *Pierre Corneille, Jean Racine* und *Molière*. Wenn dieser Zeit auch große Lyriker und Epiker fehlten, so brachte sie doch eine Reihe von bedeutenden Prosaisten *(Blaise Pascal, Jacques-Bénigne Bossuet, François de La Rochefoucauld, Madame de Lafayette)* und Versdichtern *(Jean de La Fontaine, Nicolas Boileau)* hervor.

Oben links: *Pierre Corneille* (Zeichnung und Stich von *Michel Lasne*, 1643).
Oben rechts: *Jean Racine* (Stich von *Gerard Edelinck*).
Mitte links: *Molière* (Stich von *Jean Baptiste Nolin*).
Mitte rechts: *Jean de La Fontaine* (Stich von *Gerard Edelinck*).
Rechts: Illustration zu *Corneilles* »Le Cid« (nach einer Ausgabe von 1663).
Unten: Illustration zu *Racines* »Phèdre«.
Unten rechts: Illustration zu *Molières* »Tartuffe«.

Was schon im späten Mittelalter deutlich wird, verstärkt sich in der Neuzeit: Die christlich begründete Einheit des Abendlandes zerbricht, und eine auf zeitlos gültige Ordnung abzielende Politik verliert ihre Basis. Stärker als ein transzendenter wird ein diesseitiger Bezug grundlegend für Gesellschaftstheorie, soziales Selbstverständnis und politisches Handeln. Gesellschaft erscheint zunehmend als relativ eigenständige Dimension, wenngleich die Ansichten über Ursprünge und Entwicklungen von Gesellschaften verschieden sind. — Hobbes · konstruiert eine ursprüngliche umfassende menschliche Freiheit einschließlich sich auf alles Erreichbare erstreckender natürlicher Rechte: ein ›Krieg aller gegen alle‹ ist unvermeidlich und ihn durch Vertrag zu beenden ein Gebot der Vernunft. Der Staat als absoluter Staat entsteht und stellt unnachsichtig die Ordnung her: er ist der allmächtige Leviathan.

Thomas Hobbes

John Locke

Jean-Jacques Rousseau

Für Rousseau lebt der Mensch ursprünglich frei, unschuldig, glücklich und gesund gemäß seinen natürlichen Neigungen. Erst als er gezwungen wird, sich mit seinesgleichen zusammenzuschließen, endet der Naturzustand durch die Vergesellschaftung, die zugleich gegenseitige Abhängigkeit bedeutet, welche als solche Kampf, Eitelkeit, Habgier, Haß und Verachtung mit einschließt. Rückkehr zum ursprünglichen Naturzustand ist nicht möglich, wohl aber eine Humanisierung der Gesellschaftsverfassung nach Art eines Naturzustandes. Im Contrat social erfolgt eine Selbstaufgabe der einzelnen Willen zugunsten des volonté générale, der als verpflichtender Gemeinwille weitreichende gesellschaftliche Integration ermöglicht und erzwingt.

Tasmanierhorde, Idealisierung zu Ende des 18. Jh. (aus Labillardiere, Atlas du voyage à la recherche de la Péruse).

Die internationalen Ereignisse vom 15. bis 18. Jh.

Kolumbus entdeckt d
westindisc
Inseln
(Holzschni

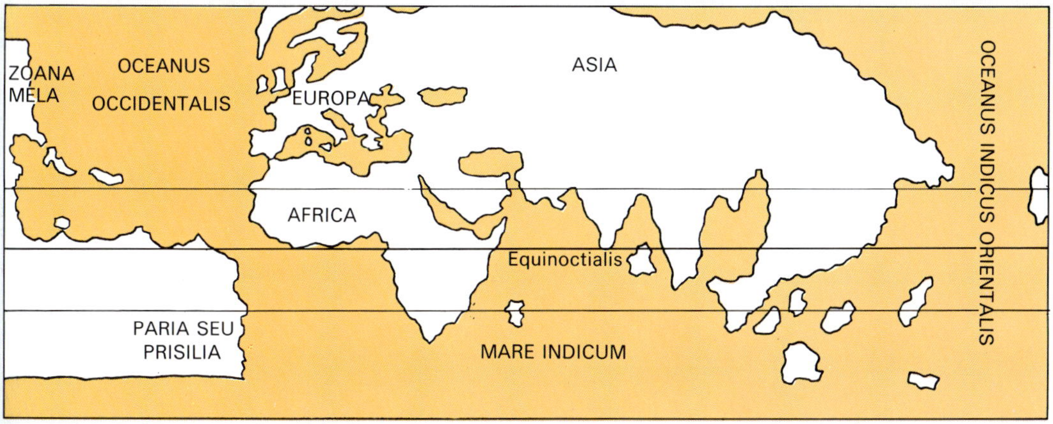

Die Karte oben (aus der »Margarita philosophica« des Gregorius Reisch) basiert auf einer 1513 erschienenen Weltkarte von *Martin Waldseemüller* mit den neuentdeckten Ländern jenseits des Atlantik. Waldseemüller hatte auf einer Karte von 1507 auf Vorschlag seines Mitarbeiters *Ringmann* dem neuen Erdteil den Namen *Amerika* zu Ehren des *Amerigo* Vespucci gegeben, ließ ihn aber auf den folgenden Karten wieder fort, als er feststellte, daß er die Bedeutung Vespuccis überschätzt hatte. Der Name setzte sich dennoch durch. — Nordamerika ist mit den mysteriösen Worten ZOANNA MELA gekennzeichnet, entstanden aus einem Schreib- u. Lesefehler. In einer Handschrift in Ferrara fand sich in entsprechendem Zusammenhang der Satzanfang: » MA LA ZOANNA « (= aber die Zoanna [venez. für Johanna]), woraus schließlich in der Karte ZOANA MELA wurde. Mitte und unten: Die Entdeckungsreisen vor Kolumbus und seit Kolumbus (bis zur Mitte des 17. Jh.).

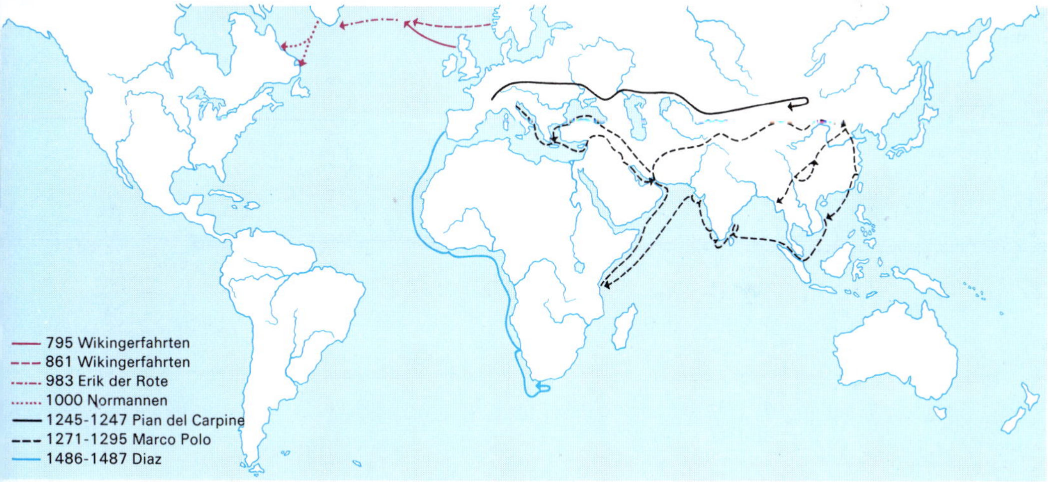

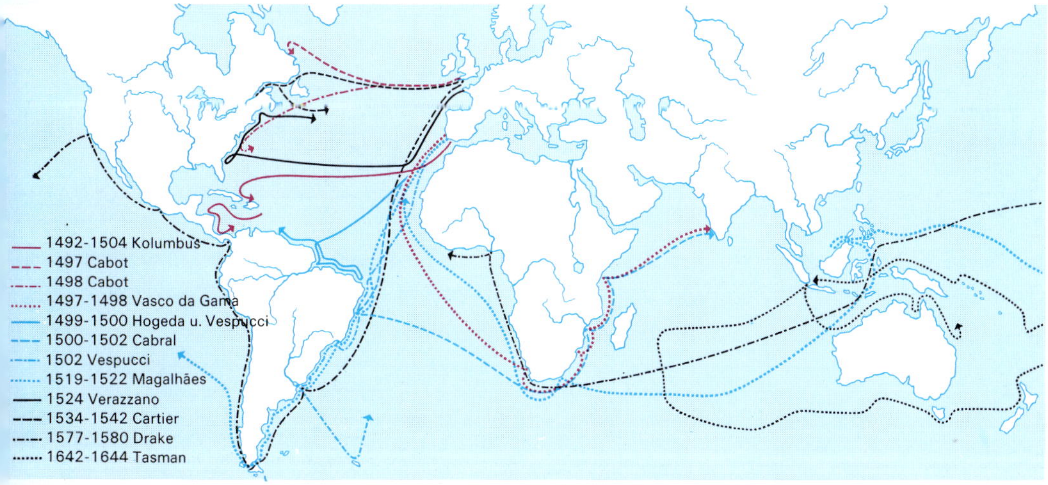

Kulturkontakte sind ein entscheidender Anlaß für sozialen Wandel. So mannigfach die Motive, so verschieden die Arten und Formen und Auswirkungen. Es ist ja keineswegs das schlichte Zusammentreffen von Menschen, die bloß aufeinander neugierig sind, vielmehr bringt die Begegnung von Gruppen mit unterschiedlichen Wertvorstellungen zahlreiche Konflikte mit sich. Kulturkontakte sind bedeutende Ereignisse, die von beiden Seiten interpretiert werden müssen etwa durch Friedenszeichen, durch Beschwörung guter Absichten — was oftmals brutale Unterwerfung und Ausrottung nicht ausschließt. Manches wirkt bis in die Gegenwart fort; Kolonialismus und Entkolonisierung umschreiben begrifflich die vorläufige Endphase dessen, was als europäische Ausbreitung begonnen hatte.

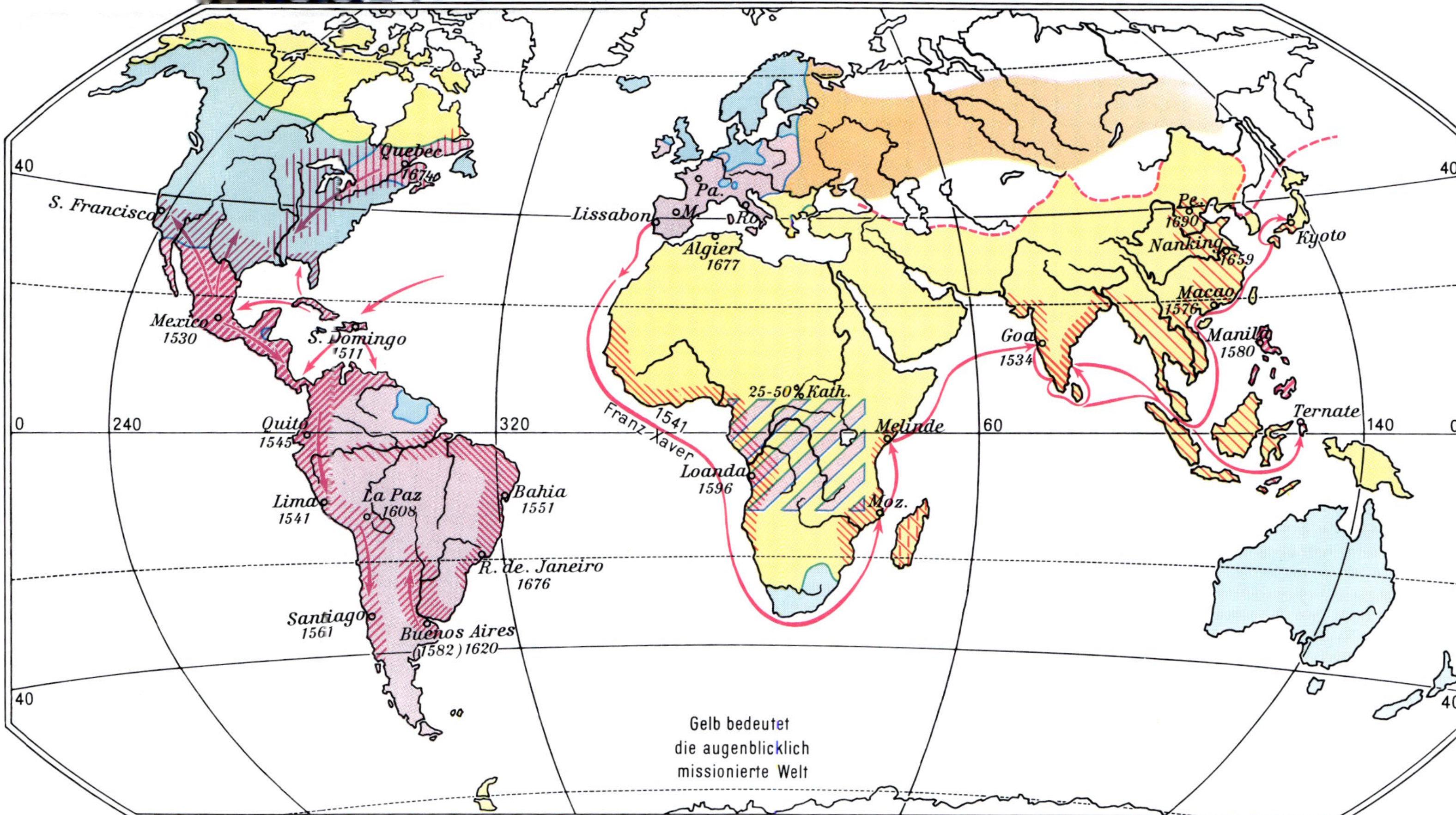

Spanische Patronatsmissionen
Portugiesische Patronatsmissionen
Französische Kolonialmissionen
} 1500 bis 1800

Richtung der Missionierung

Bei wichtigen Missionszentren ist das Jahr der Bistumsgründung angegeben

Die christlichen Konfessionen (Länder mit über 50% Christen)

Römisch-Katholische
Evangelische (Protestanten)
Griechisch-Orthodoxe

Nördl. der Grenze keine Mission. In den mohammedanischen Staaten Nordafrikas, Vorderasiens und in China beschränkte Missionstätigkeit

Die Seefahrt nach Ostindien betrug nach Zeit und Länge ein Vielfaches der Amerikafahrt über den Atlantik. Die Ostindienschiffe waren auf Stützpunkte zum Anlaufen für mehrere Zwischenhalte angewiesen, um sich mit Trinkwasser und Nahrungsmitteln zu versorgen und Reparaturen vornehmen zu lassen. Sie bedurften aber auch einer Kette von Anlaufstationen, um sich ggf. vor feindlichen Kriegsschiffen und Seeräubern in Sicherheit zu bringen. Ascension und Sankt Helena im Atlantik, Mauritius und die Seychellen im Indischen Ozean bildeten solche Stationen, dazu kamen zahllose Plätze an der afrikanischen Küste. Auf einer Strecke von mehreren 1000 km hatten sich die Portugiesen mit Stützpunkten in Ostafrika versehen. Diese Plätze wurden aus guten Gründen stark befestigt. *Mombasa* (rechts), nördlich von Sansibar, war eine von solchen Stationen.

Im Kolonialgebiet bauten Spanier und Portugiesen wie Holländer, Engländer und Franzosen ihre wichtigeren Häfen und Umschlagplätze sowie strategisch wichtige Stellen (Malakka, Ormus) zu starken Seefestungen aus. *Damão* (links), seit 1558 portugiesisch, liegt im Norden der vorderindischen Westküste; Bombay (unten), 1661 an England abgetreten, stellt die erste größere englische Territorialerwerbung auf indischem Boden dar.

Im Kirchenbau bedienten sich die Kolonisatoren zunächst des gewohnten europäischen Stils (Renaissance, Frühbarock, z. B. Jesuitenkirche in Goa, Kathedrale in Santo Domingo). Doch verschmolzen bald Stilelemente der neuen Umwelt mit den europäischen Bauelementen. Die spanische Kirche in *Paoy* (Philippinen; rechts) z. B. zeigt indonesische Einflüsse.

Pfeffer und *Muskat* (links) stehen symbolisch für die ursprünglich begehrtesten Produkte des Ostens: für die Gewürze. Spanier und Portugiesen stritten sich deshalb heftig um den Besitz der Molukken (»Gewürzinseln«); später brachten die Holländer, die sie den Portugiesen entrissen, auch den Anbau unter Kontrolle, indem sie (um den Preis hochzuhalten) Wälder von Gewürzbäumen in Abständen vernichteten. — An kommerziell und verkehrstechnisch günstigen Punkten legten Portugiesen, Niederländer und Engländer in und um Indien ein Netz von Handelskontoren oder Faktoreien an, in denen sich der Handel regional vollzog. *Surat* (unten), 300 km nördlich von Bombay, von wo die Englisch-Ostindische Kompanie die Portugiesen verdrängte, war die erste Faktorei, die die Engländer 1612 in Vorderindien errichteten, und Hauptort ihres Handels bis zum Anfall von Bombay 1661.

Lima und Mexiko waren als Sitz je eines Vizekönigs die Hauptstädte der südlichen und der nördlichen Hälfte von Spanisch-Amerika. Ein durchgehendes Charakteristikum aller spanischen Städte bildete die schachbrettförmige Anlage. Sie ging auf eine Bauvorschrift Karls V. zurück. Der Stadtplan von *Lima* (unten) bietet ein Beispiel für Hunderte von süd- und mittelamerikanischen Stadtgrundrissen.

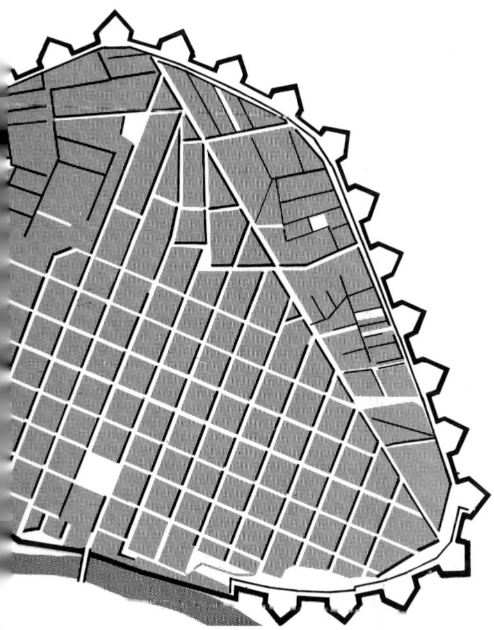

Goa, seit 1510 Zentrale des portugiesischen Handels im Raum des Indischen Ozeans und der Hafen, über den der gesamte Warenverkehr mit und von Europa lief, war Hauptstadt des portugiesischen Handelsimperiums und Sitz des Vizekönigs (oben). Das Bild zeigt die für die Kolonisation typische Mischung europäischer und östlicher Lebensformen: orientalische Sänften, Sonnenschirme und Kleidung — Hosen! —, europäische Häuser und Straßenanlage. — Nicht in ihrer Wirtschaftskraft für das Mutterland, wohl aber in ihrem auf Leistung und Bewährung gegründeten Selbstbewußtsein und in ihrer politischen Selbständigkeit durfte die rassisch fast homogene Bevölkerung der 13 englischen Kolonien als fortschrittlichste europäische Kolonialgesellschaft in Amerika gelten. Auch die 1636 in *Cambridge* (Mass.) gegründete erste Universität auf neuenglischem Boden *(Harvard University)* sprach für die innere Kraft und Zuversicht dieser jungen Kolonialstaaten (links).

EUROPA ZUR ZEIT DER REFORMATION (1547)

ıt Mitte des 17. Jh. setzte sich die Tendenz ·ch, die konfessionelle Spaltung hinzu- ımen. Seit Ende des 17. Jh. drangen ·eranz und Anerkennung eines rel. Pluralis- s als Forderungen in der öffentl. Meinung gsam durch. Die konfessionellen Ver- tnisse stabilisierten sich und hielten sich dem Stand von 1650 durchweg bis ins ıe 19. Jh., im Kern sogar bis 1945.

ıfession der Bevölkerung:

- katholisch
- lutherisch
- reformiert
- anglikanisch
- orthodox
- griechisch-katholisch (uniert)
- mohammedanisch
- Sonderkonfessionen

ıderheiten (in Prozent):

- ca. 5-15
- ca. 16-30
- ca. 31-45
- ca. 50:50

Reichsstadt

s. Nassauische Ftm. er

ıfession der Obrigkeit:

erstreichungen:

- katholisch
- lutherisch
- anglikanisch
- reformiert
- mohammedanisch

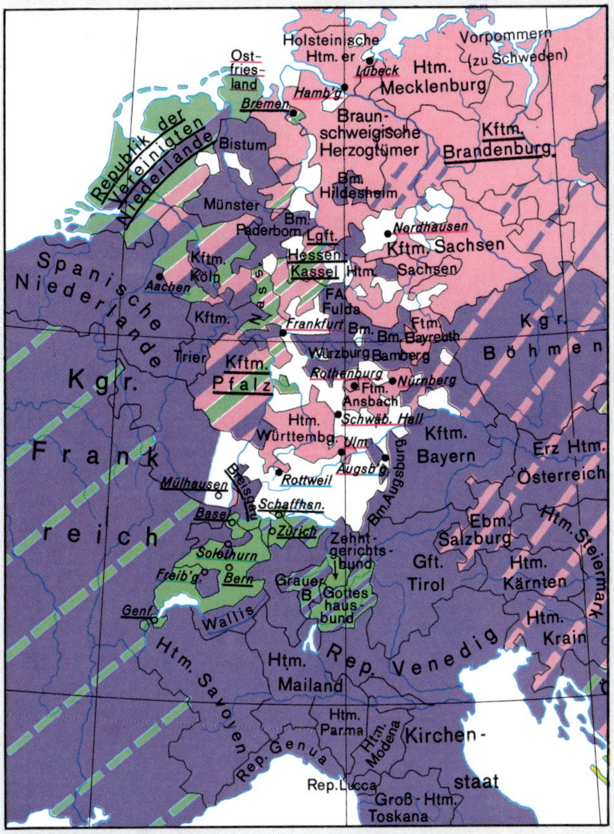

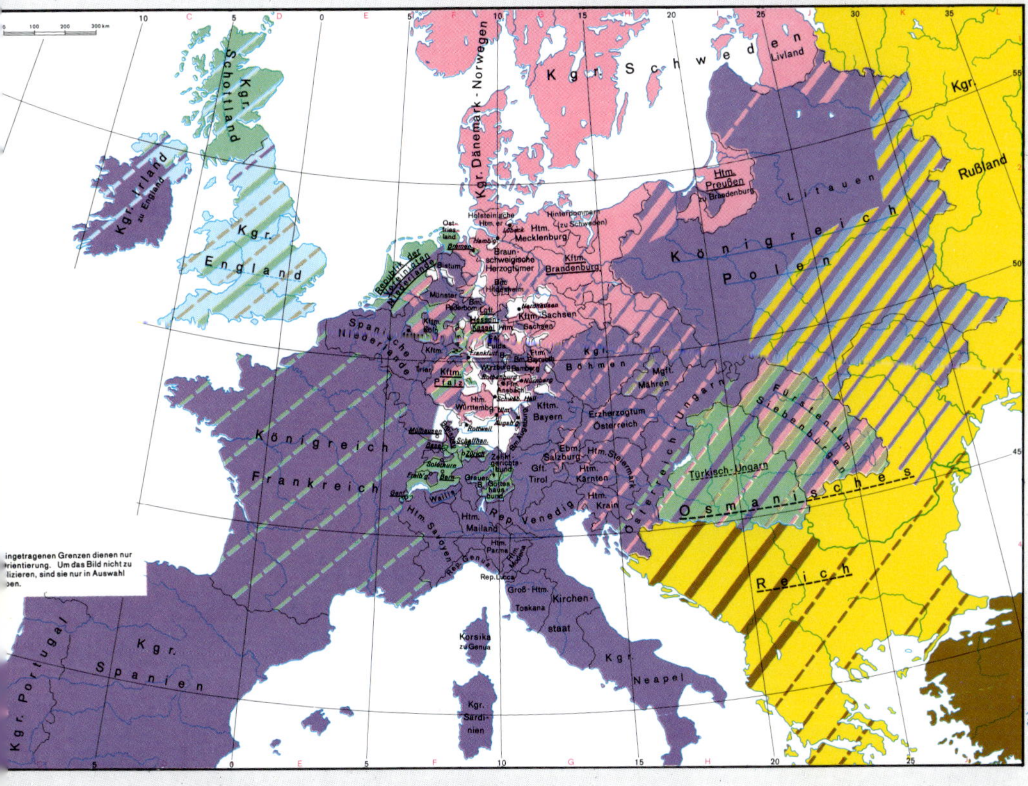

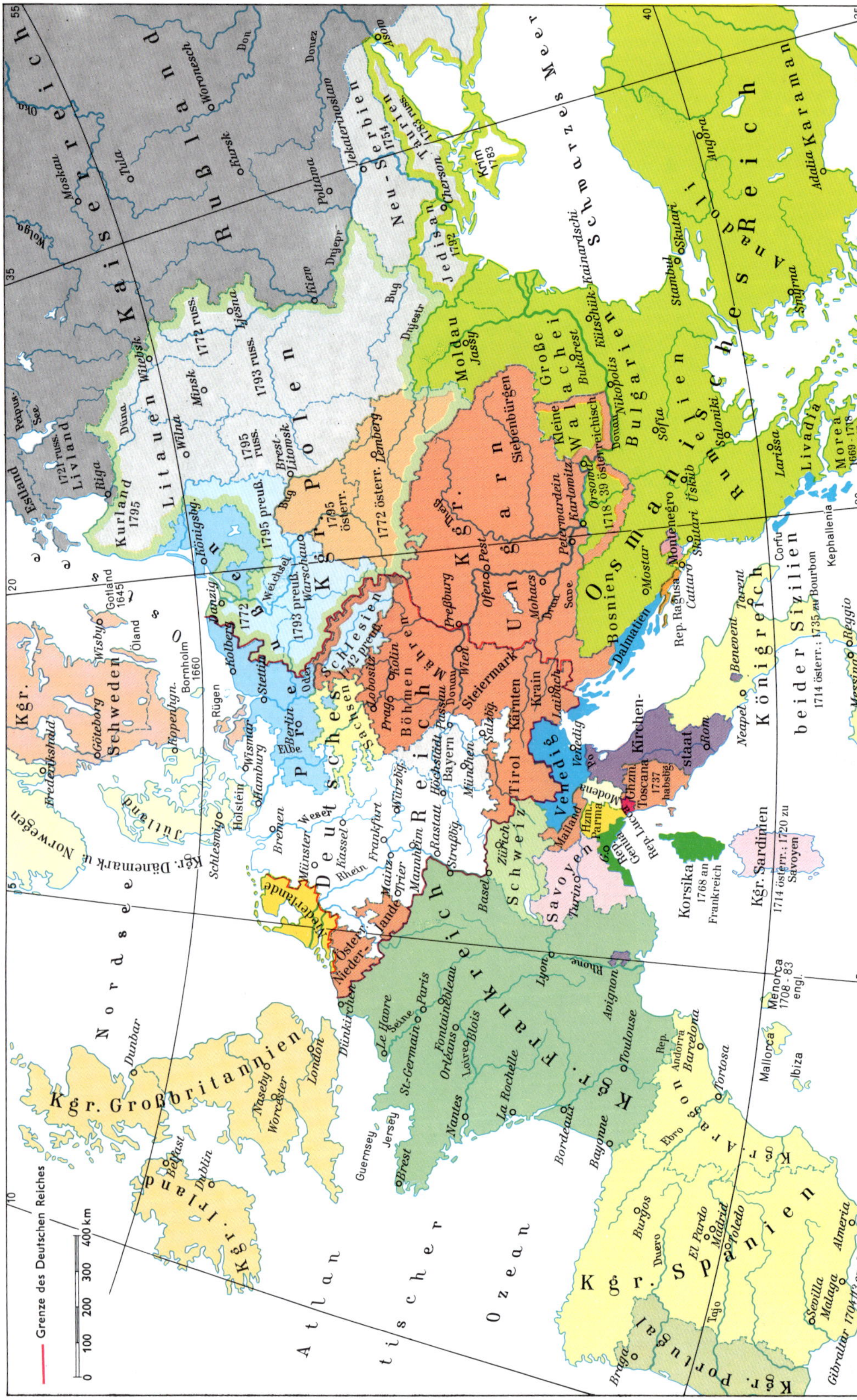
Kaiserreich Rußland
Moskau
Tula
Kursk
Woronesch
Don
Donez
Poltawa
Kiew
Dnjepr
Jekaterinoslaw
Neu-Serbien 1754 russ.
Taurien 1783 russ.
Krim 1783
Cherson
Asow
Jedisan 1792
Schwarzes Meer
Estland
Livland 1721 russ.
Peipus-See
Riga
Kurland 1795
Litauen
Wilna
Düna
Witebsk
Minsk
1772 russ.
1793 russ.
1795 russ.
Brest-Litowsk
Polen
Kgr. Polen
Warschau
Lemberg
1772 österr.
1795 österr.
1795 preuß.
1793 preuß.
1772 preuß.
Königsbg.
Danzig
Weichsel
Bug
Dnjestr
Moldau
Jassy
Große Walachei
Kleine Walachei
Bukarest
Siebenbürgen
Kgr. Ungarn
Pest
Ofen
Preßburg
Mohacs
Peterwardein
Karlowitz
Orsova
1718–39 österr.
Kütschük-Kainardschi
Nikopolis
Bulgarien
Sofia
Rumelien
Saloniki
Stambul
Skutari
Angora
Anatolien
Karaman
Adalia
Smyrna
Osmanisches Reich
Bosnien
Mostar
Montenegro
Dalmatien
Rep. Ragusa
Cattaro
Larissa
Livadia
Morea 1669–1718 venez.
Corfu
Kephallenia
Schweden
Kgr. Schweden
Göteborg
Kopenhgn.
Gotland 1645
Wisby
Öland
Bornholm 1660
Ostsee
Rügen
Kgr. Dänemark u. Norwegen
Friedrichshald
Jütland
Schleswig
Holstein
Hamburg
Wismar
Kolberg
Stettin
Berlin
Preußen
Oder
Elbe
Schlesien 1742 preuß.
Sachsen
Böhmen
Mähren
Prag
Kolin
Lobositz
Wien
Donau
Passau
Bayern
München
Salzbg.
Steiermark
Kärnten
Krain
Laibach
Tirol
Deutsches Reich
Bremen
Weser
Münster
Kassel
Frankfurt
Würzbg.
Rastatt
Höchstädt
Mannheim
Mainz
Trier
Rhein
Straßbg.
Basel
Zürich
Schweiz
Savoyen
Turin
Mailand
Venedig
Hzm. Parma
Modena
Ghzm. Toscana 1737 habsbg.
Kirchenstaat
Rom
Rep. Genua
Rep. Lucca
Korsika 1768 an Frankreich
Kgr. Sardinien 1714 österr.; 1720 zu Savoyen
Neapel
Benevent
Tarent
Königreich beider Sizilien 1714 österr.; 1735 zu Bourbon
Messina
Reggio
Niederlande
Österr. Niederlande
Dünkirchen
Kgr. Frankreich
Paris
Le Havre
Seine
St-Germain
Fontainebleau
Orléans
Blois
Loire
Nantes
La Rochelle
Bordeaux
Bayonne
Toulouse
Lyon
Rhone
Avignon
Brest
Guernsey
Jersey
Kgr. Großbritannien
Dunbar
Naseby
Worcester
London
Kgr. Irland
Belfast
Dublin
Nordsee
Atlantischer Ozean
Kgr. Aragon
Rep. Andorra
Barcelona
Tortosa
Ebro
Menorca 1708–83 engl.
Mallorca
Ibiza
Kgr. Spanien
Burgos
Duero
El Pardo
Madrid
Toledo
Tajo
Sevilla
Malaga
Almeria
Gibraltar 1704/13 engl.
Kgr. Portugal
Braga
Grenze des Deutschen Reiches
0 100 200 300 400 km

Die einzelstaatliche Entwicklung von Ständestaaten zur absoluten Fürstenmacht

Ludwig XIV. von Frankreich

Mit dem Namen des Reformators Martin Luther (hier: Luther als Mönch, Holzschnitt von Lucas Cranach d. Ä., 1520) verbindet sich der religiöse und politische Umbruch am Beginn der Neuzeit.

Durch den Renaissance-Humanismus war der Boden für die Reform *Martin Luthers* (links: »Bildnisse der Reformatoren mit Kurfürst Johann Friedrich dem Großmütigen von Sachsen«, Gemälde von *Lucas Cranach d. Ä.*; links Luther) bereitet worden. Luther benutzte die deutsche Sprache und die verschiedenen literarischen Gattungen zur Popularisierung seiner Ideen. Seine bedeutendste literaturgeschichtliche Leistung war die *Bibelübersetzung* (unten: Titelseite der Bibelübersetzung Luthers, 1534).

Bevorzugte literarische Formen dieser Zeit waren Briefe, Traktate und Flugschriften, von denen manche beachtlichen — u. a. *Ulrich von Huttens* »Gesprächsbüchlein« (unten links: Titelseite) — literarischen Eigenwert hatten. Zu den vielseitigsten Autoren der Zeit zählt *Hans Sachs* (unten: Holzschnitt von *Hans Brosamer*), der mit seiner »Wittenbergisch Nachtigall« (unten Mitte: Titelholzschnitt, 1523) für Luther Partei ergriff. Neben einer Vielzahl von Dramen hat Sachs, die Tradition von *Hans Folz* (unten rechts: Titel eines Fastnachtsspiels, um 1480) fortführend, die *Fastnachtsspiele* künstlerisch ausgebaut.

Die spontane Erhebung deutscher Bauern scheiterte an der gefestigten Macht der Landesfürsten (Bild: Bauer mit Freiheitsfahne, Holzschnitt 1522).

1571 verbündeten sich Pp. Pius V., Spanien und Venedig in der *»Heiligen Liga«* gegen die Türken und verpflichteten sich, eine Flotte auszurüsten. Das Bild links hält den Moment fest, in dem am 25. Mai der Vertrag beschworen wird. Die Flotte siegte unter dem Oberbefehl Don Juans de Austria — eines natürlichen Sohnes Karls V. — in einer der größten Seeschlachten des 16. Jh. über die Türken bei *Lepanto* (21. Oktober 1571). Der Sieg wurde in ganz Europa als ein Erfolg des Christentums über den Islam gefeiert. Er befreite die Küsten des westlichen Mittelmeers von der Gefahr einer ständigen türkischen Bedrohung.

Im *Edikt von Nantes* (rechts; Teil) sicherte Kg. Heinrich IV. nach den Hugenottenkriegen den Protestanten in Frankreich Duldung ihres Glaubens zu und gab ihnen auch politisch, beruflich und militärisch (Sicherheitsplätze) ausreichende Existenzmöglichkeiten. — Dahinter stand die zukunftweisende Idee, daß die Staatsführungen der konfessionellen Spaltung durch entsprechende Verträge und Gesetze Rechnung tragen müßten.

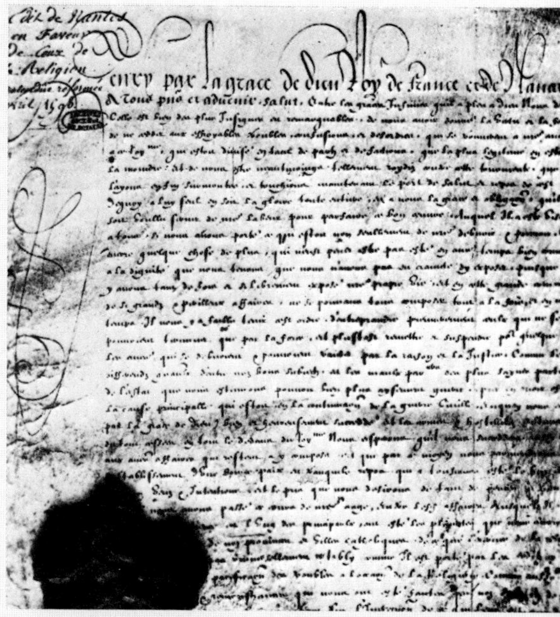
Edit de Nantes en Faveur de ceux de la Religion

Henry par la grace de dieu Roy de France et de Navarre

A tous presens et advenir salut.

Dieser Gedanke beherrschte auch das in achtjähriger Vorarbeit zustande gekommene Vertragswerk des *Westfälischen Friedens* (rechts). Er beendete 1648 den *30jährigen Krieg,* den 1618 der *Prager Fenstersturz* (oben) ausgelöst hatte. Er begann noch als ein stark von konfessionellen Kräften bestimmter Verfassungskampf im Reich, schlug aber in seinem Verlauf in einen Machtkampf der Häuser Habsburg und Bourbon um die Hegemonie in Europa um. Der Friedenstext begann »Im Namen der allerheiligsten Dreifaltigkeit«. Bei Verträgen und wichtigen Abmachungen rief man im 17. Jh. wie im Mittelalter Gott zum Zeugen an. Das Bild zeigt, wie er feierlich beschworen wird.

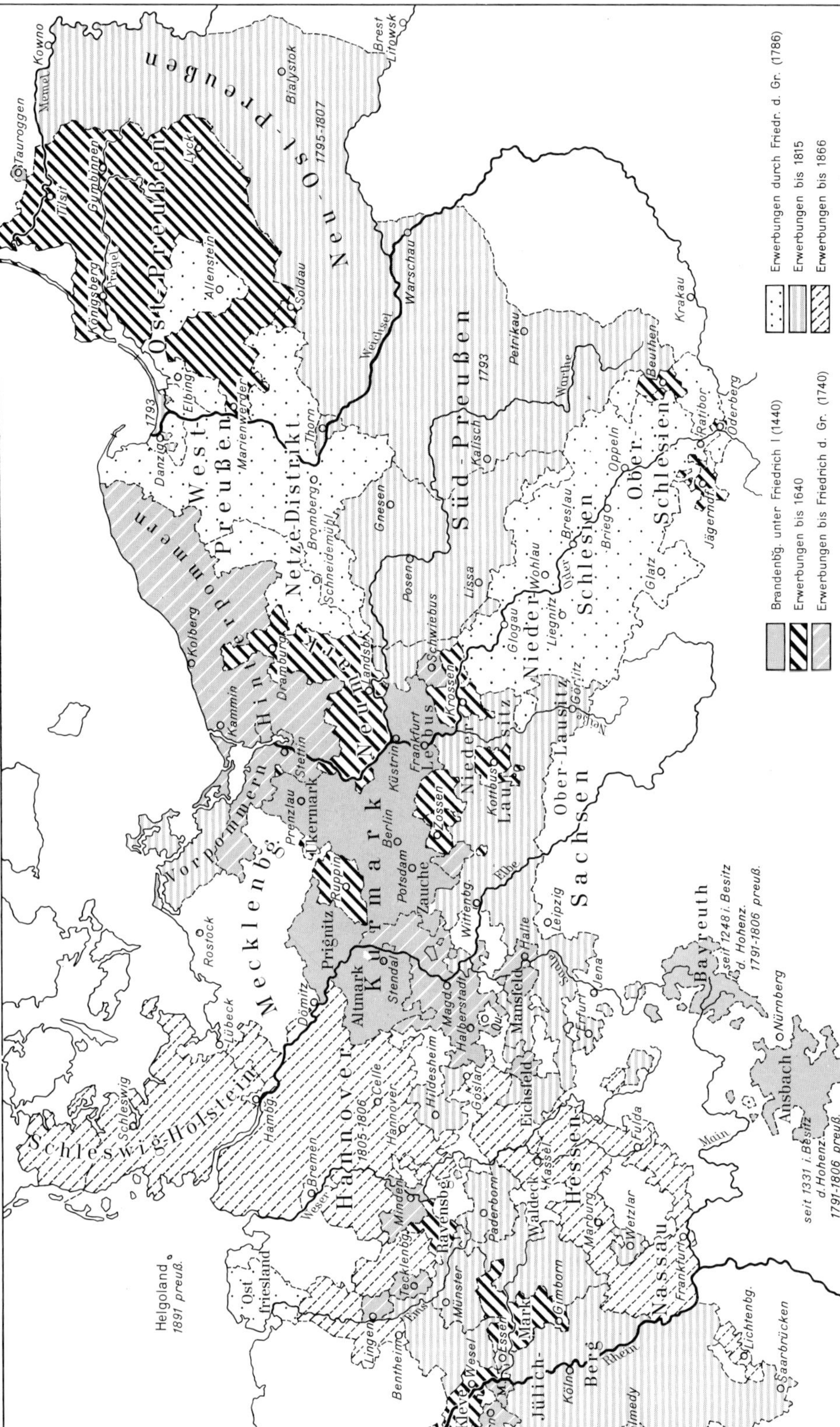
Brandenbg. unter Friedrich I (1440)
Erwerbungen bis 1640
Erwerbungen bis Friedrich d. Gr. (1740)
Erwerbungen durch Friedr. d. Gr. (1786)
Erwerbungen bis 1815
Erwerbungen bis 1866
Ost-Preußen
Neu-Ost-Preußen
1795-1807
West-Preußen
Netze-Distrikt
Süd-Preußen
1793
Hinterpommern
Vorpommern
Neumark
Kurmark
Uckermark
Prignitz
Altmark
Nieder-Lausitz
Ober-Lausitz
Nieder-Schlesien
Ober-Schlesien
Mecklenbg.
Sachsen
Schleswig-Holstein
Hannover
1805-1806
Hessen-Nassau
Jülich-Berg
Ostfriesland
Bayreuth
seit 1248 i. Besitz d. Hohenz. 1791-1806 preuß.
Ansbach
seit 1331 i. Besitz d. Hohenz. 1791-1806 preuß.
Helgoland
1891 preuß.

König Friedrich Wilhelm I. (Photogravure nach einem Gemälde von Antoine Pesne, Ausschnitt).

Friedrich der Große (Ausschnitt aus einem Gemälde von Anton Graff, 1781).

Spießrutenlaufen (zeitgenössischer Stich) – eine der zahlreichen Strafmaßnahmen, mit denen Disziplin, Gehorsam, Pünktlichkeit und Subordination erreicht werden sollten.

Friedrich der Große als Exerziermeister (Radierung von Peter Haas, um 1788).

Die Trümmer der Dresdner Kreuzkirche nach der preußischen Beschießung von 1760 (Gemälde von Bernardo Bellotto, gen. Canaletto, Dresden, Gemäldegalerie).

Plan der Schlacht bei Kunersdorf (12. August 1759).

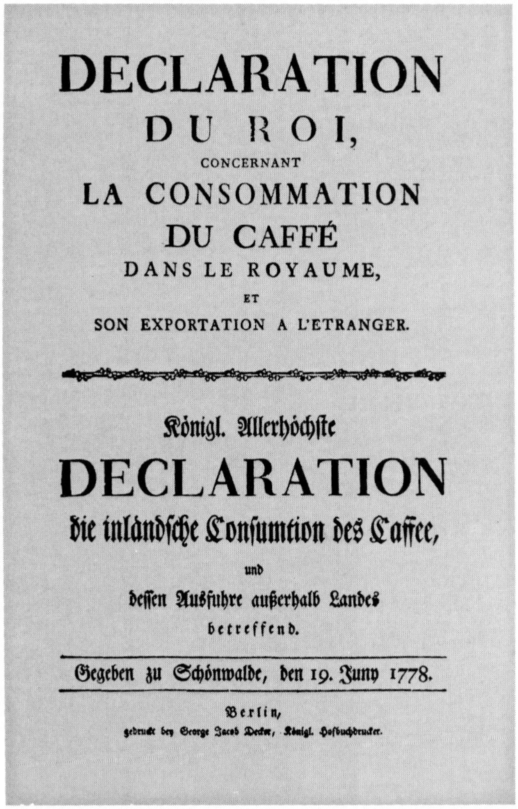

DECLARATION
DU ROI,
CONCERNANT
LA CONSOMMATION
DU CAFFÉ
DANS LE ROYAUME,
ET
SON EXPORTATION A L'ETRANGER.

Königl. Allerhöchste
DECLARATION
die inländische Consumtion des Caffee,
und
dessen Ausfuhre außerhalb Landes
betreffend.

Gegeben zu Schönwalde, den 19. Juny 1778.

Berlin,
gedruckt bey George Jacob Decker, Königl. Hofbuchdrucker.

Luxusgüter wie Kaffee oder Tabak, die importiert werden mußten, wurden hoch besteuert. Ziel der königlichen Politik war die Förderung der einheimischen Wirtschaft und die Verbesserung der Handelsbilanz (Deklaration des Königs über den Kaffeeverbrauch vom 19. Juni 1778).

Karikatur auf die ‚Rogie', eine Sonderbehörde für Steuern und Zölle. Sie war Teil der von Friedrich nach französischem Vorbild geschaffenen Finanzverwaltung, die bei der Bevölkerung höchst unpopulär war (Radierung von J. G. Schadow, 1784).

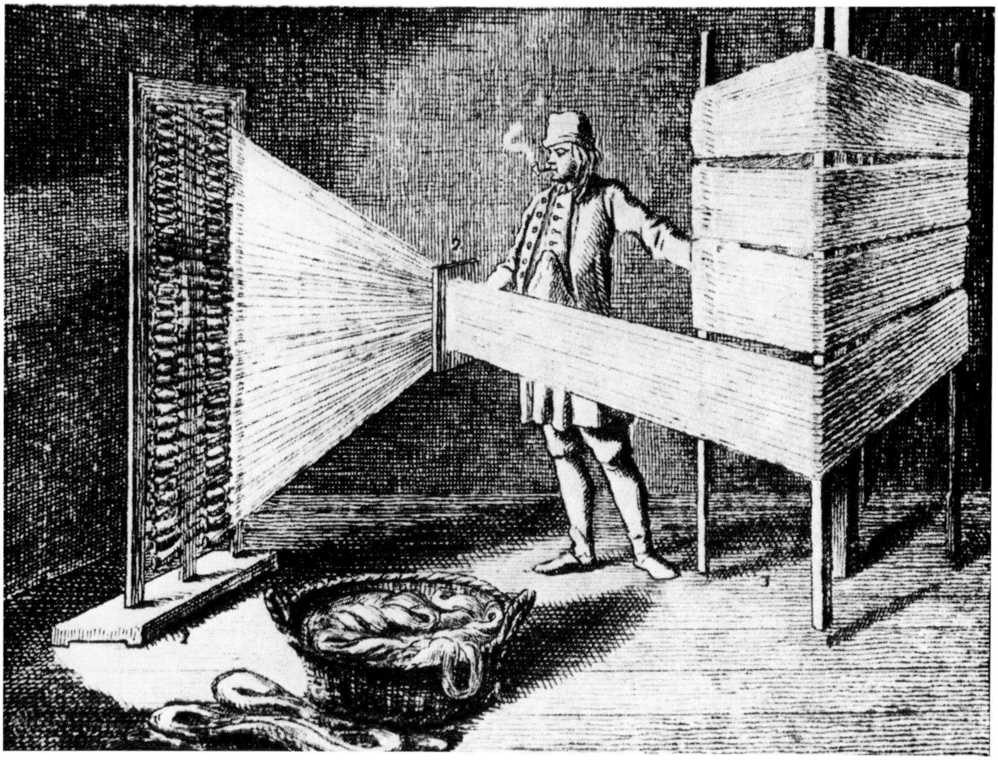

Scherer an der Garnhaspel
(nach einer Zeichnung von Daniel Chodowiecki, gestochen von Krüger, 1774).

Ansicht der Glashütte bei Rheinsberg
(Gemälde von Johann Friedrich Nagel, um 1790).

Der Hochofen zu Malapane. 1753 wurde auf Befehl des Königs mit dem Bau des Hüttenwerkes begonnen. Dahinter stand die Absicht, die Eisenerzeugung Schlesiens, vor allem auch wegen der politisch und militärisch heiklen Lage, sowohl mengen- als auch qualitätsmäßig zu steigern.

Ostmark (Ostarrichi), 976 von Kaiser Otto II. an Luitpold v. Babenberg verliehen, 1156 von Friedrich I. Barbarossa zum Herzogtum erhoben durch Abtrennung von Bayern (Privilegium minus), 1282 von Rudolf v. Habsburg an seinen Sohn Albrecht verliehen;

Erweiterungen im Mittelalter unter den Babenbergern, Ottokar und den Habsburgern:

Steiermark, 1192 von den Babenbergern erworben, nach deren Aussterben 1246 von Ottokar v. Böhmen gewonnen bzw. 1260 von Ungarn zurückerobert, 1282 von Rudolf v. Habsburg an seinen Sohn Rudolf verliehen;

Kärnten und Krain, 1335 durch Herzog Albrecht dem Weisen von den Meinradinern erworben;

Tirol, 1363 durch Rudolf IV. erworben;

Markgrafschaft Istrien, 1374 von Leopold III. erworben;

Triest, 1382 von Leopold III. erworben;

Grafschaft Görz, 1500 von Maximilian I. durch Erbschaft erworben.

Durch weitere Erbteilungen 1406 und 1411 entwickelten sich die als Verwaltungsbezirke fortbestehenden Ländergruppen: a) Nieder- und Ober-Österreich (niederösterreichische Länder); b) Krain, Steiermark, Kärnten, Istrien und Triest (innerösterreichische Länder); c) Tirol und Vorarlberg (vorder- oder oberösterreichische Länder).

Erwerbungen 1526 durch den Tod Ludwigs v. Ungarn:

Böhmen, 1438/39 von Sigismund an Albrecht II. übergegangen durch Erbschaft, für Habsburg gesichert durch die Doppelhochzeit zwischen den Kindern von Ladislaus (Vladyslav) II. v. Böhmen und Ungarn mit Maria und Ferdinand v. Habsburg;

Mähren, vereinigt mit Böhmen und wie Böhmen entwickelt;

Ungarn, nur in seiner westlichen Hälfte (Oberungarn und ein Teil Kroatiens mit Preßburg als Hauptstadt) zu Österreich, während Mittel- und Ostungarn von dem von einem Teil des ungarischen Adels gewählten Johann Zapolya beherrscht und dann von den Türken besetzt wurde;

Schlesien, als Lehen von Böhmen 1526 – 1742 bei Österreich;

Lausitz, als Teil des böhmischen Lehnslandes 1635 im Frieden von Prag an Kursachsen überlassen;

Schwiebus, bis 1686 bei Schlesien, dann als Entschädigung für die aus dem brandenburgisch-schlesischen Erbvertrag hergeleiteten Ansprüche an Brandenburg, 1695 entsprechend dem Geheimabkommen Friedrichs III. (I.) wieder zu Österreich, seit 1742 preußisch;

Vogtland, in der 2. Hälfte des 14. Jahrhunderts in Lehnsabhängigkeit zu Böhmen, 1466 an die Wettiner verliehen, 1547 nach der Wittenberger Kapitulation an Heinrich V., Burggraf zu Meißen, verliehen, seit 1559 bzw. 1575 bei Kursachsen;

Erwerbung 1699:

Ungarn (außer dem Temeser Banat), mit Siebenbürgen im Frieden von Karlowitz 1699 von den Türken abgetreten;

Serbien und Kleine Walachei, im Frieden von Passarowitz 1718 gewonnen, 1739 im Frieden von Belgrad verloren;

Erwerbungen unter Maria Theresia und Franz II.:

Königreich Galizien und Lodomerien (Ostgalizien) 1772;

Herzogtum Bukowina 1775;

Westgalizien 1795;

Dalmatien, 1797 – 1805 und wieder seit 1815 zu Österreich;

Istrien (Küstengebiet), 1797 – 1805 und wieder seit 1815;

Innviertel, im Frieden von Teschen 1779 vorübergehend, 1816 endgültig von Bayern an Österreich abgetreten;

Salzburg, 1805 – 1809 und wieder seit 1816 zu Österreich;

Erwerbungen im 19. Jahrhundert:

Lombardei 1815 – 1859 bei Österreich;

Venetien 1815 – 1866 bei Österreich;

Bosnien und Herzegowina 1878 besetzt, im Berliner Kongreß als Interessengebiet zugesprochen, 1908 zu Österreich;

- - - - Deutsch-Österreich nach dem Vertrag von St. Germain 1919.

VERLAG HERDER FREIBURG

ußlands Aufstieg zur europäischen nd asiatischen Großmacht begann m 16. Jahrhundert. Während die usbreitung nach Osten kaum auf Viderstand stieß und erst an den renzen des chinesischen Reiches altmachte, traf die Expansion im Vesten und Süden auf straff organi- ierte Staaten, die dem Vorstoß lange Viderstand leisteten. Die Rezeption uropäischer Zivilisation und Technik erschaffte Rußland schließlich einen latz im europäischen Staatensystem.

Fürstentum Moskau um 1300
Die „Sammlung" des russischen Landes bis 1462
Territorialgewinne bis zum Tod Iwans IV. (1584)
Territorialgewinne bis zum Tod Peters d. Gr. (1725)
Territorialgewinne bis zum Tod Katharinas II. (1796)

0 500 1000 km

Gebietserweiterungen in Ostasien

Fürstentum Moskau um 1300
Die „Sammlung" des russischen Landes bis 1462
Erwerbungen 1462 – 1598
Erwerbungen 1613 – 1676
Erwerbungen 1682 – 1796
Vorstoß Jermaks 1581 – 1582

0 500 1000 2000 km

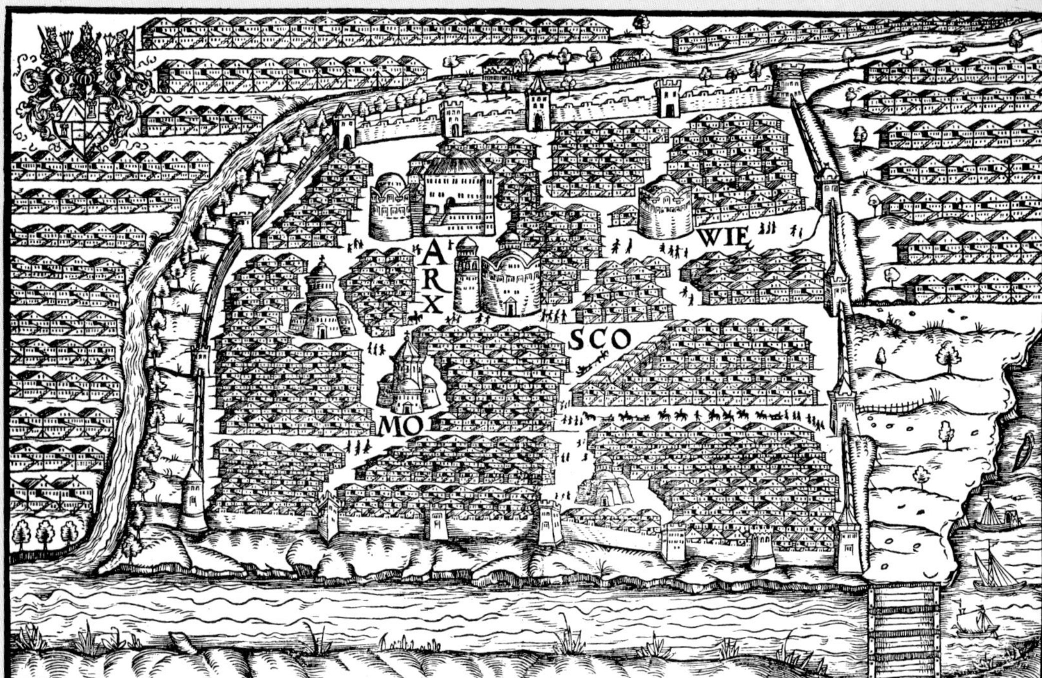

Die Ansicht von *Moskau* (oben; aus: Sigismund von Herberstein, Reise zu den Moskowitern, 1526) macht das städtebauliche Hauptcharakteristikum deutlich: Im Zentrum liegt, abgeschlossen von der übrigen Stadt, der Kreml, den der Zar, der Metropolit und andere hochgestellte Personen bewohnten. Nur hier fanden sich meist von italienischen Architekten errichtete Steinbauten; die übrige Stadt bestand fast ganz aus Holzhäusern und wurde häufig von Bränden zerstört. Moskau überraschte den Besucher durch seine riesigen Dimensionen. – Über hundert Jahre später als in Westeuropa wurde in Rußland der *Buchdruck* heimisch. Der Titelholzschnitt (nebenstehend) aus dem ältesten russischen Druck, der von Iwan Fedorow 1564 in Moskau gedruckten »Apostelgeschichte«, zeigt westliche Renaissance-Einflüsse.

Peter d. Gr. versuchte mit rücksichtslosen Methoden, Rußland zu europäisieren. Das *Abschneiden der Kinnbärte* (oben links) war dafür ein drastisches Zeichen, zumal da der Bart nach orthodoxer Auffassung ein Zeichen für die Gottebenbildlichkeit des Menschen war. – Mit der *Gründung von Petersburg* (1703) an der Newa (rechts: zeitgenössische Ansicht) setzte Peter d. Gr. das deutlichste Symbol für seinen Willen, ein »Fenster nach Europa« zu öffnen. Die mit Gewaltmaßnahmen durchgeführte Gründung mit ihrer westlichen Architektur stand in schärfstem Kontrast zur »Holzstadt« Moskau. Trotz des Widerstands konservativer Kreise behauptete sich Petersburg bis 1917 als neue Zarenresidenz.

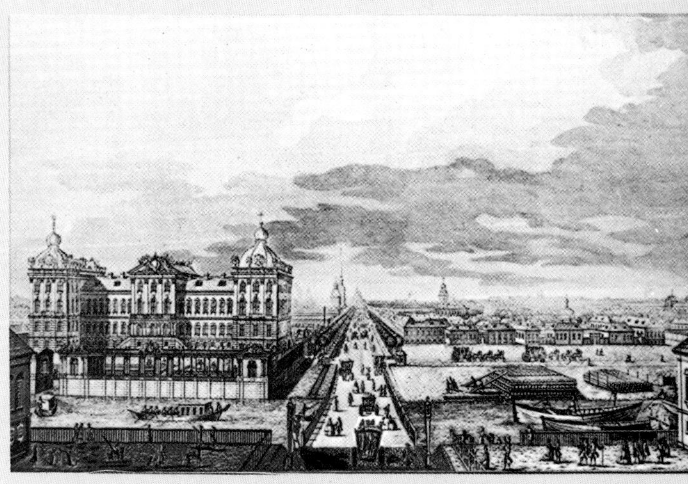

Von der Französischen Revolution bis zum Ersten Weltkrieg (1789–1914)

Die Freiheit führt das Volk (Eugène Delacroix)

Grundzüge und Grundprobleme europäischer Geschichte im 19. Jahrhundert

Unfall in einer Maschinenfabrik

Thomas Newcomens atmosphärische Dampfmaschine diente überwiegend als Antrieb für Grubenpumpen. Die Maschine (rechts) wurde 1711 konstruiert.
1 Dampfkessel, 2 Dampfventil (offen), 3 Kühlwasserventil (geschlossen), 4 dampfgefüllter Zylinder, 5 Kolben, 6 Balancier, 7 Pumpgestänge, 8 Gegengewicht, 9 Druckpumpe, 10 Kühlwasser, 11 Wasser zur Kühlung und zum Verschluß des Kolbens, 12 kondensiertes Wasser (Kondensat).
Arbeitsweise: Das Dampfventil wird geschlossen; sobald das Kühlwasser in den Zylinder eingespritzt wird, kondensiert der Dampf. Der Druck im Zylinder sinkt dabei weit unter den Wert des äußeren Luftdrucks (Atmosphärendruck), der den Kolben nach unten drückt.

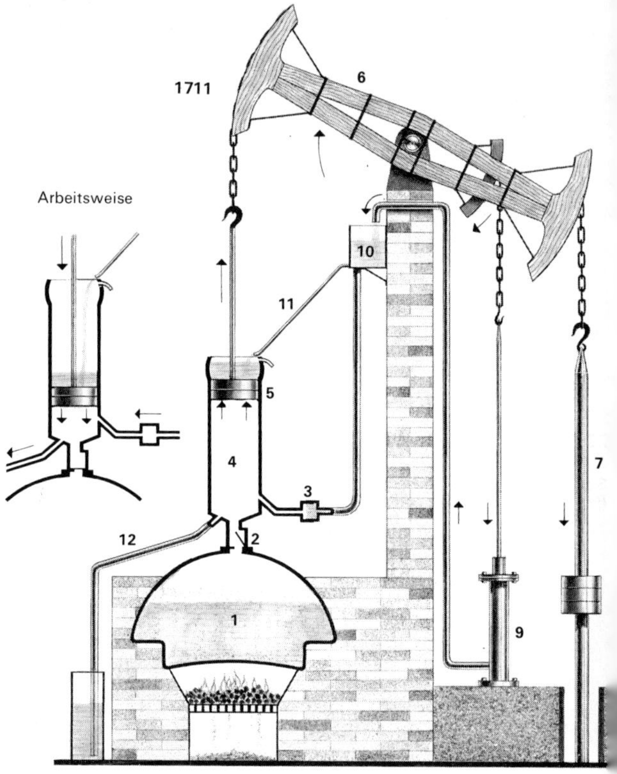

James Watts Dampfmaschine
Watt entwickelte die heutige Form der Dampfmaschine (unten), indem er anstelle des Luftdrucks den Dampf auf die beiden Seiten des Kolbens wirken ließ und einen getrennten Kondensator einführte; die Hin- und Herbewegung des Kolbens wurde in eine Kreisbewegung umgewandelt. 1776 baute er seine erste fabrikmäßig hergestellte Maschine.
1 Kondensator, 2 in den Zylinder einströmender Dampf, 3 Abfluß des Dampfes in den Kondensator, der Druck in diesem Teil des Zylinders wird erniedrigt, 4 Gestänge zum Führen des Kolbens, 5 Balancier, 6 und 7 Pleuel, 8 Schwungrad; ein Exzenter auf der Achse des Schwungrades steuert den Schieber über die Schiebersteuerung (hier nicht dargestellt), 9 Wattscher Zentrifugal-Dampfregulator, 10 Kondensatorpumpe, 11 Speisepumpe für das Kondenswasser, 12 Windkessel, 13 Speisepumpe für Speisewasser.

In der Abb. unten rechts hat der Kolben seine höchste Lage erreicht, und der Schieber öffnet den oberen Dampfkanal. Der Dampf strömt durch den unteren Kanal zum Kondensator.

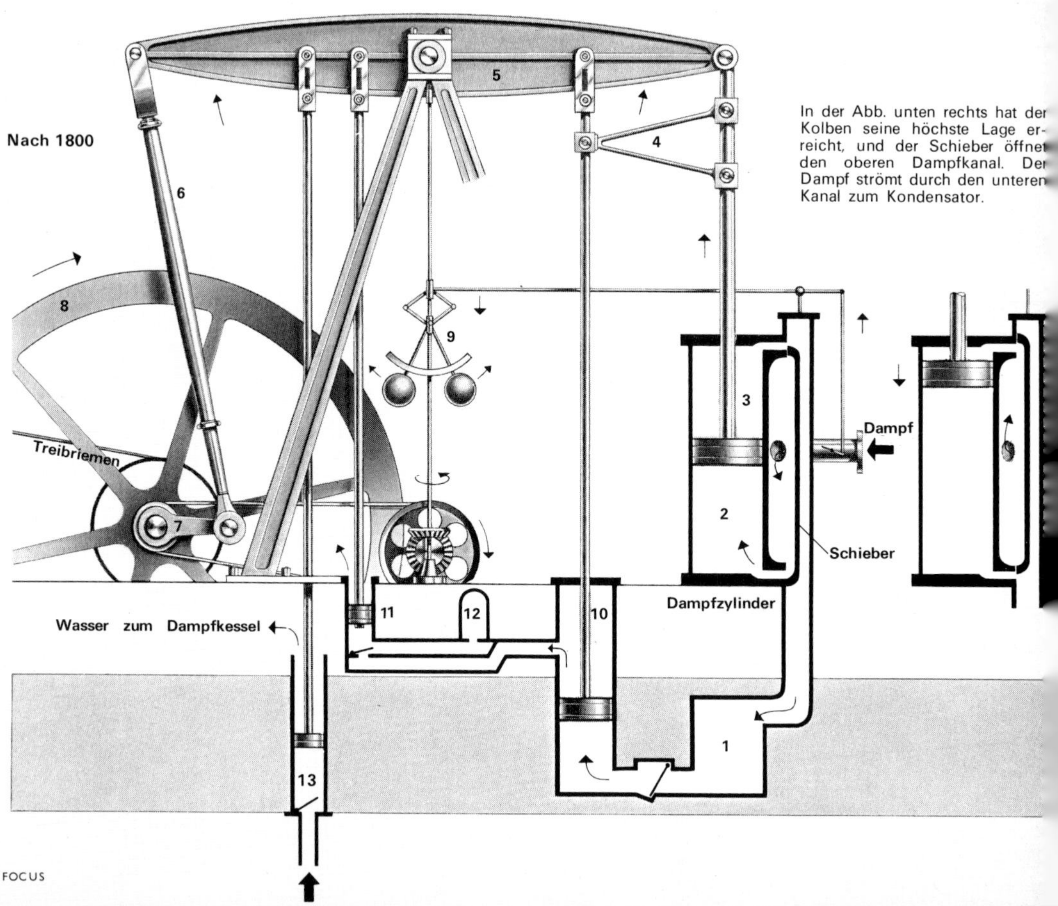

Dampf unter hohem Druck ist die Voraussetzung für eine wirkungsvolle Anwendung von Dampfmaschinen in Fahrzeugen und konnte erst zu Beginn des 19. Jahrhunderts ausgenutzt werden, als haltbare Dampfkessel zur Verfügung standen.

Die erste Lokomotive wurde 1803/04 gebaut; 1829 gewann George Stephenson das berühmte Lokomotivrennen mit seiner »Rocket«. In Deutschland verkehrte die erste Eisenbahn 1835 zwischen Nürnberg und Fürth. Der amerikanische Zug (unten) wurde von einer Lok gezogen, die 1872 gebaut wurde und bis 1912 in Betrieb war.

Die Wärme wird in mehreren Rohren von der Feuerung durch den Kessel geleitet. Aufgrund der großen Gesamtoberfläche der Rohre wird eine hohe Dampfausbeute erzielt.

Stephensons Lokomotive der Patentee-Bauart (ab 1835)

Der Bau des *Dampfhammers* bedeutete einen großen Fortschritt für die Eisenindustrie. Links Nasmyths Dampfhammer, 1842.
Der *Dampfomnibus* rechts verkehrte 1830 zwischen London und Birmingham.

Der Ozeanriese »Great Eastern«;
der Stapellauf fand am 31. 1. 1858 statt.

Vorstellungen von einer der humanitas versöhnten Gesellschaft sind nicht neu, sie gewinnen jedoch besondere Bedeutung angesichts der Begleiterscheinungen und Auswirkungen eines expansiven Kapitalismus/Industrialismus. Verstärkt fordert man, die Menschenrechte zu beachten und sie in Beteiligungs- und Eigentumsverhältnisse zu übersetzen.

Manifest

der

Kommunistischen Partei.

Veröffentlicht im Februar 1848.

Proletarier aller Länder vereinigt euch.

London.

Gedruckt in der Office der „Bildungs-Gesellschaft für Arbeiter" von J. E. Burghard.

46, Liverpool Street, Bishopsgate.

Karl Marx: »Die Philosophen haben die Welt nur verschieden interpretiert; es kommt darauf an, sie zu verändern.«

Friedrich Engels: »An die Stelle der Regierung über Personen tritt die Verwaltung von Sachen und die Leitung von Produktionsprozessen. Der Staat . . . stirbt ab.«

In den Arbeits- und Wohnverhältnissen waren die Bedürfnisse der Menschen denen der Produktion eindeutig nachgeordnet. Wirksame Arbeiterschutzgesetze wurden erst spät im 19. oder sogar erst im 20. Jh. eingeführt. Vielen gilt die Bismarcksche Sozialgesetzgebung als beispielhaft — wenngleich das Bemühen, die Arbeiter der Sozialdemokratie zu entfremden und fester an den Staat zu binden, oft kritisch beurteilt wird. Angesichts drückender Lebensbedingungen stießen die Worte von Marx und Engels aus der »Heiligen Familie« auf starke Resonanz: Das Proletariat kann sich »nicht selbst befreien, ohne seine eigenen Lebensbedingungen aufzuheben. Es kann seine eigenen Lebensbedingungen nicht aufheben, ohne *alle* unmenschlichen Lebensbedingungen der heutigen Gesellschaft, die sich in seiner Situation zusammenfassen, aufzuheben.«

Statut

des

llgemeinen Deutschen Arbeitervereins.

§. 1.

Unter dem Namen

„Allgemeiner Deutscher Arbeiterverein"

ünden die Unterzeichneten für die Deutschen Bundesstaaten einen
in, welcher, von der Ueberzeugung ausgehend, daß nur durch
allgemeine gleiche und direkte Wahlrecht eine genügende Ver-
ng der sozialen Interessen des Deutschen Arbeiterstandes und
wahrhafte Beseitigung der Klassengegensätze in der Gesellschaft
igeführt werden kann, den Zweck verfolgt,

auf friedlichem und legalem Wege, insbesondere durch das Gewinnen der öffentlichen Ueberzeugung, für die Herstellung des allgemeinen gleichen und direkten Wahlrechts zu wirken.

§. 2.

Jeder Deutsche Arbeiter wird durch einfache Beitrittserklärung
glied des Vereins mit vollem gleichen Stimmrecht und kann
Zeit austreten.

Ferdinand Lassalle: »Die(se) Machtverhältnisse . . . wenn sie niedergeschrieben sind . . . sind sie auch zum Recht geworden, zu rechtlichen Einrichtungen, und wer dagegen spricht, wird bestraft!«

Wilhelm Emanuel v. Ketteler: Gegen die Formen des Absolutismus ist »der Bürger absolut unfrei, und er hat nur so viel Rechte, als (man) ihm gnädigst verwilligt.«

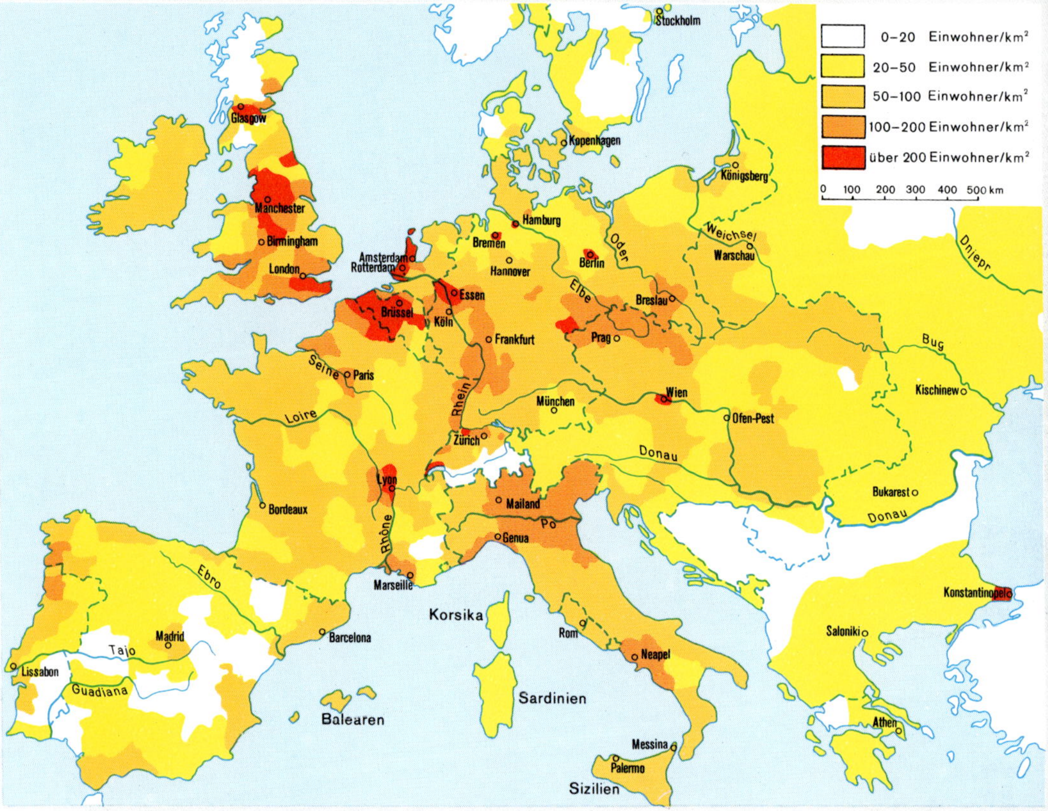
0–20 Einwohner/km²
20–50 Einwohner/km²
50–100 Einwohner/km²
100–200 Einwohner/km²
über 200 Einwohner/km²
0 100 200 300 400 500 km
Stockholm
Glasgow
Kopenhagen
Königsberg
Manchester
Hamburg
Birmingham
Bremen
Weichsel
Warschau
Dnjepr
Amsterdam
Rotterdam
Hannover
Berlin
Oder
London
Essen
Elbe
Breslau
Brüssel
Köln
Frankfurt
Prag
Bug
Seine
Paris
Kischinew
Rhein
Wien
München
Loire
Ofen-Pest
Zürich
Donau
Lyon
Mailand
Bukarest
Donau
Bordeaux
Po
Genua
Rhône
Ebro
Marseille
Konstantinopel
Korsika
Saloniki
Madrid
Barcelona
Rom
Tajo
Neapel
Lissabon
Guadiana
Sardinien
Balearen
Athen
Messina
Palermo
Sizilien

Eisenbahnlinien bis 1845 eröffnet
Eisenbahnlinien 1846-1855 eröffnet
Eisenbahnlinien 1856-1866 eröffnet
0 100 200 300 km
Flensburg
Königsberg
Danzig
Dirschau
Elbing
Kiel
Tönning
Stralsund
Kolberg
Belgard
Lübeck
Wismar
Rostock
Schwerin
Bremerhafen
Emden
Hamburg
Neubrandenburg
Stettin
Stargard
Harlingen
Groningen
Oldenburg
Bremen
Lüneburg
Elbe
Wittenberge
Bromberg
Schneidemühl
Kreuz
Weichsel
Amsterdam
Zwolle
Weser
Celle
Den Haag
Rotterdam
Utrecht
Arnheim
Osnabrück
Hannover
Braunschweig
Stendal
Berlin
Küstrin
Posen
Potsdam
Frankfurt
Warthe
Münster
Bielefeld
Wolfenbüttel
Magdeburg
Jüterbog
Oder
Lissa
Lodsch
Harzburg
Dessau
Dortmund
Hamm
Nordhausen
Köthen
Bitterfeld
Glogau
Ostende
Antwerpen
Krefeld
Duisburg
Halle
Calais
Gent
Mecheln
Göttingen
Kassel
Leipzig
Riesa
Kohlfurt
Liegnitz
Breslau
Düsseldorf
Boulogne
Lille
Brüssel
Köln
Eisenach
Dresden
Zittau
Tschenstochau
Oppeln
Douai
Mons
Namur
Aachen
Marburg
Bebra
Erfurt
Chemnitz
Aussig
Waldenburg
Frankenstein
Neiße
Lüttich
Bonn
Rhein
Gera
Maubeuge
Gießen
Fulda
Plauen
Kattowitz
Amiens
Koblenz
Frankfurt
Hanau
Hof
Eger
Prag
Oderberg
Tergnier
Mosel
Mainz
Würzburg
Worms
Bamberg
Luxemburg
Trier
Main
Pilsen
Reims
Mannheim
Fürth
Nürnberg
Prerau
Maas
Metz
Saarbrücken
Heidelberg
Brünn
Paris
Epernay
Heilbronn
Regensburg
Budweis
Nancy
Karlsruhe
Stuttgart
Troyes
Straßburg
Offenburg
Passau
Donau
Ulm
Augsburg
Preßburg
Orléans
Chaumont
Seine
Inn
Linz
München
Wien
Loire
Freiburg
Mühlhausen
W.Neustadt
Belfort
Friedrichshafen
Rosenheim
Salzburg
Semmering
Raab
Budapest
Vierzon
Konstanz
Lindau
Basel
Dijon
St.Gallen
Steinamanger
Stuhlweißenburg
Nevers
Besançon
Zürich
Innsbruck
Arlberg-P.
Luzern
Brenner
Chalon
Bern
Graz

· elektrische Generator. Die Er-
ung Faradays (1831) erlangte prak-
he Bedeutung erst um 1870, als die
trischen Generatoren technisch ein-
etzt wurden. Die Abb. rechts zeigt
son beim Besuch seines Kraftwerks
9.

hlampe. Unser Bild zeigt Edisons
hlampe; beim ersten Versuch 1879
htete sie 40 Stunden ununter-
hen.

Die Abbildung rechts zeigt einen Grammeschen Generator (Baujahr 1876). — Der elektrische Motor, die Umkehrung des Generatorprinzips, kam in verschiedenen Bauausführungen um 1880 verbreitet in Gebrauch.

Elektronenröhre. Diese von de Forest 1907 konstruierte Verstärkerröhre, *Audion*, ermöglichte die Entwicklung der Rundfunktechnik.

Braunsche Röhre (1897, Kathodenstrahlröhre); der Elektronenstrom wird mit Hilfe von Leuchtstoffen sichtbar gemacht. Die Bildröhren unserer Fernsehgeräte sind weiterentwickelte komplizierte Kathodenstrahlröhren; das Fernsehen in der uns geläufigen Form wurde erst in den zwanziger Jahren unseres Jahrhunderts entwickelt.

Den Beginn der elektrischen Zugförderung markiert diese als elektrische Grubenlokomotive von W. v. Siemens konstruierte elektrische Lokomotive von 1879.

1

1 *Friedrich Overbeck, Erweckung des Lazarus* (Karlsruhe, Staatliche Kunsthalle). Overbeck war das Haupt der »Nazarener«, der sich selbst als »Lukasbund« bezeichnenden Künstlergemeinschaft, die aus romantischem Geist die religiöse Malerei im Rückgriff auf die altdeutsche und präraffaelitische Kunst erneuern wollte

2 *Moritz von Schwind, Rübezahl* (um 1859; München, Schackgalerie). Die Märchenwelt, welche die deutsche Spätromantik stark bestimmte, wurde von Schwind so poetisch gestaltet wie von keinem anderen Maler der Romantik. Durch Figuren wie den Rübezahl hat er den Märchen eine Anschaulichkeit gegeben, in der sie bis heute volkstümlich geblieben sind

2

3

4

3 *Caspar David Friedrich, Mondaufgang am Meer* (1823; Berlin, Nationalgalerie). Am stärksten prägte sich die Romantik im Landschaftsbild aus, das in Deutschland seine bedeutendsten Vertreter und hier in C. D. Friedrich den Höhepunkt fand

4 *William Turner, Ansicht von Venedig* (1839; London, Tate Gallery). Das Aquarell ist vor der Natur gemalt. Turner weist mit seiner Freilichtauffassung schon auf die Impressionisten hin

MÉDITATIONS
POËTIQUES
PAR ALPHONSE DE LAMARTINE
12e Édition.

Paris,
CHARLES GOSSELIN.
MDCCCXXV.

In *Frankreich* wurde die Romantik durch den unter dem Einfluß *Rousseaus* stehenden *Chateaubriand* eingeleitet (oben links: Titelblatt aus »Le Génie du Christianisme«, 1802). Erster bedeutender Lyriker war *Alphonse de Lamartine* (oben rechts: Titelseite der »Meditations Poétiques«). *Victor Hugo*, der in der Vorrede zu »Cromwell« 1827 die Ziele der französischen Romantik dargelegt hatte, schuf mit dem 1830 uraufgeführten Drama »Hernani« das romantische Drama (Mitte links: Uraufführung von »Hernani«, Gemälde von *Albert Besnard*). Die Begründer der englischen Romantik sind die Dichter der »Seeschule«, besonders *William Wordsworth* (Mitte rechts) und *Samuel Taylor Coleridge*. Hervorragende Vertreter waren *Lord Byron* (unten links), *Percy Bysshe Shelley* (unten Mitte) und *Sir Walter Scott* (unten rechts: Titelblatt aus »The Heart of Midlothian«).

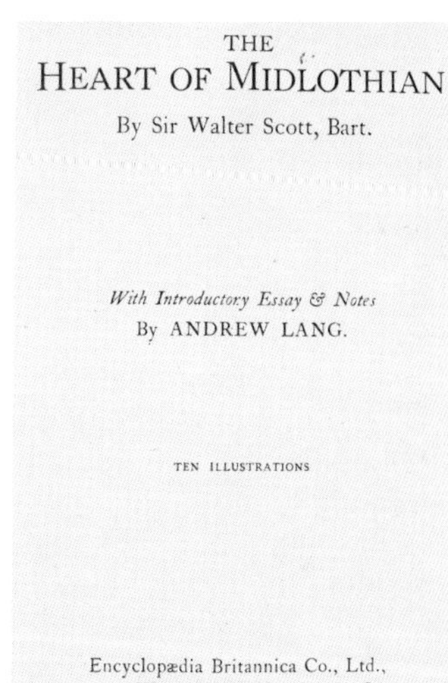
THE
HEART OF MIDLOTHIAN
By Sir Walter Scott, Bart.

With Introductory Essay & Notes
By ANDREW LANG.

TEN ILLUSTRATIONS

Encyclopædia Britannica Co., Ltd.,
125 High Holborn, London, W.C.

Der Fortschrittsglaube der neuen Ära, mit deren Architekturformen das »eiserne Zeitalter« buchstäblich eingeleitet wurde, kam besonders großartig in den um die Jahrhundertmitte in schneller Folge veranstalteten *Weltausstellungen* zum Ausdruck (oben: Eröffnung der Londoner Weltausstellung 1851 durch Königin Viktoria im *Kristallpalast*), die zugleich die zunehmende Verflechtung der Weltwirtschaft erkennen ließen.

Um die Mitte des 19. Jh. vollzog sich in Europa der *Übergang vom Idealismus zum Realismus*. Die Philosophie des letzten großen Vertreters des Idealismus, G. F. W. *Hegel* (oben), enthielt die Ansätze zu seiner Überwindung u. zur Kritik durch seinen Antipoden K. *Marx* (unten), während gleichzeitig A. *Comte* (Mitte) das Programm der wissenschaftlichen Bewältigung aller Weltprobleme entwarf.

Mit der Entwicklung der für den Kapitalismus typischen Unternehmensforn der *Aktiengesellschaft* seit Mitte de 19. Jh. gewannen die Börsen (links *Pariser Börse*) wachsende Bedeutun als Zentren des Wirtschaftslebens ι Clearingstellen des Geldverkehrs.

1 *Gottfried Semper, Burgtheater Wien* (1874–88). Semper knüpfte in eigenständiger Weise an die Spätrenaissance an, deren Formen er für fast alle seine Bauten verwandte
2 *Eduard Riedel - Georg von Dollmann, Schloß Neuschwanstein* (1869–81). Alle typischen Merkmale des Historismus kennzeichnen die Schlösser König Ludwigs II. von Bayern
3 *George Gilbert Scott, Albert Memorial, London* (1863–72). Das neugotische architektonische Monumentaldenkmal mit reichem plastischem Schmuck ist ein typisches Zeugnis der Viktorianischen Zeit
4 *Adolf von Hildebrand, Bildnisbüste der Tochter Bertel* (München, Bayer. Staatsgemäldesammlungen). Hildebrand knüpfte an die Formensprache der Antike und der italienischen Renaissance an, ohne sie sklavisch nachzuahmen
5 *Kommode mit Vitrine*, Entwurf von *Anton Görlich* (1893; Wien, Österr. Museum für angewandte Kunst). Wiener Prunkmöbel aus der Spätphase des sog. *»Zweiten Rokoko«*)

1

4

2

5

3

Der Roman

Während in Frankreich die
zialrevolutionären Tenden:
im Vordergrund standen,
England die Sozialkritik
mäßigt war, herrschten
Deutschland konservative T
denzen vor; in Rußland stan
soziale und weltanschauli
Fragestellungen nebenein
der. Zu den Hauptvertret
zählen in Frankreich *Hon*
de Balzac (oben links: Zei
nung *Gustave Dorés* zu B
zacs *»Contes drôlatiqu*
1855) und *Emile Zola* (ol
rechts), im deutschsprachi
Raum *Jeremias Gotthelf* (M
links: Zeichnung *Ludwig Ri*
ters zu Gotthelfs *»Der Bes*
binder«) und *Wilhelm Ra*
(Mitte rechts), in Engl
Charles Dickens (unten lin
in Rußland *Fedor Dosto*
skij (unten Mitte) und
Tolstoj (unten rechts).

Das realistisch-naturalistische Drama

Im Drama des Realismus-Naturalismus wird die Abkehr von der klassisch-idealistischen Literaturtheorie besonders deutlich. Erstmals wird die Welt des Alltags, werden die sozial niederen Schichten Gegenstände der Dichtung. Die Detailwiedergabe der Wirklichkeit mit ihren durch die Umwelt geformten Menschen steht im Vordergrund. Neben anderen Stilmitteln dienen Umgangssprache und Dialekt der naturgetreuen Wiedergabe.

Das große realistisch-naturalistische Drama erfuhr in Skandinavien und Deutschland seine Ausformung. Der Norweger *Henrik Ibsen* (oben rechts) beeinflußte den europäischen Realismus und Naturalismus entscheidend. In seinen gesellschaftskritischen Werken stehen die Kritik der heuchlerischen bürgerlichen Moral, die Frauenemanzipation und das Recht des einzelnen gegenüber der Gesellschaft im Mittelpunkt. In der »Wildente« (oben links: Szenenbild einer Berliner Aufführung mit Albert Bassermann) ist Ibsens Kritik verfeinert und führt zur Aufdeckung der notwendigen »Lebenslüge«. *August Strindberg* (links: Lithographie von *Edvard Munch* aus dem Jahre 1896), der den Naturalismus in Schweden einleitete, hatte großen Einfluß auf die späteren Epochen, die er z. T. selbst durchlief. In seinen Werken spiegelt sich seine krankhaft zerrissene Persönlichkeit und die weltanschauliche Krise, in der er lange Jahre stand. Bei *Gerhart Hauptmann* (unten rechts), dem wohl bedeutendsten Dramatiker des Naturalismus, tritt die Sozialkritik, die zwar in den meisten Werken anklingt, gegenüber der Darstellung des menschlichen Leidens zurück. Mit den »Webern« (unten links: Plakat für eine Theateraufführung von *Emil Orlik*) schuf G. Hauptmann eines der Hauptwerke des Naturalismus.

1 *Claude Monet, Impression, le soleil levant* (1872; Paris, Musée Marmotton). Das für den Impressionismus namengebende Bild

2 *Paul Signac, Segelboote im Hafen von St-Tropez* (1893; Wuppertal, Von der Heydt-Museum). Beispiel für die Maltechnik des Pointillismus oder sog. Neoimpressionismus

1

2

3

3 *Max Liebermann, Judengasse in Amsterda* (Köln, Wallraf-Richartz-Museum). Liebermar hat sich in Deutschland für die damals Frankreich noch verfemten Impressionist eingesetzt. Seine Gestaltung der Unmittelba keit der Lichtwirkung war für Deutschland n und revolutionär

4 *Lovis Corinth, Selbstporträt* (1918; Kö Wallraf-Richartz-Museum). Corinth, das eige willigste und stärkste Talent des deutsch Impressionismus, leitete schon zur Moder über

4

5

5 *Giovanni Segantini, »Werden« aus d »Alpentriptychon«* (St. Moritz, Segantini-M seum). Obwohl mit seinem Spätwerk d Impressionismus zugerechnet, ist Segant mit keinem impressionistischen Künstler vergleichen, es sei denn in der großartig Gestaltung des Atmosphärischen in sein Bildern der hochalpinen Bergwelt

Deklarationen und Aktionen revolutionärer Körperschaften gegenüber den alten Gewalten, Aufstände der Volksmassen und systematischer Terror, Konstitutionen, Gesetzbücher und Kriege waren die Formen, in denen sich die politische Umgestaltung der atlantischen Welt Nordamerikas und Europas im *Zeitalter der großen Revolutionen und Napoleons I.* vollzog. — Die feierliche *Unabhängigkeitserklärung der 13 Vereinigten Staaten von Amerika* vom 4. Juli 1776 (oben) war der erste Höhepunkt der Amerikanischen Revolution. — Der *Sturm der Bevölkerung von Paris auf die Bastille* am 14. Juli 1789 (rechts) signalisierte den Übergang der Französischen Revolution aus einer politisch-juristischen Auseinandersetzung der Stände und des Königs in eine Erhebung des Volkes. — Die bewußte Abkehr des Revolutionsregimes von der Tradition zeigte sich u. a. in der Einführung eines nach rationalen Prinzipien konzipierten *Kalenders* (unten), der bis 1807 an die Stelle des Gregorianischen Kalenders trat.

Republikanischer Kalender (ein Jahr = 12 Monate zu 30 Tagen + 5 oder 6 Ergänzungstage)

Republikanisches Jahr	1. Vendémiaire (September)	1. Brumaire (Oktober)	1. Frimaire (November)	1. Nivôse (Dezember)		1. Pluviôse (Januar)	1. Ventôse (Februar)	1. Germinal (März)	1. Floreal (April)	1. Prairial (Mai)	1. Messidor (Juni)	1. Thermidor (Juli)	1. Fructidor (August)	
I	22. 9.	22. 10.	21. 11.	21. 12.	1792	20. 1.	19. 2.	21. 3.	20. 4.	20. 5.	19. 6.	19. 7.	18. 8.	1793
II	22. 9.	22. 10.	21. 11.	21. 12.	1793	20. 1.	19. 2.	21. 3.	20. 4.	20. 5.	19. 6.	19. 7.	18. 8.	1794
III	22. 9.	22. 10.	21. 11.	21. 12.	1794	20. 1.	19. 2.	21. 3.	20. 4.	20. 5.	19. 6.	19. 7.	18. 8.	1795
IV	23. 9.	23. 10.	22. 11.	22. 12.	1795	21. 1.	20. 2.	21. 3.	20. 4.	20. 5.	19. 6.	19. 7.	18. 8.	1796
V	22. 9.	22. 10.	21. 11.	21. 12.	1796	20. 1.	19. 2.	21. 3.	20. 4.	20. 5.	19. 6.	19. 7.	18. 8.	1797
VI	22. 9.	22. 10.	21. 11.	21. 12.	1797	20. 1.	19. 2.	21. 3.	20. 4.	20. 5.	19. 6.	19. 7.	18. 8.	1798
VII	22. 9.	22. 10.	21. 11.	21. 12.	1798	20. 1.	19. 2.	21. 3.	20. 4.	20. 5.	19. 6.	19. 7.	18. 8.	1799
VIII	23. 9.	23. 10.	22. 11.	22. 12.	1799	21. 1.	20. 2.	22. 3.	21. 4.	21. 5.	20. 6.	20. 7.	19. 8.	1800
IX	23. 9.	23. 10.	22. 11.	22. 12.	1800	21. 1.	20. 2.	22. 3.	21. 4.	21. 5.	20. 6.	20. 7.	19. 8.	1801
X	23. 9.	23. 10.	22. 11.	22. 12.	1801	21. 1.	20. 2.	22. 3.	21. 4.	21. 5.	20. 6.	20. 7.	19. 8.	1802
XI	23. 9.	23. 10.	22. 11.	22. 12.	1802	21. 1.	20. 2.	22. 3.	21. 4.	21. 5.	20. 6.	20. 7.	19. 8.	1803
XII	24. 9.	24. 10.	23. 11.	23. 12.	1803	22. 1.	21. 2.	22. 3.	21. 4.	21. 5.	20. 6.	20. 7.	19. 8.	1804
XIII	23. 9.	23. 10.	22. 11.	22. 12.	1804	21. 1.	20. 2.	22. 3.	21. 4.	21. 5.	20. 6.	20. 7.	19. 8.	1805
XIV	23. 9.	23. 10.	22. 11.	22. 12.	1805	21. 1.	20. 2.	22. 3.	21. 4.	21. 5.	20. 6.	20. 7.	19. 8.	1806
XV	23. 9.	23. 10.	22. 11.	22. 12.	1806	21. 1.	20. 2.	22. 3.	21. 4.	21. 5.	20. 6.	20. 7.	19. 8.	1807

Gregorianischer Kalender

Das Empire Napoleons I. umfaßte 1812 152 Departements mit 50 von ca. 175 Mill. Einwohnern Europas und reichte im Nordosten bei Lübeck bis zur Ostsee und im Südosten in den Illyrischen Provinzen bis zur Adria. An dieses Empire schloß sich ein System von Familienstaaten (Napoleoniden) und abhängigen Vasallenstaaten (Rheinbund) an (oben). – Im Weltmaßstab (unten) springt um die gleiche Zeit die Überlegenheit Großbritanniens über das fast ganz auf den europäischen Kontinent beschränkte napoleonische System ins Auge.

Kaiserreich Frankreich

von Frankreich kontrollierte Gebiete

Kolonien und Stützpunkte

- spanisch
- portugiesisch
- niederländisch
- französisch
- britisch
- russisch

Die relative Ruhe, in die Europa nach der Niederwerfung Napoleons I. zurücksank, konnte nicht darüber hinwegtäuschen, daß die von der Französ. Revolution und dem Befreiungskampf ausgehenden Impulse weiterwirkten und die *Restauration von 1814–15* in Frage stellten. Das liberale Bürgertum hielt am *Ideal des freiheitlichen Verfassungsstaates* fest. Die Völker Mittel- und Osteuropas erwachten zu *nationalem Bewußtsein* und forderten politische Selbständigkeit. Das *Industrieproletariat* begann ein Klassenbewußtsein zu entwickeln. Liberale, nationale und soziale Forderungen bestimmten die *Revolution von 1848–1849*, ohne sich durchsetzen zu können.

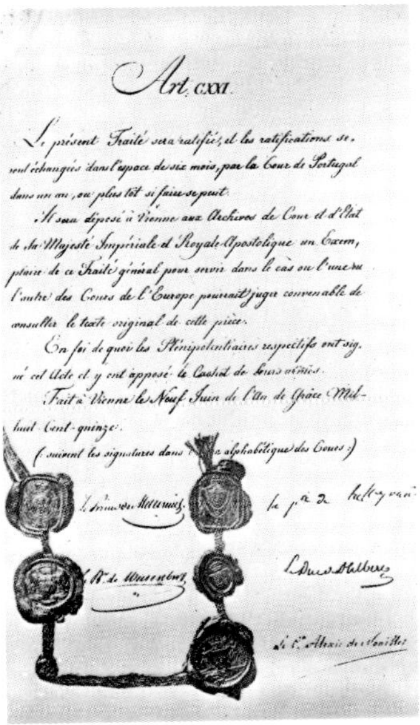

Art. CXXI.

Le présent Traité sera ratifié, et les ratifications seront échangées dans l'espace de six mois, par la Cour de Portugal dans un an, ou plus tôt si faire se peut.

Il sera déposé à Vienne aux Archives de Cour et d'État de Sa Majesté Impériale et Royale Apostolique un Exemplaire de ce Traité général pour servir dans le cas où l'une ou l'autre des Cours de l'Europe pourrait juger convenable de consulter le texte original de cette pièce.

En foi de quoi les Plénipotentiaires respectifs ont signé cet Acte et y ont apposé le Cachet de leurs armes.

Fait à Vienne le Neuf Juin de l'An de Grâce Mil-huit Cent-quinze.

(suivent les signatures dans [illegible] alphabétique des Cours:)

Auf dem *Wiener Kongreß von 1814–15* suchten die Staatsmänner Europas (oben: das Achtmächte-Gremium nach dem Bild von *Isabey*) unter der informellen Leitung des österr. Außenministers Metternich, aber ohne Befragen der Völker, dem Kontinent eine politische Ordnung zu geben, die den Frieden sichern und eine Wiederholung der Revolution oder einer Hegemonialherrschaft ausschließen sollte. Das Friedensinstrument, die Wiener Kongreßakte vom 9. Juni 1815 (links: Vorderseite des Schlußblattes), wurde mit den Unterschriften und Siegeln der Bevollmächtigten beglaubigt.

Eine der ersten Erschütterungen der 1815 geschaffenen Ordnung Europas durch die Nationalbewegung war der von 1821 bis 1829/30 dauernde *Freiheitskampf der Griechen* gegen die Herrschaft der Türken, der zum Leidwesen des am Prinzip der Legitimität festhaltenden Staatskanzlers Metternich — infolge seiner religiösen Komponente und aufgrund der Kulturtradition des griechischen Volkes von der Welt des europäischen Geistes und von der öffentlichen Meinung begeistert gefeiert und von der sich daraus entwickelnden *philhellenischen Bewegung* aktiv unterstützt wurde. Eine der blutigsten Szenen des Kampfes, die Ermordung von über 20000 Griechen durch türkische Truppen auf der Ägäisinsel *Chios* (1822), wurde von dem französischen Maler Eugène Delacroix dargestellt (rechts).

Am 18. Mai 1848 traten die frei gewählten Abgeordneten des deutschen Volkes in der *Frankfurter Paulskirche* zum ersten gesamtdeutschen Parlament, der *Deutschen Nationalversammlung* (oben), zusammen, um den deutschen Nationalstaat auf freiheitlicher Grundlage zu gründen und ihm eine Verfassung zu geben. Das nach harten Auseinandersetzungen im März 1849 verabschiedete Verfassungswerk sah die kleindeutsche Lösung mit dem preußischen König als erblichem Kaiser sowie einen Reichstag, bestehend aus Volkshaus und Staatenhaus, vor. Die Ablehnung der Kaiserkrone durch den Preußenkönig Friedrich Wilhelm IV. und Österreichs Widerstand gegen die kleindeutsche Lösung besiegelten das Scheitern der bürgerlichen Revolution.

Der *frühe Sozialismus* in Europa ist in doppelter Hinsicht ein Kind des bürgerlichen Zeitalters: Er verdankt seine Entstehung den sich rapide verschlechternden Existenz- und Arbeitsbedingungen des sich in der Industriellen Revolution formierenden Proletariats, und er übernimmt unter der Führung von Politikern und Theoretikern, die meistens der bürgerlichen Bildungsschicht entstammen, Organisationsformen und politische Kampfmittel, die sich im Kampf der bürgerlichen liberalen und radikalen Opposition gegen die Reaktion bewährt hatten. Die Abb. links zeigt einen *Arbeiter-Klub aus der Zeit des britischen Chartismus* und dokumentiert neben dem Streben nach Selbsthilfe die Tendenz zur Angleichung an den bürgerlichen Lebensstil. Das bürgerliche Kasino und die älteren Lesekabinette dienten als Vorbilder.

Die beiden Jahrzehnte nach 1850 standen politisch im Zeichen der *nationalen Zusammenfassung und Scheidung von Staaten*. Das war eine Politik, die zwar — nach dem Scheitern der europäischen Revolutionen von 1848/49 — überall als »Revolution von Oben«, d. h. durch die Regierungen oder einzelne Staatsmänner und mit dem Mittel des Krieges durchgeführt wurde, die aber doch zur verfassungsmäßigen Rücksichtnahme auf den nationalen und liberalen Zeitgeist zwang. — Der *Krimkrieg* (1853/56) war der erste Krieg unter den europäischen Großmächten, in dem die Errungenschaften der modernen Technik eine bedeutende Rolle spielten. Die Belagerung *Sewastopols* (oben) trug schon Züge des Grabenkrieges und der Materialschlachten des Ersten Weltkriegs. — Die *Bildung des deutschen Nationalstaates*, die 1848/49 vergeblich im liberal-demokratischen Sinne erstrebt worden war, war das Ergebnis der Politik Bismarcks und zweier Kriege (1866 und 1870/71). Sinnfälliger Ausdruck dieser Konstellation war die feierliche *Proklamation des preußischen Königs Wilhelm zum ersten Kaiser des neuen deutschen Reiches* am 18. Januar 1871 im französischen Königsschloß zu Versailles (Mitte) in Anwesenheit vieler Militärs und deutscher Fürsten. — Eine Begleiterscheinung des deutsch-französischen Krieges von 1870/71 war die *Aufhebung des Kirchenstaates*. Kurz vorher erfolgte die Vollendung des kirchlichen Zentralismus durch die Beschlüsse des *Ersten Vatikanischen Konzils*, 1869/70 (unten). Dem am 18. Juli 1870 verkündeten Unfehlbarkeitsdogma waren Enzykliken vorangegangen (1864: Syllabus), in denen sich die Kirche gegenüber den weltanschaulichen und wissenschaftlichen Strömungen des modernen Zeitgeistes abgegrenzt hatte.

Es ist ein merkwürdiges Zusammentreffen, daß die beiden außereuropäischen Staaten, die um die Wende vom 19. zum 20. Jh. in den Kampf der Großmächte um die Beherrschung der Welt eingriffen, schon um die Jahrhundertmitte über die Barriere des Pazifik hinweg miteinander in Berührung kamen. In demselben Jahrzehnt (1848–1860), in welchem der Westen der USA den durch Goldfunde im Sacramento-Tal ausgelösten *»Gold Rush«* erlebte (oben: *Goldgräberstadt*), wurde 1854 durch die Demonstration einer amerikanischen Flotte vor der Küste *Japans* die Öffnung des ostasiatischen Kaiserreiches für den amerikanischen Handel und in seinem Gefolge für die europäische Zivilisation erzwungen (unten: Verhandlung zwischen dem Commodore des amerikanischen Flottengeschwaders, Matthew Calbraith Perry, und Vertretern des Kaisers von Japan).

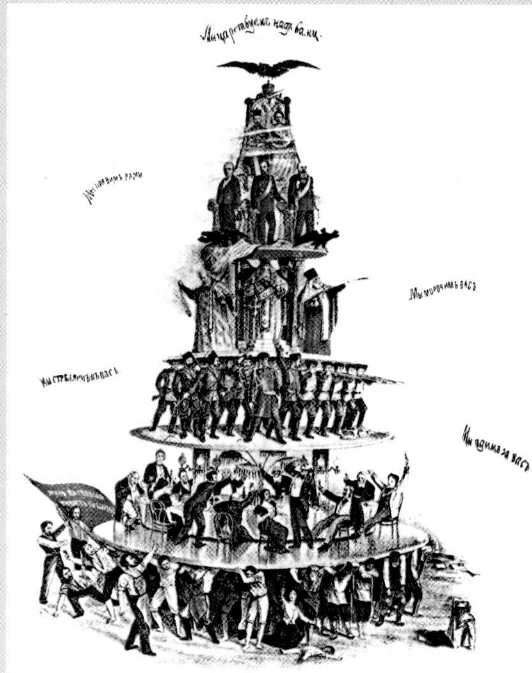

Das Streben nach einem »Platz an der Sonne« und übersteigertes Geltungsbewußtsein, welche die Außenpolitik des Deutschen Reiches um die Wende vom 19. zum 20. Jh. in starkem Maße kennzeichneten, fanden einen besonders augenfälligen Ausdruck in dem Auftreten und in spektakulären Aktionen *Ks. Wilhelms II.* (oben links). — Im Jahre 1905 geriet die durch Agrarkrisen und Industrialisierung sowie durch außenpolitische Mißerfolge erschütterte *Staats- und Gesellschaftspyramide des russischen Zarenreiches* (oben rechts: ein zeitgenössisches Flugblatt) zum ersten Mal ins Wanken. — Die im Zeitalter des Imperialismus erworbenen *Kolonien* der europäischen Mächte im Schwarzen Erdteil wurden zwar mit den Mitteln der Technik und unter Ausnutzung der Arbeitskraft der Eingeborenen erschlossen (unten: *Verkehrserschließung deutscher Kolonien*); ihr wirtschaftlicher Nutzen blieb aber oft hinter den Erwartungen zurück.

Im Zeitalter des Imperialismus wurden das Osmanische Reich und das mit diesem verbundene, strategisch wichtige Ägypten (*links:* Eröffnung des Sueskanals 1869) zum Objekt wirtschaftlicher Interessen und militärischen Eingreifens europäischer Großmächte, zu denen sich schließlich auch das Deutsche Reich gesellte.

Also Achtung, aufgepaßt, daß die Aufteilung nicht ohne uns gemacht wird. Ich nehme Mesopotamien, Alexandrette, Mersina! Die einsichtigen Türken erwarten dies ‚Schicksal' bereits in Geduld.
(Randbemerkung Kaiser Wilhelms II. auf einem diplomatischen Bericht vom 30. 4. 1913)

Tischrede Kaiser Wilhelms II. in Damaskus 1898
Tief ergriffen von diesem überwältigenden Schauspiele, zu gleicher Zeit bewegt von dem Gedanken, an der Stelle zu stehen, wo einer der ritterlichsten Herrscher aller Zeiten, der große Sultan Saladin, geweilt hat, ein Ritter ohne Furcht und Tadel, der oft seine Gegner die rechte Art des Rittertums lehren mußte, ergreife Ich mit Freude die Gelegenheit, vor allen Dingen dem Sultan Abdul Hamid zu danken für seine Gastfreundschaft. *Möge der Sultan und mögen die 300 Millionen Mohammedaner, die, auf der Erde zerstreut lebend, in ihm ihren Kalifen verehren, dessen versichert sein, daß zu allen Zeiten der deutsche Kaiser ihr Freund sein wird!*

Gesang der Westmächte über den Wassern.

Jean Fanfaron zu John Bull: Geh' du voran!
Du hast ja Wasserstiefel an,
So daß er dich nicht beißen kann.

Rechts: *„Jean Fanfaron zu John Bull: Geh' du voran! / Du hast ja Wasserstiefel an, / So daß er dich nicht beißen kann."* (Karikatur des „Kladderadatsch" zur britischen Intervention in Ägypten 1882, der das durch Bismarck versinnbildlichte Deutschland zusieht)

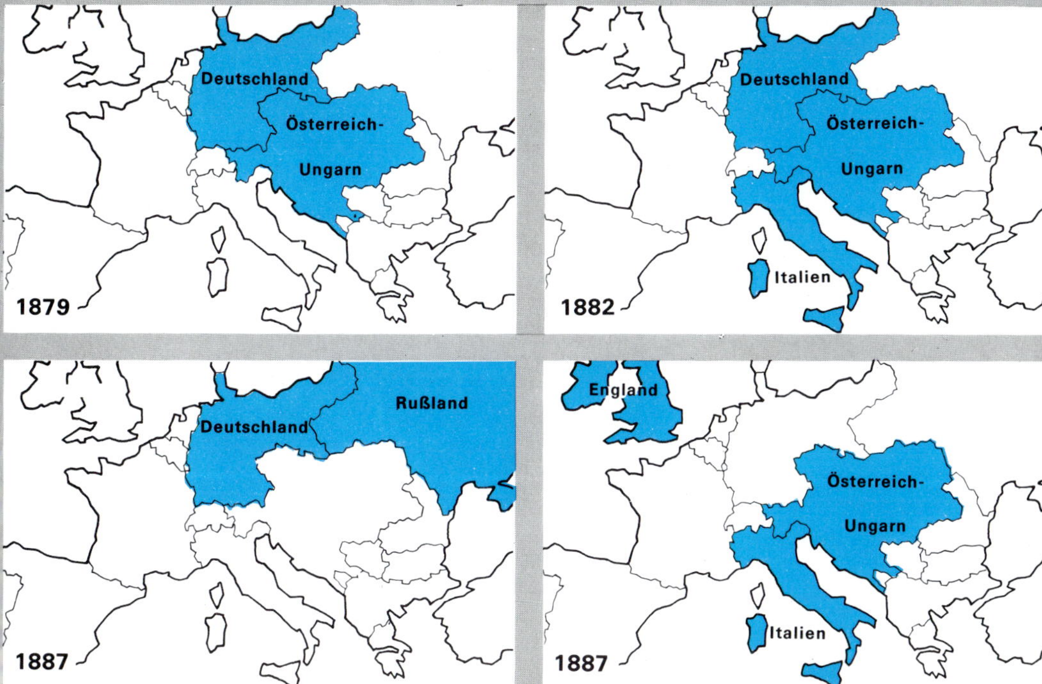

Bismarcks Bündnissystem 1882–1890
Bismarcks Bündnissystem, beurteilt sowohl als kunstvolles »System von Aushilfen« wie auch als Werk höchster Staatskunst zur dauerhaften Friedensregelung in Europa, war bestimmt durch das Kernproblem seiner Diplomatie der 80er Jahre: der Stellung Deutschlands zu England und Rußland. Der Dreibund (1882) und der deutsch-österreichische Zweibund (1879) waren die Hauptsicherungen des Systems. Alle Verträge (Abb. oben) dienten Bismarcks Ziel, die Interessen der Großmächte zu binden.

Bündnissysteme 1892–1912
Bismarcks Bündnissystem wurde nach seiner Entlassung schnell erschüttert. Der Rückversicherungsvertrag wurde nicht erneuert, eine Annäherung an England nicht weiter verfolgt und der Dreibund durch die Lockerung der Bindung Italiens ausgehöhlt. Die entstehenden Allianzen (Abb. unten) isolierten Deutschland, das nun ganz auf Österreich als Bundesgenossen angewiesen, aber auch stärker in dessen Balkankonflikte (Serbien!) verstrickt war. Diese Mächtekonstellation bestimmte den Ausbruch des Ersten Weltkriegs.

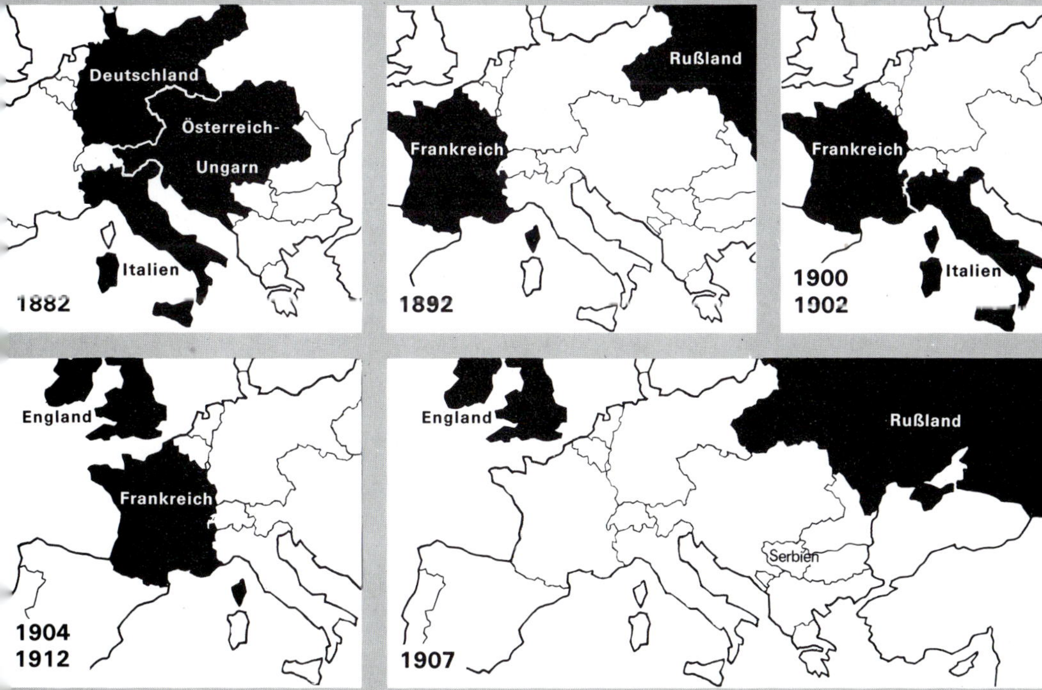

Die Einzelstaaten (1789–1914)

Napoleon bei Waterloo

Karl Freiherr vom und zum Stein (zeitgenössisches Schabkunstblatt).

Karl August Freiherr von Hardenberg (Gemälde von Johann Heinrich Wilhelm Tischbein).

Wilhelm von Humboldt (Lithographie nach einer Zeichnung von Franz Krüger).

Das Palais des Prinzen Heinrich von Preußen in Berlin, seit 1810 Universität (erbaut von Jan Baumann, fertiggestellt 1766).

Zentren der *Frühromantik* waren Berlin und Jena, wo die philosophische und literaturtheoretische Begründung der Romantik durch *Fichte, Schelling, Schleiermacher, Friedrich* und *August Wilhelm Schlegel* erfolgte (rechts: Ausschnitt aus dem 116. Fragment des „Athenäums"). Bedeutendster Dichter der Frühromantik war *Novalis* (oben rechts: Stich von *Eduard Eichens*). Die *Hochromantik* brachte die Hinwendung zum Volkhaften und zur Volksdichtung. Charakteristisch sind die Märchen- und Volksliedersammlungen (Mitte links: Titelkupfer „Brüderchen und Schwesterchen" aus den „Kinder- und Hausmärchen" der *Gebrüder Grimm* von deren Bruder *Ludwig Emil Grimm;* daneben Titelkupfer des zweiten Bandes von „Des Knaben Wunderhorn", 1808). Bevorzugte literarische Formen waren Roman und Erzählung, die besonders von Brentano, Eichendorff und E. T. A. Hoffmann (Mitte rechts: Selbstporträt) gepflegt wurden.

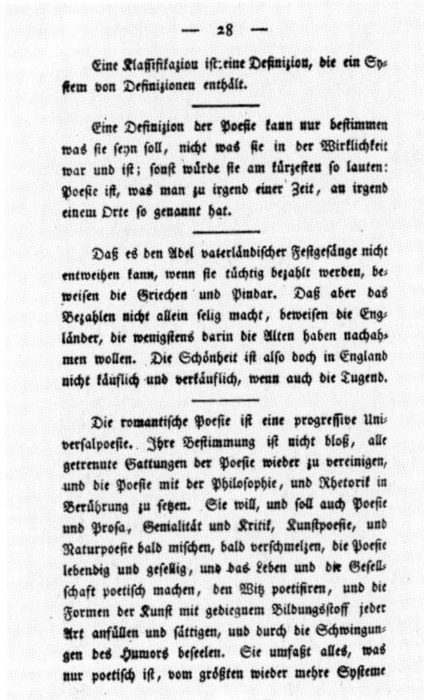
— 28 —

Eine Klassifikazion ist eine Definizion, die ein System von Definizionen enthält.

Eine Definizion der Poesie kann nur bestimmen was sie seyn soll, nicht was sie in der Wirklichkeit war und ist; sonst würde sie am kürzesten so lauten: Poesie ist, was man zu irgend einer Zeit, an irgend einem Orte so genannt hat.

Daß es den Adel vaterländischer Festgesänge nicht entweihen kann, wenn sie tüchtig bezahlt werden, beweisen die Griechen und Pindar. Daß aber das Bezahlen nicht allein selig macht, beweisen die Engländer, die wenigstens darin die Alten haben nachahmen wollen. Die Schönheit ist also doch in England nicht käuflich und verkäuflich, wenn auch die Tugend.

Die romantische Poesie ist eine progressive Universalpoesie. Ihre Bestimmung ist nicht bloß, alle getrennte Gattungen der Poesie wieder zu vereinigen, und die Poesie mit der Philosophie, und Rhetorik in Berührung zu setzen. Sie will, und soll auch Poesie und Prosa, Genialität und Kritik, Kunstpoesie, und Naturpoesie bald mischen, bald verschmelzen, die Poesie lebendig und gesellig, und das Leben und die Gesellschaft poetisch machen, den Witz poetisiren, und die Formen der Kunst mit gediegnem Bildungsstoff jeder Art anfüllen und sättigen, und durch die Schwingungen des Humors beseelen. Sie umfaßt alles, was nur poetisch ist, vom größten wieder mehre Systeme

Die *Spätromantik,* zu der auch die sog. *Schwäbische Romantik* zählt, wird geprägt durch die volksnahe Lyrik *Chamissos, Uhlands* und *Mörikes* (unten rechts: „Mörike als Pfarrvikar", Selbstbildnis), Sagensammlungen *(Schwab),* Märchenschrifttum und historische Romane, z.B. *Hauffs* „Lichtenstein" (unten links: „Lichtenstein". Gemälde von *J. J. Müller von Riga*).

- Grenze des Deutschen Bundes bis 1864
- Preußen bis 1866
- Preußens Gegner 1866
- Mit Preußen verbündete oder neutrale Länder
- an Preußen 1866
- Süddeutsche Staaten 1866/71
- Grenze des Dt. Reiches 1871–1918

Lau.	Hzm. Lauenburg, 1865 preuß.
S. L.	Schaumburg-Lippe
K. H.	Kurfsm. Hessen
L. D.	Lippe-Detmold
Lim.	Limburg, 1839 zum Dt. Bund
Hzm. Br.	Hzm. Braunschweig
O.	Oldenburg
H.	Hessen-Homburg
Li.	Fsm. Lichtenberg, 1834 preuß.

0 · 50 · 100 · 150 km

Die Wiedererstehung des Deutschen Reiches (Gemälde von Hermann Wislicenus in einer Reproduktion von 1886).

Die Vorderseite einer Medaille auf die Einweihung des Reichstagsgebäudes in Berlin im Jahre 1894 zeigt Bismarck als den „Baumeister des Deutschen Reichs".

Reichskanzler Bismarck zum Vortrag bei Kaiser Wilhelm I. (Holzschnitt, um 1885).

Deutlichstes und dauerhaftes Zeugnis der Bismarck-Verehrung waren die zahlreichen Denkmäler, so das Hamburger Bismarck-Denkmal von H. Lederer, das 1906 enthüllt wurde.

Reichskanzler Theobald von Bethmann Hollweg mit den Staatssekretären (von links) Gottlieb von Jagow (Äußeres) und Karl Helfferich (Inneres), 1916.

Das Gebäude des Deutschen Reichstags zu Berlin, 1884–1894 unter Leitung von P. Wallot errichtet.

Kaiser Wilhelm II. mit den Admiralen (von links) Alfred von Tirpitz und Henning von Holtzendorff im Juni 1910.

Versammlung von Berliner Arbeiterinnen im Jahre 1910 (zeitgenössischer Holzschnitt).

Der Hamburger Hafen um 1900 aus der Vogelschau (zeitgenössische Lithographie).

Am schweren Dampfhammer in der Gußstahlschmiede der Borsig-Werke zu Berlin-Tegel, um 1900.

Mit dem *Sturm auf die Bastille,* dem alten Pariser Staatsgefängnis, begann am 14. 7. 1789 die Französische Revolution.
Die Bastille galt bei der Bevölkerung als Symbol des „alten Systems". Der Absolutismus hatte sich durch Privilegierung von Adel und Klerus und Niederhaltung des einfachen Volkes selbst überlebt.
Die eigentlich revolutionären Vorgänge finden am 5. Mai statt, als sich der Dritte Stand zum Träger des Volkswillens und damit zur Nationalversammlung erklärt; ebenso am 4. August, als die Abschaffung der Privilegien und damit die Aufhebung des Feudalsystems beschlossen wird.
Die Französische Revolution gab die entscheidenden Impulse für die geistige, politische und soziale Entwicklung im 19. und 20. Jahrhundert.
(Gemälde eines unbekannten Künstlers aus der Französischen Schule des 18. Jahrhunderts.)

In einem Kreislauf, der über die Phasen der Herrschaft der Gironde (1791–93), des jakobinischen Terrors (1793–94) und des Direktoriums (1795–99) schließlich in das Herrschaftssystem Napoleons mündete, »verschlang die Revolution ihre Kinder«. Das Ende *Robespierres*, des konsequenten Vertreters des Terrors, auf der Guillotine am 28. Juli 1794 (links) ist kennzeichnend für diesen Vorgang.

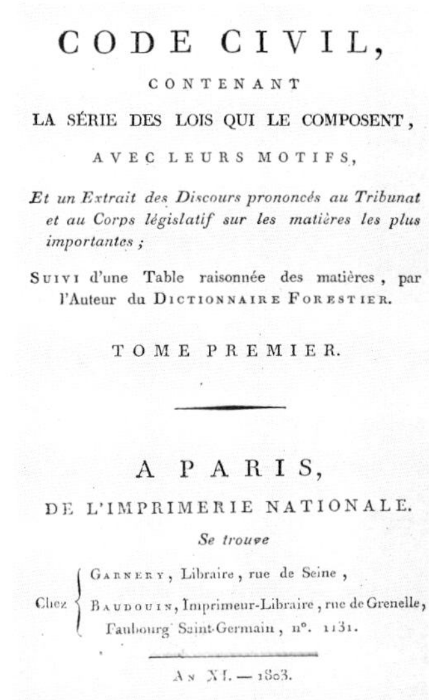

CODE CIVIL,

CONTENANT

LA SÉRIE DES LOIS QUI LE COMPOSENT,

AVEC LEURS MOTIFS,

Et un Extrait des Discours prononcés au Tribunat et au Corps législatif sur les matières les plus importantes;

SUIVI d'une Table raisonnée des matières, par l'Auteur du DICTIONNAIRE FORESTIER.

TOME PREMIER.

A PARIS,

DE L'IMPRIMERIE NATIONALE.

Se trouve

Chez { GARNERY, Libraire, rue de Seine, BAUDOUIN, Imprimeur-Libraire, rue de Grenelle, Faubourg Saint-Germain, n°. 1131.

AN XI. — 1803.

So eng der meteorhafte Aufstieg *Napoleons* sowie der Bestand und der Untergang seines Herrschaftssystems an die Erfolge und die Grenzen seiner Feldherrnkunst geknüpft waren, so hat der Kaiser als Organisator der Staatsverwaltung und als Gesetzgeber Bedeutendes geleistet. An der *Kodifikation des französischen Rechts* (rechts: Titelblatt des »Code Civil«) hat er persönlichen Anteil genommen. — Auf die *militärische Besiegung des habsburgischen Kaiserstaates* (unten: Napoleon nimmt die Schlüssel Wiens entgegen, Juli 1809) folgte der Versuch, seine Herrschaft durch die Verbindung mit der Tochter Ks. Franz' I. zu legitimieren (1810).

Für den Realismus-Naturalismus war das Schaffen *Honoré de Balzacs* und *Émile Zolas* von größtem Einfluß. Nicht mehr die Darstellung des Erlebten, sondern die des Beobachteten war das Ziel der Schriftsteller. Gegenstand der Beobachtung waren das Seelenleben des einzelnen und die menschliche Gesellschaft. Entsprechend ist *Balzacs* Romanzyklus »Comédie humaine« – oben, von links nach rechts: ›Der Vater Goriot‹, aus: »Le père Goriot«, ›Z. Marcas‹ aus dem gleichnamigen Roman und ›der alte Grandet‹, aus »Eugénie Grandet« — Ergebnis gesehener Wirklichkeit. *Zola* schildert in seinem Romanzyklus »Les Rougons-Macquart« — Illustrationen aus »Germinal« (links), »La bête humaine« (links unten) und »L'Assomoire« (unten) —, wie alles menschliche Dasein an die Bedingungen seiner Umwelt gebunden ist.

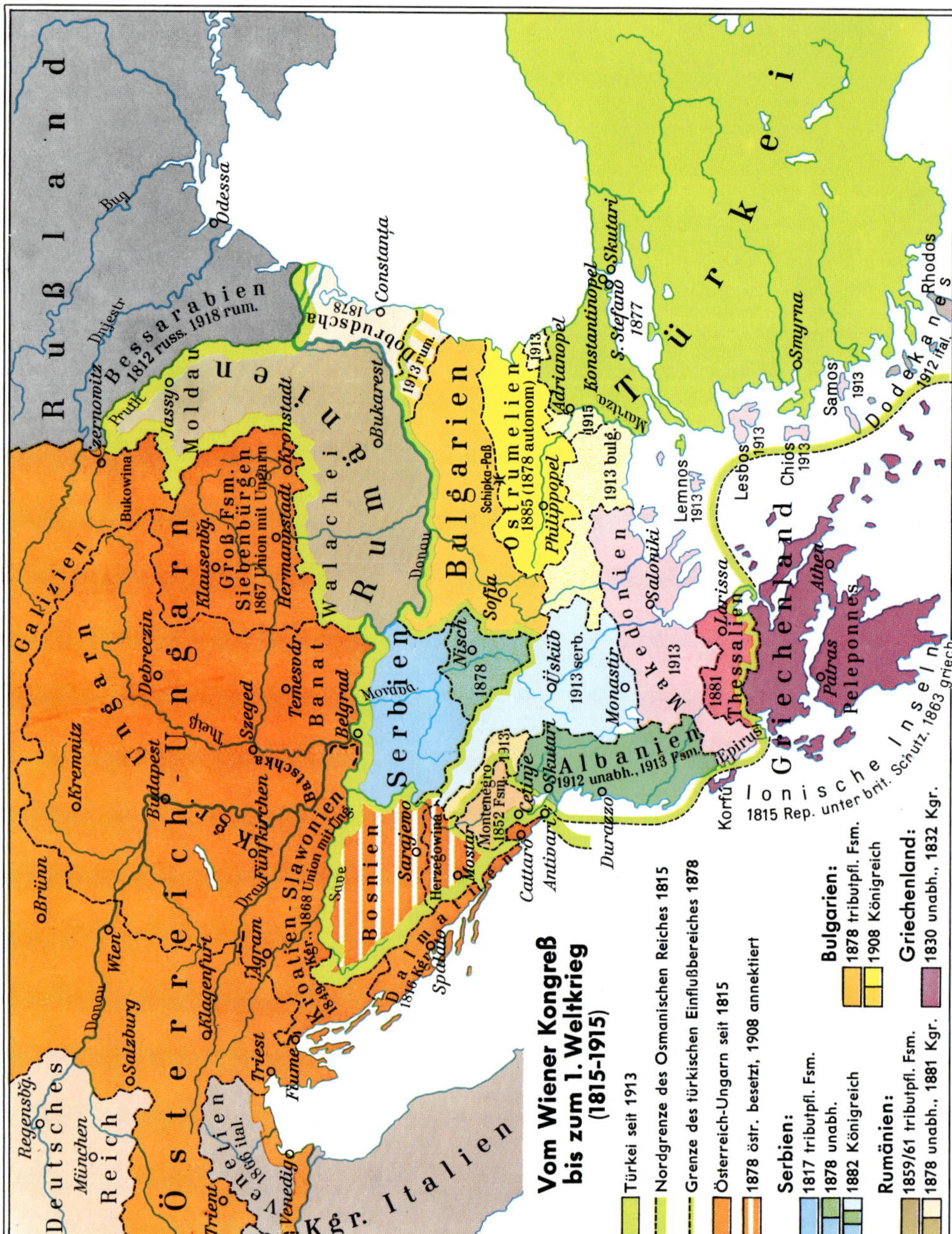

VERLAG HERDER FREIBURG

Im 19. Jh., in dem die übrigen europäischen Mächte Imperien in der Form von überseeischen Kolonialreichen errichteten, zielte der russische Imperialismus einmal von der kalten eurasiatischen Landmasse im Norden nach Südwesten und Südosten auf einen eisfreien Zugang zu den Weltmeeren, dem Mittelmeer und dem Pazifik, zum anderen auf die zentralasiatischen Binnengebiete mit dem Ziel, die Sibirien südlich vorgelagerte Steppenzone unter Kontrolle zu bringen. Waren im Südwesten die traditionsreichen, aber brüchigen Staatenkomplexe Österreich-Ungarns und der Türkei seine Hauptgegenspieler, so traf er im Süden auf die Interessen Großbritanniens und im Osten auf die Gegenoffensive des jungen japanischen Imperialismus.

- Rußland 1812
- Erwerbungen Alexander I. bis 1825
- Erwerbungen Nikolaus I. 1825 – 1855
- Erwerbungen Alexander II. 1855 – 1881

0 500 1000 km

Rußlands Vordringen nach Asien

- Rußland 1812
- Erwerbungen 1812 – 1825
- Erwerbungen 1825 – 1855
- Erwerbungen 1855 – 1881
- Erwerbungen 1881 – 1894
- Erwerbungen 1894 – 1917
- Transsibirische Eisenbahn

0 500 1000 2000 km

Das Zeitalter

Guernica (Pablo Picasso)

der Weltkriege (1914–1945)

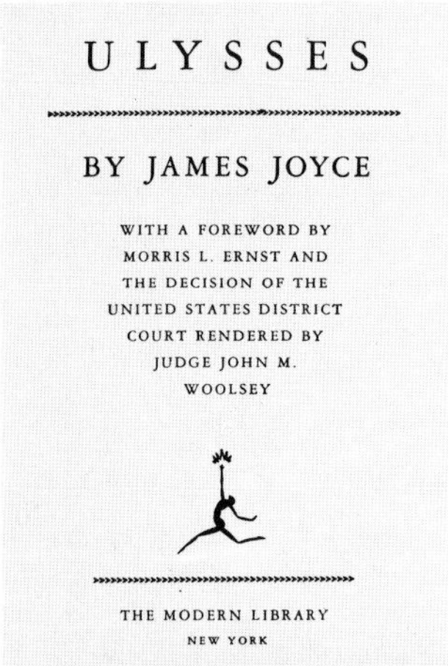

ULYSSES

BY JAMES JOYCE

WITH A FOREWORD BY MORRIS L. ERNST AND THE DECISION OF THE UNITED STATES DISTRICT COURT RENDERED BY JUDGE JOHN M. WOOLSEY

THE MODERN LIBRARY
NEW YORK

Durch den als Reaktion auf die Dekadenzliteratur anzusehenden *inneren Realismus* geriet die *Lyrik* der Moderne in eine Krise, während die *erzählende Literatur* stark in den Vordergrund trat. Die bedeutendste Neuerung war die unter dem Einfluß Henri Bergsons, William James und Sigmund Freuds erfolgte Begründung des *Bewußtseinsromans*. Mit seinem Romanzyklus »A la recherche du temps perdu« wurde *Marcel Proust* (Mitte links: Gemälde von *T. E. Blanche*) zum Hauptvertreter des französischen Bewußtseinsromans. Nicht weniger bedeutend war sein Landsmann *André Gide* (Mitte rechts), in dessen Werk die Befreiung des Menschen von jeder Konvention im Mittelpunkt steht.

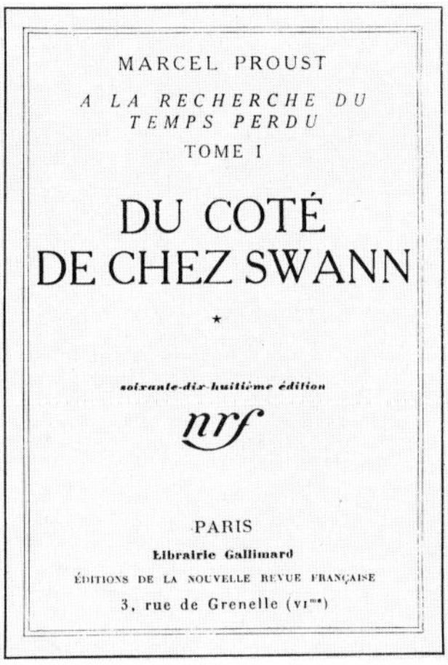

MARCEL PROUST

A LA RECHERCHE DU TEMPS PERDU

TOME I

DU COTÉ DE CHEZ SWANN

*

soixante-dix-huitième édition

nrf

PARIS
Librairie Gallimard
ÉDITIONS DE LA NOUVELLE REVUE FRANÇAISE
3, rue de Grenelle (VIme)

Wie schon bei Proust kam der *innere Monolog* als Stilmittel in *James Joyces* »Ulysses« (oben links: Titelblatt der 68. Auflage) besonders kunstvoll zur Anwendung. Stilistisch stark von Joyce beeinflußt ist *William Faulkner* (oben rechts), der bedeutendste amerikanische Vertreter des Bewußtseinsromans.

Neben Kafka und Hesse zählt der bewußt auf Erzählweisen, die seit dem Bewußtseinsroman als überholt galten, zurückgreifende *Thomas Mann* (unten links) u. a. mit seinem Roman »Der Zauberberg« und *Robert Musil* (unten rechts) zu den bedeutendsten deutschsprachigen Vertretern der Moderne.

Thomas Mann

Der Zauberberg

Roman

Erster Band

1924

S. Fischer / Verlag / Berlin

In Deutschland strebte *Bertolt Brecht* das *epische Theater* an und entwickelte eine demonstrierende, desillusionierende Spielweise. Seine Dramen (unten Regiebesprechung für die deutsche Erstaufführung von »Mutter Courage und ihre Kinder« durch das »Berliner Ensemble« am Deutschen Theater in Berlin; von links: *Erich Engel, Bert Brecht, Paul Dessau* und *Helene Weigel*) sind sozialkritisch und sollten »Änderung« bewirken.

Das Drama der Moderne

Auf dem Gebiet des Dramas brachte die Moderne eine Reihe von bedeutenden Autoren hervor. Zu den hervorragendsten Gestalten des angelsächsichen Raumes zählten *George Bernard Shaw* (oben links) und *Eugene O'Neill* (oben rechts), der das moderne amerikanische Drama begründete. In Frankreich verfeinerte *Jean Giraudoux* (Mitte links; daneben: Szene aus »Amphitryon 38« mit *Elisabeth Bergner* und *Ernst Deutsch*) das Drama im Sinne des Preziösen.

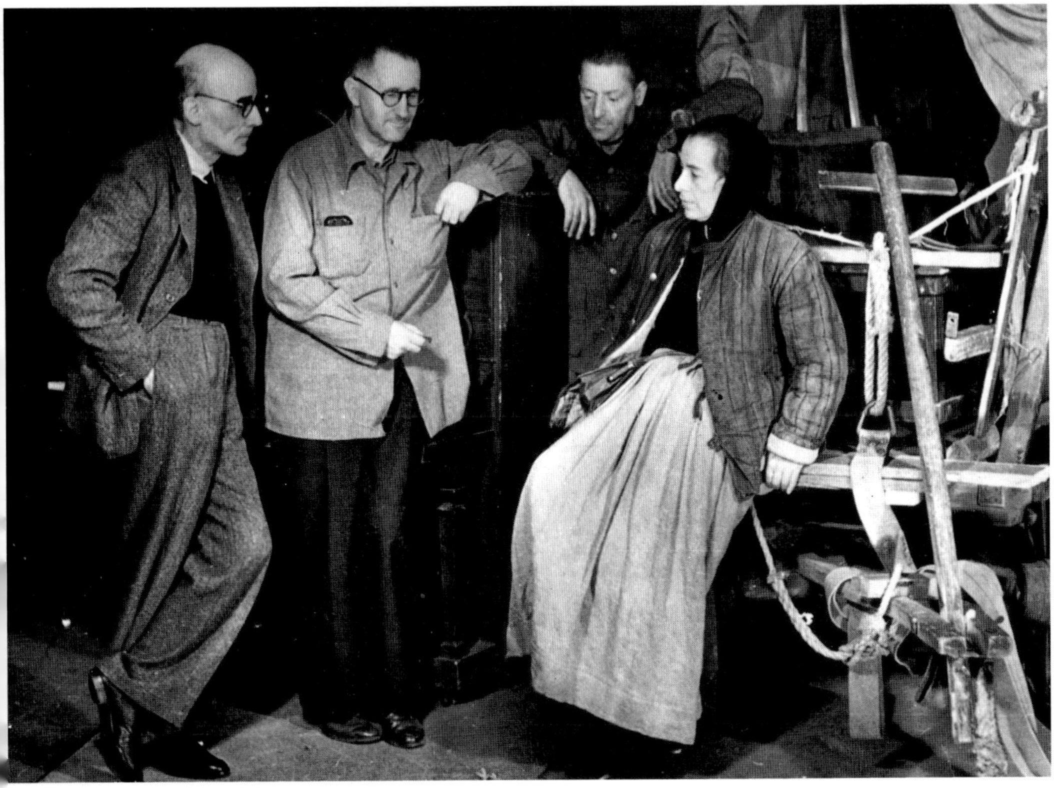

Nr. 1 Wien, Anfang April 1899

DIE FACKEL

HERAUSGEBER: KARL KRAUS.

ERSCHEINT DREIMAL IM MONAT.

PREIS 10 KR. WIEN.

Nachdruck nur mit Angabe der Quelle »DIE FACKEL« erlaubt.

Die Aktion

WOCHENSCHRIFT FÜR POLITIK, LITERATUR, KUNST

IV. JAHR HERAUSGEGEBEN VON FRANZ PFEMFERT NR. 11

INHALT: Schmidt-Rottluff: Akt (Titelzeichnung) / S. Friedlaender: Wissenschaft und Politik. Eine Antwort an Professor Sombart / Franz Vallentin: „Kunstsnobismus" und Herr Rosenhagen / Blaise Cendrars (Paris): Kontrast, Gleichzeitigkeit, Form / Egon Schiele (Wien): Aus einem Skizzenbuch / Ernst Stadler (Uccle): La Querida / Richard Huelsenbeck: Wir / Hugo Kersten: Wie Herr Herbert Eulenberg die jungen Dichter auf den Strich schicken will / Jakob van Hoddis: Couplet / Schreckensgalerie der AKTION / Alfred Wolfenstein: Fragment eines Daseins / Ernst Blumberg: Bilder / Kleiner Briefkasten.

VERLAG / DIE AKTION / BERLIN-WILMERSDORF

HEFT 30 PFG.

In der Zeit vor und nach dem Ersten Weltkrieg gab es in Deutschland eine Reihe von bedeutenden Zeitschriften literarisch-politisch-kulturellen Inhalts. Wohl die bedeutendste war die 1899 von *Karl Kraus* gegründete und seit 1912 von ihm allein geschriebene »Fackel« (oben links: Titelseite der Nr. 12, 1. Jahrgang), in der die meisten Aphorismen, Essays, Gedichte und Dramen Kraus' publiziert wurden. Die von *Carl von Ossietzky* herausgegebene »Weltbühne« (unten links: Titelblatt der Nr. 51 des 26. Jahrgangs) pflegte mit Beiträgen *Kurt Tucholskys* (z. T. unter dem Pseudonym *Peter Panter* und *Theobald Tiger*) die zeitkritische Diskussion. Der Publikation expressionistischer Programme und Manifesten dienten der von *Herwarth Walden* herausgegebene »Sturm«, »Die weißen Blätter« René Schickeles und die von *Franz Pfemfert* herausgegebene »Aktion« (oben rechts: Titelseite der Nr. 11 des 4. Jahrgangs mit einer Zeichnung von *Karl Schmidt-Rottluff*), der Verbreitung dadaistischer Schriften das »Bulletin Dada« in Frankreich und der von *Hausmann* und *Baader* herausgegebene »Der Dada« in Deutschland (unten rechts: Titelblatt einer 1919 erschienenen Ausgabe).

Die Weltbühne

Der Schaubühne XXVI. Jahr

Wochenschrift für Politik · Kunst · Wirtschaft

Begründet von Siegfried Jacobsohn

Unter Mitarbeit von Kurt Tucholsky
geleitet von Carl v. Ossietzky

Inhalt:

Carl v. Ossietzky . . . . Remarque-Film
K. L. Gerstorff . . . . Gewerkschaften und Fascismus
* * * . . . . Gontard
Peter Scher . . . . Die unterdrückte Stimme
Peter Panter . . . . Frieden
Hanns-Erich Kaminski . . . . . . Der junge Mann aus Wien
Wolf Zucker . . Das Land mit dem Minderwertigkeitskomplex
Celsus . . . . Dicke Bücher
Klaus Pringsheim . . . . Berliner Opernsanierung
Theobald Tiger . . . . Ballade
Morus . . . . Schacht auf Reisen
Bemerkungen — Antworten

Erscheint jeden Dienstag

XXVI. Jahrgang 16. Dezember 1930 Nummer 51
Versandort Potsdam

Verlag der Weltbühne
Charlottenburg · Kantstrasse 152

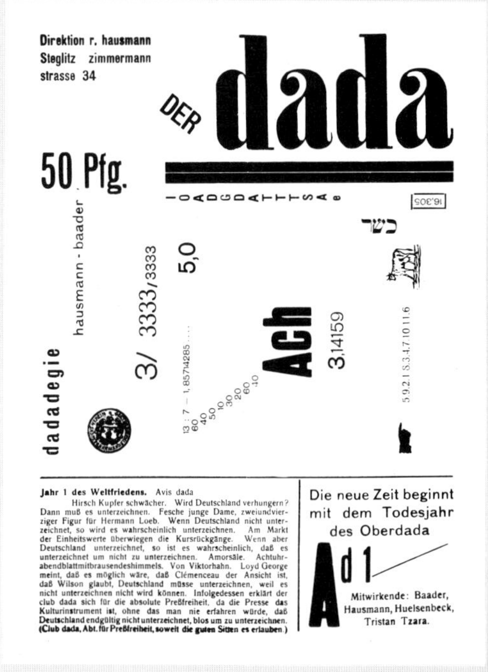
Direktion r. hausmann
Steglitz zimmermann
strasse 34

DER dada

50 Pfg.

hausmann - baader

dadadegie

3/ 3333/3333

5,0

Ach

3,14159

Jahr 1 des Weltfriedens. Avis dada

Hirsch Kupfer schwächer. Wird Deutschland verhungern? Dann muß es unterzeichnen. Fesche junge Dame, zweiundvierziger Figur für Hermann Loeb. Wenn Deutschland nicht unterzeichnet, so wird es wahrscheinlich unterzeichnen. Am Markt der Einheitswerte überwiegen die Kursrückgänge. Wenn aber Deutschland unterzeichnet, so ist es wahrscheinlich, daß es unterzeichnet um nicht zu unterzeichnen. Amorsäle. Achtuhrabendblattmitbrausendeshimmels. Von Viktorhahn. Loyd George meint, daß es möglich wäre, daß Clémenceau der Ansicht ist, daß Wilson glaubt, Deutschland müsse unterzeichnen, weil es nicht unterzeichnen nicht wird können. Infolgedessen erklärt der club dada sich für die absolute Preßfreiheit, da die Presse das Kulturinstrument ist, ohne das man nie erfahren würde, daß Deutschland endgültig nicht unterzeichnet, blos um zu unterzeichnen. (Club dada, Abt. für Preßfreiheit, soweit die guten Sitten es erlauben.)

Die neue Zeit beginnt mit dem Todesjahr des Oberdada

Ad 1

Mitwirkende: Baader, Hausmann, Huelsenbeck, Tristan Tzara.

Vielfach vom *Dadaismus* herkommend, bildete sich um *Louis Aragon* und *André Breton* eine festumrissene Gruppe von Surrealisten, (unten: *»Au rendez-vous des amis«*, Gemälde von *Max Ernst:* 1 Crevet, 2 Soupault, 3 Arp, 4 Ernst, 5 Morise, 6 Dostoevskij, 7 Raphaël, 8 Fraenkel, 9 Éluard, 10 Paulhan, 11 Péret, 12 Aragon, 13 Breton, 14 Baargold, 15 Chirico, 16 Gala Eluard, 17 Desnos), die das menschliche Leben um eine Dimension der »Überwirklichkeit« bereichern wollten.

Außerhalb dieser Gruppe finden sich surrealistische Elemente u. a. bei *Federico García Lorca, Cesare Pavese* (oben Mitte), *Pablo Neruda* (Mitte links) und *Franz Kafka* (oben rechts). Vor allem für das moderne Theater von besonderer Bedeutung war *Antonin Artaud* (oben links), der in seinen theoretischen Schriften die Aufhebung der Trennung von Bühne und Zuschauerraum und die Einführung neuer Medien (Licht, Farbe, Stimmen Geräusche u. a.) in die Theaterpraxis forderte.

1

2

3

4

Abstrakte Kunst

1 *Pablo Picasso, Gitarre auf dem Kamin,* 1915
2 *Wassily Kandinsky, Spitzen im Bogen,* 1927
3 *Piet Mondrian, Rhythmus aus schwarzen Linien,* 1935–42
4 *Kasimir Malewitsch, Suprematistische Komposition,* 1914–16

1

2

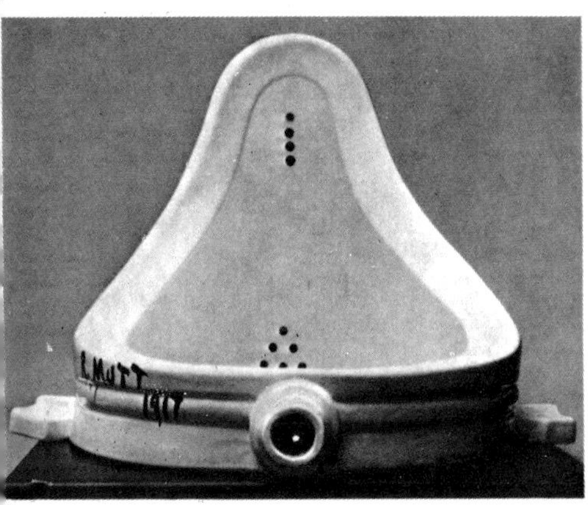

3

4

Futurismus: Mit Hilfe der *kubistischen Abstraktion* Auflösung des Gegenständlichen in der Malerei, Raum und Zeit werden durch *Simultaneität* vergegenwärtigt
1 *Gino Severini,* Harlekin. 1916

Expressionismus: Darstellung der individuellen Empfindung durch die Natur, in der sich Angst und Bedrängnis der um Befreiung ringenden Seele spiegeln
2 *Edvard Munch,* Der Schrei. Lithographie. 1895

Dada: Durch »Designierung« eines industriell gefertigten Gebrauchsgegenstandes zum Kunstwerk soll die Identität von Kunst und Leben manifestiert werden
3 *Marcel Duchamp,* Urinoir. 1917

Surrealismus: Die Kreativität des traumgesteuerten Unterbewußten erscheint als Kalligraphie der von der Vernunft unkontrollierten Imagination
4 *Joan Miró,* Komposition. 1934

Übernationale Entwicklung

Berlin
im Mai 1945

Anstatt zur Begründung einer neuen internationalen Ordnung kam es nur zur Einrichtung des Haager Schiedsgerichtshofes. Die eigentliche Bedeutung der Haager Friedenskonferenzen lag nicht in Maßnahmen zur Verhinderung von Kriegen, sondern in der Kodifizierung des Kriegsrechts. *Bild:* Mitglieder der Konferenz von 1899, unter ihnen die Delegationsleiter Baron de Staal, Rußland (1), Graf Münster, Deutschland (2), Léon Bourgeois, Frankreich (9), Lord Pauncefote, Großbritannien (10), Yang-Yü, China, Andrew White, USA, und Graf Nigra, Italien.

Unterzeichnung der UNO-Gründungsurkunde in San Francisco 1945 durch den Vertreter Äthiopiens. Unter den 51 Gründungsmitgliedern befanden sich die 14 teilnehmenden europäischen Staaten in der Minderheit, mehr als die Hälfte waren Entwicklungsländer Asiens, Afrikas und Lateinamerikas, z. T. aus den sich auflösenden Kolonialreichen der geschwächten europäischen Großmächte.

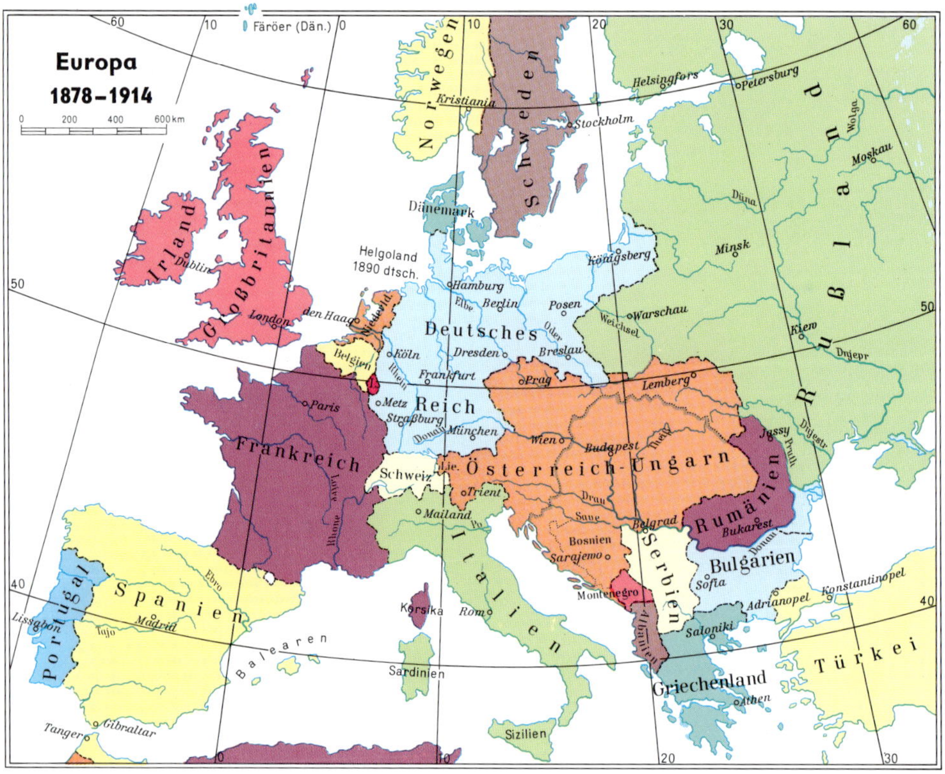
Europa
1878–1914
0 200 400 600 km
Färöer (Dän.)
Norwegen
Kristiania
Schweden
Stockholm
Helsingfors
Petersburg
Rußland
Wolga
Moskau
Düna
Minsk
Dänemark
Königsberg
Helgoland
1890 dtsch.
Irland
Dublin
Großbritannien
London
den Haag
Niederl.
Belgien
Hamburg
Elbe
Berlin
Posen
Warschau
Weichsel
Oder
Breslau
Kiew
Dnjepr
Deutsches Reich
Köln
Rhein
Dresden
Frankfurt
Prag
Lemberg
Metz
Straßburg
Donau
München
Wien
Budapest
Jassy
Pruth
Dnjestr
Paris
Frankreich
Loire
Rhone
Schweiz
Lie.
Österreich-Ungarn
Trient
Drau
Save
Mailand
Po
Bosnien
Sarajewo
Belgrad
Rumänien
Bukarest
Serbien
Bulgarien
Sofia
Montenegro
Albanien
Adrianopel
Konstantinopel
Saloniki
Italien
Korsika
Rom
Sardinien
Portugal
Lissabon
Spanien
Ebro
Madrid
Tajo
Balearen
Griechenland
Athen
Türkei
Tanger
Gibraltar
Sizilien

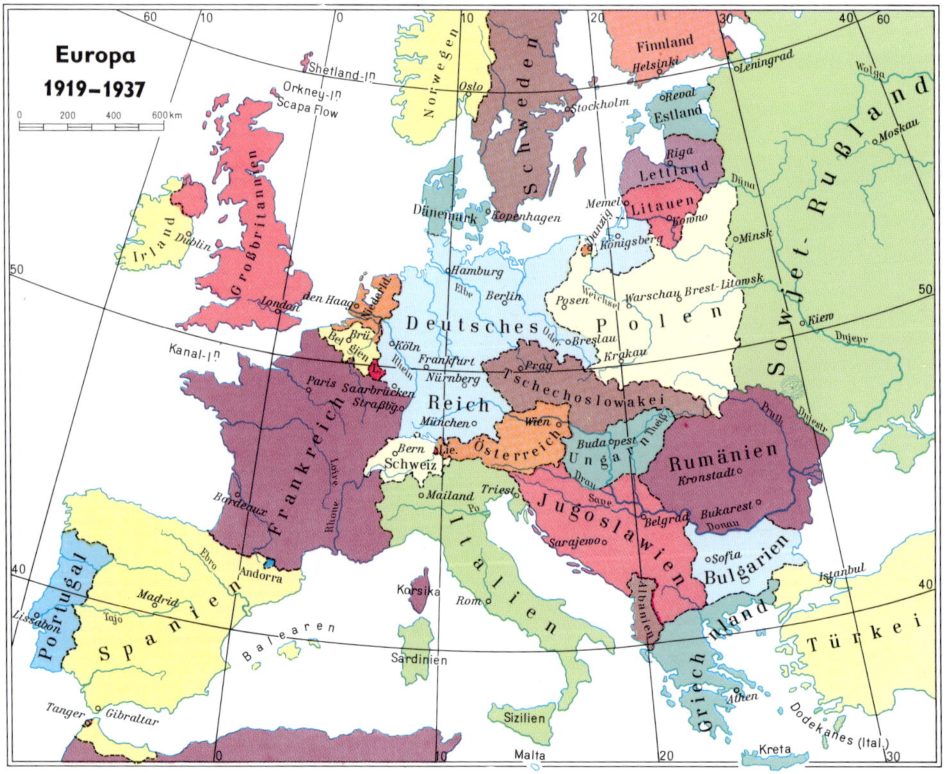
Europa
1919–1937
0 200 400 600 km
Shetland-In
Orkney-In
Scapa Flow
Norwegen
Oslo
Schweden
Stockholm
Finnland
Helsinki
Leningrad
Reval
Estland
Riga
Lettland
Memel
Litauen
Kowno
Danzig
Königsberg
Minsk
Sowjet-Rußland
Wolga
Moskau
Düna
Dänemark
Kopenhagen
Irland
Dublin
Großbritannien
London
den Haag
Niederl.
Hamburg
Elbe
Berlin
Posen
Weichsel
Warschau
Brest-Litowsk
Polen
Kiew
Dnjepr
Deutsches Reich
Oder
Breslau
Kanal-In
Belgien
Köln
Rhein
Frankfurt
Prag
Krakau
Tschechoslowakei
Paris
Saarbrücken
Straßburg
Nürnberg
München
Wien
Österreich
Budapest
Ungarn
Theiß
Pruth
Dnjestr
Rumänien
Kronstadt
Bern
Schweiz
Lie.
Frankreich
Loire
Rhone
Mailand
Triest
Po
Drau
Save
Jugoslawien
Belgrad
Bukarest
Donau
Bordeaux
Sarajewo
Sofia
Bulgarien
Andorra
Albanien
Istanbul
Italien
Korsika
Rom
Sardinien
Portugal
Lissabon
Spanien
Ebro
Madrid
Tajo
Balearen
Griechenland
Athen
Türkei
Dodekanes (Ital.)
Tanger
Gibraltar
Sizilien
Malta
Kreta

Kriegserklärungen 1914–1918
(bei Fehlen einer näheren Angabe: Kriegserklärung des betreffenden Staates an das Deutsche Reich).
1914: 28. 7. Österreich-Ungarn an Serbien; 1. 8. Deutsches Reich an Rußland; 3. 8. Deutsches Reich an Frankreich; 4. 8. Abbruch der Beziehungen und Eintritt des Kriegszustandes zwischen dem Deutschen Reich und Belgien; 4. 8. Großbritannien; 6. 8. Serbien; 11. 8. Montenegro; 23. 8. Japan; *1915:* 23. 5. Italien an Österreich-Ungarn; *1916:* 9. 3. Deutsches Reich an Portugal; 28. 8. Deutsches Reich an Rumänien; 28. 8. Italien; 25. 11. Griechenland; *1917:* 6. 4. USA; 8. 4. Panamá; 10. 4. Kuba; 22. 7. Siam; 4. 8. Liberia; 14. 8. China; 26. 10. Brasilien; *1918:* 23. 4. Guatemala; 8. 5. Nicaragua; 23. 5. Costa Rica; 16. 7. Haiti; 19. 7. Honduras.

Vor allem im Westen waren die Kampfhandlungen durch den Stellungskrieg, durch große Materialschlachten bei – meist erfolglosen – Durchbruchsversuchen gekennzeichnet. Zu den Hauptkriegsschauplätzen gehörte Flandern. *Oberes Bild:* Schloß und Dorf Hooge, von Engländern besetzt. *Unteres Bild:* Dieselbe Landschaft als Trichterfeld nach Beschießung und Erstürmung durch deutsche Truppen.

Obwohl die Operationspläne der Mittelmächte wie der Entente offensiv waren, ging im Westen bereits Ende 1914 der Bewegungskrieg in den Stellungskrieg über, in dem auf begrenztem Raum mit ungeheurem Materialaufwand und unter schweren, blutigen Verlusten gekämpft wurde (links: das Schlachtfeld von Verdun). Das Scheitern aller Bemühungen, den Krieg rasch zu entscheiden, ging vor allem auf die modernen Waffen (Maschinengewehr, Schnellfeuergeschütz, Handgranate, Minen- und Flammenwerfer u. a.) zurück, die sich als Abwehrwaffen den Angriffswaffen überlegen zeigten. Sie machten Angriffsschlachten alten Stils unmöglich, intensivierten aber auch die Grausamkeit des Krieges (vgl. die Tabelle Mitte links).

Der Versuch, den Stellungskampf mit einer den Gegner überraschenden Vernichtungswaffe zu beenden, hat den Beginn einer ganz neuen Waffenepoche heraufgeführt. Vom Einsatz von Kampfgas, von Flugzeugen (Mitte rechts: ein deutsches Schlachtflugzeug) und von Tanks (darunter: ein britischer Tank, in der Tankschlacht von Cambrai November 1917 erstmals in größerer Zahl eingesetzt) erhofften sich alle kriegführenden Staaten, vergeblich, eine entscheidende Wende. Auch das Unterseeboot (ganz unten: ein engl. U-Boot) entsprach letztlich nicht den militärischen Erwartungen, hatte aber indirekt Teil an der Wende des Krieges: Die Erklärung des uneingeschränkten U-Bootkriegs durch Deutschland (1. Februar 1917) bewirkte den Kriegseintritt der USA (links unten: Ankunft von US-Truppen in einem französischen Hafen; bis Oktober 1918 30 Divisionen mit 864 000 Mann), die der Entente gewaltige Reserven an Menschen und Kriegsmaterial zuführten.

Verluste im Ersten Weltkrieg

	Gefallene	Verwundete
Deutschland	1 808 000	4 247 000
Frankreich	1 385 000	3 044 000
Großbritannien	947 000	2 122 000
Italien	460 000	947 000
Österreich-Ungarn	1 200 000	3 620 000
Rußland	1 700 000	4 950 000
Türkei	325 000	400 000
USA	115 000	206 000

Gesamtzahl der Gefallenen und der durch sonstige Kriegseinwirkungen Umgekommenen: 10 Millionen
Gesamtzahl der Verwundeten: 20 Millionen

Oberes Bild: Patriotische Begeisterung beim Kriegsausbruch 1914 kennzeichnete die Stimmung in den europäischen Hauptstädten, hier in München (mitten in der Menge der junge Adolf Hitler).

Unteres Bild: Die fortgeschrittene Entwicklung der Kriegstechnik steuerte, etwa durch Einsatz von Gaskampfstoffen, bald auf einen „totalen" Krieg zu (MG-Nest 1917).

Vor allem im Bereich des Stellungskrieges nahmen die Zerstörungen bisher ungeahnte Ausmaße an (hier die Ruine der Kirche von Ablain-St. Nazaire nach den erbitterten Kämpfen im Herbst 1915).

Einzug der revolutionären Matrosen am Brandenburger Tor in Berlin, 9. Nov. 1918.

Die Außenminister (v. l.) Stresemann (Deutschland), (Joseph) Austen Chamberlain (Großbritannien) und Briand (Frankreich) 1926 während einer Völkerbundstagung. Sie erhielten die Friedensnobelpreise für 1925 (Chamberlain, mit Dawes) und 1926 (Briand und Stresemann).

V. l.: Henderson (britischer Botschafter), Göring, Chamberlain, Mussolini, Dolmetscher Paul Schmidt, Hitler und Daladier am 29. September 1938 auf der Münchener Konferenz, die die Sudetenkrise beendete, aber die Basis der nationalsozialistischen Expansionspolitik verbesserte.

ıpioniere greifen mit Flammenwerfern 1916 eine Stellung vor Verdun an (Pastellskizze von J. Correggio).

„Anarchie ist Helfer der Reaktion"
Das vermutlich regierungsamtliche Plakat aus den letzten Monaten des Jahres 1918 kennzeichnet die unentschiedene innere Situation Deutschlands nach dem Waffenstillstand. Die Engelsfigur vor dem ruhig-abwartend verharrenden Volk verweist die Gefahr der Anarchie in ihre Schranken und deutet auf die künftige Nationalversammlung hin.

HYDRA
CRATER
LEO

PARISER FRIEDENSKONFERENZ UND VÖLKERBUND

Am 8. 1. 1918 richtete der amerikanische Präsident Wilson an den Kongreß der USA eine Botschaft, in der er in *14 Punkten* (Mitte links) seine Vorstellungen von einem gerechten Frieden darlegte. Von einem tiefen Glauben an die demokratische Mission Amerikas erfüllt, hoffte der Präsident, das von vielen blutigen Kriegen zerrüttete Europa endgültig befrieden und eine neue Weltordnung schaffen zu können.

An der *Pariser Friedenskonferenz*, die am 18. 1. 1919 im Versailler Schloß feierlich eröffnet wurde, nahmen die Vertreter der 27 Siegerstaaten des Ersten Weltkriegs teil. Die Besiegten waren nicht zugelassen. Wilsons Forderung nach Öffentlichkeit der Verhandlung wurde nicht entsprochen, wie überhaupt die Grundsätze seiner 14 Punkte zunehmend in den Hintergrund gerieten.

Das 14-Punkte-Programm Wilsons

1. Öffentlichkeit aller internationalen Vereinbarungen
2. Freiheit der Meere
3. Freiheit des Welthandels
4. Beschränkung der Rüstung auf das mit der inneren Sicherheit eines jeden Landes vereinbare Mindestmaß
5. Internationale Regelung der Kolonialfragen
6. Räumung und Freiheit Rußlands
7. Räumung und Wiederherstellung Belgiens
8. Räumung französischen Gebietes und Abtretung Elsaß-Lothringens an Frankreich
9. Berichtigung der italienischen Grenzen nach nationalen Gesichtspunkten
10. Freiheit zu autonomer Entwicklung der Völker Österreich-Ungarns
11. Räumung Rumäniens, Serbiens und Montenegros. Internationale Garantien für die politische und wirtschaftliche Unabhängigkeit und territoriale Unverletzlichkeit der Balkanstaaten
12. Nationale Autonomie der nichttürkischen Völker des Osmanischen Reiches. Öffnung der Dardanellen für die Durchfahrt von Handelsschiffen aller Nationen unter internationaler Garantie
13. Bildung eines alle von unbestreitbarer polnischer Bevölkerung bewohnten Gebiete umfassenden unabhängigen polnischen Staates mit Zusicherung freien und sicheren Zugangs zum Meer
14. Gründung eines Völkerbundes zur Sicherung der politischen Unabhängigkeit und territorialen Unverletzlichkeit aller Nationen

Wichtige Bestimmungen des Versailler Vertrages

Territoriale Bestimmungen
deutsche Gebietsabtretungen (vgl. Karte unten)
Besetzung des linksrhein. Gebietes (mit Brückenköpfen Köln, Koblenz und Mainz) in 3 Zonen jeweils auf 5, 10 bzw. 15 Jahre
Verbot des Anschlusses Österreichs und der Sudetengebiete
Verzicht auf alle Kolonien

Militärische Bestimmungen
Abschaffung der Allgemeinen Wehrpflicht. Begrenzung des Landheeres auf 100 000 Mann, der Marine auf 15 000 Matrosen
Verbot des Baus schwerer Waffen und des U-Boot- und Flugzeugbaus
Auslieferung der Kriegsflotte bis auf wenige kleinere Einheiten
Entmilitarisierung des rechten Rheinufers in einer 50 km breiten Zone

Strafbestimmungen
Auslieferung und Verurteilung Ks. Wilhelms II. und aller »Kriegsverbrecher«

Wiedergutmachungen (Reparationen)
Umfangreiche Sachlieferungen (vor allem Kohle, Maschinen und Vieh)
Auslieferung des größten Teils der Handelsflotte und Übergabe der deutschen Überseekabel
Enteignung deutschen Eigentums im Ausland
Internationalisierung von Elbe, Memel, Oder, Donau und Rhein
Meistbegünstigung der Signatarstaaten im Handelsverkehr auf 5 Jahre
Die Feststellung der Gesamtschuld des Deutschen Reiches wurde einer besonderen Reparationskommission übertragen. Die Schulden sollten, beginnend am 1. Mai 1921, innerhalb von 30 Jahren abgelöst werden.

Zwar fanden einige Plenarsitzungen statt, aber die eigentlichen Entscheidungen wurden von den »Großen Vier« *Wilson* (USA), *Clemenceau* (Frankreich), *Orlando* (Italien) und *Lloyd George* (England; oben: von rechts nach links) getroffen. Schärfster Antipode von Wilsons Vorstellung eines Friedens der Mäßigung war Clemenceau, der auf einer Entmachtung Deutschlands bestand. Zwar gelang es Wilson, hier und da mäßigend zu wirken, doch konnte er den Friedensverträgen (in *Versailles* mit dem Deutschen Reich, in *St. Germain* mit Österreich, in *Trianon* mit Ungarn, in *Neuilly* mit Bulgarien und in *Sèvres* mit der Türkei) nur wenig von ihrer Härte nehmen. Namentlich der Versailler Vertrag (rechte Seite oben links: *Überreichung der Friedensbedingungen an die deutsche Delegation* am 7. 5. 1919) rief wegen seiner rigorosen Bestimmungen (Mitte rechts und Karte unten) tiefste Bestürzung hervor und ging als »Versailler Diktat« in das Bewußtsein der deutschen Öffentlichkeit ein.

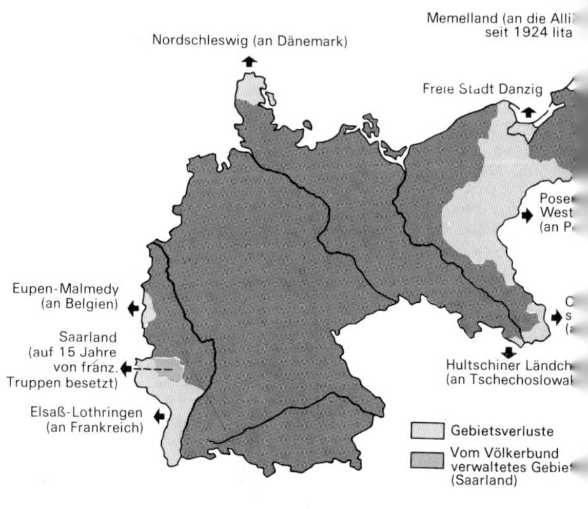

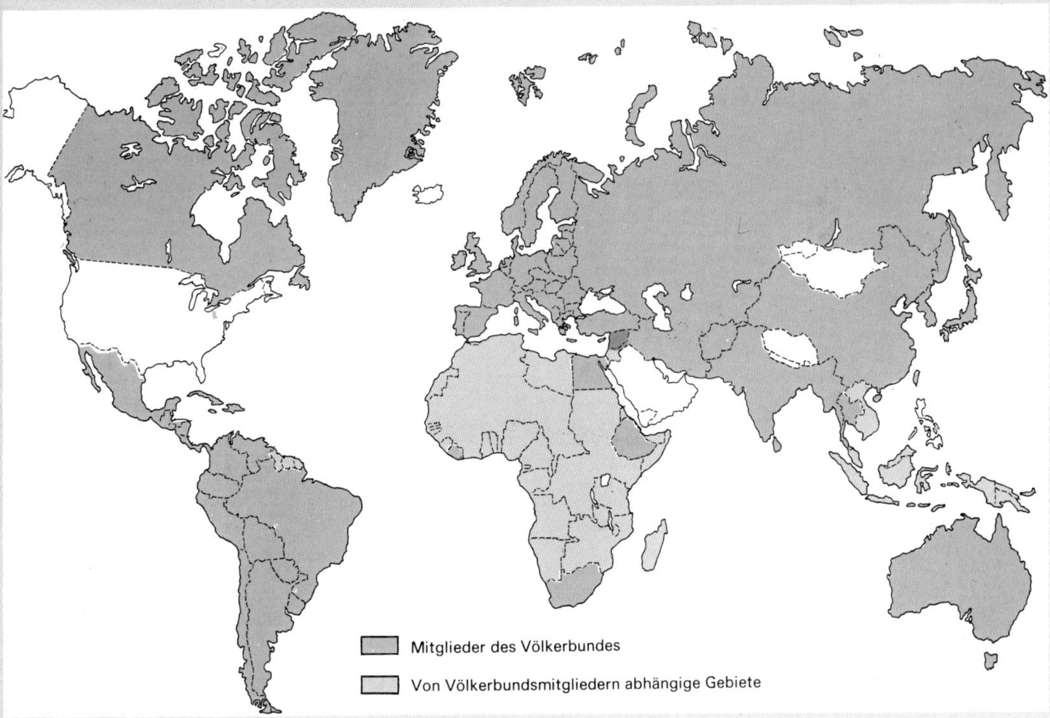

Wichtigstes Anliegen Präsident Wilsons auf der Pariser Friedenskonferenz war die *Schaffung eines Völkerbundes.* In einer »allgemeine(n) Vereinigung der Nationen«, wie er sie in Punkt 14 seines Friedensprogramms gefordert hatte, sah er das beste Instrument zur Friedenswahrung, zum Ausgleich der Interessengegensätze, zugleich auch zur allmählichen Bereinigung jener Unebenheiten und falschen Kompromisse, die das Pariser Friedenswerk kennzeichneten. Der Völkerbund (rechts oben: *Genfer Völkerbundspalast;* zur *Organisation* und den *Hauptaufgaben* vgl. die Tabellen rechts) war ohne Zweifel mit manchen Mängeln behaftet: Er besaß keine handlungsfähige Exekutive und war behindert durch die Forderung nach Einstimmigkeit in allen wesentlichen Beschlüssen. Er wurde auch nie zu einer echten Weltorganisation (vgl. die Mitgliederkarte), da der US-Senat den Eintritt in die Liga ablehnte und die zunächst nicht zugelassene UdSSR danach der Organisation bis 1934 aus freien Stücken fernblieb. Dennoch läßt sich die große Bedeutung von Wilsons Werk nicht verkennen: Zumindest im ersten Jahrzehnt seines Bestehens war der Völkerbund das »Clearing House« der Nationen. Seine Vorteile und Fehler wurden darüber hinaus zum Lehr- und Lernstoff der Vereinten Nationen.

Völkerbund

Organe:
Völkerbundversammlung (Generalversammlung)
Völkerbundsrat, 4–6 ständige (seit 1926: Frankreich, Deutschland, Italien, Japan) und zuletzt 9 nicht-ständige Mitglieder
Ständiges Sekretariat (Generalsekretär)
Besondere Organisationen: u. a. Ständiger Internat. Gerichtshof; Internat. Arbeitsorganisation

Hauptaufgabenbereiche:
Beilegung zwischenstaatl. Konflikte
Abrüstung
Aufsicht über Mandatsgebiete
Verwaltung des Saargebietes für 15 Jahre
Schutz der Freien Stadt Danzig
Minderheitsfragen
Flüchtlingswesen
Gesundheitswesen
Internat. Wirtschafts-, Finanz- und Verkehrsfragen
Kodifikation des Völkerrechts

Oberes Bild: Seit dem 19. Jahrhundert waren alle Kontinente in eine Weltwirtschaft einbezogen, in der Europa bis zum Ersten Weltkrieg dominierte. Dann verstärkten die USA ihre Position durch Kapitaleinsatz und Export, auch mit Hilfe ihrer Landwirtschaft (Melonenernte in Kalifornien).

Unteres Bild (Hamburger Hafen): Nach dem Ersten Weltkrieg wurde auch Deutschland wieder in das Welthandelsnetz integriert, wenn auch in vielem vom amerikanischen Kapital abhängig. Unter dieser Bedingung gelang in allen europäischen Staaten nur ein begrenzter Konjunkturaufschwung.

Die Periode der relativen Stabilität wurde 1929 durch die Weltwirtschaftskrise beendet, die Unternehmensbankrotte, Nachfrage- und Investitionsrückgang sowie jahrelange Massenarbeitslosigkeit *(linkes Bild)* nach sich zog. In einem Staat wie Deutschland, der ab 1933 auf eine gewaltsame Revision der Ordnung von 1919 drängte, wurde die Wirtschaft durch die Aufrüstung wieder angekurbelt *(rechtes Bild:* Massenfertigung deutscher Sturmgeschütze, Frühjahr 1944).

Große Erregung an der New Yorker Börse zwei Tage vor dem Schwarzen Freitag, dem 25. Oktober 1929, der eine Kette von Kurseinbrüchen einleitete. Die Aktienkurse büßten in kurzer Zeit den Gewinn von drei Jahren ein. Es folgte eine allgemeine Kreditkrise, die durch Kündigung kurzfristig angelegter amerikanischer Gelder auf Europa übergriff und dessen Krise verstärkte.

Die nationalsozialistische Ideologie, zu deren Kernstücken die Gewinnung von »Lebensraum« für das deutsche Volk gehörte, führte Hitler, spätestens seit 1937, auf den Weg der Gewalt. Die von den Westmächten verfolgte Politik der Beschwichtigung (appeasement), durch Einlenken den Frieden zu wahren, ermutigte Hitler indes zu immer maßloseren außenpolitischen Forderungen, auch gegenüber Polen.

Für den *Angriff auf Polen* diente als letzter Vorwand ein von deutscher Seite gestellter »polnischer« Überfall auf den Sender Gleiwitz (31. 8. 1939; Abb. unten). Damit war der 2. Weltkrieg ausgelöst.

BERLINER MORGENPOST

10 PFENNIG

Wöchentlich 50 Pfennig Einzeln 10 Pf. Sonntags 15 Pf.

DEUTSCHER VERLAG

Bezirk I

Verlag und Schriftleitung der Berliner Morgenpost: Berlin SW 68 Kochstraße 22—26. Fernsprech-Zentrale: Sammel-Nummer 17 49 01. Draht-Anschrift: Deutschverlag, Berlin. Postscheck-Konto: Deutscher Verlag, Berlin 660, Postscheckamt Berlin NW 7

41. Jahr / Freitag, 1. September 1939 / Nr. 209

Bestellungen und Anzeigen-Annahme siehe „Kleine Anzeigen", 1. Seite. Wichtige Meldungen sind zu jeder Tages- und Nachtzeit erwünscht und werden angemessen bezahlt. Für unverlangt eingesandte Beiträge wird jedoch keine Gewähr übernommen

Polen ließ den Führer 2 Tage warten
Deutschlands großzügiges Friedensangebot

Frecher Ueberfall auf den Sender Gleiwitz

Polnische Aufständische haben die deutsche Grenze überschritten — Blutige Kämpfe mit deutscher Polizei -

DNB Berlin, 31. August

Die Königlich Britische Regierung hat sich in einer Note vom 28. August 1938 gegenüber der Deutschen Regierung bereit erklärt, ihre Vermittlung zu direkten Verhandlungen zwischen Deutschland und Polen über die strittigen Probleme zur Verfügung zu stellen. Sie hat dabei keinen Zweifel darüber gelassen, daß auch

Nach der Niederwerfung Polens und Frankreichs stand Hitler auf dem Höhepunkt der Macht. Am 21. 6. 1940 diktierte er dem Abgesandten des Marschalls Pétain die Waffenstillstandsbedingungen (Abb. rechts) in demselben Salonwagen in *Compiègne*, in dem 1918 die deutsche Niederlage besiegelt worden war. Durch diesen Akt wollte Hitler das demütigende Ergebnis des 1. Weltkrieges revidieren. — Der am 22. 6. 1941 begonnene Krieg gegen die Sowjetunion führte im Kampf um *Stalingrad* (August 1942 — Anfang Februar 1943; Abb. unten: Reste der 6. Armee in russischer Gefangenschaft) zu einem Wendepunkt des 2. Weltkriegs.

Der *Nichtangriffspakt mit der Sowjetunion* (23. 8. 1939; Abb. oben) gab Hitler den Rücken für seine Kriegspläne frei.

Kriegserklärungen 1939–1945 (bei Fehlen einer näheren Angabe: Kriegserklärung des betreffenden Staates an das Dt. Reich).

1939: 1. 9. Polen[1]; 3. 9. Großbritannien, Australien, Indien, Neuseeland, Frankreich; 6. 9. Südafrikanische Union; 10.9. Kanada; *1940:* 9.4. Dänemark[1], Norwegen[1]; 10.5. Niederlande[1], Belgien[1], Luxemburg[1]; *1941:* 6.4. Jugoslawien[1], Griechenland[1]; 22.6. UdSSR[1]; 8.12. China; 11.12. USA (gegenseitige Kriegserklärung); 11.12. Costa Rica, Dominikanische Republik, Guatemala; 12.12. Kuba, Nicaragua, Haiti, Honduras, El Salvador; 18.12. Panama; *1942:* 22. 5. Mexiko; 22. 8. Brasilien; 9. 10. Äthiopien; *1943:* 16. 1. Irak; 7. 4. Bolivien; 9. 9. Iran; 13. 10. Italien; 19. 11. Kolumbien; *1944:* 17. 1. Liberia; 25. 8. Rumänien; 8. 9. Bulgarien; 21. 9. San Marino; 31. 12. Ungarn (Gegenregierung); *1945:* 2. 2. Ekuador; 8. 2. Paraguay; 12. 2. Peru; 15. 2. Uruguay, Venezuela; 23. 2. Türkei; 24. 2. Ägypten; 26. 2. Syrien; 27. 2. Libanon; 1. 3. Saudi-Arabien; 3. 3. Finnland; 27. 3. Argentinien

[1]Deutscher Angriff ohne Kriegserklärung

Oberes Bild: Deutsche Soldaten zerstören polnische Grenzschranken, September 1939. –

Mittleres Bild: Hitler und die Spitzen der Wehrmacht nach Unterzeichnung des Waffenstillstands mit Frankreich, Juni 1940.

Unteres Bild: Deutsch-britischer Luftkampf an der Kanalküste, 1942.

Oberes Bild: Erschöpfung nach knapp überstandener Todesgefahr spricht aus den Gesichtern dieser deutschen Soldaten nach dem Kampf in einer russischen Stadt (1942).

Mittleres Bild: Während der totale Krieg längst im Gange war, proklamierte ihn Goebbels in seiner Sportpalastrede vom 18. Februar 1943 „totaler und radikaler, als wir ihn uns heute überhaupt erst vorstellen können". Er fiel auf Deutschland zurück.
Unteres Bild: Das zerstörte Dresden.

Auf der Basis einer kommerziellen Erfindung, der „Enigma", entwickelten Reichsmarine und Reichsheer schon in den zwanziger Jahren Funkschlüsselmaschinen, die mit ihren oft zu wechselnden Einstellungen eine Entzifferung des militärischen Funkverkehrs als kaum möglich erscheinen ließen. *Bild:* Befehlswagen des Panzergenerals Guderian mit Funkgerät und Schlüsselmaschine.

Nächste Seite: Durch Rekonstruktion der „Enigma"-Schlüsselverfahren und Auswertung zahlloser Funksprüche auf elektro-mechanischem Wege gelang der britischen Funkaufklärung das rechtzeitige Entziffern des deutschen drahtlosen Nachrichtenverkehrs und damit ein entscheidender Beitrag zum Sieg über die deutschen U-Boote in der Atlantikschlacht. *Bild:* Ausweichen alliierter Geleitzüge vor „Ultra"-gemeldeten U-Booten.

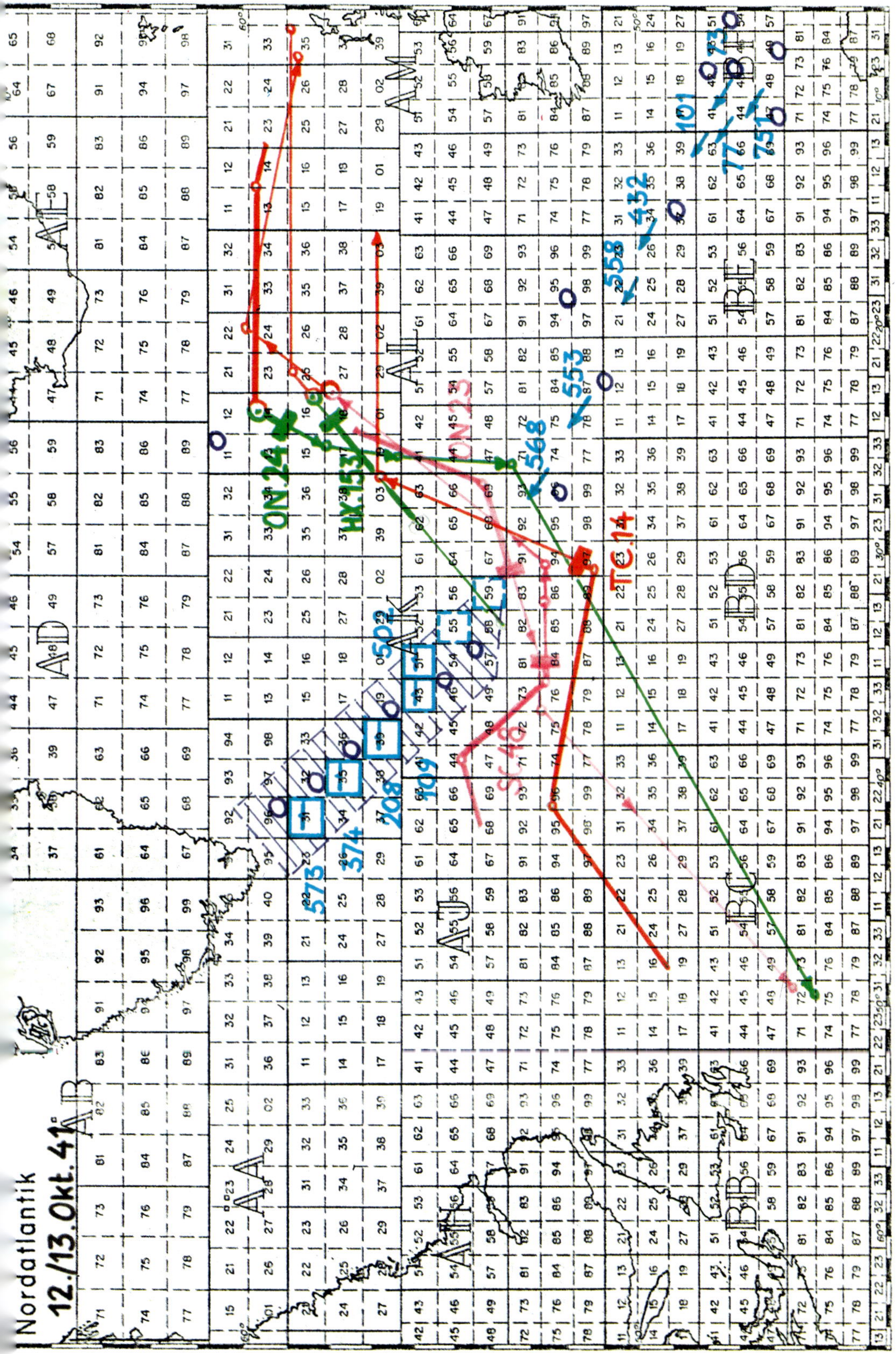
Nordatlantik
12./13.Okt. 41
ON 24
HX 153
ON 25
SC 48
TC 14
AA
AB
AD
AE
AH
AJ
AK
AL
AM
AU
BB
BC
BD
BE
BF

Wesentlichen Anteil an den deutschen Offensiven der ersten Jahre hatte die Luftwaffe. *Oberes Bild:* Bomberbesatzung erhält Einsatzbefehl, 1940. *Mittleres Bild:* He 111-Bomber 1940 über England.

1942 begannen die Flächenbombardements der Westalliierten gegen deutsche Städte. *Unteres Bild:* Amerikanischer Bomberpulk im Angriff.

Die Stoßkraft der Panzer machte den Bewegungskrieg möglich, der auch die Kampfesweise der Infanterie neu bestimmte (deutsche Soldaten und abgeschossene sowjetische Panzer, Sommer 1942).

Wichtigste deutsche Waffe im Seekrieg beider Weltkriege waren die Unterseeboote (hier ein Blick in den Maschinenraum, während das Boot einen Angriff fährt).

Die wachsende Bedeutung motorisierter Verbände zeigte sich u. a. im Zusammenwirken von Panzern und Schützenpanzern, hier an der deutschen Ostfront, 1943.

Die Eröffnung des Pazifikkrieges durch Japan, welcher die Kriegserklärung der „Achsenmächte" an die Vereinigten Staaten folgte, verlieh dem Kampf tatsächlich globalen Charakter. Die USA und Großbritannien führten einen Zwei-Ozean-Krieg gewaltigen Ausmaßes, in dem See- und Luftstreitkräfte eine ausschlaggebende Rolle spielten. *Bild:* Flugzeugträger USS „Enterprise".

Im Pazifik, in Nordafrika und schließlich auch in Europa brachten die USA ihre Armeen durch große Landungsoperationen zum Einsatz. *Bild:* Amerikanische Truppen überwinden die Küstenlinie der Normandie am 6. Juni 1944.

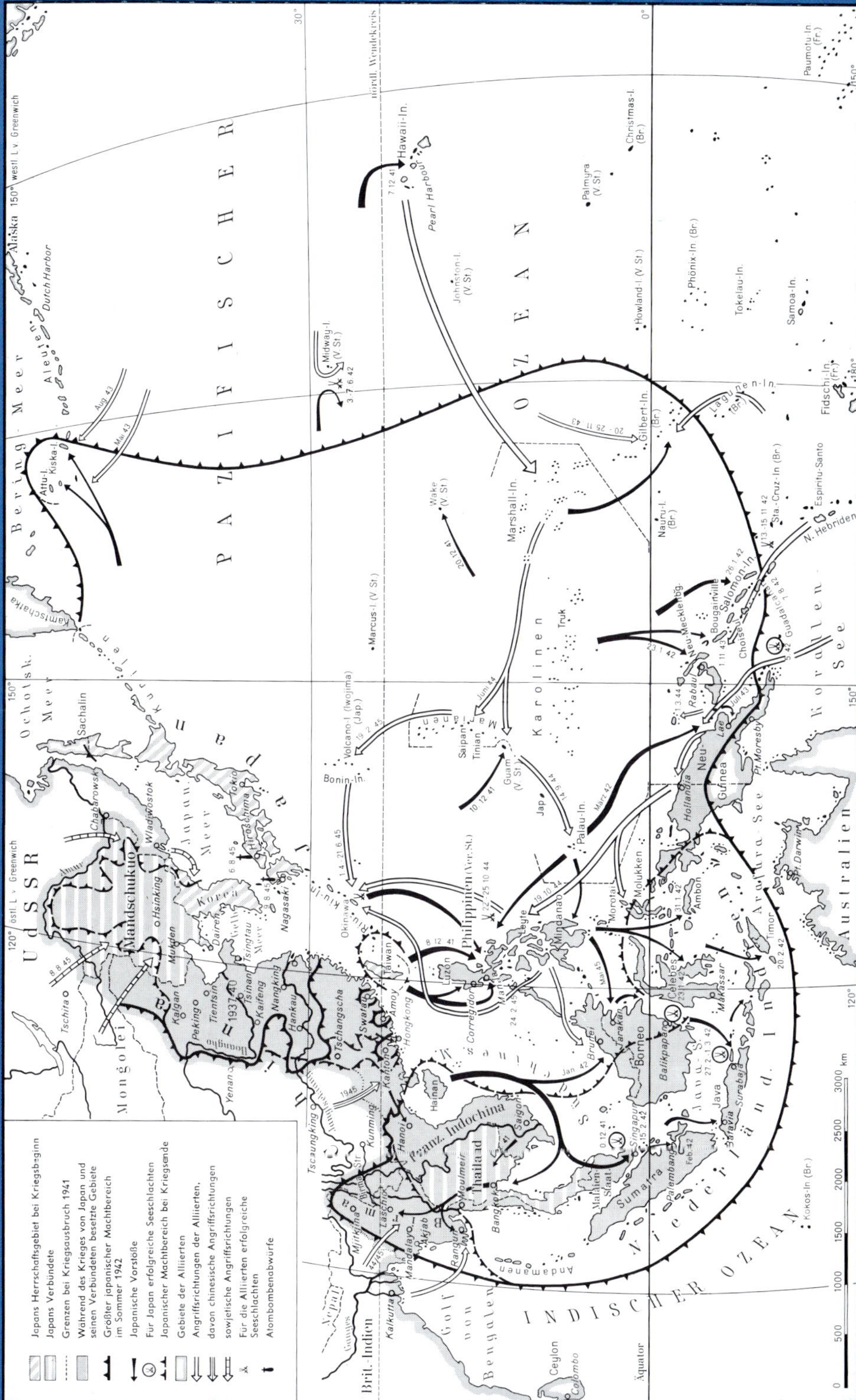
Japans Herrschaftsgebiet bei Kriegsbeginn
Japans Verbündete
Grenzen bei Kriegsausbruch 1941
Während des Krieges von Japan und seinen Verbündeten besetzte Gebiete
Größter japanischer Machtbereich im Sommer 1942
Japanische Vorstöße
Für Japan erfolgreiche Seeschlachten
Japanischer Machtbereich bei Kriegsende
Gebiete der Alliierten
Angriffsrichtungen der Alliierten,
davon chinesische Angriffsrichtungen
sowjetische Angriffsrichtungen
Für die Alliierten erfolgreiche Seeschlachten
Atombombenabwürfe
UdSSR
Mandschukuo
Mongolei
Korea
Japan
Franz. Indochina
Thailand
Brit. Indien
Philippinen (Ver. St.)
Borneo
Sumatra
Java
Celebes
Neu-Guinea
Australien
Niederländ. Indien
INDISCHER OZEAN
PAZIFISCHER OZEAN
Bering-Meer
Ochotsk. Meer
Karolinen
Marshall-In.
Gilbert-In.
Salomon-In.
Hawaii-In.
Pearl Harbour
Midway-I.
Okinawa
Hiroshima
Nagasaki
Äquator
0 500 1000 1500 2000 2500 3000 km

Oberes Bild (von britischen Flugzeugen angegriffenes deutsches U-Boot): Wichtigster Teil des Seekriegs war die „Atlantikschlacht" der deutschen U-Boote gegen die britisch-amerikanischen Geleitzüge, die im Mai 1943 von Großadmiral Dönitz abgebrochen wurde. –

Mittleres Bild („Bismarck" im Gefecht mit „Hood"): Das schließliche Scheitern der „Bismarck"-Unternehmung bedeutete faktisch das Ende deutscher Überwasservorstöße in den Nordatlantik.

Unteres Bild (Tass-Foto sowjetischer Soldaten im Straßenkampf von Stalingrad): Das Ergebnis des verlustreichen Ringens um Stalingrad machte die Wende im Ostkrieg deutlich.

Der japanische Überfall auf die amerikanische Pazifikflotte in *Pearl Harbor* am 7. 12. 1941 (Abb. rechts) führte am 8. 12. zur Kriegserklärung der USA und Großbritanniens an Japan. Am 11. 12. erklärten Deutschland und Italien den USA den Krieg. Damit war der Krieg zum Weltkrieg geworden.

Die Katastrophe von Stalingrad veranlaßte die politische Führung in Deutschland am 18. 2. 1943 zur Proklamation des *»Totalen Krieges«*, von dessen Folgen insbesondere auch die Zivilbevölkerung durch den *Luftkrieg* betroffen wurde. In Deutschland wurde die mit Flüchtlingen überfüllte Stadt *Dresden* besonders schwer zerstört (Abb. unten).

Der 2. Weltkrieg endete in Europa mit der bedingungslosen *Kapitulation Deutschlands.* Am 7. 5. 1945 unterschrieb Generaloberst Jodl in Reims die Gesamtkapitulation, am 9. 5. wurde der Akt im russischen Hauptquartier in *Karlshorst* durch Generalfeldmarschall Keitel wiederholt (Abb. unten). — Der Krieg im Pazifik ging zu Ende, als erstmals Kernwaffen eingesetzt wurden (amerikanische *Atombombenabwürfe auf Hiroshima und Nagasaki* am 6. bzw. 12. 8. 1945).

Wirkung der Atombombe auf *Hiroshima* (Abb. oben): Der innere Kreis umschreibt den Raum der Vernichtung allen Lebens, der äußere (Radius 3 km) demonstriert die Reichweite totaler Zerstörungen.

Die Einzelstaaten

Französische Infanterie auf dem Weg ins Feld, 1914

Friedrich Ebert,
der sozialdemokratische Reichspräsident der Weimarer Republik.

Begrüßung Adolf Hitlers durch Reichspräsident von Hindenburg am 21. März 1933 (Fotopostkarte).

Reichspräsidentenwahl 1932.

Reichstagswahl Juli 1932.

Reichstagswahl September 1930.

Oben: Wahlplakate der NSDAP aus den letzten Jahren der Republik. – *Unten:* SA-Aufmarsch im Nürnberger Luitpoldhain beim Reichsparteitag 1929.

Oben: „Der Bannerträger" Gemälde von Hubert Lanzinger. Deutlich sichtbar ist die Tendenz der Idealisierung, die den „Führer" in den Augen des deutschen Volkes in die Heldengalerie der deutschen Geschichte einordnen sollte. Das Bild dokumentiert den offiziellen Kunststil in der Malerei des Dritten Reichs. Es fand als Postkarte weite Verbreitung.
Links unten: Wahlplakat der SPD 1932. Das Hakenkreuz, das „Sonnenrad" der NSDAP, wird zum mittelalterlichen Marterinstrument umgedeutet.
Rechts unten: Nationalsozialistische „Erfolgsbilanz" (Plakat aus dem Jahre 1938).

Hindenburg und Hitler auf dem Weg zu einer Kundgebung am 1. Mai 1933.

Der Fackelzug vom Abend des 30. Januar 1933 in Berlin, von dem es kein authentisches Photo gibt, wurde am dritten Jahrestag nachgestellt.

Der nationalsozialistische Führerstaat

Am 21. 3. 1933 wurde der nach der »Machtergreifung« gewählte Reichstag in der Potsdamer Garnisonkirche eröffnet (Abb. rechts). Göring verkündete am gleichen Tag das Ende der parlamentarischen Demokratie: »Nun ist Weimar überwunden.« Der Reichstag wurde durch das »Ermächtigungsgesetz« vom 24. 3. ausgeschaltet. Am 2. 8. wurden die Ämter des Reichskanzlers und Reichspräsidenten in der Person Hitlers als »Führer und Reichskanzler« vereinigt und die Wehrmacht auf den »Führer« vereidigt (Abb. Mitte). Damit war Hitlers Ziel eines Staates (Schema unten) auf der Grundlage des Führerprinzips erreicht: »Es ist eine der obersten Aufgaben der Bewegung, dieses Prinzip zum bestimmenden ... für den ganzen Staat zu machen« (»Mein Kampf«). »Reichsparteitage«, bei denen sich »Führer« und »Volksgemeinschaft« gegenüberstanden, dienten der Selbstdarstellung des Führerstaates.

FAHNENEID

Ich schwöre bei GOTT diesen heiligen Eid, daß ich dem Führer des Deutschen Reiches und Volkes ADOLF HITLER, dem Obersten Befehlshaber der Wehrmacht, unbedingten Gehorsam leisten und als tapferer Soldat bereit sein will, jederzeit für diesen Eid mein Leben einzusetzen.

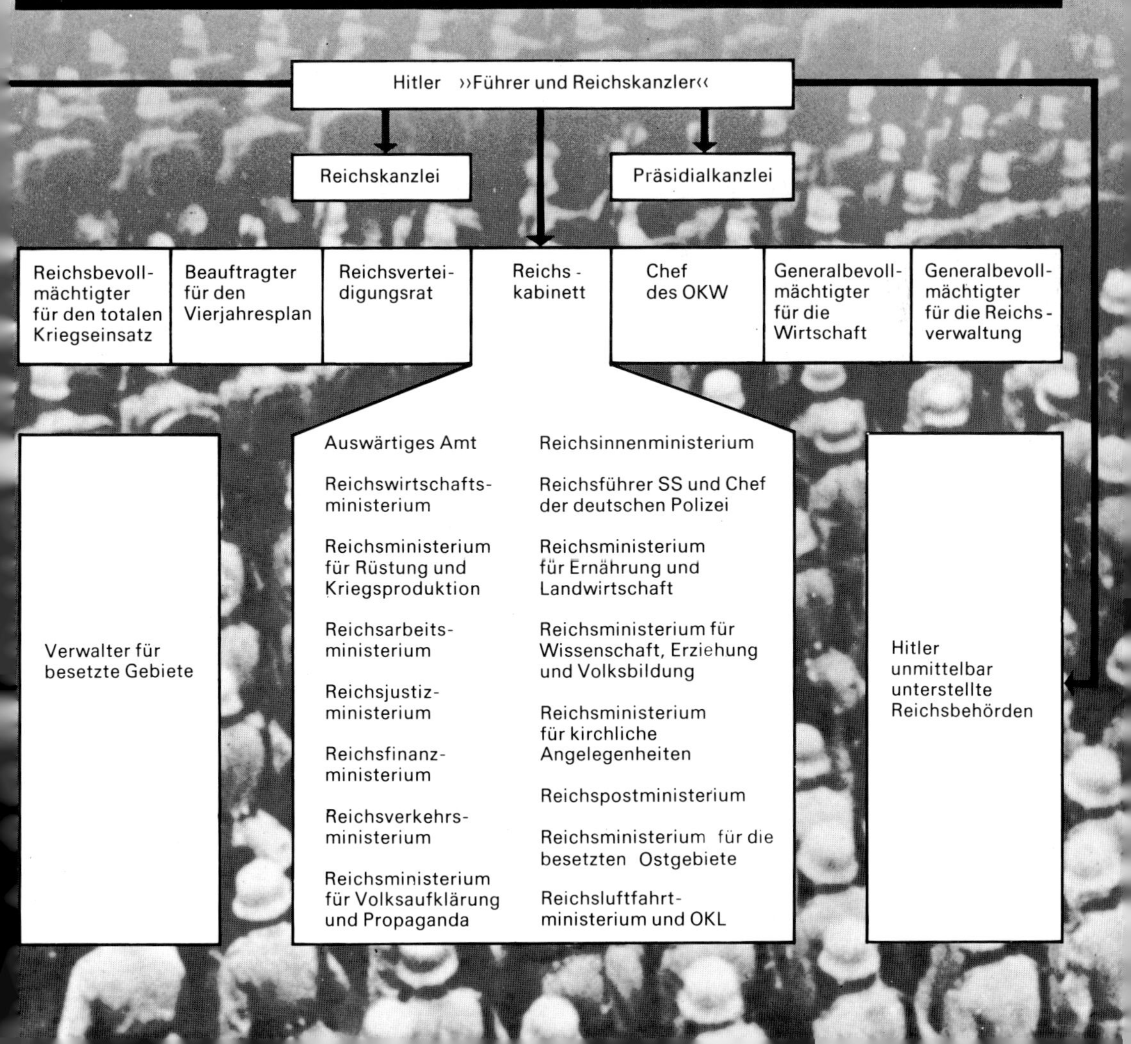

Unterzeichnung des Reichskonkordats durch Nuntius Eugenio Pacelli (als Papst 1939–1958 Pius XII.) und Vizekanzler Franz von Papen in Rom.

Ludwig Müller, „Reichsbischof" der Deutschen Evangelischen Kirche, und Hitler.

Zu den ersten Unterdrückungsmaßnahmen nach der „Machtergreifung" gehörte die wohlorganisierte, öffentliche Verbrennung von nicht NS-konformen Schriften aller Art (Foto 1933).

Der Widerstand gegen die Politik Hitlers kulminierte im Putschversuch vom 20. Juli 1944, der blutige Verfolgungen nach sich zog (Feldmarschall von Witzleben vor Freislers „Volksgerichtshof").

Oben: Demonstration des „nationalen Wiederaufstiegs“: Parade der neuen Panzerwaffe auf dem Nürnberger NSDAP Reichsparteitag 1935. – *Unten:* Konzentrationslager-Häftlinge werden zu oft tödlich endender Sklavenarbeit gezwungen Steinbruch des KL Flossenbürg/Oberpfalz.

Die nationalsozialistische Gewaltherrschaft

Die *Rassenideologie* (vgl. die *Propagandasäule* rechts) war das Kernstück nationalsozialistischer Weltanschauung: ein ins Politische gewandelter primitiver Biologismus des Darwinschen Daseinskampfes. Bereits in seinem Buch »Mein Kampf« hatte Hitler die Überlegenheit des nordisch-germanischen Menschen verkündet, der sich selbstverständlich im Deutschen darstelle, und damit zugleich eine deutsche Herrschaftsaufgabe als eine schon aus der Geschichte erwiesene imperiale Mission. Hier verknüpften sich Rassenideologie und außenpolitischer Machtanspruch. — Hauptopfer des nationalsozialistischen Rassismus waren von Anfang an die *Juden*, die als »Untermenschen« abgestempelt und für nationales wie individuelles Unglück verantwortlich gemacht wurden.

Die Diskriminierung (oben: zwangsweise Kennzeichnung jüdischer Bürger durch den sog. *»Judenstern«*; zuerst 1939 im Generalgouvernement, seit 1941 auch im Reich) war schon früh (vor allem seit der sog. »Kristallnacht« vom 9./10. November 1938 mit Schändung jüdischer Synagogen und Friedhöfe) von Gewaltmaßnahmen gegen Juden begleitet, bis Hetze, Diskriminierung und Verfolgung in der sog. »Endlösung« zur planmäßigen Ausrottung des europäischen Judentums führten (links: *Verbrennungsöfen im Konzentrationslager Auschwitz*; vgl. unten die *Karte der nationalsozialistischen Konzentrationslager*), der etwa 6 Mill. Menschen zum Opfer fielen.

Oben: Schilder an Ortseingängen: Antijüdische Propaganda auf Initiative lokaler NS-Führer.

Links: Aufruf zum Boykott jüdischer Geschäfte am 1. April 1933, hier in Berlin.

Oben: Die jüdischen Bürger werden in Würzburg – wie in vielen anderen Orten – am hellichten Tag deportiert.

Rechts: Der Paß mit dem diskriminierenden Judenstempel und dem vorgeschriebenen zweiten Vornamen.

Unten: Bunawerke der IG Farben in Auschwitz-Monowitz.

Oberes Bild: Bei der Krönung König Georgs VI. (1937) trat nochmals der alte Glanz der im 19. Jh. dominierenden Weltmacht hervor.

Die Appeasement-Politik *(mittleres Bild:* Premier Chamberlain und das Münchener Abkommen, 1938), die u. a. aus dem schwindenden Zusammenhalt des Weltreichs *(unteres Bild:* Gandhi auf der 2. Round-Table-Konferenz, 1931) resultierte, war Ausdruck der schwächer gewordenen Machtbasis Großbritanniens.

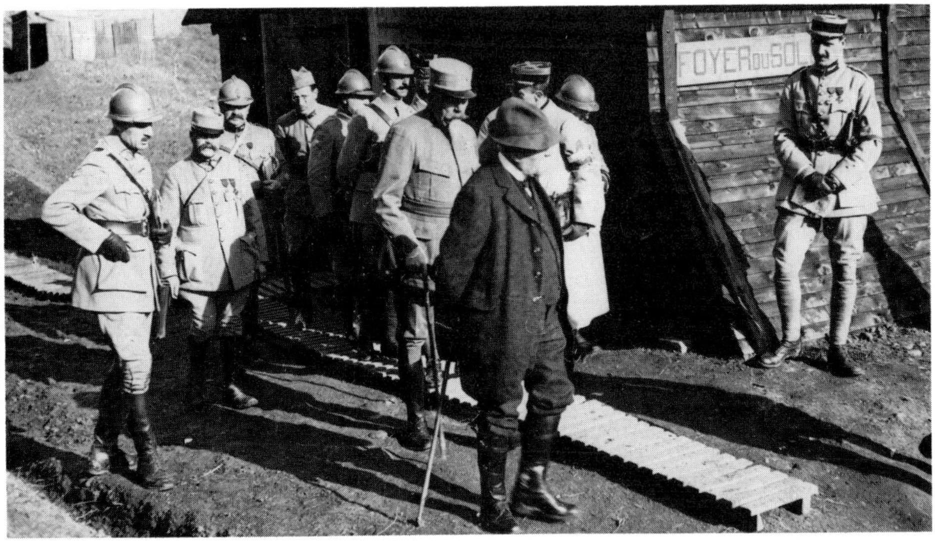

Ministerpräsident Clemenceau an der Front im Ersten Weltkrieg

Treffen Marschall Pétains mit Hitler in Montoire-sur-le-Loir am 24. Oktober 1940.

Die Generäle Giraud (l.) und de Gaulle (3. v. l.) mit Roosevelt und Churchill in Casablanca, Januar 1943.

Als im März 1917 der Zarismus in der Revolution zusammenbrach, kehrte Lenin aus der Schweiz nach Rußland zurück, um sein bolschewistisches Programm zu verwirklichen. Bei der Ankunft in St. Petersburg (16. 4. 1917) rief er den Anwesenden zu: »Genossen! Soldaten, Matrosen und Arbeiter! Ich bin glücklich, in euch die siegreiche russische Revolution, die Avantgarde der proletarischen Weltarmee zu begrüßen ... Die Stunde ist nicht fern, in der ... die Völker die Waffen gegen ihre Ausbeuter, die Kapitalisten, richten werden ... Es lebe die sozialistische Weltrevolution!« — Dank Lenins geschickter Taktik (links: Rede einen Tag nach seiner Ankunft in Petersburg) gelang es den Bolschewiki in der »Oktoberrevolution«, die bürgerl.-sozialist. Phase der Revolution durch eine bolschewistische abzulösen.

Lenins Hoffnung, die Novemberrevolution 1918 in Deutschland sei ein Fanal für den Beginn der Weltrevolution, erfüllte sich nicht. So sah sich der Bolschewismus gezwungen, seine weltrevolutionären Pläne zurückzustellen, und ersetzte die These von der »permanenten Revolution« durch die Lehre vom »Sozialismus in *einem* Lande«. Verkündet und verwirklicht wurde dieses Programm von Lenins Nachfolger Stalin, der gemäß Lenins Devise, »aufzuholen, um zu überholen«, mit unerbittlicher Härte und unter gigantischen Anstrengungen das noch weitgehend agrarische Rußland (rechts: von Lenin errechnete Sozialstruktur) zu einem Industrieland zu machen suchte. Die Landwirtschaft wurde kollektiviert und modernisiert (unten links: russische Traktoren), große Kraftwerke wurden gebaut (unten rechts: Kraftwerk von Dnjeprostroi) und zahlreiche Industriebetriebe errichtet.

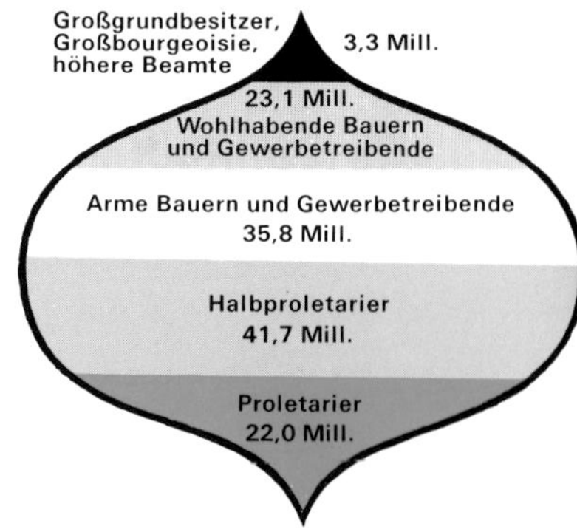

Als Lenin am 21. Januar 1924 gestorben wa arrangierte Stalin, seit 1922 Generalsekretä der KPdSU, ein prunkvolles Begräbnis (links) mit dem er den Leninkult begründete. Di Mythisierung und Popularisierung Lenin sollte ihn als getreuesten Anhänger de großen Toten und damit als einzig geeignete Nachfolger ausweisen, unbeschadet der Tatsache, daß Lenin selbst starke Bedenke gegen eine solche Nachfolgerschaft geäuße hatte. Tatsächlich gelang es Stalin, de Machtkampf mit seinen Gegnern für sic zu entscheiden und über die Verwirklichun des »Sozialismus in *einem* Lande« zu eine persönlichen Diktatur zu gelangen. Dab berief er sich immer wieder auf Lenin, a dessen einzig zuverlässigen Interpreten e sich ausgab, und suchte mit Lenins Doktrine die er z.T. in ihr Gegenteil verkehrte, sein totalitäre Alleinherrschaft zu rechtfertigen.

(V. I. Lenin und Stalin in Gorki, 1922): Noch zu Lenins Lebzeiten wurde Stalin Generalsekretär der Partei und setzte sich nach dessen Tod (1924) allmählich als unumschränkter Diktator durch.

(Holzschnitt von A. Krawtschenko, 1931): Der 1927–1932 errichtete Dnjeprstaudamm, ein Symbol für die unter Stalin herbeigeführte Industrialisierung, welche die Wiedergewinnung der Großmachtstellung begründete.

Nach dem Ersten Weltkrieg entstand in Italien der *Faschismus*, der sich später auch anderswo durchsetzte und das politische Gesicht Europas in der Zwischenkriegszeit entscheidend mitgeprägt hat. Seinen raschen Aufstieg verdankte er der Enttäuschung des italienischen Volkes über die Ergebnisse der Pariser Friedenskonferenzen und der schweren politischen und wirtschaftlichen Krise, in die das Land geraten war. Diese Situation der Schwäche wußte ein einzelner, in dem sich Machtstreben, demagogische Begabung und Skrupellosigkeit vereinigten, zu nutzen: *Benito Mussolini*. Durch den *Marsch auf Rom* (28. 10. 1922; rechts: Anführer der »fasci di combattimento« nach dem Einzug in Rom) erreichte er es, daß Kg. Viktor Emmanuel, den Bürgerkrieg fürchtend, ihn mit der Bildung eines Kabinetts beauftragte. Von hieraus führte der Weg in die Diktatur, mochte Mussolini formell auch weder die Monarchie noch die Verfassung überhaupt antasten. Das Königtum diente ihm zur bloßen Verkörperung der Staatskontinuität (Mitte links Viktor Emmanuel und Mussolini in Rom, November 1924). Alle entscheidende Gewalt geriet in die Hände des Partei- und Staatsführers, des *Duce*, der, in Anknüpfung an altrömische Traditionen, Italien zu neuer, seiner Geschichte würdigen Größe führen wollte.

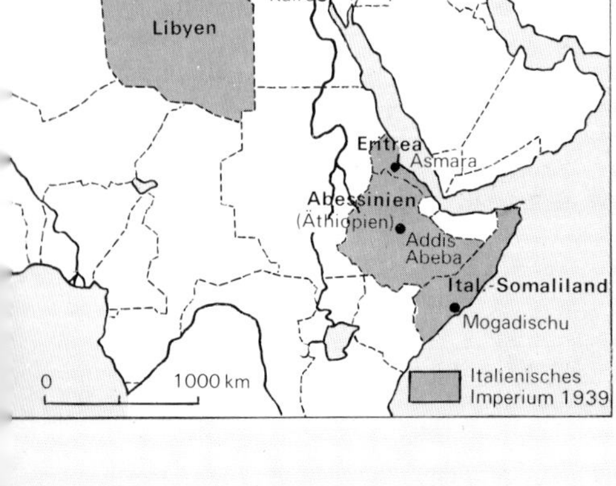

Italiens Hauptproblem war der Bevölkerungsdruck, dem Mussoli durch Bodenverbesserung und Bodengewinn (oben recht *Trockenlegung der Pontinischen Sümpfe*) zu begegnen sucht vor allem aber durch eine imperialistische Außenpolitik (vgl. Kar links), die er als nationale Verpflichtung ansah. »Mare nostr wurde zum großen Schlagwort für die Wiederaufrichtung ein römischen Mittelmeerreiches. — Auch sonst stellte sich das faschis sche Italien immer wieder als Erbe des antiken Rom dar, z. B. einem offiziellen monumentalen klassizistischen Baustil (unte *Foro Mussolini in Rom*).

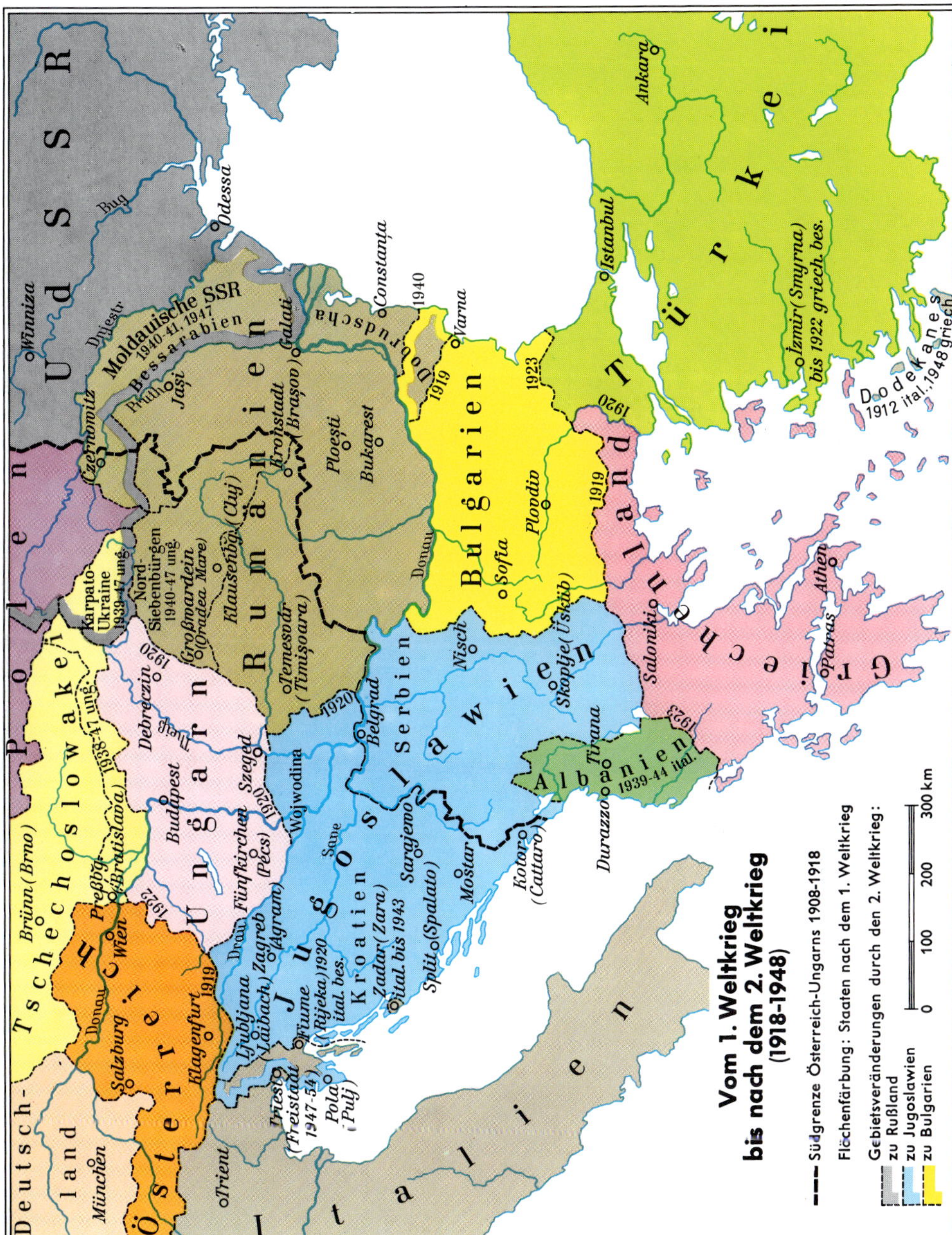

Entwurf: A. Dieckmann

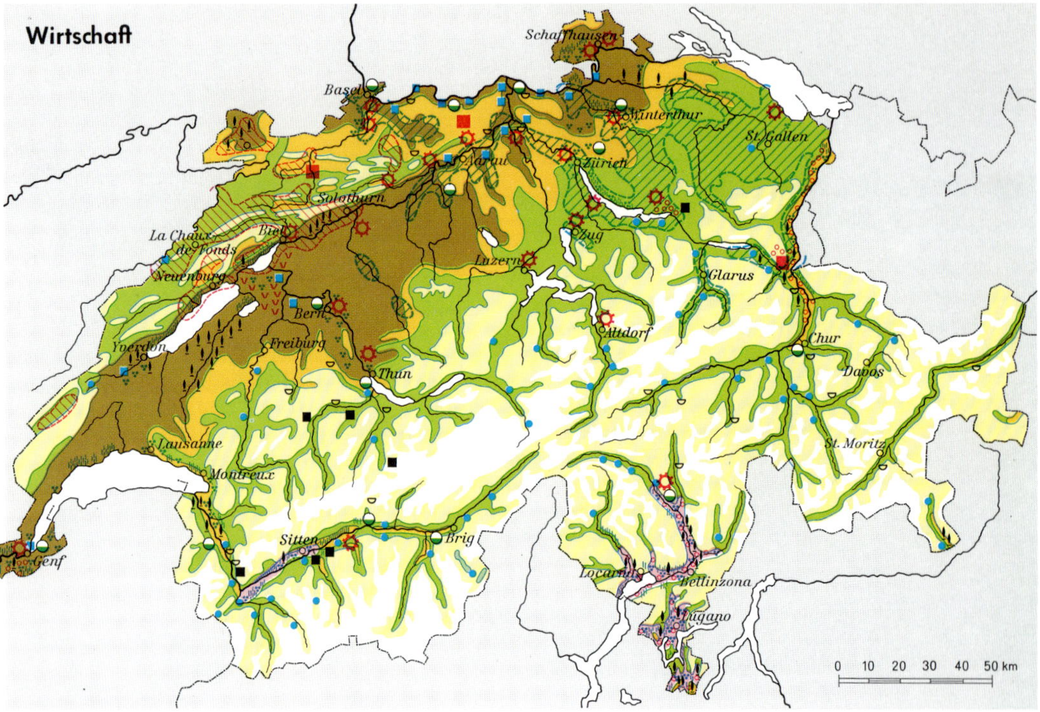

Ackerland mit Wiesen (über 30 % Ackerfläche)
Wiesen mit Ackerland (10—30 % Ackerfläche)
Wiesen (mit weniger als 10 % Ackerfläche)
Alpwirtschaft
Spezialkulturen (Gemüse, Edelobst, Weinbau)
Gemüse und Obst
Weinbau
Zuckerrübe
Tabak
Mais
Hochdruck-Kraftwerk
Niederdruck-Kraftwerk
Uhrenindustriegebiete
Textilindustriegebiete (Baumwolle, Wolle, Seide, Kunstseide, Stickerei)
Maschinen- und Metallindustrie
Chemische Industrie
Kohle (zeitweise Abbau)
Eisen
Mineralquellen und Bäder

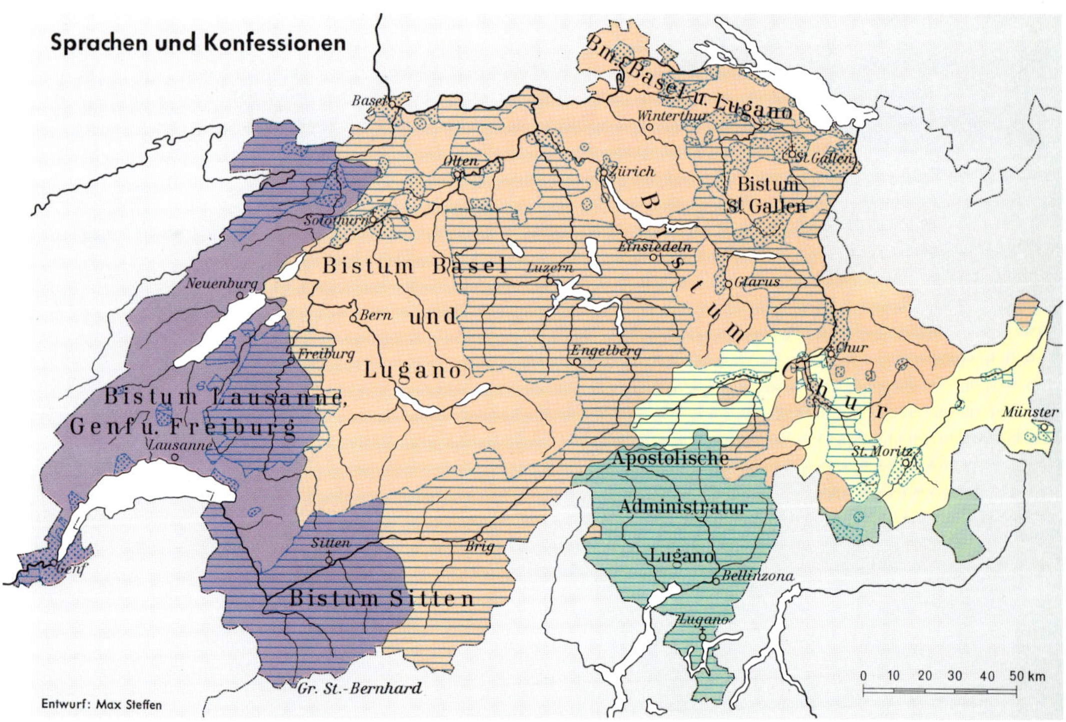

Sprachen:

Deutsch
Französisch
Italienisch
Rätoromanisch

Konfessionen:

Katholisch (75—100 %)
Protestantisch (75—100 %)
Gemischt (max. 25 : 75 %)
Bischofssitz

Die außereuropäische Welt von ihren Anfängen bis zum Ende des Zweiten Weltkrieges

Reliquienfigur aus Tibet

Asien

Das „schweigende Heer" aus der Grabanlage des ersten chinesischen Kaisers

Während über die politischen Geschehnisse wenig bekannt ist, sind wir aufgrund der archäologischen Funde relativ gut über Religion, Gesellschaft, Wirtschaft und die reiche materielle Kultur des Shang-Reiches informiert. Besonderen Quellenwert haben die Orakelknocheninschriften, die ersten schriftlichen Quellen Chinas, weil sie einen entscheidenden Wesenszug der Shang-Menschen enthüllen: Ihr Handeln stand im Zeichen der Anweisungen, die sie sich durch das Orakel von den Ahnengöttern geben ließen.

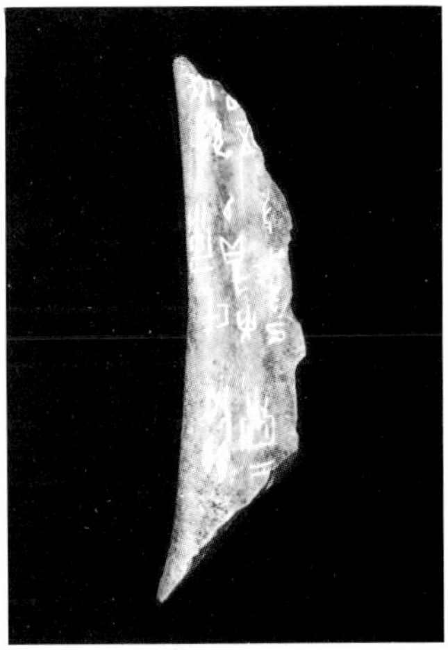

Beim *Knochenorakel* berührte der Orakelbefrager den Knochen mit glühenden Bronzestäbchen und legte die als Schriftzeichen gedeuteten Risse als Antwort aus (oben rechts). Häufig wurden das Datum, der Name des Orakelbefragers sowie die Fragen und Antworten auf dem Knochen verzeichnet (Mitte rechts). Die verstorbenen Shang-Könige wurden in einem ihrer hohen Würde gemäßen Grab beigesetzt (oben links: *Königsgrab von Anyang*). Die unterirdische Grabkammer besaß vier kreuzförmige Zugänge. Außer reichen Beigaben wurden dem Toten zahlreiche Personen als Dienerschaft mit ins Grab gegeben. Vielleicht folgten ihm auch seine Vertrauten freiwillig ins Jenseits. Die Shang-Gesellschaft gliederte sich in eine in den Städten lebende Oberschicht u. eine bäuerliche Unterschicht auf dem Lande. Die Bauern arbeiteten mit steinzeitlichen Geräten. Die Herrenschicht besaß dagegen *Bronzewaffen*, wie sie, in kunstvoller Ausführung, auch rituellen Zwecken dienten (rechts: Zeremonialaxt, 12./11. Jh.).

1 Sakralgefäß aus Bronze (späte Chou-Zeit; 5./4. Jh. v. Chr.)
2 Torhalle vom Kaiserpalast in Peking. Typ des *Hallenbaus*, der bereits in der Bronzezeit entwickelt und bis in die Gegenwart beibehalten wurde
3 Grabchimäre (Han-Zeit; Anfang 5. Jh. v. Chr.)
4 Figurenmalerei. Kopie nach *Ku K'ai-tsch'i* (4. Jh.) aus der späten T'ang-Zeit (9. Jh.)
5 Buddha Wairochana. Felsenrelief aus einem *Höhlentempel bei Lung-men* (T'ang-Zeit; um 675)
6 Porzellanschale vom Typ *Hsing-yao* (T'ang-Zeit)

1

2

3

4

5

6

Der Bronzeguß, den die Handwerker der Shang- und Chou-Zeit meisterhaft beherrschten, erreichte seine höchste Vollkommenheit in den sog. *Ritualgefäßen*, die zu den größten Kunstleistungen Chinas gehören. Sie sind in der Ornamentik und häufig auch in der Formgebung von Tiermotiven bestimmt und zeigen bis in die Chou-Zeit hinein den »Verschlinger« (*T'ao-t'ieh*), eine streng frontal gesehene Tiermaske, der wohl magische Eigenschaften beigelegt wurden. — Der Übergang der Herrschaft von den Shang auf die Chou brachte für die Bronzekunst zunächst keinen entscheidenden Stilwandel. Erst nach und nach wich die vom Dämonischen geprägte ältere Kunsteinstellung einer stärker rational bestimmten.

Charakteristisch für die frühe Phase der chinesischen Bronzezeit ist der *Dreifuß für Opferwein aus der mittleren Shang-Zeit* mit euterartigen hohlen Füßen und einem Oberteil in Form einer flachen Kuppel. Am Gefäßhals ein Band von T'ao-t'ieh-Masken.

Die *Henkelkanne für Opferwein aus der späten Shang-Zeit* zeigt ein tigerähnliches Ungeheuer, das ein menschliches Wesen im Maul trägt. Als Deckelgriff dient ein hirsch- oder ziegenartiges Tier. Auffallend ist die in dieser Fülle nur selten vorkommende Vereinigung der Motive der Shang-Bronzen.

Das *Sakralgefäß der späten Chou-Zeit* zeigt eine Verfeinerung in der Formgebung und die Hinwendung zum stärker stilisierten, dekorativen Ornament. Es ist überdies ein sehr frühes Beispiel für die Verwendung bildlicher Themen mythologischen Ursprungs in der chinesischen Bronzekunst.

Etwa seit der mittleren Chou-Zeit begann die allmähliche Ablösung der Naturalwirtschaft durch die Geldwirtschaft. Die frühesten chinesischen Münzen sind Geräten wie Messer und Spaten nachgebildet. Im 3. Jh. v. Chr. kamen Rundmünzen in Gebrauch, in der Mitte mit einem Loch zum Aufreihen auf Schnüre versehen.
Die altchinesischen Münzen wurden nicht geprägt, sondern aus Bronze gegossen. Sie tragen keine bildlichen Darstellungen oder Symbole, meist aber eine Legende, die ihre Herkunft angibt.

Messermünze des 8./7. Jh. v. Chr. (Vorder- und Rückseite)

Spatenmünze mit Hohlgriff (um 400 v. Chr.)

Rundmünze der Stadt Kung (Nord-Honan), Mitte 3. Jh. v. Chr. (Vorder- und Rückseite)

1 *Kuo Hsi,* Landschaft (Sung-Zeit; 11. Jh.)
2 *Mi Fu,* Nebel über Fluß und Gebirge (Sung-Zeit; 2. Hälfte 11. Jh.)
3 *Porzellanschale mit blaugetönter Glasur* (Sung-Zeit)
4 *Ni Tsan,* Bambus und Baum an einem Gartenfelsen (Yüan-Zeit; 1371)
5 *Shen Chou,* Persimon-Pflaume; Albumblatt (Ming-Zeit; 15. Jh.)

1

2

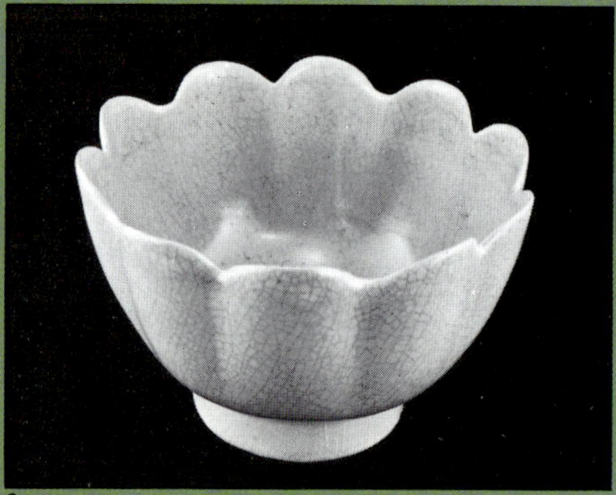

3

4

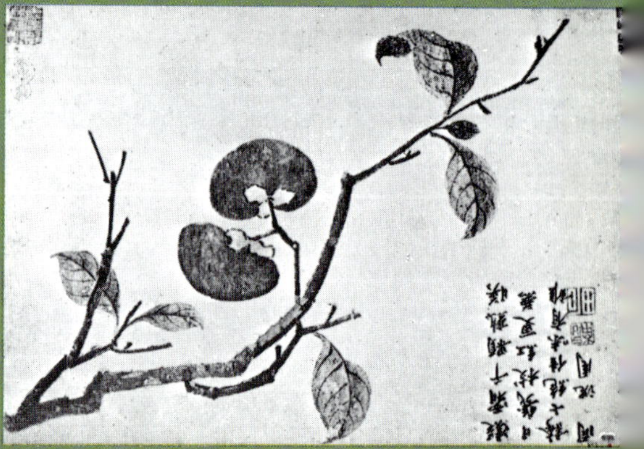

5

6 Tang Yin, Teetrinken (Ming-Zeit; 1521)
7 Porzellankanne (Ming-Zeit; Anfang 15. Jh.)

6

7

8

9

10

11

8 Rundtempel „Halle der Jahresgebete" im Himmelstempel, Peking (Ch'ing-Zeit; 1754; nach einem Brand 1889 wiedererrichtet)
9 Porzellan der K'ang-Hi-Periode
10 Pa-ta Shan-jen, Vogel (Ch'ing-Zeit; 2. H. 17. Jh.)
11 Wang Yüan-Chi, Landschaft (Ch'ing-Zeit; 1642 bis 1715)

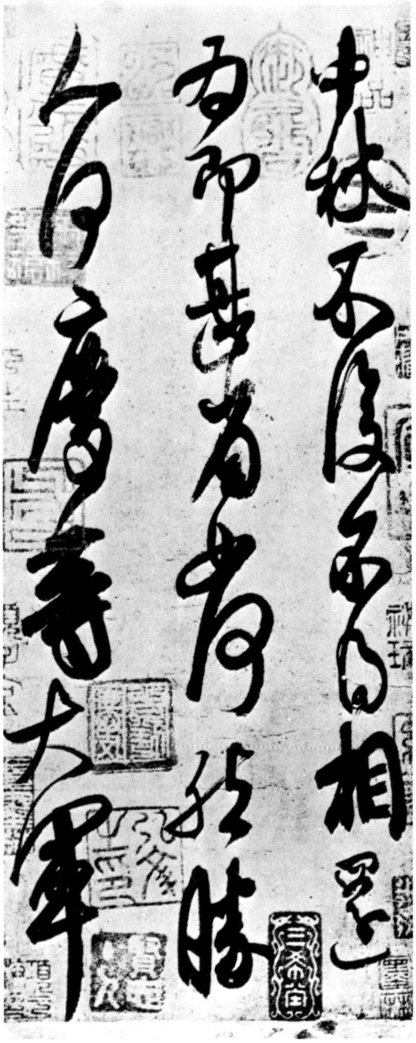

Die Schrift der Shang, deren Entstehungszeit wir nicht kennen ist die älteste Ostasiens. Sie war von Anfang an eine Begriffsschrif und deshalb — unabhängig von Raum und Zeit — für jeden verständlich der die Bedeutung der Schriftzeichen kannte. Geschrieben wurde vor oben nach unten und von rechts nach links. Welche Wandlungen die chines. Schrift in 2 Jahrtausenden durchmachte, zeigt beispielhaf das Schriftzeichen „kün" (= Fürst) (oben).

Die chinesische Schrift war indessen nicht nur sichtbare Darstellung der Sprache, sondern zugleich Ausdruck höchster Kunst und Kultu und damit weit mehr als bloße Kalligraphie im Sinne der Beherrschung der technischen Schreibregeln und der rhythmischen Formgesetze. — Werke berühmter chinesischer Schriftkünstler: links: Wang Hsi-ch (4. Jh. n. Chr.); unten Mitte: Huai-su (8. Jh.); unten: Ks. Hui-tsung (1101–25).

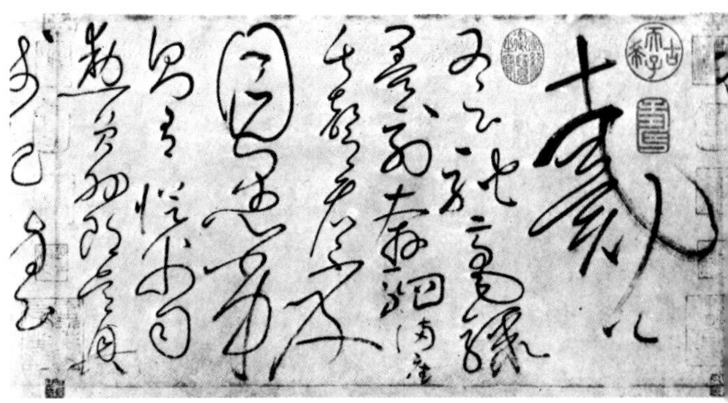

Von den zahlreichen bemerkenswerten Erfindungen Chinas haben zwei weltgeschichtliche Bedeutung erlangt und der Menschheit ganz neue Wege der Wissensvermittlung gewiesen: die Erfindung des Papiers und des Blockdrucks.

Das *Papier*, eine Errungenschaft der Han-Zeit, wurde im 1. Jh. n. Chr. erfunden und löste, da es billig, praktisch und dauerhaft war, bald die herkömmlichen Beschreibstoffe (Bambustäfelchen, Holzstreifen und Seide) ab. Wie die Funde zeigen, war es von verschiedener Art und Qualität: teils wie grauer Schrenz, teils lederartig braun verfilzt, teils feiner gelblich-weiß. Rechts: Fragment eines Briefes (wohl 2./3. Jh.), in dem von Getreidelieferungen und Gestellung von Fuhrwerken die Rede ist.

Der *Blockdruck* wurde in der 1. Hälfte des 9. Jh. unter den T'ang erfunden. Er hat sich vermutlich aus der in China damals längst bekannten Technik, von Steininschriften Abklatsche zu machen, entwickelt. Der Druck erfolgte von Holzplatten, in die der Text negativ eingeschnitten wurde. Das neue Verfahren wurde zunächst zum Druck religiöser, bald aber auch weltlicher Werke verwendet. Ein frühes Beispiel für ein weltliches Druckwerk ist ein Kalender für 877 (links unten; Ausschnitt), der auch mantische Angaben enthält.

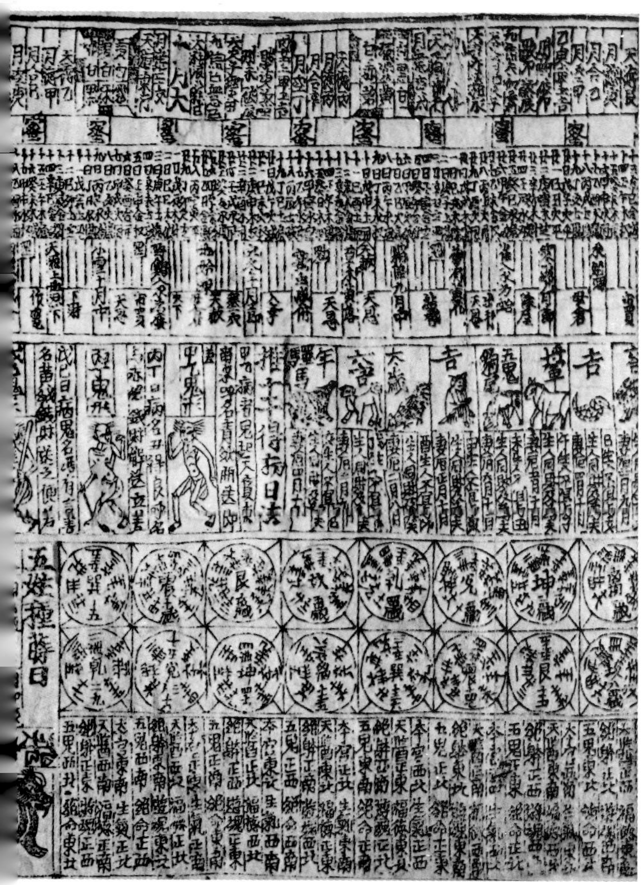

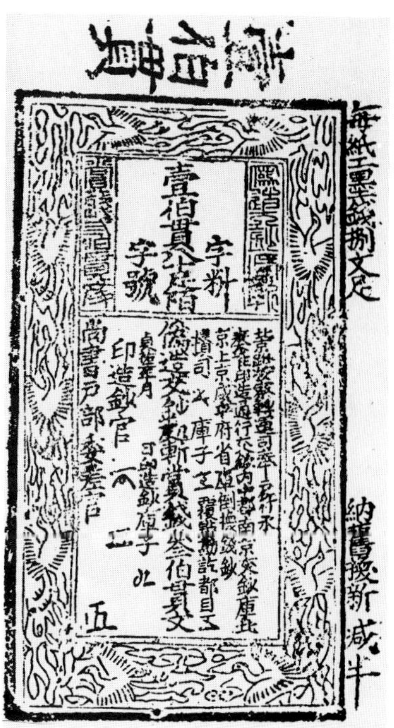

Auch auf die Geldwirtschaft wirkte sich die Erfindung des Drucks revolutionierend aus. Das *Papiergeld* kam in der T'ang-Zeit auf und fand immer weitere Verbreitung. Oben: Papiergeldschein von 1214 (Abdruck von einer kupfernen Druckplatte) mit Ausgabeort, ausgebender Behörde und Strafandrohung für Geldfälscher.

Stärker noch als in der Gegenwart wurde im alten China die Wirtschaft durch die *Landwirtschaft* geprägt. 80% der Bevölkerung waren in ihr tätig. Der Kleinbetrieb mit einer Nutzfläche von 1–1½ ha pro Familie war vorherrschend. Trotz der intensiven Bebauung waren die Erträge gering und reichten kaum zur Deckung des eigenen Nahrungsmittelbedarfs. Das produzierende *Gewerbe* war bis Ende des 19. Jahrhunderts vorwiegend auf handwerkliche Betriebe beschränkt, wobei – wirtschaftlich gesehen – die Seidenherstellung neben der Porzellan-„Industrie" die größte Bedeutung hatte. Erst mit der Einführung von Maschinen durch die Europäer (1894) begann die Entwicklung einer Industrie in europäischem Sinne.

Oben: Tee-Ernte im Südchinesischen Bergland.

Links: Kleinbauer beim Gießen seines Feldes.

Unten: „Moderne" Seidenhaspel (Ende 19. Jh.).

ie jahrhundertelange Bedrohung der Nord-
renze des chinesischen Reiches durch turko-
ongolische Nomadenvölker führte zum Bau
ner ausgedehnten Schutzanlage, der sog.
Chinesischen« oder »Großen Mauer«. Sie
vurde von Kaiser Schi-huang-ti (221–210 v.
:hr.), dem Schöpfer des chinesischen Ein-
eitsstaates, errichtet unter teilweiser Einbe-
ehung älterer Grenzwerke. Unter der Han-
ynastie erfuhr die neue Verteidigungsanlage
ine zusätzliche Verstärkung durch Ansiedlung
on Wehrbauern und Errichtung von befestig-
n Städten hinter der Mauer. Die Wachttürme
es Befestigungssystems (oben: Wachtturm
iner Han-Befestigung am Edsen-gol am Rande
er Wüste Gobi) lagen auf Anhöhen und waren
urch einen Wall aus gestampfter Erde mit-
inander verbunden.

erglichen mit der Frühform der »Großen
lauer«, wirkt die neue »Große Mauer«, die
ie Ming-Herrscher im 15. Jh. n. Chr. errichte-
n, sehr viel imponierender (rechts: ein
esonders stark ausgebauter Mauerteil). Sie
immt einen anderen Verlauf als die Schi-
uang-ti-Mauer (vgl. die Karte unten) und
t mit einer Höhe bis zu 16 m, einer Breite von
–8 m und einer Länge von fast 2500 km die
rößte Schutzanlage der Welt.

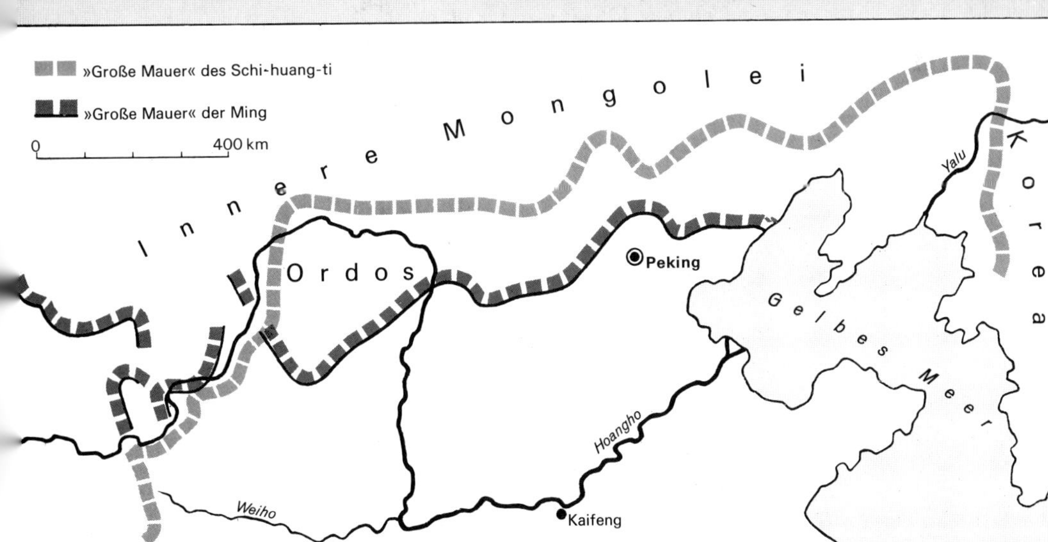

CHINESISCHE GESCHICHTE IM ÜBERBLICK

VERLAG HERDER FREIBURG

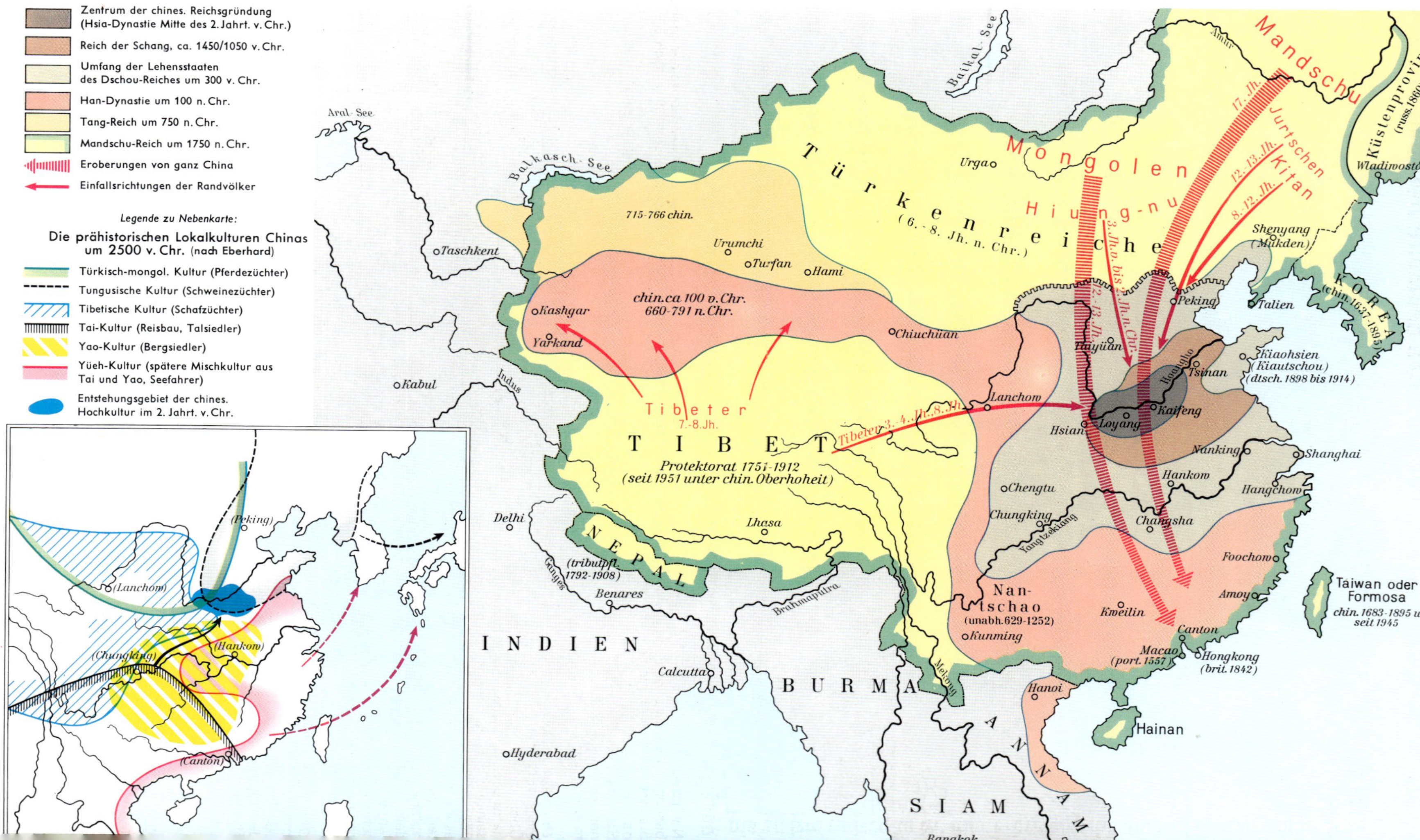

Nachdem schon Mitte des 13. Jahrhunderts die päpstlichen Legaten *Carpini* und *Rubruk* den Hof der Mongolenherrscher besucht hatten, war es dann der Venezianer *Marco Polo* (1254–1324), der zuverlässige Kunde aus China nach Europa brachte. Das von Marco Polo überlieferte China-Bild erfuhr erst durch Berichte der Jesuiten, die 1600 in Peking eine Niederlassung gegründet hatten, eine Revision. Die Berichte *Matteo Riccis* (1552–1610) über Sitten und Gebräuche, über Staat und Gesellschaft, die bei Leibniz, Voltaire und anderen auf große Aufmerksamkeit stießen, führten in Europa zu einer wahren China-Euphorie, die erst vom fortschrittsgläubigen 19. Jahrhundert überwunden wurde. Nunmehr verband man mit China die Vision einer „gelben Gefahr".

Oben links: Marco Polo. Illustration aus einer 1477 in Nürnberg erschienenen Übersetzung von Polos Reisebericht. Er hatte seit 1271 seinen Vater Nicolo und seinen Onkel Matteo auf einer Reise über Persien, den Pamir nach Zentralasien und schließlich nach China begleitet, wo er selbst am Mongolen-Hof hohe Ämter übertragen bekam. 1298 auf dem Rückweg von den Genuesen gefangen, verfaßte er seine Reisebeschreibung, in der er von der unermeßlichen Pracht und dem Reichtum Chinas berichtete.

Oben rechts: Matteo Ricci und sein Mitarbeiter Paul Hsü (1562–1633), der 1632 „Großsekretär" wurde und den Jesuiten den Zugang zu den höchsten Kreisen eröffnete.

Kulis in Peking. Sie verkörperten lange Zeit die genügsamen und duldsamen Arbeitstiere, deren unüberschaubare Masse die viel zitierte „gelbe Gefahr" darstellte.

Schlacht zwischen T'ai-p'ing-Rebellen und kaiserlichen Einheiten bei Kiukiang (Januar 1855).

Boxeraufstand.

In Halsbretter geschlossene Aufständische

Die etwa alle 300 Jahre zyklisch sich wiederholende Krise Chinas wurde im 19. Jahrhundert besonders durch den zeitgleichen Übergriff der westlichen Mächte auf China verschärft. Die verlustreichste Aufstandsbewegung war die sogenannte *T'ai-p'ing-Revolte* (1850–1864), die 30 Millionen Tote gefordert haben soll. Lange vor der kommunistischen Machtergreifung wurden von den Rebellen soziale Forderungen (Aufhebung des Privatbesitzes an Produktionsmitteln, Bodenreform) erhoben, die nahezu identisch waren mit denen der kommunistischen Bewegung knapp 100 Jahre später. Im Gegensatz dazu ging es bei den *Boxer-Unruhen* (1900) um die Erhaltung der Ch'ing-Dynastie und die Vernichtung der fremden Eindringlinge.

LE NATIONALISME EN CHINE

La Chine aux Chinois! — Tel pourrait être le titre d'une publication répandue à foison dans toute la Chine et dont nous reproduisons ici quelques images en résumant le texte qui les accompagne. Ce livre a dû puissamment contribuer à la préparation des événements actuels. Il s'ouvre par une image représentant des Chinois prosternés autour d'un porc crucifié, tandis que derrière eux, des chrétiens courtisent leurs femmes.

Le supplice du porc et de la chèvre. — Le monstre à figure de porc représente un chrétien; la chèvre un étranger. - Au porc dix mille flèches, et vous écouterez ensuite s'il crie encore. A la chèvre un bon coup de couteau, qui lui tranche la tête et vous verrez si elle a envie de revenir! - Le porc percé de flèches porte l'inscription *Ye-Su* (Jésus). La chèvre décapitée est marquée *Si* (occidental). Un mandarin à bouton rouge préside à l'exécution.

Les prêtres de Bouddah et de Taou exterminant les démons. — « Aux armes, fervents adeptes de Tai Shang et de Shih Kia, fondateurs de votre foi! Unissez-vous pour chasser les diables étrangers, afin que ces affreux démons ne détruisent pas les statues dorées de vos dieux. » Les démons étrangers sont représentés par trois porcs. Celui du milieu porte l'inscription *Ye Su* (Jésus); celui de droite *Kian-Sze* (missionnaire); celui de gauche *Kian-Tu* (disciple-converti).

La Déroute des barbares et le massacre des captifs. — Le Très Saint Empereur a une place forte où il donne asile à ceux du dedans (les Chinois) et d'où il chasse ceux du dehors (les étrangers). « Notre florissante dynastie est toute puissante, sa renommée est glorieuse, son pouvoir est immense. » L'image représente un Mandarin à cheval, précédé d'une chèvre et d'un porc captifs. Sur les remparts, des têtes coupées de porcs étrangers, surmontées d'étendards chinois.

La secte des porcs (chrétiens) aveuglant les Chinois. — Deux étrangers arrachent les yeux à un Chinois couché sur un lit. Au premier plan, deux Chinois rendus aveugles par la même opération, rampent aux pieds des étrangers devenus leurs maîtres. Allusion à une légende d'après laquelle les missionnaires emploient les yeux de Chinois pour la transmutation du plomb en argent. Les yeux enlevés sont remplacés par du plâtre coulé dans les orbites. Cela s'appelle cacheter un Céleste pour le voyage en Occident.

Extermination des chèvres par tous les tigres. — Lutter contre un tigre est difficile, mais quand tous les tigres s'élancent à la fois, qui oserait braver le torrent révolutionnaire? Les chèvres seront donc exterminées. Dans l'image, les tigres représentent, bien entendu, les patriotes chinois et les chèvres sont marquées du signe *Si* (occidental ou étranger.) Comme dans toutes les [illegible] analogues, les étrangers [illegible] la [illegible] cert.

Fac-simile d'un album d'imagerie populaire prêchant la guerre contre les Etrangers, publié en 1891 à Tchang-Cha, province de Hou-nan.

Faksimile aus einem volkstümlichen Bilderalbum von 1891, das im Zuge des erwachenden *chinesischen Nationalismus* zum *Krieg gegen die „ausländischen Eindringlinge"* und ihre negativen Einflüsse auf die chinesische Kultur aufruft. Das gekreuzigte Schwein gilt als Symbol für Christus und die Christen, die Ziegen (mit menschlichen Leibern) versinnbildlichen das Fremde, Westliche überhaupt. Oben links: Chinesen kauern vor dem gekreuzigten Schwein, während die Christen ihren Frauen den Hof machen. Oben rechts: Hinrichtung des Schweins und der Ziegen. Mitte links: Buddha-Priester und Tao-Priester töten die Dämonen. Mitte rechts: Wilde Flucht der Barbaren und Vernichtung der Gefangenen. Unten links: Christen blenden die Chinesen, um sie sich gefügig zu machen. Unten rechts: Chinesische Nationalisten in Tigergestalt töten die Ziegen.

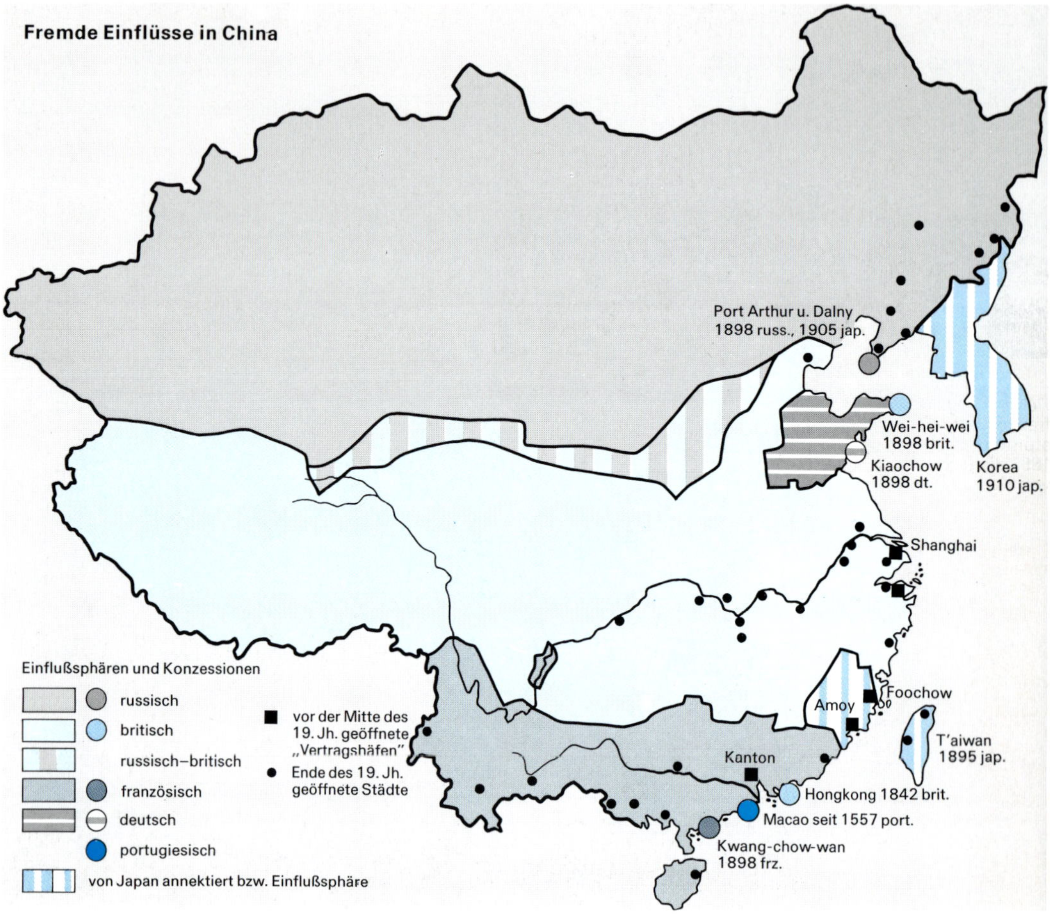

Durch den Opiumkrieg (1839–42), ausgelöst durch das chinesische Verbot der Opiumeinfuhr aus Indien, wurde das Übergreifen der europäischen Großmächte auf China eingeleitet. Die sozialen Konflikte und die wirtschaftliche Krise im Inneren machten es China unmöglich, sich den modern ausgerüsteten Flotten und Expeditionskorps der Europäer erfolgreich zu widersetzen, so daß China gezwungen war, den Frieden durch weitgehende Konzessionen zu erkaufen. Die abgetretenen oder geöffneten Häfen wurden zu Brückenköpfen, von denen aus das „Reich der Mitte" durch die europäischen Mächte erschlossen wurde.

Die Karte oben zeigt die Aufgliederung Chinas in Interessensphären der Großmächte sowie die europäischen Niederlassungen.

Der englische Opiumhandel aus französischer Sicht.

Auf den Opiumkrieg folgten weitere Niederlagen: die Eroberung der Chinesenstadt von Kanton (1857), der zweite Opiumkrieg (1860) mit der Zerstörung des Sommerpalastes in Peking, die Besetzung Formosas (1868) und die „Öffnung" Koreas (1876). Die vernichtende Niederlage der Chinesen im japanisch-chinesischen Krieg (1894/95) brachte einen neuen Tiefpunkt.

Links: Der Untergang der chinesischen Flotte. Seeschlacht zwischen dem von britischen Marineeinheiten unterstützten Schaufelraddampfer Nemesis der East India Company und einer chinesischen Flotte am 7. 1. 1841.

Rechts: Englische und französische Truppen stürmen im Dezember 1857 die Chinesenstadt von Kanton.

Unten: Friedensverhandlungen von Shimonoseki zwischen China und Japan.

Die chinesische Revolution von 1911, an der die Kuomintang unter *Su Yat-sen* maßgeblich beteiligt war, führte zum Zusammenbruch des altchines Staates. Da den Revolutionären eine realistische Konzeption für den Neu aufbau fehlte, geriet die junge Republik sogleich in eine tiefe Krise. Zwa erreichte Sun Yat-sens Nachfolger *Chiang Kai-shek* (links) mit seine Feldzügen gegen die Militärmachthaber des Nordens die nationale Einigun Chinas; aber die geplanten Reformen, vor allem die Bodenreform, verliefe großenteils im Sande. Die Kuomintang, eine bürgerlich-bäuerliche Parte sozialist. Einschlags, steuerte mit Rücksicht auf die Kapitalisten eine zunehmend konservativen Kurs. Darüber zerbrach das Bündnis mit de Kommunisten und ihrem Führer *Mao Tse-tung* (Mitte links; daneben Maos Heer auf dem *»Langen Marsch«*). Der tiefe Gegensatz zwischen de Parteien wurde nur noch einmal aus nationalen Gründen notdürftig über brückt, als die *Japaner* 1937 weite Teile Chinas eroberten (vgl. Karte).

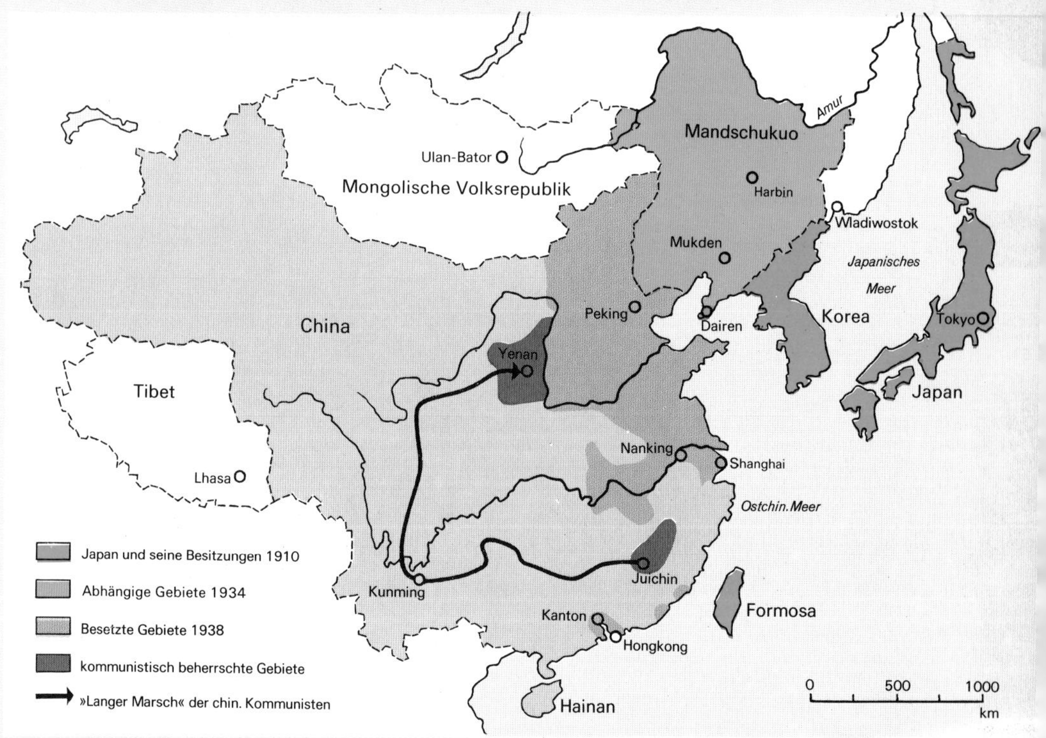

1 *Ise*, Hauptbauten des *Shintoschreins* (Ende 3. Jh.; seit 685 alle 20 Jahre erneuert)
2 *Kondo des Horyuji*, Nara (Asuka-Zeit; 1. Hälfte 7. Jh.). — Die Kondo ist als Hauptkulthalle das bedeutendste Zeugnis der buddhistischen Tempelanlage in Japan
3 *Miroku Bosatsu* des Chuguji-Tempels beim Horyuji, Nara (Hakuho-Zeit; Mitte 7. Jh.)
4 *Yakushi* aus der *Yakushi-Trias*, Yakushiji-Tempel, Nara (Nara-Zeit; um 718/728)

1

2

3

4

5 *Kyoto, Thronhalle des kaiserlichen Palastes* (Heian-Zeit; Wiederherstellung aus der Mitte des 19. Jh.)
6 *Kwannon* im Hokkeji, Nara (Heian-Zeit; 9. Jh.)
7 *Phönix-Halle (Hoodo* im Byodoin bei Uji (Fujiwara-Zeit; Mitte 11. Jh.)
8 *Szene von einer Querrolle (Makimono)*. Erzählende Malerei *(Yamato-E)*. (Fujiwara-Zeit; 12. Jh.)

5

6

7

8

9

10

12

11

13

14

15

9 *Fujiwara Takanobu*, Porträt des Minamoto Yorimoto (Kamakura-Zeit; um 1200)

10 *Amida-Buddha* bei Kamakura (Kamakura-Zeit; 1255)

11 *Goldener Pavillon*, Kyoto (Ashikaga-Zeit; Ende 14. Jh.)

12 *Sesshu*, Winterlandschaft. *Tuschmalerei* (Ashikaga-Zeit; 15. Jh.)

13 *Teeschale (Chawan)*. (Ashikaga-Zeit; 16. Jh.)

14 *Kano Motonobu*, Wasserfall (Ashikaga-Zeit; 1. Hälfte 16. Jh.)

15 *Eitoku*, Zypresse. *Stellschirm* (Momoyama-Zeit; 2. Hälfte 16. Jh.)

16

17

18

19

20

21

16 *Ogata Korin,* Iris (Edo-Zeit; Ende 16. Jh.)
17 *Kitagawa Utamaro,* Die Kurtisane Ishimoto. *Holzschnitt* (Edo-Zeit; 2. Hälfte 18. Jh.)
18 *Katsushika Hokusai,* Blatt aus der Folge der 36 Ansichten von Fuji (Edo-Zeit; 1. Häfte 19. Jh.)
19 *Tsuba* (Edo-Zeit)
20 *Inro mit Schieber und Netsuke* (Edo-Zeit; um 1800)
21 *Netsuko* (Edo-Zeit; um 1800)

Im 5. Jh. v. Chr. entstand auf indischem Boden eine der großen Weltreligionen, die Siddharta Gautama, der Buddha, begründete. Die Förderung der buddhistischen Missionstätigkeit durch Aschoka (ca. 270–235 v. Chr.) hatte wesentlichen Anteil daran, daß der Buddhismus Weltgeltung erlangen konnte. — Die ältesten buddhistischen Denkmäler entstanden wohl schon im 5., besonders aber seit der 2. Hälfte des 3. Jh. v. Chr. — Buddhistische Kultbauten sind vor allem der Stupa und die Tschaitja-Halle (die buddhistische Versammlungshalle).

Oben: Blick auf die *Stupas von Santschi* (2. Jh. v. Chr. und später). Stupas wurden über den Reliquien von Buddhas und Heiligen errichtet. Die Säulenreihe im Vordergrund ist Rest einer Tschaitja-Halle. — Bildliche Darstellungen des Buddha kamen erst im 1. Jh. n. Chr. wohl gleichzeitig in Ghandara und Mathura auf. Unten links: *Figur des meditierenden Buddha* aus grauem Schiefer (Ghandara, 1. Jh. n. Chr.); unten Mitte: Der *Bodhisatva Gautama*, wie er sich die Buddhaschaft ersiegt (rötlicher Sandstein; der Kopf zeigt typische Merkmale der frühen Mathura-Plastik); unten rechts: Klassische Vollendung zeigt der *Sarnath-Typ der Gupta-Zeit*, der die beiden anderen Typen überlagerte.

Der Hinduismus hat seine Wurzeln in den vorarischen Religionen Indiens einerseits und in der wedisch-brahmanischen Religion andererseits. In einer Phase des Übergangs galten Brahma und Indra als höchste Götter. Erst allmählich wurden sie von den Hauptgottheiten des Hinduismus *Schiwa* (links: als göttlicher Tänzer, als der er besonders in Südindien oft in Bronze gegossen wurde) und *Wischnu* (unten: kenntlich an Muschel und Rad, die er in den Händen hält) verdrängt. Nach ihnen heißen die beiden Hauptrichtungen des Hinduismus Schiwaismus und Wischnuismus.

Die Tortürme *(Gopura)* überragen in den südindischen Tempelstädten (oben: in *Tiruvannamalai*) den Turm über der Cella, der in Nord-Indien das Bauwerk beherrscht (darunter: *Mukteschwara-Tempel in Bhuvaneshvar*).

Die *Aschoka-Brahmi* ist die älteste aus Indien bekannte Form der Schrift, die wir lesen können (rechts: die *Rummindei-Inschrift Aschokas*; 3. Jh. v. Chr.). Bei der Ausbildung der Brahmi hat das semitische Vorbild mitgewirkt. Die *Wardak-Vase* (Mitte links) gibt ein Beispiel für die ebenso alte, jedoch auf den Nordwesten beschränkte *Kharoschti-Schrift*, die auf die im Perserreich gebräuchliche aramäische Schrift zurückgeht. Eine weiterentwickelte Form der Brahmi ist die *Gupta-Brahmi*, deren Vorläufer hier eine in Zentralasien gefundene Handschrift aus der Kuschana-Zeit mit Dramen Aschwaghoschas vertritt (Mitte rechts). Schreibmaterialien sind Palmblätter und Tinte; im Norden wurde auch auf Birkenrinde geschrieben. Die *Schenkungsurkunde* von 1034 (unten) aus Westindien ist in einer Variante der *Nagari-Schrift* geschrieben.

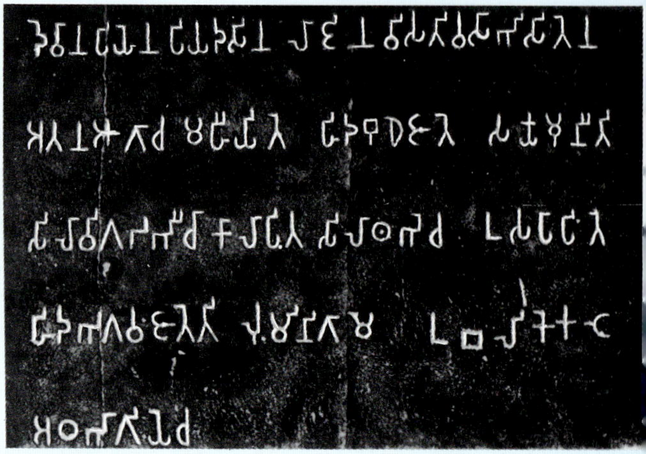

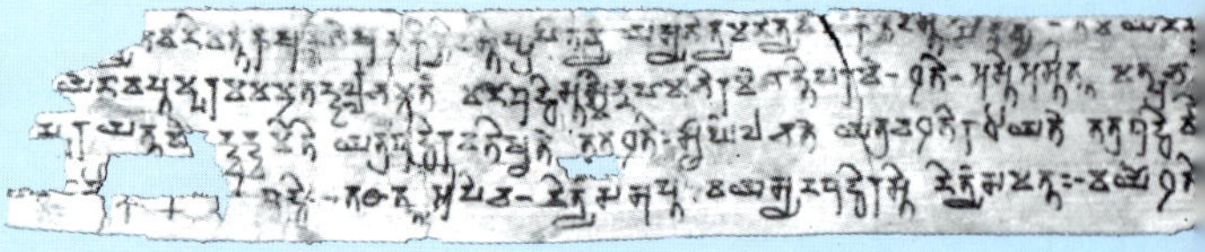

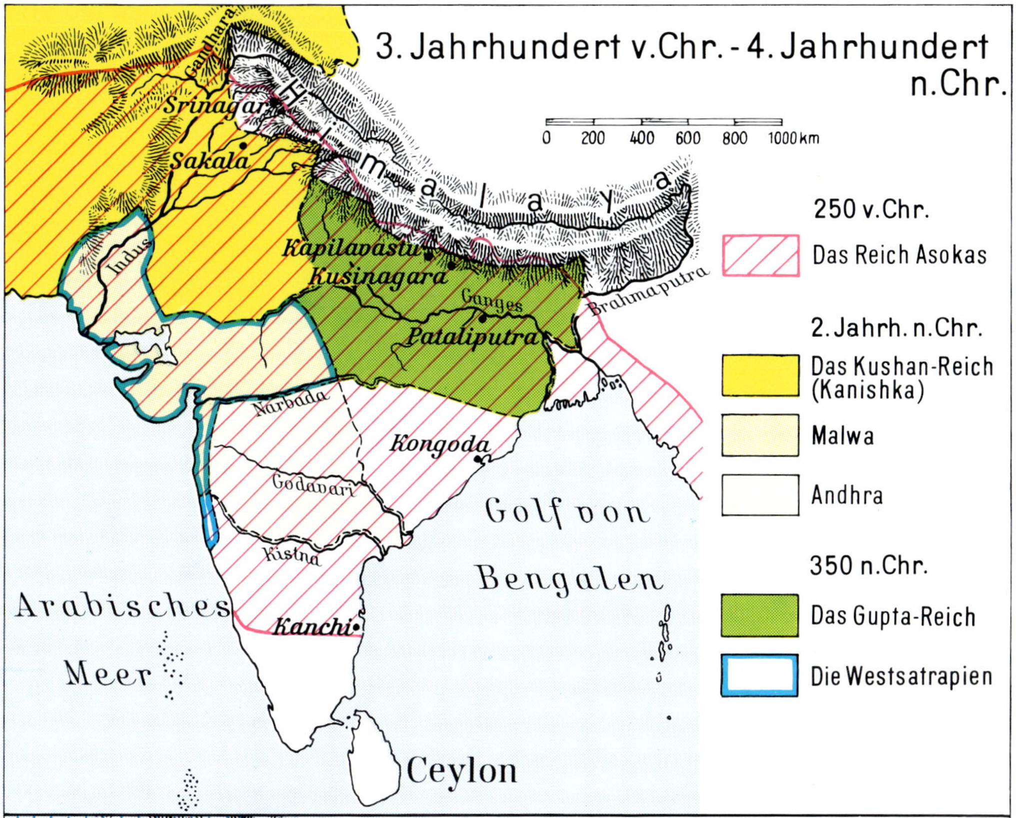
3. Jahrhundert v.Chr. - 4. Jahrhundert n.Chr.
0 200 400 600 800 1000 km
250 v.Chr.
Das Reich Asokas
2. Jahrh. n.Chr.
Das Kushan-Reich (Kanishka)
Malwa
Andhra
350 n.Chr.
Das Gupta-Reich
Die Westsatrapien
Gandhara
Srinagar
Sakala
Himalaya
Indus
Kapilavastu
Kusinagara
Ganges
Brahmaputra
Pataliputra
Narbada
Kongoda
Godavari
Kistna
Kanchi
Golf von Bengalen
Arabisches Meer
Ceylon

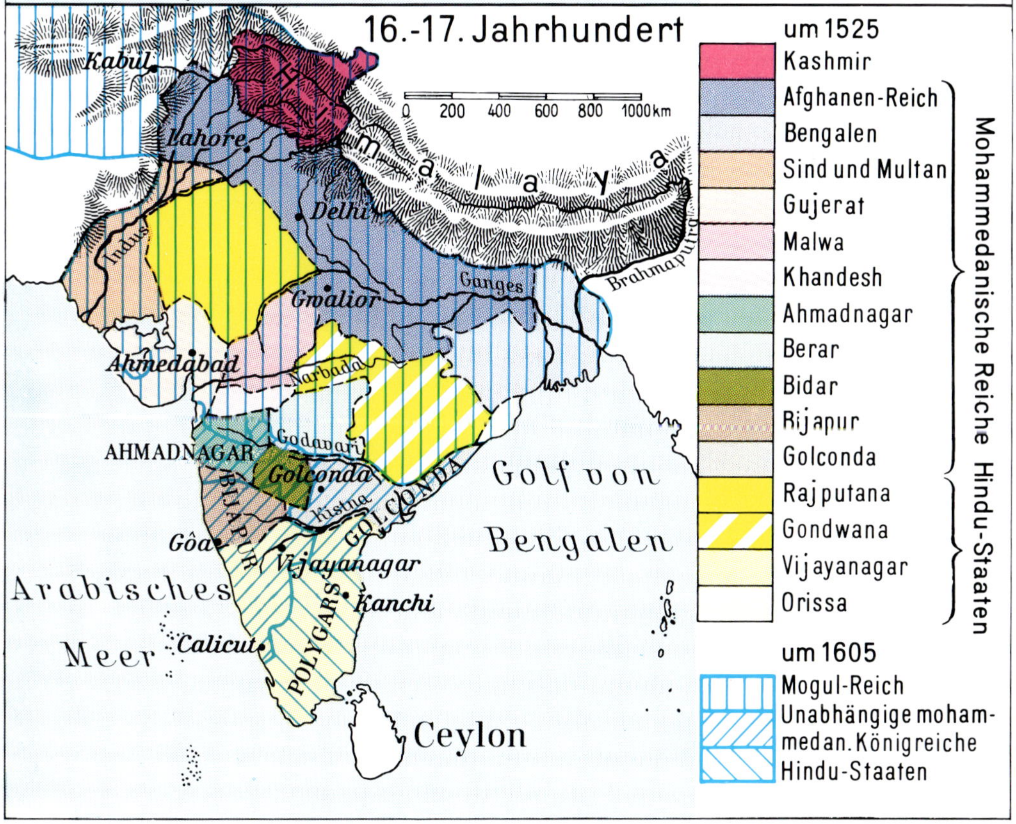
16.-17. Jahrhundert
0 200 400 600 800 1000 km
um 1525
Kashmir
Afghanen-Reich
Bengalen
Sind und Multan
Gujerat
Malwa
Khandesh
Ahmadnagar
Berar
Bidar
Bijapur
Golconda
Mohammedanische Reiche
Rajputana
Gondwana
Vijayanagar
Orissa
Hindu-Staaten
um 1605
Mogul-Reich
Unabhängige mohammedan. Königreiche
Hindu-Staaten
Kabul
Lahore
Himalaya
Delhi
Indus
Ganges
Brahmaputra
Gwalior
Ahmedabad
Narbada
AHMADNAGAR
Godavari
Golconda
BIJAPUR
Kistna
GOLCONDA
Gôa
Vijayanagar
Kanchi
POLYGARS
Calicut
Golf von Bengalen
Arabisches Meer
Ceylon

Islamisch-arabische Welt

Die Kaaba in Mekka (Holzstich aus dem 19. Jh.)

Entwurf: B. Spuler

VERLAG HERDER FREIBURG

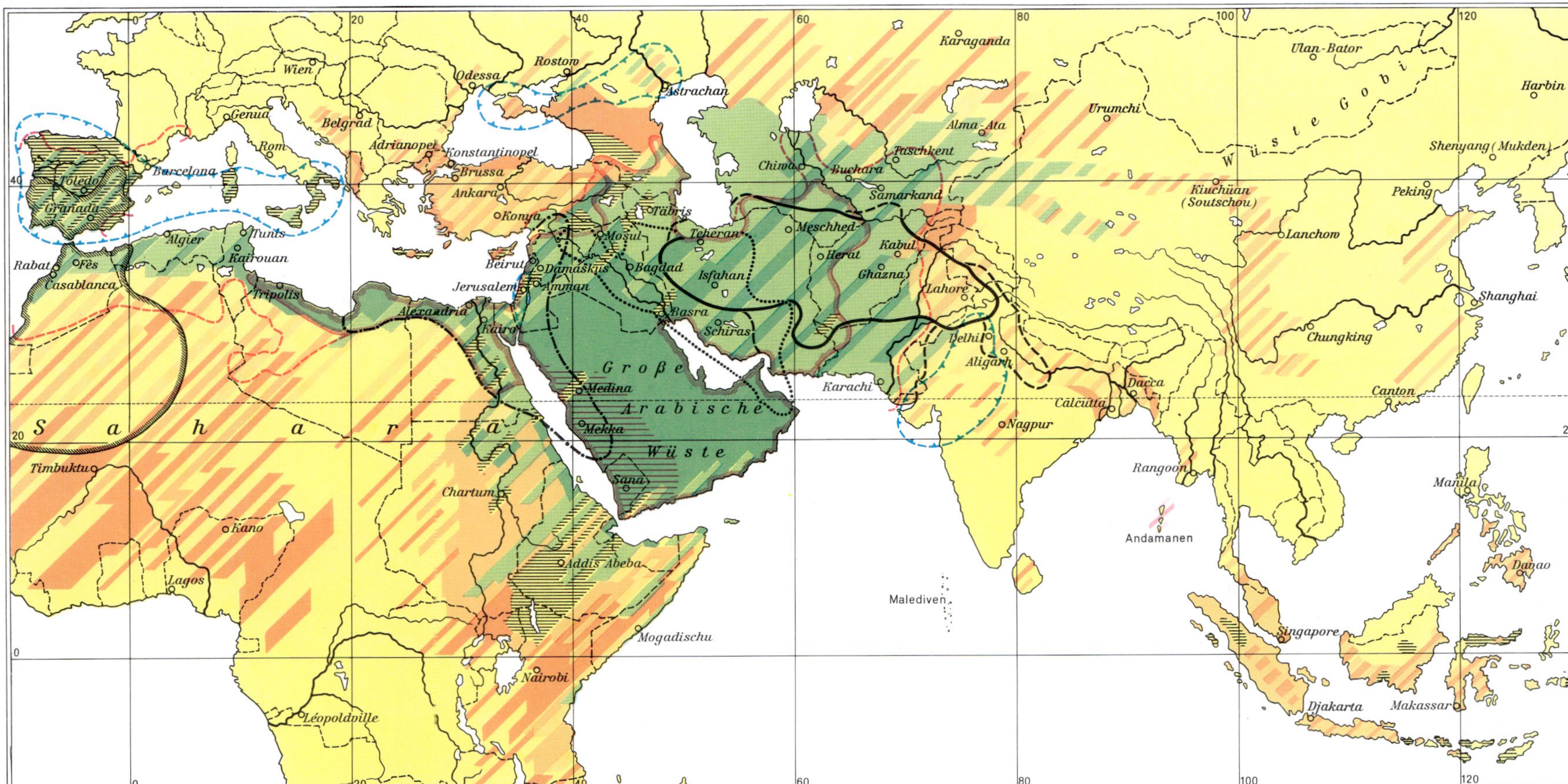

Politische Grenzen des islam. Bereiches bis zum Untergang des Kalifats 1258

- Islamisches Gebiet beim Tode Mohammeds 632
- Erweiterung bis 651
- bis zum Ende der Omajjaden-Herrschaft 750
- Staat der Bujiden um 1000
- Unmittelbar unterstellte Gebiete unter Mahmud von Ghazna 1030
- Mittelbar unterstellte Gebiete
- Gebiet der Almoraviden nach 1086
- Reich Saladins und der Ajjubiden 1193

Durchsetzung des Islams (aller Konfessionen) als Religion

- bis zum Untergang der Omajjaden 750
- bis zum Tode Mahmuds von Ghazna 1030
- bis zum Untergang der Abbasiden 1258
- bis zum Höhepunkt des Osmanischen und Mogul-Reiches um 1600
- bis zur Gegenwart (einschließlich des Gewinns durch Umsiedlungen: Griechen, Armenier, Pakistaner usw.)

- Gebiete, in denen sich der Islam bis heute gegenüber dem Christentum, Judentum, Parsismus, Hinduismus, Buddhismus nicht durchgesetzt hat (nur innerhalb des islam. Gebietes)
- Gebiete, aus denen der Islam als Religion heute (fast) völlig verdrängt ist
- Heutige politische Grenzen

Rechts: Zeitgenössische allegorische Darstellung des Siegs der christlichen Flotte bei Lepanto (1571): Papst Pius V. fängt die türkische Flotte im Netz („Petri wunderbarer Fischzug"). – *Unten:* Der Prophet Mohammed während der Belagerung einer Burg (nach einer Miniatur aus der Weltgeschichte des Raschid ad-Din, um 1314/15).

Gegenüber: UN-Truppen auf den Golanhöhen mit Generalsekretär Waldheim.

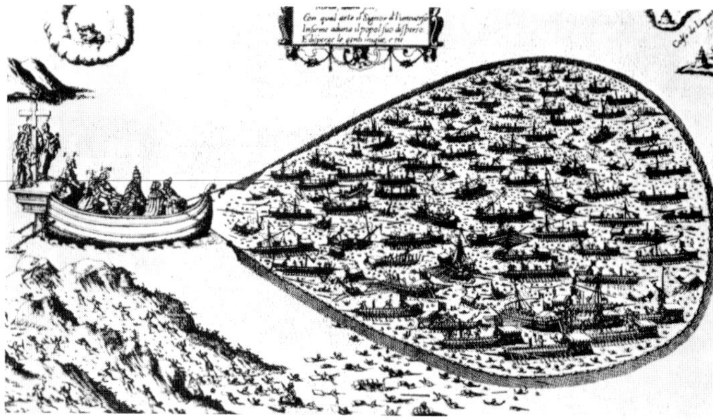

Hauptdaten der islamischen Geschichte	**Daten zur historischen Einordnung**
622 Hedschra (Anfangsjahr der muslimischen Zeitrechnung) *637* arabische Eroberung Jerusalems *661* Begründung des Omajjaden-Kalifats in Damaskus (bis 750)	*604* Tod Papst Gregors d. Gr. *610–641* Kaiser Herakleios I. stellt das öströmisch-byzantinische Reich wieder her *650* Abschluß der langobardischen Eroberungen in Italien
711 arabische Eroberung Spaniens *750* Begründung des Abbasiden-Kalifats in Bagdad (bis 1258) *786–809* Kalif Harun ar-Raschid	*714–741* Karl Martell fränkischer Hausmeier *724* Pirmin gründet das Kloster Reichenau *768–814* Karl d. Gr. König der Franken
969 Begründung des Fatimiden-Kalifats in Kairo (bis 1171) *970* Gründung der El-Azhar in Kairo (sunnitische theologische Universität und Moschee)	*962* Kaiserkrönung Ottos d. Gr. *987* Hugo Capet begründet die Königsherrschaft der Kapetinger in Frankreich
1037 Tod des Wissenschaftlers und Philosophen Avicenna (*980)	*1077* König Heinrich IV. in Canossa vor Papst Gregor VII.
1171 Begründung der Aijubiden-Dynastie durch Saladin (bis 1250)	*1155* Kaiserkrönung Friedrich I. Barbarossa
1250 Beginn der Mamelukenherrschaft in Ägypten (bis 1517 bzw. 1811) *1258* Eroberung Bagdads durch die Mongolen	*1215* Magna Charta libertatum in England *1273* Königswahl Rudolfs von Habsburg beendet das deutsche Interregnum
1389 türkischer Sieg über die Südslawen auf dem Amselfeld	*1386* Sieg der Eidgenossen bei Sempach über das Ritterheer Herzog Leopolds III. von Österreich
1402 osmanische Niederlage bei Angora gegen die Mongolen *1453* türkische Eroberung Konstantinopels	*1410* Niederlage des Deutschen Ordens bei Tannenberg *1492* Entdeckung Amerikas durch Kolumbus

Die *Gegenüberstellung von Hauptdaten* der islamischen (v.a. arabischen) Geschichte und von bekannten, hier unter bewußtem Verzicht auf Vollständigkeit oder Zusammenhänge aufgeführten, bekannten Jahreszahlen aus dem europäisch-nordamerikanischen Geschichtsfeld bietet zunächst den Rückblick auf den großen Zeitraum, den beide zu überbrücken hatten: Jene von der Übersiedlung Mohammeds von Mekka nach Medina (Hedschra) bis zum Friedensschluß eines „arabischen" Staates mit Israel – diese vom Tod Gregors d. Gr. bis zu den heutigen Regenten in Kirchen und Staaten. Schon die Zusammenschau weniger historischer Daten macht die *unterschiedlichen Maßstäbe* sichtbar, an denen die islamischen Großreiche und das kleinteilige, lange noch in Ausprägung befindliche Europa gemessen werden müssen. Lange verläuft die Entwicklung beider Kulturkreise weitgehend unabhängig voneinander, wenn man von kriegerischen Verwicklungen und punktuellem Kontakt ohne nachhaltige, tiefgreifende Einflüsse absieht. Erst im 19. Jahrhundert, verstärkt aber in unserer Zeit häufen sich die Ereignisse, die nicht nur einen der beiden Entwicklungsstränge, sondern sowohl den Orient wie den Okzident betreffen.

Hauptdaten der islamischen Geschichte	**Daten zur historischen Einordnung**
1516/17 Eroberung Syriens und Ägyptens durch die Osmanen *1571* Sieg einer christlichen Koalition über die türkische Flotte bei Lepanto	*1517* Martin Luther veröffentlicht 95 Thesen gegen den Mißbrauch des Ablasses *1588* englischer Seesieg über die spanische Armada
1683 erfolglose (2.) Türkenbelagerung Wiens	*1681* französische Besetzung Straßburgs auf Befehl König Ludwigs XIV.
1798 Napoleon Bonaparte landet mit einer Armee in Ägypten	*1789* Verfassung der Vereinigten Staaten von Amerika
1805–48 Mohammed Ali herrscht als osmanischer Statthalter über Ägypten *1830–47* französische Eroberung Algeriens *1869* Eröffnung des Sueskanals *1882* britische Intervention in Ägypten *1885* Aufstand des Mahdi im Sudan (erst 1898 unterworfen)	*1809–48* Klemens Fürst Metternich Außenminister Österreichs *1837* Thronbesteigung der englischen Königin Victoria († 1901) *1861–65* Sezessionskrieg zwischen den Nord- und Südstaaten der USA *1882* Dreibund zwischen dem Deutschen Reich, Österreich-Ungarn und Italien *1888* Dreikaiserjahr, Wilhelm II. wird Deutscher Kaiser
1920 Friedensvertrag von Sèvres, formell Ende der türkischen Herrschaft in der arabischen Welt und Beginn der Mandatszeit *1922* Ägypten wird für unabhängig erklärt *1924* Abschaffung des Kalifats durch die türkische Republik *1945* Gründung der Arabischen Liga *1948/49* 1. arabischer Krieg gegen Israel *1952* Staatsstreich von Nagib und Nasser stürzt den ägyptischen König Faruk *1956* Sueskrieg *1958* Gründung der Vereinigten Arabischen Republik, Sturz der Monarchie im Irak *1964* Feisal wird König von Saudi-Arabien († 1975) *1967* Eroberung arabischer Gebiete durch Israel im Nahostkrieg *1973* arabischer Krieg (Jom-Kippur-Krieg) gegen Israel und internationale Ölkrise *1979* Im Iran stürzen schiitische Geistliche den Schah und rufen die Islamische Republik aus *1982* Gemäß Vertrag von Camp David erhält Ägypten die Sinai-Halbinsel von Israel zurück	*1919* Frieden von Versailles zwischen Deutschland und den Siegermächten des 1. Weltkriegs *1921* Ende der Präsidentschaft Thomas Woodrow Wilsons in den USA *1923* Ruhrkampf und Inflation in Deutschland *1945* Kapitulation der deutschen Wehrmacht *1949* Gründung der Bundesrepublik Deutschland und der Deutschen Demokratischen Repbulik *1953* Volksaufstand in der DDR *1957* absolute Mehrheit der CDU/CSU unter Adenauer in der Bundestagswahl *1958* de Gaulle Ministerpräsident, Ende der französischen IV. Republik eingeleitet *1964* Sturz des sowjetischen Partei- und Regierungschefs Chruschtschow *1965* Ende des II. Vatikanischen Konzils *1974* Bundeskanzler Schmidt (SPD) löst Brandt ab *1978* Der Pole Johannes Paul II. wird Papst *1981* Ronald Reagan neuer Präsident der USA *1982* Jurij Andropow wird sowjetischer Parteichef *1982/83* Ablösung der SPD/FDP-Koalition durch CDU/FDP-Koalition unter Bundeskanzler Kohl

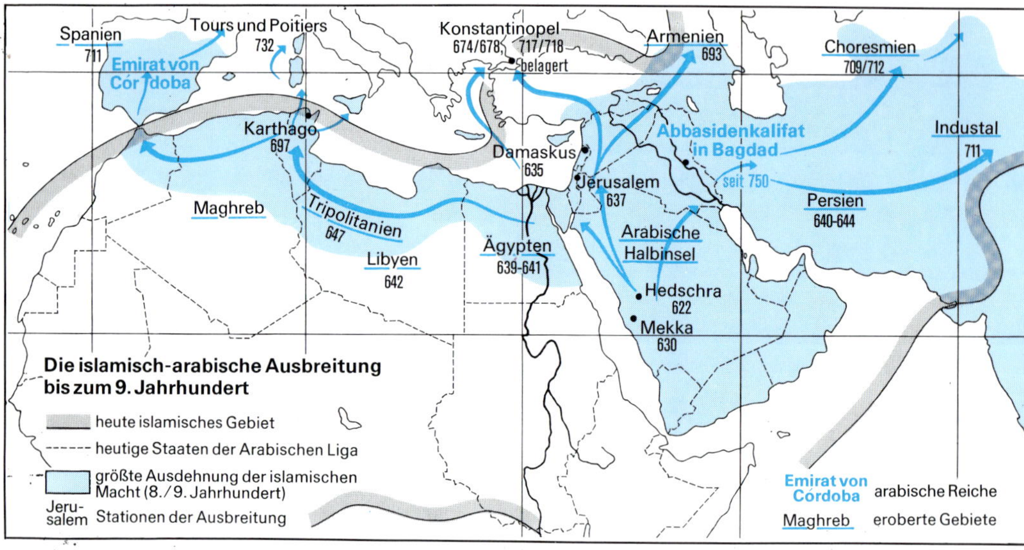

Die islamisch-arabische Ausbreitung bis zum 9. Jahrhundert

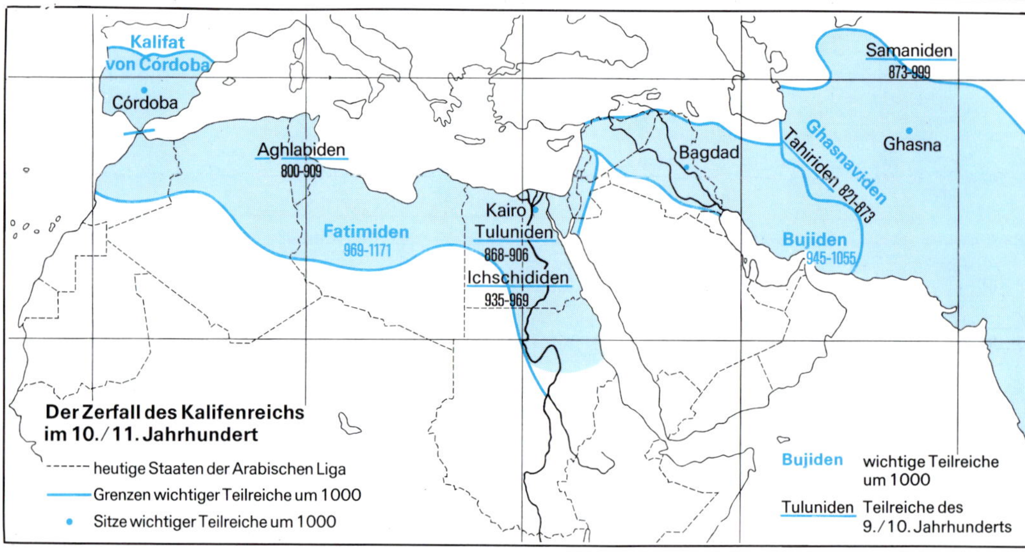

Der Zerfall des Kalifenreichs im 10./11. Jahrhundert

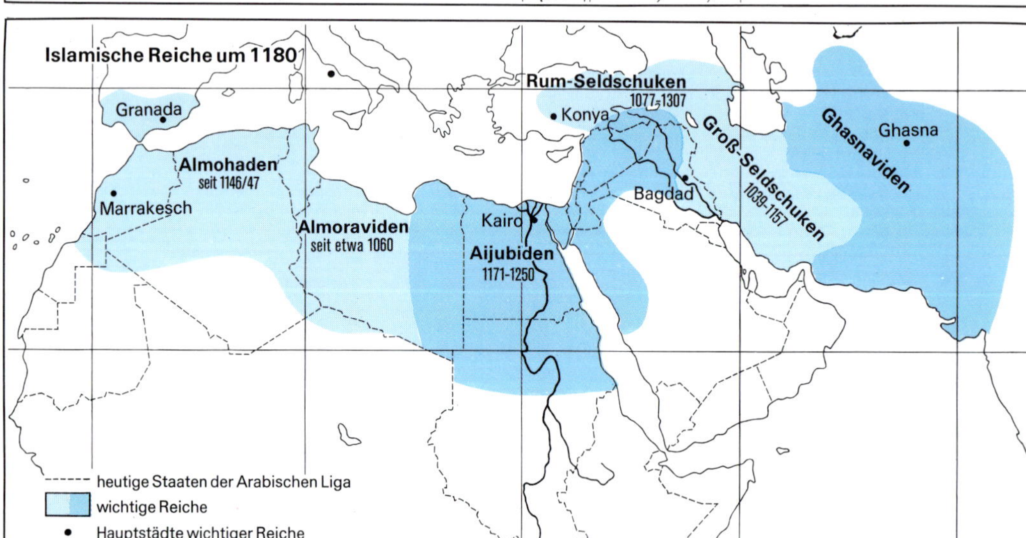

Islamische Reiche um 1180

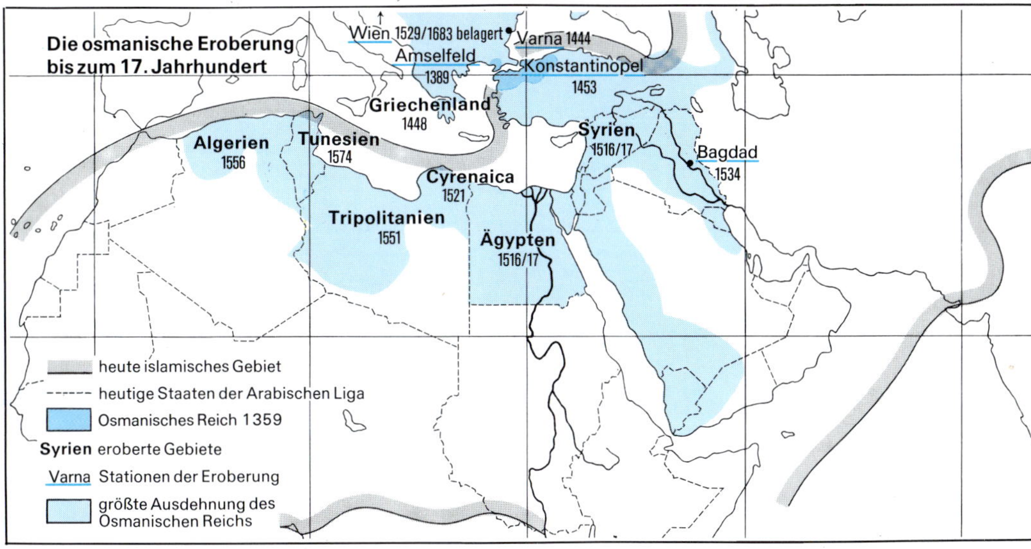
Die osmanische Eroberung bis zum 17. Jahrhundert
Wien 1529/1683 belagert
Varna 1444
Amselfeld 1389
Konstantinopel 1453
Griechenland 1448
Syrien 1516/17
Bagdad 1534
Algerien 1556
Tunesien 1574
Cyrenaica 1521
Tripolitanien 1551
Ägypten 1516/17
heute islamisches Gebiet
heutige Staaten der Arabischen Liga
Osmanisches Reich 1359
Syrien eroberte Gebiete
Varna Stationen der Eroberung
größte Ausdehnung des Osmanischen Reichs

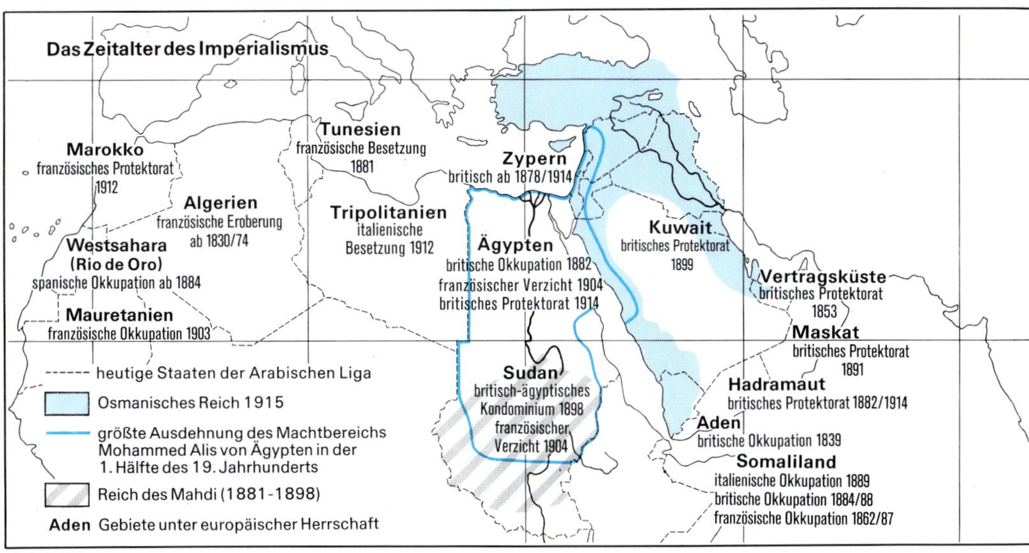
Das Zeitalter des Imperialismus
Tunesien französische Besetzung 1881
Marokko französisches Protektorat 1912
Zypern britisch ab 1878/1914
Algerien französische Eroberung ab 1830/74
Tripolitanien italienische Besetzung 1912
Ägypten britische Okkupation 1882 französischer Verzicht 1904 britisches Protektorat 1914
Kuwait britisches Protektorat 1899
Westsahara (Rio de Oro) spanische Okkupation ab 1884
Vertragsküste britisches Protektorat 1853
Mauretanien französische Okkupation 1903
Maskat britisches Protektorat 1891
Sudan britisch-ägyptisches Kondominium 1898 französischer Verzicht 1904
Hadramaut britisches Protektorat 1882/1914
Aden britische Okkupation 1839
Somaliland italienische Okkupation 1889 britische Okkupation 1884/88 französische Okkupation 1862/87
heutige Staaten der Arabischen Liga
Osmanisches Reich 1915
größte Ausdehnung des Machtbereichs Mohammed Alis von Ägypten in der 1. Hälfte des 19. Jahrhunderts
Reich des Mahdi (1881-1898)
Aden Gebiete unter europäischer Herrschaft

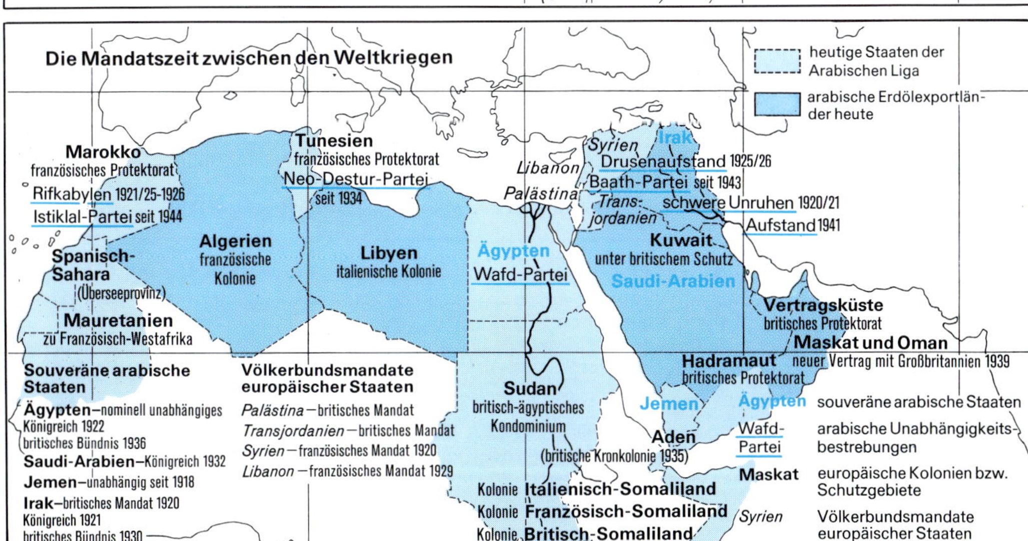
Die Mandatszeit zwischen den Weltkriegen
heutige Staaten der Arabischen Liga
arabische Erdölexportländer der heute
Marokko französisches Protektorat
Rifkabylen 1921/25-1926
Istiklal-Partei seit 1944
Tunesien französisches Protektorat
Neo-Destur-Partei seit 1934
Libanon
Palästina
Syrien
Irak
Drusenaufstand 1925/26
Baath-Partei seit 1943
Transjordanien
schwere Unruhen 1920/21
Aufstand 1941
Spanisch-Sahara (Überseeprovinz)
Algerien französische Kolonie
Libyen italienische Kolonie
Ägypten
Wafd-Partei
Kuwait unter britischem Schutz
Saudi-Arabien
Vertragsküste britisches Protektorat
Mauretanien zu Französisch-Westafrika
Maskat und Oman neuer Vertrag mit Großbritannien 1939
Hadramaut britisches Protektorat
Souveräne arabische Staaten
Ägypten–nominell unabhängiges Königreich 1922 britisches Bündnis 1936
Saudi-Arabien–Königreich 1932
Jemen–unabhängig seit 1918
Irak–britisches Mandat 1920 Königreich 1921 britisches Bündnis 1930
Völkerbundsmandate europäischer Staaten
Palästina–britisches Mandat
Transjordanien–britisches Mandat
Syrien–französisches Mandat 1920
Libanon–französisches Mandat 1929
Sudan britisch-ägyptisches Kondominium
Jemen
Aden (britische Kronkolonie 1935)
Kolonie Italienisch-Somaliland
Kolonie Französisch-Somaliland
Kolonie Britisch-Somaliland
Ägypten souveräne arabische Staaten
Wafd-Partei arabische Unabhängigkeitsbestrebungen
Maskat europäische Kolonien bzw. Schutzgebiete
Syrien Völkerbundsmandate europäischer Staaten

1 *Felsendom in Jerusalem* (seit Ende des 7. Jh. erbaut). Die Planung wurde von byzantinischen Zentralbauten wie der Sergios- und Bakchoskirche in Konstantinopel beeinflußt
2 *Mihrab* in der Moschee El-Bourdeini in Kairo (1628). Die Gebetsnische ist der heiligste Platz in der Moschee. Die *Mosaikverkleidung* des abgebildeten Mihrab ist typisch für den *spätmamelukischen Wanddekor*
3 *Moschee in Samarra* (847–852) mit dem für die östlichen Länder des Islam charakteristischen *spiralförmigen Minarett*, dessen Form offenbar von babylonischen Zikkuraten entlehnt ist
4 *Freitagsmoschee in Isfahan* (1088), eines der schönsten Bauwerke der *Seldschuken* in Persien
5 Die Mauern der *Freitagsmoschee in Isfahan* sind vollständig mit Fayenceplatten in leuchtenden Farben dekoriert

1

2

3

4

5

6 *Moschee Suleimans I. in Istanbul,* 1550–1556 von dem Architekten *Sinan* erbaut, von dem über 300 Moscheen und andere Monumentalbauten stammen, und der einen *neuen Baustil der islamischen Kunst in osmanischer Zeit* schuf. Der gewaltige überkuppelte Zentralbau ist unmittelbar von der Hagia Sophia beeinflußt.

7 Das *Kutub Minar* (Siegessäule des Islam) der *Kuwwat-ul-Islam-Moschee* bei Delhi (Ende 12. Jh. begonnen). Mit der muslimischen Eroberung drang ein neues Element in den Raum der indischen Kultur ein, das zunächst besonders in der Architektur zum Ausdruck kam.

6

7

8

8 *Mausoleum »Gur Emir« des Timur Leng* (1490) in *Samarkand.* Die gefurchte Kuppel und die Außenwände sind mit farbigen Kacheln bedeckt

9 *Löwenhof der Alhambra* in *Granada* (1354), ein Zeugnis für die reiche dekorative Architektur des *spanisch-maurischen Stils*

9

Rechts: Muslime beim *Fastengebet.* Gebet und Fasten gehören zu den fünf Grundpflichten des Islams.

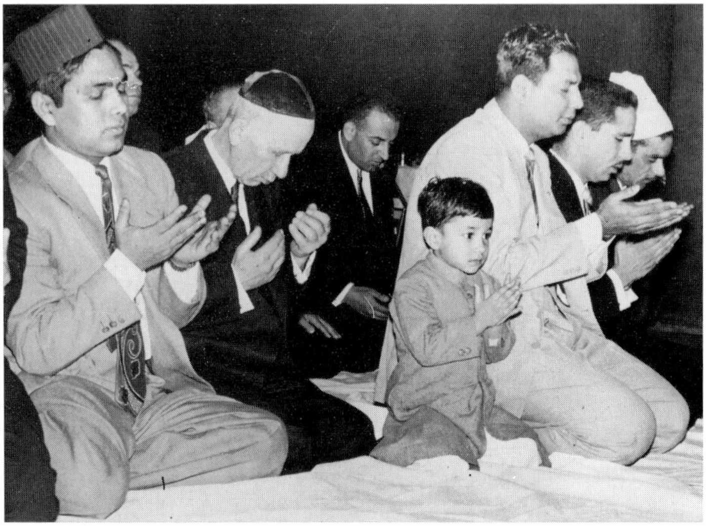

Die übrigen muslimischen Grundpflichten sind das Glaubensbekenntnis, die Almosensteuer und die *Wallfahrt nach Mekka,* die sich auch heute noch regen Zuspruchs erfreut (*unten:* Pilgerzelte bei Mekka).

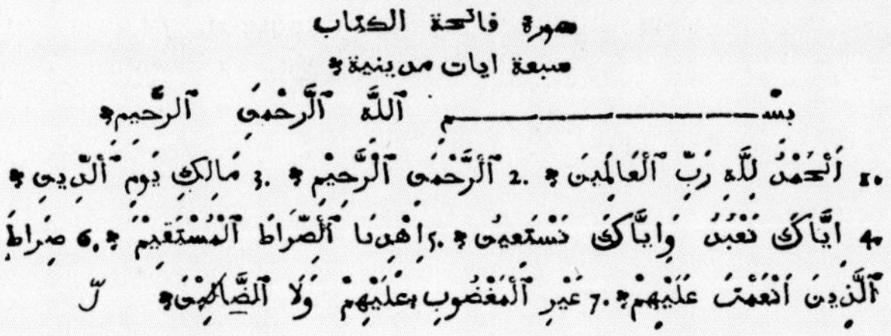

Links: Die erste gedruckte *Ausgabe des Korans* in arabischer Schrift, Hamburg 1694 (hier die 1. Sure).

Unten: Das einstmals sehr bedeutende *Christentum des Orients* nahm frühzeitig eine von der abendländischen Kirche getrennte Entwicklung und splitterte sich in viele Nationalkirchen (und Sekten) mit z. T. geringer Seelenzahl auf.

Die wichtigsten christlichen Kirchen in der arabischen Welt

Jakobiten, (west-)syrische Kirche; Patriarchat von Antiocheia mit Sitz Damaskus. *Monophysiten* (Anhänger der vom Konzil von Chalkedon 451 verurteilten Glaubenslehre von der Aufhebung der Verschiedenheit der göttlichen und menschlichen Natur in Jesus Christus). Diese Kirche breitete sich nach Persien und Arabien schon vor den islamischen Eroberungen aus, die ihrerseits zur weitgehenden Arabisierung der Jakobiten führten. Durch die Mongoleneinfälle und unter osmanischer Herrschaft stark vermindert, wird die Zahl der Gläubigen heute auf etwa *100000–150000* geschätzt (v. a. Irak, Türkei, Syrien).

Kopten, koptische Kirche; Patriarchat von Alexandreia mit Sitz Kairo. Ebenso wie die Jakobiten Anhänger des *Monophysitismus,* trennte sich die überwiegende Mehrzahl der Christen Ägyptens zum wesentlichen Teil aus kirchenpolitischen Gründen von der byzantinischen Reichskirche und begrüßte die arabischen Eroberer als Befreier. Auf die Arabisierung folgte aber eine weitgehende Islamisierung, so daß die koptische Kirche trotz einer gewissen Erholung seit dem 19. Jahrhundert heute nur etwa *2,5 Mio.* (vielleicht erheblich mehr) Gläubige zählt (v. a. in Ägypten).

Maroniten, Patriarchat der Maroniten von Antiocheia mit Sitz im Libanon. Im 7. Jahrhundert in Syrien entstanden, seit 1182 *mit Rom uniert.* Kulturell stark französisch beeinflußt, leben von den mindestens *1,5 Mio.* Maroniten allein *800000* Maroniten im Libanon (dessen Staatspräsident Maronit sein muß).

Melchiten (Melkiten), ursprünglich Bezeichnung für die unter arabischer Herrschaft lebenden Mitglieder der Großkirche des byzantinischen Reiches. Das heutige Patriarchat der *katholischen Melchiten* von Antiocheia (Sitz abwechselnd Damaskus und Kairo) geht auf das frühe 13. Jahrhundert zurück und zählt heute etwa *250000* Gläubige v. a. im Libanon, in Syrien, Jordanien, Ägypten.

Nestorianer, Bezeichnung der damals unter persischer Herrschaft (Sassanidenreich) stehenden Christen, die sich im 5. Jahrhundert kirchlich selbständig machten und zur vom Konzil von Ephesus 431 verurteilten Lehre des *Nestorios* bekannten. Vom 7.–13. Jahrhundert über Ostsyrien, das Zweistromland und Iran bis nach Arabien, Südindien, Innerasien und China ausgebreitet, war diese Kirche lange die räumlich *am weitesten ausgedehnte christliche Kirche* überhaupt, erlitt aber durch die Mongolenstürme und weitere Verfolgungen schwerste Verluste. Die ostsyrische (auch: *assyrische*) Kirche zählt heute etwa *100000–200000* Gläubige v. a. in Persisch-Aserbeidschan und dem nördlichen Irak. Die seit dem 16. Jahrhundert nach und nach *mit Rom unierten,* sogenannten *Chaldäer* sind heute etwa *190000* an der Zahl im Irak, im Libanon, in Iran und Amerika (katholisches chaldäisches Patriarchat von Babylon, Sitz Bagdad).

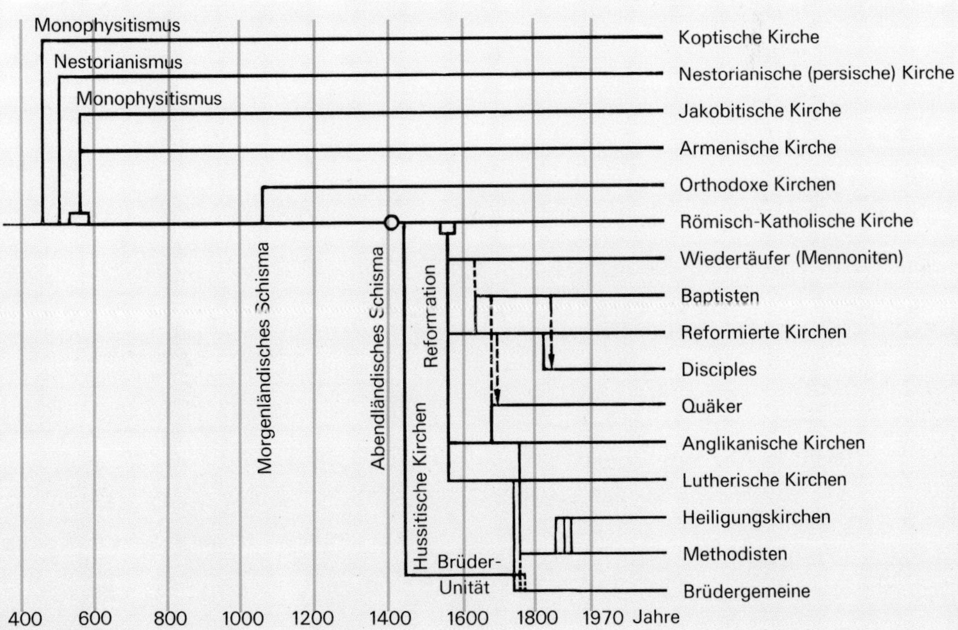

Die territoriale Ausbreitung des Osmanischen Reiches vollzog sich anfangs ziemlich gleichmäßig nach allen Seiten. Ende des 16. Jahrhunderts vermochte Persien im Osten das türkische Vordringen zeitweise aufzuhalten; im Westen erwuchsen den Osmanen neben Venedig und Polen erst zu nehmende Gegner erst in *Österreich* und seit dem späten 17. Jahrhundert auch in *Rußland*. Beschleunigt wurde der Niedergang des Osmanischen Reiches durch oppositionelle Kräfte im Innern.

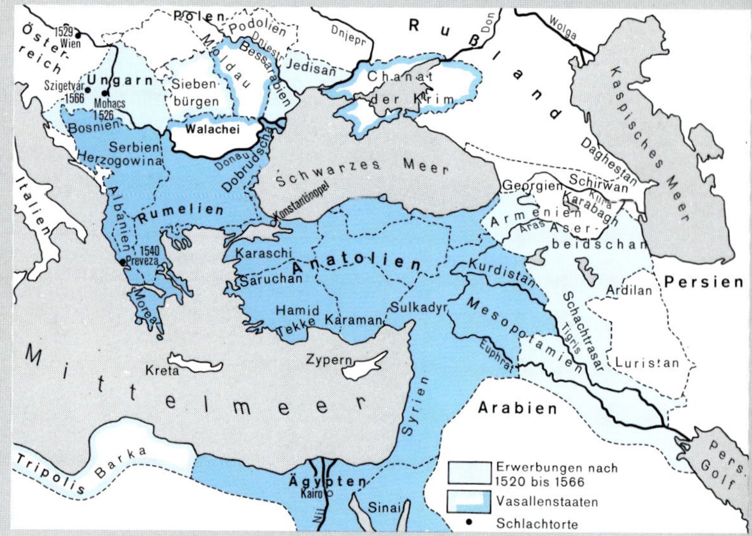

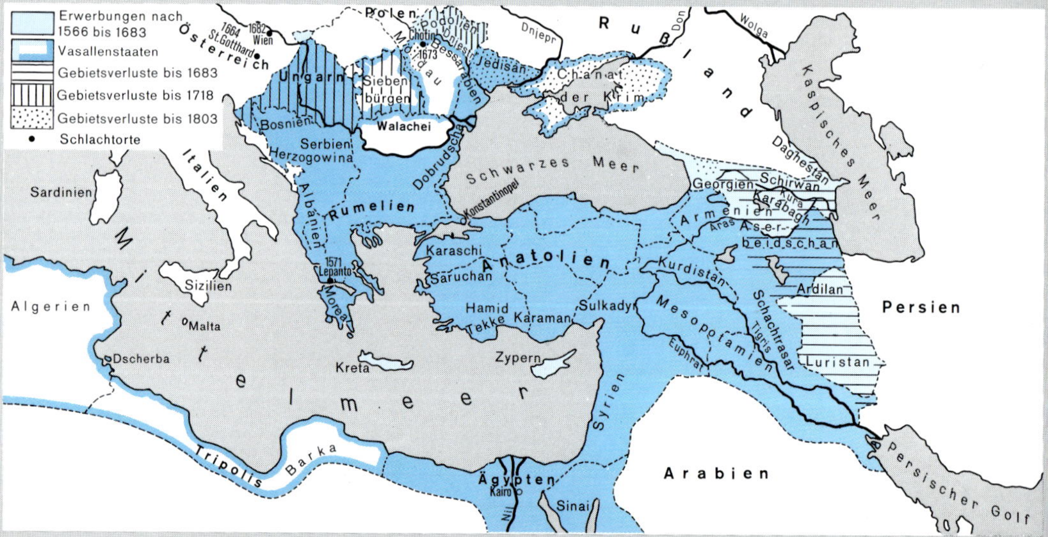

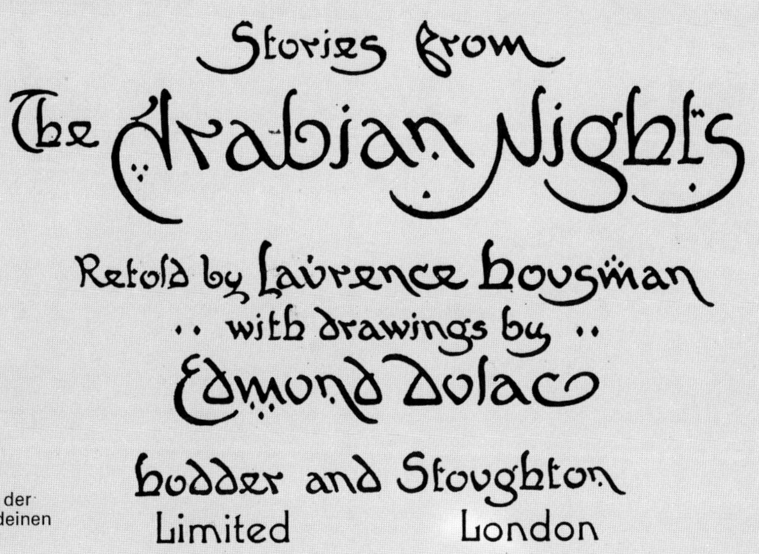
Stories from
The Arabian Nights
Retold by Laurence Housman
.. with drawings by ..
Edmond Dulac
Hodder and Stoughton
Limited London

Englische Übersetzung der „Tausendundeinen Nacht"

West-östlicher Divan

Nord und West und Süd zersplittern,
Throne bersten, Reiche zittern,
Flüchte Du, im reinen Osten
Patriarchenluft zu kosten!
Unter Lieben, Trinken, Singen
Soll Dich Chiser's Quell verjüngen. [...]

Will mich unter Hirten mischen,
An Oasen mich erfrischen,
Wenn mit Karawanen wandle,
Shawl, Kaffee und Moschus handle;
Jeden Pfad will ich betreten
von der Wüste zu den Städten. [...]

Will in Bädern und in Schenken,
Heil'ger Hafis, Dein gedenken,
Wenn den Schleier Liebchen lüftet,
Schüttelnd Ambralocken düftet.
Ja, des Dichters Liebeflüstern
Mache selbst die Huris lüstern!

Johann Wolfgang Goethe, Auszüge aus dem 1. Gedicht des I. Buchs, 1814

Den Einfluß der islamischen Kultur des Mittelalters dokumentiert der in einer arabischen Werkstatt Siziliens im 12. Jahrhundert gefertigte *Krönungsmantel des deutschen Reichsschatzes (oben).*

Im 19. Jahrhundert hat die Popularisierung orientalischer Motive durch große deutsche Dichter die arabische Welt erneut näher gerückt *(links).*

Afrika südlich der Sahara

Zuluhäuptling Shaka

VERLAG HERDER FREIBURG

Entwurf: Erika Sulzmann

Sprachen der Eingeborenen

Europäische Sprachen
- Afrikaans und Englisch

Hamito-semitische Sprachengruppe
- Semiten
- Kuschiten
- Berber
- Tschadohamitische Sprachen
- Altägyptisch (nicht eingetragen)

Khoisan-Sprachengruppe
- Buschmänner, Hadsa, Sandawe
- Hottentotten

Klassensprachen-Gruppen
- Westatlantische Sprachengruppe (mit Fulani)
- Gur
- Kwa
- Semi-Bantu (nach Westermann, mit Klassen)
- Semi-Bantu (nach Greenberg, ohne Klassen?)
- Südsudanische Sprachengruppe
- Bantu-Sprachengruppe

Nilotische Sprachengruppe
- Niloten und verwandte Sprachen

- Kordofanische Sprachengruppe
- Ostsudanische Sprachengruppe
- Zentralsaharische Sprachengruppe
- Songhai
- Kru
- Mandé

Malaio-polynesische Sprachengruppe
- Malagasi

1

2

3

4

Afrika

1 *Bronzeplatte*, Guß mit verlorener Form. Benin
2 *Fetischpuppe*
3 *Maskierungsaufsatz* oder *Votivkopf*. Ekoi
4 *Holzmaske*. Yoruba

Amerika

Die USA
werden unabhängig

Überreste (Bild oben rechts: Das Pueblo von Taos, New Mexico; Nordteil des Dorfes, Foto aus dem Jahre 1899) und Traditionen indianischer Kultur (rechts: Kachina-Tänzer in einem Hopi-Pueblo; Foto aus dem Jahre 1893. Oben: Apache-Frau mit ihrem Säugling in einer Kindertrage, die auf dem Rücken angeschnallt wird; das Foto stammt etwa von 1903/08).

Links: Plains-Indianer, Teton-Dakota, frühes 19. Jahrhundert. Unten links: Chilkat-Decke aus Bergziegenhaar. Unten: Doppelprofilstil der Haida. a. Biber auf geflochtenem Hut, von oben, von hinten und von vorn; b. Seeungeheuer auf Wandschirm; c. Bär auf Wappenpfahl; d. Spinnenfisch, Schnitzerei auf hölzernem Hut; e. „wasgo“ = Wolf und Wal in einer Gestalt, als Tatauiermuster.

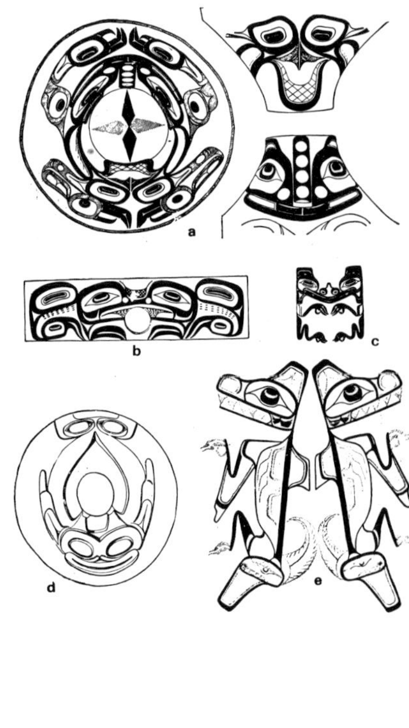

Lebensgewohnheiten (Bild ganz oben: Inneres eines Nootka-Hauses um 1778. Links: Papago-Indianer bei der Ernte von Kaktusfrüchten) und kultische Gebräuche der Indianer (oben rechts: Höhepunkt der Okipa-Zeremonie: die Torturen der Kandidaten des Bisonbundes; aus der Okipa-Zeremonie ist der Sonnentanz hervorgegangen; veröffentlicht 1841. Unten rechts: Wappenpfahl vor einem Haus der Nordwestküsten-Indianer, Stamm der Bellacoola, Foto 1901 oder früher) formten ein Gesamtbild, zu dem aber auch Persönlichkeiten wie Sitting Bull (oben links) gehören.

1 *Tongefäß*. Pueblo
2 *Sandmalerei*. Navaho
3 *Tanzmaske*. Bella Coola
4 *Holzmodell von einem Totempfahl*. Bella Coola oder Bella Bella

1

3

2

4

Das plastische Schaffen der Maya hat seinen bekanntesten Ausdruck in den sog. Stelen gefunden: vierkantigen Pfeilern, deren vordere Fläche zur Darstellung eines Gottes oder Priesterkönigs gestaltet wurde (links: *»Stele B«* in der Ruinenstadt Copán, Honduras). Gehört Copán noch dem 1. Jt. n. Chr. an, so verraten die Ruinenstädte des nördlichen Yucatán den Einfluß der aus Mexiko eingedrungenen Tolteken. Ein Zeugnis hierfür ist der *»Tausendsäulenkomplex«* in Chichen Itzá (unten) mit seiner »Chacmool«-Figur und seinen »Schlangensäulen«.

Dem späten 1. Jt. entstammen die großlinigen und als Ausdruck innerer Gesichte zu deutenden Steinplastiken von *San Agustín* (links) im Quellgebiet des Magdalena in Kolumbien. — Sie heben sich in ihrer »expressionistischen« Art von der späteren realistischen Tier- und Menschendarstellung der Azteken ab; sie wird hier durch die bildhauerisch vollendete und grausam-ausdrucksstarke Wiedergabe des *Xipe Totec* (Gott, Priester und geschundener Gefangener zugleich!) veranschaulicht (Mitte). — War Kolumbus noch ahnungslos an den Metalltechnikern des heutigen Costarica und Panama vorbeigesegelt, so hat Ferdinand der Katholische diese Länder mit Recht »Castilla del Oro« benannt; ein Beleg für die Kunst der Goldschmiede ist ein *Brustschmuck* in Gestalt von zwei Spinnen (rechts).

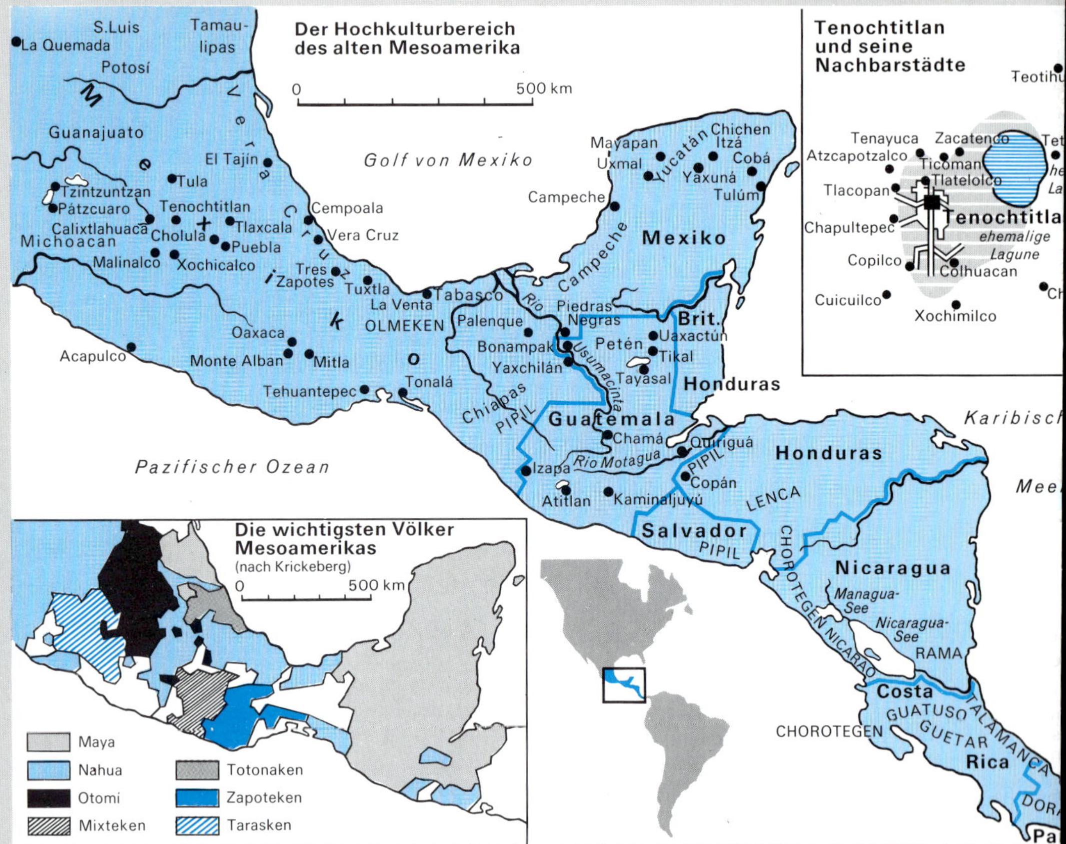
Der Hochkulturbereich des alten Mesoamerika
0 500 km
S.Luis Potosí
Tamaulipas
La Quemada
Guanajuato
Mexiko
Vera Cruz
Golf von Mexiko
El Tajín
Tula
Tzintzuntzan
Pátzcuaro
Tenochtitlan
Calixtlahuaca
Cholula
Tlaxcala
Puebla
Michoacan
Malinalco
Xochicalco
Cempoala
Vera Cruz
Tres Zapotes
Tuxtla
La Venta
Tabasco
OLMEKEN
Oaxaca
Monte Alban
Mitla
Acapulco
Tehuantepec
Tonalá
Pazifischer Ozean
Mayapan
Uxmal
Yucatán
Chichen Itzá
Cobá
Yaxuná
Tulúm
Campeche
Mexiko
Rio Usumacinta
Piedras Negras
Palenque
Bonampak
Yaxchilán
Petén
Uaxactún
Tikal
Tayasal
Brit. Honduras
Chiapas
PIPIL
Guatemala
Chamá
Quiriguá
Izapa
Rio Motagua
Copán
Atitlan
Kaminaljuyú
Honduras
LENCA
Salvador
PIPIL
Karibisch
Meer
Nicaragua
Managua-See
Nicaragua-See
CHOROTEGEN
NICARAO
RAMA
Costa Rica
GUATUSO
GUETAR
TALAMANCA
CHOROTEGEN
Tenochtitlan und seine Nachbarstädte
Teotihu
Tenayuca
Zacatenco
Atzcapotzalco
Ticoman
Tlatelolco
Tlacopan
Tenochtitla
Chapultepec
ehemalige Lagune
Copilco
Colhuacan
Cuicuilco
Xochimilco
Die wichtigsten Völker Mesoamerikas
(nach Krickeberg)
0 500 km
Maya
Nahua
Otomí
Mixteken
Totonaken
Zapoteken
Tarasken

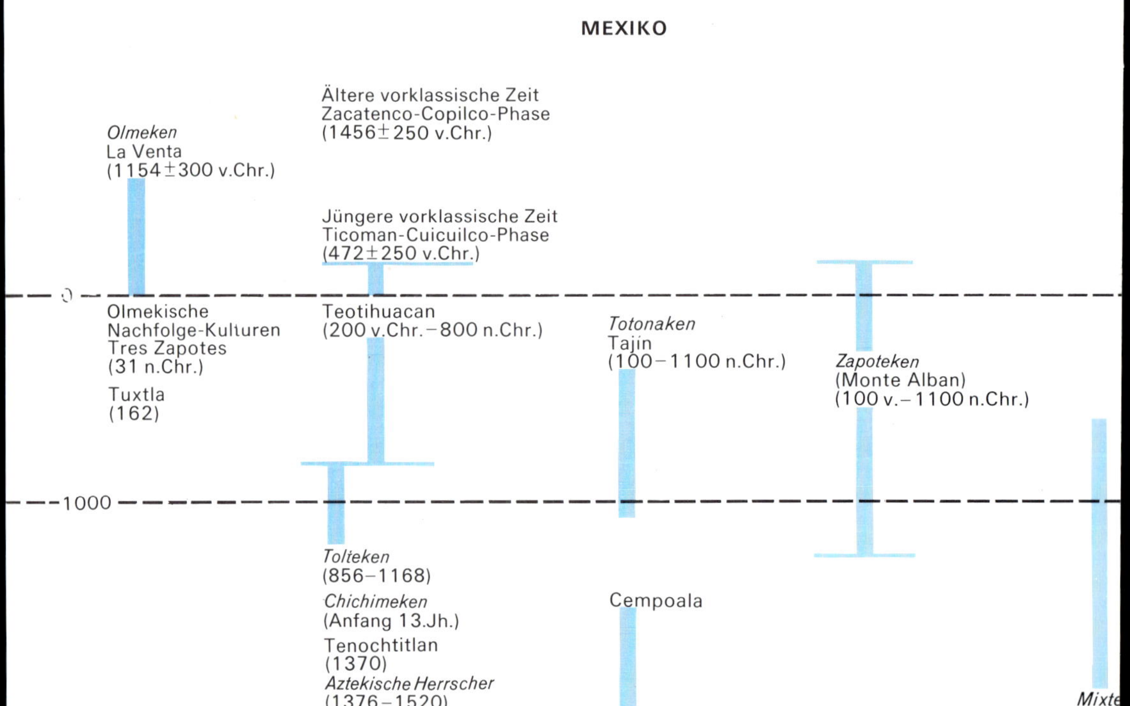
MEXIKO
Olmeken
La Venta
(1154±300 v.Chr.)
Ältere vorklassische Zeit
Zacatenco-Copilco-Phase
(1456±250 v.Chr.)
Jüngere vorklassische Zeit
Ticoman-Cuicuilco-Phase
(472±250 v.Chr.)
0
Olmekische Nachfolge-Kulturen
Tres Zapotes
(31 n.Chr.)
Tuxtla
(162)
Teotihuacan
(200 v.Chr.–800 n.Chr.)
Totonaken
Tajin
(100–1100 n.Chr.)
Zapoteken
(Monte Alban)
(100 v.–1100 n.Chr.)
1000
Tolteken
(856–1168)
Chichimeken
(Anfang 13.Jh.)
Tenochtitlan
(1370)
Aztekische Herrscher
(1376–1520)
Cempoala
Mixte

…nische Völker und archäologische Stätten im …eren Andengebiet

Indianerkulturen im nördlichen Andengebiet

…arten veranschaulichen die Räume, in denen sich die …n Kulturen der Indianer entfalteten; der Rest des Kon…s blieb bis zur Ankunft der Europäer Domäne von …, Fischern und Sammlern, weithin auch von boden…den Völkern. Die Karten sind mit den Namen von …schaften, Ruinenplätzen und Städten natürlich Verein…ngen, indem sie das, was in verschiedenen Epochen …war, gewissermaßen auf *eine* zeitliche Ebene bringen. …iegeln also keine geschichtliche Tiefe, wie das die chronologischen Aufstellungen (s. unten) versuchen. Diese sollen ein synchronisches Bild der Kulturen vermitteln, die in verschiedenen Räumen hochkultureller Entfaltung jeweils zur gleichen Zeit vergleichend heranziehbar sind. Summarisch hat man die frühe Phase des vorchristlichen Jahrtausends auch als »formative« Periode bezeichnet. Dagegen war unser 1. Jt. die Zeit einer »klassischen« Blüte, auf die zwischen 1000 und 1500 eine »nachklassische« Epoche folgte, ohne daß man dieser Bezeichnung eine wertende Note geben darf.

MAYALÄNDER			MITTLERES ANDENGEBIET				
…arcas …0 v.Chr.) …res …0 n.Chr.)	Mamom (bis 700 v.Chr.) Chicanel (bis 200 v.Chr.)		Präkeramische Pflanzer (3420±120 v.Chr.) Töpferei (1225±125 v.Chr.) Küsten-Chavín (715±200 v.Chr.) Salinar Gallinazo	Chavín	Paracas-Cavernas Paracas-Nekropolis (307 v.Chr.) Nazca (261 v.Chr.)	Chiripa Tiahuanaco (ab ca. 200 v.Chr.)	
							0
	Leidener Platte (320 n.Chr.) Stelendaten (292–889) Tzakol-Phase (317–633) Tepeu-Phase (633–889)	Wiederbesiedlung von Chichen Itzá (987)	Mochica	Recuay Huari	Nazca (636) Küsten-Tiahuanaco	Pucara	
							1000
		Liga v. Mayapan (1007–1204) Herrschaft der Cocom (1204–1441) Ende der Zentralgewalt (1441)	Chimú (1000–1450)	*Ketschua-Herrscher* (Inka; ab 13. Jh.–1533)		Chullpa-Kultur der Aymara (1000–1450)	

ALTAMERIKANISCHE KUNST I

1 *Archaische Zeit: Idolito* (1000–800 v. Chr.)
2 *Teotihuacan:* zylindrische *Tripode* mit Deckel
3 *Teotihuacan:* Plastik von der *Quetzalcoatl-Pyramide*
4 *Tolteken: Atlanten* vom *Quetzalcoatl-Tempel* in *Tollan*
5 *Azteken:* sog. *Kalenderstein* mit Darstellung des aztekischen Weltbildes
6 *Azteken:* Standbild der *Erdgöttin Coatlicue*
7 *Zapoteken: Steinmosaik* aus *Mitla*
8 *Mixteken: Goldarbeit* mit Maske des Totengottes
9 *Zapoteken:* Tempelbezirk in *Monte Albán*

1

2

3

4

5

6

7

8

9

11

10 *La Venta-Kultur: Kolossalkopf* (um 800 v.Chr.)
11 *Totonaken: Treppenpyramide* in *Tajin*
12 *Maya: Fresko* aus *Bonampak*
13 *Maya: Observatorium* in *Chichen Itza*
14 *Maya: Stele* in Quirigua
15 *Moche-Kultur: Dreifuß* mit Jaguarkopf
16 *Nazca-Kultur: Keramikbecher*
17 *Tiahuanaco-Kultur:* das aus einem einzigen Andesitblock gehauene *Sonnentor*
18 *Inka:* die Grenzbauernsiedlung *Machu Picchu*

14

15

16

18

Zur Zeit Karls des Großen in Europa wurden im Urwald von Chiapas in Mexiko von den Maya mit einer vielfarbigen Palette aus Eisen-, Kupfer- und Kobaltoxiden auf grobkörnigem Kalkputz Fresken auf Tempelwände in *Bonampak* gemalt (oben: Musikanten in einer Prozession). — Spätere Schacht-Kammergräber indianischer Fürsten in Westkolumbien enthielten als wertvollste Hinterlassenschaft Totenmasken, Helme und aus einer Goldkupferlegierung gegossene *Kazikenfiguren* (unten links). – Unter den Künsten der späten Azteken steht die Steinplastik obenan. Neben »surrealistischen« entstanden naturalistische Werke wie die *Jaguardarstellung* (Mitte; 2,25 m lang, 1,20 m hoch). Als *»Adlerschale«* geformte Plastik nahm sie in der zylindrischen Vertiefung auf dem Rücken des Tieres die Herzen Geopferter auf. — An vielen Fertigkeiten der mexikanischen Spätzeit hatten Mixteken führenden Anteil, z. B. an aus zahllosen bunten *Federn* hergestellten Arbeiten (unten), die als Tributleistungen oder als Importe der Fernhändler von der subtropischen Golfküste stammten.

Monumentalität bleibt ein Merkmal der Architektur des alten Peru bis in die späteste Zeit. Wahrhaft »zyklopische« Blöcke (bis 6 m hoch) bilden die »Zickzackmauern« der über der inkaischen Hauptstadt gelegenen Festung *Sacsaiwaman* (unten, links).

Die Steinplastik der andinen Kulturen erreichte nicht die Ausdruckskraft des mexikanischen Raums. Das war kein plastisches Unvermögen, wie die in Form und Dekor unerreichte Fülle der Keramik beweist. Im Gebiet der alten *Nasca-Kultur* waren es einfache Formen mit mythologisch ausgerichteter mattleuchtender Bemalung (oben links). – Während die Fassaden des Hochlands außer Nischengalerien keine Verzierung hatten, haben die Kulturen der Küste die Stuckornamentik geschätzt. Die Reliefs der Kultstätte *El Dragón* bei Trujillo aus dem 1. Jt. zeigen in wiederkehrender Folge ein Ungeheuer, das kleine Menschen verschlingt (Mitte rechts). – Ein Jahrtausend später spiegelt eine Reliefwand im Palast des Königs von Chincha in *La Centinela* eine geometrische Ornamentik mit allenfalls stark stilisierten figürlichen Motiven (Mitte).

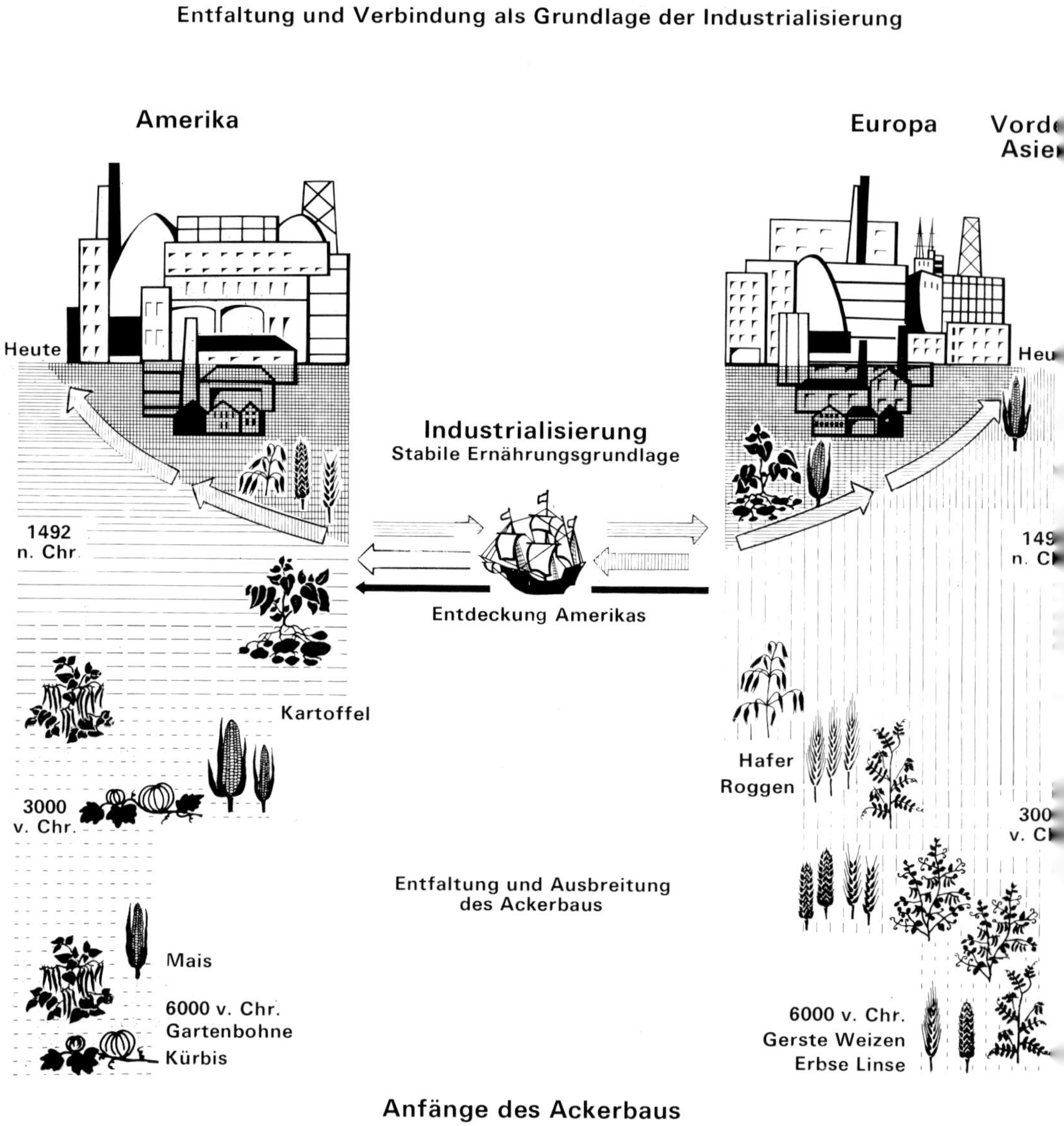

Die Entwicklung des Anbaus von Kulturpflanzen nahm in der Alten Welt und in Amerika einen sehr verschiedenen Verlauf. Indes gilt für beide Gebiete, daß die Intensivierung des Anbaus unabdingbare Voraussetzung für die wirtschaftliche und gesellschaftliche Differenzierung der Hochkulturen ist. Während jedoch die Glanzleistungen indianischer Hochkulturen ohne weltweite Nachwirkung blieben, gewannen die bereits vor-hochkulturellen agrarischen Kulturleistungen der prähistorischen Indianer nach der Entdeckung Amerikas und durch den damit einsetzenden Austausch weltgeschichtliche Wirkung: Ohne die dort und damals kultivierten Pflanzenarten (Kartoffel, Gartenbohne, Mais, Maniok — letzterer vor allem für Afrika wichtig — sowie einige weniger entscheidende Pflanzen und Genußmittel) können wir uns den heutigen Ackerbau in der übrigen Welt ebensowenig vorstellen wie die amerikanische Landwirtschaft ohne jene Kulturpflanzen, die von europäischen Siedlern mitgebracht wurden. Die amerikanischen Kulturpflanzen haben entscheidend zu jener Steigerung der agrarischen Leistungsfähigkeit in Europa beigetragen, die (neben der Einführung neuer Anbauverfahren) eine wichtige Grundlage der neuzeitlichen Abwendung immer größerer Bevölkerungsteile vom bäuerlichen Lebensbereich und ihrer Zuwendung zu anderen Produktionsarten, d. h. für Industrialisierung und Verstädterung, bildet.

Wagemutige Seefahrer und Kolonisatoren erschlossen Nordamerika den wirtschaftlichen, politischen und kulturellen Zielsetzungen europäischer Mächte (Bild unten rechts: Jacques Cartier, gest. 1557, der Begründer des französischen Kolonialreichs in Nordamerika) und fanden das rege Interesse ihrer Zeitgenossen (Bild Mitte links: Titelblatt einer 1600 in deutscher Übersetzung erschienenen Geschichte der Kolonisierungsversuche Sir Walter Raleighs, 1585). Eine zentrale Bedeutung für die Traditionsbildung der amerikanischen Führungsschicht erlangten die „Pilgerväter", die auf der „Mayflower", einem 23 m langen Segelschiff (Bild Mitte rechts). Selbständigkeitsstreben und Freiheitssehnsucht (Text unten links) flossen somit in die geistigen Grundlagen der 13 Kolonien ein.

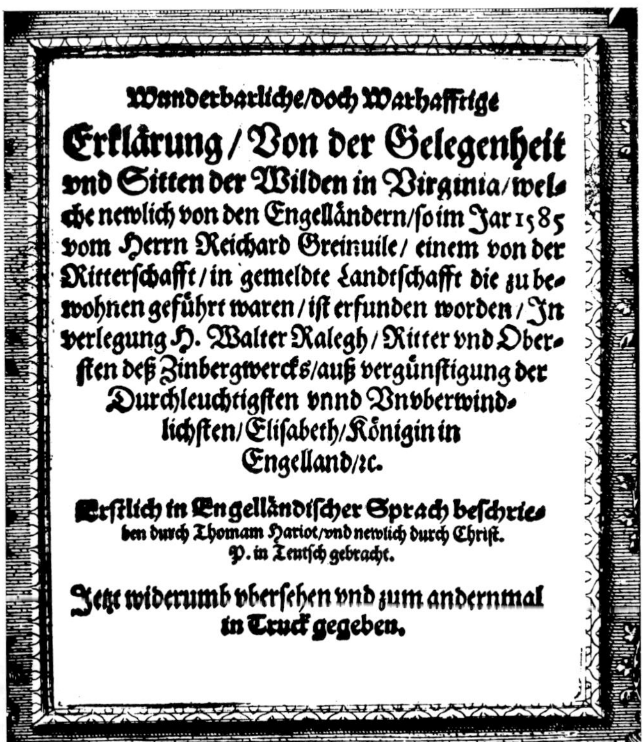

Wunderbarliche/doch Warhafftige
Erklärung / Von der Gelegenheit
vnd Sitten der Wilden in Virginia/wel-
che newlich von den Engelländern/so im Jar 1585
vom Herrn Reichard Greinuile/ einem von der
Ritterschafft/in gemeldte Landtschafft die zu be-
wohnen geführt waren/ist erfunden worden/In
verlegung H. Walter Ralegh/Ritter vnd Ober-
sten deß Zinbergwercks/auß vergünstigung der
Durchleuchtigsten vnnd Vnvberwind-
lichsten/Elisabeth/Königin in
Engelland/rc.

Erstlich in Engelländischer Sprach beschrie-
ben durch Thomam Hariot/vnd newlich durch Christ.
P. in Teutsch gebracht.

Jetzt widerumb vbersehen vnd zum andernmal
in Truck gegeben.

Die Pilgerväter
„MAYFLOWER-VERTRAG" („MAYFLOWER COMPACT"):

Im Namen Gottes, Amen. Wir, die Unterzeichneten, haben zur Ehre Gottes und zur Verbreitung des Glaubens eine Reise unternommen, um die erste Kolonie im nördlichen Teil von Virginia zu errichten. Mit diesem Pakt treten wir feierlich und einvernehmlich zusammen und schließen uns zu einem Staatskörper zusammen zum Zweck der besseren Ordnung, der Erhaltung und Förderung der obigen Ziele; und in dieser Vollmacht beschließen wir, richten wir ein und setzen fest diejenigen gerechten und gleichen Gesetze, Verordnungen, Erlasse, Verfassungen und Ämter, die zur jeweiligen Zeit für das Gesamtwohl der Kolonie als die richtigsten und passendsten erscheinen, und denen wir allen gehörigen Gehorsam und Achtung versprechen.

Anno Domini 1620

(Beschlossen von 41 Männern bei der Landung mit der „Mayflower" vor der Gründung von Plymouth, Massachusetts. Auszug)

Der Charakter der Kolonisten
Edmund Burke, 1790:
Im Charakter der Amerikaner ist die Liebe zur Freiheit das vorherrschende Merkmal, was das Ganze bezeichnet; und so wie eine glühende immer auch eine argwöhnische Neigung ist, so werden Eure Kolonien argwöhnisch, störrisch und sind schwer zu behandeln, wenn sie auch nur den leisesten Versuch sehen, daß man ihnen mit Gewalt oder unvermerkt durch eine Schikane das entreißen will, was sie für den einzigen Vorteil halten, für den es sich lohnt zu leben. Dieser ungestüme Drang nach Freiheit ist in den englischen Kolonien wahrscheinlich stärker als in irgendeinem anderen Volk der Erde.
(Aus: „Gedanken über die Französische Revolution", 1790)

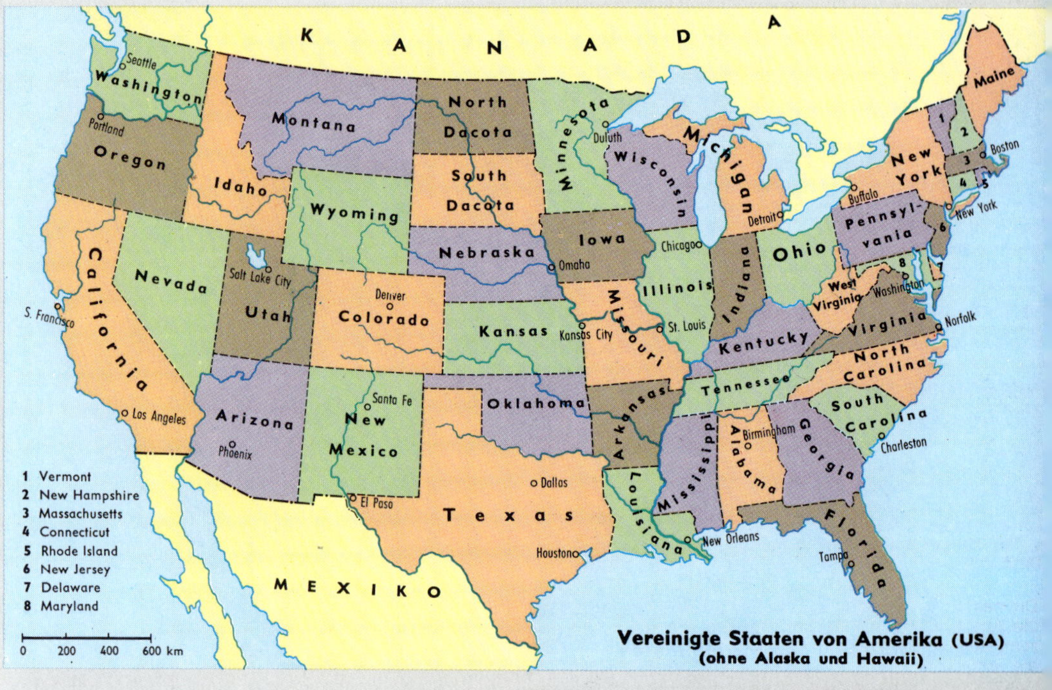

Vereinigte Staaten von Amerika (USA)
(ohne Alaska und Hawaii)

Die Verfassung der Vereinigten Staaten

Die Bürger eines jeden Staates sollen ein Anrecht auf alle Privilegien und Freiheiten der Bürger in den anderen Einzelstaaten haben.
Die Vereinigten Staaten sollen jedem Einzelstaat in dieser Union eine republikanische Regierungsform gewährleisten und jeden gegen feindlichen Einfall und auf Verlangen des Parlaments oder der Vollzugsgewalt – wenn das Parlament nicht einberufen werden kann – auch gegen innere Gewalttätigkeit schützen.
(Auszüge aus Artikel IV)

Die Entstehung der USA aus dem Bund der 13 ehemalige Kolonien und die Aufnahme immer neuer Staaten ließe trotz vereinheitlichender Tendenzen (vgl. nebenstehen den Verfassungsauszug) ein föderalistisches Gefüge ent stehen, in dem die 50 Staaten Anteil an der Staatsgewa auf Bundesebene nehmen. Er spiegelt sich u.a. in de Wahl von je 2 Senatoren und einer Anzahl von Abgeordne ten (siehe untere Karte). Die traditionelle Unterscheidun zwischen Nord- und Südstaaten ist auch heute oft von Be deutung.

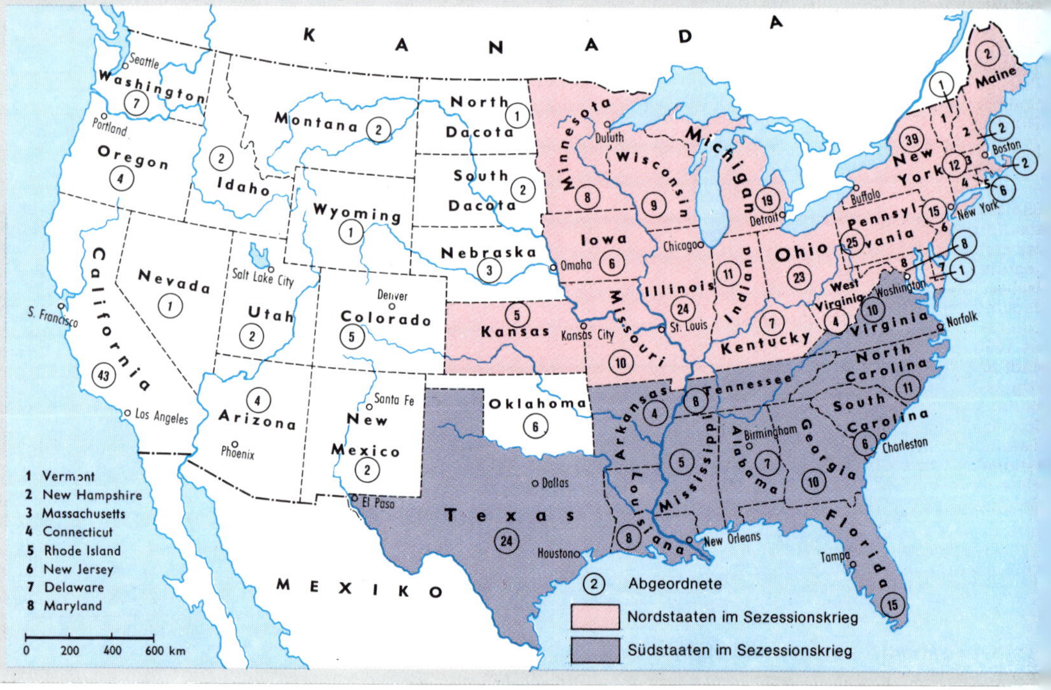

Die Zahl der europäischen Siedler, die dem Kontinent ihre Lebensform aufzwangen (Bild links: Grenzfarmen von Pionieren des ausgehenden 18. Jahrhunderts, zeitgenössischer Kupferstich), übertraf schon bald die der Indianer – die Tabelle rechts in der Mitte gibt über die wachsenden Einwohnerzahlen und die Verteilung auf die einzelnen Kolonien Auskunft. Wie aus der danebenstehenden Tabelle hervorgeht, stammten drei Viertel der Bürger aus Großbritannien.

Die nachfolgende Tabelle gibt Auskunft über die Abstammung der Bevölkerung der dreizehn Staaten im Jahre 1790 und damit über die ungefähre Gliederung des Einwanderungsstromes der Kolonialzeit nach Herkunftsländern (Herkunftsländer nach den Grenzen von 1937).

Von 1000 Einwohnern der Vereinigten Staaten stammen im Jahre 1790 aus:

Großbritannien und Nordirland	770
Deutschland	74
Irland (Freistaat)	44
Holland	33
Frankreich	19
Kanada	16
Belgien	15
Schweiz	9
Mexiko	7
Schweden	5
Dänemark	2
Norwegen	2
Tschechoslowakei	1
Portugal	1
Spanien	1
Übrige Staaten	1
Insgesamt	1000

Einwohnerzahlen der dreizehn Kolonien im 17. und 18. Jahrhundert

		1625 insgesamt	1688 insgesamt	1715 Weiße	1715 Neger	1749 insgesamt
Neuengland:						
um 1620	Massachusetts	180	44000	94000	2000	220000
	Connecticut	—	20000	46000	1500	100000
um 1635	Rhode Island	—	6000	8500	100	35000
	New Hampshire	—	6000	9500	150	30000
Nördliche Eigentümerkolonien:						
um 1614	New York	—	20000	27000	4000	100000
um 1630	New Jersey	—	10000	21000	1500	60000
um 1630	Delaware Pennsylvania	—	12000	43300	2500	250000
Südliche Eigentümerkolonien:						
um 1634	Maryland	—	25000	40000	9500	85000
um 1607	Virginia	1800	50000	72000	23000	85000
um 1653	North Carolina	—	8000	7500	3700	45000
um 1660	South Carolina	—		6250	10500	30000
um 1732	Georgia			—	—	6000
	Insgesamt	1980	200000	375750	58850	1046000

Die Zahl der Indianer wird für das Ende des 15. Jahrhunderts auf 0,5–0,7 Millionen geschätzt.

Bild rechts: Restaurierte Gebäude der ersten, 1607 gegründeten englischen Dauersiedlung Amerikas. Jamestown war bis 1698 die Hauptstadt der Kolonie Virginia und ist heute, als Teil des Colonial National Historic Park, eine nationale Gedenkstätte der Vereinigten Staaten.

Einige wichtige Erfindungen aus den USA bis zum Beginn des Zweiten Weltkriegs

1752	B. Franklin	Blitzableiter
1793	E. Whitney	Baumwollentkernmaschine (Anstöße zur Austauschbauweise)
1795	O. Evans	Automatische Getreidemühle (Anstöße zur Fließbandproduktion)
1807	R. Fulton	Dampfschiff
1831	S. Colt	Walzenrevolver
1832	J. B. Jervis	(Erster Zivilingenieur der USA) baut die erste Lokomotive mit Drehgestell
1831/32	J. Stephenson	Baut die erste Stadtstraßenbahn (New York–Harlem)
1832/43	S. F. B. Morse	Elektromagnet. Telegraph
1834	C. McCormick	Mähmaschine
1839/52	C. Goodyear	Vulkanisieren des Gummis
1845	St. Fitch	Revolverdrehbank; Revolverkopf für 8 Werkzeuge
1845/46	E. Howe	Doppelsteppstich-Nähmaschine
1849	J. B. Francis	Überdruck-Wasserturbine
1850	G. H. Corliss	Corliss-Dampfmaschine mit Rundschiebern
1859	G. L. Drake	Beginn von Petroleumbohrungen in Amerika
1864	G. M. Pullman	Schlafwagen mit Seitengang und Längsbetten
1866	C. W. Field	Erstes brauchbares Atlantikkabel
1867	Chr. L. Sholes, S. W. Soule und C. S. Glidden	Schreibmaschine
1867	Thomson	Elektrische Schweißung
1869	J. W. Hyatt	Zelluloid
1870	B. Tilghman	Sandstrahlgebläse
1872	G. Westinghouse	Automatische Druckluftbremse
1876	G. Bell	Telefon
1877	Th. A. Edison	Phonograph
1879	Th. A. Edison	Elektrische Kohlefadenglühlampe
1882	Th. A. Edison	Erstes elektrisches Kraftwerk der Welt in New York
1883	H. Maxim	Maschinengewehr
1884	O. Mergenthaler	Setzmaschine
1884	L. Pelton	Freistrahlturbine
1885	H. Hollerith	Lochkarte zur statistischen Auswertung
1890	G. Eastman	Rollfilm
1896	Ch. G. Curtis	Entwickelt seine nach dem Gleichdruckverfahren arbeitende Dampfturbine
1902	P. Cooper-Hewitt	Quecksilberdampfgleichrichter
1903	O. u. W. Wright	Motorflug
1905	M. J. Owens	Flaschenblasmaschine
1906	R. von Lieben u. Lee de Forest	Verstärkerröhre
1907	Th. A. Edison	Betongießverfahren
1913	I. Langmuir	Gasgefüllte elektrische Glühlampe mit Wolframdrahtwendel
1930	E. O. Lawrence	Cyclotron
1938	W. Carothers	Vollsynthetische Nylonfaser

Seit dem Beginn der Industriellen Revolution gaben amerikan sche Erfinder und Konstrukteure wichtige Impulse für eine wirtschaftlich verwertbaren oder doch relevanten technische Fortschritt – eines der frühesten Beispiele, Whitneys Baumwo entkernmaschine (Bild oben links: von Negersklaven betrieben schuf eine wichtige Voraussetzung für Struktur und Bedeutun des Südens der USA. Die Corliss-Dampfmaschine (Bild link war eines der eindrucksvollsten Ausstellungsstücke der We ausstellung in Philadelphia, 1876.

Oben: Der Eisenbahnbau war einer der Hauptfaktoren der Industrialisierung: Zusammentreffen der beiden Teilstrecken der transkontinentalen Bahn, 1869.

Unten: Fließbandfabrikation als Wegbereiter der effizienteren, jedoch inhumanen Arbeit: Fords erstes Montageband und das mit dessen Hilfe gefertigte „Modell T".

Die sozialen Probleme der Hochindustrialisierung (Bild links: Kinderarbeit in einer Baumwollspinnerei, 1909) wurden vielfach als Ergebnis der Konzentration von Kapital, wirtschaftlicher und politischer Macht betrachtet (Kongreßbericht, unten links) und riefen die Gründung von Arbeiterorganisationen hervor (Tabelle rechts). Der erste gewerkschaftliche Zusammenschluß auf nationaler Ebene, die „Knights of Labor", war freilich nicht von Dauer.

„Noble Order of the Knights of Labor"
Ziele (aus der Satzungspräambel, 1878):

II. den Arbeitern einen angemessenen Teil des Wohlstandes zu sichern, den sie schaffen; mehr von der Muße, die ihnen Rechtens zusteht, mehr Aufstiegschancen, mehr von den Vorteilen, Privilegien und Reichtümern der Welt, in einem Wort: alle jene Rechte und Privilegien, die sie in den Stand setzen, die Wohltaten einer guten Regierung zu genießen und zu schätzen, sie zu verteidigen und zu verewigen.
VI. Die Abschaffung aller Gesetze, die Kapital und Arbeit nicht gleich behandeln, die Beseitigung ungerechter Formalien, Verzögerungen und Diskriminierungen im Gerichtswesen; vorsorgliche Maßnahmen für die Gesundheit und Sicherheit derjenigen, die in Bergwerken, Fabriken oder im Baugewerbe beschäftigt sind.
XI. Arbeitsverbot für Kinder unter vierzehn Jahren in Werkstätten, Bergwerken und Fabriken.

Kapital und Macht
Eine sorgfältige und vorsichtige Studie weist nach, daß einige Großbetriebe, die von sechs Finanzgruppen und ihren Tochtergesellschaften kontrolliert werden, 2561684 Lohnempfänger beschäftigen und einen Kapitalwert von insgesamt 19875200000 Dollar darstellen. Diese sechs Finanzgruppen kontrollieren 28 Prozent der Lohnempfänger in den Industriebetrieben, die von unserem Forschungsbericht untersucht wurden. Die Morgan-Erste-Nationalbank-Gruppe kontrolliert allein Großbetriebe, die 785499 Lohnempfänger beschäftigen. (...)
(Aus dem Bericht eines Kongreßausschusses, 1912)

Gründung von Arbeiterorganisationen

1852	Proletarian League (New York)
1858	Communist Club (New York)
1866	National Labor Union
1869	Knights of Labor
1876	Socialist Labor Party
1886	American Federation of Labor (Columbus/Ohio)
1892	People's Party

Sozialkonflikte im 19. Jahrhundert: Aufruhr zur Massenkundgebung auf dem Haymarket in Chicago 1886 (oben); bewaffnete Streikbrechergarden eröffnen das Feuer auf streikende Arbeiter (unten: amerikanisches Zeitungsbild vom 4. Viertel des 19. Jahrhunderts).

Die Wechselbeziehungen zwischen den USA und Europa wurden stets von Auswanderern mitgestaltet, unter denen Deutsche eine beträchtliche Minderheit stellten (rechts oben: aus dem Anzeigenteil eines 1889 in Chicago in deutscher Sprache erschienenen Buches; oben: Ankunft deutsch-amerikanischer Schützenvereine in Bremen in den 1860er Jahren). Ins Bewußtsein auch breitester Schichten der Europäer als eine ausschlaggebende Macht traten die Vereinigten Staaten jedoch erst mit ihrem Eintritt in den 1. Weltkrieg (rechts: Zeichnung im „Simplicissimus") und in den 2. Weltkrieg (rechts unten: Bericht des damaligen britischen Premierministers Churchill). Dies und der kalte Krieg führten zur oft auch umstrittenen militärischen Präsenz der USA in Westeuropa (Parade von US-Streitkräften in West-Berlin 1970, Gebäude der Technischen Universität).

Die USA treten in den 2. Weltkrieg ein
Dumme Menschen, deren es viele und nicht nur in den feindlichen Ländern gab, neigten dazu, die Kraft der Vereinigten Staaten zu unterschätzen. Einige sagten, sie seien schlapp, andere, man würde sich dort niemals einig. Sie würden sich höchstens aus der Entfernung ein wenig wichtig machen. Zu hart auf hart würden sie es nie kommen, nie würden sie eigenes Blut fließen lassen. Das demokratische System mit ewigen Wahlen müsse alle Kriegsanstrengungen lähmen, und so würden sie für Freund und Feind eine verschwommene Silhouette am Horizonte bleiben. Alle Welt würde sich jetzt die Schwäche dieser volkreichen, aber fernen, wohlhabenden und ruhmredigen Nation offenbaren. Ich hingegen hatte mich eingehend mit dem bis zum letzten Zoll durchgekämpften amerikanischen Sezessionskrieg befaßt. In meinen Adern fließt auch amerikanisches Blut. Eine Bemerkung Sir Edward Greys vor über dreißig Jahren fiel mir ein, in der er die Vereinigten Staaten mit einem „gigantischen Dampfkessel" verglich. „Wenn er erst einmal angeheizt ist, werden der von ihm entwickelten Kraft keine Grenzen gesetzt sein." Übersättigt von Aufregung und Gefühlsstürmen, ging ich zu Bett und schlief dankbar den Schlaf des Geretteten.
(Winston Churchill über den 7. 12. 1941)

Nordamerika 1783

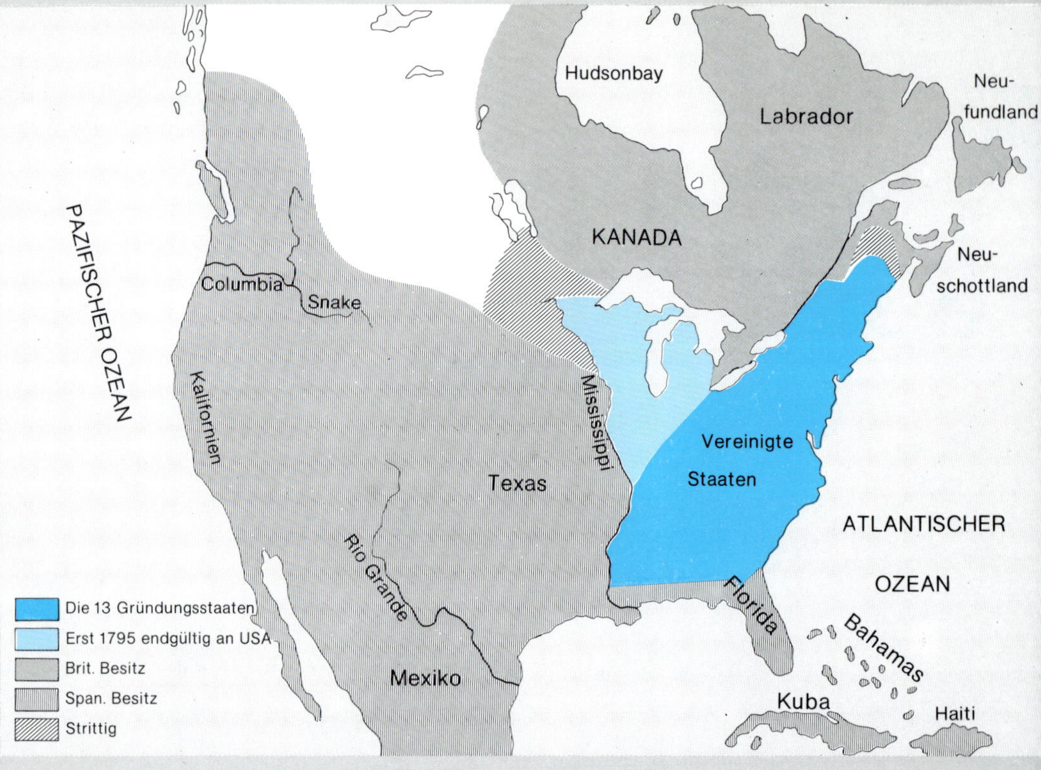

Die USA im Pazifik im Zeitalter des Imperialismus

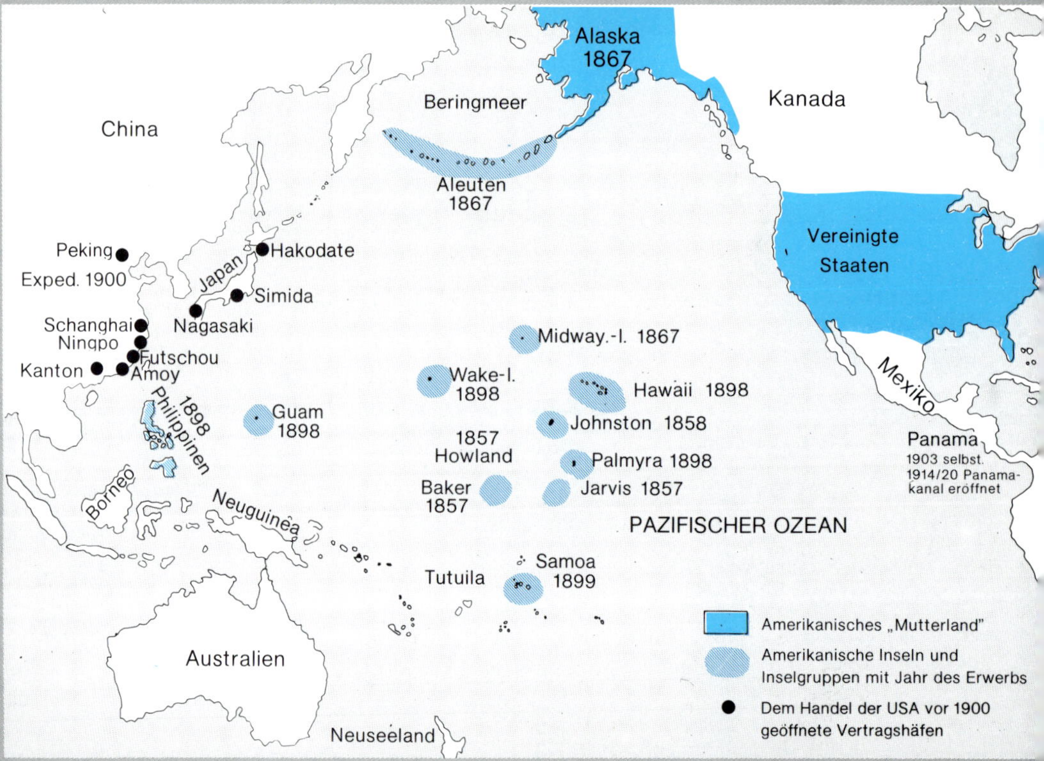

Die USA im 1. Weltkrieg

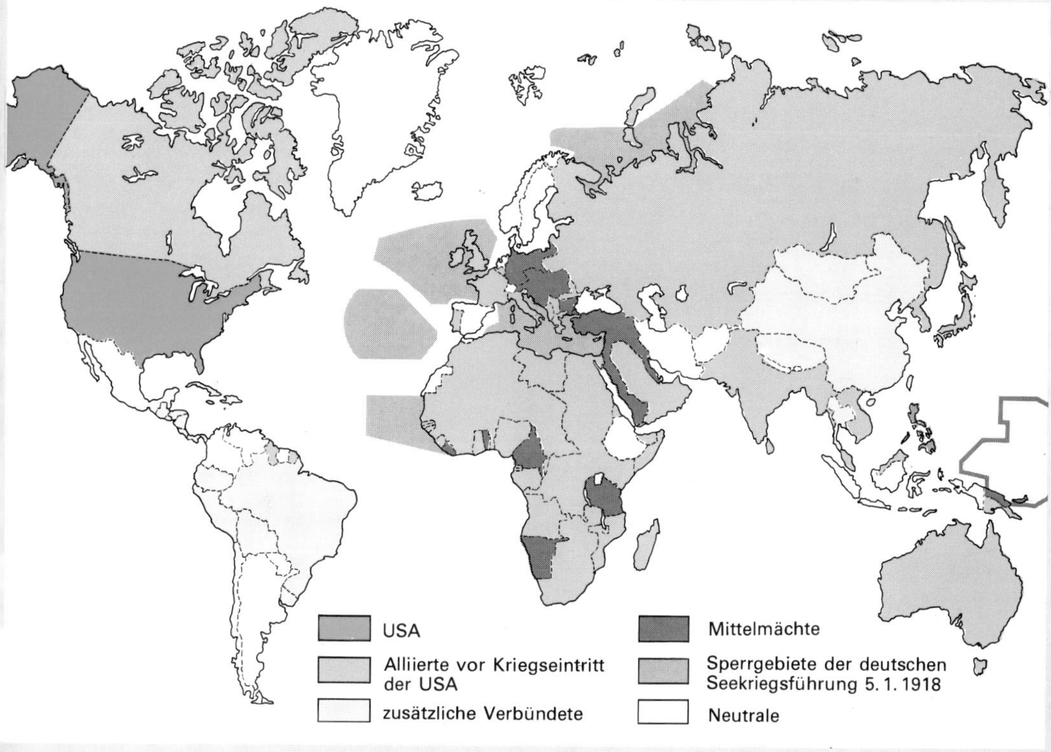

Die USA im 2. Weltkrieg

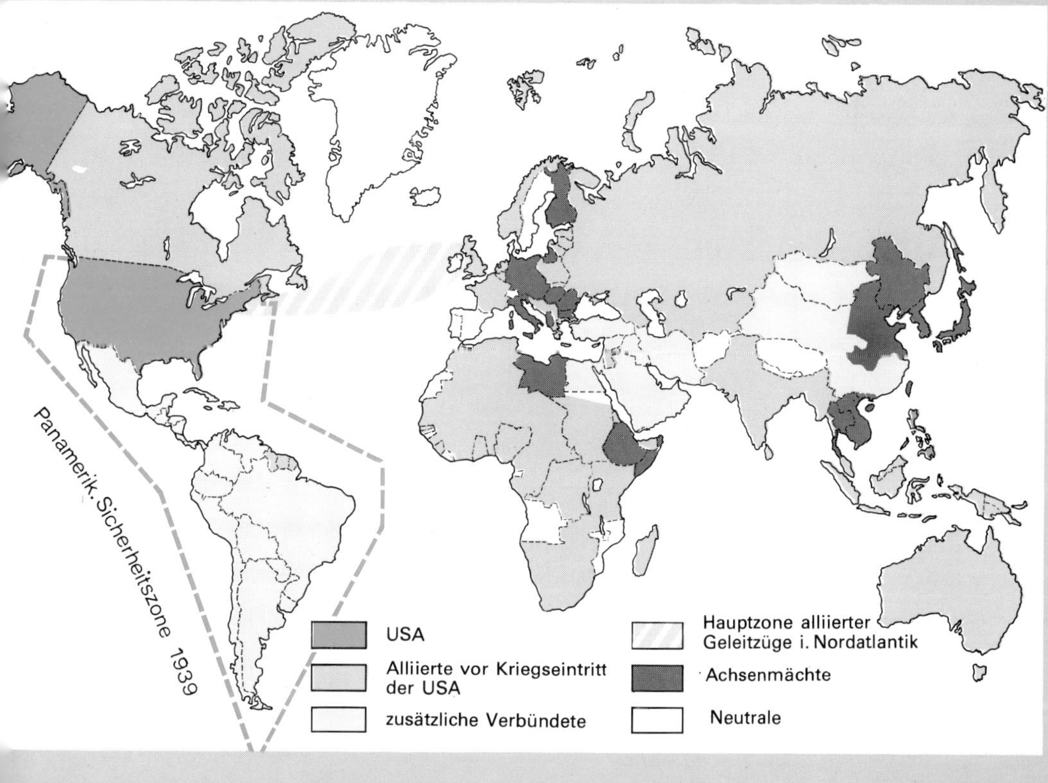

Oberes Bild (US-Soldaten vor Frankreichs Staatspräsidenten Poincaré): Fast 2 Millionen Mann entsandten die Vereinigten Staaten im Ersten Weltkrieg nach Europa; die Wirtschaftskraft der USA gab den Ausschlag für die Sache der Alliierten.

Unteres Bild (Motorpflug im Einsatz): Zwischen den Kriegen nahmen die USA an der Weltpolitik vornehmlich wirtschafts- und finanzpolitisch teil. Durch den inneren Ausbau, die Modernisierung von Industrie und Landwirtschaft übten sie dennoch bedeutenden Einfluß aus.

Oberes Bild (Arbeitslose kehren in die Fabrik zurück): Mit Roosevelts New Deal unternahmen die USA die Bekämpfung der Weltwirtschaftskrise, was erst Mitte der dreißiger Jahre gelang.

Unteres Bild (v. l.: Churchill, Roosevelt, Stalin in Jalta, Februar 1945): Im Zweiten Weltkrieg legten die Vereinigten Staaten gemeinsam mit der Sowjetunion und Großbritannien die Grundlagen für die Gestaltung der Welt nach dem Kriege.

Amerika war das mit Abstand größte europäische Kolonialgebiet. Spanien besaß davon ca. die Hälfte. England hatte nach dem Sieg über Frankreich seit 1763 eine dominierende Stellung im Norden, es war wirtschaftlich wegen seiner karibischen ertragreichen Besitzungen und seiner Seeherrschaft aber auch Handelsvormacht in Mittelamerika.

Unten links: *Simón Bolívar* (1783–1830), südamerikanischer Staatsmann.

Unten rechts: *Toussaint L'Ouverture*, der „Schwarze Napoleon" (1743–1803).

Mit der standrechtlichen Erschießung Kaiser Maximilians von Mexiko, Bruder des österreichischen Kaisers Franz Joseph, scheiterte 1867 der ehrgeizige Versuch der französischen Außenpolitik unter Napoleon III., durch die Errichtung einer Monarchie auf französischen Bajonetten der beginnenden Dominanz der USA auf dem gesamten amerikanischen Kontinent entgegenzuwirken. Der Sezessionskrieg begünstigte zunächst das gewagte Abenteuer in Mittelamerika, nach seiner Beendigung erzwangen die Vereinigten Staaten jedoch, entsprechend der Monroe-Doktrin, den Abzug der französischen Truppen. Eine völlige Fehleinschätzung der inneren Verhältnisse Mexikos bewog Maximilian, auszuharren.

Pancho Villas Traum
nach John Reed

„Wir werden die Armee arbeiten schicken. In allen Teilen der Republik werden wir militärische Gemeinschaften bilden, die aus den alten Kämpfern der Revolution bestehen. Der Staat wird ihnen Ackerland zuteilen und große Industrien aufbauen, damit sie Arbeit finden. Drei Tage in der Woche werden sie arbeiten, schwer arbeiten, denn ehrliche Arbeit ist wichtiger als Krieg führen, und nur ehrliche Arbeit schafft gute Bürger. Während der übrigen drei Wochentage werden sie militärisch ausgebildet und alle anderen Bürger lehren, wie man kämpft. Wenn dann unsere Heimat angegriffen werden sollte, brauchen wir nur vom Palast in Mexico-City anzurufen, und innerhalb eines halben Tages werden alle Bürger Mexikos von ihren Feldern und Fabriken heraneilen, mit all ihren Waffen und ihrer Ausrüstung, um gemeinsam Haus und Familie zu verteidigen."

Verlauf der mexikanischen Revolution

Juli 1910	Wiederwahl von Präsident Porfirio Diaz
Juli 1910	Aufstellung von Widerstandsgruppen im Süden unter Emiliano Zapata, im Norden unter Francisco Pancho Villa, Abraham González und Pascal Orozco
Nov. 1910	Aufstand in Puebla und Chihuahua
Mai 1911	Abdankung von Präsident Diaz
Okt. 1911	Francisco I. Madero zum Präsidenten gewählt
Nov. 1911	Zapata erklärt Madero zum Revolutionsfeind
März 1912	Pascual Orozco löst Rebellion in Chihuahua aus
Juli 1912	Niederschlagung des Aufstandes durch General Huerta mit Hilfe von Pancho Villas Truppen
Feb. 1913	Konterrevolution der Militärs, Orozco schließt sich dem Rechtsputsch an, Madero wird gestürzt und dabei ermordet, Huerta wird Nachfolger
März 1913	Gouverneur Venustiano Carranza rebelliert gegen Huerta, Pancho Villa und Zapata folgen
Juli 1914	Diktator Huerta tritt zurück
August 1914	Carranzas Truppen siegreich in Mexiko-City, Pancho Villa mit Carranza verfeindet
Dez. 1914	Zapatas und Pancho Villas Truppen in der Hauptstadt, Carranza weicht nach Veracruz aus
Jan. 1915	Zerwürfnis zwischen Zapata und Pancho Villa
Okt. 1915	Rückkehr Carranzas nach Mexico-City, Anerkennung seiner Regierung durch die USA
März 1916	Pancho Villa greift Columbus in New Mexiko, USA, an; die USA antworten mit einer Strafexpedition
Feb. 1917	Neue Verfassung Mexikos in Kraft
Mai 1917	Carranza Präsident Mexikos
Dez. 1918	Entscheidender Schlag gegen die Zapatisten
April 1919	Zapata von Regierungstruppen ermordet
März 1920	Putsch gegen Carranza unter der Führung seines langjährigen Vertrauten Alvaro Obregon
	Carranza wird auf Befehl seines Nachfolgers Obregon erschossen
Juli 1923	Pancho Villa ermordet

Australien und Ozeanien mit Neuseeland

Begegnung australischer Ureinwohner mit französischen Entdeckungsreisenden in den 1820er Jahren

1

2

3

1 *Pfostenfigur,* sog. *Totok.* Neuirland
2 *Ahnenbild* mit bemaltem Kopf; sog. *Korovar.* Neuirland (Nordwestgebiet)
3 *Ahnenbild.* Neuirland (Südwestgebiet)
4 *Kopfmaske* mit Besatz aus Pflanzenfasern Neuirland
5 *Präparierter Schädel* mit Augen aus Kaurischnecken. Neuguinea

4

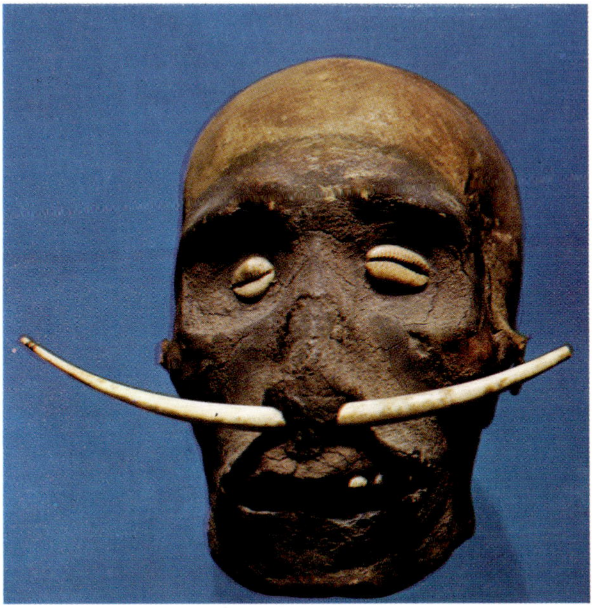

5

6

7

8

9

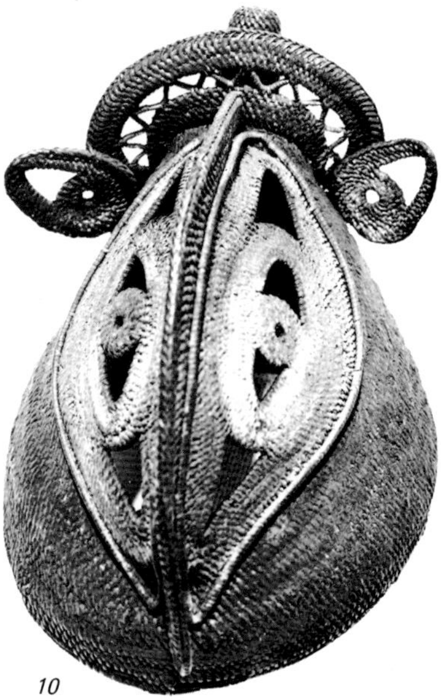
10

11

6 *Männerkopf* aus Holz. Indonesien
7 *Schildähnliche Hängeplatte.* Sepikgebiet, Neuguinea
8 *Holzschemel,* aus dem Ahnenbild hervorwächst. Papua, Neuguinea
9 *Holzfigur,* sog. *Tiki.* Maori, Neuseeland
10 *Uli-Figur* (Ahnenbild), Neuirland
11 *Teil eines Zeremonialpaddels.* Neukaledonien

Neueste Zeit

1

2

3

4

1 *Wolf Vostell, Miss America 1968.* Leinwandphoto, Verwischung und Lasurfarbe, Siebdruck
2 *Morris Louis, Pillar of Dawn* (Pfeiler der Dämmerung), 1961. Acryl auf Leinwand
3 *Victor Vasarely, Kalota MC 1965–67,* Öl auf Leinwand
4 *Tom Wesselmann, Great American Nude, No. 98* (Großer amerikanischer Akt, Nr. 98), 1967. Öl auf 5 Leinwänden (in 3 Ebenen hintereinander gestellt).

Heinz Mack, Sahara-Objekt. 1968. — *Op-Art-Objekt:* Modulative Gestaltung mit dem natürlichen und künstlichen Lichtkörper durch besonbesondere Lichtschleusen

Takis, Lignes Parallèles (Ausschnitt). 1971.— *Magnetisches Objekt:* Physikalische Gesetze werden im Kunstobjekt in ihren ästhetischen Erscheinungen visualisiert

Robert Morris, Ohne Titel. 1967. Lackiertes Metall. — *Minimal Art:* Ästhetische Demonstration von Raum als Abhängigkeit von bestimmten Determinanten, wie Farbe, Körperlicht und linearer Begrenzung

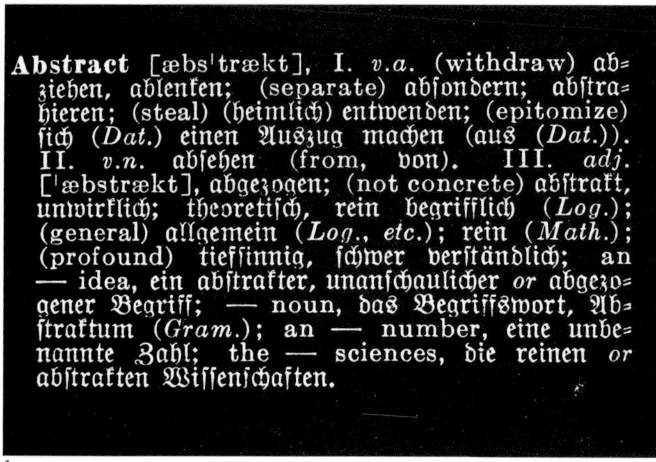

Abstract [æbs'trækt], I. *v.a.* (withdraw) abziehen, ablenken; (separate) absondern; abstrahieren; (steal) (heimlich) entwenden; (epitomize) sich (*Dat.*) einen Auszug machen (aus (*Dat.*)). II. *v.n.* absehen (from, von). III. *adj.* ['æbstrækt], abgezogen; (not concrete) abstrakt, unwirklich; theoretisch, rein begrifflich (*Log.*); (general) allgemein (*Log., etc.*); rein (*Math.*); (profound) tiefsinnig, schwer verständlich; an — idea, ein abstrakter, unanschaulicher *or* abgezogener Begriff; — noun, das Begriffswort, Abstraktum (*Gram.*); an — number, eine unbenannte Zahl; the — sciences, die reinen *or* abstrakten Wissenschaften.

1

2

3

1 Joseph Kosuth, Art as Idea. 1971. — *Concept Art:* Sprache als begriffliche Definition wird auf ihren Bildcharakter zurückgeführt; Annäherung von Kunst und Philosophie durch die Integration der Sprache in das Material der Kunst

2 Franz Eberhard Walther, Nr. 5 aus dem 1. Werksatz. 1964. — *Prozeßkunst:* Emanzipation vom Konsumzwang durch den nicht vorprogrammierten, bewußten Handlungsprozeß der schöpferischen Objektbenutzung

3 Robert Smithson, The Spiral Jetty (Utah, USA). 1970. — *Land Art-Action:* (Aufzeichnung der Videogalery Gerry Schum, Düsseldorf): Kunst als gestalterische Fixierung eines landschaftlichen Großraumes

1

1 *Wols, La Tapisserie* (Wandteppich) 1949. Öl auf Leinwand

2 *Jasper Johns, Flag on orange Field* (Flagge auf orangefarbenem Feld), 1957. Enkaustik auf Leinwand

2

3

4

3 *Jean Tinguely, Baluba Nr. 3*, 1959. Holz und Metall, Glühbirne und Motor

4 *Konrad Klapheck, Soldatenbräute*, 1967, Öl auf Leinwand

Weltorganisationen und Weltwirtschaft

Das Haus der Vereinten Nationen in New York

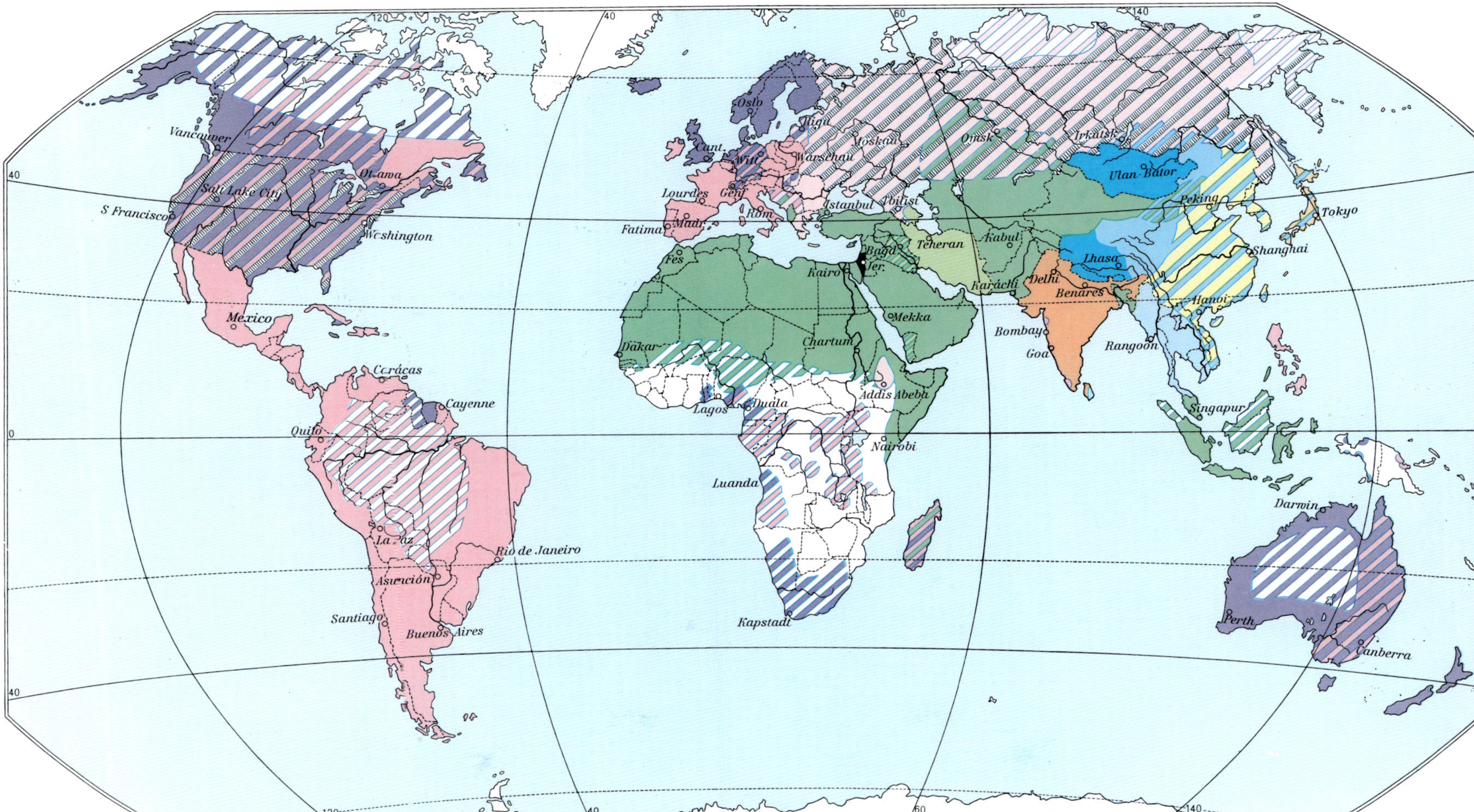

Katholische, Protestantische, Orientalische } Christen

Mahayana-, Hinayana-, Lamaistische } Buddhisten

Sunnitische, Schiitische } Mohammedaner

Hindus

Konfuzianer und Taoisten

Schintoisten

Konfessionslose

Heiden oder unbewohnt

Gemischte Gebiete (Minderheiten bleiben unberücksichtigt)

Entwurf: W. Schneefuss

101 Island
102 Norwegen
103 Schweden
104 Finnland
105 Irland (Eire)
106 Großbritannien u. Nordirland
107 Dänemark
108 Nied
109 Belgien
110 Luxemburg
111 BRD
112 DDR
113 Polen
114 Tschechoslowakei
115 Sowjetunion
116 Fran
117 Schweiz
118 Liechtenstein
119 Österreich
120 Ungarn
121 Rumänien
122 Bulgarien
123 Portugal
124 Spar
201 Kapverde
202 Guinea-Bissau
125 Andorra
126 Monaco
127 Italien
128 Vatikanstadt
129 San
203 Sao Tomé u. Prinzipe
130 Jugoslawien
131 Albanien
132 Griechenland
133 Türkei
134 Zype
204 Angola
135 Malta
205 Marokko
206 Algerien
207 Tunesien
208 Dsc
209 Libyen
210 Ägypten
211 Mauretanien
212 Senegal
213 Sey
214 Gambia
215 Mali
216 Moçambique
217 Niger
218 Tschad
219 Komoren
220 Sudan
221 Äthiopien
222 Somalia
223 Guinea
224 Sierra Leone
225 Liberia
226 Elfenbeinküste
227 Burk
228 Ghana
229 Togo
230 Benin
231 Nigeria
232 Kamerun
233 Zentralafrik. Kaiserreich
234 Äquatorial-Guinea
235 Ga
236 Kongo (Brazzaville)
237 Zaire
238 Uganda
239 Kenia
240 Ruanda
241 Burundi
242 Tansania
243 Ma
244 Sambia
245 Simbabwe
246 Botswana
247 Swaziland
248 Südafrik. Rep.
249 Lesotho
250 Madagaskar
251 Ma

345 Belau
346 Kiribati
347 Salomonen
348 Tuvalu
349 Vanuata

·ggen der Staaten
·ternationaler Organisationen

·gen sind nach der geographischen Lage der zuge- Staaten geordnet

·e Ziffer der den Staaten beigefügten Schlüsselzah- ·eutet die regionale Zuordnung. 1 ist die Kennziffer ·pa, 2 für Afrika, 3 für Asien (und Australien), 4 für ·nd Mittelamerika, 5 für Südamerika. Die 2. und 3. ·möglicht das Auffinden der Staaten in der Karte.

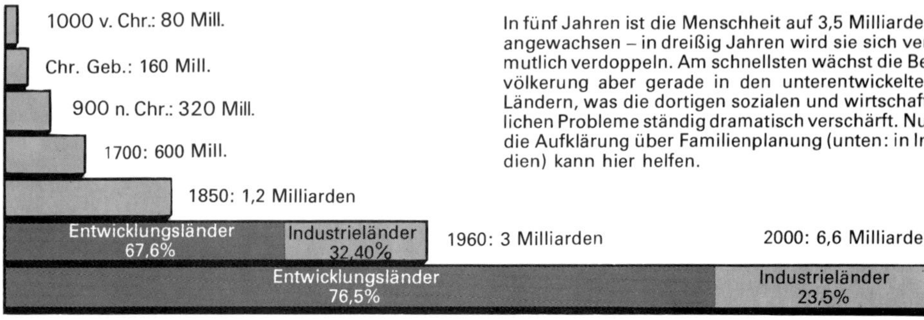

In fünf Jahren ist die Menschheit auf 3,5 Milliarden angewachsen – in dreißig Jahren wird sie sich vermutlich verdoppeln. Am schnellsten wächst die Bevölkerung aber gerade in den unterentwickelten Ländern, was die dortigen sozialen und wirtschaftlichen Probleme ständig dramatisch verschärft. Nur die Aufklärung über Familienplanung (unten: in Indien) kann hier helfen.

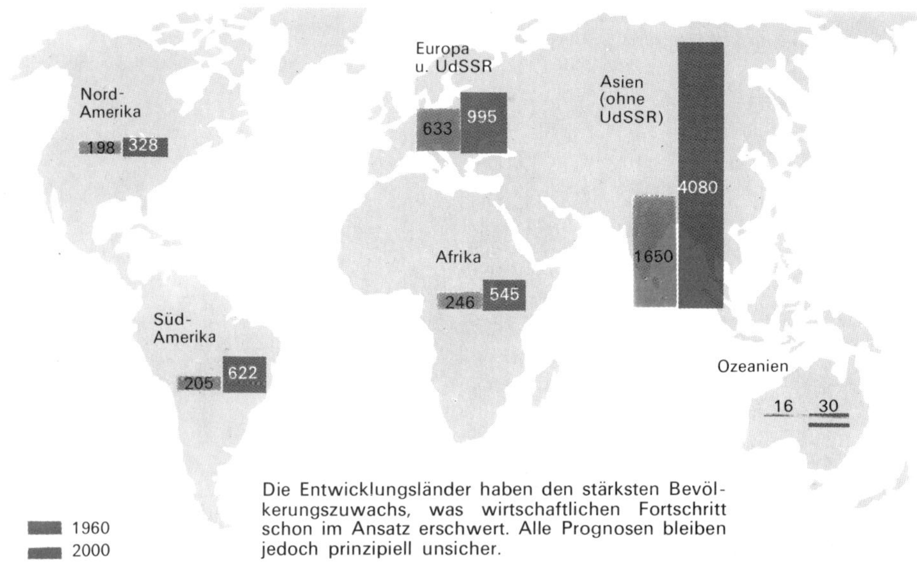

Die Entwicklungsländer haben den stärksten Bevölkerungszuwachs, was wirtschaftlichen Fortschritt schon im Ansatz erschwert. Alle Prognosen bleiben jedoch prinzipiell unsicher.

Kein oder nur geringes Bevölkerungswachstum	Bevölkerungsexplosion	Geringes Bevölkerungswachstum, Stagnation, Rückgang
Hohe Geburten- und Sterberaten, geringe Lebenserwartung	Anhaltend hohe Geburtenrate, sinkende Sterblichkeitsrate, steigende Lebenserwartung	Niedrige Geburten- und Sterbeziffern, hohe Lebenserwartung
Einfache Gesellschaften und Hochkulturen	Gesellschaften mit beginnender und sich verstärkender Industrialisierung	Industrielle Gesellschaften
Primärer Sektor dominiert	Sekundärer Sektor gewinnt zunehmende Bedeutung	Tertiärer Sektor charakteristisch
Charakteristisch in Europa bis Ende 18., Anfang 19. Jh.	Typisch in Europa für 19. und beginnendes 20. Jh., sowie für zahlreiche Entwicklungsländer	Erste Hälfte des 20. Jh., Gegenwart und abschätzbare Zukunft

Die Bevölkerung früher Kulturen, ja die gesamte Weltbevölkerung, blieb jahrhundertelang ziemlich konstant. Hohe Geburtenziffern waren nötig, um hohe Sterbeziffern auszugleichen. Erst in Verbindung mit Industrialisierung und ihren Begleiterscheinungen, wie etwa verbesserte Anbaumethoden, vermehrte Arbeitsplätze Lockerung des Heiratsverbots, niedriges Heiratsalter, medizinischer Fortschritt, verbesserte Hygiene, nahm die Bevölkerung stark zu. Überlieferte religiös-kirchliche Vorstellungen sind dabei wesentlich mitverantwortlich für eine lange Zeit nach wie vor hoch bleibende Geburtenziffern.

In der zweiten Phase befinden sich die Entwicklungsländer, hinzu kommt ein gestörtes Gleichgewicht zwischen Bevölkerungszahl und Ernährungsgrundlage. Verbesserte wirtschaftliche Verhältnisse und verringerte eheliche Fruchtbarkeit erscheinen deshalb nötig. In industriellen Gesellschaften erklären sich die vergleichsweise niedrigen Geburtenziffern nicht zuletzt aus dem Bedeutungsverlust des Kindes als Arbeitskraft und zur Versorgung alter Menschen, der Aufwertung der Liebe für Eheschluß und eheliches Zusammenleben, der gestiegenen Verantwortung gegenüber Kindern hinsichtlich günstiger Lebenschancen, dem vielfach folgenlosen Einsatz der Sexualität.

Geburtenüberschuß der Lebendgeborenen auf 1000 Einwohner (1982 bzw. 1983)

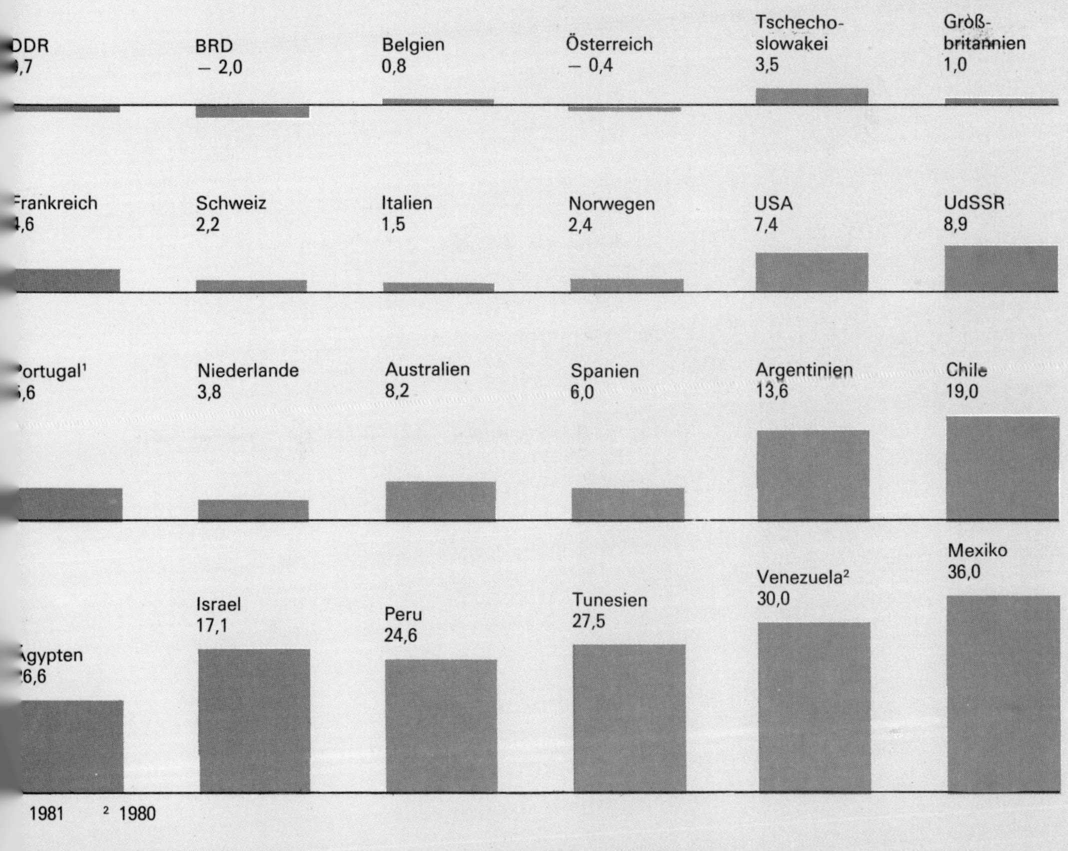

1981 [2] 1980

In 5 Mill. Jahren ist die Menschheit auf 3,5 Mrd. angewachsen — in 30 Jahren wird sie sich vermutlich verdoppeln. »In sechseinhalb Jahrhunderten, der gleichen unbedeutenden Zeitspanne, die uns vom Dichter Dante trennt, stünde ein Mensch auf jedem Quadratfuß Boden dieses Planeten — eine Schreckensvision, gegenüber der selbst das Inferno verblaßt« (McNamara).

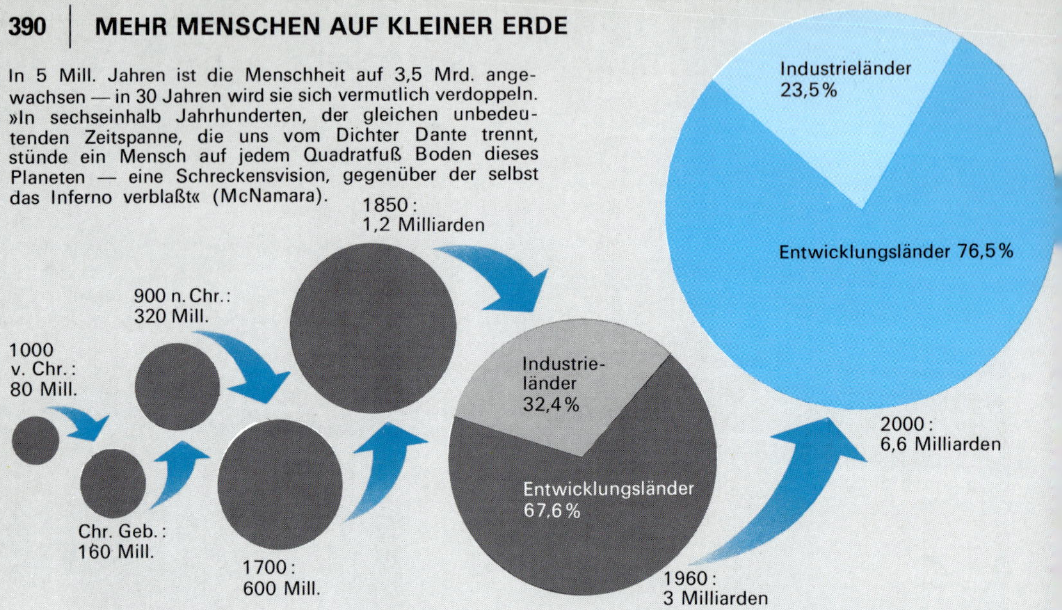

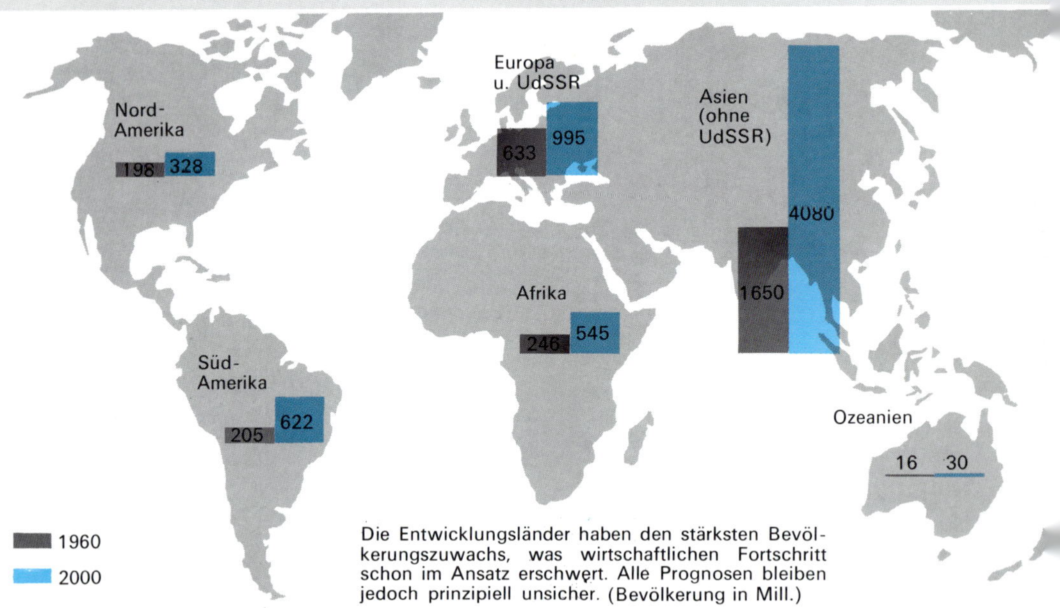

Die Entwicklungsländer haben den stärksten Bevölkerungszuwachs, was wirtschaftlichen Fortschritt schon im Ansatz erschwert. Alle Prognosen bleiben jedoch prinzipiell unsicher. (Bevölkerung in Mill.)

Bevölkerungsentwicklung (in 1000)

Land	1950	1960	1965	1970	1975	1980	1990	2000
BRD	49989	55433	59012	60915	62678	64426	68744	74160
DDR	18388	17241	17020	17246	17425	17668	18419	19458
Großbritannien	50616	52372	54436	55989	57653	59548	64216	70339
Schweden	7014	7480	7734	8069	8343	8573	8890	9239
Sowjetunion	180000	214000	231000	245700	260800	277800	316100	353100
Ver. Arab. Republ.	20393	25832	29600	34500	40150	46750	—	—
Argentinien	17085	20850	22545	24352	26262	28218	31909	35274
Brasilien	52326	70327	80953	93244	107510	124003	164374	215508
Mexiko	26640	36046	42696	50718	60247	71387	99669	135089
Venezuela	5330	7740	9113	10755	12736	14979	19953	26101
USA	152271	180684	194592	207326	223785	243291	286501	335977
Volksrepubl. China	546815	654181	700000	735300	794800	857700	978800	1083300
Indien	358293	429016	486811	543200	611000	682300	831200	981100
Pakistan	75040	92696	102876	134200	157000	182800	236600	287700
Australien, Ozeanien	13000	16000	18000	18700	20500	22500	27000	31900

BEVÖLKERUNGSDICHTE

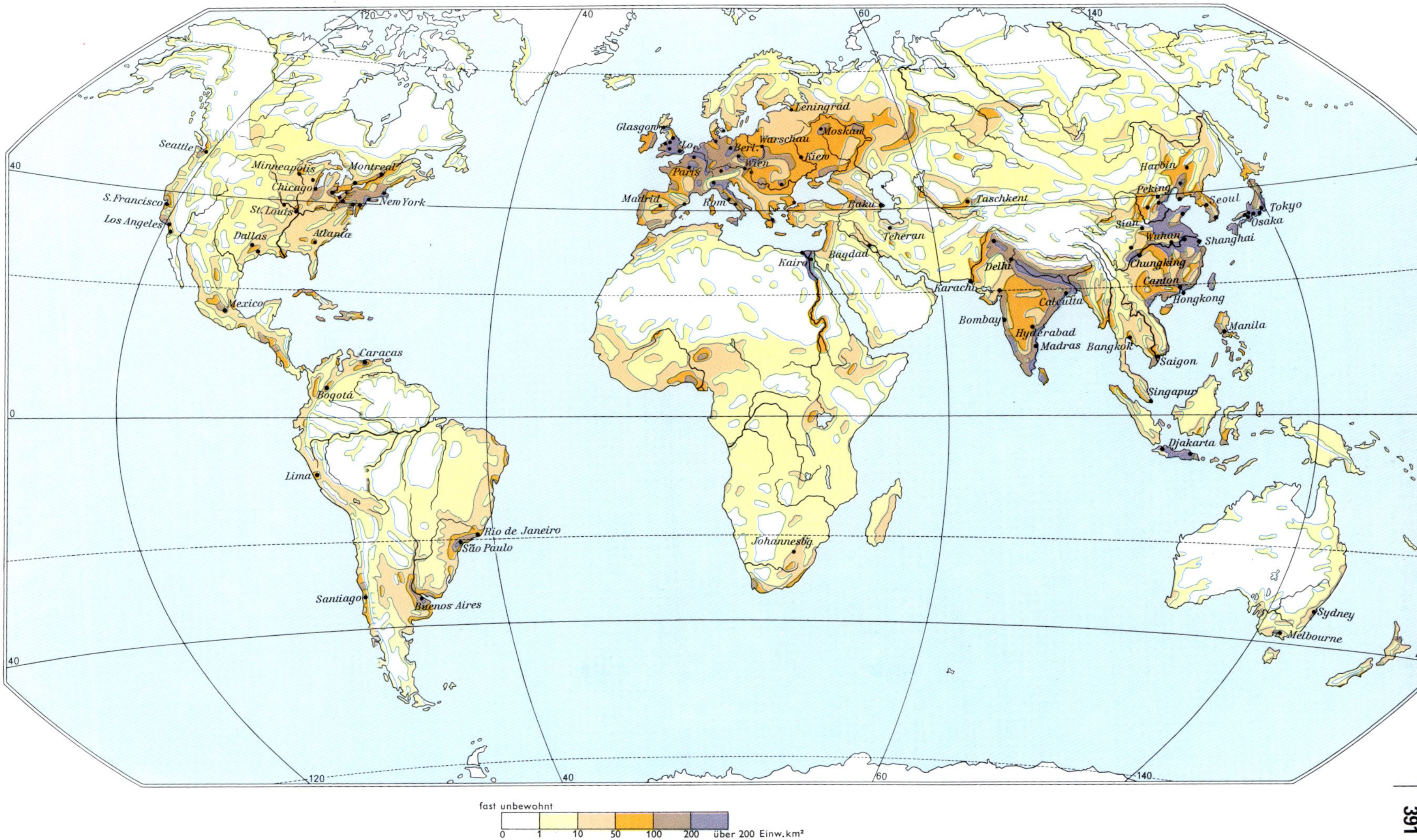

VERBREITUNG DER WICHTIGSTEN NAHRUNGSMITTELPFLANZEN

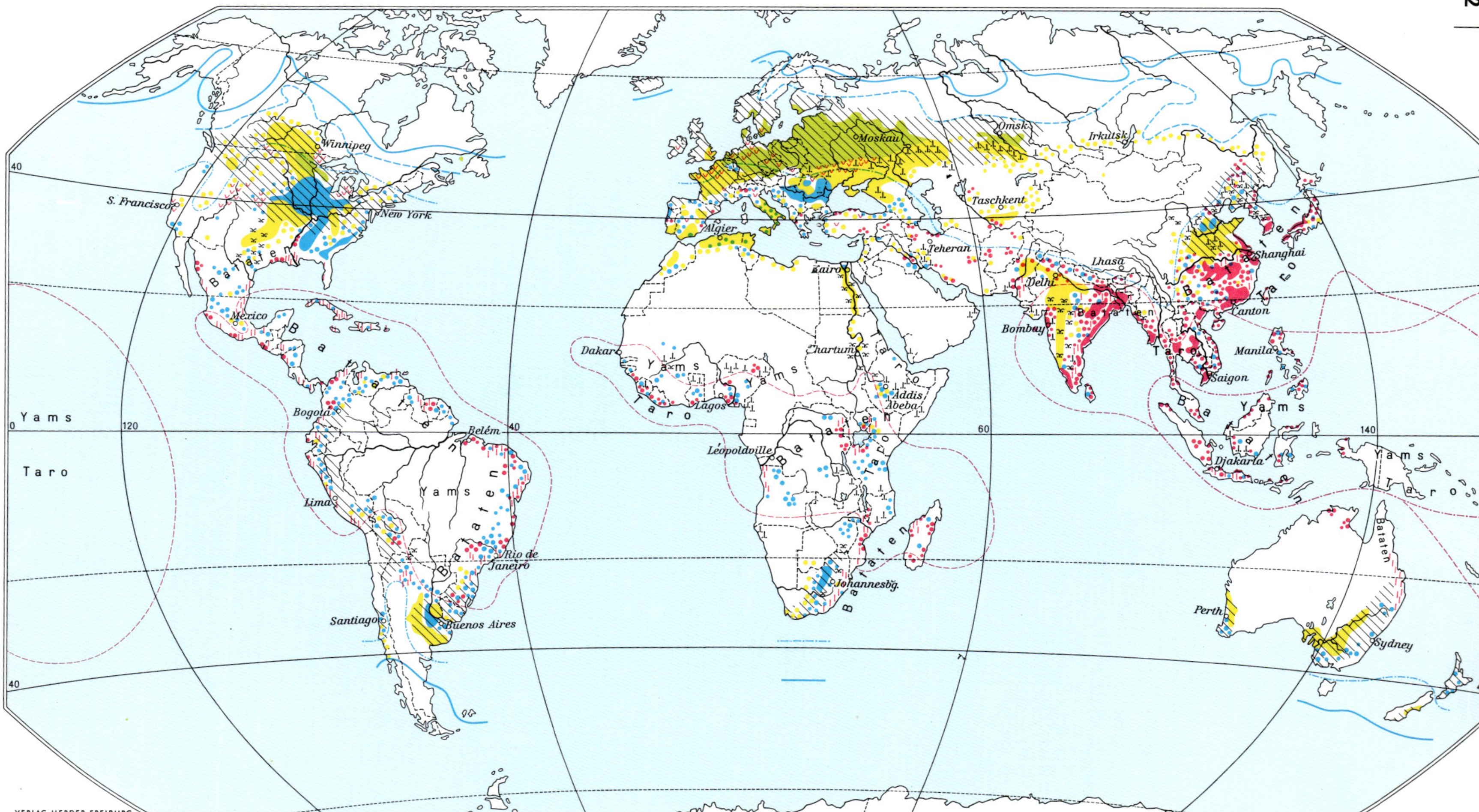

VERLAG HERDER FREIBURG

Entwurf: K.H. Paffen

Körnerpflanzen
Weizen
Mais
Hirse
Sorghum (= Durra,

Knollenpflanzen
Kartoffeln
Zuckerrüben
Zuckerrohr
Sagopalme

Polargrenzen
Getreidegrenze (Hafer u. zuletzt Gerste)
Weizenanbau
Maisanbau

VERBREITUNG DER WICHTIGSTEN GENUSSMITTEL- UND INDUSTRIEPFLANZEN

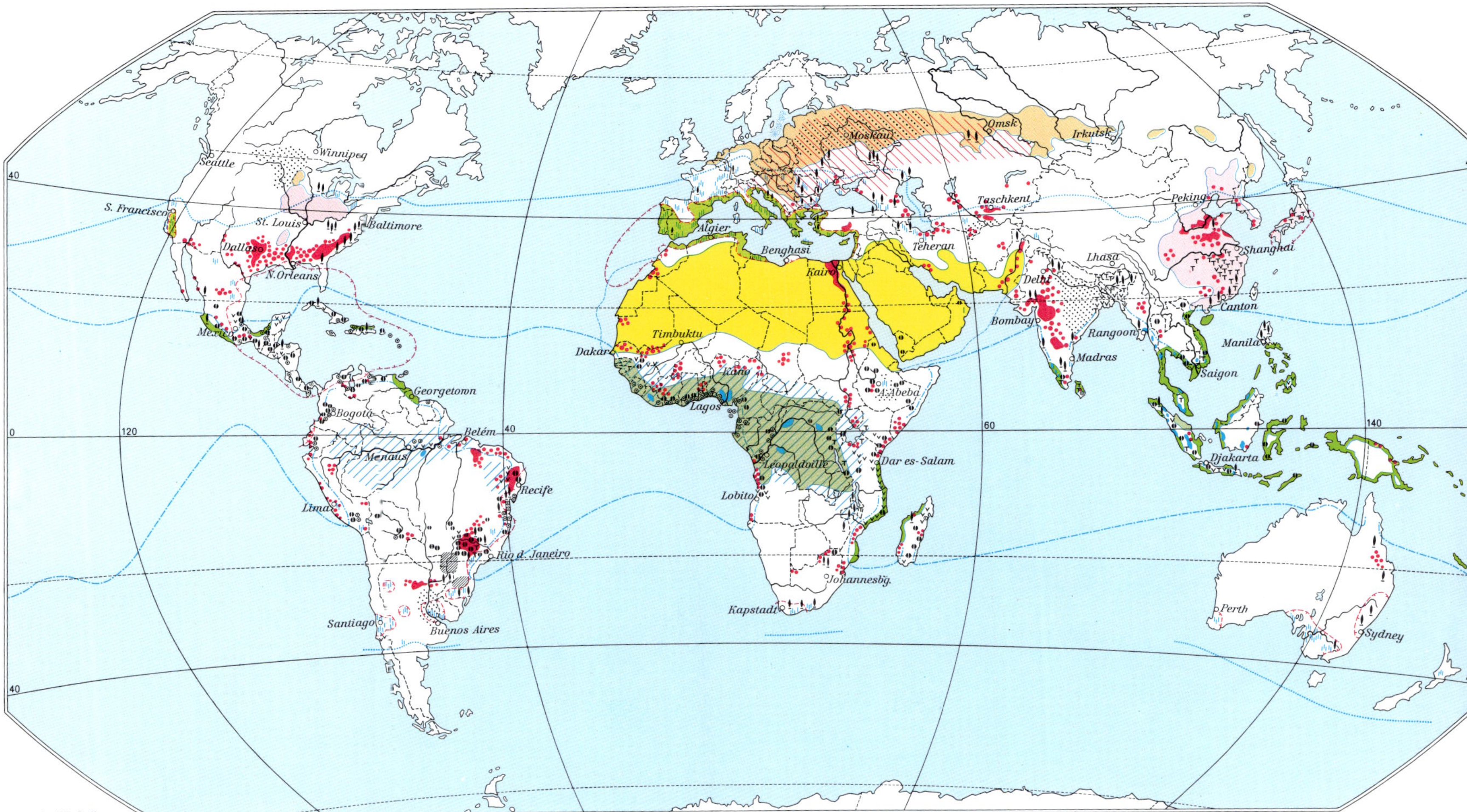

Entwurf: K.H. Paffen

Genußmittelpflanzen

Kaffee, Tee, Tabak, Polare Weinbaugrenze, Kokospalme (überwiegend an Küsten)

Kakao, Mate, Wein, Dattelpalme, Südfrüchte

Industriepflanzen

Baumwolle, Flachs (Lein), Hanf, Plantagenkautschuk, Wildkautschuk

Jute (Bengalen, Südamerika)
Sisal (Afrika, Süd- u. Mittelamerika)
Manila-Hanf (Philippinen)
Ramie, Kapok (bes. Ostasien)

Öl- und fettliefernde Pflanzen

Oliven, Ölpalmen, Sojabohnen, Kopra, Leinsamen

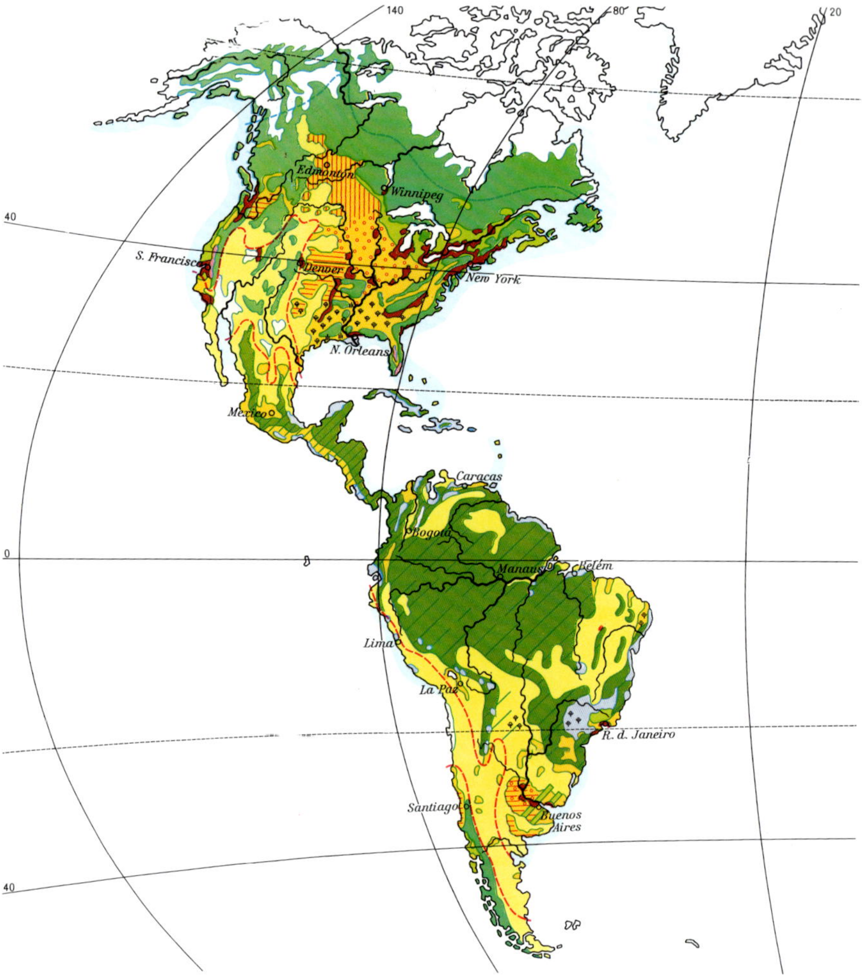

Die Entwicklungsländer erstrecken sich als breiter Gürtel über die tropischen und subtropischen Gebiete der Erde. Die Weltkarte macht die Probleme deutlich, die sich hieraus ergeben: Während die Industriestaaten (weitgehend schon im 18. bis frühen 20. Jahrhundert) ausgedehnte Industriegebiete erhielten, beschränken sich diese in den Entwicklungsländern auf relativ sehr wenige Regionen vor allem Ostasiens sowie einige Punkte in Indien und Lateinamerika. Die Dritte Welt dient deshalb, statt Industrieerzeugnisse exportieren zu können, noch weitgehend als Absatzgebiet industrieller Fertigprodukte sowie als Rohstofflieferant – ähnlich wie zur Kolonialzeit. Daß gleichwohl die Selbstversorgung früherer Lebensmittelausfuhrländer mit Nahrungsmitteln angesichts des Bevölkerungswachstums immer schwieriger wird und z.T. bereits unmöglich geworden ist, legt die Interpretation der Karte gleichfalls nahe: Die durch ausgedehnte Wüsten und nur z.T. nutzbar zu machende Wälder ohnehin stark eingeschränkten landwirtschaftlich ergiebigen Flächen können vielfach nur für eine extensive Weidewirtschaft genutzt werden; traditionelle, wenig effektive Anbaumethoden (Pflanzbau, Wanderhackbau) sind außerhalb der alten Hochkulturregionen Ost-, Süd- und Südostasiens noch weit verbreitet.

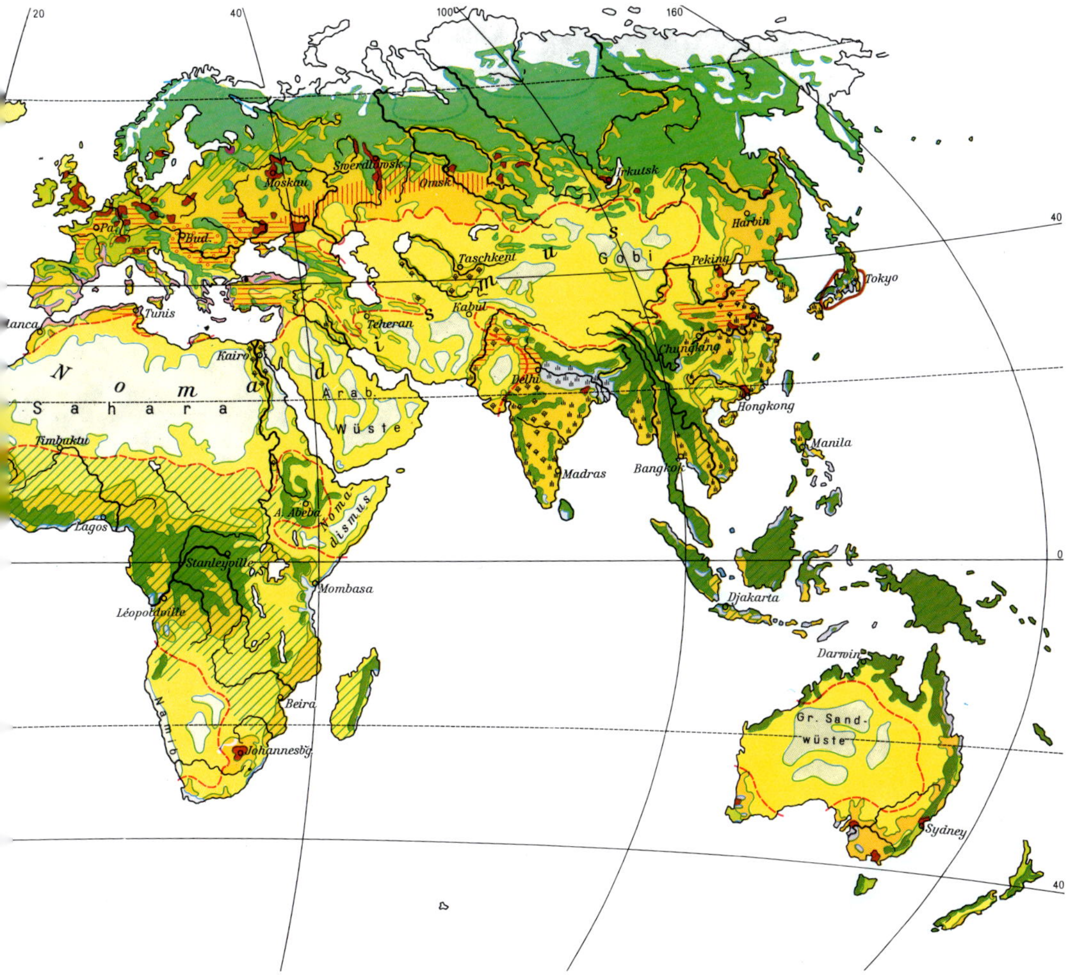

- Wüsten
- Tundren
- Extensive Weidewirtschaft
- Grünlandflächen, Weide, Wiesen, Milchwirtschaft
- Landbauflächen (ohne künstl. Bewässerung)
- Mediterrankulturen
- Anbaugebiete tropischer Handelsgewächse und Spezialkulturen (Europäer- und Eingeborenenpflanzungen und Plantagen)
- Wälder der Tropen und Subtropen
- Wälder der gemäßigten Zone
- Verbreitung von Pflanzbaumethoden (Pflanzstock, Grabstock, Hacke), Wanderhackbau (Landwechselwirtschaft)
- Nordgrenze des Ackerbaus
- Trockengrenze des Anbaus ohne künstliche Bewässerung
- Sommerweizen
- Winterweizen
- Mais
- Reis
- Baumwolle
- Fischereigebiete
- Industriegebiete

Im Verlauf der Industrialisierung ist an die Stelle lohnintensiver eine weithin kapitalintensive Produktion getreten, die hohe Investitionen erfordert. Infolge zunehmender Technisierung und Automatisierung wurde die Produktivität beträchtlich gesteigert, und es erhöhte sich zugleich auch der Lebensstandard (Abb. unten).

Leistungssteigerung der Landwirtschaft

Erwerbstätige in der Landwirtschaft (in Mill.)

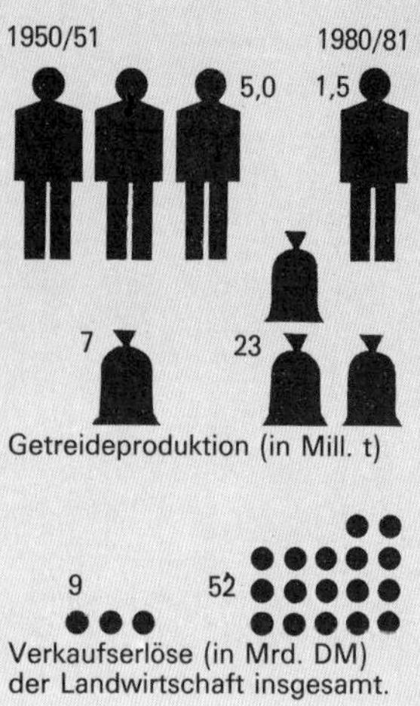

Das Nettosozialprodukt (NSP) Deutschlands von 1850 bis 1960
(in Preisen von 1913)

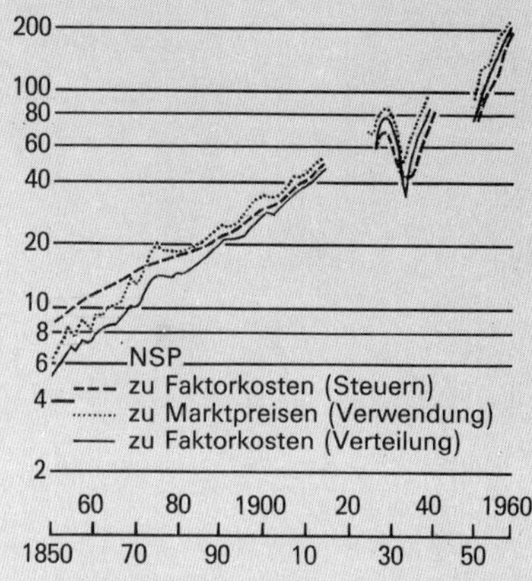

Quelle: W. G. Hoffmann u. a., Das Wachstum der deutschen Wirtschaft seit der Mitte des 19. Jahrhunderts, Berlin usw. 1965, S. 106.

Bruttosozialprodukt je Einwohner in ausgewählten Ländern (1980) in US-$

Bangla Desh	120
Äthiopien	140
Malawi	230
Indien	240
China	290
Indonesien	420
Nigeria	1010
Brasilien	2050
Mexiko	2130
Portugal	2350
Jugoslawien	2620
Polen	3900
Ungarn	4180
Griechenland	4520
Italien	6480
DDR	7180
Großbritannien	7920
Japan	9890
Österreich	10230
Saudi-Arabien	11260
USA	11360
Frankreich	11720
BR Dtl.	13590
Schweiz	16440
Katar	26080
Kuweit	22840
Vereinigte Arab. Emirate	30070

Um 1800 ernährten vier Bauern einen Menschen, der nicht in der Landwirtschaft tätig war. Heute ernährt in den industrialisierten Gesellschaften durchschnittlich ein Bauer (bzw. Farmer) über 20 Menschen, die nicht in der Landwirtschaft arbeiten. Die in der primären Produktion frei werdenden Arbeitskräfte stehen für die sekundäre und neuerdings verstärkt für die tertiäre Produktion zur Verfügung (Abb. unten).

Primäre Produktion	**Sekundäre Produktion**	**Tertiäre Produktion**
Unternehmen abnehmender Erträge	Unternehmen zunehmender Erträge	Langsam, aber stetig zunehmende Zahl von Arbeitskräften
Verlieren am schnellsten Arbeitskräfte in Perioden steigenden Volkseinkommens	Stark zunehmende Anzahl von Arbeitskräften, dann Stillstand und geringe Abnahme der Wachstumsrate während der Industrialisierung	Produktion „unsichtbarer Güter" (intangibles)
Landwirtschaft, Viehzucht, Fischerei, Jagd u. ä. Zweige	Bergbau, Industrien, Gas- u. Elektr.-Versorg., Bauuntern., Handwerk	Finanzwesen (Banken), freie Berufe Transport, Nachrichtenwesen, öffentliche Hand, Dienstleistungen
Unternehmen, die lebensnotwendige Güter herstellen	Unternehmen, die dazu bestimmt sind, Güter, für die eine weniger starre Nachfrage vorliegt, zu produzieren, die aber nicht als lebensnotwendig beschrieben werden können	Alle Unternehmen, die Dinge eines neuen oder relativ neuen Typs für die Befriedigung der elastischen Nachfrage herstellen, deren Produktion infolge technischen Fortschritts möglich geworden ist
Produktionszweige mit mittelmäßigem technischem Fortschritt	Produktionszweige mit starkem technischem Fortschritt	Wirtschaftl. Tätigkeiten mit geringem technischem Fortschritt
	Große Kostenunterschiede der Güter (gemessen in Löhnen)	Nahezu gleiche Produktionskosten der Güter von Land zu Land
Landwirtschaft	Industrie	Handel, öffentl. Dienste, Schulen, Verwaltung, freie Berufe, Dienstleistungsberufe
Unternehmen, in denen eine Zunahme der Produktivität (gemessen in Gütern und Dienstleistungen je Arbeitsstunde) durch die Bedingungen des natürlichen Wachstums begrenzt wird	Unternehmen, in denen eine Zunahme der Produktivität (gemessen in Gütern und Dienstleistungen je Arbeitsstunde) durch mechanische Faktoren begrenzt wird	Unternehmen, in denen eine Zunahme der Produktivität (gemessen in Gütern und Dienstleistungen je Arbeitsstunde) verhältnismäßig allein durch menschliche Geschicklichkeit und Fähigkeit begrenzt wird

Quelle: S. Klatt, Zur Theorie der Industrialisierung, Köln und Opladen 1959, S. 27f.

1 Figur = 10 Millionen landwirtschaftliche Familien

Stufen der Bodenbearbeitung in der Welt

Hölzerner Haken, eiserner Pflug und Motorpflug bezeichnen hier auch Stufen der Bodenbearbeitung und sie verdeutlichen zugleich die Änderung der Beschäftigtenstruktur sowie die Steigerung landwirtschaftlicher Produktivität.

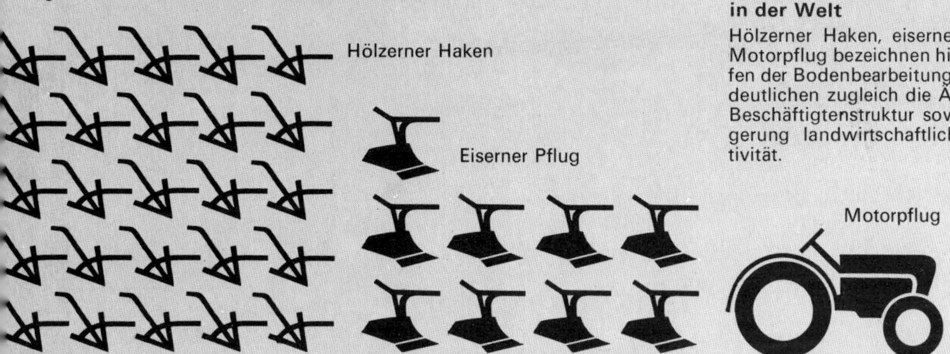

Entwicklung der Beschäftigungsstruktur (nach J. Fourastié)
Anteil der Beschäftigten der verschiedenen Wirtschaftsgruppen an der gesamten aktiven Bevölkerung in %

Primäre Zivilisation
Zeit langsamer Entwicklung
Dauerhafte Zielvorstellungen
Evolution

Übergangsperiode
Zeit schneller Umbrüche
wechselnde Zielvorstellungen
Revolutionen

Tertiäre Zivilisation

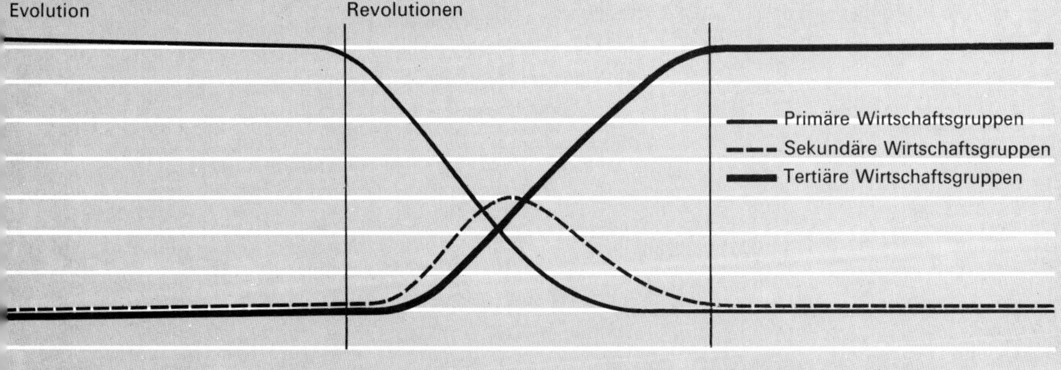

Wirtschaftlicher Fortschritt durch Industrialisierung ist das vorherrschende Ziel der Entwicklungsländer. Vor Jahren galt es als höchst erstrebenswert, den wirtschaftlichen Aufbau durch die Errichtung von Hütten- und Stahlwerken zu dokumentieren, wohingegen die Steigerung der landwirtschaftlichen Produktivität nicht selten vernachlässigt wurde. Einzelne Industrievorhaben reichen jedoch nicht aus, ein Agrarland in kurzer Zeit zu einer Industrienation zu machen. Denn: Industrielle Gesellschaft heißt nicht einfach Industrieanlagen, sondern mehr noch eine Wirtschaftsform auf einem nicht zu schmalen Unterbau von technischen Kenntnissen und Fertigkeiten (»know how«); das zu erreichen kostet Zeit. Die Hoffnung, industrielle Schwerpunkte würden die zurückbleibenden Wirtschaftssektoren nach sich ziehen (»dual economies«), hat sich ebensowenig erfüllt wie die in den Welthandel gesetzten Erwartungen.

Bevölkerung in Millionen

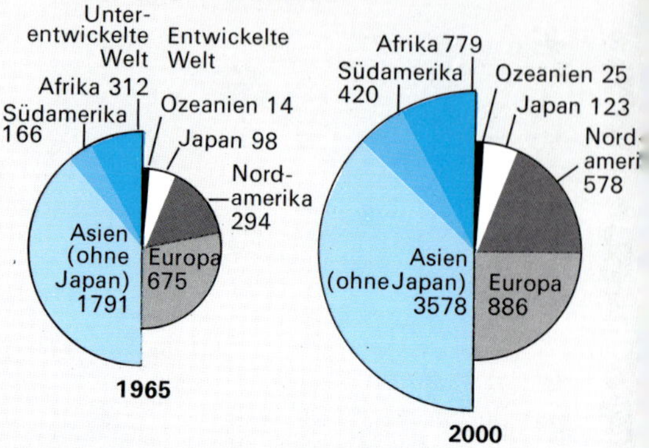

Bruttosozialprodukt (BSP) in Millionen US-Dollar
(Wert von 1965)

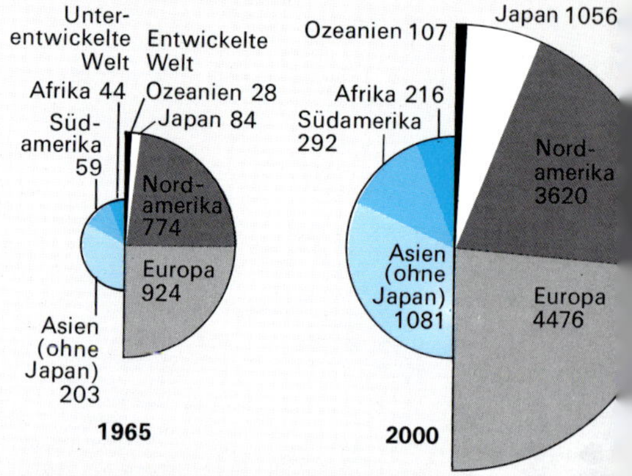

Bevölkerung, BSP, Pro-Kopf-BSP in der Welt 1965-2000

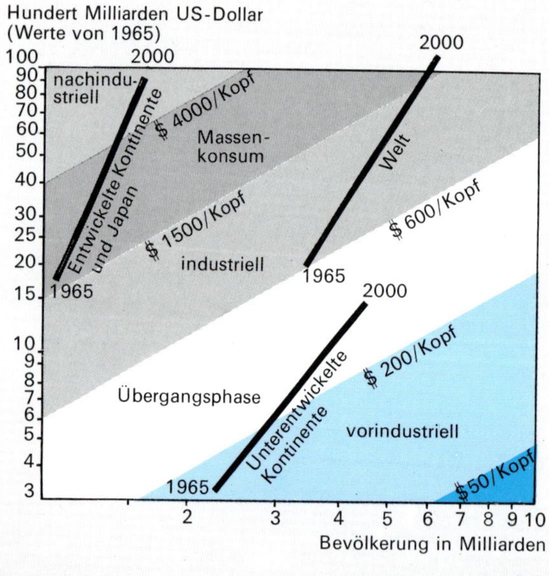

Der wirtschaftliche Vorsprung der Industrieländer ist groß — und er scheint zukünftig eher noch zu wachsen. Dennoch gibt es schwerwiegende Probleme, so etwa: strukturelle Änderungen, Sicherung des wirtschaftlichen Wachstums, Abstimmung von Produktion und Konsum, Verteilung des Volkseinkommens, Ausbau der sozialen Infrastruktur und der »non-profit industries«. Die wirtschaftliche Expansion bleibt nicht ohne weitreichende soziale Auswirkungen in vielen Lebensbereichen. Große Anstrengungen und Investitionen sind nötig, um zu korrigieren, sich auf neuartige Situationen einzustellen, Entwicklungen zu steuern. Wirtschaftlicher Reichtum ist kostspielig (Prognosen oben und links nach Kahn).

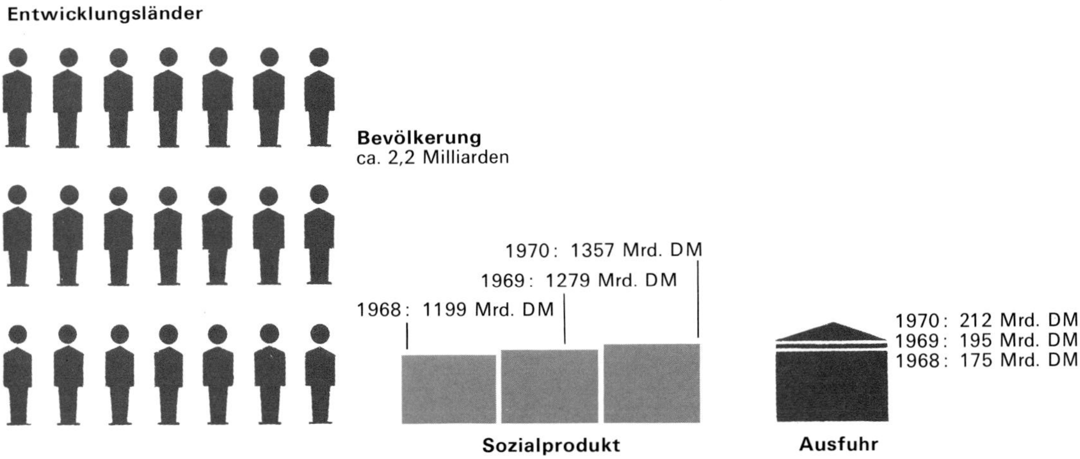

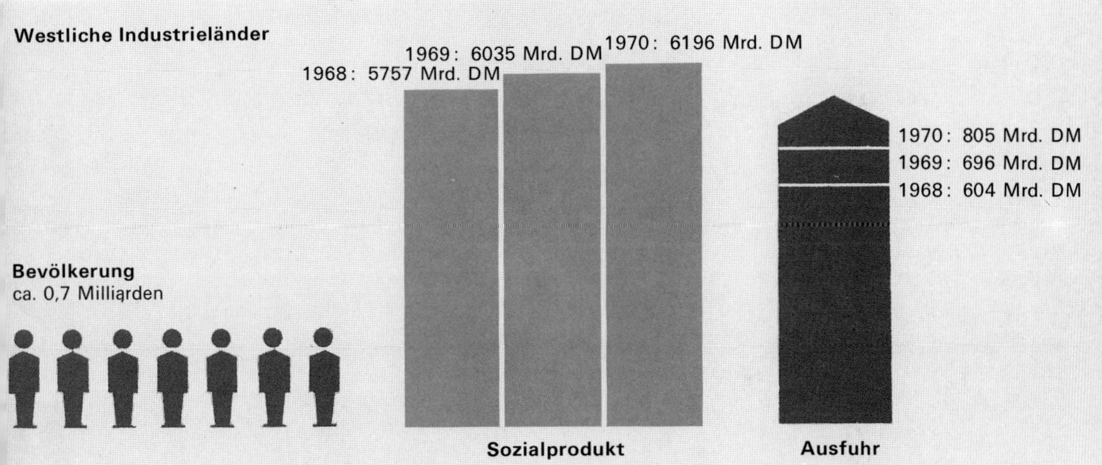

In den sechziger Jahren war das Exportsortiment der Entwicklungsländer wenig begünstigt. Auf Nahrungsmittel und Rohstoffe — sie hatten zwischen 1960 und 1970 die niedrigsten Zuwachsraten der Weltexporte — entfielen 1960 über 55%; auf chemische Erzeugnisse, Maschinen, Fahrzeuge und sonstige Fertigwaren mit weltweit überdurchschnittlichen Zuwachsraten entfielen nur knapp 15% des Exportsortiments der Entwicklungsländer. Die entsprechenden Zahlen der Industrieländer dagegen sind 27% und 66%. Bei den Entwicklungsländern war aber das Schlüsselprodukt Erdöl stärker vertreten, wenn auch nur wenige Entwicklungsländer daran beteiligt sind. Trotz der starken Zunahme des Erdölexports waren die Entwicklungsländer auch 1970 noch zu über 50% auf Güter spezialisiert, für die die Einkommenselastizität der Nachfrage sehr niedrig ist. Insgesamt gesehen, haben sich die Terms of Trade zwischen Primärgütern und Industriegütern daher weiter verschlechtert, wenn auch nicht mehr so stark wie in der zweiten Hälfte der fünfziger Jahre. Über sinkende Terms of Trade für Primärgüter dürfte so ein Transfer von Produktivitätsgewinnen aus den Entwicklungsländern in die Industrieländer stattfinden. (Quelle zu Abb. oben: Bericht Kreditanstalt für Wiederaufbau 1970; zu Tab. unten: UN, »Monthly Bulletin of Statistics«, New York, November 1970.)

Nachfrage- und Preisentwicklung nach Warengruppen 1960/1969

SITC-Warengruppen		Nachfrageentwicklung gemessen am Weltexportwert – Jahresdurchschnittliche Veränderung in %	Preisentwicklung gemessen am Weltdurchschnittswert – Jahresdurchschnittliche Veränderung in %	Anteile am Export im Jahre 1960 in % – Entwicklungsländer	Anteile am Export im Jahre 1960 in % – Industrieländer
0 + 1	Nahrungs- und Genußmittel	+ 5,7	+ 12,6	29,9	13,9
2 + 4	Rohstoffe	+ 4,0	− 1,0	26,4	13,1
3	Erdöl u. a. Brennstoffe	+ 8,0	− 6,8	28,7	3,9
0 − 4	Primärgüter	+ 5,7		85,1	30,9
5	Chemische Erzeugnisse	+ 11,1	− 13,9	1,1	7,5
7	Maschinen und Fahrzeuge	+ 12,7	+ 15,8	0,7	26,9
6 + 8	Sonstige Fertigwaren	+ 9,9	+ 9,9	12,8	31,4
5 − 8	Industrielle Halb- und Fertigwaren	+ 11,2		14,6	65,8
0 − 9	Exporte insgesamt	+ 9,0	+ 6,0	100	100

Die Impulse auf das Wirtschaftsleben gehen überwiegend von sog. Schlüsselindustrien aus, jenen Industriezweigen, die sich durch ein besonders rasches Wachstum und eine große gesamtwirtschaftliche Bedeutung auszeichnen. Das hat weiterreichende Auswirkungen, sei es, daß andere Wirtschaftszweige mitgezogen werden, sei es, daß diese an Einfluß verlieren. Was Schlüsselindustrien sind, steht nicht ein für allemal fest. Schon seit längerer Zeit sind bei uns jene Industriezweige in eine Strukturkrise geraten, die den industriellen Aufschwung herbeiführen halfen (Abb. links: stillgelegte Zeche).

Wirtschaftlicher Strukturwandel solchen Ausmaßes beeinflußt das Leben vieler Menschen tiefgreifend. Man muß den Arbeitsplatz und vielleicht sogar den Wohnort wechseln, sich auf neue Arbeitsbedingungen einstellen, umlernen, überhaupt im Berufsleben elastisch sein — was freilich oftmals dauerhafte Unsicherheit mit sich bringt.

In den hochindustrialisierten Gesellschaften hat nicht nur die Landwirtschaft ihre früher zentrale Stellung verloren, sondern auch die herkömmliche industrielle Produktion mußte neuen Industriezweigen und Fertigungsmethoden weichen (Abb. Mitte links). Moderne Technologie und Bedeutungszunahme der Dienstleistungen gehen dabei Hand in Hand. Vor allem die Elektronik ermöglicht umfassende und rationelle Steuerung zahlreicher wirtschaftlicher Vorgänge (Abb. oben, links unten). Schon jetzt werden in vielen Tätigkeitsbereichen vorwiegend Überwachungs- und Steuerungsfunktionen durch menschliche Arbeit wahrgenommen, wobei nicht eigentlich körperliche Anstrengung, sondern Konzentration nötig ist.

Die Beschleunigung des technologischen Fortschritts zeigte sich u.a. in der sehr kurzen Innovationszeit des Lasers, der im übrigen auch die militärische Verwertbarkeit neuzeitlicher Technologie widerspiegelt (oben: amerikanischer Infanterist mit einem von Hughes Aircraft gebauten sog. Laser-Gewehr zum Anvisieren von Zielen; Foto 1975). Dies gilt auch für den wohl spektakulärsten Zweig der heutigen Technologie, die Raumfahrttechnik, deren Aufschwung ein breites Spektrum von Erfindungen und Entwicklungen mit sich brachte (unten: Apollo 15 – Unternehmen 1971: US-Astronaut David Scott vor den Mond-Apenninen). Die auf diesem Gebiet ebenso wie z.B. in der eigentlichen Rüstungstechnologie erreichte amerikanische Führungsstellung beruht – typisch für die USA – ganz wesentlich auch auf einer breit angelegten Forschungsförderung privater Stiftungen (Tabelle rechts).

Die zwölf größten Stiftungen der Vereinigten Staaten

Name	*Vermögen (in Mio. $)*
1. Ford Foundation	2902
2. Robert Wood Johnson Foundation	1100
3. Lilly Endowment	778
4. Rockefeller Foundation	757
5. Duke Endowment	510
6. Kresge Foundation	433
7. W. K. Kellogg Foundation	393
8. Charles S. Mott Foundation	371
9. Pew Memorial Trust	367
10. Alfred P. Sloan Foundation	303
11. Carnegie Corporation of New York	283
12. John A. Hartford Foundation	277

Die zehn größten deutschen Stiftungen

Name	*Vermögen (in Mio. DM)*
1. Stiftung Volkswagenwerk	1500
2. Robert-Bosch-Stiftung	1100
3. A. Krupp v. Bohlen u. Halbach-Stiftung	700
4. Fritz-Thyssen-Stiftung	210
5. Mahle-Stiftung	200
6. Possehl-Stiftung	140
7. Friedrich-Baur-Stiftung	130
8. Stiftung F.V.S.	120
9. Werner-Reimers-Stiftung für Anthropogenetische Forschung	55
10. Hauni-Stiftung	50

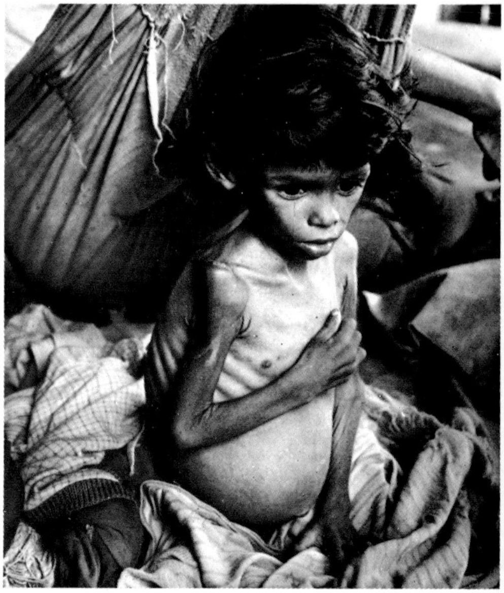

Zwischen industriellen Gesellschaften und Entwicklungsländern besteht eine erhebliche Kluft, die gelegentlich als Nord-Süd-Problem bezeichnet wird. Verallgemeinernd ausgedrückt: dort weithin Wohlstand — hier vorwiegend unvorstellbare Armut. So gewaltig die Unterschiede auch sind, es wäre falsch, die nicht gerade wenige Menschen betreffende Armut in modernen Gesellschaften zu übersehen. Es gibt sie selbst in der wohlhabendsten westlichen Gesellschaft, den USA.

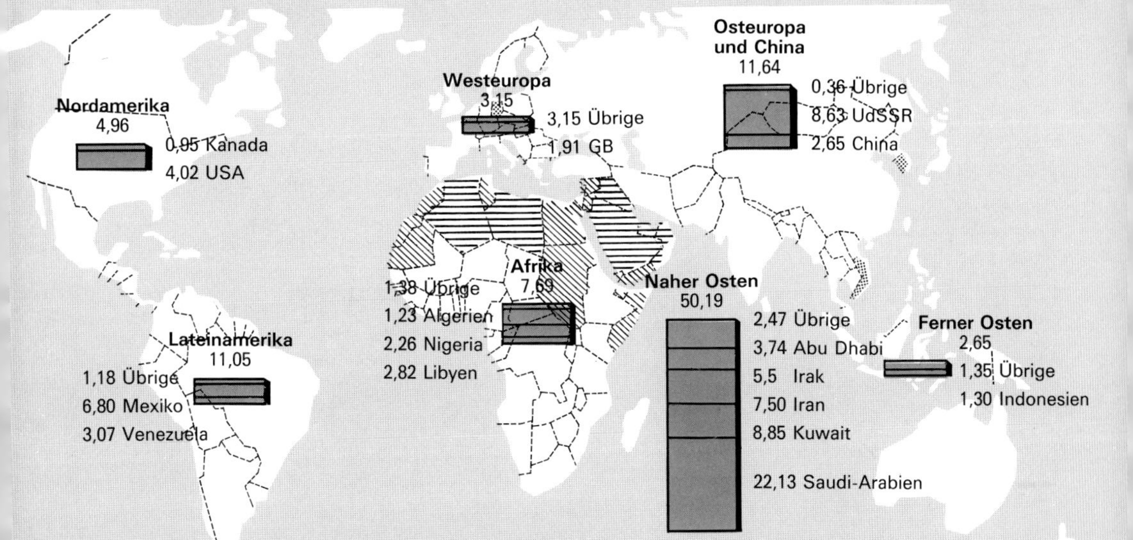

Erdölreserven der Welt 1982 (in Mrd. Tonnen)
insgesamt 91,34 Mrd. Tonnen

Mitglieder der Arabischen Liga:
Nicht-Ölexporteure
Exportländer

Energieverbrauch 1982
in der Bundesrepublik Deutschland **insgesamt 362,5 Millionen t SKE**

Vom Energieverbrauch
kommt aus heimischen Quellen:

4%	160,0 Mill. t.	= 44,2%	Mineralöl
88%	77,0	21,2%	Steinkohle
33%	55,1	15,2%	Erdgas
90%	38,6	10,6%	Braunkohle
0,0%	20,6	5,7%	Kernenergie
92%	11,2	3,1%	Wasserkraft u. sonstige Energieträger

Der Einsatz der „Erdölwaffe" durch die arabischen Ölstaaten im Herbst 1973, der durch Sparmaßnahmen auch in der Bundesrepublik die Abhängigkeit vom Energielieferanten Erdöl deutlich macht, die Ölpreisexplosion und der bald wieder zunehmende Energieverbrauch beschleunigen den Aufbau der Kernkraftwerke, obgleich die Nukleartechnologie mit ihrer nie wieder abzubauenden Umweltgefährdung nicht als vom Menschen beherrscht gelten kann.

Kernkraftwerke der Welt* ■ in Betrieb ■ im Bau oder bestellt
* z. T. einschließlich Forschungsreaktorer

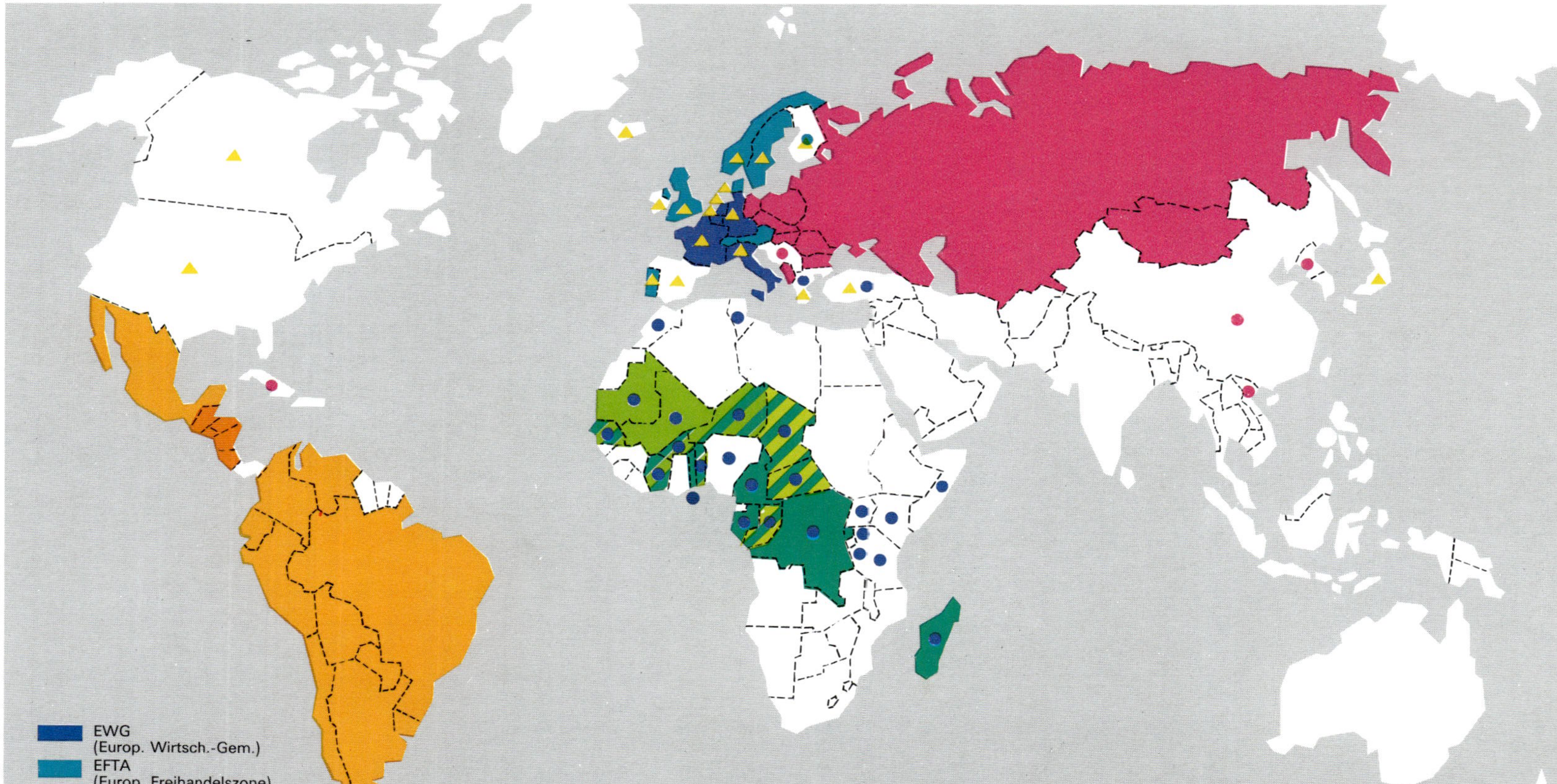

EWG: Belgien, BR Dtl., Dänemark, Frankreich, Griechenland, Großbritannien, Irland, Italien, Luxemburg, Niederlande. Beitrittsverhandlungen mit Portugal u. Spanien. – Assoziiert: Türkei sowie über 20 afrikanische Staaten
EFTA: Norwegen, Österreich, Portugal, Schweden, Schweiz. – Assoziiert: Finnland
COMECON: Bulgarien, DDR, Kuba, Mongolische VR, Polen Tschechoslowakei, Rumänien, UdSSR, Ungarn, Vietnam. – Beobachter: Afghanistan, Äthiopien, Angola, Guyana, Jamaika, VR Jemen, Nordkorea. – „Assoziiert“: Jugoslawien
CEAO: Elfenbeinküste, Mali, Mauretanien, Niger, Obervolta, Senegal. – Beobachter: Benin, Togo

GATT (Allgem. Zoll- u. Handelsabk.): weltweite Mitgliedschaft von über 85 Staaten
OCAM: Benin, Gabun, Zaire, Zentralafrikan. Republik
UEAC: Kongo, Tschad, Zentralafrikanische Republik
IAEA Internat. Atomenergie-Komm.): alle Mitglieder der UN und ihrer Sonderorganisationen
UNCTAD (Welthandelskonferenz): alle Mitglieder der UN, ihrer Sonderorganisationen und der IAEA
△ **OECD** (Organ. f. wirtschaftl. Zus.-arbeit u. Entwicklung): Australien, Belgien, BR Dtl., Dänemark, Finnland, Frankreich, Griechenland, Großbritannien, Irland, Island, Italien, Japan, Kanada, Luxemburg, Neuseeland, Niederlande, Norwegen, Österreich, Portugal, Schweden, Schweiz, Spanien, Türkei, USA

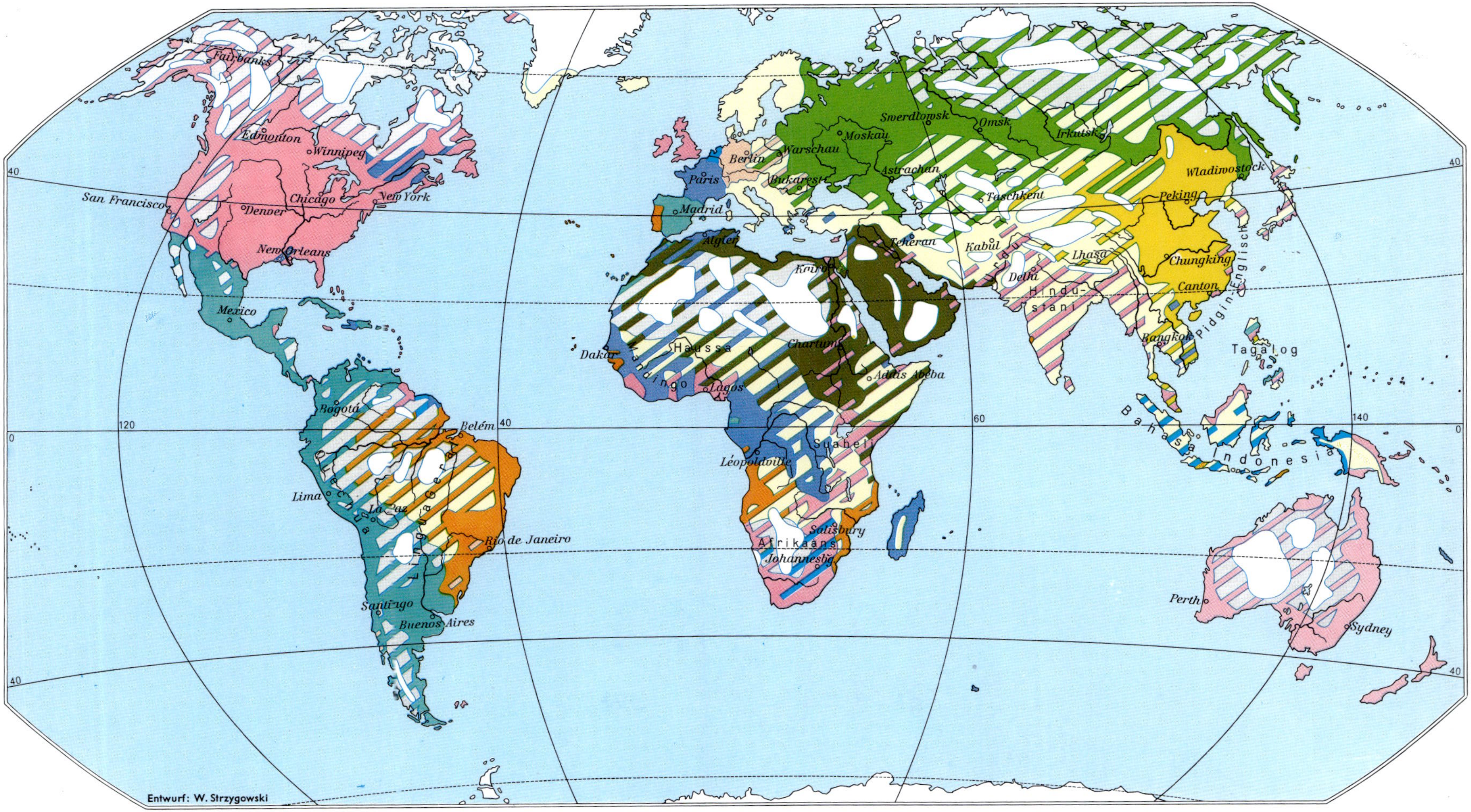

Unbewohnte Gebiete
Dünn besiedelte Gebiete
Vorherrschende Sprachen in dünn besiedelten Gebieten
Kleinere Sprachen
Mischung mehrerer Verkehrssprachen
Deutsch
Französisch
Englisch
Russisch
Spanisch
Portugiesisch
Niederländisch
Arabisch
Chinesisch
Urdu Andere Verkehrssprachen

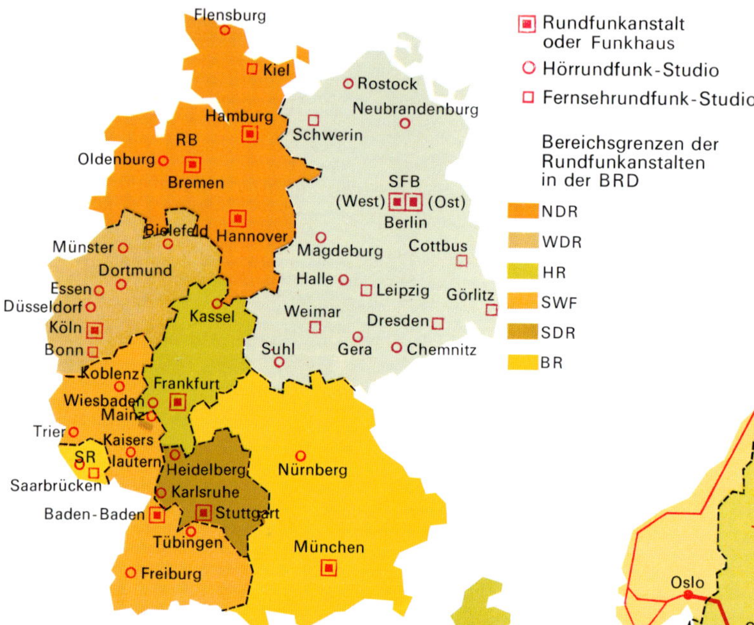

Die weltweite Übertragung von Nachrichten über Rundfunk und Fernsehen wird durch *Nachrichtensatelliten* ermöglicht. Abb. unten zeigt ein System von drei Nachrichtensatelliten, deren Bahnhöhe bzw. Umlaufsgeschwindigkeit um die Erde so bemessen ist, daß sie jeweils über einem Gebiet der Erdoberfläche stillstehen. Drei derartige *Synchronsatelliten* »überdecken« zusammen mit ihrem Sende- und Empfangsbereich die ganze Erde.

Rundfunkanstalten in der BRD und in der DDR

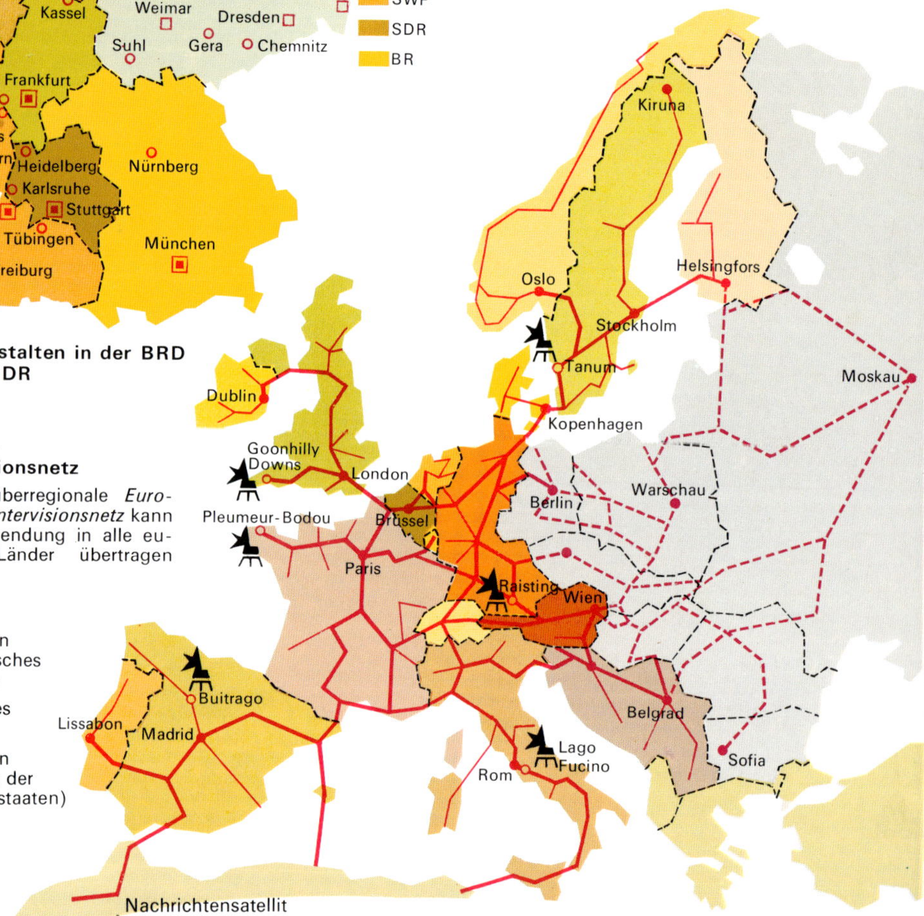

Eurovisions- und Intervisionsnetz

Durch das überregionale *Eurovisions-* und *Intervisionsnetz* kann eine Fernsehsendung in alle europäischen Länder übertragen werden.

Eurovision (Europäisches TV-Netz)

Nationales TV-Netz

Intervision (TV-Netz der Ostblockstaaten)

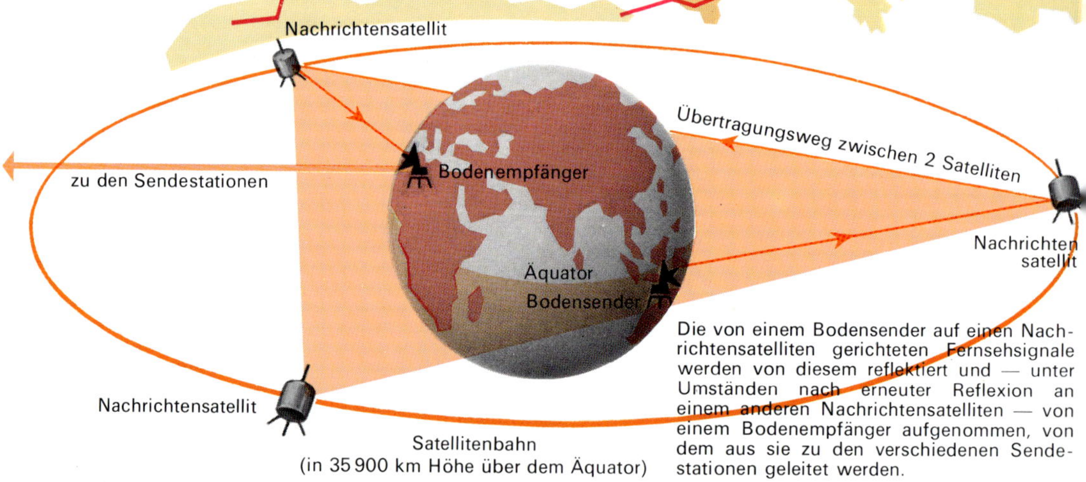

Die von einem Bodensender auf einen Nachrichtensatelliten gerichteten Fernsehsignale werden von diesem reflektiert und — unter Umständen nach erneuter Reflexion an einem anderen Nachrichtensatelliten — von einem Bodenempfänger aufgenommen, von dem aus sie zu den verschiedenen Sendestationen geleitet werden.

Die Entwicklung des Luftverkehrs verlief in den letzten Jahrzehnten stürmisch. Inzwischen gibt es ein streckenweise sehr dichtes Luftverkehrsnetz, das nahezu die ganze Welt umspannt. Von gleicher Bedeutung wie der Luftnahverkehr für manche Länder ist insgesamt der Luftfernverkehr mit seinen internationalen Luftverkehrsrouten und Großflughäfen (Abb. Mitte).

Die Entwicklung des Luftverkehrs wird besonders deutlich bei einem Vergleich der bestehenden und geplanten Flugzeugtypen: Immer größere Maschinen können immer mehr Menschen befördern (Abb. unten). Dieser technische Fortschritt bringt jedoch auch erhebliche Probleme mit sich, so etwa ein Überangebot an Kapazität, mehr Lärm und Abgase, Zwang zur Vergrößerung der Flughäfen, Bau neuer Flughäfen, Erweiterung der Zugangsstraßen usw.

Die wichtigsten Luftverkehrsverbindungen

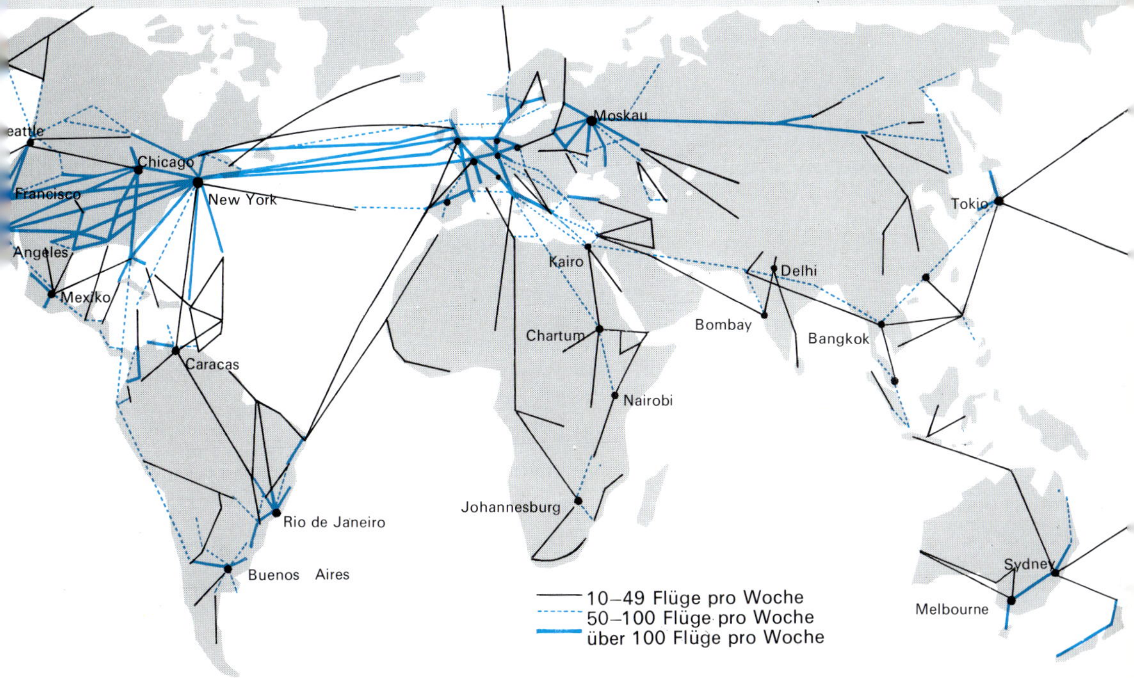

Vergleich der Transportleistungen heutiger und zukünftiger Flugzeugtypen
(Flottengrößen gleicher Transportleistungen)

Bestandsveränderungen 1950–1961 der Erwerbspersonenzahlen nach Wirtschaftsgruppen/-zweige gemessen am Gesamtwachstum der Erwerbspersonen auf 112,9% (in %)

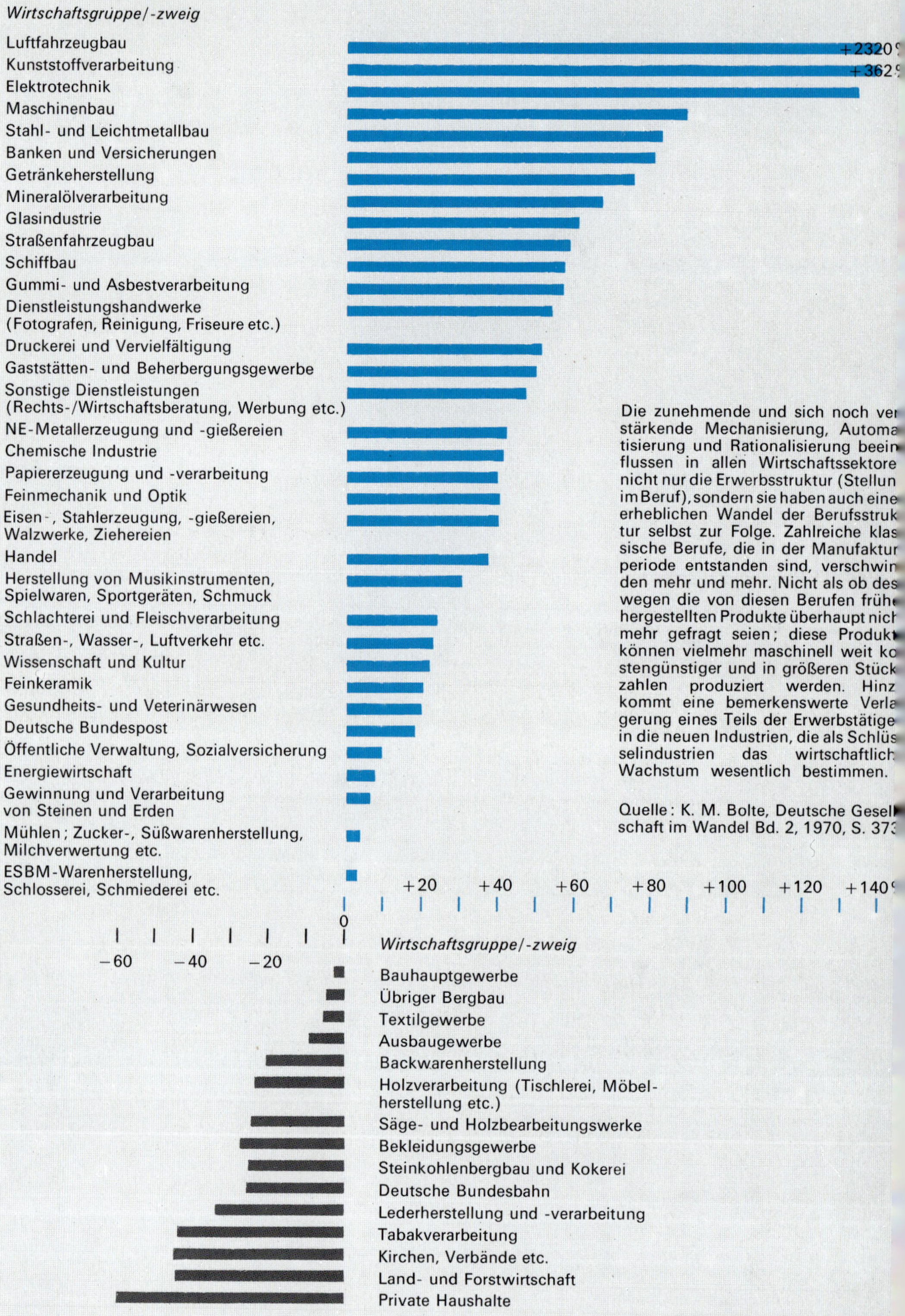

Die zunehmende und sich noch ver stärkende Mechanisierung, Automa tisierung und Rationalisierung beein flussen in allen Wirtschaftssektore nicht nur die Erwerbsstruktur (Stellun im Beruf), sondern sie haben auch eine erheblichen Wandel der Berufsstruk tur selbst zur Folge. Zahlreiche klas sische Berufe, die in der Manufaktur periode entstanden sind, verschwin den mehr und mehr. Nicht als ob des wegen die von diesen Berufen frühe hergestellten Produkte überhaupt nich mehr gefragt seien; diese Produkt können vielmehr maschinell weit ko stengünstiger und in größeren Stück zahlen produziert werden. Hinz kommt eine bemerkenswerte Verla gerung eines Teils der Erwerbstätige in die neuen Industrien, die als Schlüs selindustrien das wirtschaftlich Wachstum wesentlich bestimmen.

Quelle: K. M. Bolte, Deutsche Gesel schaft im Wandel Bd. 2, 1970, S. 373

Schuster und Dorfschmied (links), das sind nur zwei Beispiele handwerklicher Fertigung, welche in dieser Form nur noch selten eine ausreichende Ernährungsgrundlage garantiert. Im Fall des Schusterhandwerks zeigt sich überdies, daß für die Massenproduktion in Verbindung mit systembedingt nötigem hohen Konsum der Verschleiß vieler Produkte eingeplant wird; zu häufige Reparatur ist schließlich unökonomisch.
Unter den neuen Berufen sind vor allem jene beachtenswert, welche zusammen mit dem Einsatz von Computern ermöglicht wurden. Beispiele dafür sind: Programmierer (Mitte links), Steuermann einer Walzenstraße (Mitte rechts), Arbeiter am Spinnautomaten (unten links), Meßwarte in einer Raffinerie (unten rechts).

Die Not mit der Bildung hat sicherlich zahlreiche Ursachen und Folgen — ein Komplex betrifft jedenfalls die räumlichen Verhältnisse, die eben weiterreichende Auswirkungen haben. Veraltete Schulgebäude (links), überfüllte Klassen (ganz oben) und Hörsäle (oben) sowie extrem unzureichende Ausbildungsplätze (unten) belegen beispielhaft das Ausmaß der Probleme.

Bildungspolitik und Bildungsreform verfolgen zahlreiche Ziele, die zu verwirklichen vielfältige neue Methoden erfordert. Größere und moderne Schulen (Abb. rechts: neuartige Tagesheimschule) sind hier ebenso wichtig wie der Einsatz moderner Technologie im Unterricht. Das betrifft beispielsweise die Verwendung des Fernsehens als Schulfernsehen (Abb. Mitte rechts), den technisch vorprogrammierten Sprachunterricht im Sprachlabor (Abb. unten), den audio-visuell ausgerüsteten Adressatenplatz für computerunterstütztes individuelles Lernen (Abb. Mitte links).

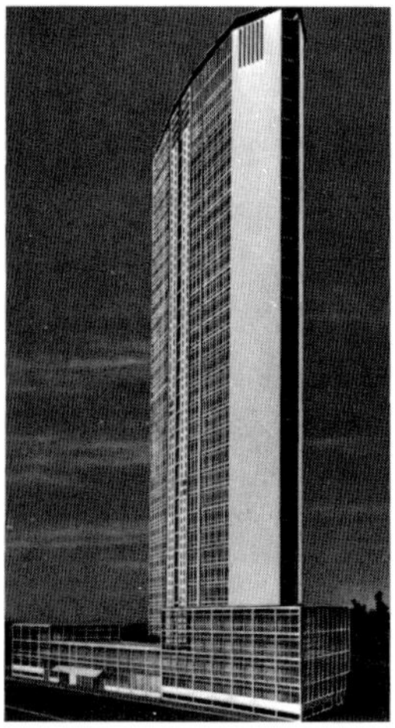

Die Bedeutung von bürokratischer Organisation und Verwaltung zeigt sich schon rein äußerlich an den zahlreichen Verwaltungsgebäuden. Was in ihnen besprochen, entschieden und verwaltet wird, beeinflußt nachhaltig das Leben vieler Menschen. Wie und in welchem Ausmaß, in positiv oder negativ empfundener Weise – da mag es unterschiedliche Auffassungen geben und da protestieren u. U. die von den Entscheidungen der Verwalter direkt betroffenen Menschen. Mehr Kontrolle der Verwaltung, mehr Orientierung der Verwaltung an den Interessen der Bürger, mehr Einflußnahme auf die Verwaltung – das sind oft zu hörende und auch durchaus verständliche Forderungen.

Die Lösung von Konflikten als politische Aufgabe kann sehr Verschiedenes bedeuten. Materielle Lebenschancen: Obdachlosigkeit (oben links), Machtunterschiede: Hausbesetzungen (oben rechts), ideologische Gegensätze: Religionskampf in Nordirland (Mitte rechts), Kulturunterschiede: soziale Isolierung von Gastarbeitern (ganz unten), Entgrenzung des Bedürfnishorizontes: Bauerndemonstration (Mitte links).

Im Verlauf der Industrialisierung hat die Stadtbevölkerung stark zugenommen (ganz rechts), und es gibt Anzeichen dafür, daß sie nicht nur in den Entwicklungsländern sondern auch in den industriellen Gesellschaften noch weiter zunimmt.

Immer mehr Menschen rücken infolgedessen immer enger zusammen. Und das geschieht in einem Ausmaß, daß der Begriff Stadt selbst schon unzureichend erscheint. Man spricht von Stadtregionen, die in manchen Fällen Größenordnungen aufweisen, die sonst für ganze Länder kennzeichnend sind (rechts). Vielfach geschieht dieses Wachstum nicht nach Plan, vielmehr ungeordnet, auswuchernd. Und dort, wo etwa Trabantenstädte planmäßig errichtet werden, ist städtisches Wohnen üblicher Art keineswegs gesichert.

Die größten Städte der Erde nach der Einwohnerzahl der Stadtregionen
(Einw. in Mill.)

	Stadtregion	Amtl. Stadtgebiet
Mexiko	13,9	9,0
Shanghai	11,8	5,5
Tokio	11,5	8,3
Buneos Aires	10,0	3,0
Peking	9,2	3,6
New York	9,1	7,0
Kalkutta	9,1	3,3
Paris	8,5	2,1
Moskau	8,4	8,2
Bombay	8,2	6,0
Osaka	8,2	2,7
Los Angeles	7,5	3,0
Chicago	7,1	3,0
London	6,7	2,5
Philadelphia	4,7	1,7

Vergleichbare Einwohnerzahl	
Niederlande	14,3
Chile	11,6
Bayern	11,0
Portugal	10,1
Baden-Württemberg	9,2
Bulgarien	9,1
Elfenbeinküste	8,5
Schweden	8,3
Österreich	7,5
Niedersachsen	7,2
Schweiz	6,5
Finnland	4,8

Anteil der Millionenstädte an der Weltbevölkerung

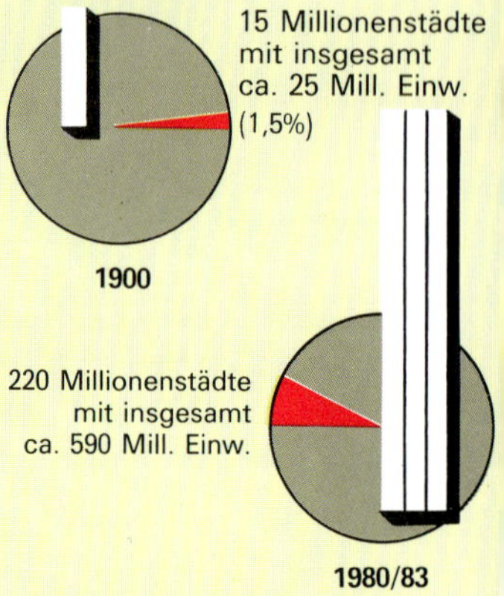

Betrachtet man die durchschnittlichen jährlichen Veränderungsraten der Bevölkerungszahl in ausgewählten europäischen Agglomerationen in der ersten Hälfte der 60er Jahre (unten und links), dann zeigen sich Schrumpfungserscheinungen in Kernstädten und Zuwachsraten in Außenzonen, eine Entwicklung, die sich bis zu Beginn der 80er Jahre fortsetzte (Quelle: Städtebaubericht 1969).

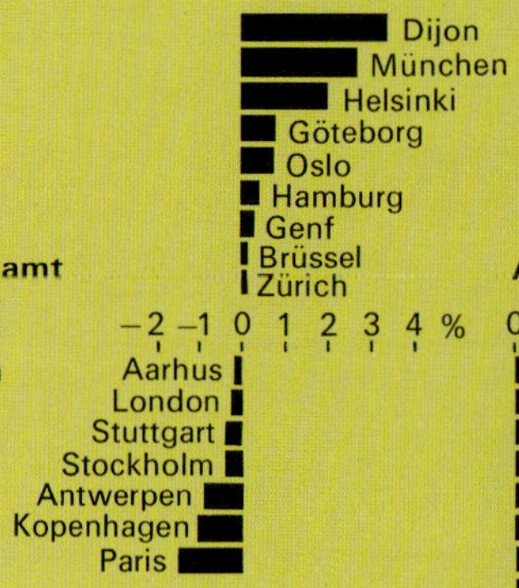

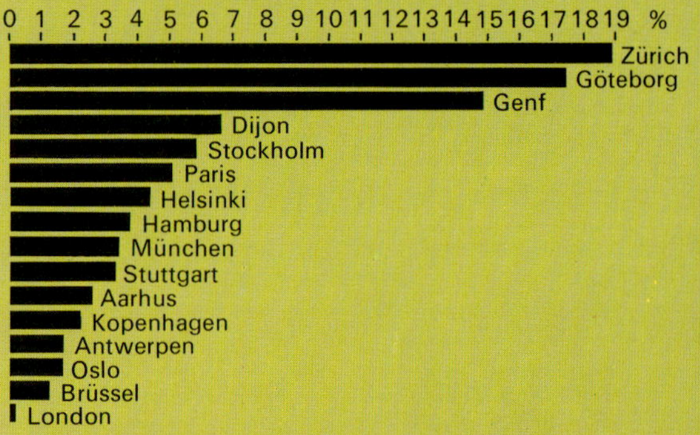

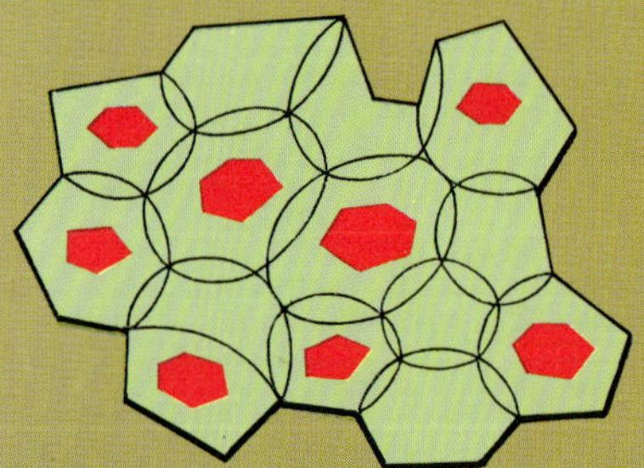

Polyzentrische Entwicklung

Modelle unterschiedlicher Bevölkerungsverteilung und regionaler Konzentration in einem dünnbesiedelten Raum

Auch dünner besiedelte Gebiete verlangen zunehmend mehr Planung. Abgebildet sind drei Modelle unterschiedlicher Bevölkerungsverteilung und regionaler Konzentration (Quelle: K. Schäfer u. a.).

Nach diesen Vorstellungen – es gibt noch andere Modelle – erscheint die bandförmige Entwicklung als die günstigere: der geringste Prozentsatz der Bevölkerung und der Fläche liegt außerhalb des als »zumutbare Entfernung« aufgefaßten Raumes.

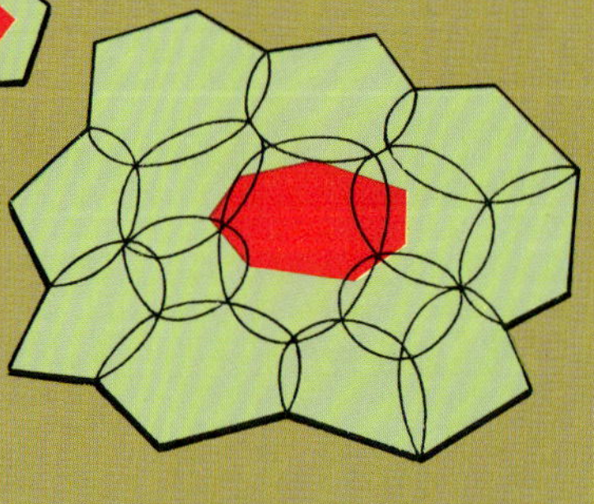

Monozentrische Entwicklung

Bewertung der Modelle nach zumutbarer Entfernung[1] für die Bevölkerung im Jahr 1980

[1] 20–30 km

Modell	prozentualer Anteil an Fläche / Bevölkerung außerhalb der zumutbaren Entfernung	
polyzentrisch	10,8	5,8
monozentrisch	61,1	57,8
bandförmig	7,2	3,2

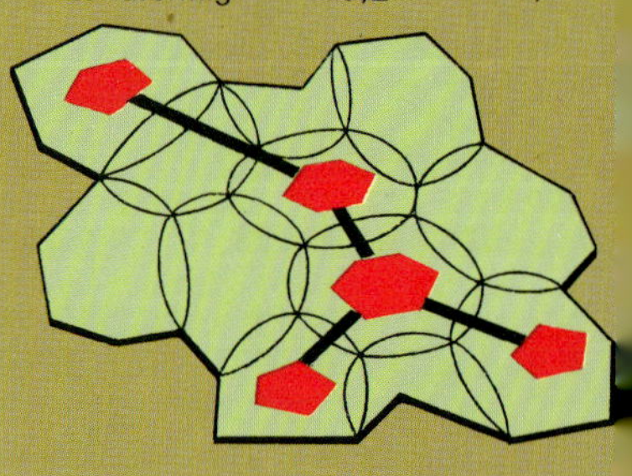

Bandförmige Entwicklung

Anteil der Städte mit mindestens 100 000 Einwohnern an der Gesamtbevölkerung eines Landes

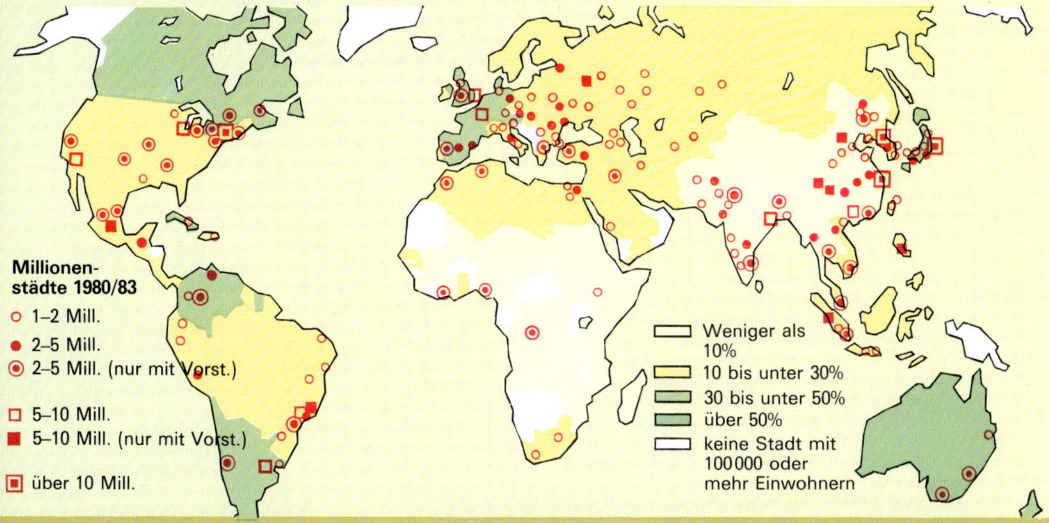

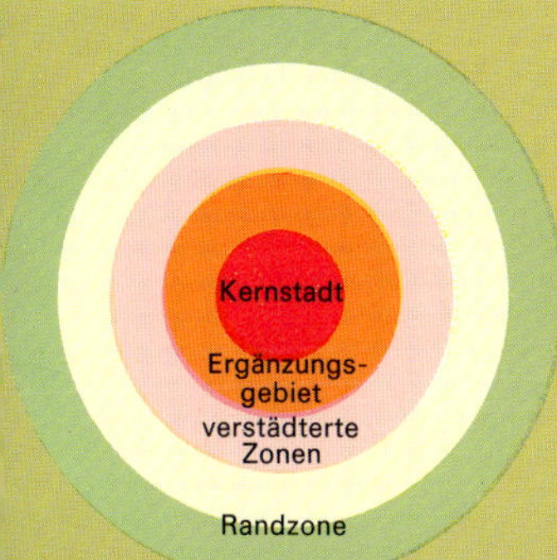

Schematische Darstellung der Stadtregion

Stadtregionen bzw. Agglomerationen sind komplexe Gebilde, die einer differenzierten Betrachtung bedürfen. Abb. oben zeigt eine schematische Darstellung der Stadtregion (nach Boustedt).

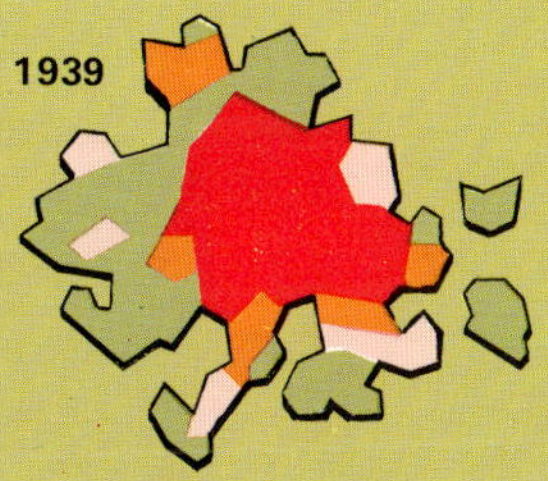

Das Beispiel von München zeigt, in welch kurzem Zeitraum aus einer überschaubaren Großgemeinde durch Ausbau und Angliederung ein weitflächiger Großraum entstehen kann, der intern vielfach differenziert ist und dessen Verwaltung vor nahezu unlösbaren Problemen steht (Quelle: Städtebaubericht 1969).

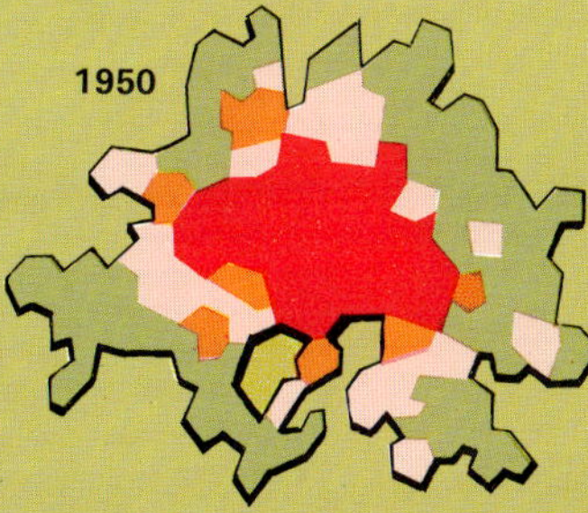

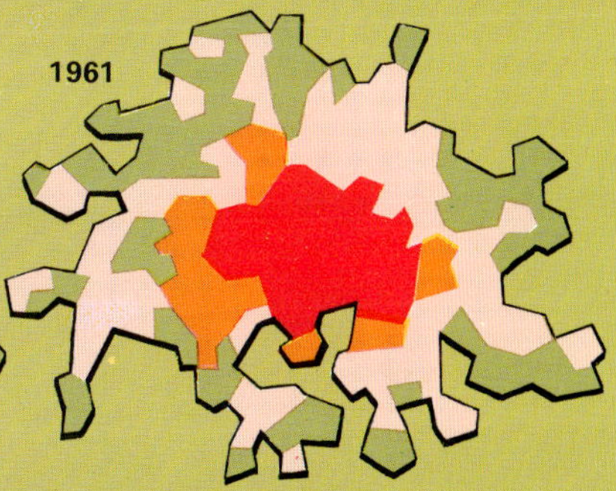

Die Entwicklung der Stadtregion München von 1939 bis 1961

Hinsichtlich der zu erwartenden weiteren Verstädterung sind zahlreiche und z. T. unterschiedliche Konzepte entwickelt worden. Abgebildet sind drei Alternativen für das zukünftige Urbanisierungsmuster (Quelle: Zweiter Bericht über die Raumordnung in den Niederlanden, 1966).

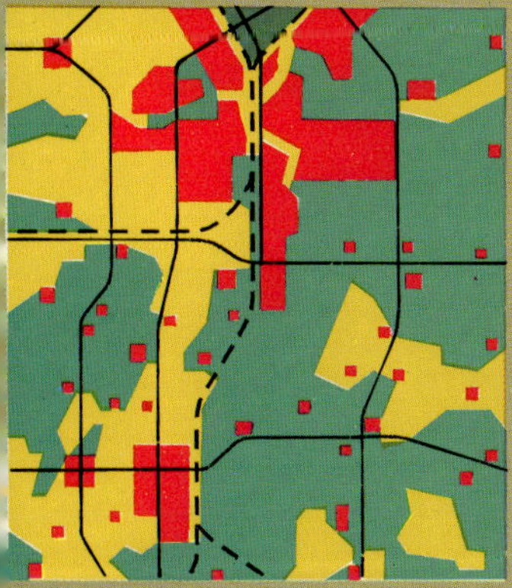

Konzentration

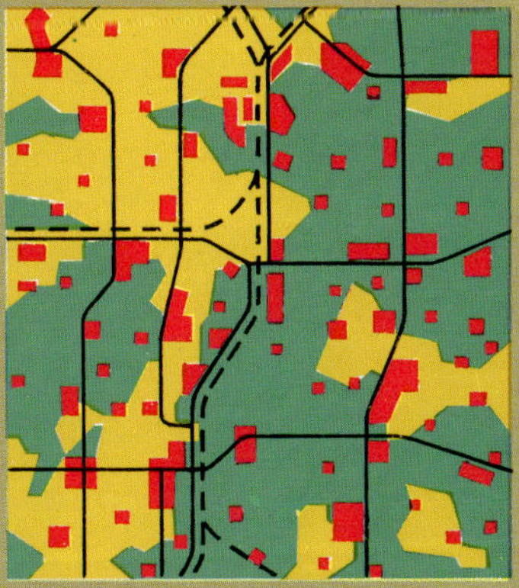

Dekonzentration

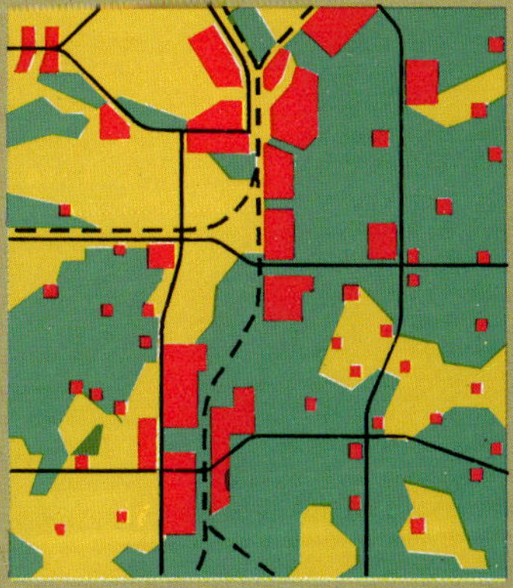

gebündelte Dekonzentration

Grundlage für die Verkehrsplanung im Raum Frankfurt war eine Verkehrsprognose über die Entwicklung des Luftverkehrs auf dem Flughafen Frankfurt. Von 1970 bis 1980 wurde ein Anstieg von 9,4 auf 30 Mill. Fluggäste erwartet. 1983 wurde jedoch nur eine Passagierzahl von 17,01 Mill. erreicht. Zur Bewältigung des erhöhten Verkehrsaufkommens wurde der Flughafen an die Schiene angeschlossen und ein entsprechendes Straßensystem gebaut.

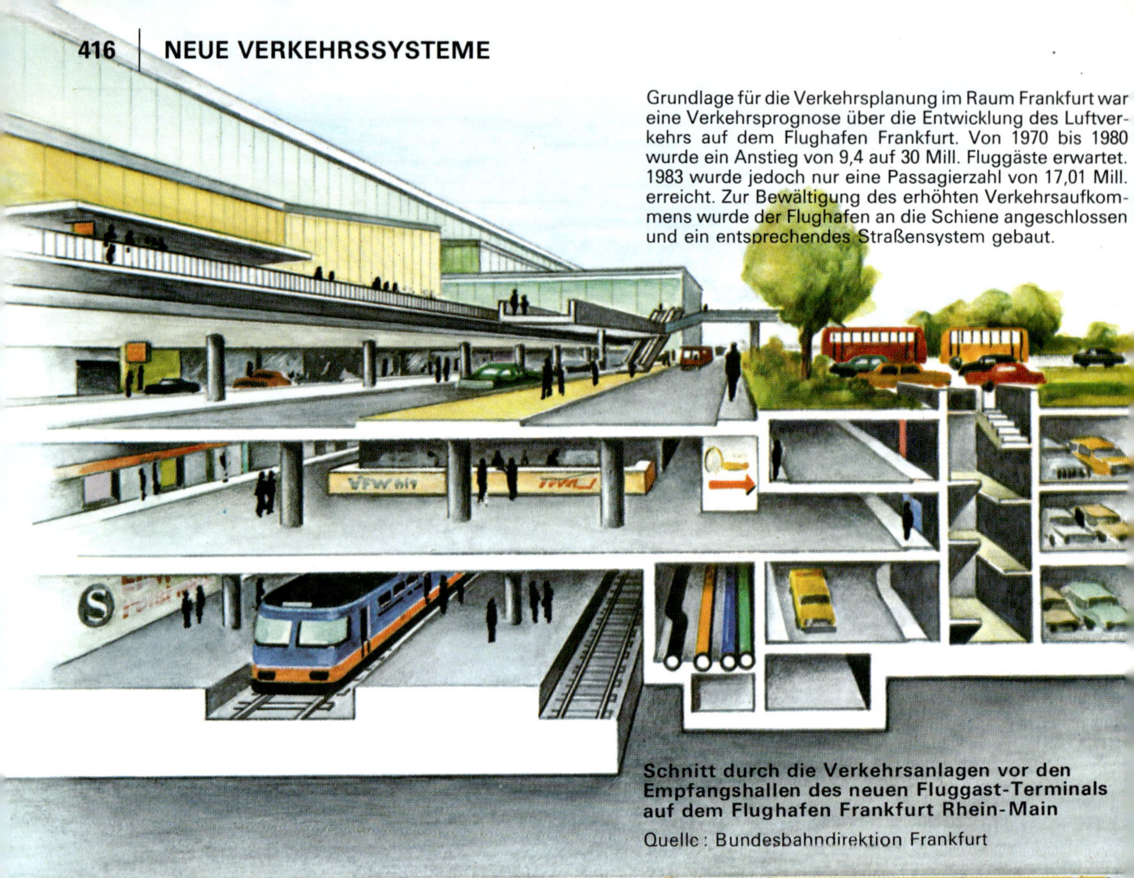

Schnitt durch die Verkehrsanlagen vor den Empfangshallen des neuen Fluggast-Terminals auf dem Flughafen Frankfurt Rhein-Main

Quelle: Bundesbahndirektion Frankfurt

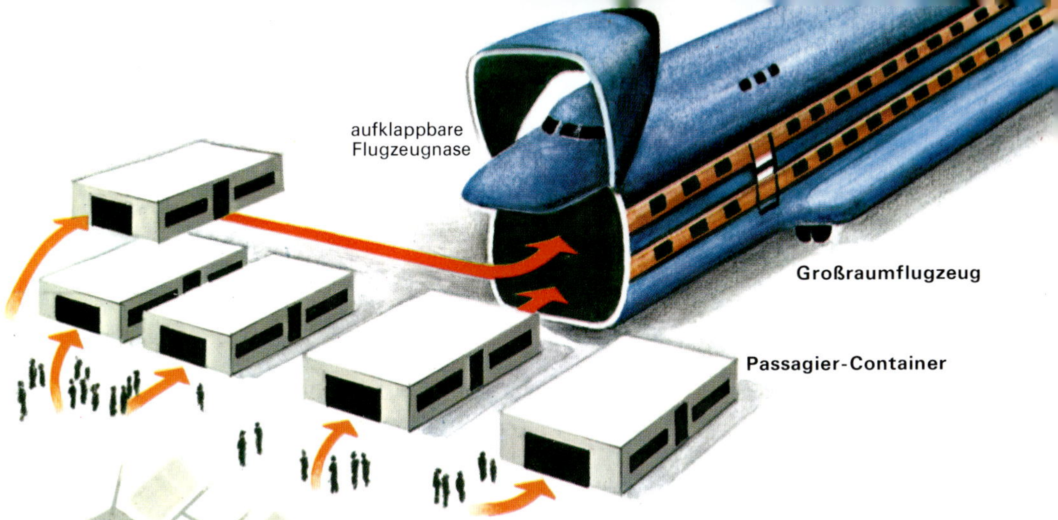

Steigendes Verkehrsaufkommen im Luftverkehr erfordert auch rationellere Techniken der Abfertigung größerer Personen- und Frachtmengen. Im Gespräch ist z. B. der Einsatz von Containern im Personen- und Frachtverkehr. Auf dem Flughafengelände werden Passagier-Container über spezielle Transportbänder in die Großraumflugzeuge befördert (oben). Die Zeit für die Personen-, Gepäck- und Postgutabfertigung könnte durch gezielte Anwendung des Containerprinzips beträchtlich herabgesetzt werden. So käme auch die erhöhte Fluggeschwindigkeit moderner Überschallflugzeuge voll zum Tragen.

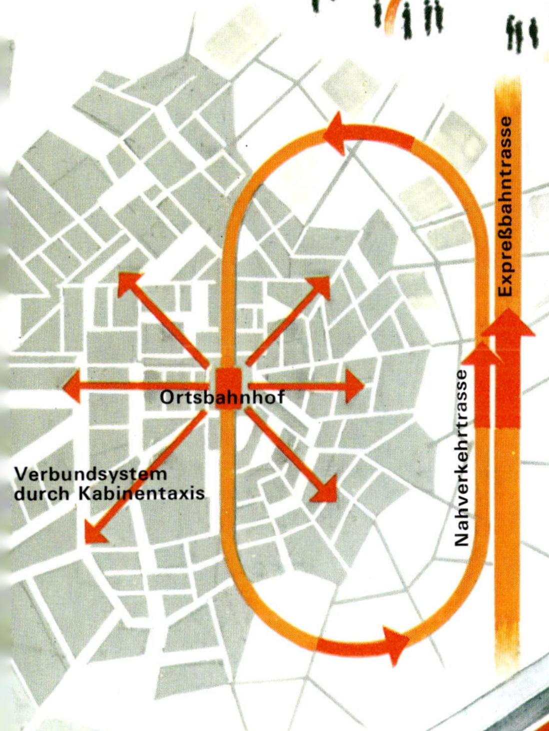

Erhöhte Verkehrsleistung auf der Schiene verspricht die geplante, computergesteuerte Magnet- bzw. Luftkissenbahn (Geschwindigkeit ca. 500 km/h) mit »fliegendem Umsteigen«: der Nahverkehrszug verläßt den Ortsbahnhof und koppelt an den langsam fahrenden Expreßzug an.

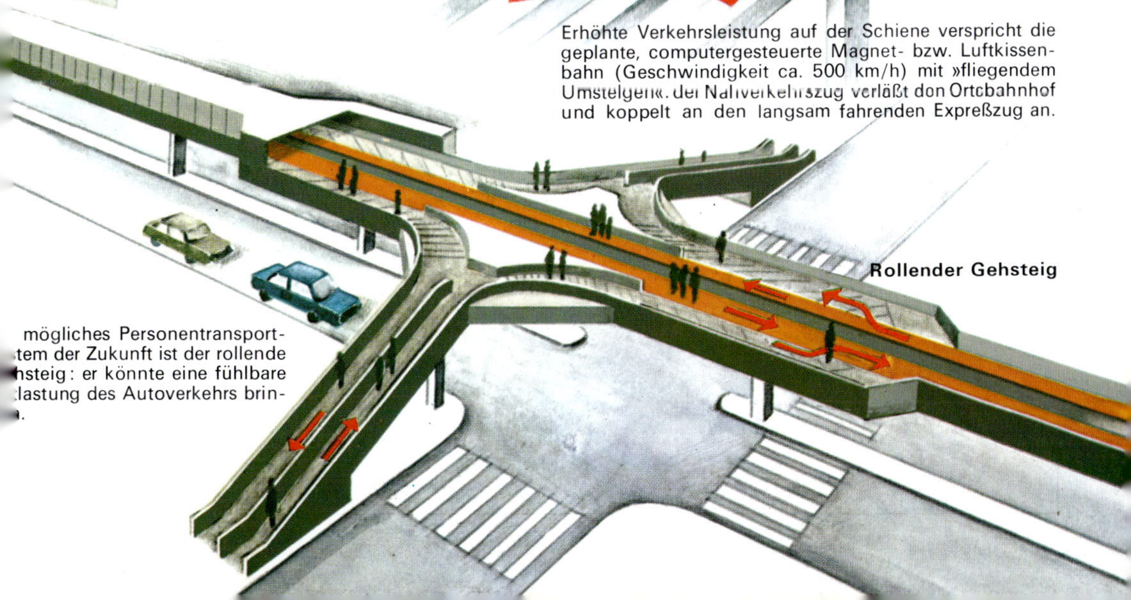

mögliches Personentransport-
tem der Zukunft ist der rollende
hsteig: er könnte eine fühlbare
lastung des Autoverkehrs brin-

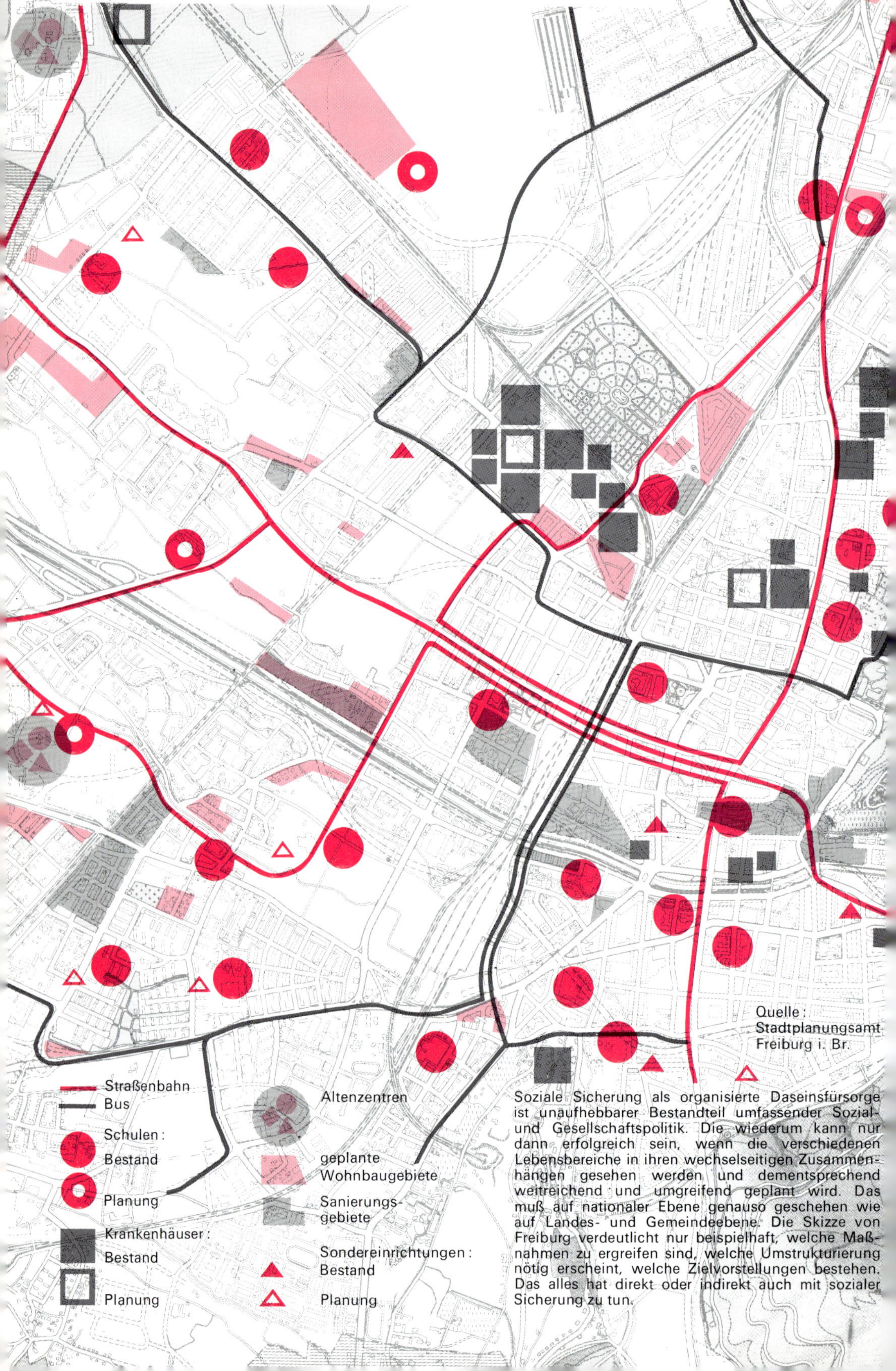

Quelle: Stadtplanungsamt Freiburg i. Br.

Soziale Sicherung als organisierte Daseinsfürsorge ist unaufhebbarer Bestandteil umfassender Sozial- und Gesellschaftspolitik. Die wiederum kann nur dann erfolgreich sein, wenn die verschiedenen Lebensbereiche in ihren wechselseitigen Zusammenhängen gesehen werden und dementsprechend weitreichend und umgreifend geplant wird. Das muß auf nationaler Ebene genauso geschehen wie auf Landes- und Gemeindeebene. Die Skizze von Freiburg verdeutlicht nur beispielhaft, welche Maßnahmen zu ergreifen sind, welche Umstrukturierung nötig erscheint, welche Zielvorstellungen bestehen. Das alles hat direkt oder indirekt auch mit sozialer Sicherung zu tun.

Bei Vergleichen zwischen industriellen Gesellschaften und Entwicklungsländern besteht leicht die Gefahr, die Verhältnisse dort weithin positiv und hier vorwiegend negativ einzuschätzen. Moderne Gesellschaften kennen jedoch ebenfalls zahlreiche Risiken, angesichts derer umfassende soziale Sicherung angebracht erscheint. Solche Risiken betreffen z. B. Obdachlosigkeit, angeborene körperliche Behinderung und unfallbedingte Querschnittslähmung ebenso wie Arbeitslosigkeit und durch technischen Fortschritt notwendig gewordene Umschulung.

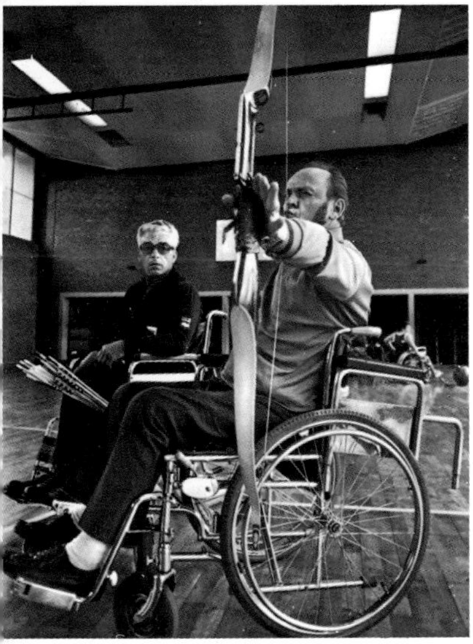

Die Ost-West-Beziehungen

Sowjetische und amerikanische Panzer stehen sich 1961 in Berlin gegenüber

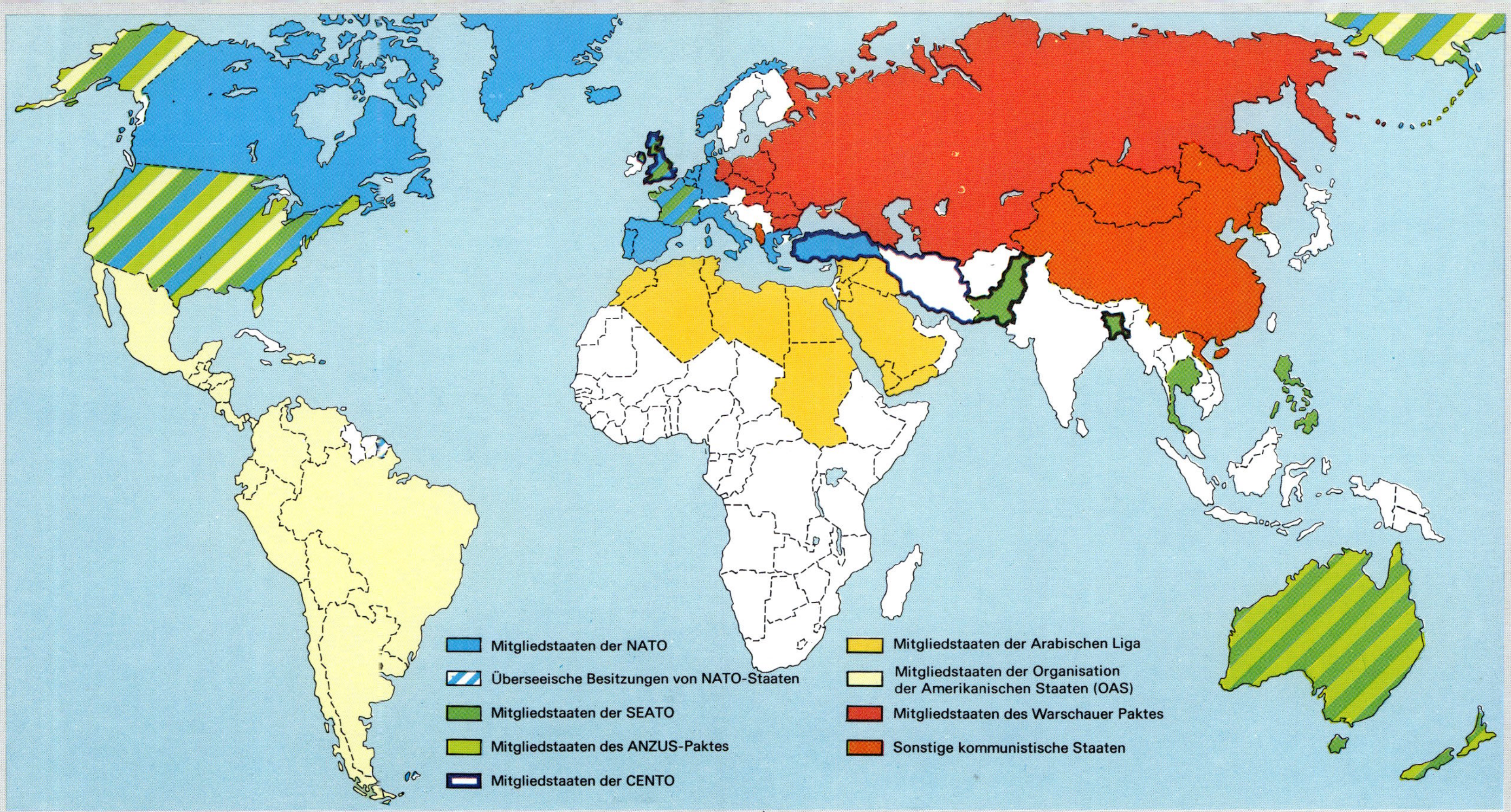

Nordatlantik-Pakt (NATO)

Belgien, BR Dtl., Dänemark, Frankreich, Griechenland, Großbritannien, Island, Italien, Kanada, Luxemburg, Niederlande, Norwegen, Portugal, Spanien, Türkei, USA

Zentrale Pakt-Organisation (CENTO) 1979 aufgelöst

Großbritannien, Iran, Pakistan, Türkei
(Die USA sind nicht Mitglied, waren jedoch in Kommissionen und Stäben vertreten)

Warschauer Pakt

Bulgarien, DDR, Polen, Rumänien, Sowjetunion, Tschechoslowakei, Ungarn

Pazifik-Pakt (ANZUS)

Australien, Neuseeland, USA

Südostasien-Pakt (SEATO) (1977 aufgelöst)

Australien, Frankreich, Großbritannien, Neuseeland, Pakistan, Philippinen, Thailand, USA

Häufigkeit von bewaffneten Konflikten 1898-1968

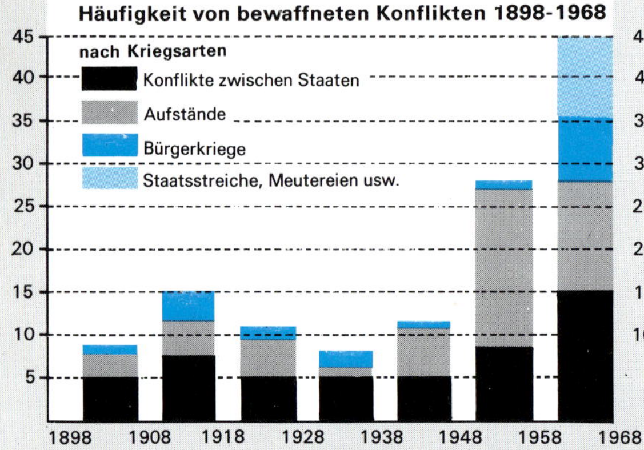

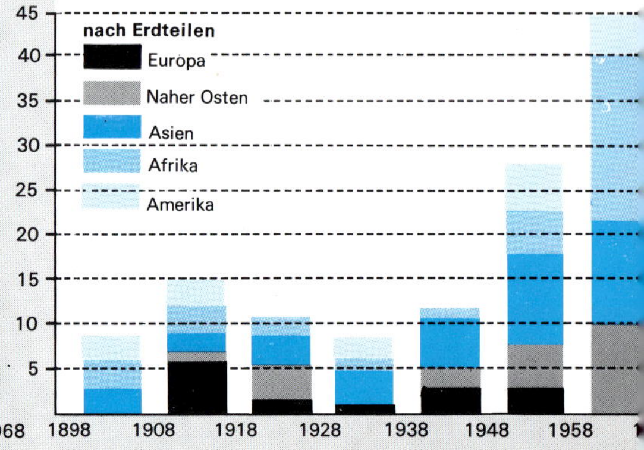

Vergleich der militärischen Mannschaftsstärken 1969 (in 1000)

Land	Ständige reguläre Streitkräfte	Paramilitärische Streitkräfte	Ausgebildete Reservisten	Geschätzte Gesamtzahl Militärpflichtiger (18-45-Jahre)	%-Anteil der regulären Streitkräfte an der Gesamtzahl der Militärpflichtigen
Europa					
Großbritannien	405	–	268	10 700	3,8
Tschechoslowakei	230	35	300	3 180	7,2
DDR	137	77	200	2 870	4,8
Frankreich	503	80	390	10 600	4,7
BRD	465	30	750	11 760	4,0
Griechenland	159	23	200	1 850	8,6
Italien	420	76	635	11 650	3,6
Polen	257	45	440	6 800	4,0
Portugal	182	15	500	1 820	10,0
Rumänien	193	50	250	4 450	4,3
UdSSR	3 300	250	2 100	47 400	7,0
Mittlerer Osten					
Iran	221	25	*	5 300	4,2
Israel	22	–	267	520	4,3
Türkei	483	40	570	6 850	7,1
UAR (Ägypten)	207	90	100	4 300	4,8
Asien und Australien					
Australien	87	–	43	2 500	3,5
China	2 821	300	*	150 000	1,9
Indien	925	100	110	100 000	0,9
Indonesien	365	110	100	21 000	1,0
Japan	250	–	30	225 500	1,7
Pakistan	324	200	4	19 270	1,7
Afrika					
Südafrika	39	102	45	3 700	1,1
Nordamerika					
Kanada	98	–	26	4 060	2,4
USA	3 454	–	971	39 650	8,7

* Zahlen nicht feststellbar

Die bisherige Geschichte des 20. Jh. ist nicht nur eine durch zwei Weltkriege, sondern auch durch zahlreiche andere *bewaffnete Konflikte* gekennzeichnete Unruhezeit (vgl. oben). Das trifft im besonderen Maße auch auf innerstaatliche Konflikte zu. Sie stellen angesichts zunehmender internationaler Verflechtung die ständige Bedrohung eines labilen weltpolitischen Gleichgewichts dar. Wenn auch anscheinend die gleichgewichtige *atomare Rüstung* der »Supermächte« (vgl. unten rechts) eine weltweite Konfrontation verhindern konnte, so hängt doch andererseits dieses Waffenarsenal von bisher nicht gekannter Vernichtungskraft wie ein Damoklesschwert über der heutigen Menschheit. In eine neuerliche weltweite Konfrontation würde also auch zwangsläufig das *militärische Potential anderer,* konventionell gerüsteter *Staaten* mit hineingezogen (vgl. Tabelle). Die Totalisierung kriegerischer Konflikte haben bereits die beiden Weltkriege gezeigt, besonders aber im 2. Weltkrieg die über doppelt so hohen *Verluste an Zivilpersonen* gegenüber den Kombattanten (vgl. unten links).

Verluste an Menschenleben im 1. und 2. Weltkrieg

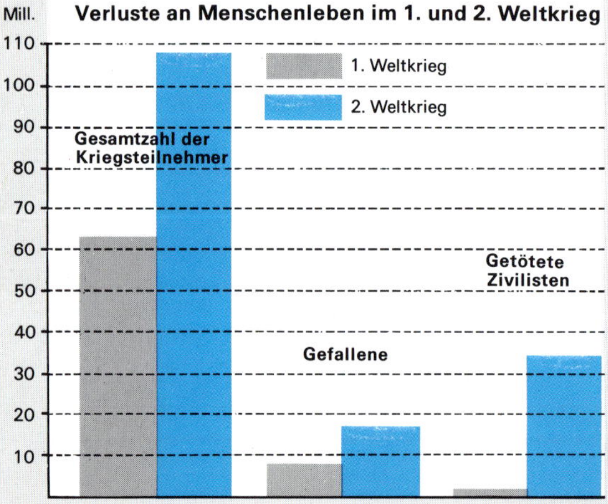

Das atomare Arsenal Strategische Offensivwaffen

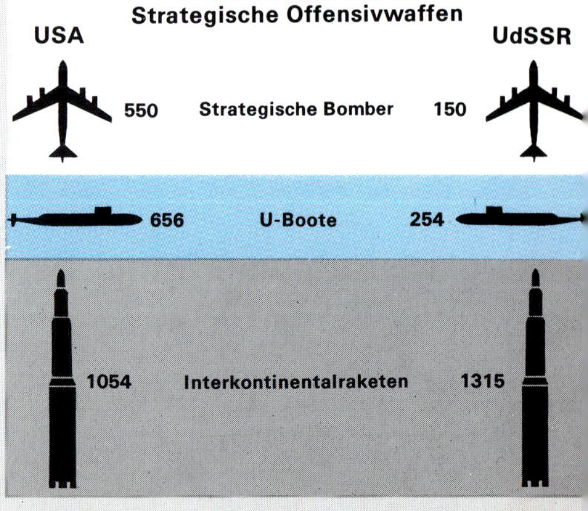

Russische Panzer schlagen den Volksaufstand am 17. Juni 1953 in Berlin nieder.

Bundeskanzler Brandt und Ministerpräsident Stoph am 19. März 1970 in Erfurt.

Die merkliche Abkühlung des Klimas zwischen dem Westen und dem Ostblock seit der zweiten Hälfte der siebziger Jahre hat mehrere Ursachen, wobei der Ost-West-Konflikt auch in neuen Formen auftritt. Da ist zunächst neben der forcierten Aufrüstung der anderen Waffengattungen die gewaltige Anstrengung zur Vergrößerung der sowjetischen Kriegsflotte, mit der die UdSSR den USA auf allen Weltmeeren entgegentreten will (Abb. rechts: der neueste raketen- und hubschrauberbestückte sowjetische Kreuzer „Kirow", 32000 t, in der Ostsee Januar 1981). Da ist sodann der sowjetische Einmarsch in Afghanistan ab Dezember 1979, der auch von der UNO und von vielen Staaten außerhalb der NATO scharf verurteilt wurde (Abb. unten: Sowjetische Panzer auf dem Marsch in Afghanistan, Juni 1980). Und da ist schließlich das von der UdSSR unterstützte Eingreifen kubanischer Truppen ab 1975 in überseeische Auseinandersetzungen, besonders in Afrika (Angola, Äthiopien, Mozambik usw.).

Daß die Kubaner den Kommunismus exportieren, ist unübersehbar. So sind z.B. die Buchhandlungen in Angolas Hauptstadt Luanda (Abb. unten) wohlgefüllt mit marxistischer Literatur sowie mit Postern von Fidel Castro und „Che" Guevara.

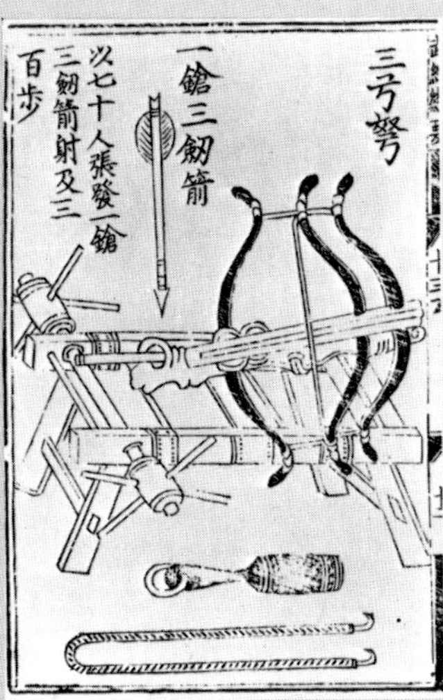

Waffen gibt es, seit Menschen existieren, und diese Waffen wurden auch immer eingesetzt (oben links: Chinesische Dreifach-Armbrust auf Lafette). Neuerdings sind jedoch Waffen entwickelt worden, deren Verwendung das Ende der Menschheit oder doch zumindest sehr großer Teile von ihr bedeuten könnte. Kriege zu verhindern scheint deshalb mehr denn je vernünftig zu sein.
Bisherige Bemühungen etwa im Rahmen des Völkerbundes (oben rechts: Völkerbund-Palast in Genf) oder der UN (links: Hauptquartier der Vereinten Nationen in New York) blieben häufig erfolglos. Inzwischen beschäftigen sich auch die Friedens- und Konfliktforscher mit dem Thema. In vielen Ländern, einschließlich der BRD, gibt es einschlägige Forschungsinstitute. Die Hessische Stiftung für Friedens- und Konfliktforschung befaßt sich in einer ersten Forschungsphase mit dem Thema: Die Rüstungsdynamik im Ost-West-Konflikt und die Möglichkeiten ihrer Beeinflussung. Die Übersicht unten verdeutlicht beispielhaft die Komplexität des Untersuchungsgegenstandes.

Ursachen und Interdependenz der Funktionen von Rüstung: Hypothetische Annahmen

	militärische:	politische:	sozioökonomische:
Funktionen von Rüstungspolitik	u. a. Verteidigung Sicherheit Abschreckung Offensive	u. a. Bewahrung und Erweiterung von Einfluß, Kontrolle Koordination	u. a. Produktions- und Absatzförderung Industrialisierung und technische Innovation Profitmaximierung
in Abhängigkeit von:	strat. Lagebeurteilung Feindbild Konkrete Konfliktperzeption und Bedrohtheitsvorstellung	Konkrete Herrschafts- und Expansionsinteressen Einflußchancen einzelner interessierter Gruppen	Gesamtwirtschaftliche Stabilitätssicherungs- und Steuerungserfordernisse Lobbyismus
und deren Lagerung in:	Größe, Organisation und Struktur des Militärapparates Stellung des Militärapparates in Entscheidungsprozessen Sicherheitspolitische Orientierungen (Konflikttradition und -attitüden)	Organisation des politischen Systems und politischer Willensbildung (sozioökonomisches System als restriktive Bedingung) Ideologien (Selbst- und Umweltbilder) Verhaltensnormen und -erwartungen (pol. Kultur)	Wirtschaftssystem (Kapitalverwertungsprozeß) Sozioökonomische Ordnung (Sicherung der bestehenden Verfügungschancen und Interessensphären)

Die von der amerikanischen Militärpolitik angestrebte Fähigkeit der Streitkräfte, sowohl in der Konfrontation mit der Sowjetunion die abgestufte Abschreckung glaubwürdig zu machen als auch die Interessen der USA in allen Weltteilen zu wahren, verleiht den nicht (bzw. nicht nur) atomar bewaffneten Verbänden in einer durch Entspannungspolitik und Konfrontation gekennzeichneten Lage eine mitentscheidende machtpolitische Bedeutung. Das Streben, den möglichen Gegner Sowjetunion mit seiner zumindest teilweisen zahlenmäßigen Überlegenheit an konventionellen Streitkräften an Kampfkraft und Beweglichkeit der Waffensysteme zu übertreffen, hat dem Wettlauf der Rüstungstechnologien ein Tempo verliehen, das durch Informationen über mögliche Neuentwicklungen der jeweiligen Gegenseite noch beschleunigt wird.

Wachsende Anforderungen und das zunehmend schnelle Veralten der immer komplizierter werdenden Geräte lassen jedes neue Muster weitaus (z. T. mehrfach) teurer werden als den Vorgängertyp. Beispiel unten: Angriffs-Flugzeugträger (mit Jägern und Jagdbombern ausgerüstete, schwere Träger; für Angriffsoperationen geeignet, wichtiger Bestandteil moderner Überwasserflotten; abgebildet ist USS „Nimitz"). Noch höhere Summen erreichen die Kernwaffenträger: Ein „Trident"-U-Boot wird mit ca. 1 Milliarde $ veranschlagt, die projektierten 244 B-1 auf zusammen ca. 21 Milliarden. Mehr durch hohe Stückzahl fallen dagegen die Kosten für moderne Jagdbomber und Panzer ins Gewicht (Bilder links: Oben Jagdflugzeuge F-5E Tiger, unten US-Hubschrauber in Vietnam 1963), jedoch ist bei Angaben über moderne Kampfflugzeuge noch der Kostenanteil von Elektronik und Bewaffnung zu berücksichtigen, der meist über 50% des Gesamtpreises beträgt.

Angesichts von Wartungsaufwand und Verschleiß moderner Waffensysteme müssen auch ohne Kampfeinsätze Unterhaltskosten aufgewendet werden, die z. B. in 10 Jahren allein für Ersatzteile den ursprünglichen Anschaffungspreis eines Flugzeugs zumindest erreichen können.

Ist auf dem Rüstungssektor ein beträchtlicher Teil der amerikanischen Industrie engagiert, so wird ein Teil dieser Güter aus politischen (Militärhilfe) und wirtschaftlichen Gründen in verbündete Länder bzw. solche der Dritten Welt exportiert: Mit Hilfe von hochwertiger Technologie und industrieller Leistungsfähigkeit entwickelten sich die USA zum führenden Rüstungsexporteur der Welt.

Baukosten von Angriffs-Flugzeugträgern in 20 Jahren

Name	In Dienst	Wasserverdrängung	Flugzeuge an Bord	Bauzeit (Monate)	Baukosten in Dollar insgesamt in Millionen	Baukosten in Dollar je ts Gewicht
Forrestal	1955	59100 ts std	70	38,5	188,9	2410
Enterprise	1961	75700 ts std	84	46,0	451,3	5030
Constellation	1961	60000 ts std	85	49,5	264,5	3720
Nimitz	1975	81600 ts std	90	94,0	594,0	6490

Die relativ hohen Kosten von „Enterprise" und „Nimitz" sind z. T. auf den nuklearen Antrieb zurückzuführen.

Mögliche SALT-Übereinkommen	Wirtschaftliche Ersparnisse für die USA	Wirkung im Rüstungswettlauf	Durchsetzbarkeit
Begrenzung der Höchstzahl an Waffenträgern			
(?) a) keine Begrenzung des Ersatzes (?)	keine	gering, wenn überhaupt	sehr leicht (Nachprüfung kompliziert)
b) separate Begrenzung der Höchstzahl der Raketen und Bomber	wenig	etwas besser als a)	leicht (Nachprüfung kompliziert)
c) Begrenzung der großen strategischen Interkontinentalraketen	wenig	besser als b) aber nur auf ein System beschränkt	schwer
Einfrieren entwickelter Nutzlasten	etwas	gut	schwer (Nachprüfung schwer)
Einfrieren von Trägern			
a) kein Ersatz	sehr groß	exzellent	möglich (Nachprüfung gerade noch möglich)
b) keine Änderung in der äußeren Charakteristik	groß	sehr gut	leichter als a) (Nachprüfung leicht)
Begrenzung von Vielfach-Sprengsätzen (MIRV)			
a) Verbot der Entwicklung	bedeutsam	sehr gut	schwer (Nachprüfung nahezu unmöglich)
b) Verbot der Produktion, der Testversuche und Entwicklung	bedeutsam	sehr gut	leichter als a) (Nachprüfung möglich)
Begrenzung von Marschflugkörpern (ALCM)			
a) Verbot der Entwicklung	bedeutsam	sehr gut	sehr schwer (kaum nachprüfbar)
b) Verbot der Produktion	bedeutsam	sehr gut	senr schwer (kaum nachprüfbar)

Die existenzbedrohende Gefahr, die von den zunehmend beschleunigten, weltweit zu beobachtenden Rüstungen ausgeht, die sich zwischen USA und Sowjetunion zum globalen Rüstungswettlauf zugespitzt haben, soll durch Begrenzungsabkommen eingedämmt werden, deren Durchsetzbarkeit und positive Auswirkungen (siehe obige Tabelle) jedoch angesichts der Interessenverflechtung zwischen Industrie, Militär und Politik (siehe unten; rechts: Produktion der TV-gesteuerten Raketenbombe „Maverick" bei der Hughes Aircraft Comp.) fraglich erscheinen.

Militär und Industrie der USA

(ehem. US-Stabsoffiziere im Dienst bedeutender Rüstungsfirmen, Febr. 1969, Auswahl)

General Dynamis Corp	113
Lockheed Aircraft Corp	210
McDonnell-Douglas Corp	141
Boeing Corp	169
North American Rockwell Corp	104

In den 100 größten Firmen, die den Militärbereich beliefern, zählte man zus. 2072 solcher Angestellten.

Der „Militär-Industrielle Komplex"

Kritiker, die das Gesamtvolumen der Aufwendungen für militärische Zwecke radikal reduziert wissen möchten, haben den Abrüstungsverhandlungen der Supermächte unterstellt, daß diese längst weniger dem gelten, was sie dem Titel nach sein sollten. Diese Verhandlungen würden vielmehr als Kommunikationsfeld genutzt, um in dosierter Weise Kontrollinformation über die waffentechnischen Entwicklungen auf der jeweiligen Gegenseite zu erhalten. Eine Verflechtung militärischer und wirtschaftlicher Interessen sei für die Aufrechterhaltung der hohen Rüstungsquote verantwortlich zu machen. Man spricht im Blick auf die westlichen Staaten von der Existenz eines military industrial complex. Der Wechsel von Topmanagern der Wirtschaft in Führungspositionen der Verteidigungministerien und die Übernahme von pensioniertem militärischen Stabspersonal in Führungsgremien der Industrie läßt Anforderungen der Streitkräfte und Angebote der Industrie so aufeinander abgestimmt sein, daß die Weiterentwicklung der Waffensysteme eine Eigengesetzlichkeit erlangt habe, deren Dynamik von der Interessenlage der Großindustrie erzeugt werde. Da die Weiterentwicklung der Waffensysteme mit einem enormen Forschungsaufwand verbunden ist, kommen nicht nur die Gewinne der Rüstungsaufträge, sondern kommt auch noch die Ausnutzung der Forschungsergebnisse den beauftragten Unternehmen als Vorteil zu. Es habe sich somit, so heißt es, eine systemimmanente Zwangslage auf dem Rüstungssektor herausgebildet, die dadurch, daß die rüstungspolitische Gegenseite im Rüstungswettlauf gleichzuziehen habe, als objektive Gegebenheit getarnt werden kann, die durch das Verhalten des militärpolitischen Gegners ausgelöst ist. Die moderne Abrüstungsdiskussion hat deshalb die Gestalt einer umfassenden Systemkritik angenommen.

Die SALT-Gespräche gehen davon aus, daß USA und UdSSR sich jeweils primär als potentielle Bedrohung ansehen. Zwar brachte SALT I eine gewisse Begrenzung des Vernichtungspotentials, die Wehrtechnik wurde – auf beiden Seiten – aber weitergetrieben, um echte oder vermeintliche Störungen des Gleichgewichtes auszugleichen. Dem sowjetischen Kampfbomber Backfire setzen die Amerikaner ihren B-1-Bomber (Bild oben), der strategische Kernwaffen tragen kann, entgegen, gegen sowjetische U-Boote (z. B. vom Typ Delta) entwikkelten die USA Atom-U-Boote, die 24 strategische Fernraketen vom Typ Trident tragen können (Abb. rechts unten). Weitere wichtige waffentechnische Entwicklungen betreffen die Einführung von Kernwaffen und ballistischen Raketen mit lenkbaren Mehrfachsprengkörpern (Abb. links strategische Rakete im Schutzsilo), deren Entwicklung einen hohen technischen Grad an Perfektion erreicht haben, der Ausbau der Luftraumüberwachung auch durch fliegende Beobachtungsstationen (Abb. unten); von ausschlaggebender Wichtigkeit ist die Entwicklung von strategischen Marschflugkörpern (Abb. links unten), die zum Schlüsselproblem aller weiteren Gespräche über die Beschränkung der strategischen Kampfmittel werden kann.

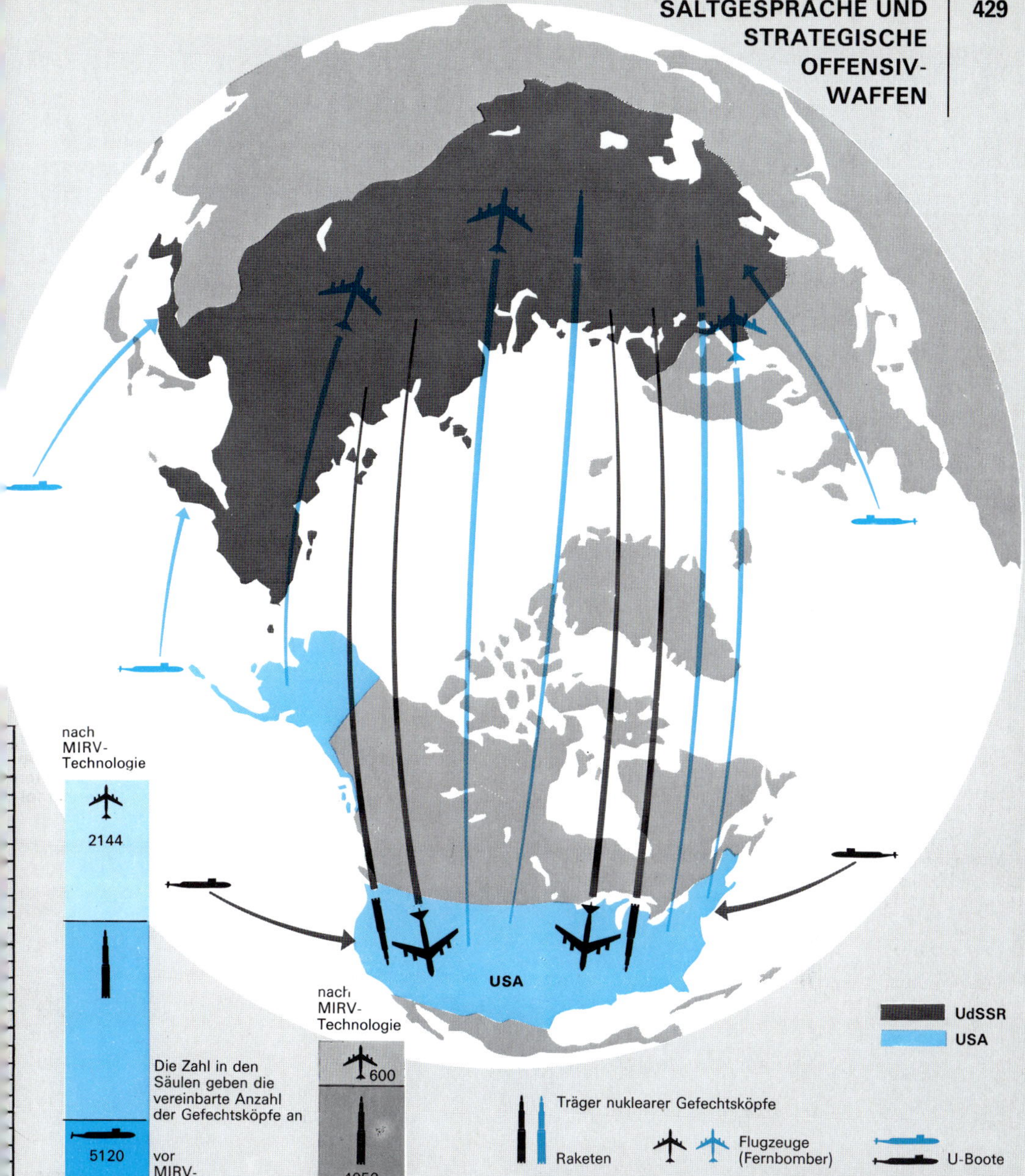

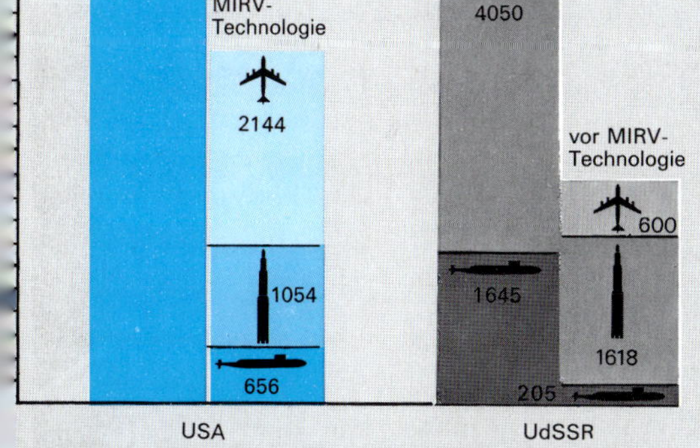

ie SALT-Gespräche zwischen den USA und der UdSSR zielen auf eine ngfristige Begrenzung der nuklearen Rüstung dieser beiden Staaten mit trategischen Kernwaffen. Das nukleare Vernichtungspotential wird ausedrückt in „Overkill"-Kapazität; rechnerisch wird dabei angenommen, aß mit 250 Gefechtsköpfen die 50 größten Städte des Gegners zerstört ürden (1 Overkill). In diese Überlegungen sind taktische Kernwaffen, z. B. ittelstreckenraketen oder Mittelstreckenbomber, nicht einbezogen.

In die Anfangsphasen der SALT-I-Gespräche fielen die Entwicklungen von Antiraketen (ABM) und von manövrierbaren nuklearen Vielfachgefechtsköpfen (MIRV), die manche der Diskussionsvoraussetzungen überholten. So wurden den USA und den UdSSR im SALT-I-Abkommen vom 26. 5. 1972 jeweils maximal 200 ABM zugebilligt und 1054 bzw. 1618 Fernraketen und 41 bzw. 25 (+ 18 im Bau befindliche) U-Boote mit zusammen – nach einer komplexen Umrechnungsformel zur Modernisierung – 710 bzw. 950 Startröhren (jeweils rechte Säulen in der linken Graphik). In das Abkommen wurden *nicht* aufgenommen die Bomberflotte und die MIRV. In SALT-II soll eine Einigung über die gleiche Zahl strategischer Trägermittel, auch der Bomber und der MIRV erreicht werden. Wie sich *nach* einer MIRV-Umrüstung die Verhältnisse verschieben können, zeigen die nach bestimmten Modellen errechneten Werte der jeweils linken Säulen. Für die USA ergab sich nach SALT-I und dem Wladiwostoker Memorandum vom 24. 11. 1974 (USA und UdSSR dürfen höchstens 2400 strategische Trägermittel haben, die Zahl der Fernraketen mit MIRV wird auf je 1320 beschränkt) das Problem, den Nutzlast-Vorteil der UdSSR und die Unsicherheit durch die Nichtbeschränkung der Fernbomber (Backfire-Problem) durch ein neues Luftverteidigungskonzept, durch neue strategische Kampfmittel (Trident-U-Boote, B-1-Bomber), durch Steigerung der Sprengkraft, insbesondere durch Erhöhung der Treffgenauigkeit (also Qualität statt Quantität) auszugleichen. Insbesondere stehen seit 1976 die strategischen Marschflugkörper (Cruise missile, amerikanische Abkürzung ALCM Flugkörper mit Eigenantrieb und Unterschallgeschwindigkeit, Selbststeuerung, Flughöhe unter 100 m Radarecho im Zentrum der Diskussion. Die SALT-II-Verhandlung führten am 18. 6. 1979 zur Unterzeichnung eines zweiten Vertrags, der jedoch bisher nicht ratifiziert wurde.

Westliche Welt

Wahlkampf 1984

Internationale Beziehungen innerhalb der westlichen Welt

emonstration für ein Europa
nne Zollgrenzen

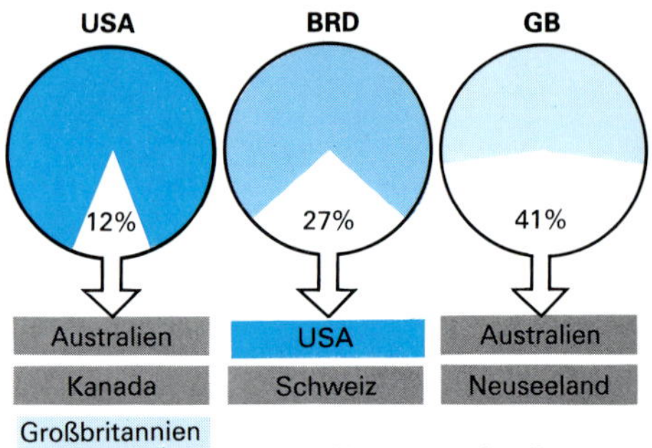

Wollen Sie auswandern? Wenn ja, wohin?

Aus einem repräsentativen Querschnitt bejahte die erste Frage der in den Kreissegmenten wiedergegebene Prozentsatz; es folgen die Auswanderungsziele, nach Beliebtheit geordnet.

Gefühle, Urteile und Vorurteile, die das Verhältnis zwischen den Kontinenten und Völkern kennzeichnen, kommen nicht nur in der unterschiedlichen Zielvorstellung von Auswanderungswilligen zum Ausdruck (Grafik rechts oben), sondern scheinen oft auch auf die politischen Beziehungen überzugreifen (rechts: die Präsidenten-Ehepaare Kennedy und de Gaulle 1961 in Versailles). Zu den Ursachen dürften das Aufeinanderprallen von „American way of life" und europäischer Tradition, die häufig divergierenden Wirtschaftsinteressen und die immer noch vielerorts latente europäische Sorge angesichts eines amerikanischen Übergewichts gehören (Bilder oben – amerikanische u. a. Reklame in Andalusien – und unten – in der BRD hergestellter PKW in New York; die untere Grafik zeigt die US-Kapitalinvestitionen in Europa sowie, nach Bereichen, in der BRD).

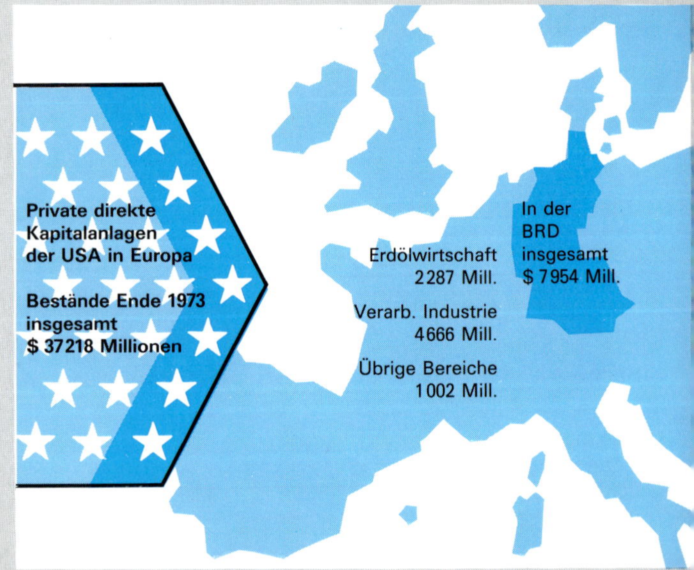

Sowjet-Union
Finnland
Schweden
Norwegen
Dänemark
Großbritannien
Irland
Island
Frankreich
Spanien
Portugal
Belgien
Deutschland
Polen
Tschechoslowakei
Österreich
Schweiz
Ungarn
Rumänien
Bulgarien
Jugoslawien
Albanien
Griechenland
Italien
Türkei
Syrien
Irak
Iran
Jordanien
Saudi-Arabien
Ägypten
Libyen
Tunesien
Algerien
Marokko
Estland
Lettland
Litauen
Weißrußland
Ukraine
Moldau
Karelien
Kasachstan
Mesopotamien
Nordsee
Schwarzes Meer
Kaspisches Meer
Mittelländisches Meer
Atlantischer Ozean
Nördl. Polarkreis
Moskau
Leningrad
Kiew
Warschau
Berlin
Prag
Wien
Budapest
Bukarest
Belgrad
Sofia
Athen
Istanbul
Ankara
Rom
Paris
London
Madrid
Lissabon
Oslo
Stockholm
Helsinki
Kopenhagen
Dublin
Bern
Bonn
Tirana
Beirut
Damaskus
Bagdad
Teheran
Kairo
Tripolis
Tunis
Algier
Rabat

EUROPA: BODENNUTZUNG

EUROPA: BODENSCHÄTZE UND INDUSTRIEGEBIETE

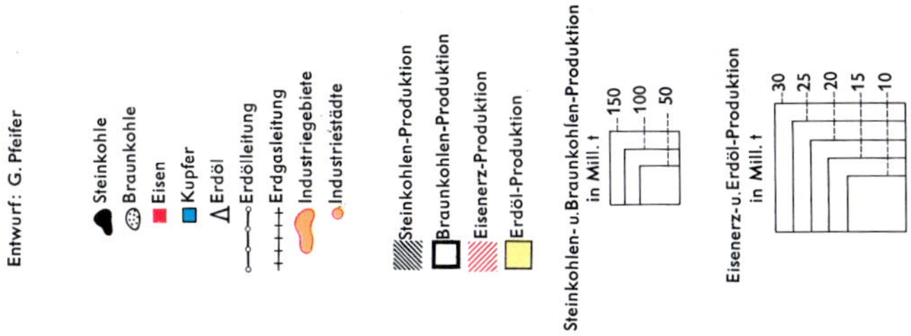

VERLAG HERDER FREIBURG

Das westliche Europa ist nach Ende des Zweiten Weltkriegs so geschwächt, daß es ohne amerikanische Hilfe nicht überleben kann: Liebesgabenpakete (Bild links: Übergabe von „CARE"-Hilfsgütern im Jahre 1946) und die breit angelegte Marshallplan-Hilfe ermöglichen den Wiederaufstieg. Später nehmen die Europäer ihr wirtschaftliches Schicksal in die eigene Hand und erproben erfolgreich die Vorzüge eines weiträumigen Gemeinsamen Markts. (Unten: Adenauer und Hallstein bei der Unterzeichnung des Vertrags über die Europäische Wirtschaftsgemeinschaft am 25. März 1957 in Rom.)

Der 1949 abgeschlossene NATO-Pakt konnte Kriege zwischen Ost und West bisher verhindern helfen, ist aber von Spannungen und Krisen nicht verschont geblieben. Während die Ausführung des NATO-Doppelbeschlusses von 1979 in mehreren Ländern auf innenpolitische Schwierigkeiten stößt, gefährden Spannungen zwischen den Bündnispartnern Griechenland und Türkei – hauptsächlich wegen Zypern und wegen der Abgrenzung des Kontinentalsockels in der Ägäis – die strategisch wichtige Südostflanke des Bündnisses (Abb. unten: Türkische Soldaten mit Panzer in Siegerpose auf Zypern bei der Invasion im Juli 1974).

Auch in der EG prallen natürliche Interessengegensätze und unterschiedliche wirtschaftliche Gegebenheiten oft heftig aufeinander. Nicht nur im italienischen Mezzogiorno, sondern auch in Südfrankreich gibt es Armut und Landflucht (Abb. oben: verlassener Bauernhof in der Provence). – Ein Hauptstreitpunkt ist seit Jahren die Höhe des britischen Finanzbeitrages zur EG, der schon mehrere Gipfeltreffen der EG-Staats- und Regierungschefs beschäftigte (Abb. unten: Die Teilnehmer an der EG-Gipfelkonferenz in Stuttgart Juni 1983, auf der das Beitragsproblem ebenfalls nicht gelöst wurde; Bundeskanzler Helmut Kohl als Gastgeber in der Mitte, flankiert von Premierministerin Margaret Thatcher und Staatspräsident François Mitterrand).

Die einzelnen Staaten westlicher Bündnissysteme

Alliierte Hochkommissare
empfangen Konrad Adenauer

Das innenpolitische Klima in den Vereinigten Staaten wird in den fünfziger Jahren stark durch den „Kalten Krieg" mit dem Ostblock beeinflußt. Typischer Repräsentant der in dieser Zeit tonangebenden Ultrakonservativen ist Senator Joseph McCarthy (Bild rechts: Im „Ausschuß für unamerikanische Umtriebe"). In der Nachfolge der Kennedy-Ära kommt es zu einer radikalreformerischen Gegenbewegung, die vor allem von den Universitäten ausgeht (Bild unten: Von Soldaten der Nationalgarde eingekreiste Demonstranten an der Berkeley University) und auch auf Westeuropa ausstrahlt.

Linksradikale und anarchistische Ableger der Studentenbewegung können keinen Einfluß auf die amerikanische Politik gewinnen. Wirkung zeigt jedoch die Protestbewegung der Jugend gegen den Vietnamkrieg (Bild unten: Teilnehmer am „Antikriegsmarsch auf Washington" vor dem Weißen Haus, Dezember 1965).

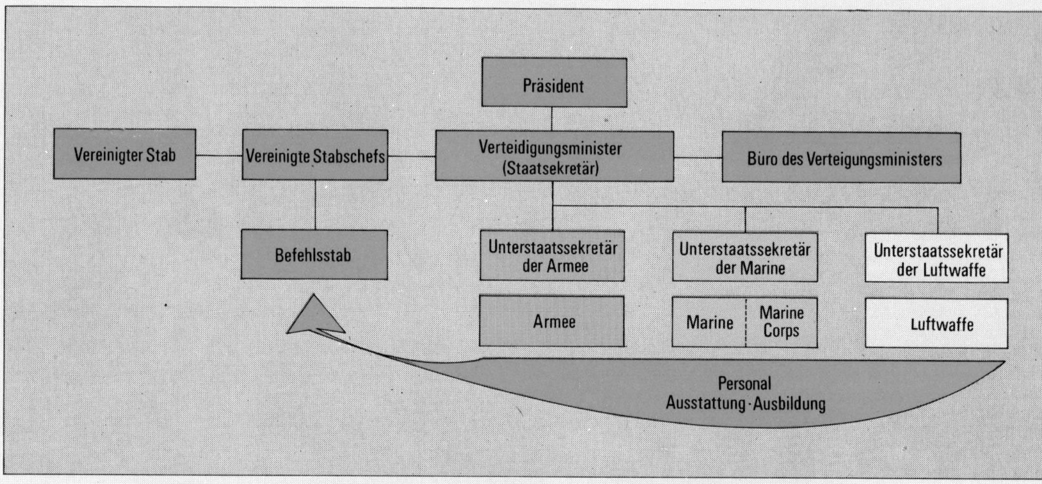

Grafik oben: Spitzengliederung des Wehrwesens der USA. Bild unten: Das fünfeckige Verteidigungsministerium (Pentagon). Bild oben: Das strategische Luftwaffenhauptquartier.

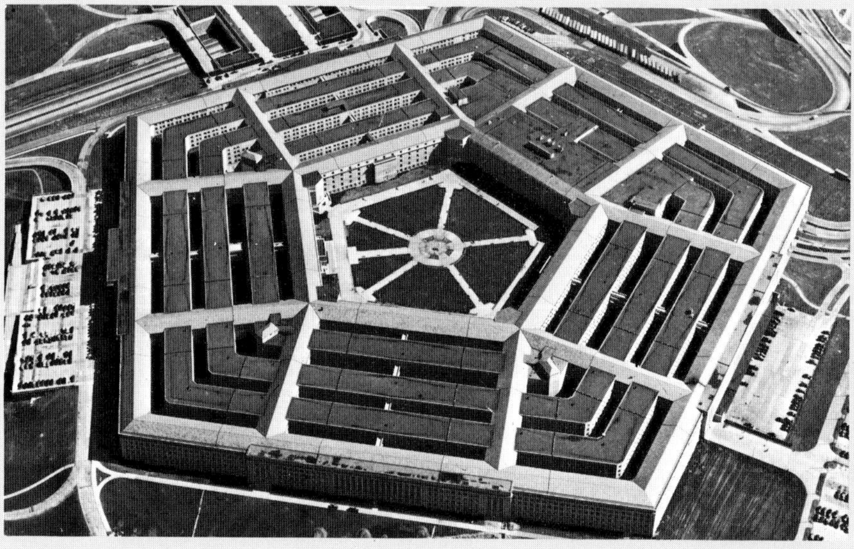

Das Wehrbudget: Prozentsatz vom Gesamtbudget

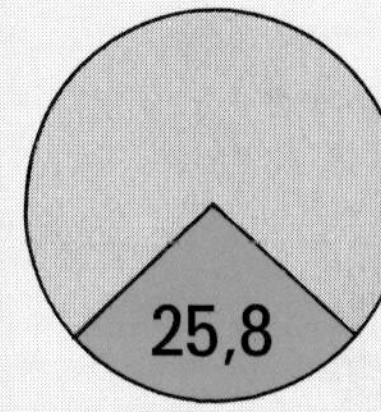

USA1981/82

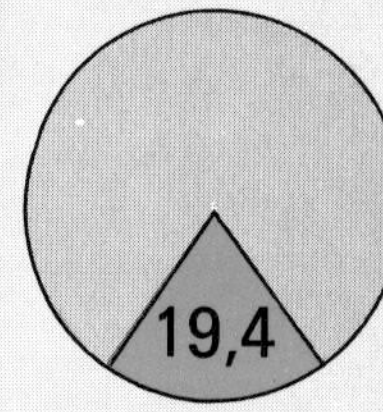

Bundesrepublik Deutschland 1984

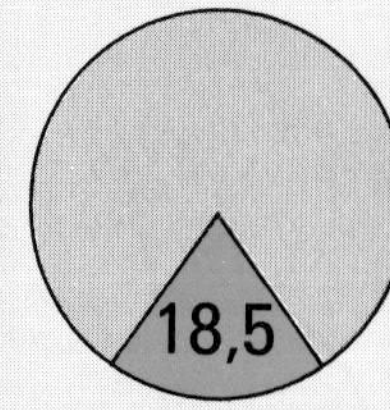

Großbritan. 1982

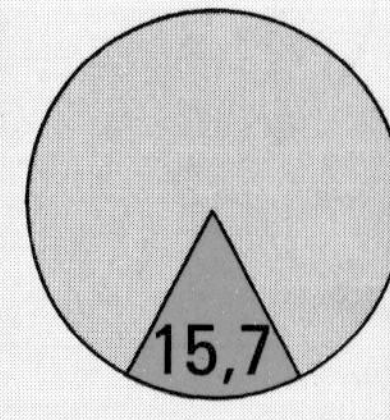

Frankreich 1983

Die traditionsbewußte Selbstdarstellung der US-Streitkräfte bei Aufmärschen und Paraden (z. B. der Offiziersakademie West Point, Bild rechts) gilt heute einem hochtechnisierten Heer, von 780000 Mann mit 10 Divisionen (davon 3 Panzerdivisionen und 4 Mechanisierten Infanteriedivisionen), einer Luftwaffe mit rund 5000 Einsatzflugzeugen und der noch immer kampfstärksten Kriegsmarine der Welt (Schaubild unten) – insgesamt ein gewaltiger Apparat, auf den die Nation mit dem größten Bruttosozialprodukt knapp 26% ihres Bundeshaushalts verwendet (ohne militärisch verwertbare zivile Ausgaben; siehe gegenüberliegende Seite). Der Auftrag, politische, strategische und wirtschaftliche amerikanische Interessen stets geltend zu machen, beinhaltet die Abschreckung jedes möglichen Gegners von einem Angriff auf die USA ebenso wie die Intervention in Übersee (Bild unten: Szene in Südvietnam, April 1975) und den Rüstungswettlauf mit der Sowjetunion, eine ständige Bedrohung jeder menschlichen Existenz (Text Mitte rechts). Das Konzept der „abgestuften Abschreckung" soll im Konfliktfall den Zwang zum frühzeitigen Atomwaffeneinsatz durch die Bereitstellung einer feuerstarken konventionellen Heeres- und taktischen Luftstreitmacht vermeiden, wie sie z. B. in Westeuropa im Rahmen der NATO besteht und mit Hilfe der Flotte jederzeit an jeder Küste eingreifen kann.

Strategie im Atomzeitalter

Es ist wichtig, zu begreifen, daß unsere nuklearen strategischen Streitkräfte eine entscheidend wichtige und absolut notwendige Rolle für unsere Sicherheit und die unserer Verbündeten spielen. Doch es handelt sich um eine wesentlich begrenzte Rolle. Daher müssen wir und unsere Verbündeten beträchtliche konventionelle Streitkräfte unterhalten, die mit einer Vielzahl untergeordneter Formen von Aggressionen fertig werden können – Aggressionen gegen die diese strategischen nuklearen Streitkräfte selbst keine wirksame Abschreckung darstellen können. Man kann durch eine unglaubwürdige Handlung keine glaubwürdige Abschreckung schaffen. Für die Vereinigten Staaten und ihre Verbündeten kann daher Sicherheit nur aus dem Besitz eines ganzen Bereichs abgestufter Abschreckung erwachsen, von denen jede in sich selbst voll glaubwürdig ist.
(Der damalige US-Verteidigungsminister McNamara 1967)

(Anm.: Im Warschauer Pakt verfügt nur die Sowjetunion über solche Kriegsschiffe, die hier in Prozentzahlen wiedergegeben werden können.)

Angriffs-Flugzeugträger
samt: 27 Schiffe

Kreuzer mit Lenkwaffen
(ab 4800 ts std.)
60 Schiffe

Zerstörer mit Lenkwaffen
212 Schiffe

Unterseeboote mit nuklearem Antrieb
342 Schiffe

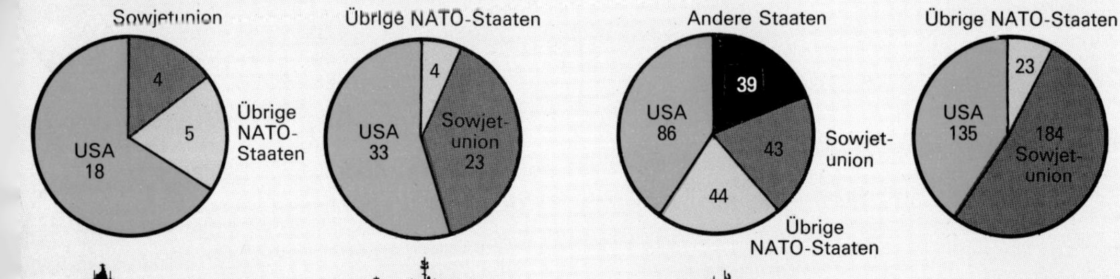

Die qualitative Überlegenheit amerikanischer Militärtechnologie, die mangelnde Zuverlässigkeit von Zahlenangaben aus kommunistisch regierten Staaten und die ungleichmäßige, wechselnde Verteilung von Streitkräften legen die Beschränkung eines konventionellen internationalen Stärkevergleichs auf die bekannten, global relevanten Kriegsschifftypen nahe.

Nach dem Sieg im Zweiten Weltkrieg waren die Vereinigten Staaten die stärkste Macht der Welt; doch bald darauf verloren sie ihr Atom-Monopol und mußten sich mit dem sowjetischen Rivalen arrangieren. Symbolfigur der amerikanischen Nachkriegspolitik war General Dwight D. Eisenhower (1953–61 Präsident; rechtes Bild). Während seiner Amtszeit, die zunächst im Zeichen des wiedererstarkten Konservatismus stand, begannen die Bemühungen um eine wirkliche Integration der farbigen Minderheit in die amerikanische Gesellschaft. Der Wunsch nach Reformen in Innen- und Außenpolitik brachte den Demokraten John F. Kennedy an die Macht (Präsident 1961–63, Abb. unten). Nach der Ermordung Kennedys setzte sein Nachfolger Johnson (1963–69) die Reformpolitik fort.

In eine tiefe Krise wurde die Institution des Präsidentenamtes durch Richard Nixon (Präsident von 1968 bis 1974) gestürzt. Der Watergate-Skandal schwächte die moralische und politische Position Nixons (Bild oben) derart, daß ihm nur noch der Rücktritt blieb. Zuvor war ein Verfahren zur Amtsenthebung (impeachment) gegen ihn eingeleitet worden. Die Ära Nixon belastete auf lange Zeit das Verhältnis zwischen Kongress und Weißem Haus und weckte bei vielen Amerikanern Mißtrauen gegen Politik und Politiker.

Amerika, Führungsmacht des Westens, fühlte sich lange Jahre zum „Weltgendarmen" berufen: Wo immer das Gleichgewicht der Kräfte bedroht zu sein schien, traten US-Truppen auf (Bild unten: Die Landung im Libanon, Juli 1958). Erst nach dem Mißerfolg im Vietnamkrieg gaben die USA diese Haltung auf und bemühten sich, die internationale Stabilität durch eine Politik der diplomatischen Verständigung mit den zerstrittenen kommunistischen Großmächten UdSSR und China zu sichern. Linkes Bild: Die historische Begegnung zwischen Präsident Nixon und Chinas Parteichef Mao Tse-tung am 21. Februar 1972 in Peking.

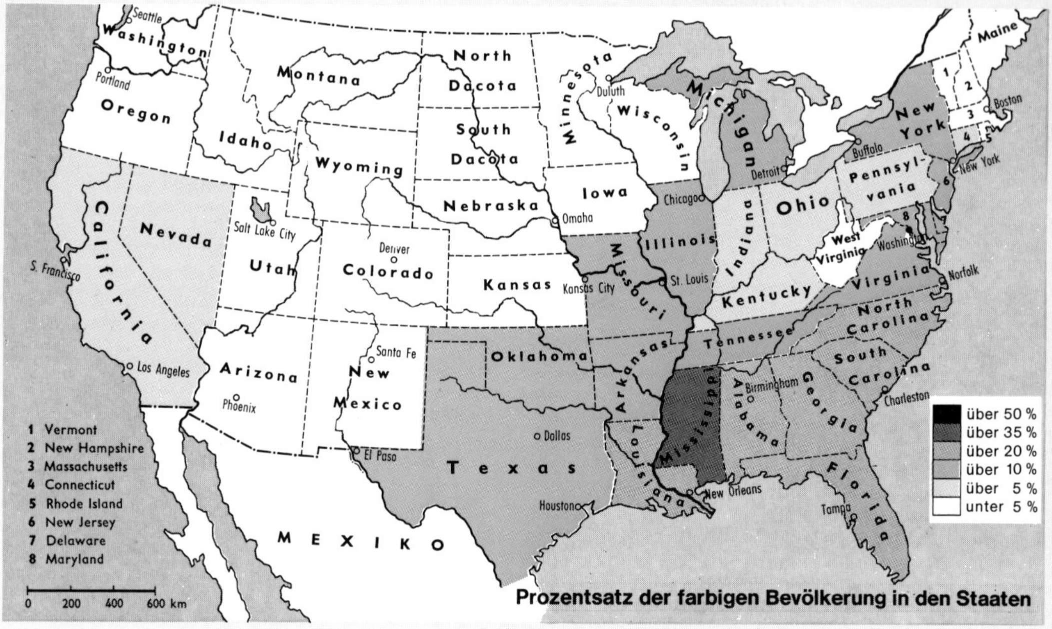

Prozentsatz der farbigen Bevölkerung in den Staaten

Jahreseinkommen der männlichen Arbeitnehmer 1974

Monatseinkommen	Einkommen der 48201000 Weißen	Einkommen der 4763000 Farbigen
$ 15000 und mehr	23,2%	5,6%
bis $ 14999	28,3%	17,6%
bis $ 9999	12,1%	13,1%
bis $ 7999	10,9%	14,5%
bis $ 5999	15,1%	24,3%
weniger als $ 2999	10,3%	25,0%
Jahresdurchschnitt	$ 11370	$ 6793

Die Aufgliederung der Jahreseinkommen korrigiert das Bild von der „Mittelschichtnation" USA und macht die „Rassenfrage" als soziale Frage der „Wohlstandsgesellschaft" deutlich (siehe nebenstehenden Text).

Das Problem

Der Neger kämpft heute nicht um irgendwelche abstrakten, unbestimmten Rechte, sondern um eine konkrete und sofortige Verbesserung seiner Lebensbedingungen. Was nutzt es ihm, daß er seine Kinder in eine integrierte Gemeinschaftsschule schicken kann, wenn das Einkommen der Familie so gering ist, daß es nicht für den Kauf von Schulkleidern ausreicht? Was gewinnt er durch die Erlaubnis, in jedes beliebige Wohnviertel ziehen zu dürfen, wenn er sich das nicht leisten kann, weil er arbeitslos ist oder eine schlechtbezahlte Stellung ohne Zukunft hat? ... Welche Vorteile bringt es dem Neger, wenn er durchsetzt, daß er in Hotels und Restaurants ohne Ansehen seiner Hautfarbe bedient wird, wenn er zu einer finanziellen Knechtschaft gezwungen ist, die es ihm nicht erlaubt, Urlaub zu nehmen oder auch nur seine Frau zum Abendessen auszuführen? Die Neger sollen nicht nur das Recht haben, von jeder Einrichtung Gebrauch zu machen, die dem Publikum zugänglich ist, sondern sie sind auch auf solche Weise in unser Wirtschaftssystem einzugliedern, daß sie es sich leisten können, dieses Recht praktisch auszuüben. Der Kampf um diese Rechte ist im Grunde ein Kampf um gleiche Voraussetzungen. [...] Denn es ist ein grausamer Scherz, einem Menschen, der nicht gehen gelernt hat, ein Paar Schuhe zu schenken.

(Martin Luther King)

Das Andauern rassischer Konflikte auch im 20. Jahrhundert (links: Prügelstrafe für einen Neger im Gefängnis in Baltimore in den zwanziger Jahren) und die geographische Ausdehnung der Neger (Karten oben und gegenüber) haben die Verbindung ethnischer und gesellschaftlicher Spannungen gefördert.

Nach Vietnam, Watergate und Nixons Sturz durchleben die USA in den siebziger Jahren eine Zeit der Mutlosigkeit, begleitet von Wirtschaftsproblemen. Die Lebenshaltungskosten steigen (Tabelle unten). 1979 kommt eine neue Ölkrise (Abb. unten: Käuferschlange vor einer Tankstelle in Los Angeles Mai 1979). Anfang 1981 kommt nach dem Regierungswechsel wieder Optimismus in Politik und Wirtschaft auf. Die Zunahme des Bruttosozialprodukts (Tabelle unten links) ist freilich von stark steigenden Haushaltsdefiziten begleitet (Tabelle unten rechts). Daß trotz florierender Wirtschaft und sinkender Inflationsrate Arbeitslosigkeit herrscht, und daß nicht alle Amerikaner das Rüstungswettrennen akzeptieren, liest man auf Schildern, die Demonstranten Präsident Reagan entgegenhalten (Abb. oben links, Philadelphia Juni 1982).

Preisindex der Lebenshaltungskosten
(1980 = 100)

1968	42,2	1973	53,9	1978	79,2
1969	44,5	1974	59,8	1979	88,1
1970	47,1	1975	65,3	1981	110,4
1971	49,1	1976	69,1	1982	117,1
1972	50,8	1977	73,5	1983	120,9

Bruttoinlandsprodukt zu Marktpreisen
(Basisjahr 1975)

Jahr	in konstanten Preisen[1]	je Einwohner[2]
1970	1360,9	6637
1978	1778,1	7988
1980	1815,8	7975
1981	1870,4	8137
1982	1826,3	7870

[1] Mrd. US-$; [2] in konstanten Preisen, US-$

Entwicklung des Staatshaushaltes
(in Mrd. US-$)

Jahr	Einnahmen	Ausgaben	Defizit/Überschuß
1945	45216	92690	−47474
1950	39485	42597	−3112
1955	65469	68509	−3041
1960	92492	92223	269
1970	192807	195652	−2845
1980[1]	520056	579602	−59546
1981	599272	657204	−57932
1982	617766	728424	−110658
1983	600563	795917	−195354

[1] seit 1977 dauert das Haushaltsjahr vom 1. 10. bis 30. 9. (bisher 1. 7. – 30. 6.)

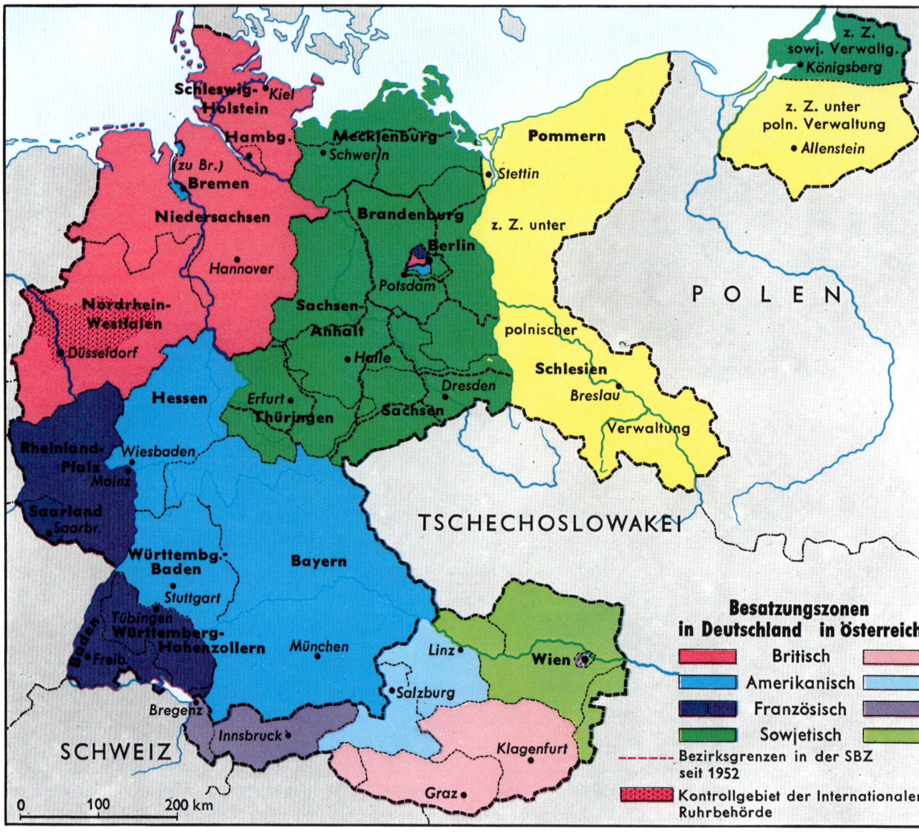

Die Besatzungszonen in Deutschland

Nach der Räumung der von den Amerikanern besetzten Gebiete in Sachsen und Thüringen ergaben sich folgende Zonenanteile für die vier Siegermächte:

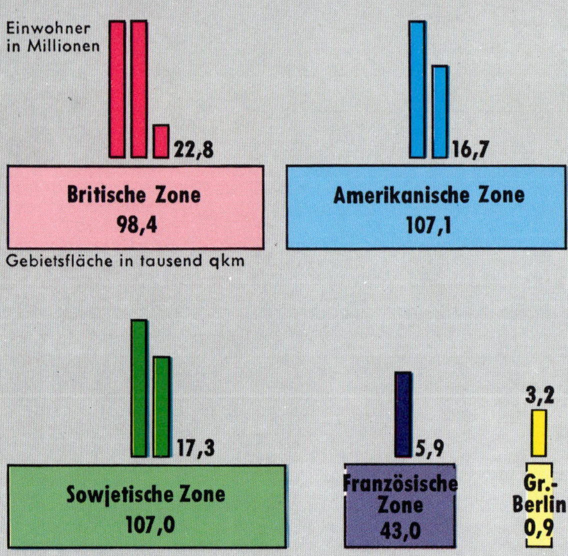

Das war vom „Großdeutschen Reich“ 1945 noch übrig. Die alliierten Siegermächte beschlossen in mehreren Konferenzen (Teheran, Jalta, Potsdam) die Aufteilung Deutschlands in 4 Besatzungszonen unter Aufrechterhaltung der deutschen Einheit. Ostpreußen und die Gebiete östlich der Oder-Neiße-Linie wurden „vorläufig“ unter sowjetische bzw. polnische Verwaltung gestellt. Die endgültige Regelung sollte einer späteren Friedenskonferenz vorbehalten bleiben.

·–·–·– Staatsgrenzen

Bonn ◎ Hauptstädte

Grenzen zwischen der Bundesrepublik Deutschland und der Deutschen Demokratischen Republik

0 50 100 150 200 km

Bundesrepublik Deutschland

-------- Landesgrenzen

-------- Reg.Bez.-Grenzen

Mainz ○ Landeshauptstadt

Trier ○ Regierungsbezirkshauptstadt

Deutsche Demokratische Republik

-------- Bezirksgrenzen

Halle ○ Bezirkshauptstadt

Außenpolitisches Anliegen des ersten Kanzlers der Bundesrepublik, Konrad Adenauer, war vor allem die Aussöhnung der Bundesrepublik mit ihren westlichen Nachbarn und die Integrierung in das westliche Staatensystem. Bahnbrechend war dabei das freundschaftliche Verhältnis zu den USA; später kam eine enge Partnerschaft mit Frankreich hinzu. (rechts: Adenauer und Präsident de Gaulle im Jahre 1963). Die sozialliberale Koalition unter Bundeskanzler Brandt strebte nach 1969 eine Aussöhnung auch in Richtung Osten an (unten: Brandt und der sowjetische Parteichef Breschnew 1971 auf der Krim).

Bundespräsident Heuß und Bundeskanzler Adenauer (Foto 1949).

Das Kabinett der Großen Koalition mit Bundespräsident Lübke (Foto 1966).

Aufschwung und Expansion der Weltwirtschaft sind in den ersten zwanzig Jahren nach 1945 durch die Beseitigung der Kriegsschäden (Bild oben: Zerstörungen und Wiederaufbau in der Freiburger Innenstadt) und wachsenden Konsum gesichert. Seit Ende der sechziger Jahre bereiten jedoch langanhaltende Inflation und Arbeitslosigkeit (links: Warteschlangen im Arbeitsamt) den Wirtschaftspolitikern Sorgen. In vermehrter internationaler Zusammenarbeit wird versucht, gemeinsame Lösungen für diese Probleme zu finden (unten: Wirtschafts-Gipfelkonferenz vom Juni 1976 auf Puerto Rico).

Wenige Wochen nach Amtsantritt versichert der deutsche Bundeskanzler dem amerikanischen Präsidenten die loyale Partnerschaft der Bundesrepublik im atlantischen Bündnis (Abb. links: Ronald Reagan und Helmut Kohl am 16. November 1982 im Weißen Haus in Washington).

Wirtschaftsentwicklung (in %)

	1982	1983	1984	1985[1]
Wirtschaftswachstum	−1,1	1,3	2,5	2,0
Preisanstieg	5,3	3,3	2,5	2,0
Lebensstandard	−2,2	1,0	1,0	1,5
Arbeitslose[2]	1,83	2,26	2,26	2,28

[1] Prognose; [2] in Millionen

In der Bundesrepublik beschäftigte ausländische Arbeitnehmer (in 1000)

	Ausländer insgesamt	davon: Jugoslawen	Italiener	Türken	Griechen	Spanier	Portugiesen
1960[1]	279	9	122	2,5	13	9	0,3
1970	1839	389	375	328	229	166	40
1980	2072	357	309	591	133	87	59
1981	1930	341	291	581	124	82	55
1982	1784	313	259	554	116	76	51
1983	1714	351	239	540	109	72	46

[1] Stand jeweils 30. 6.

Die in den siebziger Jahren bei guter Konjunktur ständig steigende Zahl der Gastarbeiter – ein genaues Wirtschaftsbarometer – erreicht 1980 ihren Gipfelpunkt und zeigt mit von da an deutlich abnehmenden Zahlen die Rezession an (Tab. oben). Nach dem Regierungswechsel 1982/83 kommt es zu einem neuen Wirtschaftsaufschwung, der bisher allerdings bei den Arbeitslosenzahlen keine Besserung bringt (Tab. ganz oben).

Im Bereich der Politik beherrscht der Rüstungswettlauf zwischen Ost und West das öffentliche Interesse. Die gemäß dem NATO-Doppelbeschluß beginnende Aufstellung von US-Mittelstreckenraketen auch in der Bundesrepublik veranlaßt Großdemonstrationen der „Friedensbewegung" (Abb. links: Teil einer von etwa 220000 Demonstranten gebildeten, 108 km langen „Menschenkette" zwischen Neu-Ulm und Stuttgart, auf der B 10 zwischen Plochingen und Ulm am 22. Oktober 1983).

Bundesverwaltung[1]

I. *Oberste Bundesbehörden:*

Bundespräsident
(mit Bundespräsidialamt)
Bundesregierung
Bundeskanzler (mit Bundeskanzleramt)
Bundesminister/Bundesministerien
Bundesrechnungshof

II. *Bundesoberbehörden mit eigenem Verwaltungsunterbau:*

Auswärtiger Dienst
Bundesfinanzverwaltung
Deutsche Bundesbahn
Deutsche Bundespost
Bundeswasserstraßen
Bundeswehrverwaltung
Bundesgrenzschutz

ohne eigenen Verwaltungsunterbau (ressortgebunden):
Bundesverwaltungsamt
Statistisches Bundesamt
Kraftfahrzeug-Bundesamt
Bundesamt für gewerbliche Wirtschaft
Bundeskartellamt
Bundesversicherungsamt
Bundespatentamt
Bundesgesundheitsamt
Bundesausgleichsamt
Bundesoberseeamt
Bundesamt für zivilen Bevölkerungsschutz
Bundesaufsichtsamt für das Versicherungs- und Bausparwesen
Luftfahrtbundesamt
Bundessortenamt

Bundesamt für Verfassungsschutz[2]
Bundeskriminalamt[2]

III. *Bundesunmittelbare Körperschaften und Anstalten des öffentlichen Rechts*

Bundesanstalt für Arbeit
Deutsche Bundesbank
Bundesanstalt für Angestelltenversicherung
Bundesanstalt für Bodenforschung
Bundesanstalt für Flugsicherung
Biologische Bundesanstalt für Land- und Forstwirtschaft
Bundesanstalt für Vegetationskunde, Naturschutz und Landschaftspflege
Bundesanstalt für Gewässerkunde
Bundesanstalt für den Güterfernverkehr
Bundesforschungsanstalt für Kleintierzucht
Bundesanstalt für Materialprüfung

[1] Hier nur unmittelbare Verwaltung. Zur mittelbaren Bundesverwaltung zählen z. B. die Sozialversicherungsträger.

[2] »Zentralstellen«.

Bundeswehrverwaltung
Verwaltungsgliederung und Behördenaufbau

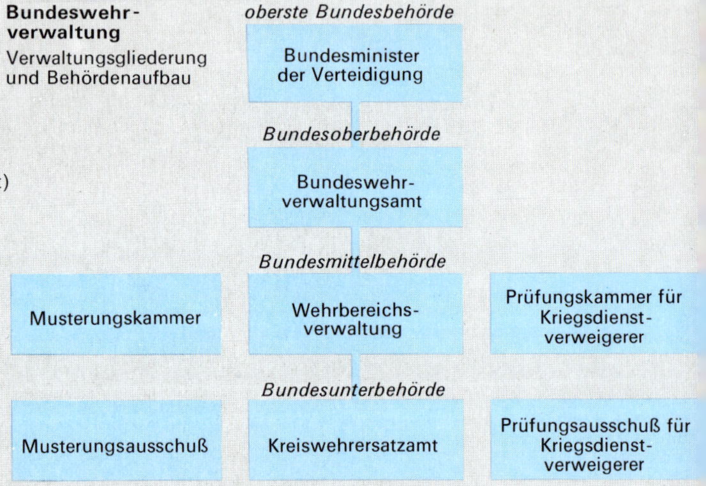

Allein schon die Bundesverwaltung ist ungemein komplex und differenziert un die Aufzählung von Behörden (links) keineswegs vollständig. Bei Bundesver waltung mit eigenem Verwaltungsunterbau gibt es noch Bundesmittel- unc Bundesunterbehörden (Abb. oben).

Neben der Bundesverwaltung spielt die Landesverwaltung in der BRD ein große Rolle (Beispiel Abb. unten).

Bundes- und Landesverwaltung können sich zudem überschneiden (Abb. gan unten).

Reine Landesverwaltung (Schulverwaltung)

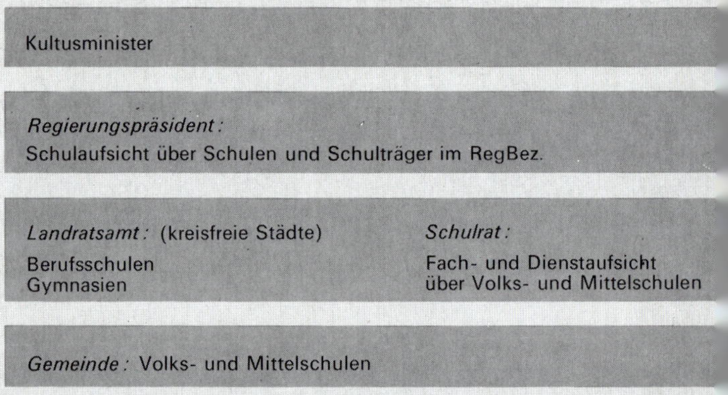

Sich überschneidende Bundes- und Landesverwaltung (Finanzverwaltung)

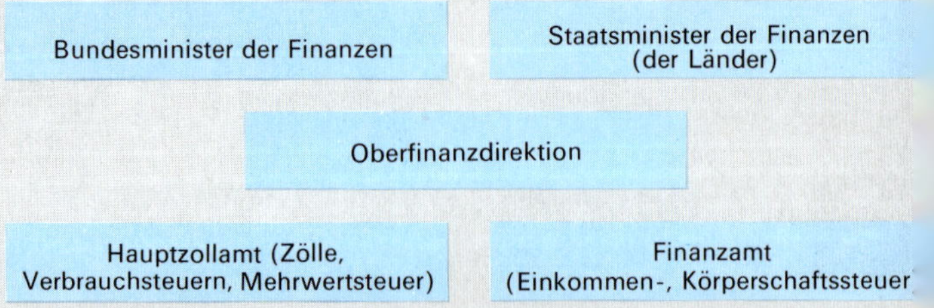

Als erste Journalistin erhält die engagierte Publizistin und „Zeit"-Herausgeberin Marion Gräfin Dönhoff am 17. 10. 1971 den Friedenspreis des Börsenvereins des Deutschen Buchhandels. Überreicht wird ihr der Preis in der Frankfurter Paulskirche vom damaligen Vorsteher des Börsenvereins Werner E. Stichnote (Abb. rechts).

Prägende Gestalten der westdeutschen Literatur sind: der Nobelpreisträger Heinrich Böll (Abb. unten links), und Günter Grass (Abb. unten rechts). Ihr Engagement bei der vorgezogenen Bundestagswahl 1972 führte zu einer beispiellosen Mobilisierung der Wähler. Allein Günter Grass nahm an 129 Wahlveranstaltungen der SPD teil. Während der Regierung Schmidt wurde die Distanz zur Bonner Politik jedoch wieder größer. Vor allem die Nachrüstung (NATO-Doppelbeschluß) ließ die Kluft zwischen Regierung und Schriftstellern wieder größer werden und trug zu deren vermehrtem Engagement in der Friedensbewegung bei.

Charles de Gaulle, für lange Zeit die beherrschende Figur der französischen Politik, versucht, seinem Lande die im Zweiten Weltkrieg verlorene Weltgeltung wiederzugewinnen. Er löst Frankreich aus der NATO, ist aber zugleich zusammen mit Adenauer der Architekt der deutsch-französischen Verständigung. Nur er hat die Autorität, das französische Kolonialreich aufzulösen und damit den Algerien-Krieg gegen härtesten Widerstand der Rechten zu beenden. Die Verfassung der Fünften Republik vom 4. Oktober 1958 ist ganz auf seine Person zugeschnitten.

Nach dem Tode de Gaulles stürzt die gaullistische Bewegung in eine tiefe Krise. Schon Präsident Pompidou muß sich mit dem Erstarken der Linksparteien auseinandersetzen, die radikale Lösungen für die drängenden sozialpolitischen Probleme fordern, außenpolitisch hingegen den gaullistischen Kurs der betonten nationalen Souveränität unterstützen. Rechts: Die Führer der Volksfront, Marchais (Kommunisten) und Mitterrand (Sozialisten) verkünden am 27. Juni 1972 ihr gemeinsames Regierungsprogramm.

Seine ernsteste innenpolitische Krise erlebt Frankreich noch unter der Regierung des Generals de Gaulle im Mai 1968, als die Rebellion junger Arbeiter und ultralinker Studenten zu Straßenschlachten und wilden Streiks führt. Seitdem beherrscht die Angst vor einem „neuen Mai" die französische Innenpolitik, wobei sich auch die Kommunistische Partei als Ordnungsfaktor gegen die Ultralinke stellt. Links: Der deutsch-französische Studentenführer Daniel Cohn-Bendit (rechts neben dem Pult) in der besetzten Pariser Universität.

Am 21. Mai 1981 wird Francois Mitterand Staatspräsident von Frankreich. Er löst damit Valéry Giscard d'Estaing ab. Die anfängliche Euphorie über die sozialistische Regierung wird jedoch durch die sich verschärfende Wirtschaftslage gebremst; ab 1983 muß Mitterand ein drastisches Sparprogramm einleiten. Nach den Kabinetten Pierre Mauroy (22. Mai 1981 bis 16. Juli 1984) und Laurent Fabius (17. Juli 1984 bis 19. März 1986) siegt das bürgerliche Parteienbündnis bei den Wahlen zur Nationalversammlung am 16. März. Unter dem noch amtierenden Staatspräsidenten Mitterand (Abb. oben, rechts) wird nun Jacques Chirac (RPR) Ministerpräsident (Abb. oben, links).

Am 26. Juni 1983 stellt der Pariser Handelsgerichtshof die Zahlungsunfähigkeit des französischen Schwerindustrieunternehmens Creusot-Loire fest. Auch bei Citroën drohen Massenentlassungen. Es kommt zu Protestveranstaltungen (Abb. rechts).

Seit die Konservative Partei bei Unterhauswahlen die absolute Mehrheit errang, ist Margaret Thatcher (Abb. oben links) als erster weiblicher Premierminister Großbritanniens im Amt. In der Wahl 1983 errang sie erneut eine deutliche Mehrheit, so daß sie ihre monetaristische Politik, mit der sie eine Gesundung der britischen Wirtschaft beabsichtigt, fortsetzen kann. Damit honorierten die Wähler auch die entschlossene Haltung der Premierministerin im Falkland-Konflikt 1982

Streiks und Aussperrungen in Großbritannien

Jahr	Anzahl[1]	beteiligte Arbeitnehmer[2]	verlorene Arbeitstage[2]
1977	2703	1166	10142
1978	2471	1042	9405
1979	2080	4608	29474
1980	1330	824	11964
1981	1338	1513	4266
1982	1528	2103	5313

[1] Anzahl der von Streiks betroffenen Betriebe [2] in Tausend

Erdölförderung

	1000 t	Anteil an der Weltproduktion in %
1978	53376	1,7
1979	77537	2,4
1980	78427	2,6
1981	88318	3,2
1982	100219	3,8

Die erst in den siebziger Jahren begonnene Erdölförderung Großbritanniens wird rasch zu einem bedeutenden Wirtschaftsfaktor (Abb. oben rechts: Bohr-Plattform im Magnus-Ölfeld der Britisch Petroleum, nördlich der Shetland-Inseln, im September 1983). Ab 1980 ist Großbritannien bei Erdöl Selbstversorger und kann noch erhebliche Mengen exportieren (Tab. oben, Mitte rechts). – Streiks und Aussperrungen, die sogenannte „englische Krankheit", haben lange Tradition (Tab. oben, Mitte links, und Abb. links: Streikposten vor dem Zweigwerk des Autokonzerns British Leyland in Cowley, November 1981). Margaret Thatcher versucht, die Übermacht der Gewerkschaften einzudämmen.

Eine neue Einstellung zur Außenwelt findet die Katholische Kirche unter dem Pontifikat von Papst Johannes XXIII. (oben). Das Zweite Vatikanische Konzil (ganz oben): Feierlicher Einzug Papst Pauls VI. zur Schlußsitzung (am 8. Dezember 1965).

Italiens inneres Gleichgewicht wird von vielen ungelösten sozialen Problemen belastet. Eine Woge der Unzufriedenheit macht die KP (rechts Parteichef Berlinguer nach den Parlamentswahlen vom Juni 1976) zur zweitstärksten politischen Kraft.

Am 16. Oktober 1978 wird der Erzbischof von Krakau, Karol Kardinal Wojtyła, zum Papst gewählt. Mit ihm wird erstmals seit 1523 ein Nichtitaliener Oberhirte der Katholischen Kirche. Das Bild (oben) zeigt ihn bei seinem ersten offiziellen Besuch beim italienischen Staatspräsidenten Sandro Pertini im Jahre 1984.

Am 19. Februar 1984 unterzeichnen Italien und der Vatikan ein neues Konkordat, das an die Stelle der Lateranverträge von 1929 tritt. Mit der Trennung von Kirche und Staat, die das neue Konkordat festlegt, ist der Katholizismus nicht mehr Staatsreligion. Das Bild (unten) zeigt den italienischen Ministerpräsidenten Bettino Craxi (r.) und Kardinalstaatssekretär Agostino Casaroli (l.) bei der Unterzeichnung.

Die „seidene Diktatur" von Antonio Salazar (links) bringt Portugal nach außen hin Stabilität. Der seit Beginn der sechziger Jahre geführte Kolonialkrieg treibt das Land jedoch in die Isolierung und überfordert seine wirtschaftliche Leistungsfähigkeit. Salazars Nachfolger Marcello Caetano, von dem liberale Impulse erwartet worden waren, hält unter dem Druck der Rechten am alten Kurs fest. Am 25. April 1974 wird er durch einen Militärputsch gestürzt.

Einer der Generäle, die am Krieg in Afrika beteiligt waren, Antonio de Spinola (links), wird neuer Präsident. In den Machtkämpfen zwischen linksorientierten und konservativeren Militärs, bei der die Kommunistische Partei unter Alvaro Cunhal (rechts) eine Schlüsselrolle spielt, wird er jedoch zu Fall gebracht. Aber auch die radikale Linke und ihr Exponent Otelo de Carvalho (unten rechts bei einer ideologischen Mobilisierungskampagne auf dem Lande) können sich nicht halten. Seit Mitte 1976 festigt sich Portugals Junge Demokratie unter einer aus Wahlen hervorgegangenen Regierung.

General Franco (rechts bei der Feier zum 50. Jahrestag seiner Ernennung zum Offizier, am 27. Oktober 1960) gewährt Spanien zwar eine wirtschaftliche, aber keine politische Liberalisierung. Viele Intellektuelle und Arbeiter stehen dem Regime auch vierzig Jahre nach dem Ende des Bürgerkriegs noch unversöhnlich gegenüber.

Schon zu seinen Lebzeiten hat Franco den Bourbonenprinzen Juan Carlos (links mit seiner Frau Sophia und seinen drei Kindern) zum Nachfolger bestimmt. Nach dem Tode Francos am 20. November 1975 wird Juan Carlos König von Spanien. Sofort steuert er die Demokratisierung des Landes an.

Auseinandersetzungen zwischen Demonstranten und Polizei (unten: Guardia Civil geht gegen Teilnehmer eines „Marschs für die Freiheit" in Catala vor) sind auch während der Liberalisierung noch an der Tagesordnung.

Portugal ist seit dem 1. Januar 1986 Mitglied der EG. Am 16. Februar 1986 wird der mehrfache sozialistische Regierungschef Mário Soáres zum neuen Staatspräsidenten gewählt. Das Bild (rechts) zeigt ihn mit dem spanischen Ministerpräsidenten, Felipe González.

Am 2. Dezember 1982 kann der spanische Sozialist Felipe González nach dem Erfolg bei den Parlamentswahlen eine sozialistische Regierung bilden. Anläßlich der Frage nach der Mitgliedschaft Spaniens in der NATO kommt es zur Kontroverse in der spanischen Bevölkerung. An dem „V. Marsch auf Torrejon", einen großen US-Luftwaffenstützpunkt, beteiligen sich rund 20000 Demonstranten (Bild unten). González spricht sich für einen Verbleib in der NATO aus; sein Kurs wird am 12. März 1986 durch Volksabstimmung mit einer nur knappen Mehrheit bestätigt. Seit dem 1. Januar 1986 ist Spanien auch EG-Mitglied.

In Holland, Belgien und Luxemburg ist die Monarchie fest verankert und kann sich trotz mancherlei Krisen behaupten. Ihre schwerste Belastungsprobe erlebt sie in Holland im Sommer 1976, als sich herausstellt, das Prinzgemahl Bernhard (rechts mit Königin Juliana) in den Bestechungsskandal um die amerikanische Flugzeugfirma Lockheed verwickelt ist.

Belgiens schwierigstes Problem ist der seit Jahrzehnten schwelende Sprachenstreit zwischen niederländisch sprechenden Flamen und francophonen Wallonen. Der Konflikt erzwingt eine weitgehende Föderalisierung des einst nach französischem Vorbild aufgebauten Zentralstaats Belgien. Links: Eine Demonstration flämischer Studenten in Löwen, dessen Universität zunächst zweisprachig ist, dann aber „flamisiert" wird (März 1966).

In Skandinavien wächst in den sechziger und siebziger Jahren die Neigung zu einem engeren Anschluß an Westeuropa, doch nur Dänemark findet den Weg zur Europäischen Gemeinschaft, während die Norweger sich in einer Volksabstimmung gegen die EG-Mitgliedschaft aussprechen (rechts: Ministerpräsident Bratteli bei der Stimmabgabe am 25. September 1972). Zu heftigen Konflikten um Fischereirechte kommt es zwischen Großbritannien und Island (unten: Zusammenstoß zwischen einem isländischen Kanonenboot und einer britischen Fregatte am 21. Februar 1976).

Nach dem Bürgerkrieg, bei dem die Kommunisten unterliegen, folgt in Griechenland eine Ära der parlamentarischen Demokratie, die jäh abgebrochen wird durch den Militärputsch vom April 1967. Oberst Papadopoulos (oben – Mitte – bei der Übergabe eines neuen Verfassungsentwurfs im Dezember 1967) baut mit seinen Mitputschisten eine Diktatur auf, die bald in internationale Isolierung gerät.

Nach einem mißglückten Versuch, Zypern an Griechenland anzugliedern, bricht das Militärregime zusammen: Die Offiziere rufen die ins Exil gegangenen demokratischen Politiker zurück. Konstantin Karamanlis (rechts bei der Ankunft in Athen im Juli 1974) wird neuer Ministerpräsident. Er bemüht sich vor allem um den Anschluß Griechenlands an die Europäische Gemeinschaft und um die Vermeidung eines Konflikts mit der Türkei.

Die Balkan-Halbinsel ist im Gegensatz zu Zentraleuropa eine Zone der Instabilität, in der sich die verschiedensten Einflüsse und Interessen kreuzen. Nur hier gelingt der Ausbruch aus den Nachkriegsblöcken. Vor allem Titos Jugoslawien, aber auch Ceausescus Rumänien (links: die beiden Staatschefs 1969 beim Treffen am gemeinsamen Wasserkraftwerk Eisernes Tor) verschaffen sich Spielraum: Albanien lehnt sich an Peking an (unten: eine chinesische Delegation besichtigt 1962 Entwicklungsprojekte in Tirana). Kompliziert wird die Situation durch die Spannungen zwischen den NATO-Partnern Athen und Ankara.

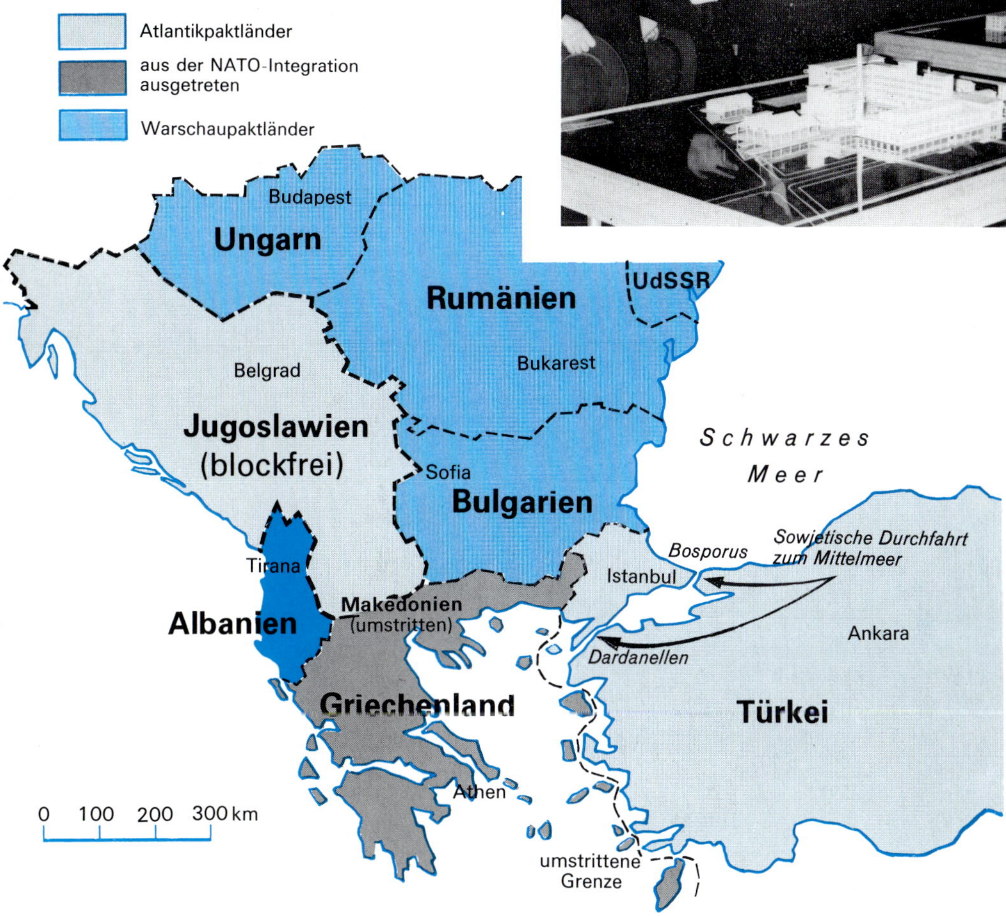

Truppenstärken	Insges.	Heer	Luftwaffe	Marine	Fremde Truppen
Ungarn	105000	84000	21000	–	65000 (UdSSR)
Rumänien	192500	150000	32000	10500	–
Jugoslawien	242000	191000	37000	14000	–
Bulgarien	164000	120000	34000	10000	–
Albanien	40000	30000	7000	3000	–
Griechenland	186000	142000	24500	19500	440 (USA)
Türkei	568000	470000	53000	45000	1100 (USA)

Seit ihrer Unabhängigkeit ist die Mittelmeerinsel Zypern zwischen Griechen und Türken umstritten und wird zum weltpolitischen Konfliktherd. Die Inseltürken wünschen größtmögliche Autonomie, während die griechischen Bewohner vielfach einen Anschluß an das Mutterland Hellas befürworten. Rechts: UN-Generalsekretär Waldheim führt am 2. Juni 1972 den zyprischen Präsidenten und Erzbischof Makarios (Mitte) sowie Vizepräsident Kücük (links), den Vertreter der türkischen Minderheit, zum Gespräch zusammen.

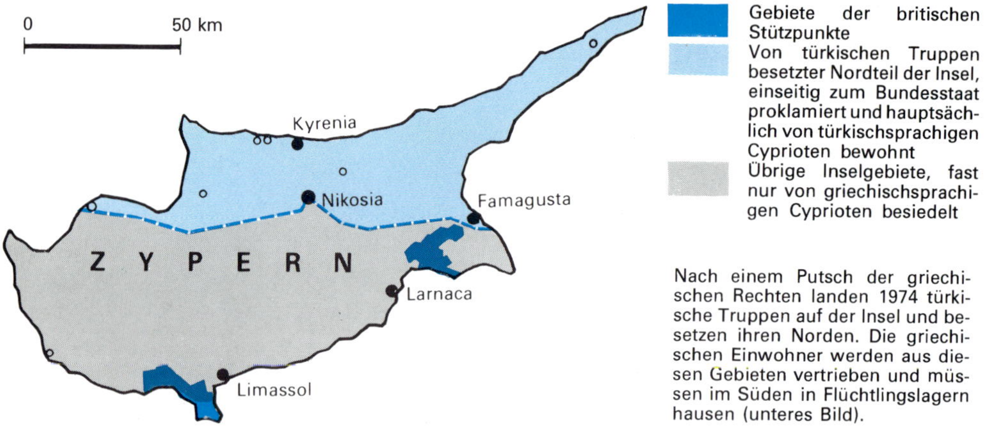

Nach einem Putsch der griechischen Rechten landen 1974 türkische Truppen auf der Insel und besetzen ihren Norden. Die griechischen Einwohner werden aus diesen Gebieten vertrieben und müssen im Süden in Flüchtlingslagern hausen (unteres Bild).

Im bis 1945 von Japan beherrschten Korea kommt es zum ersten großen Nachkriegs-Konflikt zwischen Kommunisten und westlichen Demokratien; in den Waffenstillstandsverhandlungen von Panmunjon (Bild oben, 1951) wird das Land geteilt. Doch die Spannungen zwischen den Diktaturen im Norden und Süden dauern an. Immer wieder kam es in der Vergangenheit zu schweren Zwischenfällen an der Demarkationslinie.

Eine demokratische Alternative zu der nordkoreanischen Einmann-Diktatur des KP-Chefs Kim Il Sung kommt in Südkorea nicht zustande: Dort herrschen nach dem Sturz des autokratischen Präsidenten Syngman Rhee Militärs. 1961–1979 regierte mit diktatorischer Gewalt General Park Chung Hi, der 1979, wie schon früher seine Frau (rechts), durch ein Attentat ums Leben kam …

Japans Wirtschaftswunder	1972		1982
Rohstahlproduktion	74055	Tausend t	99548
Pkw-Produktion	4022	Tausend Stück	6882
Schiffbau	12768	Tausend BRT	8247
Fernsehgeräte-Prod.	14300	Tausend Stück	12796
Kameras (35 mm)	4741	Tausend Stück	15174[1]
Zement	66289	Tausend t	80688

[1] 1981

Außenhandel	1976	1982
Einfuhr	64799	138831
Ausfuhr	67225	131931
Saldo (in Mio Dollar)	+2426	– 6900

Nach der Kapitulation Japans im Zweiten Weltkrieg verkörpert Kaiser (Tenno) Hirohito die historische Kontinuität. Bestimmend für die Außenpolitik ist die enge Bindung an die Vereinigten Staaten (Bild oben: Hirohito bei seinem USA-Besuch im Jahre 1975 mit Präsident Ford). Die Innenpolitik steht im Zeichen eines wirtschaftlichen Booms und jahrzehntelanger Herrschaft der Liberaldemokratischen Partei (LDP), deren Ansehen allerdings durch Korruptionsskandale erschüttert wird. Die Auseinandersetzung zwischen Tradition und Fortschritt führt zu heftigen Konflikten, bei denen regelrechte Privatarmeen eingesetzt werden (links: Mitglieder des kommunistischen Jugendverbands).

Neutrale Staaten in Europa

Eine Schweizer „Landsgemeinde“

Das Ende des zweiten Weltkriegs hatte auch den Österreichern die Aufteilung ihres Landes in Besatzungszonen und ihrer Hauptstadt in Sektoren gebracht. Durch Wien fuhren bis zum September 1955 Viermächte-Patrouillen, an denen sich jeweils ein Amerikaner, Brite, Franzose und Russe beteiligten (rechts).

Erst die Unterzeichnung des Staatsvertrags am 15. Mai 1955 befreite Österreich vom Besatzungsstatut (unten: an der Frontseite des Tisches von links US-Außenminister Dulles, Sowjetbotschafter Iljitschow, Sowjetaußenminister Molotow, Österreichs Außenminister Figl, der britische Außenminister Macmillan, der britische Botschafter Wallinger und der französische Außenminister Pinay). In Deutschland wurde dieser Vertrag vielfach als Modell für eine Wiedervereinigung empfunden.

Außenpolitisch ist Wien außer mit der Absicherung der Neutralität vor allem mit dem Südtirol-Problem befaßt. In der umstrittenen norditalienischen Grenzprovinz sorgen Terroristen für Unruhe (oben: Polizisten untersuchen am 15. Juni 1961 das Wrack eines im Zentrum von Bozen gesprengten Autos).

Die Innenpolitik Österreichs ist nach dem Kriege lange durch das sogenannte Proporzsystem gekennzeichnet, in dem die beiden großen Parteien ÖVP und SPÖ sich durch Koalitionsabkommen über die Verteilung der Staatsämter einigen. Von 1966 bis 1970 hält die ÖVP die absolute Mehrheit, danach stellen die Sozialisten – an ihrer Spitze Bruno Kreisky (links) – die Regierung.

Eines der ernstesten Probleme, mit denen die Schweiz sich in den sechziger und siebziger Jahren auseinandersetzen muß, ist die Jura-Frage: Französischsprachige Bürger des Kantons Bern setzen die Schaffung eines Kantons Jura durch. Links: Jura-Separatisten dringen am 12. Dezember 1968 in den Berner Nationalrat ein. Unten: Das Ergebnis der Volksabstimmung vom 23. Juni 1974.

Der Anteil der ausländischen Arbeitnehmer ist in der Schweiz besonders hoch. Immer wieder regt sich beim konservativen Teil der Bevölkerung Widerspruch gegen diese auf die intensive Industrialisierung zurückzuführende Entwicklung. Das „Volksbegehren gegen die Überfremdung", das die „Nationale Aktion" anstrengt, wird jedoch am 20. Oktober 1974 mit 1,692 gegen 0,879 Millionen Stimmen abgelehnt. Unten: Plakate gegen und für die Überfremdungs-Initiative.

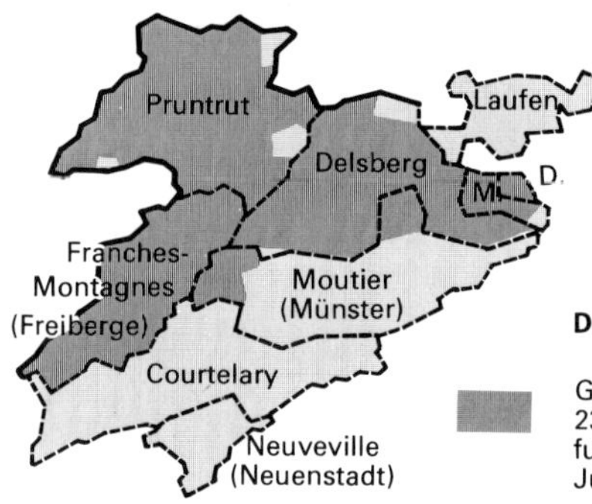

Das Gebiet des Berner Jura

Gemeinden, die sich am 23. 6. 1974 für die Schaffung eines eigenen Kantons Jura entschieden haben

Konsequent hält die Schweiz an ihrer Neutralität fest und baut ein Verteidigungssystem aus, das vor allem die topographischen Besonderheiten des Landes berücksichtigt (Bild oben: Wehrübung mit Kavallerie und Hubschraubern). Die enge wirtschaftliche Bindung an den Westen und besonders an die Europäische Gemeinschaft setzt jedoch eindeutige politische Prioritäten

Als wichtiger Exportzweig von geradezu symbolischer Bedeutung gilt die Uhrenindustrie, die durch das stürmische Vordringen der elektronischen Quarzuhr auf den Weltmärkten eine Krise erlebte (Grafik rechts), da die Schweizer lange Zeit an der vorwiegenden Fabrikation mechanischer Uhren festhielten.

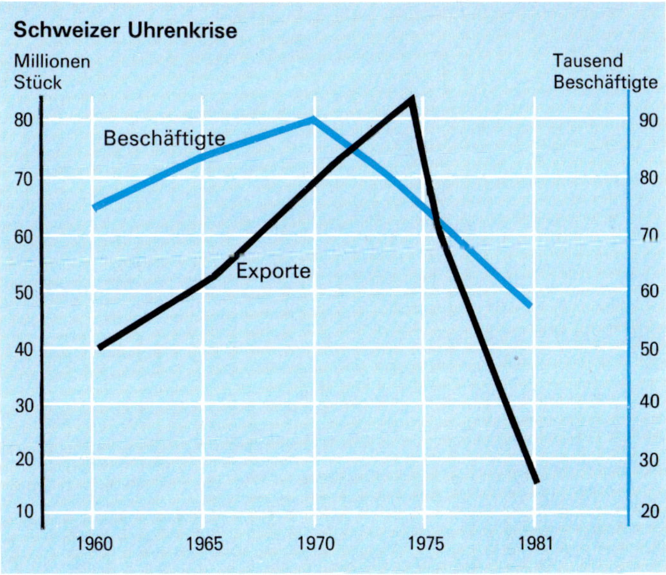

Kommunistisch strukturierter Teil der Welt

Parteitag der KPdSU 1986

Die sowjetische Wirtschaft nimmt in den Jahren nach dem Zweiten Weltkrieg einen enormen Aufschwung, der sich jedoch mit steigendem Entwicklungsstand verlangsamt. Die strukturellen Schwächen der zentralisierten Planwirtschaft – Reformen halten sich aus politischen Gründen in sehr engem Rahmen – bremsen die Expansion. Die Landwirtschaft leidet zusätzlich unter schlechtem Wetter. Das Ziel, in der Agrar- und Industrieproduktion mit den Vereinigten Staaten gleichzuziehen, wird nicht erreicht. Oben: Getreideernte im Gebiet Krasnodar. Unten: Bau des Lenin-Wasserkraftwerks am Dnjepr bei Saporoshje (1974).

Landwirtschaft	**1955**	**1969**	**1981**
Anteil bei den Erwerbstätigen:	42,9%	28,0%	15,8%
Traktoren (in Tausend)	800	1800	2598
Getreideproduktion (in Mio Tonnen)	125	161	154

Wirtschaftsleistung

Pro-Kopf-Bruttosozialprodukt in US-Dollar:	1955: ca. 800 1969: ca. 1450 1980: ca. 4550

Außenhandel

Ausfuhr:	1959 5,4 Mrd US-Dollar 1982 79,2 Mrd US-Dollar (oder: 1981 78210 Mio)
Einfuhr:	1959 5,0 Mrd US-Dollar 1982 84,7 Mrd US-Dollar (oder: 1981 87399 Mio)

Industrie und Bergbau (Produktion)

	1955	**1969**	**1982**
Kohle (in Mio Tonnen)	390	689	647
Erdöl (in Mio Tonnen)	71	328	612
Erdgas (in Mrd Kubikmeter)	10	183	502
Eisenerz (in Mio Tonnen)	40	186	242[1]
Rohstahl (in Mio Tonnen)	45	110	147
Pkw (in 1000)	108	294	1307
Lkw (in 1000)	337	551	868
Zement (in Mio Tonnen)	39	90	124
Kunststoffe (in 1000 Tonnen)	111	1452	3640[2]
Elektrischer Strom (in Mrd Kwh)	170	689	1367

[1] 1981 [2] 1980

SOWJETUNION: BODENSCHÄTZE

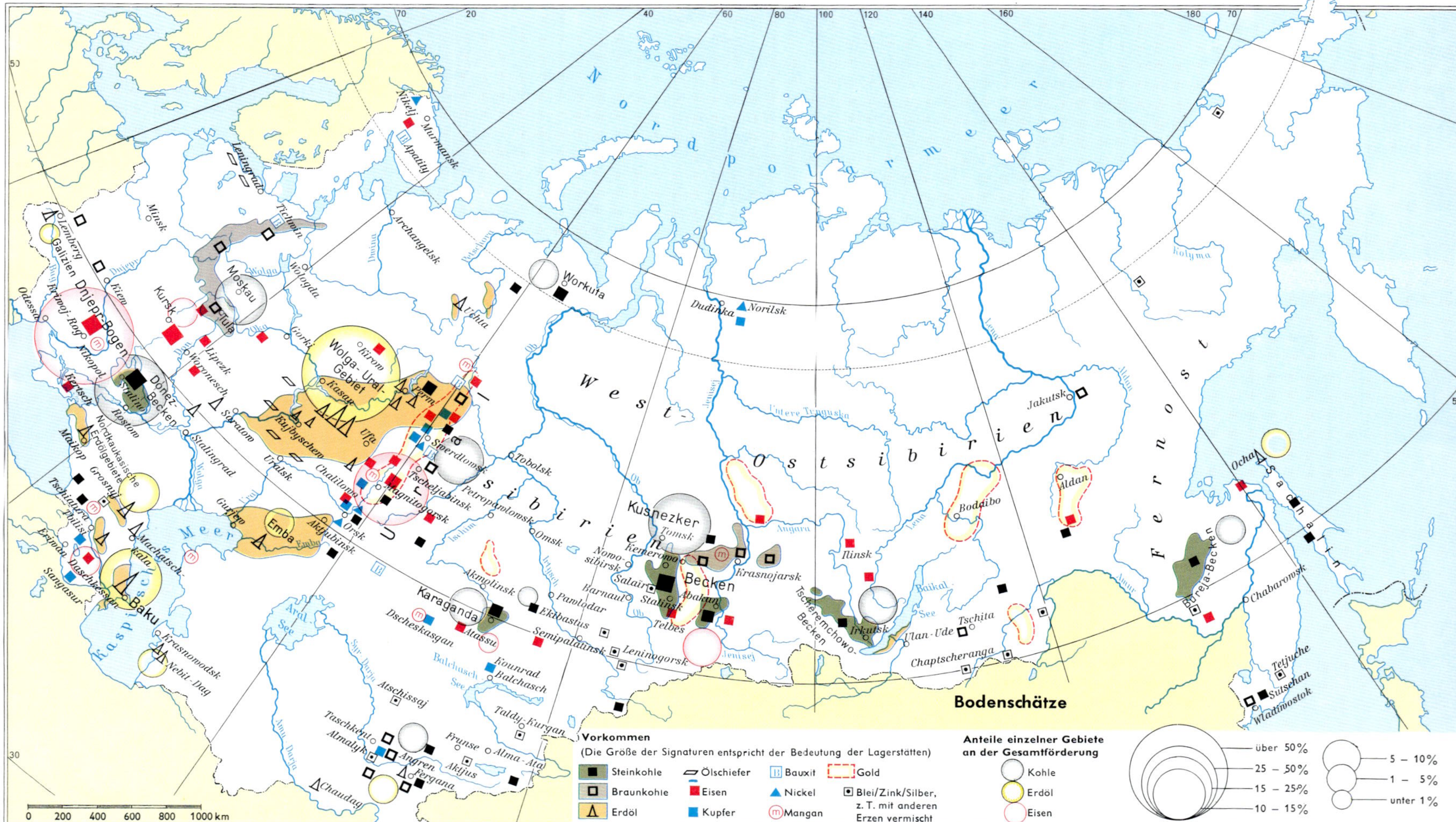

VERLAG HERDER FREIBURG

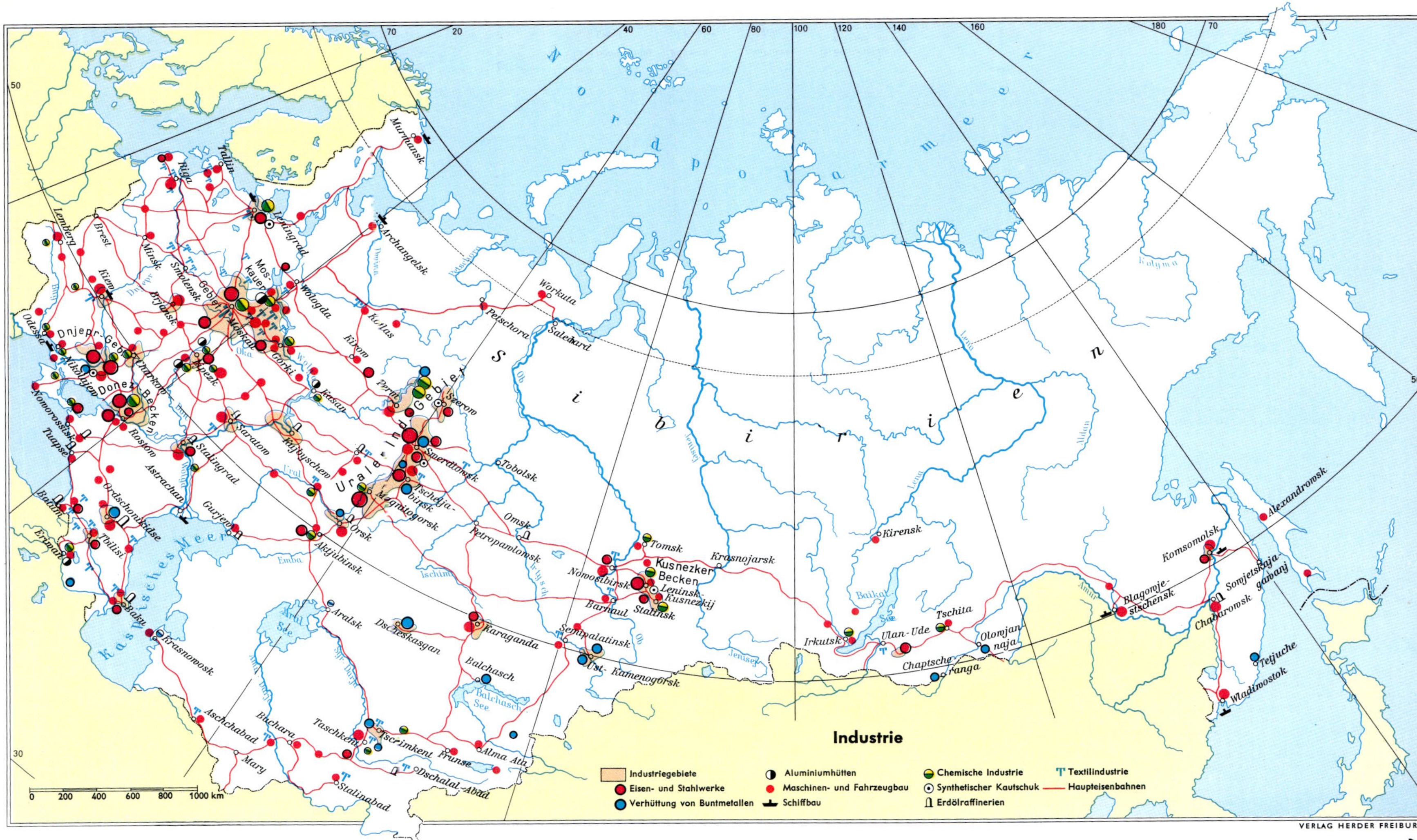
Industrie
Industriegebiete
Eisen- und Stahlwerke
Verhüttung von Buntmetallen
Aluminiumhütten
Maschinen- und Fahrzeugbau
Schiffbau
Chemische Industrie
Synthetischer Kautschuk
Erdölraffinerien
Textilindustrie
Haupteisenbahnen
0 200 400 600 800 1000 km
Nordpolarmeer
Sibirien
Kaspisches Meer
Aral See
Balchasch See
Baikal-See
Ural-Gebiet
Kusnezker Becken
Donez-Becken
Dnjepr-Gebiet
Moskauer Gebiet
Murmansk
Archangelsk
Leningrad
Tallin
Riga
Lemberg
Brest
Minsk
Smolensk
Brjansk
Kiew
Odessa
Nikolajew
Charkow
Lipezk
Moskau
Gorki
Wologda
Kotlas
Kirow
Kasan
Perm
Serow
Swerdlowsk
Tscheljabinsk
Magnitogorsk
Orsk
Aktjubinsk
Kuibyschew
Saratow
Stalingrad
Rostow
Astrachan
Gurjew
Noworossijsk
Tuapse
Batumi
Ordschonikidse
Tbilisi
Eriwan
Baku
Krasnowosk
Aschchabad
Mary
Buchara
Taschkent
Tschimkent
Stalinabad
Dschalal-Abad
Frunse
Alma Ata
Balchasch
Dscheskasgan
Aralsk
Karaganda
Petropawlowsk
Omsk
Tobolsk
Workuta
Petschora
Salechard
Tomsk
Nowosibirsk
Barnaul
Stalinsk
Leninsk-Kusnezkij
Semipalatinsk
Ust-Kamenogorsk
Krasnojarsk
Irkutsk
Kirensk
Ulan-Ude
Tschita
Chaptscheranga
Olowjannaja
Blagowjeschtschensk
Komsomolsk
Sowjetskaja Gawanj
Chabarowsk
Wladiwostok
Tetjuche
Alexandrowsk
Ob
Irtysch
Jenissej
Lena
Aldan
Kolyma
Amur
Dwina
Petschora
Wolga
Don
Dnjepr
Bug
Oka
Kama
Ural
Emba
Ischim
Syr-Darja
Amu-Darja
20
40
60
70
80
100
120
140
160
180
50
30
VERLAG HERDER FREIBURG

Auf die harte Entwicklungsdiktatur Stalins folgt der „neue Kurs" Malenkows und Chruschtschows, der die Interessen einer neu herangebildeten Elite und die materiellen Bedürfnisse der Bevölkerung besser berücksichtigen soll. Der „Wohlfahrtskommunismus" bleibt jedoch trotz bemerkenswerter sozialer Fortschritte ein Wunschtraum. Und trotz Entstalinisierung glaubt die KPdSU sich das Zugeständnis größerer geistiger Freiheit noch immer nicht leisten zu können: Der Schriftsteller Alexander Solschenizyn (rechts), dessen Roman „Ein Tag im Leben des Iwan Denissowitsch" zunächst eine der wichtigsten offiziell tolerierten Anklagen gegen die Stalin-Ära ist, wird unter Breschnew als unbequemer Kritiker ins Ausland abgeschoben. Doch die Gruppe der „Dissidenten", die die inneren Zustände in der UdSSR anprangert, kann nicht mundtot gemacht werden.

Weiterhin werden in der Sowjetunion Regime-Gegner in Straflagern und Gefängnissen festgehalten, wie Solschenizyn sie in seinen Werken beschrieben hat. Unten: Ein Gefängnis des Geheimdienstes in Nowosibirsk.

Registrierte Flüchtlinge aus der Deutschen Demokratischen Republik von 1949 bis 1961

1949 (ab Sept.)	129245
1950	197788
1951	165648
1952	182393
1953	331390
1954	184198
1955	252870
1956	279189
1957	261622
1958	204092
1959	143917
1959	143917
1960	199188
1961 (1. 1. – 15. 8.)	159730
insgesamt	2691270

Der Einbau West- und Ostdeutschlands in die konträren Paktsysteme des Westens bzw. Ostens lassen die deutsche Wiedervereinigung zum unlösbaren Problem werden. Die freiheitliche Demokratie und der wirtschaftliche Erfolg machen die Bundesrepublik zu einem Anziehungspunkt für Millionen Flüchtlinge aus der sowjetischen Zone, der späteren DDR. Die Regierung in Ost-Berlin stoppt diesen Strom durch den Bau der Berliner Mauer nach dem 13. August 1961 (links). Damit ist die Teilung zementiert.

Die Ostberliner Führung (rechtes Bild: SED-Chef Ulbricht –rechts– und sein späterer Nachfolger Honecker –Mitte– beim Empfang einer britischen Delegation zur Leipziger Frühjahrsmesse 1964) bemüht sich um den Auf- und Ausbau der „sozialistischen Nation DDR" und die Schaffung eines neuen Staatsbewußtseins.
Dabei greift sie bewußt auch auf preußische Traditionen zurück (Bild unten: Ehrenwache Unter den Linden, Berlin).

Bergbau und Industrie der DDR

Erzeugnis	1950	1963	1975	1982
Braunkohle (in 1000 t)	137050	246992	243468	276038
Kalisalze (in 1000 t)	1336	1752	2864	3434
Rohstahl (in 1000 t)	999	3656	6165	7169
Pkw (in Stück)	7160	84300	154800	183000
Lkw (in Stück)	1000	10100	33600	39000

Eigentumsformen in Prozent nach Anteil am Aufkommen des gesellschaftlichen Gesamtprodukts

Wirtschaftsbereich	volkseigen		genossenschaftl.		halbstaatl.		privat	
	1950	1963	1950	1963	1950	1963	1950	1963
Industrie	75,5	85,3	2,0	3,5	0,5	8,8	22,0	2,4
Bauwirtschaft	31,6	63,9	–	15,3	–	9,2	68,4	–
Handwerk	–	–	–	29,8	–	–	100	70,2
Landwirtschaft	12,1	16,7	36,6	72,6	–	–	–	–
Handel	21,5	38,6		42,6	–	7,7	41,9	11,1

Polen, das größte Land im sowjetischen Einflußbereich, wird mehrfach von offenen Konflikten zwischen Bevölkerung und KP-Führung erschüttert. Der Posener Aufstand (1956) bringt Gomulka an die Macht, der Danziger Aufstand (1970, linkes Bild: Plünderer) stürzt ihn wieder. Und auch der neue Parteichef Gierek muß sich nach drastischen Preiserhöhungen mit Unruhen auseinandersetzen (1976). Unterdessen wird der Wiederaufbau in dem vom Krieg besonders hart getroffenen Lande stetig weitergeführt, wobei auch der Bewahrung des historischen Erbes großes Gewicht beigemessen wird. Unten: Ein Straßenzug in der Warschauer Altstadt – 1945 und 1960.

Eines der Hauptprobleme der polnischen Außenpolitik ist die Westgrenze zu Deutschland, die nach den Kriegsabkommen provisorisch an Oder und Neiße verläuft. Ost-Berlin erkennt diese Regelung bereits im Görlitzer Vertrag vom Juni 1950 als endgültig an; die Bundesrepublik vollzieht die Anerkennung – allerdings mit dem Vorbehalt, daß ein Friedensvertrag noch aussteht – im Warschauer Abkommen vom Dezember 1970. Aber erst nachdem weitere Probleme geregelt worden sind, kommt es zur Entspannung zwischen Warschau und Bonn. Links: Gierek (links außen) am 9. Juni 1976 bei seinem Besuch in Bonn im Gespräch mit Kanzler Schmidt und Außenminister Genscher.

Ständig zunehmende Versorgungsschwierigkeiten, besonders bei Lebensmitteln, lösen ab 1980 in Polen eine schwere wirtschaftliche und politische Krise aus (Abb. links: Eine über 400 m lange Käuferschlange wartet im Dezember 1980 vor einem Milchgeschäft in Warschau). Nach einer Streikwelle kommt es zur Bildung von regierungsabhängigen Gewerkschaften und 1981 zur Errichtung einer Militärdiktatur.

Der bisherige Verteidigungsminister Wojciech Jaruzelski wird im Februar 1981 Ministerpräsident und im Oktober Parteichef. Im Dezember verfügt er den Kriegszustand; unter den vielen Verhafteten sind überwiegend Gewerkschaftler (Abb. oben rechts: General Jaruzelski auf der Regierungsbank des Sejm, des polnischen Parlaments, im Dezember 1982).

Wie ausgewählte Produktionszahlen von Lebensmitteln, Rohstoffen und Industrieerzeugnissen zeigen (Tab. rechts), fällt die Leistung aller Wirtschaftsbereiche (mit Ausnahme der Stromerzeugung) steil ab und hat sich auch bis 1982 noch nicht wieder stabilisiert.

Produktion ausgewählter Güter (in Mio. Tonnen)

	1978	1979	1980	1981	1982
Getreide	21,5	17,3	16,4	17,3	18,6
Kartoffeln	46,6	49,6	26,4	42,6	31,9
Zuckerrüben	15,7	14,2	10,4	15,8	15,1
Steinkohle	192,6	201,0	193,1	163,0	189,3
Elektroenergie[1]	115,6	117,5	121,9	115,0	118,0
Zement	21,7	19,2	18,4	14,2	16,0
Rohstahl	19,3	19,2	19,5	15,7	14,7

[1] Mrd. kWh

Bei der Bildung unabhängiger Gewerkschaften, einer im übrigen Ostblock unbekannten Erscheinung, spielt die neugegründete Gewerkschaft „Solidarität“ eine Hauptrolle. Ihr Anführer ist Lech Wałęsa, der nach zahlreichen Streiks, besonders in Stettin und Danzig, die Anerkennung vieler Arbeiterforderungen durch die Regierung erreicht (Abb. rechts: Wałęsa auf den Schultern von Arbeitskollegen der Danziger Leninwerft nach erfolgreichem Streikausgang im September 1980). Von Dezember 1981 bis November 1982 war auch er in Haft; 1983 erhielt er im Oktober den Friedensnobelpreis.

Die Gründung der Volksrepublik China nach dem Erfolg Mao Tse-tungs über Chiang Kai-shek wirkt sich zunächst nur mittelbar auf das internationale Kräftegleichgewicht aus, da China sich weiterhin vorwiegend mit sich selbst beschäftigt und nach außen hin lediglich durch die Unterstützung kommunistischer Guerillabewegungen in Südostasien in Erscheinung tritt. Der ideologische Bruch mit Moskau und die offene Rivalität zwischen China und der Sowjetunion seit Mitte der sechziger Jahre verändern die Situation. Links: Die „Großen Drei" der chinesischen Revolution; von links Chou En-lai, Mao Tse-tung und der Armee-Befehlshaber Chu Te nach dem Beginn des „Langen Marsches" im Jahre 1938.

Unten: Die wirtschaftliche Entwicklung der Volksrepublik China spiegelt die inneren Erschütterungen des Riesenlandes.

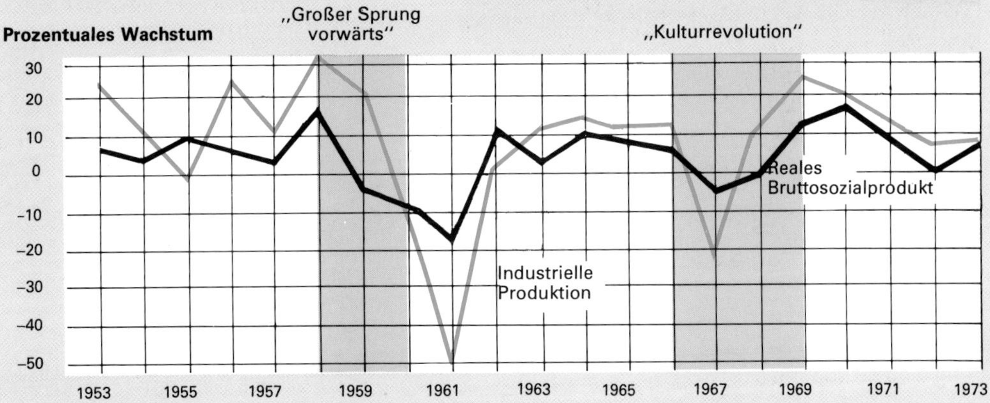

Während des „Großen Sprungs nach vorn" wurde 1958/59 versucht, in unzähligen kleinen Hochöfen überall in China die Stahlproduktion drastisch zu steigern. Dieses von Mao inspirierte Experiment scheiterte. Für einige Zeit hatten die „Pragmatiker" wieder den Vorrang vor den „Ideologen".

Die dörflichen Siedlungen des alten Chinas (oben: Dorf im nordchinesischen Bergland) machen durchweg einen verfallenen und primitiven Eindruck, da die Masse der Bewohner (70%) arme Kleinbauern und Landarbeiter waren, denen die Mittel für die Unterhaltung ihrer Behausungen fehlte. Sie verfügten nur über 17% der Anbaufläche, und der Ernteertrag reichte in guten Erntejahren gerade zu ihrer Ernährung. Überschüsse gab es nicht. Die Grundherren und Großbauern hingegen, die nur 10% der ländlichen Bevölkerung ausmachten, verfügten über 68% der landwirtschaftlich nutzbaren Fläche, deren Überschüsse ihnen ein Leben in Wohlstand ermöglichten.

Besitzverhältnisse in einer Gemeinde der Provinz Kiangsu

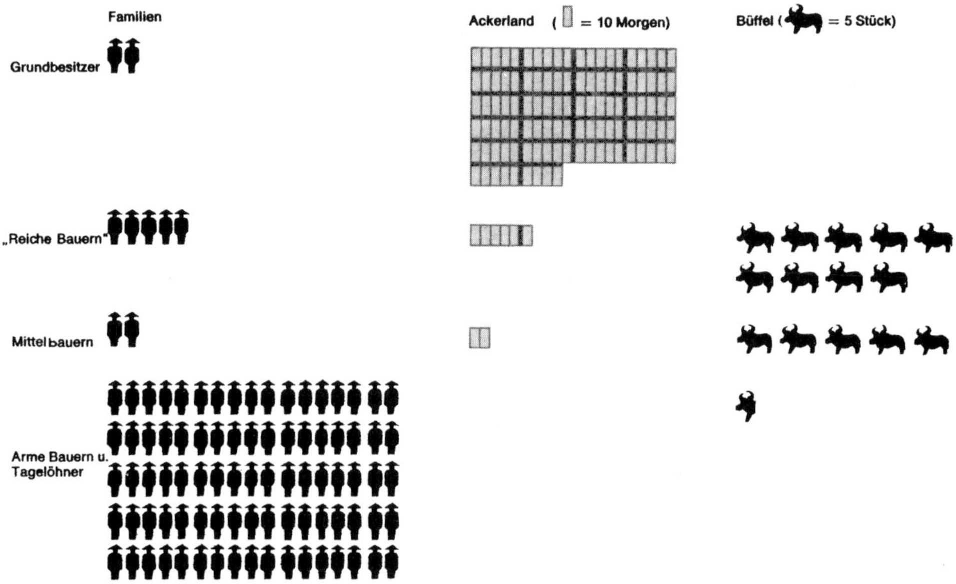

Größe, Eigentumsstruktur und Funktionsbereiche der Volkskommunen, Brigaden und Produktionsgruppen am Anfang der 60er Jahre

	Größe	*Eigentum*	*Zuständigkeit*	*andere Funktionen*
Volkskommunen (etwa 74 000 in China)	5000–20 000 Personen	Mittelgroße Industrieanlagen (z. B. für Herstellung von Düngemitteln, landw. Geräten, Plastikartikeln, Zement usw.)	a) Jährl. Produktionspläne für die Gesamtkommune b) Großprojekte der Infrastruktur (Wasserversorgung, Flutkontrolle etc.)	Mobilisierung der Bauernmassen in großem Stil (im Rahmen von „Bewegungen")
Produktionsbrigaden (5–10 pro Volkskommune)	1000–3000 Personen (größere Dörfer bilden eine Prod.-Brigade, aufgegliedert in mehrere Produktionsmannschaften)	Klein-Industrieanlagen (z. B. für Ziegel, Mehl usw.)	Kleinere Infrastrukturprojekte (Brunnen, Bodenverbesserung, Forstarbeiten etc.)	Schulen Kliniken Läden Servicestationen (Radreparaturen, Friseur etc.)
Produktionsgruppen (6 pro Produktionsbrigade)	20–100 Familien (kleine Dörfer bilden meist eine Produktionsmannschaft)	Boden, Vieh, Geräte	detaillierte Anbauprogramme für Kollektivland	Grundverrechnung im Rahmen der Entlohnung (Naturalien und Geld, bemessen nach „Arbeitspunkten")

Das chinesische Dorf hat im Zuge der Kollektivierung der Landwirtschaft seit 1950 vielfach sein Aussehen stark verändert und einen Funktionswandel erfahren. Während das Dorf früher nahezu autark war, ist es heute Teil einer Volkskommune, innerhalb derer es ein genau umschriebenes Wirtschaftsprogramm zu erfüllen hat. Große Dörfer (1000 bis 3000 Personen) bilden eine Produktionsbrigade, die ihrerseits in Produktionsmannschaften mit einem detaillierten und spezialisierten Arbeitsprogramm gegliedert sind. Die Produktionsbrigaden verfügen neben dem landwirtschaftlichen Besitz auch über Kleinindustrie zur Befriedigung lokaler Bedürfnisse sowie über Schulen, Läden, Reparaturwerkstätten u. a. Kleine Dörfer bilden Produktionsmannschaften, die Teil einer Produktionsbrigade sind. Aufgrund der regelmäßigen Einkünfte, die sich nach der Arbeitsleistung richten und durch Erträge des frei verfügbaren „Hoflandes" erhöht werden, herrscht allgemein ein bescheidener Wohlstand. Die alten Gehöfte sind weitgehend verschwunden, an ihre Stelle sind bescheidene „Reihenhäuser", aber auch Wohnblocks getreten (unten: das Dorf Fangtang, das zur Volkskommune Hsiungsi gehört).

Zeitraum	*Organisationsform*	*Art der Unternehmungen*	*Durchschnittl. Anzahl von Haushalten und durchschnittl. Landbesitz*	*Form des Eigentums*	*Einkommen der Bauern oder Mitglieder*
vor 1950	Einzelwirtschaft	individuelle Landwirtschaft, geringe gegenseitige Hilfe nur im Clan, Hauswirtschaft	∅-Landbesitz im Norden 0,31 ha, im Süden 0,087 ha je Kopf	reines Privateigentum der Familie	Haushaltseinkommen der Familie nach kollektiver Leistung auf eigenem Boden
1950–1955	Vereinigung der Gegenseitigen Hilfe	saisonale und später längerfristige Nachbarschaftshilfe für die Landwirtschaft	wechselnd, 6–15 Haushalte. ∅-Landbesitz keine Angaben	Privateigentum der Familie, gemeinsame Nutzung von Zugvieh und landw. Gerät	Haushaltseinkommen aus der Produktion auf eigenem Boden
1952–1956	Landwirtschaftliche Produktionsgenossenschaft	landwirtschaftliche Produktion, wenig Nebengewerbe, Vieh- u. Forstwirtschaft, wenig Wasserbau	schwankend von 10 bis 50 Haushalten. ∅-Landbesitz 37,5 ha	privates u. genossenschaftliches Eigentum, gemeinsames Eigentum an Boden, Großvieh u. Gerät, daneben privates Hofland	Haushaltseinkommen aus der Verzinsung der Genossenschaftsanteile und Verrechnung der Arbeitsleistung (Lohnanteil)
1953–1958	Fortgeschrittene Landwirtschaftliche Produktionsgenossenschaft	landwirtschaftliche Produktion, größeres Nebengewerbe, kleinere agrotechnische Projekte	100–160 Haushalte, Arbeitsgruppen zu je 10 Haushalten, ∅-Landbesitz 153 ha (Mitte 1958)	genossenschaftl. Eigentum an Boden, Großvieh u. Gerät, nur geringes privates Eigentum	Einkommen des Haushalts aus dem gemeinsamen Arbeitseinsatz
1958–1959	Volkskommune	landwirtschaftliche Produktion, Vieh- u. Forstwirtschaft, Fischerei, Nebengewerbe, lokale Industrie, große agrotechnische Projekte, Verschmelzung mit staatlicher Verwaltung, Handel, Transport, soziale u. medizinische Versorgung, Ausbildung, Verteidigung (Miliz) u. a.	mehr als 5000 Haushalte, Unterteilung in Brigaden, Arbeitsgruppen zu etwa 15 Haushalten, ∅-Landbesitz der Kommune 4565 ha (Mitte 1959)	geringes staatliches Eigentum an höheren Schulen, Werkstätten, Fabriken u. ä., kollektives Eigentum an Bewässerungseinrichtungen, Versuchsbetrieben, landw. Maschinen u. ä., Brigade-Eigentum an Boden, Vieh, landw. Geräten, kollektives Produktionsgruppen-Eigentum an Zugvieh u. Geräten, Ställen, Scheunen, Kinderkrippen u. ä., geringfügiges privates Eigentum an Küchengärten, Obstbäumen, Kleinvieh	Individuelles Arbeitseinkommen der Kommunemitglieder, 50 bis 75 vH des Einkommens als freie Versorgung mit Nahrung, Kleidung etc., der Rest als Arbeitslohn direkt an die Mitglieder verrechnet nach der Arbeitsleistung, Kompensation für Kinder und Arbeitsunfähige, Rechnungseinheit ist die Kommune
nach 1959	Revidierte Volkskommune	wie oben, aber stärkere Betonung der Landwirtschaft, stärkere Erschließung von Grenzboden in den Kommunen, verstärkte Intensivierung durch mehr Bewässerung, Mechanisierung, Anwendung von Handelsdünger usf.	über 1600 Haushalte, mit ∅ 9 bis 10 Brigaden u. ∅ 7 Arbeitsgruppen je Brigade in jeder Kommune, etwa 170 Haushalte je Brigade und 24 je Arbeitsgruppe; ∅-Landbesitz je Kommune etwa 1380 ha, je Brigade etwa 145 ha, je Arbeitsgruppe etwa 20 ha	wie oben, etwas größeres privates Eigentum als in den Jahren 1958/59 und bessere Verfügungsmöglichkeiten, keine weitere Ausdehnung des staatlichen Eigentums in den Kommunen	Individuelles Arbeitseinkommen der Kommunenmitglieder, freie Versorgung stark eingeschränkt auf etwa 25 vH des Einkommens, der Rest als Geldeinkommen nach der Arbeitsleistung, Kompensation wie oben, Rechnungseinheit wird zunächst die Brigade und ab Anfang 1961 die Produktionsgruppe

Mit „Schandhüten", auf denen ihre angeblichen Untaten verzeichnet waren, wurden während der „Großen Kulturrevolution" auch höchste Funktionäre, die sich bei der Ultralinken unbeliebt gemacht hatten, über die Straßen getrieben (rechtes Bild). Mao bediente sich bei diesem von ihm ausgelösten Umsturz innerhalb der eigenen Partei vor allem der jugendlichen „Roten Garden". Sein Ziel war es, gegenüber der privilegierten Schicht der Parteibürokraten dem Prinzip der „permanenten Revolution" zum Durchbruch zu verhelfen. Erst als die wirtschaftliche Produktion zusammenzubrechen drohte und die äußere Sicherheit Chinas bedroht war, wurde die Kulturrevolution gestoppt. China kehrte zum pragmatischen Kurs zurück.

Der Aufruf zur Kulturrevolution

„Während der ganzen Übergangsperiode bestehen Klassenwidersprüche, der Klassenkampf zwischen dem Proletariat und der Bourgeoisie, der Kampf zwischen dem Weg des Sozialismus und dem Weg des Kapitalismus. Wenn wir diese grundlegende Theorie... vergessen, werden wir vom richtigen Weg abgehen. Die große proletarische Kulturrevolution bildet eine neue Stufe im Kampf zwischen den beiden Klassen und zwischen den beiden Wegen. (Sie) hat eine sehr ausgedehnte Reichweite. Wir wollen alle finsteren Mächte hinwegfegen, auf dem Gebiet der Ideologie... die Vier Alten (alte Ideen, alte Kultur, alte Sitten und Gebräuche) der Ausbeuterklassen ausrotten und die Vier Neuen (neue Ideen, neue Kultur, neue Sitten und Gebräuche) des Proletariats einführen. Es ist unvermeidlich, daß dabei das politische und wirtschaftliche Leben der Gesellschaft berührt wird. Diese große Kulturrevolution hat den Zweck, eine Handvoll bürgerlicher Rechtselemente niederzuschlagen, diejenigen innerhalb der Partei niederzuschlagen, die Machtpositionen innehaben und den kapitalistischen Weg einschlagen."

Mao Tse-tung, zit. im Leitartikel der „Hongqi" (Rote Fahne) Nr. 13, 1966

Programm der Pekinger Roten Garden vom 23. 8. 1966

1. Jeder Bürger soll manuelle Arbeit verrichten.
2. In allen Kinos, Theatern, Buchhandlungen, Omnibussen usw. müssen Bilder Mao Tse-tungs aufgehängt werden.
3. Überall müssen Zitate Mao Tse-tungs an Stelle der bisherigen Neonreklamen angebracht werden.
4. Die alten Gewohnheiten müssen verschwinden.
5. Die Handelsunternehmungen müssen reorganisiert werden, um den Arbeitern, Bauern und Soldaten zu dienen.
6. Eine eventuelle Opposition muß rücksichtslos beseitigt werden.
7. Luxusrestaurants und Taxis haben zu verschwinden.
8. Die privaten finanziellen Gewinne sowie die Mieten müssen dem Staat abgegeben werden.
9. Die Politik hat vor allem den Vorrang.
10. Slogans müssen einen kommunistischen Charakter aufweisen.
11. Die revisionistischen Titel haben zu verschwinden.
12. In allen Straßen sollen Lautsprecher aufgestellt werden, um der Bevölkerung Verhaltensmaßregeln zu vermitteln.
13. Die Lehre Mao Tse-tungs muß schon im Kindergarten verbreitet werden.
14. Die Intellektuellen sollen in Dörfern arbeiten.
15. Die Bankzinsen müssen abgeschafft werden.
16. Die Mahlzeiten sollen gemeinsam eingenommen werden, und es soll zu den Sitten der ersten Volkskommunen im Jahr 1958 zurückgekehrt werden.
17. Auf Parfüms, Schmuckstücke, Kosmetik und nichtproletarische Kleidungsstücke und Schuhe muß verzichtet werden.
18. Die Erste Klasse bei den Eisenbahnen und luxuriöse Autos müssen verschwinden.
19. Die Verbreitung von Photographien von sogenannten hübschen Mädchen soll eingestellt werden.
20. Die Namen von Straßen und Monumenten müssen geändert werden.
21. Die alte Malerei, die nicht politische Themen zum Gegenstand hat, muß verschwinden.
22. Es kann nicht geduldet werden, daß Bilder verbreitet werden, die nicht dem Denken Mao Tse-tungs entsprechen.
23. Bücher, die nicht das Denken Mao Tse-tungs wiedergeben, müssen verbrannt werden.

Nicht durch Blockbündnis geprägter Teil der Welt

Mozambik wird unabhängig

Die Bewegung der bündnisfreien Staaten

Staatspräsident Nasser und Marschall Tito

Auf der Suche nach ihrem eigenen außenpolitischen Weg haben die Entwicklungsländer sich frühzeitig zur Blockfreiheit bekannt und damit zur Unabhängigkeit von den Großmächten. Ihren wichtigsten anfänglichen Impuls fand die Blockfreien-Bewegung bei der Konferenz von Bandung (Indonesien) im April 1955 (rechts Einzug der Delegationen). Angesichts ihrer wirtschaftlichen Schwäche gingen viele Entwicklungsländer seitdem Kompromisse mit Großmächten ein und gaben die Blockfreiheit zum Teil oder völlig auf. Ihre gemeinsame politische Aktivität richtet sich seit Ende der sechziger Jahre mehr auf die Durchsetzung einer neuen Weltwirtschaftsordnung, die ihre Entwicklungsprobleme stärker berücksichtigt als die derzeitige (unten: die Welthandelskonferenz – UNCTAD – in Nairobi, Mai 1976).

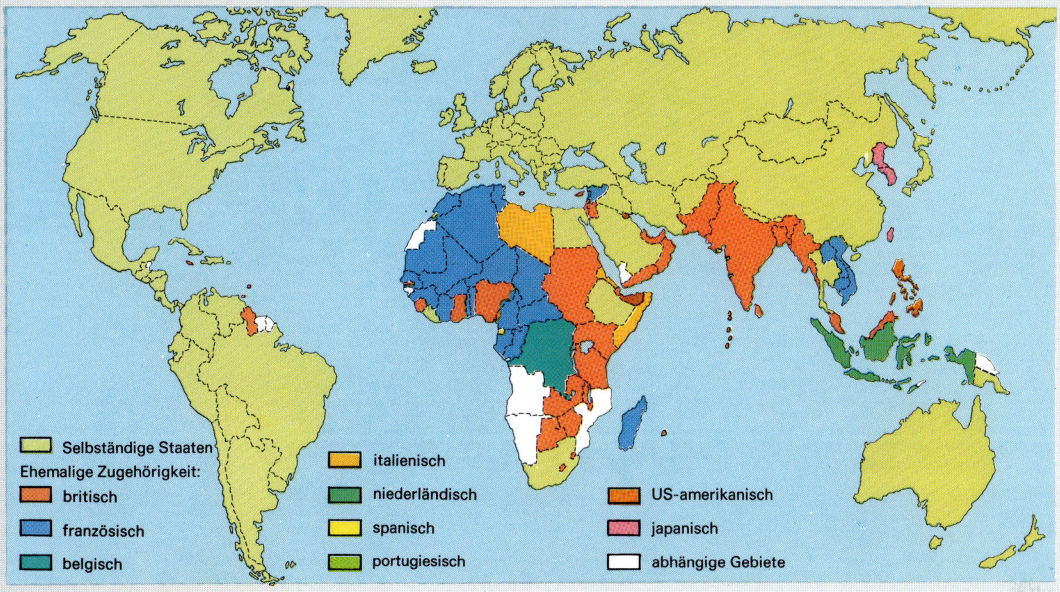

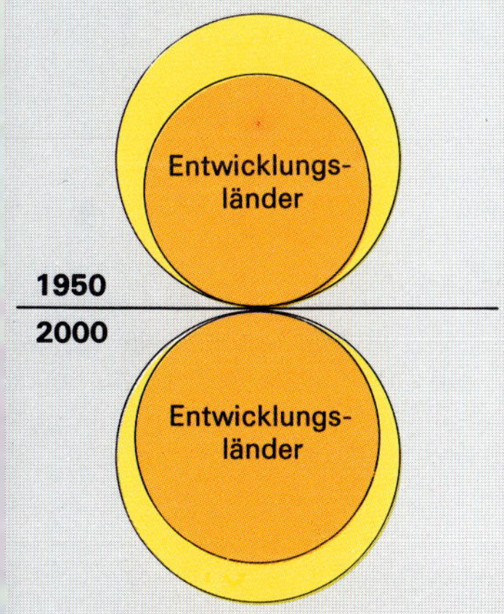

Mit der *Entkolonisierung* seit 1945 (vgl. Karte oben) entstand mit der sog. »Dritten Welt« eine neue weltpolitische Kraft. Das Gewicht dieser Staaten wird schon aus ihrem *Anteil an der Weltbevölkerung* deutlich (links). Zur Überwindung ihrer labilen wirtschaftlichen und sozialen Verhältnisse (vgl. Karte unten) sind die *Entwicklungsländer* auf die Hilfe der Industrienationen angewiesen (vgl. nebenstehende Tab. Entwicklungshilfe der westlichen Welt).

	in Mill. Dollar		in % des Bruttosozialprodukts
Land	1960	1969	1969
Australien	59	232	0.74
Belgien	182	248	1.10
BRD	628	1990	1.30
Dänemark	38	149	1.11
Frankreich	1325	1742	1.24
Großbrit.	881	918	0.83
Italien	298	848	1.03
Japan	246	1263	0.78
Kanada	145	364	0.50
Niederlande	239	360	1.32
Norwegen	10	75	0.78
Österreich	6	81	0.65
Portugal	37	51	0.92
Schweden	47	212	0.77
Schweiz	157	119	0.64
USA	3818	4645	0.49

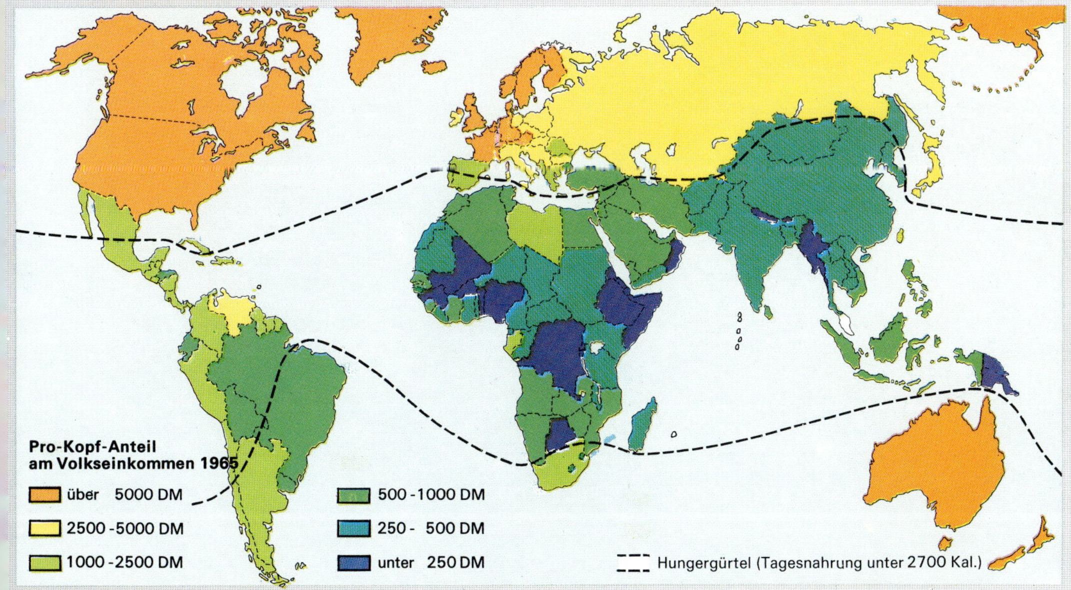

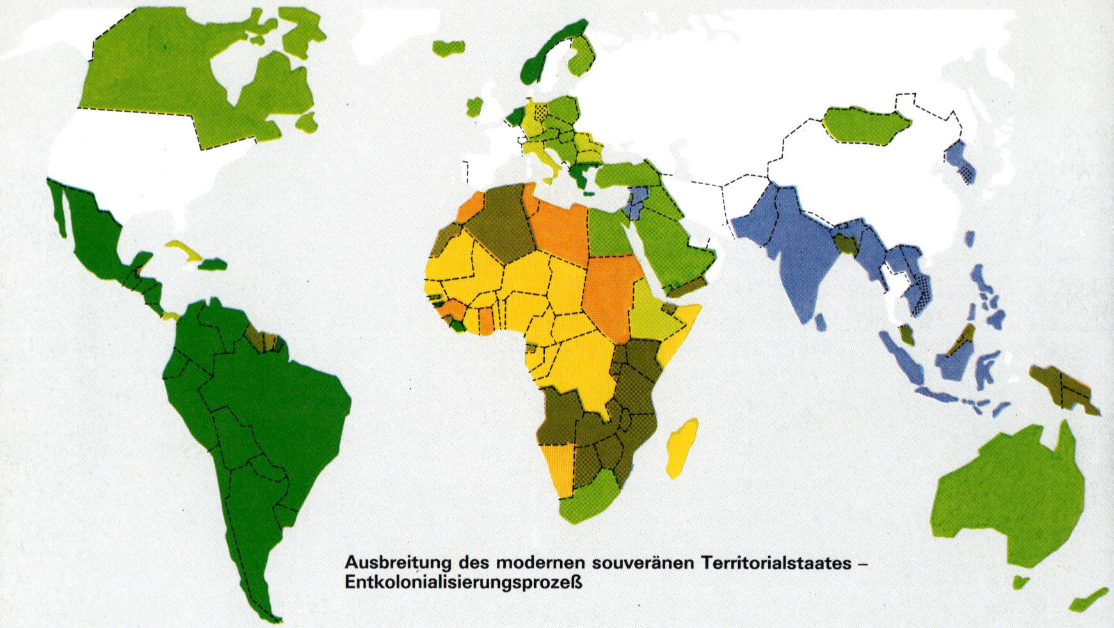

Ausbreitung des modernen souveränen Territorialstaates – Entkolonialisierungsprozeß

- 1810–1850
- 1850–1918
- 1918–1945
- 1945–1950
- 1950–1960
- 1960
- nach 1960
- noch bestehende Kolonialgebiete
- Protektorate
- vor 1800 selbständig geworden (USA) bzw. selbständig geblieben

- Kommunistische Staaten (K.P. oder Volksfront)
- Mehrparteiensysteme
- Einparteiensysteme
- Militärregime bzw. Kontrolle der Regierungsgewalt durch Militärs
- Traditionale politische Systeme
- Kolonien und Protektorate
- ● hoher Einfluß des Militärs
- ○ starke traditionale Komponenten

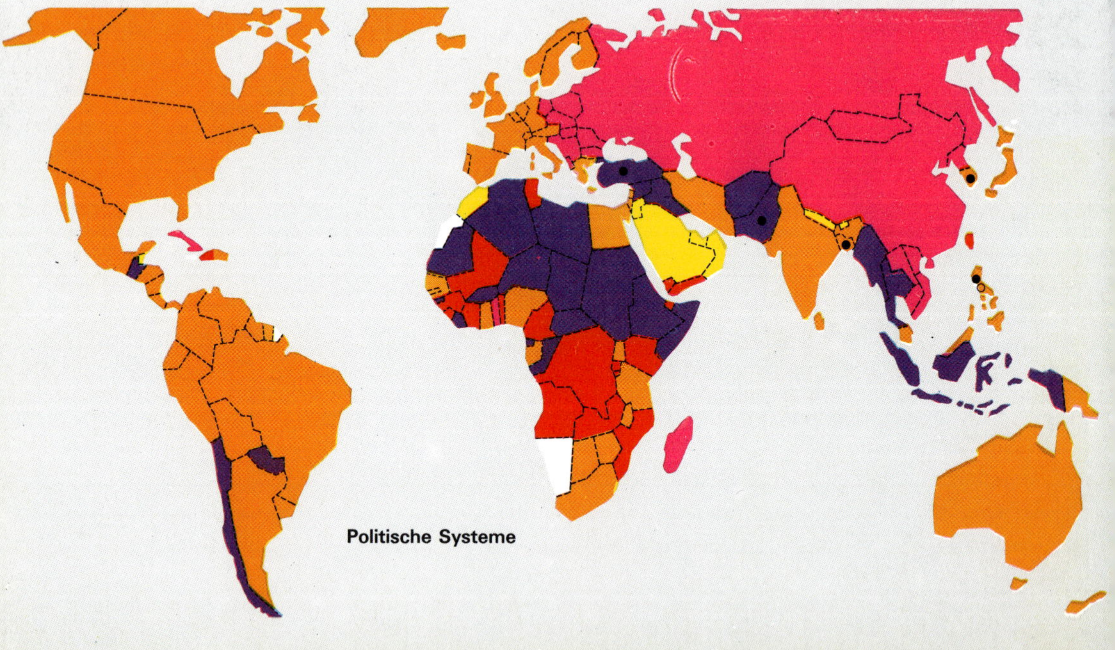

Politische Systeme

Islamisch-arabische Region

Irakische Soldaten

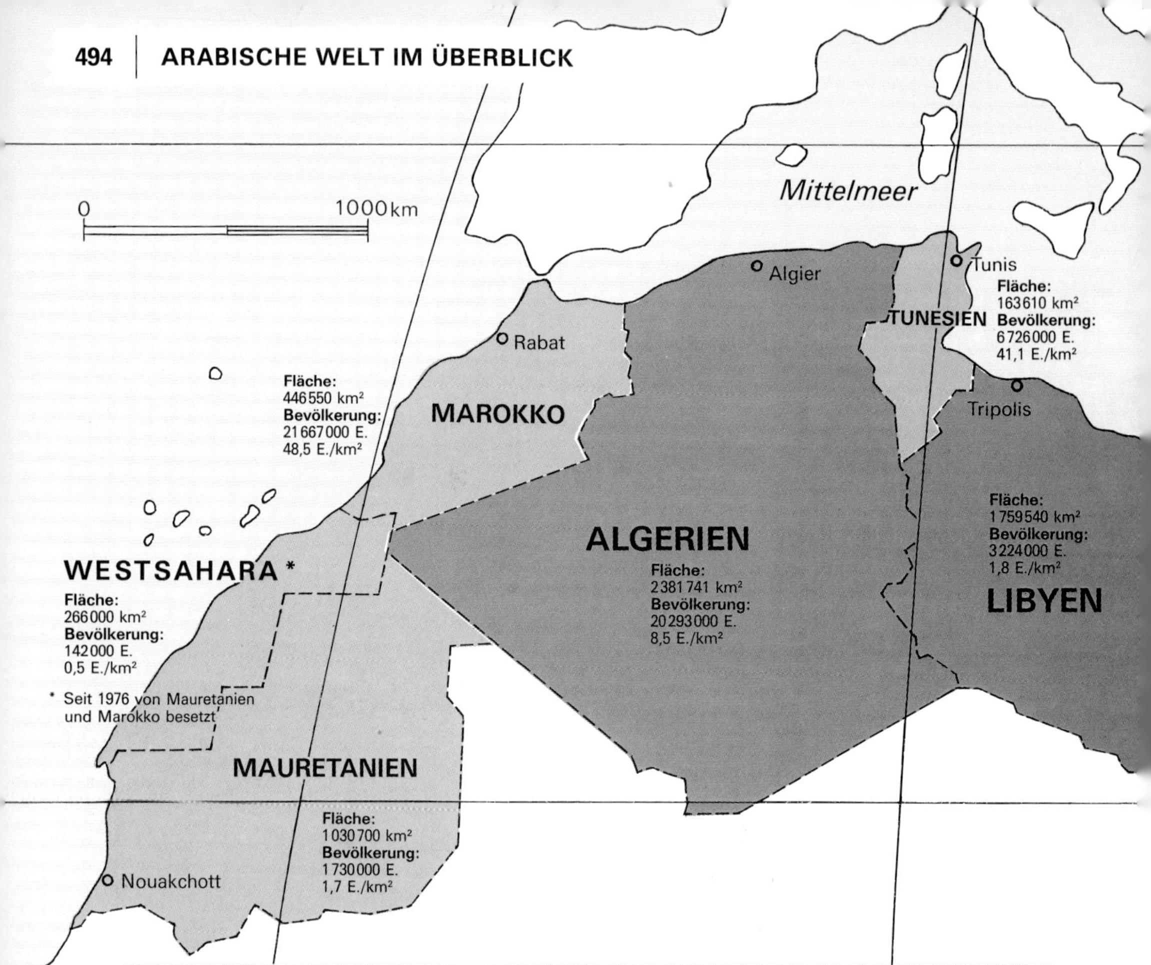

0 1000km
Mittelmeer
Algier
Tunis
Rabat
Tripolis
Nouakchott
MAROKKO
Fläche:
446550 km²
Bevölkerung:
21667000 E.
48,5 E./km²
TUNESIEN
Fläche:
163610 km²
Bevölkerung:
6726000 E.
41,1 E./km²
ALGERIEN
Fläche:
2381741 km²
Bevölkerung:
20293000 E.
8,5 E./km²
LIBYEN
Fläche:
1759540 km²
Bevölkerung:
3224000 E.
1,8 E./km²
WESTSAHARA *
Fläche:
266000 km²
Bevölkerung:
142000 E.
0,5 E./km²
* Seit 1976 von Mauretanien und Marokko besetzt
MAURETANIEN
Fläche:
1030700 km²
Bevölkerung:
1730000 E.
1,7 E./km²

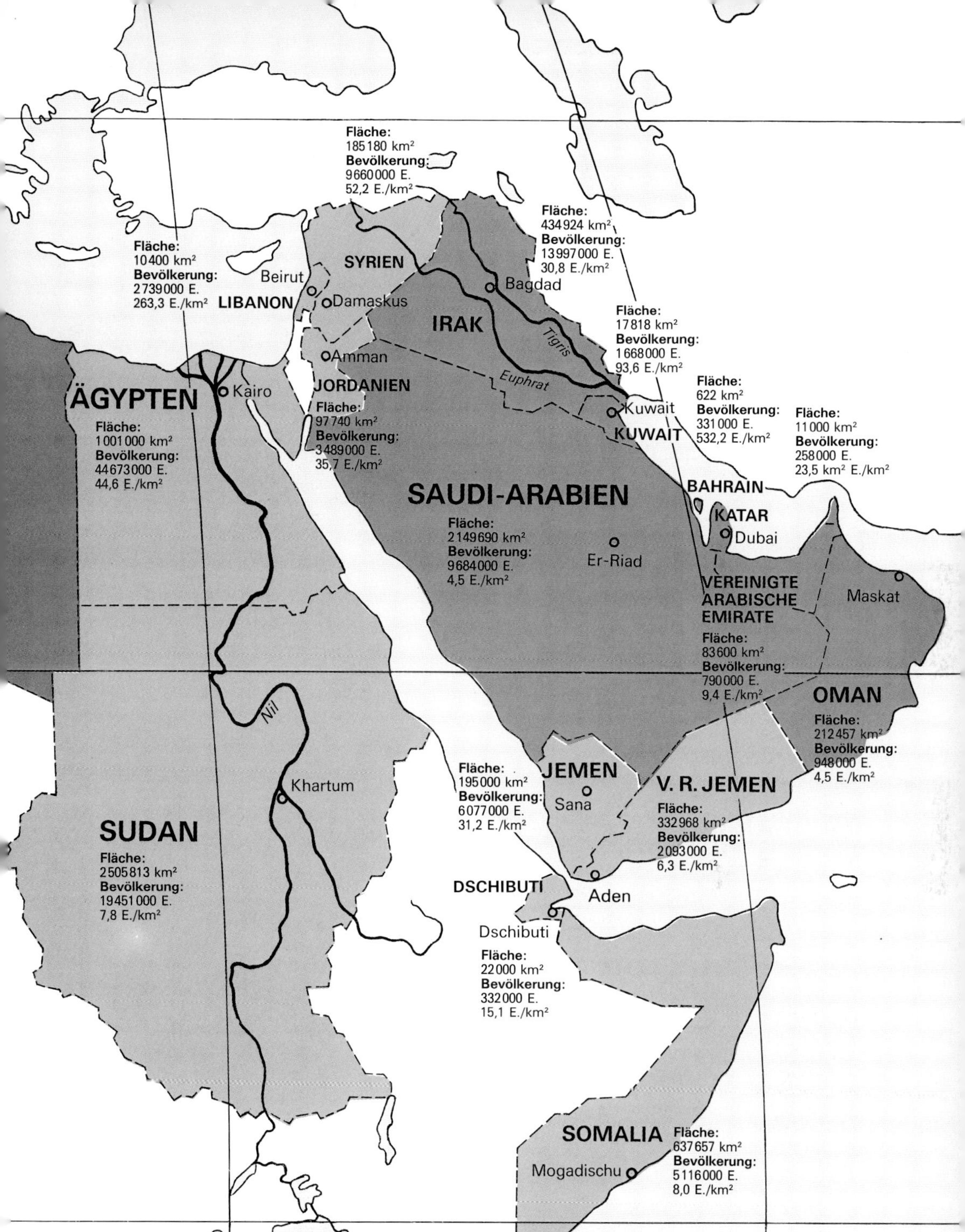

Die Mitgliedstaaten der *Arabischen Liga* stellen heute die politische Erscheinungsform der arabischen Welt dar und nehmen Nordafrika sowie weite Teile Ostafrikas und Vorderasiens ein. Die Differenzierung dieser 21 Staaten nach geographischer Lage und Umrissen, nach Fläche, Einwohnerzahl und Bevölkerungsdichte ergibt ein breites Spektrum von Grunddaten. Die neun *erdölexportierenden Länder* heben sich als besonders wichtige Gruppe heraus, auf die die Bedeutung der arabischen Welt in unserer Zeit in besonderem Maße zurückgeht. (Zahlangaben sind aufgrund häufig unsicherer bzw. unterschiedlicher statistischer Grundlagen z. T. widersprüchlich, so daß Vergleichsübersichten nicht immer auf denselben Nenner zurückgeführt werden können.) – Bild links: Rohöltanks bei Minah al Fahal (Sultanat Oman).

Die *El-Azhar-Universität (rechts)* ist seit langem eines der wichtigsten geistigen Zentren des Islam und versinnbildlicht das Streben gerade der heutigen islamischen (besonders der arabischen) Staaten, die religiöse Bindung als Ferment einer auf Interessen gegründeten gemeinsamen Politik wirken zu lassen.

Islamische Gipfel- und Außenministerkonferenzen

I. Islamische Gipfelkonferenz	September 1969	Rabat	Beratung über Jerusalem nach dem Brand der El-Aksa-Moschee; Forderung nach Wiederherstellung des Status von Jerusalem; Diskussion über den Entwurf einer „Islamischen Charta"; Anerkennung Mauretaniens durch Marokko
1. Islamische Außenministerkonf.	März 1970	Dschidda	Beschluß über die Einrichtung eines ständigen Islamischen Sekretariats
2. Islamische Außenministerkonf.	Dezember 1970	Karatschi	Organisationsfragen des ständigen Islam. Sekretariats
3. Islamische Außenministerkonf.	Februar/März 1972	Dschidda	Billigung der Charta der Islamischen Konferenz
4. Islamische Außenministerkonf.	März 1973	Benghasi	Islamische Solidarität mit dem „Befreiungskampf Eritreas und der afrikanischen Völker"
II. Islamische Gipfelkonferenz	Februar 1974	Lahore	Bekenntnis zu den Zielen der Araber im Nahostkonflikt und zum islamischen Jerusalem; Anerkennung PLO. „Deklaration von Lahore": Einrichtung eines islamischen Hilfsfonds
5. Islamische Außenministerkonf.	Juni 1974	Kuala Lumpur	Beratungen über den Islamischen Solidaritätsfonds; Resolution zum Sicherheitsproblem nichtatomarer Staaten
6. Islamische Außenministerkonf.	August 1975	Dschidda	Diskussion über die Einrichtung einer Islamischen Rundfunkorganisation in Dschidda
7. Islamische Außenministerkonf.	Mai 1976	Istanbul	Anerkennung der türkischen Position im Zypernkonflikt; Beobachterstatus für die zypriotischen Türken
8. Islamische Außenministerkonf.	Mai 1977	Tripolis	Unterstützung des Standpunkts der schwarzen Nationalisten in Südafrika
9. Islamische Außenministerkonf.	November 1978	Bagdad	Androhung von wirtschaftlichen und politischen Konsequenzen für den Fall, daß Ägypten mit Israel einen Separatfrieden abschließt
10. Islamische Außenministerkonf.	Mai 1979	Fez	Suspendierung der Mitgliedschaft Ägyptens. Ablehnung des Abkommens von Camp David
11. Islamische Außenministerkonf.	Mai 1980	Islamabad	Resolution gegen die Besetzung Afghanistans. Einsetzung eines ständigen Ausschusses
III. Islamische Gipfelkonferenz	Januar 1981	Mekka und Taif	Heiliger Krieg zur Befreiung des heiligen Jerusalem beschlossen. Vermittlungsangebot an Irak und Iran
12. Islamische Außenministerkonf.	Juni 1981	Bagdad	Forderung nach Wahrung der Souveränität und territorialen Integrität des Libanon. Irak und Iran werden aufgefordert, die Kämpfe einzustellen
13. Islamische Außenministerkonf.	August 1982	Niamey	Verurteilung Israels wegen Einmarsch im Libanon. Irak und Iran werden aufgefordert, ihre Truppen zurückzuziehen
14. Islamische Außenministerkonf.	Dezember 1983	Dakka	Aufruf zu größerer Einheit und Solidarität aller Muslime gegenüber Israel und dessen Freunden
IV. Islamische Gipfelkonferenz	Januar 1984	Casablanca	Ägypten erhält die Erlaubnis, wieder an der Konferenz teilzunehmen

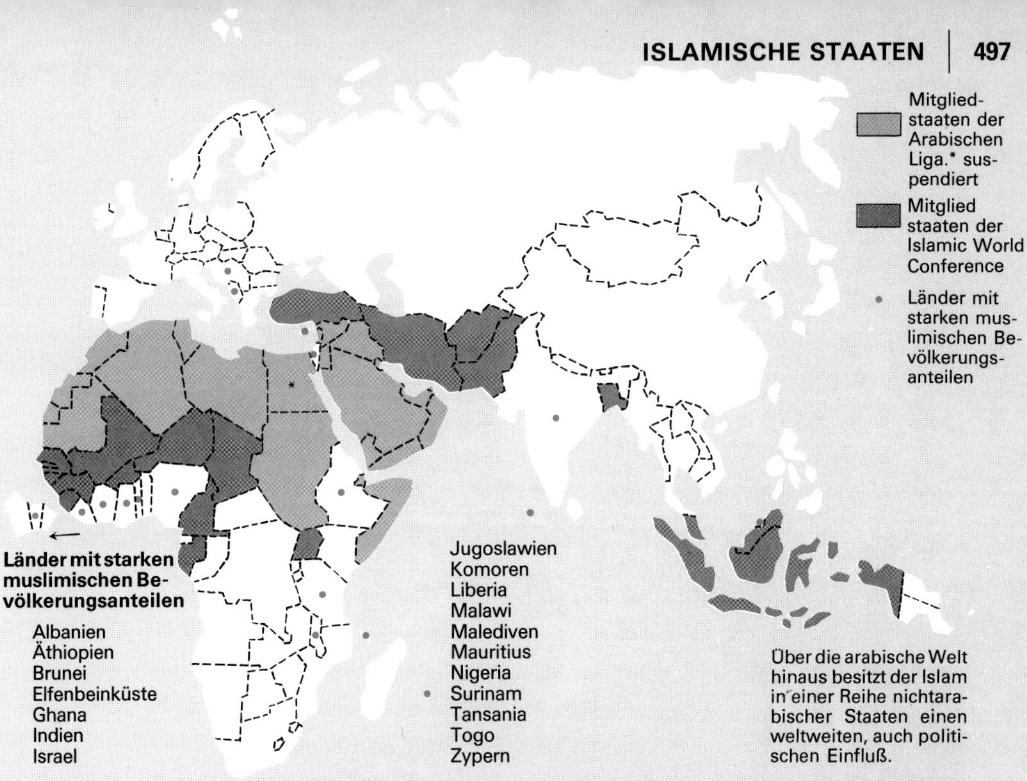

Über die arabische Welt hinaus besitzt der Islam in einer Reihe nichtarabischer Staaten einen weltweiten, auch politischen Einfluß.

Mitgliedstaaten der Islamic World Conference, die nicht zur Arabischen Liga gehören

Land	*Einw. (in Mio)*	*Religion (in %)*
Afghanistan	16,786	Sunnit. Muslime über 90%; schiitische Muslime
Bangla Desh	94,650	80% Muslime; 18,5% Hindus
Gabun	0,563	390000 Christen; Muslime; Naturreligionen
Gambia	0,635	Muslime 80%; Christen 10%; Naturreligionen
Guinea	5,285	Muslime ü. 60%; Christen ca. 2%; Naturreligionen
Guinea-Bissau	0,810	Muslime ca. 35%; Christen ca. 8%; Naturreligionen
Indonesien	153,032	Muslime ca. 88%; Christen ca. 6%; Hindus, Buddhisten, Konfuzianer ca. 2%; Naturreligionen
Iran	40,240	Muslime 95% (davon 90% Schiiten); Sekten, Christen, Zoroastrier, Bahai
Kamerun	8,940	Muslime 25–30%; Christen ca. 35%; Naturreligionen
Malaysia	14,765	Muslime ca. 50%; Hindus, Konfuzianer, Buddhisten, Christen, Naturreligionen
Mali	7,528	Muslime 75%; Christen ca. 70000; Naturreligionen
Niger	5,646	Muslime ca. 85%; Naturreligionen; Christen ca. 0,5%
Obervolta	6,360	Muslime ca. 27,5%; Christen ca 5,0%; Naturreligionen (69%)
Pakistan	89,730	Muslime 97,2%; Hindus 1,5%; Christen ca. 1,0%
Senegal	5,968	Muslime 75–80%; Christen 4%; Naturreligionen
Sierra Leone	3,672	Muslime ca. 33%; Naturreligionen; christl. Minderheit
Tschad	4,643	Muslime 55–60%; Christen ca. 9%; Naturreligionen
Türkei	47,279	Muslime 98%; christl. Minderheiten
Uganda	14,057	Christen ca. 50%; Muslime ca. 5–10%; Naturreligionen

Organe und Institutionen der Liga der Arabischen Staaten

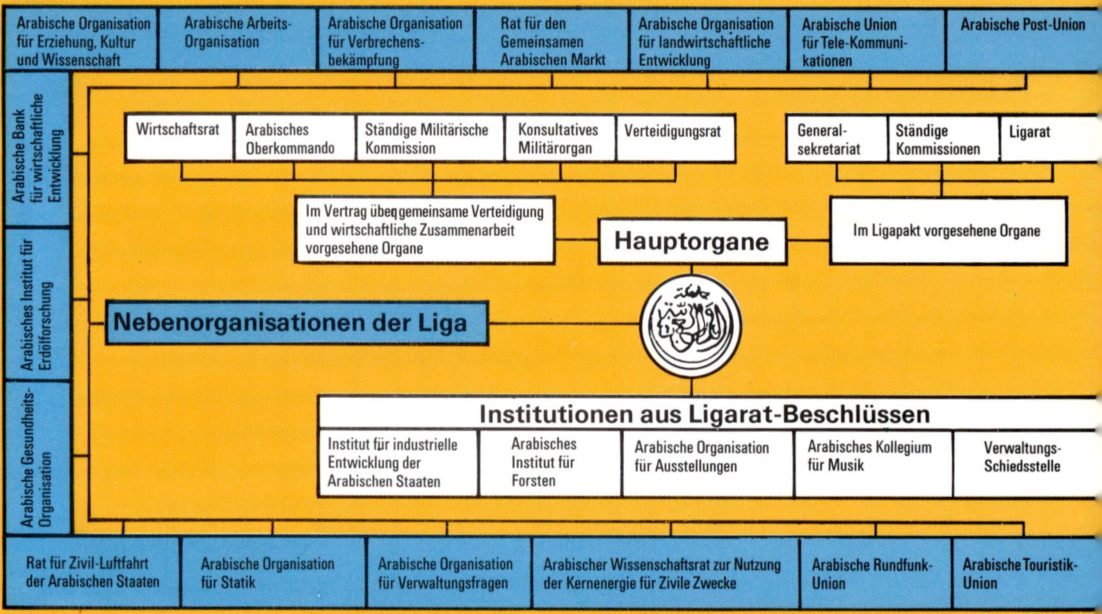

Zeittafel

Beitritt zur Arabischen Liga und zur UN

Ägypten*	1945	1945
Syrien	1945	1945
Libanon	1945	1945
Saudi-Arabien	1945	1945
Irak	1945	1945
Jemen	1945	1947
Libyen	1953	1955
Jordanien	1945	1955
Sudan	1956	1956
Tunesien	1958	1956
Marokko	1958	1956
Somalia	1974	1960
Mauritanien	1973	1961
Algerien	1962	1962
Kuwait	1961	1963
V.R. Jemen	1967	1967
Baharain	1971	1971
Katar	1971	1971
Oman	1971	1971
Vereinigte Arabische	1971	1971
Emirate	1977	1977
Dschibuti	1977	1977
PLO	1976	–

* seit 78 suspendiert

Die Arabische Liga ist trotz ihrer vielfältigen Organe und Nebenorganisationen, die in der *Grafik (oben)* dargestellt sind, nicht zu einer Integration ihrer Mitgliedstaaten gelangt. Die Ziele des *Gründungsvertrags von 1945 (rechts)* sind in der Außenpolitik häufig nicht sichtbar, die sich immer stärker im weltpolitischen Rahmen und teilweise auf der Bühne der *UN (Zeittafel oben)* abspielt.

Der Vertrag zur Gründung der Arabischen Liga vom 22. März 1945

Abgeschlossen in Kairo zwischen Syrien, Transjordanien, Irak, Saudi-Arabien, Libanon, Ägypten und Jemen.

Art. 1: „Die Liga der arabischen Staaten setzt sich aus den unabhängigen arabischen Staaten zusammen, die diesen Pakt unterzeichnet haben. Jeder unabhängige arabische Staat kann Mitglied der Liga werden..."

Art. 2: „Der Zweck der Liga ist die Festigung der Beziehungen zwischen den Mitgliedstaaten und die Koordinierung ihrer Politik zum Ziele der Verwirklichung einer engen Zusammenarbeit, ihrer Unabhängigkeit und Souveränität und, im allgemeinen, der Behandlung der die arabischen Länder angehenden Fragen und Interessen. Sie verfolgt ebenso den Zweck, im Rahmen des bestehenden Regimes und der in jedem einzelnen Staate herrschenden Bedingungen eine enge Zusammenarbeit zwischen den Mitgliedstaaten in folgenden Fragen zu gewährleisten:

a) Finanz- und Wirtschaftsfragen einschließlich der Handelsbeziehungen, Zoll- und Währungsfragen sowie industrielle und landwirtschaftliche Fragen,
b) Verkehrsmittel einschließlich Fragen bezüglich Eisenbahnlinien, Straßen, Luftfahrt, Schiffahrt sowie Post und Telegraphenwesen,
c) kulturelle Fragen,
d) Fragen bezüglich Nationalität, Pässe, Visa, der Vollstreckung von Urteilen und Ausweisungsbefehlen,
e) soziale Fragen,
f) Fragen des Gesundheitswesens."

Art. 5: Im Falle von Streitigkeiten zwischen den Mitgliedstaaten wird der Rat, der sich aus den Vertretern der Mitgliedstaaten zusammensetzt, bindend entscheiden.

Erfolgreiche Unabhängigkeitskämpfe und Staatsstreiche des Militärs

1949, 29. März	Syrien	Staatsstreich von Oberst as-Saim
14. Aug.		Staatsstreich von Oberst Hinnawi
19. Dez.		Staatsstreich von Oberst Schischakli
1952, 23. Juli	Ägypten	Sturz der Monarchie durch Nagib und Nasser
1958, 14. Juli	Irak	Sturz der Monarchie unter Führung Kassems
17. Nov.	Sudan	Machtübernahme durch General Abud
1961, 28. Sept.	Syrien	Beendigung der Einheit mit Ägypten (VAR) durch einen Armeeputsch
1962, 3. Juli	Algerien	Erlangung der Unabhängigkeit
26. Sept.	Jemen	Sturz der Monarchie unter Führung Oberst as-Sallals
1963, 8. Febr.	Irak	Sturz des Diktators Kassem
8. März	Syrien	Machtergreifung der Baath-Partei mit Hilfe der Armee
18. Nov.	Irak	Staatsstreich General Arefs
1965, 19. Juni	Algerien	Machtübernahme durch Boumedienne
1966, 22. Febr.	Syrien	Machtübernahme durch den linken Baath-Flügel unter Führung von General Jadid
1968, 17. Juli	Irak	Machtergreifung der Baath-Partei unter Führung der Armee (General al-Bakr)
1969, 25. Mai	Sudan	Machtübernahme durch Oberst Numeiri
1. Sept.	Libyen	Sturz der Monarchie unter Führung Oberst al-Gaddafis
1970, 13. Nov.	Syrien	Machtübernahme durch General al-Assad und Durchsetzung einer gemäßigteren Politik
1974, 13. Juni	Jemen	Machtübernahme durch Oberst al-Hamidi (11. Okt. 1977 ermordet)
1978, 10. Juli	Mauretanien	Sturz Präsident Uld Daddahs durch die Armee

Die Liste der *Staatsstreiche (oben)* zeigt die Bedeutung des Militärs, für das trotz hoher *Verteidigungslasten (rechts unten)* fast nur die sog. *Frontstaaten* (gegenüber Israel) eine eigentlich kriegerische Verwendung haben *(unten)*.

Der Offizier *Assad (Bild rechts)* ist 1970 in Syrien, der Offizier *Boumedienne (Bild rechts außen,* mit seinem Vorgänger Ben Bella 1963) 1965 in Algerien durch Staatsstreich an die Macht gekommen.

Stärkevergleich der „Frontstaaten" Ägypten, Syrien und Jordanien mit Israel

	Ägypten	Syrien	Jordanien	Frontstaaten gesamt	Israel
Soldaten	362000	225000	72500	659500	171000
Reservisten	315000	100000	30000	445000	320000
Panzer	1810	4200	490	6500	3600
Artillerie	1600	2600	215	4415	1010
Kampfflugzeuge	500	450	84	1034	634
Raketenschnellboote	24	20	–	44	28
U-Boote	16	–	–	16	3

Quellen: Munzinger-Archiv; The Statesman's Year-Book 1984–85

Verteidigungsausgaben der arabischen Staaten 1980/1981

	Ausgaben in Mio. US-$	$ pro Kopf	Anteil am BSP in %
Ägypten	2170	49,3	3,3
Algerien	725	35,9	2,0
Irak	3880	277,2	13,9
Jemen	192	30,1	4,1
VR Jemen	128	60,9	17,1
Jordanien	420	120,0	14,2
Kuwait	1100	650,7	3,4
Libanon	233	86,3	3,3
Libyen	502	156,9	1,7
Marokko	1100	50,7	5,8
Oman	879	925,3	–
Saudi-Arabien	27000	2783,5	18,1
Sudan	210	10,8	2,6
Syrien	2548	262,7	14,4
Tunesien	119	17,8	1,5

Quellen: Munzinger-Archiv; The Statesman's Year-Book 1984-85

Nachgewiesene Erdöl- und Erdgasreserven der arabischen Länder
(Stand: 1983, z. T. vorläufige Zahlen)

Land (in der „Rangordnung" der Erdölreserven)	Erdölreserven Mrd. t	%	Erdgasreserven Mrd. m³	%
Saudi-Arabien	22,7	48,6	3425	28,8
Kuwait	8,8	18,8	880	7,4
Irak	5,7	12,2	820	6,9
V. A. E.[1]	4,3	9,2	885	7,4
Libyen	2,8	6,0	605	5,1
Algerien	1,2	2,6	3120	26,2
Ägypten	0,5	1,1	200	1,7
Katar	0,4	0,9	1755	14,7
Syrien	0,2	0,4	–	–
Bahrain	0,1	0,2	210	1,8
I Zusammen	46,7	100,0	11900	100,0
II Welt insgesamt	91,1		91070	
I:II	51,3%		13,1%	

[1] Vereinigte Arabische Emirate

Bruttosozialprodukt der arabischen Länder
(Stand 1980)

Land (in der „Rangordnung" des BSP je Einw.)	Bevölkerungszahl in Mio.		Bruttosozialprodukt in Mrd. US-$		Bruttosozialprodukt je Einw. in US-$
A. Ölexportländer					
1. V. A. E.[1]	0,8		26,8		30070
2. Katar	0,3		6,0		26080
3. Kuwait	1,4		30,9		22840
4. Saudi-Arabien	9,0		100,9		11260
5. Libyen	3,0		25,7		8640
6. Bahrain	0,3		2,0		5560
7. Oman	0,9		3,9		4380
8. Irak	13,0		39,5		3020
9. Algerien	19,0		36,4		1920
Zusammen	47,7	29,8%	272,1	78%	
B. Nicht-Ölexportländer					
10. Jordanien	2,3		3,2		1420
11. Syrien	9,0		12,0		1340
12. Tunesien	6,3		8,3		1310
13. Libanon	2,9		2,6		884
14. Marokko	20,2		17,4		860
15. Ägypten	40,0		23,1		580
16. Sudan	18,3		8,6		470
17. Jemen	5,9		2,7		460
18. VR Jemen	1,9		0,8		426
19. Mauretanien	1,6		0,5		320
20. Somalia	3,8		0,5		130
Zusammen:	112,2	70,2%	76,9	22%	
Insgesamt	159,9	100%	349,0	100%	

[1] Vereinigte Arabische Emirate

Entwicklung der Erdölproduktion der arabischen Länder (in Mio. t)

	1930	1960	1970	1977	1978	1979	1980	1981	1982
Saudi-Arabien		62,1	176,9	458,5	410,0	475,2	496,4	490,3	312,0
Irak	0,1	47,5	76,6	122,1	115,0	168,0	130,0	44,9	48,0
Kuwait		81,9	137,4	99,4	110,0	127,2	81,4	56,6	42,0
V. A. E.		–	37,6	97,1	89,2	89,4	82,6	73,5	60,0
Libyen		–	159,2	99,5	95,0	98,9	85,9	54,2	54,5
Algerien		8,5	42,7	54,6	59,0	53,2	51,5	37,4	32,0
Katar		8,2	17,2	21,0	23,5	22,8	22,8	19,5	16,0
Oman		–	17,2	16,9	16,0	14,2	14,0	15,7	15,9
Ägypten	0,3	3,3	16,4	21,0	27,5	30,0	30,1	32,5	34,0
Syrien		–	4,4	10,6	10,5	8,5	8,5	8,5	8,5
Tunesien		–	4,2	4,3	4,6	5,5	5,6	5,4	5,4
Bahrain		2,2	3,8	2,8	2,7	2,5	2,4	2,3	2,2
I Summe	0,4	213,7	693,6	1007,8	963,0	1095,4	1011,2	840,8	643,5
II Welterzeugung	197,2	1051,1	2336,2	3048,7	3055,7	3189,1	3059,1	2904,3	2755,6
I:II in %	0,2	20,3	29,7	33,1	31,5	34,3	33,1	28,9	23,4

Nach dem Zweiten Weltkrieg machten die Entdeckung und Ausbeute der Vorkommen Nordafrikas und der Golfregion (Bild: Bohrturm im Ölfeld bei Marmul, Sultanat Oman) die arabische Welt zu einem der wichtigsten *Erdölproduzenten* (Tabelle oben), dessen Reserven auf mehr als die Hälfte der Weltreserven berechnet werden und zu denen die Auswertung umfangreicher *Erdgasreserven* getreten ist (Grafik Seite gegenüber). Der rasche Reichtum hat eine Scheidung in Ölexport- und Nicht-Ölexportländer verursacht und durch die rasche Steigerung von *Bruttosozialprodukt* und *Prokopfeinkommen* z. T. bevölkerungsarmer Länder tiefgreifende soziale Wandlungen hervorgerufen (Tabelle Seite gegenüber). (Aufgrund häufig unsicherer bzw. unterschiedlicher statistischer Grundlagen sind Zahlenangaben z. T. widersprüchlich, so daß Vergleichsübersichten sich nicht immer auf denselben Nenner beziehen lassen.)

Die rapide Bevölkerungszunahme hat zu einem Knick in der herkömmlichen *Alterspyramide* geführt *(rechts)* und erschwert eine Besserung des *Lebensstandards (Tabelle)*. Beharrung und Wandel der Gesellschaft kommen im *Frauenanteil* verschiedener Schultypen zum Ausdruck *(unten)*.

Alterspyramide: Bevölkerung nach Geschlecht und Alter[1)]

Länder der Arabischen Liga,

B. R. Dtld. zum Vergleich

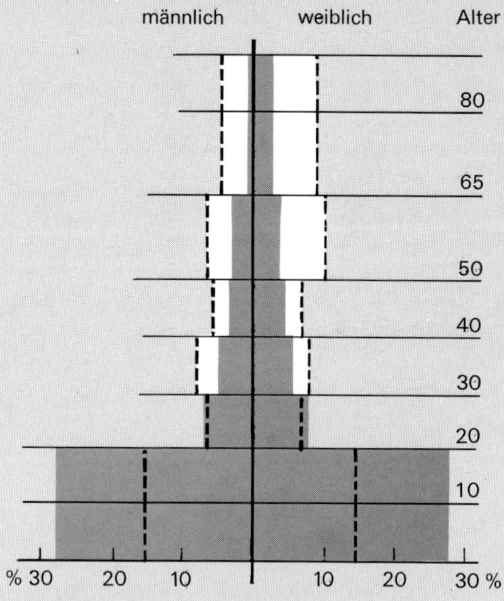

[1)] In Prozent der Gesamtbevölkerung; Durchschnittswert der Arabischen Liga.
Quelle: UNO, Demographic Yearbook 1975.

Prozentsatz der Frauen und Mädchen im Schulwesen[1)]

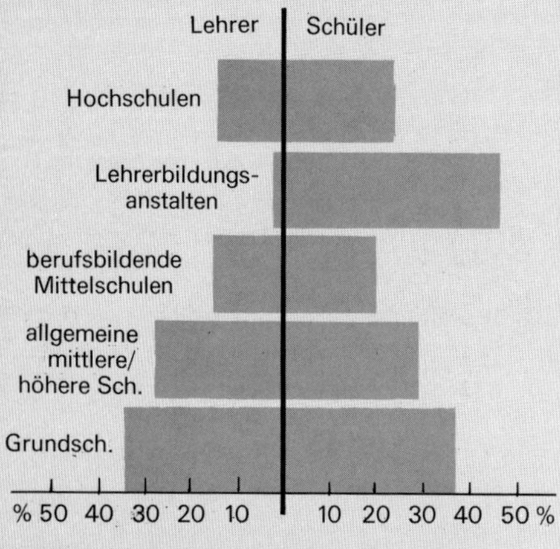

[1)] Durchschnittswerte, errechnet aus Angaben für Ägypten, Algerien, Irak, Jordanien, Kuwait, Libanon, Libyen, Marokko, Oman, Katar, Saudi-Arabien, Somalia, Sudan, Syrien, Tunesien, Vereinigte Arabische Emirate, Jemen, V. R. Jemen.
Quelle: UNO, Statistical Yearbook 1975

Auf je 1000 Einwohner kommen

	Telefone			Radios			Fernsehgeräte		
	1970	1974	1982	1970	1974	1982	1970	1974	1982
Algerien	1,3	1,4	29,9	52	46	158[1]	7	16	37[1]
Ägypten	–	1,4	11,6	132	143	121[1]	16	17	29[1]
Libyen	2,1	–	–	44	46	46	0,5	1,2	50
Marokko	1,1	1,1	11,1	60	74	97[1]	11	20	35
Somalia	0,2	–	–	18	22	17	–	–	–
Sudan	0,3	0,3	3,5	79	–	72	2,9	6	6
Tunesien	1,5	2,0	28,0[2]	77	50	120[1]	10	27	44[1]
Bahrain	5,6	9,8	255,5	260	352	282	61	78	242[3]
Irak	1,2	1,7	22,8[3]	106	120	150[3]	37	50	45[3]
Jordanien	1,4	1,6	17,3	160	211	154[1]	20	31	47[1]
Kuwait	9,1	11,0	138,9	138	238	312[1]	141	204	324[1]
Libanon	6,1	7,7	84,3[3]	215	211	730[1]	93	105	219[1]
Oman	0,2	0,4	13,7[4]	–	–	–	–	–	–
Katar	12,1	11,4	261,6	–	–	–	–	–	–
Saudi-Arabien	1,0	1,0	81,4	11	–	279	2,3	–	176
Syrien	1,8	2,1	43,6	224	374	186	19	22	40
Jemen	0,1	–	14,8[2]	–	–	18[5]	–	–	4[5]
VR Jemen	0,7	0,6	–	24	23	71[5]	19	17	12[5]
zum Vergleich:									
Indien	0.2	0,3	4,1	21	24	31[3]	0,04	0,3	1[2]
Türkei	1,6	2,3	44,5	89	106	91[2]	0,7	–	97[2]
BR Dtl.	22,5	30,2	490,4	318	332	345[1]	272	298	316[1]

[1] 1979; [2] 1981; [3] 1978; [4] 1977; [5] 1983

Im Spannungsfeld von Leben spendender Oase und Leben bedrohender Wüste entstanden Lebensformen, die charakteristische technische Hilfsmittel (links: Brunnen mit ↑Wasserschöpfanlage bei Nizwa, Sultanat Oman) und Wohnbauten entwickelten (unten: Sippenburg in Asir, Saudi-Arabien).

Als erdgebundenes Mittel zur Erschließung der verkehrsfeindlichen Wüsten hat der Kraftwagen das Dromedar weitgehend abgelöst (links: Kieswüste in der nördlichen Sahara, Algerien).

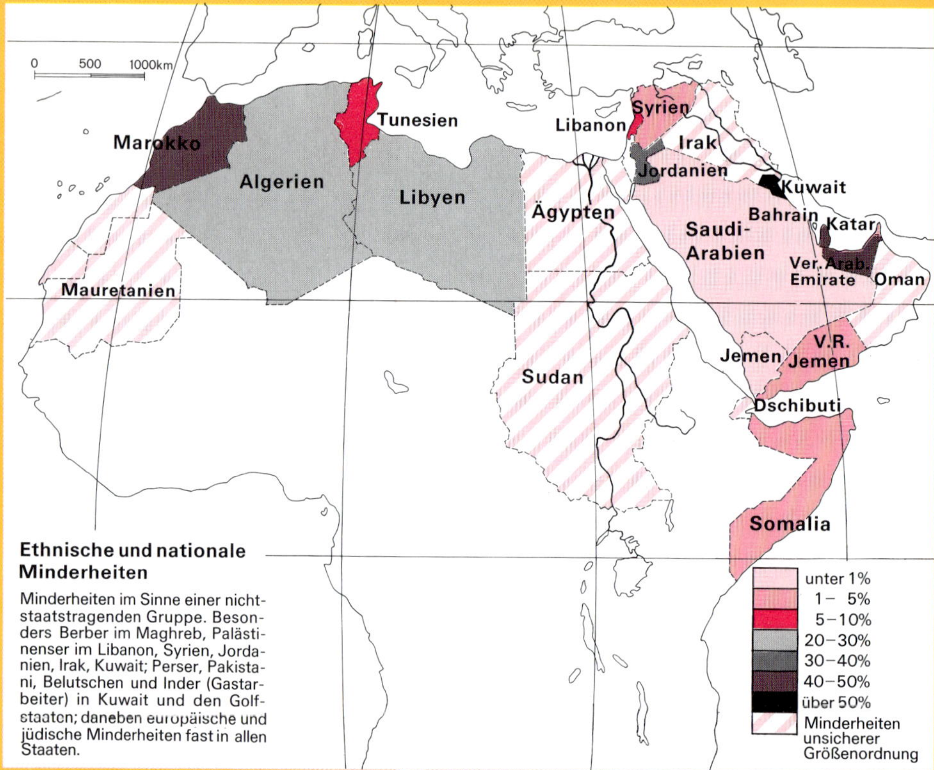

Ethnische und nationale Minderheiten

Minderheiten im Sinne einer nichtstaatstragenden Gruppe. Besonders Berber im Maghreb, Palästinenser im Libanon, Syrien, Jordanien, Irak, Kuwait; Perser, Pakistani, Belutschen und Inder (Gastarbeiter) in Kuwait und den Golfstaaten; daneben europäische und jüdische Minderheiten fast in allen Staaten.

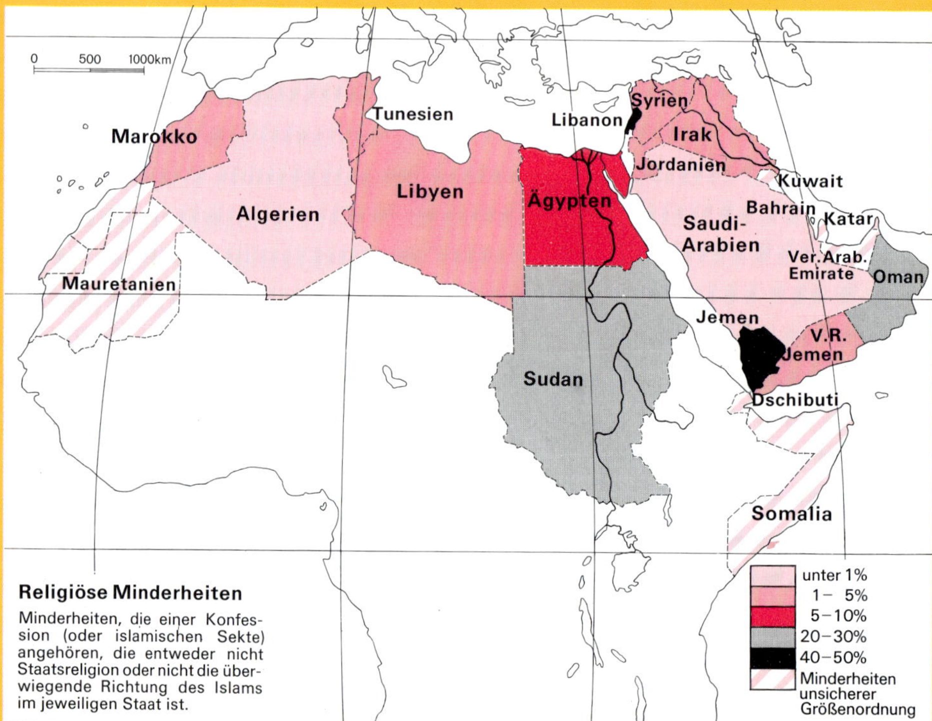

Religiöse Minderheiten

Minderheiten, die einer Konfession (oder islamischen Sekte) angehören, die entweder nicht Staatsreligion oder nicht die überwiegende Richtung des Islams im jeweiligen Staat ist.

Bis zum Zweiten Weltkrieg diente der Orient, besonders die arabische Welt, den europäischen Mächten vornehmlich als Objekt wirtschaftlicher und machtpolitischer Interessen, oft nur als Zwischenstation weltweiter, überseeischer Ausbreitung oder als Schlachtfeld der in Europa ausgebrochenen Kriege (*rechts:* General Erwin Rommel im Festungsgürtel von Tobruk, 1942).

Nach dem Zweiten Weltkrieg fiel es den europäischen Mächten immer schwerer, ihre Kolonialreiche zu behaupten. Der Algerienkrieg band schließlich fast die gesamte Armee Frankreichs (*oben:* französische Soldaten in Algerien, 1962 im Jahr der algerischen Unabhängigkeit). Dagegen traten die Supermächte Sowjetunion und USA auf den Plan, um ihre Interessen gegenüber den unabhängig gewordenen Ländern meist durch indirekte Einflußnahme, zum Teil durch direkte Intervention geltend zu machen (*links:* Landung von US-Truppen im Libanon, 1958).

Nach dem Ende des zweiten Weltkriegs wächst in der arabischen Welt das Streben nach Zusammenschluß – dies vor allem auch mit Blick auf den Konflikt mit Israel. Die unterschiedliche politische und soziale Entwicklung der einzelnen Staaten läßt jedoch alle Einigungsprojekte scheitern. Durch die wachsende Nachfrage nach Erdöl und den seit 1973 erheblich angehobenen Ölpreis steigt gleichzeitig der internationale Einfluß der Araber (links: Öl-Pipe-Lines). Ein dramatisches Beispiel für innerarabische Konflikte bietet der Bürgerkrieg im Libanon (unteres Bild: Kampf in Beirut), der in unterschiedlicher Heftigkeit bis 1984 immer wieder aufflammt.

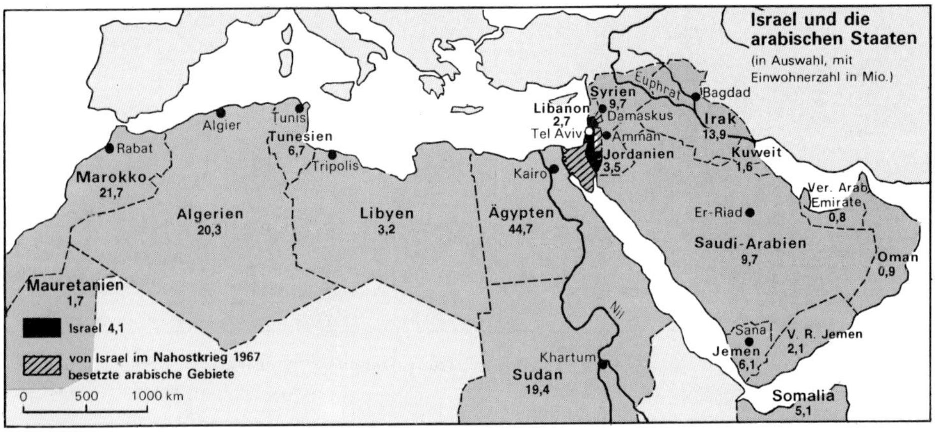

Jüdische Einwanderungen
(in Tausend)

1919 – 1932	84,1
1933 – 1939	218,1
1940 – 1947	92,6
1948 – 1951	702,8
1952 – 1957	213,6
1958 – 1960	72,8

Die jüdische Einwanderung nach Palästina / Israel nach Herkunftsgebieten
(je 1000 Einwanderer)

	1919 bis 14. 5. 1948	15. 5. 1948 bis 1951	1953 bis 1957
UdSSR und Satelliten	69,3	45,4	25,7
Deutschland und Österreich	14,1	1,6	0,2
Übriges Europa	4,4	2,8	1,3
Türkei und arabische Staaten	7,2	30,5	4,0
Übriges Asien	2,3	5,2	3,2
Afrika	0,9	14,0	63,2
Amerika und Ozeanien	1,8	0,5	2,4

Mit der Gründung des Staates Israel (Bild oben: Der erste Ministerpräsident Ben Gurion während der Unabhängigkeitserklärung am 14. Mai 1948 in Tel Aviv) wird der alte Traum der Juden vom eigenen Staat verwirklicht. Aus aller Welt, auf nachhaltiges Drängen hin in den siebziger Jahren auch aus der Sowjetunion, kommen jüdische Einwanderer in den neuen Staat, dessen Bevölkerungszahl rasch wächst.

Einwohnerzahl Palästinas/ Israels (in Tausend)

	insgesamt	Juden
1922		84
1931	1035	175
1948		717
1951		1404
1961		1911
1975	3487	2950
1982	4055	3366

Seine Sprengkraft erhält der Nahost-Konflikt vor allem durch den Anspruch der Palästinenser auf Rückkehr in ihre einstige Heimat oder zumindest auf die Bildung eines eigenen Teilstaats. Die Nichtanerkennung Israels durch die Palästinensische Befreiungsbewegung und ihre Untergliederungen blockiert auch drei Jahre nach dem Jom-Kippur-Krieg von 1973 noch jede Gesamtlösung des Problems. Die palästinensische Guerilla-Bewegung, die durch Terrorakte in Israel, gegen Israelis in aller Welt und gegen die Freunde Israels Aufsehen erregt, hat bis dahin jedoch schwere Rückschläge hinnehmen müssen. Auch in den arabischen Staaten wird sie entmachtet, zunächst in Jordanien, dann in Ägypten, Syrien und dem Libanon.

Das Bild zeigt ein Palästinenserlager bei Amman (Jordanien).

Die territoriale Entwicklung des Staats Israel (Karte rechts), die Zahlen der Palästina-Flüchtlinge (in der Karte; Schätzung, 1975) und ein Überblick über die Kriege Israels gegen seine arabischen Nachbarn machen die Dringlichkeit einer Friedensregelung deutlich (unten: Sadat und Begin in Jerusalem, November 1977).

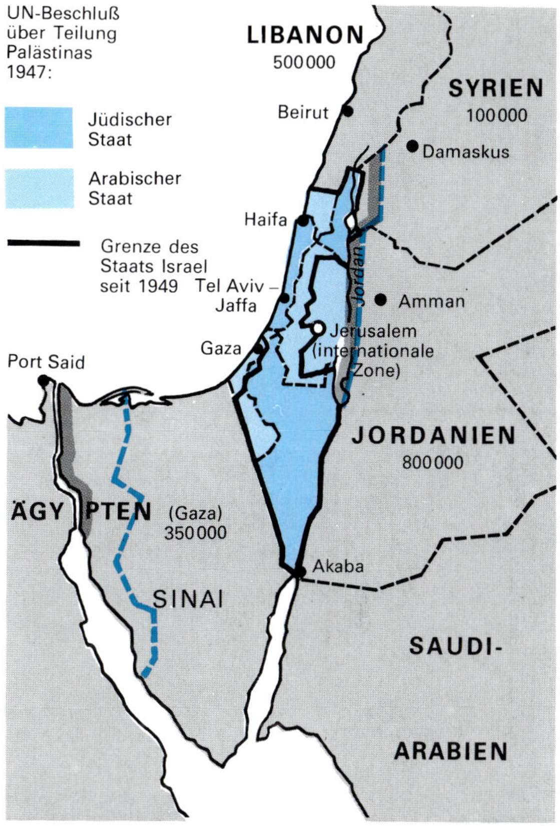

Israelisch-Arabische Kriege:

1. 1948/49: Anlaß ist die Gründung des Staats Israel, zu dessen Grenzen die Waffenstillstandslinien werden.

2. 1956 (Suezkrieg): Eingreifen Israels in den britisch-französischen Angriff auf Ägypten.

3. 1967 (Nahostkrieg, Junikrieg, Sechstagekrieg): Präventivkrieg Israels, das Westjordanien, den Gazastreifen, die Sinaihalbinsel und die Golanhöhen erobert.

4. 1973 (Oktoberkrieg, Jom-Kippur-Krieg): Arabischer Angriff, der Israel zur Räumung eines Teils der Sinaihalbinsel zwingt.

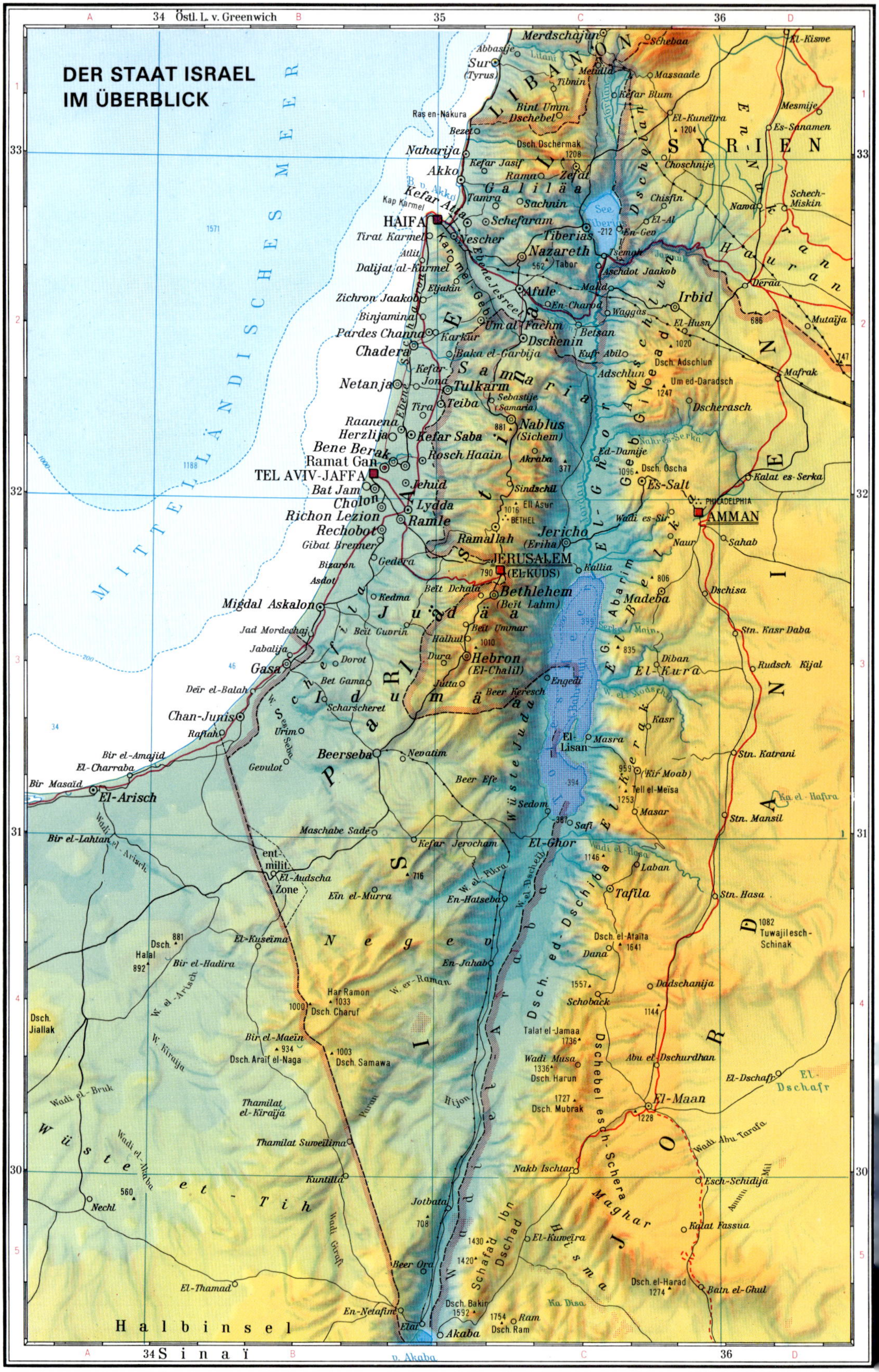
DER STAAT ISRAEL
IM ÜBERBLICK
34 Östl. L. v. Greenwich
35
36
MITTELLÄNDISCHES MEER
LIBANON
SYRIEN
JORDANIEN
Merdschajun
Schebaa
Abbasije
Sur (Tyrus)
Tibnin
Metulla
Massaade
Kefar Blum
Bint Umm Dschebel
Ras en-Nakura
Bezet
Dsch. Dschermak 1208
El-Kuneitra
Naharija
Akko
Kefar Jasif
Rama
Zefat
Galiläa
Tamra
Sachnin
Kefar Atta
Kap Karmel
HAIFA
Schefaram
See Tiberias -212
Tiberias
Tirat Karmel
Nescher
Atlit
Nazareth
Tabor
Dalijat al-Karmel
Eljakin
Afule
Zichron Jaakob
Binjamina
Pardes Channa
Chadera
Karkur
Um al Fachm
Dschenin
Baka el-Garbija
Netanja
Tulkarm
Samaria
Sebastije (Samaria)
Tira
Teiba
Raanena
Herzlija
Nablus (Sichem)
Kefar Saba
Bene Berak
Ramat Gan
Rosch Haain
TEL AVIV-JAFFA
Bat Jam
Cholon
Jehud
Lydda
Richon Lezion
Ramle
Rechobot
Gibat Brenner
Ramallah
Jericho (Eriha)
JERUSALEM (EL-KUDS)
Gedera
Bethlehem (Beit Lahm)
Migdal Askalon
Juda
Kedma
Jad Mordechai
Beit Guvrin
Jabalija
Hebron (El-Chalil)
Gasa
Dorot
Beer Kefar
Deir el-Balah
Chan-Junis
Rafiah
Engedi
El Lisan
Beerseba
Nevatim
Bir el-Amajid
El-Charraba
Bir Masaïd
El-Arisch
Sedom
Safi
Maschabe Sade
Kefar Jerocham
El-Ghor
entmilit. Zone
El-Audscha
Ein el-Murra
En-Hatseba
Negev
El-Kuseima
En-Jahab
Bir el-Hadira
Har Ramon 1033
Dsch. Charuf
Bir el-Maein
Dsch. Araif el-Naga
Dsch. Samawa
Thamilat el-Kiraija
Thamilat Suweilima
Kuntilla
Wüste et-Tih
Nechl
Jotbata
Beer Ora
El-Thamad
En-Netafim
Elat
Akaba
Dsch. Ram
Halbinsel Sinaï
Irbid
Adschlun
Dscherasch
Es-Salt
AMMAN
PHILADELPHIA
Madeba
Diban
Kerak
Tafila
Schoback
Wadi Musa
El-Maan
Kalat Fassua
Ras en-Naqb
Mafrak
Deraa
Ajloun
Wadi Araba
Toten Meer
Dsch. Harun
Dsch. Mubrak
Nakb Ischtar
Dsch. el-Harad
Batn el-Ghul
v. Akaba

ORTE über 1 000 000 Einw. ◎ Orte 50 000 - 100 000 Einw. ⊙ Orte 5 000 - 10 000 Einw.
ORTE 500 000 - 1 000 000 " ◎ Orte 20 000 - 50 000 " ○ Orte 3 000 - 5 000 "
ORTE 100 000 - 500 000 " ⊙ Orte 10 000 - 20 000 " ○ Orte unter 3 000 "
20 0 20 40 60 80 km

Instabilität kennzeichnet die innere Lage der östlichen Nachbarstaaten Israels. Große Entwicklungsprojekte, wie der Euphrat-Staudamm in Syrien (Bild oben), bleiben die Ausnahme.

Im Irak kommt es wiederholt zu blutigen Auseinandersetzungen zwischen rivalisierenden Militärs und den verschiedenen Flügeln der sozialistischen Baath-Partei. Links: Dieses Bild des ermordeten Diktators Kassem wird im Februar 1963 über das Bagdader Fernsehen ausgestrahlt.

König Hussein von Jordanien (rechts) ist einer der wenigen Monarchen, die sich in der arabischen Welt an der Macht halten können. Er stützt sich auf die ihm treu ergebenen Beduinentruppen, die auch im entscheidenden Kampf mit den palästinensischen Guerillaorganisationen (September 1970) den Ausschlag zu seinen Gunsten geben.

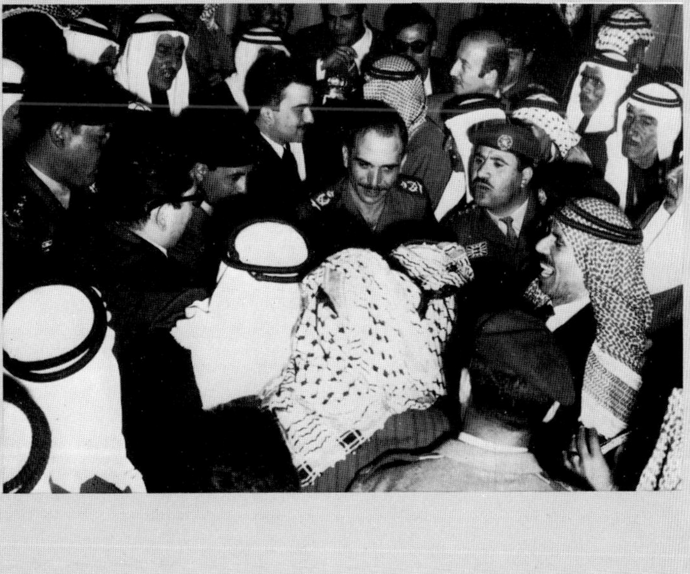

Das Königreich Saudi-Arabien nimmt unter den arabischen Staaten infolge seines großen Ölreichtums eine Sonderstellung ein: Es versorgt seit dem Nahostkrieg vom Oktober 1973 mehrere an Israel angrenzende „Frontstaaten" mit den benötigten Geldmitteln und übt auf diese Weise zugleich einen starken politischen Einfluß aus. Konservative Zielsetzungen und der Wunsch nach Eindämmung sozialistischer Tendenzen stehen im Vordergrund, wobei auch an die Erhaltung der Monarchie im eigenen Lande und in den Scheichtümern am Persischen Golf gedacht wird. Besonderes Gewicht erhält Saudi-Arabien auch durch seine Stellung als Hüter der heiligen Stätten des Islam (Bild oben: Die Kaaba in Mekka). Vor allem auf saudisches Betreiben hin wird mehrfach versucht, dem arabischen Kampf gegen Israel einen panislamischen Anstrich zu geben, doch der Erfolg bei den islamischen Staaten außerhalb des Nahen Ostens ist gering. In den siebziger Jahren ist – auch durch solche Impulse ausgelöst – in der arabischen Welt aber insgesamt eine stärkere Hinwendung zum Islam zu beobachten.

Im Süden der arabischen Halbinsel wird das ehemals britische Aden als „Demokratische Volksrepublik Jemen" seit 1967 zum Zentrum sozialrevolutionärer Aktivitäten gegen die umgebenden, konservativ geführten Staaten. Rechts Soldaten des Sultans von Oman nach einem erfolgreichen Feuergefecht mit Aufständischen, die von der Volksrepublik unterstützt werden. Der Sultan seinerseits erhält Hilfe vom damals noch regierenden Schah des Iran.

Saudiarabien, der auf der Arabischen Halbinsel politisch und wirtschaftlich führende Staat, ist gesuchter Gesprächspartner für Politiker aus Ost und West (Abb. links: König Fahd im Gespräch mit Bundeskanzler Helmut Kohl im Oktober 1983). – Wie ein Vergleich der Mannschaftsstärken zeigt (Tab. unten links), führt Saudiarabien bei Marine und Luftwaffe, vor allem dank modernster amerikanischer Ausrüstung, auch militärisch. – Die wirtschaftliche Rangfolge ist an den Außenhandelsziffern (Summe aus Einfuhr und Ausfuhr) abzulesen (Tab. unten rechts), wobei Erdöl bei der Ausfuhr die Hauptrolle spielt. – Seit Herbst 1980 beunruhigt der Krieg zwischen Iran und Irak die Ostseite der Arabischen Halbinsel am Persischen Golf (Abb. unten: Irakische Soldaten mit Panzerfaust und automatischem Gewehr im Gebiet von Abadan, Oktober 1980).

Militärische Stärke der arabischen Staaten (in Tausend)

	Heer	Marine	Luftwaffe
Bahrain	2,3	0,3	
Irak	475	3	45
Jemen, Arab. Republik	20	0,6	1,5
Jemen, VR	22	1	3
Jordanien	65	0,3	7,5
Katar	5	0,4	0,3
Kuwait	10	–	1,9
Libanon	25	0,4	1,3
Oman	20	2	2,1
Saudi-Arabien	27	4,4	14,5
Syrien	170	2,5	50
Vereinigte Arab. Emirate	46	1,2	

Außenhandel arabischer Länder (in Mio. DM)

	1978	1980	1982
Bahrain	7913	12911	18271
Irak	30707	77401	76331
Jemen, Arab. Republik	2594	3413	4935
Jordanien	3616	5380	9706
Katar	7139	12884	15068
Kuwait	29291	49120	45429
Saudi-Arabien	122887	253537	291058
Syrien	7016	11342	14679
Vereinigte Arab. Emirate	29013	55528	63914

In den Maghreb-Staaten (Marokko, Algerien, Tunesien, Mauretanien) kommt es nach anfänglicher Bereitschaft zu enger Zusammenarbeit immer wieder zu Rivalitäten. Reibungen entstehen besonders zwischen Algeriern und Marokkanern, die 1976 gegen den Willen Algiers den Großteil der Spanischen Sahara mit einem „Friedensmarsch" besetzen (Bild unten). Im Anschluß daran geraten Marokko und Mauretanien wegen der Aufteilung von Spanisch-Sahara in Konflikt.

Ägypten betrachtet sich als Führungsmacht der Araber, kann diesen Anspruch aber nur während der Amtszeit seines ersten Präsidenten Gamal Abdel Nasser aufrechterhalten. Nassers Nachfolger Sadat (rechtes Bild, rechts), der 1981 ermordet wird, wagt eine vorsichtige Liberalisierung der Wirtschaft und des politischen Lebens und strebt nach einem friedlichen Kompromiß im Nahost-Konflikt mit Israel. Vor allem letzteres löst den Widerstand der Radikalen aus, insbesondere des libyschen Staatschefs Gaddafi, der mehrmals versucht, sein Land mit Ägypten zu vereinigen.

Die Länder Nordafrikas unterscheiden sich in ihren Regimen und Politikern erheblich, wie folgende Beispiele zeigen: Moamer al-Gaddafi, bis 1979 Staatspräsident und auch danach maßgebender Repräsentant Libyens, sucht Unterstützung für seine revolutionären Pläne im Ostblock (Abb. links oben: Gaddafi wird von General Jaruzelski im September 1982 in Warschau empfangen). – In Ägypten erstrebt Hosni Mubarak, seit der Ermordung seines Vorgängers Anwar as-Sadat im Oktober 1981 Staatspräsident, Wirtschaftsreformen mit westlicher Hilfe (Abb. links: Mubarak neben Präsident Reagan im Weißen Haus beim Amerika-Besuch im September 1983). – In Libyens Nachbarland Tunesien ist Habib Bourguiba seit 1957 Staatspräsident. Trotz Rückzuges aus den Tagesgeschäften schaltet er sich bei Krisen persönlich ein (Abb. unten: Bourguiba im Januar 1984 auf den Schultern von Demonstranten, nachdem er die Aussetzung einer vielfach angegriffenen Brotpreiserhöhung angekündigt hat).

Um die sozialrevolutionären Strömungen in Persien aufzufangen, verfügte Schah Reza (1919–1980) 1960/61 eine rigorose Landreform und brachte dadurch die lange einflußreiche Schicht der Großgrundbesitzer gegen sich auf („Weiße Revolution"). Im Bild: Übergabe der Landverteilungsurkunden an Bauern. Demokratischen Reformen verschloß der Herrscher sich jedoch und ließ die Opposition durch die Geheimpolizei (Savak) verfolgen, die ihre Organisation bis nach Europa hinein ausweitete. Mit den Gewinnen aus der prosperierenden iranischen Ölförderung (unten: Raffinerie Abadan) forcierte der Schah seit 1973 die Industrialisierung (Mitte der 70er Jahre auch die Aufrüstung) seines Landes und kaufte Anteile westlicher Industriefirmen. Diese Entwicklung wurde durch den Sturz des Schahs 1979 beendet.

Nach blutigen Unruhen und Demonstrationen (Abb. oben links: Frauen im Schador, dem knöchellangen Umhang, demonstrieren im Dezember 1978 in Maschad für Khomeini) verläßt der Schah im Januar 1979 das Land (und stirbt 1980 im Exil). Am 1. Februar kehrt der Ayatollah Khomeini aus dem Pariser Exil nach Teheran zurück und wird jubelnd begrüßt (Abb. Mitte links). Am 1. April 1979 proklamiert er die Islamische Republik Iran. Regierungstruppen und Milizen brechen jeden Widerstand und sind mit Todesurteilen schnell zur Hand (Abb. unten: Soldaten erschießen in Sanada im August 1979 aufständische Kurden und ehemalige Polizisten). – Für die Wirtschaft haben die Revolution und der im Herbst 1980 ausbrechende Krieg mit dem Irak verheerende Folgen. Erdölförderung (Tab. links) und Außenhandel (Tab. unten) gehen schlagartig zurück und können sich erst 1982 leicht erholen.

Erdölförderung

	Mio t	Anteil an der Weltförderung in %
1978	282,8	9,1
1979	153,2	4,8
1980	73,8	2,5
1981	66,0	2,4
1982	98,5	3,7

Außenhandel (in Mio. DM)

	1978	1979	1980	1981	1982
Einfuhr	20699	17821	22295	27473	27291
davon aus BR Dtl.	6767	2786	3016	3991	3732
Ausfuhr	44616	36366	26010	28261	43196
davon nach BR Dtl.	4215	3861	3112	1383	1553
Überschuß	23917	18545	3715	788	15905

Der sowjetische Einmarsch in Afghanistan Ende 1979 trägt zur Abkühlung des Klimas zwischen Ost und West bei. Gegen den Widerstand der Stämme und der islamischen Gruppen kann die UdSSR trotz waffentechnischer Überlegenheit nicht ganz Afghanistan besetzen (Abb. rechts: Moslemische Widerstandskämpfer auf erbeutetem sowjetischem Panzer im Januar 1980). Auch sowjetische Offensiven und Gegenangriffe der Einheimischen ändern die Situation in den nächsten Jahren nicht wesentlich: Große Städte beherrscht die Regierung unter sowjetischem Schutz; das weite Land und die unwegsamen Gebirgstäler kontrollieren die Widerstandskämpfer (Abb. unten: Afghanische Widerstandskämpfer müssen im Januar 1980 bei Herat nahe der Grenze zu Iran ihre Motorräder zurücklassen und zu Kämpfen in den Gebirgsregionen auf Pferde umsteigen). Etwa ein Fünftel der Bevölkerung flieht vor den mit äußerster Härte vorgetragenen russischen Angriffen, überwiegend nach Pakistan.

Afrika südlich der Sahara

Unruhen in Soweto, Südafrika

Als Modell für die Möglichkeiten wirtschaftlicher Entwicklung in Afrika gilt Kenia, wo die Privatinitiative gefördert wird und wo ausländische Investitionen immer willkommen sind. Die Schattenseiten des kenianischen „Wirtschaftswunders" zeigen sich allerdings in der Hauptstadt Nairobi, wo Bevölkerungswachstum nicht mehr zu kontrollieren ist: Jenseits der Prachtbauten des Regierungsviertels (oben) entstehen immer mehr Slumviertel.

Afrika
Politische Gliederung

Die politische Entwicklung Afrikas bis 1970

Staatsgründungen, politische und wirtschaftliche Zusammenschlüsse

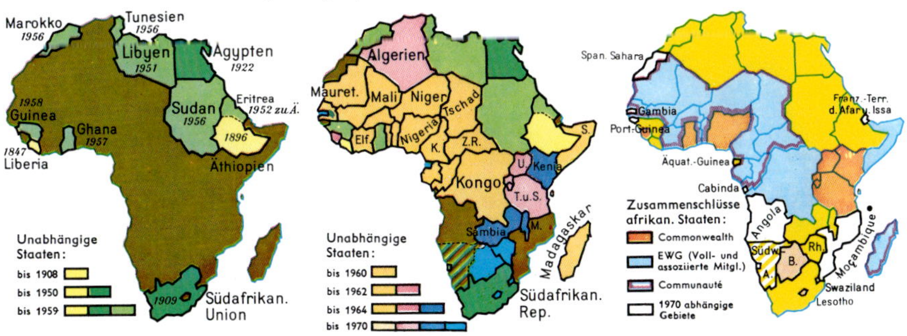

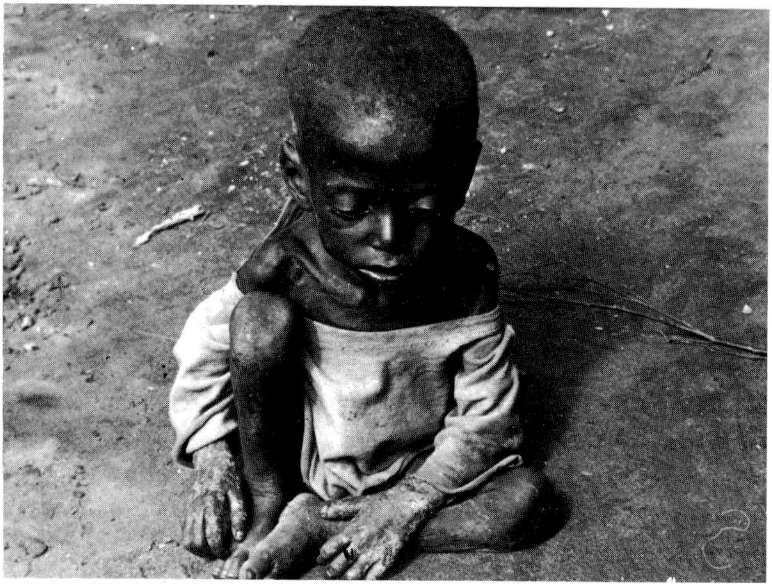

Für die jungen Staaten Schwarzafrikas ist der Weg zu innerer Stabilität lang und steinig. Stammesrivalitäten und die Labilität der einst von den Kolonialherren willkürlich gezogenen Grenzen führen auch zu Bürgerkriegen, so in Nigeria (1967 bis 1970), wo die Zivilbevölkerung Hauptleidtragende des Kampfes ist (Bild oben).

Ohne ausreichende Vorbereitung in die Unabhängigkeit entlassen, wurde auch der ehemals belgische Kongo (heute: Zaire) von Bürgerkriegen und separatistischen Bewegungen zerrissen. Dabei spielte das Bemühen der einstigen Kolonialmacht, die wirtschaftliche Kontrolle über die gewinnbringende Rohstofförderung zu behalten, eine verhängnisvolle Schlüsselrolle. Rechts: Der erste Premier des Kongo, Patrice Lumumba, (rechts), wird verhaftet (Dezember 1960).

Indischer Subkontinent

Slums in Kalkutta

Am Anfang des unabhängigen Indien stand als Einsatz das hohe moralische Startkapital Mahatma Gandhis und Pandit Nehrus (oben: Nehru mit der neuen Nationalflagge vor der Konstituierenden Versammlung in Delhi, Juli 1947). Doch die junge Demokratie hatte Schwierigkeiten, mit ihren unermeßlichen sozialen Problemen fertig zu werden.

Das Experiment mit der größten Demokratie der Welt (1982 hatte Indien 712 Millionen Einwohner) wurde bis 1977 unterbrochen, als Nehrus Tochter, Ministerpräsidentin Indira Gandhi (1984 ermordet; unten bei einer Versammlung in Vishwabarti, März 1976) angesichts innenpolitischer Widerstände den Ausnahmezustand ausrufen ließ.

Außenpolitisch hatte Indien konsequent am Kurs der Blockfreiheit festgehalten. Nach mehreren kriegerischen Auseinandersetzungen mit Pakistan und angesichts der Grenzkonflikte mit China suchte Indira Gandhi jedoch die Unterstützung der Sowjetunion. Dementsprechend kühlte sich das Verhältnis zu den USA ab.

Verfügbare Konsumgüter (pro Kopf und Jahr)

	1951	1961	1971	1979
Speiseöl (in kg)	2,7	3,2	3,3	3,5
Zucker (in kg)	3,0	4,7	7,3	9,3
Baumwolltuch (in m)	11,0	13,8	13,6	12,2
Elektrizität (in kWh)	1,6	3,5	7,0	172
Radios (pro 10000 Einw.)	23	64	205	336
Autos (pro 10000 Einw.)	0,6	0,5	1,0	20

Neue indische Gliedstaaten

▲ Die Unionsterritorien stehen unter der direkten Verwaltung der indischen Zentralregierung. Chandigarh, die Hauptstadt des Pandschab, ist bis zur Wahl einer Hauptstadt für Haryana auch Sitz der Regierung dieses Gliedstaates. Shillong dient vorderhand gleichzeitig als Hauptstadt Assams und Meghalayas. Der Himalajastaat Sikkim wurde am 10. 4. 1975 an Indien angegliedert.

Zunahme des realen Pro-Kopf-Einkommens
(Durchschnitt pro Jahr)

1952–1956:	1,6%
1957–1961:	1,7%
1962–1966:	0,2%
1967–1971:	2,3%
1977–1981:	1,5%

Nehrus Tochter Indira Gandhi, von 1966 bis 1977 und ab 1980 bis zu ihrem jähen Tod durch Attentat im Oktober 1984 Ministerpräsidentin des (an Einwohnerzahl) zweitgrößten Landes der Erde, ist die beherrschende indische Persönlichkeit dieses Zeitraums. Sie führt ihr Land mit Entschlossenheit und Härte durch innere Wirren und wirtschaftliche Schwierigkeiten. Außenpolitisch vertritt sie die Blockfreiheit (Abb. oben rechts: Indira Gandhi im Juli 1981 bei einer Konferenz in Genf). Zu ihren vielen Auslandsverpflichtungen gehört auch ein Besuch beim Papst (Abb. oben links: Indira Gandhi bei Papst Johannes Paul II. im Vatikan im November 1982). Nach Indiras Tod tritt mit ihrem Sohn Rajiv Gandhi das dritte Mitglied der Familie Nehru das schwere Amt eines indischen Premierministers im Oktober 1984 an.

Weil dem strenggläubigen Hindu das Töten von Kühen verboten ist, findet man auch heute noch Kuhherden unbehelligt selbst mitten in Großstädten (Abb. oben: „Heilige Kühe" auf einem Platz im Zentrum von Neu-Delhi). Sie sind äußeres Zeichen für die ungebrochene Macht der indischen Hauptreligion. Obwohl der Hinduismus Toleranz fordert, kommt es mit den in Indien als Minderheit lebenden Moslems immer wieder zu blutigen Zwischenfällen (Abb. links: Indische Armeepatrouille in Bombay nach Zusammenstößen zwischen Hindus und Moslems im Mai 1984). Zwischen beiden großen Religionsparteien steht die kleine, kämpferische Sekte der Sikhs, deren Heiligtum, der Goldene Tempel von Amritsar, im Juni 1984 durch Regierungssoldaten gestürmt wird. Vermutlich gibt dies den Hauptanlaß zu dem Attentat von Sikh-Leibwächtern auf Indira Gandhi.

Pakistan versucht sich gegen den mächtigeren Nachbarn Indien zu behaupten, indem es sich eng an die Volksrepublik China anschließt. Links: Präsident Ayub Khan – Mitte – verhandelt mit dem chinesischen Staatsoberhaupt Liu Schao-tschi, 30. März 1966. Zu Auseinandersetzungen kommt es zwischen Pakistan und Indien vor allem wegen des von beiden beanspruchten Kaschmir. Hohe Ausgaben für die Rüstung und wiederholte Kriegsverluste belasten die Nachbarstaaten. Unteres Bild: Indische Soldaten beim Einsatz während des Kaschmirkriegs vom September 1965, der mit dem Friedensabkommen von Taschkent endet.

Mit indischer Hilfe erkämpft Ostpakistan 1971 seine Unabhängigkeit als Volksrepublik Bangla Desh. Der übervölkerte neue Staat, dessen Präsident und Begründer Mujibur Rahman (Bild rechts) am 15. August 1975 bei einem Putsch ums Leben kommt, leidet unter Hungersnöten und Überschwemmungskatastrophen (Bild links. Unten: Anlage eines Entwässerungskanals bei Netrokona, März 1976).

Südostasien

Das Rettungsschiff „Cap Anamur" nimmt Vietnamflüchtlinge auf

Das 1963 aus mehreren ehemals britischen Territorien gebildete Malaysia wird zwar gelegentlich von Rassenunruhen heimgesucht (rechts: Auseinandersetzung zwischen Chinesen und der Polizei), erfreut sich aber insgesamt wirtschaftlicher und politischer Stabilität. Kritischer ist die Entwicklung im benachbarten, größeren Indonesien, das bis 1965 durch die Politik des Staatsgründers Ahmed Sukarno (unten: bei einer Massenversammlung) geprägt wird. Nach dem Scheitern eines kommunistischen Putschversuchs wird Sukarno von den Militärs aus dem Amt gedrängt. Sein Nachfolger wird General Suharto.

Nach der Ermordung des ehemaligen Senators Benigno Aquino (21. August 1983) bei seiner Rückkehr aus dem Exil auf dem Flugplatz von Manila verstärken sich auch international die Proteste gegen das Regime von Ferdinand E. Marcos (Abb. oben). Nach den von schweren Unruhen begleiteten und offensichtlich manipulierten Präsidentschaftswahlen (7. 2. 1986) verliert Marcos die Unterstützung des Militärs und der USA und muß ins Ausland fliehen. Die Oppositionsführerin und Witwe des ermordeten Aquino, Corazón C. Aquino, wird als neue Staatspräsidentin vereidigt (25. 2.). Das Bild (unten) zeigt C. Aquino mit ihrem Mitbewerber Salvador Laurel vor einer gigantischen Marcos-Büste.

Australien, Neuseeland und Ozeanien

Australische Soldaten in Vietnam

Hauptwirtschaftszweig in Australien und Ozeanien ist die Landwirtschaft, deren Produkte deshalb auch den Hauptteil der Ausfuhr stellen (Tab. rechts). Pflanzenbau und Tierzucht sind dabei gleichermaßen vertreten (Abb. oben links: Schafherde auf Neuseeland. Lammfleisch und Wolle sind begehrte Exportartikel).

Außenhandel Australiens und Ozeaniens (in Mio. DM)

	Einfuhr 1979	Einfuhr 1980	Einfuhr 1981	Einfuhr 1982	Ausfuhr 1979	Ausfuhr 1980	Ausfuhr 1981	Ausfuhr 1982
Australien	30000	36155	53078	58700	33788	40071	48461	51567
Fidschi	860	1022	1428	1251	470	686	703	695
Neukaledonien	660	849	922	892	690	748	775	644
Neuseeland	8275	9980	12901	14338	8548	9859	12584	12692
Papua-Neuguinea	1442	1862	2495	2471	1764	1880	1941	1871
Franz.-Polynesien	871	996	1256	1264	53	55	65	68
Australien u. Ozeanien	43000	53000	76000	82000	45500	53500	65000	68500

Im Gegensatz zu den teilweise übervölkerten anderen Kontinenten gibt es in Australien und Ozeanien noch sehr viel menschenleeres Land. Die australischen Ureinwohner (Aborigines) waren nie sehr zahlreich. In den letzten Jahren erhielten sie mehr Rechte und größere Schutzgebiete (Abb. oben rechts: Australischer Ureinwohner). Infolge der jahrtausendelangen Isolierung von anderen Erdteilen bilden sie eine eigene Rasse mit eigener Sprache. – Als Einwanderer bevorzugt Australien Europäer, während Asiaten nicht gern gesehen sind (Abb. rechts: Eine belgische Einwandererfamilie mit zehn Kindern bei der Ankunft auf dem Flughafen von Melbourne im Februar 1962).

Lateinamerika

Indios und die moderne Welt

Der Subkontinent zerfällt in etwa zwei Dutzend Staaten sehr unterschiedlicher Größe, unter denen Brasilien alle übrigen an Fläche und Einwohnerzahl bei weitem übertrifft. Die Beikarte veranschaulicht das Flächenverhältnis dieses Großstaats zu den im selben Maßstab eingezeichneten europäischen Ländern, die (ohne die Sowjetunion) samt und sonders auf Brasiliens Territorium Platz finden würden.

Unter den mannigfachen Ethnien Lateinamerikas können drei Hauptgruppen hervorgehoben werden, die von besonderer gesellschaftlicher Relevanz sind: die Gruppe der Indios, Neger und der Weißen mit den jeweils dazugehörenden Mischlingen. Eine solche Unterscheidung scheint deswegen als vertretbar, weil sich diese Gruppen neben ihren rassischen Merkmalen im wesentlichen ihrer Herkunft und Kultur nach unterscheiden. Es gehört zur öffentlichen Lesart lateinamerikanischer Politik, mit Stolz auf das Fehlen eines Rassenproblems wegen der vorhandenen juristischen Gleichberechtigung und wegen des Nichtvorhandenseins von Apartheid-Grundsätzen hinzuweisen. Betrachtet man diesen Umstand jedoch nicht de iure, sondern de facto, so läßt sich folgendes feststellen: die Gruppe der Weißen und deren Mischlinge ist die am wenigsten diskriminierte, d. h. die gesellschaftlich am meisten begünstigte, was für alle Länder Lateinamerikas einschließlich des karibischen Raumes gilt. Ihr Anteil an der jeweiligen Ober- und Mittelschicht ist überproportional groß. Dagegen lassen sich die Farbigen (Neger und Mulatten), abgesehen von Ländern wie Haiti und Jamaika sowie von unerheblichen Ausnahmen in anderen Staaten, größtenteils den unteren Schichten zuordnen, und zwar sowohl in den ländlichen als auch in den städtischen Gebieten. Was für die farbige Bevölkerung zutrifft, kann im groben Vergleich auch für die Situation der Indios im andinen Raum und in Mittelamerika gesagt werden: verglichen mit der Gruppe der Weißen zählen Neger und Indios zu den Unterprivilegierten in allen Nationen Lateinamerikas. Sie sind im Vergleich mit der Ober- und Mittelschicht überdurchschnittlich unterernährt mit der natürlichen Folge einer wesentlich verminderten Lebenserwartung; die Säuglingssterblichkeit bei der farbigen und indianischen Bevölkerung ist fast doppelt so hoch wie die bei der Weißen. Vor diesem Hintergrund erscheint die Ideologie einer „democracia racial" als äußerst fragwürdig. Das Zusammenfallen von Rassen- und Schichtschranken läßt die Immobilität der lateinamerikanischen Gesellschaft im rechten Licht erscheinen: anders als bei Nationen mit vorwiegend einer Hautfarbe werden die Aufstiegschancen geringer, weil sich Schicht- und Rassenvorurteile synonym gebrauchen lassen. Damit erweisen sich aber die interethnischen Beziehungen in der lateinamerikanischen Gesellschaft als ein wesentliches Problem im wirtschaftlichen, sozialen und politischen Leben des Subkontinents.

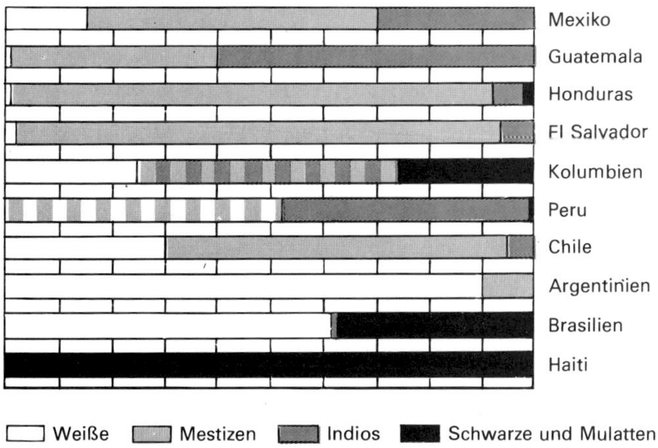

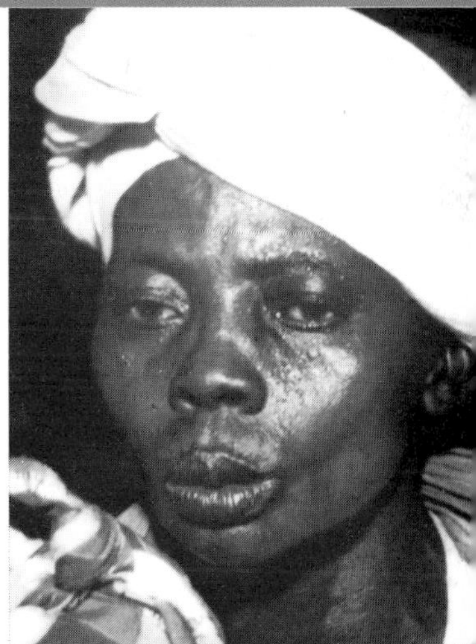

Anläßlich des Eucharistischen Weltkongresses im August 1968 in Bogotá stattete Papst Paul VI. Kolumbien einen Besuch ab. Ganz im Geiste der im Jahr zuvor veröffentlichten Enzyklika „Populorum Progressio" rief er die Völker Lateinamerikas und der Welt zu sozialer Gerechtigkeit auf. Nicht von ungefähr hat der lateinamerikanische Episkopat im selben Jahr auf der 2. Generalkonferenz des Lateinamerikanischen Bischofsrates (CELAM) in Medellin die bis heute richtungweisenden Thesen eines sozialengagierten und auf gesellschaftliche Veränderung zielenden Christentums formuliert.

„Populorum Progressio"

Päpstliche Enzyklika vom 28. März 1967

Auszug

„Es gibt gewiß Situationen, deren Ungerechtigkeit zum Himmel schreit. Wenn ganze Völker ohne jede Lebensmöglichkeit in einem Zustand der Abhängigkeit leben, die sie von aller Initiative und Verantwortung abschneidet, wenn Ihnen jede Möglichkeit fehlt, sich kulturell zu entwickeln und am politischen und sozialen Leben teilzunehmen, ist Zuflucht zur Gewalt eine große Versuchung – sie könnte ein Mittel sein, diese Beleidigung der menschlichen Würde wiedergutzumachen. Wir wissen jedoch, daß ein revolutionärer Aufstand neue Ungerechtigkeiten heraufbeschwört, mehr Elemente aus dem Gleichgewicht wirft und neues Unheil bringt – es sei denn, er richte sich gegen eine manifestierte, lange währende Tyrannis, die dem fundamentalen persönlichen Recht großen Schaden zufügt und ein gefährlicher Nachteil für das Gemeinwohl eines Landes ist ..."

Prominentester Vertreter eines sozial-progressiven Katholizismus in Lateinamerika ist der brasilianische Erzbischof von Recife und Olinda, Dom Hélder Pessoa Câmara, dessen prononcierte politische Stellungnahmen zu den gesellschaftlichen Problemen Lateinamerikas weltweite Beachtung finden.

Veröffentlichung der argentinischen Bischofskonferenz vom 7. Mai 1977:

„Christliche Überlegungen für die Menschen unseres Vaterlandes"

„... denn in den gegenwärtigen Verhältnissen wird unser Recht, das Leben der Menschen durch das Licht des Evangeliums zu erhellen, ihnen die Lehre zu bringen und in ihrem Licht den moralischen Wert des einzelnen und der gesellschaftlichen Ereignisse zu bewerten, zur Pflicht. Zu schweigen würde bedeuten, Verrat zu üben ... Außerdem steigt heutzutage das Bewußtsein der göttlichen Würde im menschlichen Wesen, denn sie geht über alles, und seine Rechte und Pflichten sind allumfassend und unabdingbar. Daher kann keine Theorie von der kollektiven Sicherheit – und sei sie noch so bedeutend – den Abbau der Menschenrechte bewirken, denn die soziale Ordnung und ihr Fortschritt und die Reihenfolge der Dinge muß dem menschlichen Wesen unterworfen werden und nicht umgekehrt. Die Änderung dieser Reihenfolge und die irrtümliche Vorstellung persönlicher und sozialer Sicherheit haben dazu geführt, daß viele Menschen die Verletzung der Grundrechte des Menschen geschehen lassen ... Und sie haben auch die Rechtmäßigkeit des Tötens – ob moralisch oder physisch – von Feinden ermöglicht, sowie den unrechtmäßigen Freiheitsentzug zugelassen ... Wir haben oft vom christlichen Charakter gehört, den die Streitkräfte ihrer Regierung verleihen wollen. Daher müssen wir die Streitkräfte erinnern, daß Christsein im wesentlichen Erfüllung einer Verpflichtung zur Selbstbeherrschung bedeutet."

Dom Hélder Câmara, Erzbischof von Recife und Olinda, 1970:

„Die Kirche ließ die Sklaverei dreihundert Jahre lang zu. Wir haben die neue Art der Sklaverei bereits zu lange hingenommen! Die Religion war Opium fürs Volk. Nun arbeiten wir für ein neues Bewußtsein der Massen."

Die afroamerikanischen Religionen sind eine Mischung afrikanischer Kulte, vor allem der Sklavenküste, mit Glaubensinhalten und Riten des Katholizismus, Protestantismus, indianischer religiöser Gebräuche, des Spiritismus, aber auch des Buddhismus und des Islam. Am bekanntesten sind Candomblé, Candomblé de Angola, Candomblé de Caboclo, Macumba, Umbanda und, hauptsächlich in der Karibik, Voodoo. In all diesen Kultformen ist das spiritistische Element vorherrschend. Bei der Beschwörung afrikanischer Götter und indianischer Gottheiten, bei der gleichzeitigen Anrufung katholischer Heiliger sowie von Erzengeln, aber auch von spiritistischen Medien (siehe Umbanda-Altar unten links) geraten die Gläubigen oftmals bei stundenlangem Trommelwirbel und heißen Tanzrhythmen in Trance (Bild rechts oben).

Christliche Konfessionen in Lateinamerika

Anglikaner	1215000	Reformierte	1050000
Baptisten	474000	Orthodoxe	365000
Lutheraner	977000	Nicht-chalkedonische Ostkirchen	148000
Methodisten	420000	Katholiken	205500000

Wenn wir uns mit den Unterschichtreligionen in Entwicklungsländern befassen, dann muß man sich in mehrfacher Hinsicht vor Naivität hüten. Erstens ist die offiziell in den statistischen Jahrbüchern angebotene religiöse Kartographie für eine seriöse religionssoziologische Forschung außerordentlich unbefriedigend, weil das jeweilige religiöse Etikett die regional- und schichtspezifische Religiosität verdeckt; die Mehrheit der brasilianischen Bevölkerung besteht z.B. aus Adepten des sog. „catolicismo popular" und der afrobrasilianischen Kulte, sie rangieren in der Religionsstatistik jedoch unter „katholisch", was jedem auf dem Boden der Konzile und Enzykliken stehenden Katholiken als unverständlich erscheinen muß, denn hierbei handelt es sich um synkretistische Religionen, in denen zwar Elemente des Katholizismus, und zwar namentlich Mythen, Benennungen und Symbole, enthalten sind, die sich in ihren zentralen Glaubenssätzen jedoch recht deutlich als magisch-polytheistische bzw. animistisch-fetischistische Religionen darstellen.

aus: Manfred Wöhlke,
Unterschichtreligiosität in Brasilien

Nach der Ausschaltung der klassischen castristischen Guerilla in Lateinamerika hat ein neuer Typ bewaffneten Untergrundkampfes an Bedeutung gewonnen: die Stadtguerilla. Noch in der letzten Etappe von Che Guevaras Bolivien-Abenteuer spielte die guerilla urbana eine untergeordnete Rolle, weil nach Ansicht Castros die Stadt für den Guerillakampf ein ungünstiges Terrain darstelle. Entgegen dieser Ansicht haben die guerilleros in den Städten seit Ende der 60er Jahre mit ihren Aktionen, hauptsächlich Bombenattentate und Entführungen, größere politische Wirkungen erzielt als die ländlichen Guerilas. Anders als durch die weitgehend politisch passive Landbevölkerung können die Terroristen mit der aktiven Unterstützung des Proletariats am Rande der Großstädte rechnen, in den Metropolen rekrutiert sich das Sympathisantentum hauptsächlich aus Intellektuellen der Mittelschicht. Vor allem durch Entführungen, wie nebenstehend eines Geschäftsmannes einer bekannten US-Firma, konnten und können die Terroristen die Staatsautorität empfindlich treffen. Besser als durch Aktionen auf dem flachen Land und in den Bergen läßt sich das Interesse der Weltöffentlichkeit durch gezielte Schläge in den Zentren der Macht wecken, politische Programme und Ziele werden so schneller in der breiten Öffentlichkeit publik. Diese besondere Spielart des bewaffneten Terrorismus hat in Europa vor allem in Nordirland, in letzter Zeit aber auch im übrigen Europa, insbesondere in Italien und in der Bundesrepublik Nachahmung gefunden.

Ernesto Che Guevara
Botschaft an die Völker der Welt

Wie glänzend und nahe wäre die Zukunft, wenn zwei, drei, viele Vietnam auf der Welt blühen würden, mit ihrer Todesrate und ihren unermeßlichen Tragödien ... Wo immer uns der Tod auch überraschen mag, er sei willkommen, wenn unser Kriegsruf nur ein aufnahmebereites Ohr erreicht hat und eine andere Hand sich ausstreckt, unsere Waffen zu ergreifen, und andere Menschen sich anschicken, die Totenlieder anzustimmen mit Maschinengewehrsalven und neuen Kriegs- und Siegesrufen.

Terroristische Überfälle, wie hier im Oktober 1975 in Córdoba/Argentinien, gehören schon beinahe zum Straßenbild der großen lateinamerikanischen Städte. Allerdings kann nicht mehr zwischen Aktionen linker, revolutionärer Untergrundkämpfer und faschistischem Terror einerseits, oder bloßem Bandenunwesen der kriminellen Unterwelt andererseits unterschieden werden.

Häufigkeit illegaler Präsidentenwechsel in Lateinamerika von 1930–1980

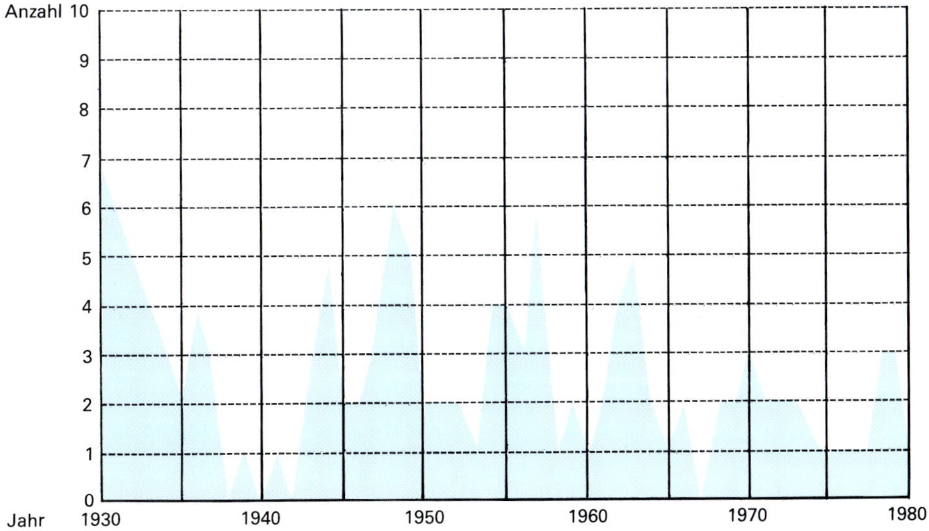

Übersicht illegal gestürzter Präsidenten seit 1930 in Bolivien

Gestürzter Präsident	Datum	Kommentar
Hernando Siles	27. 6.1930	Militärputsch.
Daniel Salamanca	28.11.1934	Militärputsch.
José L. Tejeda Sorzano	17. 5.1936	Militärputsch führt zu zivil-militärischer Junta.
José David Toro	14. 7.1937	Innermilitärische Veränderung bringt Generalleutnant German Busch an die Macht.
German Busch	23. 8.1939	Selbstmord von Busch. General Carlos Quintanilla wird Präsident.
Enrique Penaranda	20.12.1943	Militärputsch.
Gualberto Villaroel	21. 7.1946	Präsident bei einem Volksaufstand gelyncht, Junta unter Thomas Monje Gutierrez übernimmt Regierung.
Mamerto Urriologoitia	15. 5.1951	Nach Wahlsieg der MNR (Movimiento Nacionalista Revolucionaria) Rücktritt – Machtübernahme durch Militärjunta unter General Hugo Ballivian Rojas.
Hugo Ballivian Rojas	11. 4.1952	Sturz des Präsidenten durch MNR-Revolution
Victor Paz Estenssoro	4.11.1964	Machtübernahme durch Militärjunta unter General René Barrientos.
Luis Adolfo Siles	26. 9.1969	Militärputsch.
Alfredo Ovando	4.10.1970	Militärischer Staatsstreich: General Miranda neuer Präsident.
General Miranda	6.10.1970	Gegenschlag unter General Juan José Torres.
Juan José Torres	21. 8.1971	Militärputsch: Oberst Hugo Banzer Suarez neuer Präsident.
Hugo Banzer Suárez	21. 7. 1978	Putsch eines Teiles der Streitkräfte.
Pereda Asbun	24. 11. 1978	Unblutiger Putsch
Padilla Araucibia	Okt. 1979	Putsch eines Teils der Streitkräfte
García Meza	3./4. 8. 1981	Putsch. Garcia Meza tritt zurück

In dem scheinbaren Durcheinander lateinamerikanischer Politik taucht mit fortwährender Verläßlichkeit ein Symptom auf: der „alltägliche" Staatsstreich, der Putsch in Permanenz. Dieser förmliche Hang zum Umsturz hat zwei Hauptursachen, den „caudilismo" und den Nationalismus, welche wiederum auf strukturelle Vorgegebenheiten in der Geschichte Lateinamerikas zurückzuführen sind. Die Fixierung des gesellschaftlichen Handelns auf eine Führergestalt, den caudillo (historische Wurzeln: indianische Häuptlingstradition und patriarchalische Kolonialverwaltung), spiegelt sich in fast allen Bereichen wider: in den Präsidialverfassungen und im Militarismus, in den Parteigliederungen ebenso wie im hierarchischen Aufbau staatlicher Institutionen. Der übersteigerte Nationalismus Lateinamerikas ist einmal auf die kulturelle, politische, wirtschaftliche und soziale Tradition der spätfeudalen, katholischen Kolonialherrschaft und zum andern auf das bisherige Scheitern einer sozialen Revolution zurückzuführen, darüber hinaus ist er aber auch als Abwehrreaktion gegen die wirtschaftliche und politische Abhängigkeit von den westlichen Industrienationen zu verstehen.

VW-Werk in Brasilien

Wirtschaftswachstum und Investitionen (1980)

Bruttosozialprodukt pro Kopf in US-$ 1980	BSP-Wachstumsraten 1965[a]	1970[b]	1979[c]	Höhe der Auslandsschulden in % des BSP 1980	Anteil des Schuldendienstes in % des BSP 1980		Wachstumsraten BIP pro Kopf 1962–70	1980	Anteil des öff. Verbrauchs in % des BIP 1980	Anteil des privaten Verbrauchs in % des BIP 1980	Anteil der Bruttoinlandsinvestitionen am BIP in % 1960	1980	Anteil der Bruttoinlandsersparnis am BIP in %
2390	4,4	4,0	1,0	7,2	1,4	Argentinien	2,5	−0,5	24	41	21,6	26	35
570	4,8	6,3	2,3	36,4	4,7	Bolivien	3,0	−2,1	10	75	15,1	13	15
2050	4,5	7,5	6,1	16,4	3,4	Brasilien	3,8	2,9	–	80[1]	18,4	22	20
2160	5,0	3,8	0,8	18,0	5,2	Chile	2,3	6,0	12	72	17,4	18	16
1730	6,5	6,9	3,2	34,3	4,3	Costa Rica	2,9	−2,8	18	67	19,2	25	15
1140	1,0	6,6	3,7	17,5	2,3	Dom. Republik	1,0	–	8	78	13,1	24	14
1220	4,4	6,2	5,4	24,4	3,8	Ecuador	2,6	1,5	14	63	15,2	25	23
590	6,8	4,7	1,4	15,3	1,2	El Salvador	2,1	−14,9	15	75	15,5	12	10
1110	5,3	5,7	3,1	6,9	0,8	Guatemala	2,2	0,7	8	79	10,3	16	13
268	−0,6	1,5	1,8	18,5	1,1	Haiti	−1,0	–	–	91[1]	5,8	18	9
560	5,5	5,8	0,5	36,9	3,9	Honduras	1,9	−0,9	13	67	14,5	28	20
1180	4,6	5,8	3,7	12,6	1,7	Kolumbien	1,8	1,4	8	67	20,5	25	25
2130	7,1	6,9	1,9	20,6	4,9	Mexiko	3,1	5,3	12	62	20,1	28	26
722	10,2	4,4	1,6	83,0	3,7	Nicaragua	3,8	–	21	80	14,4	20	−1
1728	8,3	7,4	1,3	70,1	14,3	Panama	4,4	10,5	15	60	16,3	27	25
1342	5,0	4,1	5,3	14,5	1,8	Paraguay	1,1	7,9	6	74	12,4	29	20
930	6,5	3,6	0,2	33,7	8,1	Peru	2,0	0,3	13	68	21,6	16	19
2820	0,8	2,2	2,9	10,7	1,9	Uruguay	−0,1	5,0	14	74	17,6	19	12
3630	7,3	3,9	2,7	18,0	4,9	Venezuela	2,0	−4,5	13	55	17,6	25	32

[a] 1960–65; [b] 1965–70; [c] 1970–79; [1] inkl. öffentlicher Verbrauch

Die gesamtwirtschaftliche Entwicklung Lateinamerikas in den letzten Jahrzehnten ist insgesamt wie im Vergleich mit anderen Regionen der Dritten Welt beachtlich, wenn man die Entwicklung des industriellen Wachstums, der Verkehrserschließung oder des Pro-Kopf-Einkommens zugrunde legt. Allerdings wirkt sich eine sehr disproportionale Entwicklung für die Wirtschaft nachteilig aus: so tragen einige hochentwickelte Zweige, vor allem der Industrie, dazu bei, daß sich der Lebensstandard eines Teils der Bevölkerung auf nordamerikanischem oder westeuropäischem Niveau befindet, während die große Masse weiterhin in völlig unzureichenden sozialen und wirtschaftlichen Verhältnissen lebt. Dieser krasse Unterschied ist auf folgende, bislang ungenügend gelöste Probleme zurückzuführen: Die Erweiterung der Wirtschaftsproduktivität konnte nicht mit der Wachstumsrate der Bevölkerung Schritt halten, so daß nach wie vor hohe Arbeitslosigkeit herrscht. Diese ist jedoch nur durch erhöhte Investitionen in Industrie und Landwirtschaft abzubauen. Investitionen aus dem Inland sind aber gering, weil die Einkommen niedrig sind, so daß ein erhöhter Bedarf an ausländischem Kapital besteht, der nur durch hohe Auslandsverschuldung befriedigt werden kann, was wiederum zu starker finanzieller und technologischer Abhängigkeit führt. Schulden zehren an den Devisen, die für eine Produktionserweiterung dringend benötigt werden. So entstehen Versorgungsengpässe, welche die Inflation anheizen, diese schließlich bedingt einen rapiden Währungsverfall, der seinerseits den Import verteuert. Ansätze, diesen Teufelskreis durchbrechen zu können, konnten durch die Bildung supranationaler Wirtschaftsvereinigungen erreicht werden. Es bleibt zu hoffen, daß ein erfolgreich geführter Nord-Süd-Dialog weiteren Fortschritt für die lateinamerikanische Region bringt.

Verglichen mit anderen Regionen der Dritten Welt entfällt von den ausgegebenen Summen der europäischen Entwicklungsgelder auf Lateinamerika ein relativ geringer Anteil. Erst in allerletzter Zeit scheint sich ein gewisser Meinungswandel anzubahnen, nämlich die lateinamerikanische Wirtschaftsentwicklung nicht allein dem Einfluß der USA zu überlassen. Da aber die Bemühungen der Engländer und Franzosen zunächst noch im wesentlichen auf die ehemaligen Kolonialgebiete beschränkt bleiben und auch ein Vergleich mit dem deutschen Entwicklungshilfeengagement in anderen Kontinenten zeigt, daß die Bundesrepublik nicht allzu stark vertreten ist, sind noch keine gravierenden Veränderungen zu verzeichnen. Was für den staatlichen Sektor der Bundesrepublik gilt, hat jedoch für das Gebiet deutscher Privatinvestitionen keine Gültigkeit: Lateinamerika ist bevorzugtes Gebiet für Leistungen der deutschen Privatindustrie, die über die Hälfte des zur Verfügung stehenden Volumens für Anlagen in Entwicklungsländern in dieser Region ausgibt. Die deutschen Entwicklungsmaßnahmen des Staates beschränken sich hauptsächlich auf Kapitalhilfe sowie auf Projekte technischer Hilfe wie die mit deutscher Hilfe gegründete peruanische Weberei in der Nähe des Titicacasees (siehe Bild), in der Indios kunsthandwerkliche Arbeiten anfertigen. Von größerer Bedeutung sind Projekte auf Kooperationsbasis, wie das deutsch-brasilianische Atomkraftwerksabkommen beweist.

Bilaterale öffentliche Entwicklungsleistungen der BR Deutschland 1950–83 in Mio. DM

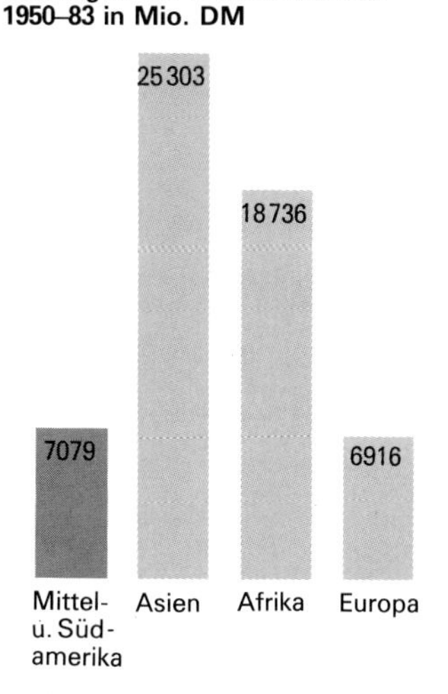

Staatliche Auslandshilfe der USA an Lateinamerika in Mio. US-$

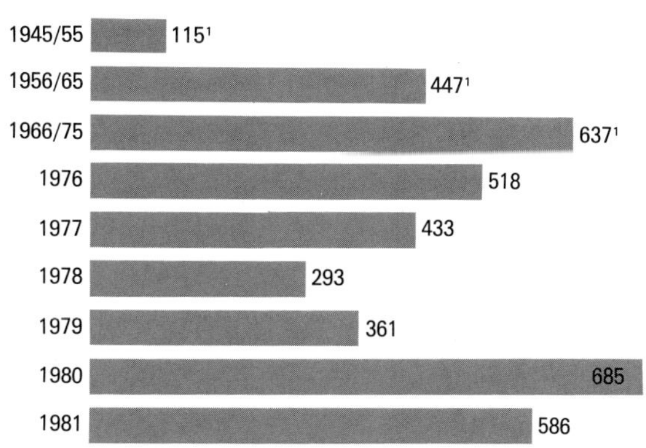

¹ durchschnittl. Zahlung je Jahr

Industrielle Entwicklung 1960, 1980

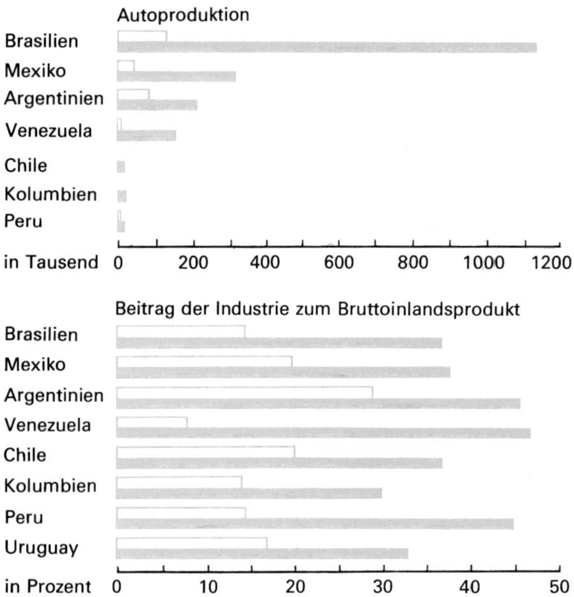

Die in allen lateinamerikanischen Staaten durch enorme Entwicklungsschübe gekennzeichnete Industrialisierung ist der Ausgangspunkt für einen grundlegenden sozialen Wandel. Da sich mit Ausnahme einiger Bereiche die industrielle Produktion auf Großstädte beschränkt, ist der Sog zum Ballungsraum sehr stark. Nachdem aber die Industrie nur in begrenztem Umfang Arbeitsplätze anbieten kann, ist ein ständiges Anwachsen der Slums zu verzeichnen. Das unkontrollierte Ausufern in den großstädtischen Randbezirken wirft jedoch nicht nur soziale und wirtschaftliche Probleme in den betroffenen Städten selbst auf, sondern hat auch unmittelbar nachteilige Auswirkungen für die ländlichen Gebiete. Um dem politischen Druck zu begegnen, der vom mittellosen, ungelernten Lumpenproletariat ausgeht, konzentrieren sich Förderungsmaßnahmen auf die Ballungszentren mit der nachteiligen Begleiterscheinung einer weitgehenden Vernachlässigung der Agrarbevölkerung. Am deutlichsten drückt sich dies im Gefälle der Bildungschancen aus. Ob man die soziale Frage Lateinamerikas wird bewältigen können, hängt somit davon ab, in welchem Ausmaß ein ausgewogeneres Verhältnis zwischen den Faktoren – Industrialisierung, Urbanisierung, Alphabetisierung – erreicht werden kann.

Wachstum der urbanen Bevölkerung (in %)

	1960	1981
Argentinien	57,3	83,0
Bolivien	22,0	45,0
Brasilien	29,1	68,0
Chile	50,0	81,0
Costa Rica	22,3	44,0
Dom. Republik	18,2	52,0
Ecuador	25,5	45,0
El Salvador	17,0	41,0
Guatemala	12,7	39,0
Haiti	6,0	28,0
Honduras	11,0	36,0
Kolumbien	30,0	64,0
Mexiko	32,3	67,0
Panama	34,9	55,0
Paraguay	16,6	40,0
Peru	26,0	66,0
Uruguay	56,5	84,0
Venezuela	42,4	84,0

Alphabetisierungsrate in % der Bevölkerung

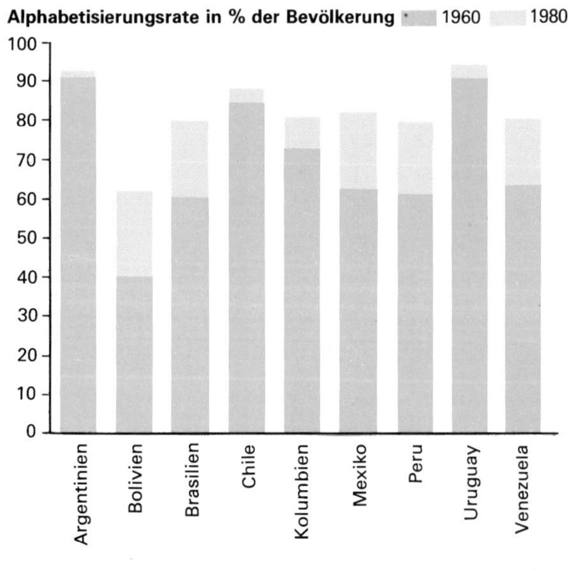

Sowohl quantitativ (Kalorienverbrauch) als auch qualitativ (Proteine, Vitamine) ist die Ernährung der lateinamerikanischen Bevölkerung unzureichend. Zwar leidet nur ein Sechstel der Bevölkerung unter akutem Hunger, aber auch die überwiegende Mehrheit ernährt sich qualitativ falsch, was nicht ohne Auswirkungen auf Gesundheit und Arbeitsvermögen bleibt. Auf dem Speisezettel eines Viertels der mexikanischen Bevölkerung beispielsweise fehlt proteinreiche Kost wie Fleisch, Fisch, Milch oder Eier fast völlig, ein Drittel konsumiert nicht einmal Weizenbrot. Was die Wohnverhältnisse anbetrifft, sind die Umstände keineswegs besser: nur ein Fünftel der Wohnungen in Mexiko verfügt über fließendes Wasser, mehr als die Hälfte haben keinen elektrischen Anschluß, drei Viertel keine sanitären Einrichtungen.

Ernährung und Gesundheit

	Einheiten Kalorien pro Tag 1961	1978/80	Proteine g pro Tag 1961	1978/80	Lebenserwartung bei Geburt 1960/65	1980/81
Argentinien	3060	3386	97,9	111,9	66,0	71
Bolivien	1640	2086	43,2	52,7	43,8	51
Brasilien	2430	2517	60,7	59,3	58,2	64
Chile	2350	2732	66,8	74,0	58,5	68
Cuba	2500	2717	62,8	71,1	64,3	73
Dom. Republik	2080	2103	45,7	46,6	49,6	62
Ecuador	1850	2092	46,2	48,7	54,3	62
El Salvador	1870	2163	53,1	57,6	50,9	63[1]
Guatemala	1890	2064	53,4	55,9	48,7	59
Kolumbien	2180	2529	49,8	49,0	56,3	63
Mexiko	2500	2803	65,0	72,2	60,2	66
Panama	2560	2289	59,1	55,9	45,4	71[2]
Paraguay	2590	2902	76,1	81,3	57,3	65
Peru	2290	2166	61,0	56,3	54,0	58
Uruguay	3070	2868	110,2	86,8	67,9	71
Venezuela	2230	2649	58,6	70,8	61,0	68

[1] 1979; [2] 1980

Einkommensverteilung (in %)		Unterste 20%	21–40%	41–60%	61–80%	Oberste 81–95%	5%
Argentinien	1961	7,0	10,3	13,1	17,6	22,6	29,4
Bolivien	1968	4,0	13,7	8,9	14,3	23,4	35,7
Brasilien	1960	3,5	9,0	10,2	15,8	23,1	38,4
Chile	1968	5,4	9,6	12,0	20,7	29,7	22,6
Ecuador	1964	6,3	10,6	26,1	15,6	20,8	21,5
El Salvador	1968	5,5	6,7	11,3	15,1	28,4	33,0
Kolumbien	1964	2,2	4,7	9,0	16,1	27,7	40,4
Mexiko	1963	3,7	6,8	11,3	20,2	29,5	28,5
Panama	1969	4,9	9,4	13,8	15,2	22,2	34,5
Peru	1961	4,0	4,9	8,3	15,2	19,3	48,3
Venezuela	1962	4,4	9,0	16,6	22,9	23,9	23,2

Neben den regionalen werden vor allem durch personelle Vergleiche die krassen Einkommensunterschiede in Lateinamerika deutlich. So erhielten 1966 20% der Bevölkerung durchschnittlich ein 44mal kleineres Einkommen als die reichsten 5%. In Brasilien hat sich die Einkommenskonzentration von 1960 bis 1970 weiter verschärft; die oberste Schicht von 5% konnte nahezu 45% des Gesamteinkommens für sich buchen. Nach wie vor auffallend sind die zwei- bis dreimal niedrigeren Durchschnittseinkommen im Agrarsektor gegenüber den Sektoren Industrie und Handel.

Preisindex für die Lebenshaltung (1980 = 100)

	1976	1977	1978	1979	1980	1981	1982	1983
Argentinien	2,0	7,0	19,2	49,8	100	204,5	541,4	2402,8
Brasilien	18,0	25,8	35,8	54,7	100	205,6	406,9	984,7
Chile	20,6	39,6	55,5	74,0	100	119,7	131,6	167,4
Ecuador	63,6	71,9	80,2	88,5	100	116,4	131,3	193,0
El Salvador	58,1	65,0	73,8	85,2	100	114,8	128,3	–
Kolumbien	41,4	54,4	64,5	80,1	100	126,0	156,9	–
Mexiko	44,2	57,0	67,0	79,2	100	128,0	203,3	410,4
Paraguay	52,7	57,6	63,7	81,7	100	114,0	121,7	138,1
Peru	17,2	23,7	37,5	62,8	100	175,4	288,4	609,0
Uruguay	16,0	25,4	36,7	61,2	100	134,0	159,5	238,0
Venezuela	63,4	68,4	73,2	82,3	100	116,1	127,1	–

Verglichen mit dem Beitrag der Industrie zum Volkseinkommen, ist derjenige der Landwirtschaft deutlich geringer, obwohl letzterer immer noch für den weitaus größten Teil der Bevölkerung Einkommens- und Lebensgrundlage sein muß. Hierin liegen die großen sozialen Probleme, die nur dann gelöst werden können, wenn es einerseits gelingt, den ungeheuren natürlichen Reichtum des Subkontinents erweitert nutzbar zu machen, um die Ernährung der explosiv wachsenden Bevölkerung zu sichern, und wenn andererseits Voraussetzungen für eine strukturelle Veränderung der Gesamtwirtschaft geschaffen werden, damit der hohe landwirtschaftliche Anteil am Gesamtexport (ca. 80%) zugunsten einer Ausweitung des ertragsreicheren, industriellen Sektors abgebaut werden kann.

Anteil der Landwirtschaft am Bruttoinlandsprodukt

	Anteile der Sektoren am BIP 1980		Sektorale Wachstumsraten Landwirtschaft	
	Landwirtschaft	Industrie	1965–70	1970–80
Argentinien	13	46	0,4	2,6
Bolivien	18	29	0,2	3,1
Brasilien	10	37	3,0	4,9
Chile	7	37	3,0	2,3
Costa Rica	17	29	5,0	2,5
Dom. Republik	18	27	4,4	3,1
Ecuador	13	38	2,9	2,4
El Salvador	27	21	3,7	2,8
Guatemala	–	–	4,8	4,6
Haiti	–	–	1,3	2,2
Honduras	31	25	4,3	1,5
Kolumbien	28	30	4,8	4,9
Mexiko	10	38	2,7	2,3
Nicaragua	23	31	1,5	3,1
Panama	23	21	4,0	1,9
Paraguay	30	25	1,7	6,9
Peru	8	45	2,4	1,0
Uruguay	10	33	0,7	0,2
Venezuela	6	47	5,8	3,8
Mittelwert	17,2	32,9	2,7	3,0

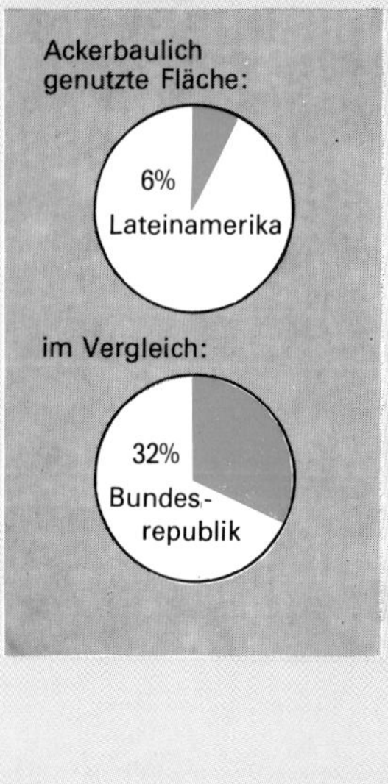

Weltanteile der landwirtschaftlichen Produktion Lateinamerikas

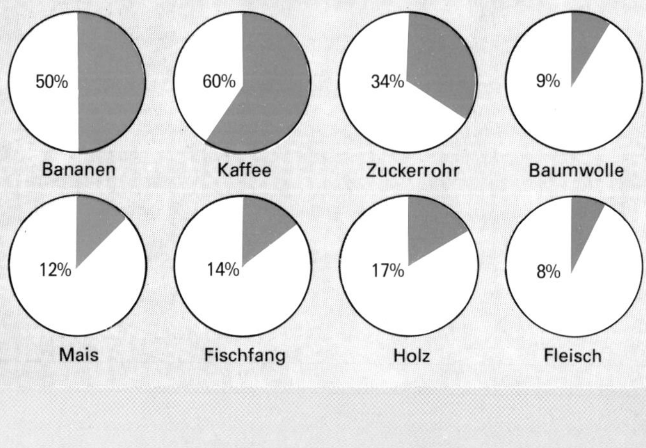

Anteile Lateinamerikas an der Weltproduktion der industriellen Rohstoffe.

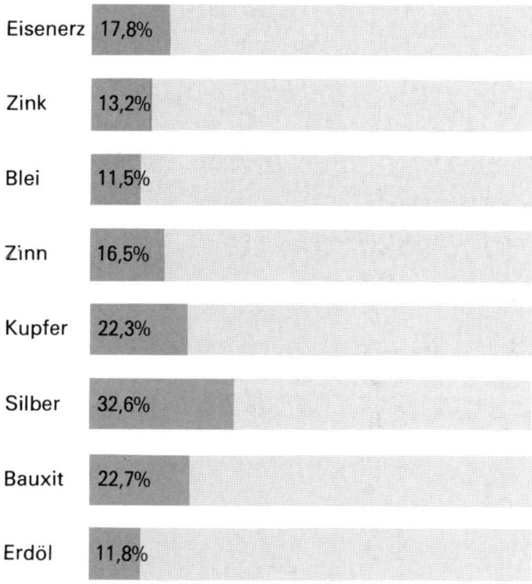

Die Forderungen der Dritten Welt

„Die Minister der Gruppe der 77 ... fordern die internationale Gemeinschaft dringend auf, den internationalen Apparat zu einer raschen Änderung der Weltwirtschaftsordnung einzusetzen, insbesondere auf dem Gebiet von Handel, Finanzen, Schiffahrt, Dienstleistungen und Technologie. Sie fordern die Herbeiführung einer rationaleren internationalen Arbeitsteilung durch notwendige strukturelle Neuorientierungen in der Wirtschaft der entwickelten Länder, um so den Entwicklungsländern zu ermöglichen, ihre Wirtschaft zu beleben, den Zugang ihrer Produkte zu den Märkten der entwickelten Länder zu erweitern und dadurch die Wachstumsrate der Entwicklungsländer beschleunigt zu vergrößern. Sie fordern die Anerkennung, daß jedes Land das souveräne Recht hat ..., frei über seine natürlichen Schätze zu verfügen ..."
Aus der Erklärung der „Gruppe der 77" (Entwicklungsländer) in Lima (6. November 1971).

Der große Reichtum Lateinamerikas sind seine reichhaltigen Rohstoffvorkommen. Schon in der Kolonialzeit beuteten die Spanier und Portugiesen die reichen Silber- und Goldvorkommen aus, im 19. Jahrhundert wurde in Chile in umfangreichem Maße Salpeter gewonnen, und Brasilien war der bedeutendste Lieferant für Naturkautschuk. Diese Produkte spielen heute keine Rolle mehr, dafür hat sich die Nachfrage auf andere Rohstoffe verlagert, über die Lateinamerika in reichlichem Maße verfügt. Allerdings fließt ein Großteil des erzielten Profits nicht in die eigenen Kassen, da zum überwiegenden Teil bei der Rohstoffgewinnung Kapital aus den Industrieländern beteiligt ist. Daher haben sich die Förderländer in den letzten Jahren bemüht, ihre Abhängigkeit, notfalls auch durch Enteignung ausländischer Firmen, abzubauen. Auf der anderen Seite verfügen viele lateinamerikanischen Länder noch über ungeheuer reichhaltige Lagerstätten, deren Erschließung nur mit Hilfe der Industrienationen möglich sein wird, so daß sie ihrerseits Entgegenkommen zeigen müssen.

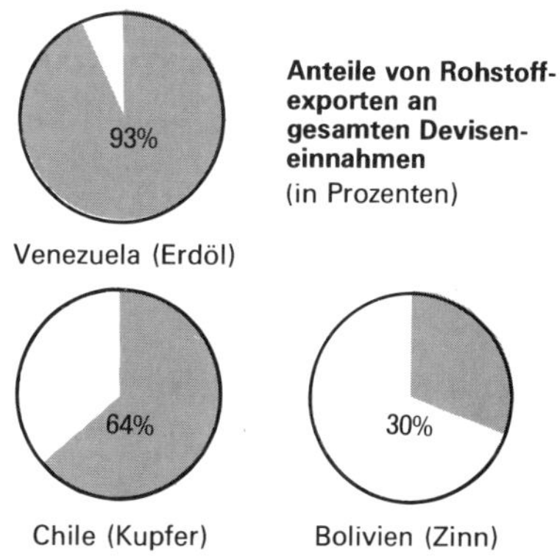

Anteile von Rohstoffexporten an gesamten Deviseneinnahmen
(in Prozenten)

Rio Grande del Norte
Mexiko
Guadalajara
Golf von Mexiko
Nassau
Bahamas
Habana
Kuba
Große Antillen
Dominik. Republik
Haiti
Santo Domingo
P.-au-Prince
Jamaika
Karibisches Meer
Belmopan
Belize
Guatemala
Honduras
San Salvador
El Salvador
Tegucigalpa
Nicaragua
Managua
San José
Costa Rica
Panamá
Panama
0 500 1000 km
Guadeloupe (frz.)
Dominika
Martinique (frz.)
Sta. Lucia
Barbados
Kleine Antillen
Grenada
Trinidad u. Tobago
Maracaibo
Caracas
Venezuela
Georgetown
Paramaribo
Cayenne
Surinam
Guayana
Franz. Guayana
Bogotá
Kolumbien
Quito
Ecuador
Manaus
Amazonas
Belém
Peru
Lima
Brasilien
Recife
Salvador
Brasília
Belo Horizonte
Rio de Janeiro
São Paulo
Bolivien
La Paz
Paraguay
Asunción
Paraná
Pazifischer Ozean
Atlantischer Ozean
Chile
Santiago
Argentinien
Porte Alegre
Uruguay
Buenos Aires
Montevideo
Falkland-In. (brit.)
Kohle
Bauxit
Platin
Eisen
Zinn
Kupfer
Diamanten
Zink
Mangan
Blei
Silber
Gold
Q Quecksilber
S Salpeter
U Uran
W Wolfram
Erdöl
Erdgas
0 500 1000 km

Wie in geographischer so auch in sozialer Hinsicht ist Mexiko ein Land starker Gegensätze. Man wird nicht müde, den Extremcharakter auf die prägenden Einflüsse der drei Kulturen, der spanisch-europäischen, der indianisch-amerikanischen und der technisch-modernen, zurückzuführen, wie sie beim Anblick der „Plaza de las tres Culturas" in Mexico-City (siehe Bild unten) sinnbildlich zum Ausdruck kommen. Gewiß, es gibt sie, die immer noch krassen Unterschiede zwischen Stadt und Land, zwischen reich und arm, aber sie verhindern nicht, daß es ein starkes Nationalbewußtsein gibt, das alle Schichten und Ethnien eint. Das „Mexikanertum" bildet den entscheidenden Integrationsfaktor für die politische, wirtschaftliche und kulturelle Einheit des Landes. Das moderne mexikanische Selbstbewußtsein hat seine geschichtlichen Wurzeln sowohl in Europa als auch im vorkolumbianischen Amerika. Ein wesentlicher Aspekt für das allmähliche Verschmelzen indianischer und spanischer Kultur war die ungehemmte, durch keine Gesetzgebung gehinderte Vermischung der Rassen als erste Voraussetzung für eine gesellschaftliche Integration; nur sie macht es verständlich, daß Kreolen, Indianer und Mestizen Schulter an Schulter gegen die spanische Krone für die Unabhängigkeit kämpften. Zwar brachte die erzwungene Loslösung vom Mutterland nicht die erhoffte soziale Gerechtigkeit – Nutznießer waren zunächst nur die Großgrundbesitzer –, aber schon damals zeichnete sich die Soziogenese der mexikanischen Revolution ab, die dann tatsächlich zu einer Wende in der Geschichte Mexikos werden sollte. Die „große" Revolution bewirkte den Zusammenhalt einer jungen Nation sowohl gegen alle imperialistischen Tendenzen europäischer Mächte (französisch-habsburgische Allianz) als auch gegen alle aggressiven Neigungen, wenn auch nur unter verlustreichen Opfern, des mächtigen Nachbarn im Norden. Sie verhalf aber auch einer sozialen Gesetzgebung und einer gerechteren Bodenverteilung zum Durchbruch, so daß heute vergleichsweise mit dem übrigen lateinamerikanischen Subkontinent mehr Probleme schon als gelöst betrachtet werden können oder leichter lösbar scheinen. Das Mexiko, wie es sich 1968 zu den Olympischen Spielen und 1970 anläßlich der Fußballweltmeisterschaft der ganzen Welt präsentierte, war und ist trotz fortwährender sozialer Unstimmigkeiten das moderne Land einer aufstrebenden Nation, das auf eine lange Tradition zweier Kontinente zurückblicken kann. So ist es gerade der Stolz auf eine große voreuropäische, indianische Tradition, der aus dem offiziellen Plakat der Olympischen Spiele 1968 spricht.

Zu einer Belastung der Beziehungen zwischen Lateinamerika und den Vereinigten Staaten entwickelt sich der Streit um die Hoheitsrechte über den strategisch wichtigen Panama-Kanal. Rechts: Eine Demonstration für die Ansprüche der Regierung Panamas. (Februar 1964).

In Mexiko, dem zweitgrößten Staat Lateinamerikas, hält die wirtschaftliche Entwicklung in den sechziger und siebziger Jahren kaum noch Schritt mit der Bevölkerungsexplosion: Ende 1982 hat das Land bereits 73 Millionen Einwohner. Wiederholt kommt es zu Unruhen, die mit militärischen Mitteln unterdrückt werden (unten: Truppenaufmarsch in Mexico City, Oktober 1968).

El Salvador: Nach bürgerkriegsähnlichen Unruhen und der Ausrufung des Kriegszustands (1981/82, etwa 35000 Tote) gewinnt José Napoléon Duarte am 6. Mai 1984 die Präsidentschaftswahlen. Er erhält 70 Millionen $ Militärhilfe von den USA, scheitert aber bei dem Versuch, durch Gespräche mit den Guerillas die Unruhen einzudämmen, den Bürgerkrieg zu beenden und an Glaubwürdigkeit zu gewinnen. Das Bild (oben) zeigt Duarte mit Präsident Ronald Reagan.

Nicaragua: Im Gegensatz zu der Lage in El Salvador steht die Revolutionsregierung von Nicaragua unter großem Druck seitens der USA (Verminung der Häfen unter Beteiligung des CIA, Unterstützung ehemaliger Somoza-Anhänger durch die amerikanische Regierung). Dem Innenminister von Nicaragua, Tomas Borge, wird sogar am 30. November 1983 die Einreise in die USA verweigert. Die Abb. (links) zeigt Borge auf einer Pressekonferenz in Managua. – Am 10. Mai 1984 fordert der Internationale Gerichtshof in Den Haag die USA zur Einstellung ihrer Feindseligkeiten auf.

In mehreren Staaten Mittelamerikas halten sich Operetten-Diktaturen, so insbesondere in Haiti, wo Jean Claude Duvalier („Baby Doc") 1971 Nachfolger seines Vaters François („Papa Doc") als Präsident auf Lebenszeit wird (links: Jean Claude mit Leibwache). Auf die Korruption in diesen Staaten wird die Weltöffentlichkeit aufmerksam, als Hilfslieferungen für die Erdbebenopfer in Nicaragua (unten) im Januar 1973 von der (bis 1979) diktatorisch regierenden Familie Somoza veruntreut werden. Das seit 1979 sozialistisch orientierte Nicaragua bildet seither einen internationalen Spannungsherd.

	Bruttosozialprodukt pro Kopf (US-$)	Geburtenüberschuß je 1000 Einw.	Analph. Rate	Einw. pro Arzt	% Industriebeschäftigte
Mexiko	2130	30,0	19	1820	26
Guatemala	1110	29,0	68	2490	21
Honduras	560	34,0	40	3290	15
El Salvador	590	25,8	38	3600	22
Nicaragua	722	33,0	10	1670	14
Panama	1728	21,7	27	1220	18
Haiti	268	22,0	77	5940	7
Dominik. Rep.	1140	27,0	33	1866	18
Cuba	1410	10,5	4	1110	31
z. Vergl.: USA	11360	7,4	1	549	32

Eine in mancher Hinsicht sozialistisch orientierte Militärdiktatur etabliert sich 1968 in Peru: General Velasco Alvarado beruft sich auf den Sozialrevolutionär Tupac Amaru (rechts: auf dem Plakat hinter Alvarado und dem Rednerpult), enteignet Großgrundbesitzer und verstaatlicht einheimische und ausländische Firmen. Unterdrückungsmaßnahmen gegen Presse und Intelligenz lösen Widerstand aus. Nach dem Sturz Alvarados (1975) erfolgt unter Präsident Morales Bermúdez eine Wendung zur Mitte hin, die die außenpolitische Isolierung Perus unter den rechtsgerichteten Militärdiktaturen Lateinamerikas lockert. Mit der Wahl des Präsidenten Fernando Belaúnde Terry 1980 erfolgt die Rückkehr zur Demokratie. Die inneren Schwierigkeiten des Landes können jedoch nicht beigelegt werden, da Streiks sowie die Aktivitäten der Guerillabewegung „Leuchtender Pfad" zu immer neuen Rückschlägen führen.

Die Probleme Perus sind typische Probleme der Dritten Welt: Dazu gehört auch die rasante Bevölkerungsentwicklung, mit der der Ausbau der Sozialstruktur nicht Schritt hält (unten: Slums in der Hauptstadt Lima, deren Einwohnerzahl sich von 1959 bis 1975 auf über 3 Millionen verdoppelt. 1981 leben im Ballungsraum Lima bereits 4,6 Millionen).

Zum Zusammenbruch der Demokratie in Uruguay trägt die Untergrundbewegung der „Tupamaros" bei, die ihren Namen vom Inka-Revolutionär Tupac Amaru ableitet. Sie organisiert eine Stadt-Guerilla, auf die das Militär mit massiven Vergeltungsschlägen und der Einrichtung einer Diktatur (1973) reagiert. Rechts: Ein verhafteter Tupamaro wird abgeführt (1970).

Boliviens Schicksal wird von den wechselnden Erlösen aus dem Bergbau bestimmt. Das Land ist das zweitärmste in Lateinamerika und taumelt von einem Putsch in den nächsten. Eine Schlüsselrolle spielen dabei die Bergarbeiter (unten: Ein Protestmarsch im Jahr 1964).

Der „Engel der Hemdlosen", Evita Perón, ist das Symbol der peronistischen Blütezeit Argentiniens zu Beginn der fünfziger Jahre (Bild Mitte rechts). Drei Jahre nach ihrem Tode (1952) wird ihr Mann Juan Domingo Perón, der mit viel Demagogie und wechselndem Erfolg versucht hatte, das für lateinamerikanische Verhältnisse relativ weitentwickelte Argentinien durch Wirtschafts- und Sozialreformen zu modernisieren, von einer Militärjunta gestürzt. Auch von seinem spanischen Exil aus behält er jedoch über die von ihm gesteuerten Massengewerkschaften Einfluß auf das Geschehen in Buenos Aires.

Ihr Leben wollen die Peronisten für ihr Idol Perón geben, das im November 1972 nach dem Scheitern diverser Interims-Regierungen wieder nach Argentinien zurückkehrt (Bild links, neben Perón seine dritte Frau Isabel). Doch der gealterte Exdiktator enttäuscht die Hoffnungen seiner in rechts- und linksorientierte Gruppen aufgesplitterten Anhängerschaft: Argentinien bleibt von sozialen Spannungen und wachsendem Terrorismus belastet. Der Nachfolgerin Isabel, die nach Peróns Willen die Rolle der Evita hätte weiterführen sollen, gleiten nach dem Tode ihres Mannes bald die Zügel aus der Hand. Im März 1976 muß sie einer Militärregierung weichen, der es jedoch ebensowenig gelingt, die wirtschaftliche und politische Situation zu stabilisieren. Im Gegenteil: Die Landung argentinischer Truppen auf den britischen Falklandinseln (1982) führt zu Kampfhandlungen, bei denen Argentinien erhebliche Verluste erleidet. Die militärische Niederlage erschüttert die herrschende Junta, die mehrfach umgebildet wird und schließlich für Herbst 1983 freie Wahlen ausschreibt, die die Rückkehr zur Demokratie einleiten.

Die neue Hauptstadt Brasilia verkörpert den Erneuerungswillen, aber auch den Machtanspruch des Riesenlandes Brasilien. In den fünfziger Jahren unter Präsident Kubitschek von Lucio Costa und Oscar Niemeyer geplant, ist Brasilia heute mit über 1,1 Million (Stadtgebiet 411000) Einwohnern zu einem Siedlungszentrum im Landesinneren geworden. In den Regierungspalästen der neuen Stadt residieren seit dem Umsturz von 1964 Militärs, seit 1974 zu Präsidenten gewählte Generäle, die die Demokratisierung des Landes herbeiführen wollen. 1985 wird erstmals wieder ein Zivilist Staatspräsident.

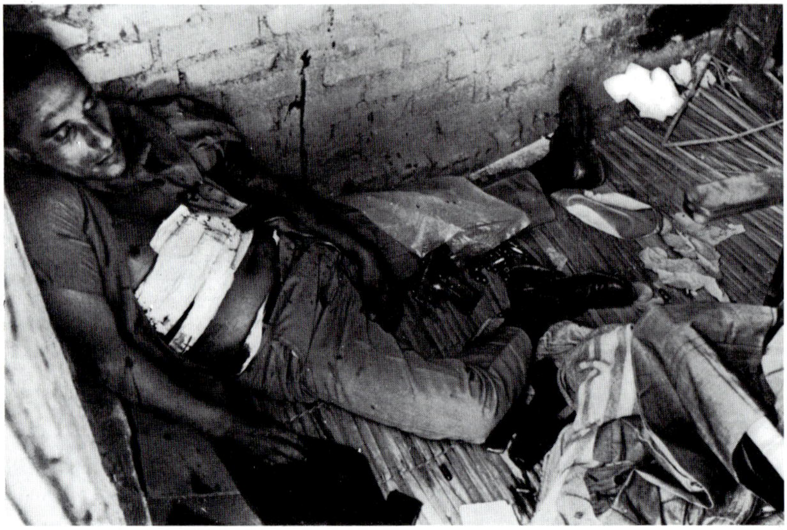

Den inneren Frieden Brasiliens können weder die Militärdiktatur noch die zu Präsidenten gewählten Generäle sichern. Die Bischöfe und internationale Organisationen weisen dem Regime Folterungen von Oppositionellen nach; in den Metropolen des Landes wuchert lange Zeit die Stadtguerilla. Oft wenden Militärs und Polizisten Selbstjustiz an: Berüchtigt ist besonders die „Todesschwadron", die auch den Tod des links abgebildeten Mannes verschuldet hat.

Nach Jahrzehnten relativer Ruhe rückt Chile in das Interesse der Weltöffentlichkeit, als dort 1970 der Volksfront-Kandidat Salvador Allende zum Präsidenten gewählt wird. Der Marxist Allende setzt die von seinem christlich-demokratischen Vorgänger Frei eingeleiteten Sozialreformen und Verstaatlichungen in der Industrie in verschärftem Tempo fort. Er gerät unter den Druck von Linksextremisten, des Mittelstandes und der Oberschicht und muß im Parlament öfters Niederlagen hinnehmen. Dennoch kann er sich halten, bis das Militär schließlich die Unterstützung der Regierung aufgibt und die durch politische Streiks und Hamsterkäufe angeheizte wirtschaftliche Krise zum Anlaß nimmt, gegen Allende zu putschen. Dieser kommt am 11. September 1973 beim Kampf um den Präsidentenpalast (links) unter ungeklärten Umständen ums Leben. Die siegreiche Junta unter General Pinochet treibt die Anhänger des Toten im Stadion von Santiago zusammen (unten). Chile, international isoliert, gewinnt auch unter der Militärdiktatur keine Stabilität. Trotz regelmäßig wiederkehrender Streiks und Unruhen kann die Militärdiktatur auch 1984 noch ihre Stellung behaupten.

Brasilien: Tancredo Neves, liberalkonservativer Oppositionsführer, wird am 15. Januar 1985 nach 21 Jahren Militärherrschaft zum neuen, zivilen Präsidenten gewählt (Abb. oben). Doch noch vor seinem Amtsantritt stirbt er am 22. April, seinem 75. Geburtstag.

Chile: Ungeachtet wachsender Kritik des Auslands reagiert General Augusto Pinochet (Abb. oben mit seiner Frau Lucia) auf starke innere Unruhen und Protestdemonstrationen weiterhin mit Razzien und der Ausrufung des Staatsnotstands. Einen gescheiterten Attentatsversuch im Spätsommer 1986 kann er zur Stärkung seiner Position nutzen.

Argentinien: Nach der Niederlage im Falkland-Krieg gegen Großbritannien muß der argentinische Staats- und Militärchef Leopoldo Galtieri am 17. Juni zurücktreten. Mit dem Amtsantritt des frei gewählten Staatspräsidenten Raúl Alfonsín endet das Militärregime (10. Dezember 1983). Im Bild (rechts): Argentinische Kriegsgefangene geben ihre Waffen ab; im Vordergrund rechts britische Soldaten.

NAMEN- UND SACHREGISTER

Im Registeralphabet sind ä wie ae, ö wie oe, ü wie ue eingereiht. Nach dem Stichwort stehen zunächst die Verweise auf Abbildungen; danach folgen gegebenenfalls Verweise mit Großbuchstaben in Quadraten. Sie bedeuten: [G] Grafik, [K] Karte, [S] Stammtafel, [T] Tabelle.
Der Pfeil ↗ zeigt an, daß die gesuchte Information unter einem anderen Stichwort zu finden ist, der Hinweis s. a. (siehe auch) sagt aus, daß zusätzliche Informationen unter den dort angegebenen Stichwörtern nachgeschlagen werden können. Verweispfeil und Hinweise stehen in der Regel am Ende des Stichwortkomplexes.
Herrscher erscheinen unter ihrem Vornamen. Bei gleichem Vornamen werden zunächst die Päpste und die Monarchen des Römischen bzw. Byzantinischen Reichs, des Römisch-deutschen und Deutschen Reichs aufgeführt. Hierauf folgen die übrigen Herrscher nach dem Alphabet ihres Landes ohne Rücksicht auf Rangunterschiede, also etwa Bayern – England – Pfalz – Preußen. Auch Beinamen von Regenten bleiben ohne Einfluß auf die Reihenfolge. Von den übrigen unter Vornamen aufgeführten Persönlichkeiten stehen die biblischen (Johannes d. Täufer) noch vor den Päpsten, während die anderen (Albert d. Gr., Alexander v. Hales) auf die Herrscher folgen.
Chinesische Namen werden vollständig wiedergegeben (Chou En-lai). Arabische Herrscher erscheinen im Regelfall unter ihrem vollständigen Namen (Harun ar-Raschid), während bei den anderen Persönlichkeiten der im deutschen Sprachraum stellvertretend für den ganzen Namen gebrauchte Namensbestandteil wie der Nachname europäischer Persönlichkeiten vorangestellt wird (Sadat, Anwar as-). Römische Personennamen sind unter dem Gentilnamen zu finden (Tullius Cicero, M.), der Vorname ist in der üblichen Weise abgekürzt.
Orte, Länder u. ä. erscheinen in der Regel nur, wenn Näheres über sie ausgesagt ist. Die dem Staatennamen zugeordneten Sachbegriffe sind im allgemeinen unter den Sachstichwörtern zu suchen (z. B. politische Organisation, Griechenland). Folgende Abkürzungen werden im Register verwendet:

Abk. = Abkommen
Äg. = Ägypten
Alt. = Altertum
Am. = Amerika
Anf. = Anfänge
Ap. = Apostel
As. (as.) = Asien (asiatisch)
Assoz. = Assoziierung(s)
ath. = athenisch
Auß. Min. = Außenminister
Austr. = Australien
B. = Bischof
Bay. = Bayern
Bd. = Bund
Bdn. = Bündnis
Beist. = Beistand(s)
Beitr. = Beitritt(s)
Belg. = Belgien
Bes. = Besatzung(s)
Bespr. = Besprechung(en)
Bez. = Beziehungen
Bol. = Bolivien
Br. = Bruder
Bras. = Brasilien
Brdbg. = Brandenburg
BR Dtld. = Bundesrepublik Deutschland
brit. = britisch
Btm. = Bistum
Bulg. = Bulgarien
Burg. = Burgund
byz. = byzantinisch
Byz. = Byzantinisches Reich
chin. = chinesisch
Dän. = Dänemark
DDR = Deutsche Demokratische Republik
Dekl. = Deklaration
Dep. = Departement
Diöz. = Diözese
dipl. = diplomatisch
DR = Demokratische Republik
dt. = deutsch
Dtld. = Deutschland
DVR = Demokratische Volksrepublik
Dyn. = Dynastie
E. = Enkel
Eb. = Erzbischof
Ebtm. = Erzbistum
Ehz. = Erzherzog
engl. = englisch
Erkl. = Erklärung
Eur. = Europa
Feldh. = Feldherr
Föd. = Föderation
fränk. = fränkisch
Frd. = Frieden
Frkr. = Frankreich
frz. = französisch
Ft. = Fürst
Ftm. = Fürstentum
G. = Gatte, Gattin
GB = Großbritannien
Geogr. = Geograph
Geschl. = Geschlecht
Gfn. = Grafen, Gräfin
Gf(sch). = Graf(schaft)
Gfst., Gft. = Großfürst
Gftm. = Großfürstentum
Ghz(n). = Großherzog(in)
Ghtm. = Großherzogtum
Grd. = Gründung
Griechld. = Griechenland
Hann. = Hannover
Heth. = Hethiter
Hist. = Historiker
HM = Hausmeier
Hochm. = Hochmeister
Hptl. (-hptl.) = Häuptling (-häuptling)
Hschr. = Herrscher
Hz(n). = Herzog(in)
Hzm., Hztm. = Herzogtum
Ind. = Indien
Interv. = Intervention
Isr. = Israel
It. = Italien
Jord. = Jordanien
Jt. = Jahrtausend
Kan. = Kanada
Kard. = Kardinal
Kast. = Kastilien
kath. = katholisch
Kft(m). = Kurfürst(entum)
Kfz. = Konferenz
Kg(n). = König(in)
Kgr. = Königreich
Kl. = Kloster
Kol. = Kolonie(n)
Konfl. = Konflikt
Kongr. (-kongr.) = Kongreß (-kongreß)
Konv. = Konvention
Konz. = Konzil
Koop. = Kooperation(s)
Koord. = Koordination
Ks(n). = Kaiser(in)
Ksr. = Kaiserreich
Lat. = Latein-
lat. = lateinisch
latin. = latinisch
Ld. (-ld.) = Land (-land)
Lothr. = Lothringen
Luxbg. = Luxemburg
M. = Mutter
MA = Mittelalter
Maked. = Makedonien
Math. = Mathematiker
Mesop. = Mesopotamien
Metr. = Metropolit
Mex. = Mexiko
Mgf(sch). = Markgraf(-schaft)
Mgfn. = Markgräfin
Min. = Minister
N. = Neffe
Ndld. = Niederlande
Norw. = Norwegen
NZ = Neuzeit
O. = Onkel
Osman. = Osmanisches Reich
Oz. = Ozeanien
Patr(t). = Patriarch(at)
Pers. = Persien
pers. = persisch
Pfgf. = Pfalzgraf
Phil. = Philosoph
Pol. = Politik
pol. Org. = politische Organisation
Port. = Portugal
Pp. = Papst
Präs. = Präsident
Prät. = Prätendent
preuß. = preußisch
Pr(n). = Prinz(essin)
Prov. = Provinz
R. = Reich
Reg. = Regent
Rep. = Republik
röm. = römisch
Rt. = Ritter
russ. = russisch
S. = Sohn
SBZ = Sowjetische Besatzungszone
Schl. = Schlacht
Schr. = Schrift
Schw. = Schwester
sdl. = südlich
Siz. = Sizilien
Skand. = Skandinavien
sowj. = sowjetisch
Span. = Spanien
Spr. = Sprache
St. (-st.) = Staat (-staat)
Stn. = Staaten
Stth(n). = Statthalter(in)
Su(lt). = Sultan(at)
Syn. = Synode
Syr. = Syrien
T. = Tochter
Tag. = Tagung
Terr. = Territorium
Tg. (-tg) = Tag (-tag)
Tyr. = Tyrann
U. = Union
Übereink. = Übereinkommen
Unabh. = Unabhängigkeit
Ung. = Ungarn
Univ. = Universität
V. = Vater
Verw. = Verweser
VR = Volksrepublik
Vtg. = Vertrag
Wttbg. = Württemberg
Zus. Arb. = Zusammenarbeit

A

Aachen, Pfalzkapelle 128
Aarhus, Stadtentwicklung G 414
Abadan, Raffinerie 516
Aborigines, Australien 376
Absolutismus, Brandenburg-Preußen 203
–, Europa K 196
Abu Simbel 50
Achtmächte-Gremium 231
Ackerbau, Entwicklung G 362
–, s.a. Landwirtschaft
Ada-Evangeliar 128
Adalbert, Prag, B., (Voitech) 123
Adam, (Erster Mensch) 164
–, Nicolas Sébastien 167
Adenauer, Konrad 436 438 448 449
Ägypten, Arab. Liga T 498
–, (1.–30. Dyn.) K 52
–, –, Kunst 50
–, (seit 1945), Bevölkerung T 500
–, –, Geburtenüberschuß G 389
–, –, Ölproduktion T 501
–, –, Öl- u. Gasreserven G 500
–, –, Sozialprodukt T 500
–, –, Streitkräfte T 499
–, –, Verteidigungsausgaben T 499
Aeneas 100
Afghanistan, (seit 1945) T 497
–, –, Religion T 497
–, –, UdSSR-Einmarsch (1979) 424 T 518
Afrika, Kunst 350
–, (seit 1945), pol. Gliederung K 521
–, –, Sprachen K 349
Ager Romanus K 93
Agricola, Georgius 179
Ahnenkult, Ozeanien 377 378
Ahnenverehrung, röm. 98
Aischylos T 83
Akkadisch, Schrift 57
Akkon, Schreibschule 143
Akropolis 68 76 77 78 80
Aktion ↗Die Aktion
ALADI (Lateinamerikanische Integrationsvereinigung) K 404
Albanien, (seit 1945), Truppenstärke T 465
Alberti, Leon Battista 170
Albert Memorial, London 225
Albrecht, Brandenburg, Mgf., d. Bär 135
Albrecht v. Brandenburg, Kard. 174
Alexander, Pp., III. 134
–, Alexander-R./Makedonien, Kg., III. d. Gr. 87 88
Alexandermosaik 87
Alexander-Reich K 89
Alexanderschlacht, Gemälde 156 157
Algerien, (seit 1945), Arab. Liga T 498
–, –, Bevölkerung T 500
–, –, Ölproduktion T 501
–, –, Öl- u. Gasreserven G 500
–, –, Sozialprodukt T 500
–, –, Verteidigungsausgaben T 499
–, Krieg (1954–1962) 505
Alhambra 143 343
Allende Gossens, Salvador 555
Allgemeiner Deutscher Arbeiterverein, Statut 219
Alliierte Mächte, Deutschland, (seit 1945) 438
Alphabet, Entw. 138
–, s.a. Schrift
Alphabetisierungsrate, Lateinamerika G 542 T 550
Altamira 31
Altdorfer, Albrecht 156 157 173
Alter Orient, Kunst 57 58 60
–, Religion 54
–, Schrift 57
Alvarado, Velasco 551
Amaru, Tupac 551
Amenophis, Ägypten, Kg., IV. 51
Amerika, Besiedlung T 365
–, Entdeckungen 363
–, Indianerkulturen 355 G 356 357 K 356 357
–, –, Kunst 352 358 359 360 361
Amman, Palästinenserlager 508
Amphitheater 94
–, Pula 115
–, Rom 94
Amtsinsignien, dt. Ks. 127 132 347
–, frz. Kg.e 132
Amun, -Tempel 50
Anpassung, primitive Gesellschaften 46
Antigoniden, Dyn. T 88
Antigonos, Makedonien, Kg., III. Doson T 88
Antikriegsmarsch auf Washington, (1965) 439
Antiochos, Seleukidenreich, Kg., I. Soter T 88
–, –, –, II. Theos T 88
–, –, –, III. d. Gr. 88
–, –, –, XIII. Asiatikos T 88
Antisemitismus, Dtld. 299
Antonio da Sangallo 170
Antwerpen, Stadtentwicklung G 414
Anyang, Königsgrab 313
ANZUS (Australia-New Zealand-United States)-Pakt (1951) K 421
Apachen 352
Aphaiatempel 82
Apollostatue (Belvedere) 69
Apollotempel, Delphi 70 71
Apostelkirche, Thessalonike 146
Appeasement-Politik 304
Aquädukt ↗Wasserleitungen
Aquino, Corazon C. 530
Arabische Liga K 494 495
–, Alterspyramide G 502
–, Beitrittsdaten T 498
–, Gründungsvertrag T 498
–, politische Organisation G 498
arabisch-israelischer Konflikt K 506 T 509
Aragon, Louis 259
Arbeiterbewegung, USA 368
Arbeiter-Klub, Chartismus 232
Arbeits- und Sozialpolitik, Infrastrukturpolitik K 418
Arbeitsverhältnisse, indust. Rev. 218 219
Arcadius, Byz., Ks. 104
Archäologisches Grabungswesen 27
Architektur, arab. Welt 342 343
–, gotische 152
–, Historismus 225
–, Indien 333
–, indust. Zeit 224
–, koloniale 192
–, Renaissance 170
Argentinien, (seit 1945), Alphabetisierungsrate G 542
–, –, Atomenergie G 403
–, –, Automobilproduktion G 542
–, –, Bevölkerung T 390
–, –, Einkommensverteilung T 543
–, –, Ernährung T 543
–, –, ethn. Gruppen G 535
–, –, Falklandkrieg 556
–, –, Geburtenüberschuß G 389
–, –, Inlandsprodukt G 542
–, –, Kirche T 536
–, –, Landwirtschaft T 544
–, –, Lebenserwartung T 543
–, –, Lebenshaltungskosten T 543
–, –, Urbanisierung T 542
–, –, Wirtschaft T 540
Aristogeiton 73
Armillarsphäre, Genf 273
Armut 402
Arnegundis-Grab 125
Arp, Hans 259
Artaud, Antonin 259
Aschoka-Brahmi, indische Schrift 334
Asir, Saudi-Arabien 503
Assad, Hafis al- 499
Assurbanipal, Assyrien, Kg. 60
Assurnassirpal II., Kg., Assyrien 60
Assyrien/Assyrisches Reich, Schrift 57
Athen 68 76 77 78 80
–, Demokratie T 73
Athena-Tempel 78 80
Atombomben, erste 289
Atomenergie K 403
Atom-U-Boote 428
Atomwaffen, UdSSR G 422 K 429
–, USA 379 428 G 422 K 429
Attaliden, Dyn. T 88
Attalos, Pergamon, Kg., I. Soter T 88
–, –, –, II. T 88
–, –, –, III. Philadelphos T 88
Attigny, Totenbund v. 129
Aufklärung 166
Augustus, Rom, Ks. 98 104
Auschwitz-Birkenau (KZ) 299
Auschwitz-Monowitz 301
Ausschuß für unamerikanische Umtriebe 439
Australien, (seit 1945), Aborigines 376 T 532
–, –, Außenhandel T 532
–, –, Außenpolitik 531
–, –, Bevölkerung T 390
–, –, Einwanderung T 532
–, –, Entwicklungshilfe T 491
–, –, Geburtenüberschuß G 389
–, –, Wehrwesen 531
Auswanderung, nach USA 369
Auswanderungswillige G 432
Automobilfabrik 400
Automobilproduktion, Lateinamerika G 542
Averroës 142
Avignon, Papstresidenz 158
Ayub Khan, Mohammad 526
Azteken, Kunst 358

B

Baader, Johannes 258
Babylonisch, Schrift 57
Baden-Württemberg, Bevölkerung [T] 414
Bagdad, arab. Gipfelkfz. (1978) [T] 496
–, Kfz., (1981) [T] 496
Bahrain, Arab. Liga [T] 498
–, Außenhandel [T] 513
–, Bevölkerung [T] 500
–, Ölproduktion [T] 501
–, Öl- u. Gasreserven [G] 500
–, Sozialprodukt [T] 500
–, Streitkräfte [T] 500
Balkanstaaten, (seit 1945) [K] 465
–, –, Truppenstärke [T] 465
Ballivian Rojas, Hugo [T] 539
Balzac, Honoré de 226 251
Bandung, Kfz. (1955) 490
Bangla Desch, Atomenergie [G] 403
–, Bevölkerung [T] 497
–, Entwässerung 527
–, Religion [T] 497
Banzer Suárez, Hugo [T] 539
Barocci, Frederigo 183
Barock 181 181 182
Barrientos Ortuño, René [T] 539
Basilika, (Altertum), christl. 107 109
–, (MA) 148 170
Bassermann, Albert 227
Bastille-Sturm (1789) 229 249
Bauern, Rom 105
Bauerndemonstration 413
Bauernkrieg (1524–1525) 200
Baumann, Jan 240
Baumwollentkernmaschine 366
Bayern, (seit 1945), Bevölkerung [T] 414
Bayeux-Teppich 116
Beauvais, Kathedrale 152
Begin, Menachem 509
Behinderte ↗Körperbehinderte
Beirut, Bürgerkrieg 506
Belgien, (seit 1945), Atomenergie [G] 403
–, –, Entwicklungshilfe [T] 491
–, –, Geburtenüberschuß [G] 389
–, –, Sprachenstreit 462
Bellotto, Bernardo 205
Belvedere, Apollostatue 69
Ben Bella, Mohammed 499
Benghasi, Kfz., (1973) [T] 496
Ben Gurion, David 507
Bergbau, (NZ) 179
Bergner, Elisabeth 257
Berlin, Borsig-Werke 248
–, Brandenburger Tor, (1933) 294
–, Checkpoint Charlie 420
–, Eroberung (1945) 262
–, Machtergreifung (1933) 294
–, Mauerbau (1961) 420 479
–, Prinz-Heinrich-Palais 240
–, Reichstagsgebäude 246 262
–, Siebzehnter Juni, (1953) 423
–, Sportpalast 281
–, Truppenparade (1970) 369
–, Unter den Linden 480
Berlinguer, Enrico 457
Bern, Nationalrat 472
Bernhard, Niederlande, Pr.gemahl 462
Berufe, Bestandsverschiebungen [G] 408
–, Wandel 409
Besatzungszeit, Dtld. 438
–, Östr. 470
Besatzungs-Zonen, Dtld. [G] 446 [K] 446
–, Östr. [K] 446
Beschäftigungsstruktur, Entwicklung [G] 397
Besnard, Albert 223
Bestattungen, fränk. 124
–, röm. 105
Bethmann Hollweg, Theobald v. 246
Bevölkerung [T] 497
Bevölkerungsdichte, Erde [K] 391
Bevölkerung(sentwicklung), Afghanistan [T] 497
–, arab. Staaten [T] 500
–, Argentinien [T] 390
–, Australien/Ozeanien [T] 390
–, Bangla Desch [T] 497
–, Brasilien [T] 390
–, China, VR [T] 390
–, DDR [T] 390
–, Deutschland/BR [T] 390
–, Entwicklungsländer [G] 388 399
–, Erde [G] 388 390 414
–, Europa (1870) [K] 220
–, Gabun [T] 497
–, Gambia [T] 497
–, Großbritannien [T] 390
–, Guinea [T] 497
–, Guinea-Bissau [T] 497
–, Indien [T] 390
–, Indonesien [T] 497
–, Industrienationen [G] 388 399
–, Iran [T] 497
–, Kamerun [T] 497
–, Malaysia [T] 497
–, Mali [T] 497
–, Mexiko [T] 390
–, Niger [T] 497
–, Obervolta [T] 497
–, Pakistan [T] 390 497
–, Schweden [T] 390
–, Senegal [T] 497
–, Sierra Leone [T] 497
–, Tchad [T] 497
–, Türkei [T] 497
–, UdSSR [T] 390
–, Uganda [T] 497
–, USA [T] 390
–, VAR [T] 390
–, Venezuela [T] 390
–, s.a. Geburtenüberschuß
Bevölkerungsphasen [G] 389
Bevölkerungsverteilung [G] 414
Bevölkerungsweisen [G] 389
Bewässerung, China 47
Bibelhandschrift, jüd. 136
–, Prag 158
–, Schule v. Akkon 143
Bibelübersetzungen 199
–, Erasmus' v. Rotterdam 174
Bildungswesen, BR Dtld. [G] 452
–, Probleme u. Reformen 410 411
–, Rom 105
Bischofsstuhl, Ravenna 147
Bismarck, Otto v. 233 236 245
Blanche, T.E. 256
Blasebalg, MA 150
Blockfreie Staaten 488-489[B]
Boat-People 528
Boccaccio, Giovanni 142
Bodennutzung, Europa [K] 434
Bodennutzung, Europa s.a. Landwirtschaft
Bodenschätze, Europa [K] 435
–, Lateinamerika [K] 546
–, UdSSR [K] 476
Böll, Heinrich 453
Börse, Paris 224
Börsenkrach (1929) 277
Böttchergewerbe 163
Bohrturm 501
Boileau, Nicolas [T] 186
Bolivar, Simón 374
Bolivien, (1825–1945), Staatsstreiche [T] 539
–, (seit 1945), Alphabetisierungsrate [G] 542
–, –, Einkommensverteilung [T] 543
–, –, Ernährung [T] 543
–, –, innere Unruhen 552
–, –, Landwirtschaft [T] 544
–, –, Lebenserwartung [T] 543
–, –, Staatsstreiche [T] 539
–, –, Urbanisierung [T] 542
–, –, Wirtschaft [T] 540
–, –, Zinnhandel [G] 545
Bombay 192
–, Einwohner [T] 414
Bonampak, Tempel 360
Bonifatius, Ap. d. Dt. 121
Book of Kells 122
Borge, Tomas 549
Borsig-Werke, Berlin-Tegel 248
Bossuet, Jacques-Bénigne [T] 186
Botticelli, Sandro 171
Boumedienne, Houari 499
Bourgeois, Léon 263
Bourguiba, Habib 515
Boxeraufstand 324
Brahmi, indische Schrift 334
Brakteat ↗Hohlpfennig
Bramante [G] 169 170
Brandenburg, -Preußen, territ. Entw. [K] 202
Brandt, Willy 423 448
Brasilia 554
Brasilien, (seit 1945) [K] 534 554
–, –, Alphabetisierungsrate [G] 542
–, –, Atomenergie [G] 403
–, –, Automobilproduktion [G] 542
–, –, Automobilwerk 540
–, –, Bevölkerung [T] 390
–, –, Einkommensverteilung [T] 543
–, –, Ernährung [T] 543
–, –, ethn. Gruppen [G] 535
–, –, Inlandsprodukt [G] 542
–, –, Innenpolitik 556
–, –, Landwirtschaft [T] 544
–, –, Lebenserwartung [T] 543
–, –, Lebenshaltungskosten [T] 543
–, –, Religionen [T] 537
–, –, Urbanisierung [T] 542
–, –, Wirtschaft [T] 540
Bratteli, Trygve Martin 463
Braun, Karl Ferdinand 221
Braunsche Röhre 221
Brecht, Bertolt 257
Brentano, Clemens [T] 241
Breschnew, Leonid 448
Breton, André 259
Briand, Aristide 270
Bronzekunst, China 315
Bronzewaffen, China 313
Bronzezeit, Waffen 37
Brosamer, Hans 199
Brüssel, Stadtentwicklung [G] 414
Brunelleschi, Filippo 170
Bruttoinlandsprodukt ↗Inlandsprodukt
Brutus 92
Buchdruck [T] 212
–, China 319
Buchmalerei 154
–, s.a. Literatur

Buddhadarstellungen 314 316 317 330 332
Buddhismus 332
Bücherverbrennung 297
Bündnisfreie Staaten ↗Blockfreie Staaten
Bündnissystem, (NZ) K 237
Buenos Aires, Einwohner T 414
Bulgarien, (seit 1945), Atomenergie G 403
–, –, Bevölkerung T 414
–, –, Truppenstärke T 465
Bunawerke 301
Bundeswehr, Verwaltung G 452
Burgtheater, Wien 225
Burke, Edmund T 363
Busch, German T 539
Byron, George G.N. 223
Byzantinisches Reich, Kunst 146 147

C

Caboto, Giovanni K 189
Cabral, Pedro Alvares K 189
Caetano, Marcelo 459
Câmara, Hélder, Eb. 536
Cambridge (Mass.) 193
Campin, Robert 155
Canaletto s.a. Bellotto, Bernardo
Canterbury Tales 143
Capitalis ↗Schriftarten
Capitolinische Wölfin 91
Caracalla, Rom, Ks. 98
Caravaggio, Michelangelo da 183
CARE-Hilfsgüter 436
Cartier, Jacques 363
–, Entdeckungsfahrten K 189
Carvalho, Otelo Saraïva de 459
Casablanca, Kfz., (1943) 305
–, –, (1984) T 496
Casaroli, Agostino, Kard. 458
Castel St. Angelo ↗Engelsburg
Catechismus Romanus 180
CEAO (Westafrikanische Wirtschaftsgemeinschaft) K 404
Ceaușescu, Nicolae 465
CENTO, (Central Treaty Organization) K 421
Cervantes Saavedra, Miguel de 175
Chamberlain, Joseph 270
–, Neville 270 304
Chamisso, Adelbert v. T 241
Chartisten 232
Chartres, Kathedrale 131 153
Chateaubriand, François René de 223
Chaucer, Geoffrey 143
Chemie, (NZ) 179
Cheopspyramide 50 51
Chephren, Ägypten, Kg. 51
Chiang Kai-Shek 328
Chicago, Einwohner T 414
Chichen Itza, Observatorium 359
–, Tausendsäulenkomplex 355
Chile, (seit 1945), Alphabetisierungsrate G 542
–, –, Automobilproduktion G 542
–, –, Bevölkerung T 414
–, –, Einkommensverteilung T 543
–, –, Ernährung T 543
–, –, ethn. Gruppen G 535
–, –, Geburtenüberschuß G 389
–, –, Inlandsprodukt G 542 T 396
–, –, Innenpolitik 556
–, –, Kupferhandel G 545
–, –, Landwirtschaft T 544
–, –, Lebenserwartung T 543
–, –, Lebenshaltungskosten T 543
–, –, Militärputsch, (1973) 555
–, –, Urbanisierung T 542
–, –, Wirtschaft T 540
Chimäre, China 314 316 317
China, Geschichte im Überblick K 322
–, Kaiserreich, Bronzekunst 315
–, –, Handel u. Verkehr 315
–, –, Heerwesen 312
–, –, Münzen 315
–, –, Nationalismus 325
–, –, Shang-Zeit 313
–, Kaiserzeit, ausl. Einflußgebiete K 326
–, –, Besitzverhältnisse G 484
–, –, Boxeraufstand 324
–, –, dörfl. Verhältnisse 484
–, –, europ. Chinabild 323
–, –, Grenzbefestigungen 321
–, –, Kunst 314 316 317
–, –, Opiumkriege 326 327
–, –, Schrift 318
–, –, T'aip'ing-Aufstand (1850–1864) 324
–, –, Wirtschaft 320
–, Republik 328
–, –, jap. Herrschaftsgebiet K 328
–, VR, Bevölkerung T 390
–, –, Dorfstruktur T 485
–, –, Großer Sprung 483
–, –, Kulturrevolution 487
–, –, Landwirtschaft T 486
–, –, Sozialprodukt G 483
–, –, Wirtschaft G 483
Chinesische Mauer 47 321 K 321
Ch'in Shih Huang-ti, Ch'i-Reich, Kg. 312
Chios 231
Chirac, Jacques 455
Chirico, Giorgio de 259
Chodowiecki, Daniel 175 207
Chou En-lai 483
Chrestien de Troyes 139
Christentum, (Antike) 109
Christianisierung, Europa K 119
–, Welt K 191
Christogramm 109
Christusbildnis, Spätantike 107
–, 6. Jh. 129
–, 9. Jh. 128
–, (MA) 147
–, (NZ) 172 173
Chuguji-Tempel, Japan 329
Churchill, Winston 305 373 T 369
Chu Teh 483
Clemenceau, Georges 274 305
Coatlicue, Erdgöttin 358
Code civil, (Code Napoléon) 250
Codex Hammurabi 59
Cohn-Bendit, Daniel 454
Coleridge, Samuel Taylor 223
Colosseum 94
Columbus, Christoph ↗Kolumbus, Christoph
Compiègne, Waffenstillstand, (1940) 278
Computertechnik 400 409
computerunterstütztes Lernen 411
Comte, Auguste 224
Concept Art 382
Corduan-Leuchtturm 178
Corinth, Lovis 228
Corliss, George Henry 366
Corneille, Pierre 186
Corvey, Abteikirche 128
Costa Rica, (seit 1945), Landwirtschaft T 544
–, –, Urbanisierung T 542
–, –, Wirtschaft T 540
Cranach, Lucas d. . 174 198 199
Craxi, Bettino 458
Creglinger Altar 153
Creusot-Loire 455
Crevel, René 259
Crystal Palace ↗Kristallpalast
Cunhal, Alvaro 459
Curia, Spätantike 94
Curia Julia, Rom 92

D

Dachau, Mahnmal 302 303
Dada ↗Der Dada
Dadaismus 261 T 259
Dänemark, (seit 1945), Entwicklungshilfe T 491
Dakka, Kfz., (1983) T 496
Daladier, Édouard 270
Daman 192
Dampfhammer 217
Dampfmaschinen 177 216 217 366
Dampfomnibus 217
Dampfschiffe 217
Danzig, Aufstand, (1970) 481
David, Israel, Kg. 127
DDR (Deutsche Demokratische Republik) K 447
–, Atomenergie G 403
–, Bevölkerung T 390
–, Eigentumsformen T 480
–, Flüchtlinge G 479
–, Geburtenüberschuß G 389
–, Industrie T 480
–, Rundfunk u. Fernsehen K 406
–, Sozialprodukt T 480
Dekolonisierung K 491 492
Delacroix, Eugène 213 231
Delphi, Apollotempel 70 71
Demetrios, Heiliger 148
Demetrios, Makedonien, Kg., I. Poliorketes T 88
–, –, –, II. T 88
Demetrios-Kathedrale S 170
Demonstrationen 412 413
–, s.a. Friedensdemonstration
Denar, Karls d. Gr. 135
Depotfunde, (Neolithikum) 36
Der Dada, Zeitschrift 258
De re metallica, (Bergbauliteratur) 179
Desnos, Robert 259
Dessau, Paul 257
Deutsch, Ernst 257
Deutsches Reich, (1870/1871–1914) K 243
–, (1914–1918), Kriegsende 272
–, (1919–1933) K 243
–, (1933–1945), Bücherverbrennung 297
–, –, Propaganda 293

–, –, Rassenideologie 299
Deutschland, (Spät-MA) K 159
–, (1815–1870), Frankfurter Nationalversammlung 232
–, BR K 447
–, –, Alterspyramide G 502
–, –, Atomenergie G 403
–, –, Außenhandel T 517
–, –, Bevölkerung T 390
–, –, Energieverbrauch G 403
–, –, Entwicklungshilfe G 541 T 491
–, –, Gastarbeiter T 451
–, –, Geburtenüberschuß G 389
–, –, Inlandsprodukt T 396
–, –, Landwirtschaft G 396
–, –, Lebensstandard T 502
–, –, Literatur 453
–, –, Öffentliche Verwaltung G 452
–, –, Rundfunk u. Fernsehen K 406
–, –, Sozialprodukt G 396
–, –, Stiftungen T 401
–, –, Wahlkampf 430
–, –, Wehrbudget G 440
–, –, Wirtschaftsentwicklung T 451
Deutz, röm. Kastell 103
Diadochenreiche K 89
Diaz, Bartolomeu K 189
Dickens, Charles 226
Dido 100
Die Aktion, Zeitschrift 258
Die Fackel, Zeitschrift 258
Dijon, Stadtentwicklung G 414
Dionysos-Theater 78
Dioskurides aus Samos 100
Dissidentenbewegung, UdSSR 478
Djoser, Ägypten, Kg., Pyramide 50
Dnjeprostroi, Kraftwerk 306
Dnjeprstaudamm 306 307
Dönhoff, Marion, Gfn. 453
Dollmann, Georg v. 225
Dominikanische Republik (seit 1945), Alphabetisierungsrate T 550
–, –, Beschäftigungsstruktur T 550
–, –, Ernährung T 543
–, –, Landwirtschaft T 544
–, –, Lebenserwartung T 543
–, –, Sozialprodukt T 550
–, –, Urbanisierung T 542
–, –, Wirtschaft T 540
Donatello 169
Don Quijote 184
Doré, Gustave 226
Dorf, China 485 T 485
Dostojewski, Fjodor M. 226 259
Drake, Francis, Entdeckungsfahrten K 189
Dramatik 257
–, Realismus 227
Drechselbank 179
Dreibund (1882), Deutsches Reich-Italien-Österreich-Ungarn K 237
Dreikönigsschrein 118
Dresden, Beschießung (1760) 205
–, Bombardierung 289
–, Zerstörung (1945) 281
Dschemdet-Nasr-Zeit, Schrift 57
Dschibuti (Djibuti), Arab. Liga T 498
Dschidda, Kfz., (1970) T 496
–, –, (1972) T 496
–, –, (1975) T 496
Duarte, José Napoléon 549
Duchamp, Marcel 261
Dürer, Albrecht 169 173
Dukaten 135
Dulles, John Foster 470
Duvalier, Jean Claude 550

E

East India Company T 193
Ebert, Friedrich 291
Eckhart, Meister 142
Ecuador, Einkommensverteilung T 543
–, Ernährung T 543
–, Landwirtschaft T 544
–, Lebenserwartung T 543
–, Lebenshaltungskosten T 543
–, Urbanisierung T 542
–, Wirtschaft T 540
Edelinck, Gerard 186
Edikt, v. Nantes (1598) 201
Edison, Thomas Alva 221
EFTA (European Free Trade Association, Europäische Freihandelszone) (1956) K 404
EG (Europäische Gemeinschaft) K 404
–, Konf. (1983) 437
–, Vertragsunterzeichnung (1957) 436
Eichendorff, Joseph v. T 241
Eichens, Eduard 241
Einkommensverteilung, Lateinamerika T 543
Eisenbahnbau, USA 367
Eisenbahnen 217
Eisenbahnnetz, Europa K 220
Eisenhower, Dwight D. 443
Eitoku 330
El-Azhar-Universität 496
El-Bourdeini, Moschee 342
El Dragòn, Kultstätte 361
Elektra, Theaterstück 83
Elektrische Geräte 221
Elektronenröhre 221
Elektronische Datenverarbeitung 400 409
Elektronische Steuerung 400 409
Elektrotechnik 221
Elfenbeinküste, Bevölkerung T 414
El Salvador, Alphabetisierungsrate T 550
–, Außenpolitik 549
–, Beschäftigungsstruktur T 550
–, Einkommensverteilung T 543
–, Ernährung T 543
–, ethn. Gruppen G 535
–, Guerillakrieg 549
–, Landwirtschaft T 544
–, Lebenserwartung T 543
–, Lebenshaltungskosten T 543
–, Sozialprodukt T 550
–, Urbanisierung T 542
–, Wirtschaft T 540
Éluard, Gala 259
Éluard, Paul 259
Emanzipation s.a. Frauenbewegung
Energiekrise G 403 K 403
–, USA 445
–, s.a. Öl-Embargo
Engel, Erich 257
Engelsburg, Rom 106
Engels, Friedrich 218
England, (MA) 116
Enigma, Funkschlüsselmaschine 282 283
Entdeckungsfahrten K 189
Entwicklungshilfe T 491
–, BR Dtld. G 541
–, USA-Lateinamerika G 541
Entwicklungsländer K 491
–, Bevölkerung 388 G 390 399 491
–, Sozialprodukt G 399
Erdbild, Herodot K 86
Erde G 18 19 20
–, Satellitenbild 17
Erdgas, Reserven G 500
Erechtheion 78
Erfindungen 177
–, USA T 366
–, s.a. Technik
Erik d. Rote, Entdeckungsfahrten K 189
Ernährung, Lateinamerika T 543
Ernst, Max 259
Erntearbeiten, MA 137
Etrusker, Kunst 66
Eucharistischer Weltkgr. (1968) 536
Eumenes, Pergamon, Kg., I. T 88
–, –, –, II. T 88
Euphrat-Staudamm 511
Euripides, Tragödiendichter T 83
Europa, (MA) K 151
–, (NZ), Absolutismus K 196
–, –, Chinabild 323
–, –, orient. Einflüsse 347
–, –, Reformationszeit K 194
–, (1878–1914) K 264
–, (19. Jh.) K 230
–, (1919–1937) K 264
–, (seit 1945) K 433
–, –, Bodennutzung K 434
–, –, Bodenschätze K 435
–, –, Eurovision K 406
–, –, Industriegebiete K 435
–, –, westeuropäische Einigung 431
Eurovision K 406
Evangeliar v. Lorsch 129
Expressionismus 261

F

Fackel ↗Die Fackel
Fahd, Saudi-Arabien, Kg. 513
Falklandkonflikt (1982) 556
Familienplanung ↗Geburtenkontrolle
Faraday, Michael 221
Faschismus, Italien 308
Fastnachtsspiele 199
Faulkner, William 256
Feddersen Wierde 112
Fedorow, Iwan 212
Fernsehen ↗Nachrichtenwesen
Fernsehtechnik 221
Fès, Kfz., (1979) T 496
Festlandgebiete, Eiszeit K 34
Feuermaschine ↗Dampfmaschine
Fichte, Johann Gottlieb T 241
Fielding, Henry 184
Figl, Leopold 470
Finnland, (seit 1945), Atomenergie G 403

–, –, Bevölkerung T 414
Fischereikonflikt, GB-Island 463
Flaggen, Staaten u. int. Org. G 386 387
Fließbandproduktion 367
Floren (Münze) 135
Florenz, Dom 170
–, Uffizien 172
Flossenbürg, KZ 298
Flüchtlinge, Vietnam 528
Flugzeuge, milit. 426 428
Flugzeugträger, UdSSR 424
–, USA 426 T 426
Flugzeugtypen G 407
Folz, Hans 199
Ford-Automobilfabrik 367
Ford, Gerald 468
Forest, Lee de 221
Foro Mussolini, Rom 308
Forum Romanum 92 94 96
Fossilien 22 23
Fraenkel 259
Franco, Francisco 460
Frankenreich, (bis 714), Kultur 124
–, (ab 714), Kunst 126 127 128 129 130
Frankfurt, Verkehrsplanung 416
Frankfurter Nationalversammlung, (1848/49) 232
Frankreich, (1789-1945) 290
–, (seit 1945), Atomenergie G 403
–, –, Entwicklungshilfe T 491
–, –, Geburtenüberschuß G 389
–, –, Inlandsprodukt T 396
–, –, Innenpolitik 455
–, –, Studentenbewegung 454
–, –, Wehrbudget G 440
–, –, Wirtschaft 455
Französische Revolution (1789–1799) 213 229 249 250
Frauenbewegung, Deutschland 247
Freiburg i.Br. 450
–, Münster 152
–, Stadtplanung K 418
Freiheit, (Allegorie) 213 351
Freitagsmoschee, Isfahan 342
Friedensbewegung, BR Dtld. 451
Friedensforschung T 425
Friedensmarsch, Span. Sahara, (1976) 514
Friedenspreis des Dt. Buchhandels 453
Friedrich, Kg.e/Ks., I. Barbarossa 132 134
–, Preußen, Kg., Wilhelm I. 203
–, –, –, II. d. Gr. 203 204
–, Schwaben, Hz., V. 132
Friedrich, Caspar David 222
Frühgeschichtliche Räume K 45
Frühsozialismus 232
Führerprinzip G 295
Futurismus 261

G

Gabon, (Gabun), Bevölkerung T 497
–, –, Religion T 497
Gaddafi, Omar Moamer al- 515
Galle, Philipp 175
Gama, Vasco da, Entdeckungsfahrten K 189
Gambia, Bevölkerung T 497
–, Religion T 497
Gandhi, Indira 524 525
–, Mahatma 304
Garcia Lorca, Federico T 259
Garcia Meza Tejada, Luis T 539
Gastarbeiter, Schweiz 472
–, soz. Isolierung 413
Gaulle, Charles de 305 413 448 454
Geburtenkontrolle, Indien 388
Geburtenüberschuß, ausgew. Länder G 389
Gemma Augustea 112
Generator 221
Genf, Stadtentwicklung G 414
–, Völkerbundpalast 425
Genscher, Hans-Dietrich 481
Genußmittelpflanzen, Erde K 393
geologische Uhr G 22
Geometrische Kunst 81
Georg, Großbritannien, Kg., VI. 304
Germanen, Götterfiguren 113
Germanien, Freies, Funde und Darstellungen 112
–, –, Handel K 114
Geschichtsschreibung, griech. T 86
Gide, André 256
Gierek, Edward 481
Giotto di Bondone 154
Giovanni da Bologna 172
Giraud, Henri-Honoré 305
Giraudoux, Jean 83 257
Giseh (Gise) 50 51
Gladbach, fränk. Dorf 124
Glashütte 207
Glasmalerei 154
Globe-Theater 185
Glühlampe 221
Goa 193
Goebbels, Joseph 281
Göring, Hermann 270
Görlich, Anton 225
Göteborg, Stadtentwicklung G 414
Golanhöhen 339
Goldener Pavillon, Kyoto 330
Goldgräberstadt, USA 234
Gold-rush, USA 234
González, Felipe 461
Gotik 152 153 154 155
Gotthelf, Jeremias 226
Graff, Anton 203
Granada, Alhambra 143 343
Grass, Günter 453
Great Eastern, Dampfschiff 217
Gregor, Pp., VIII. 168
Gregorianischer Kalender T 168
Griechenland, (klassische Zeit) K 75
–, –, Geschichtsschreibung K 86
–, –, Kunst 80 82
–, (seit 1945), Truppenstärke T 465
Griechisch-Türkischer Krieg, (1821–1829) 231
Grimm, Gebr. 241
Großbritannien, (seit 1945), Atomenergie G 403
–, –, Bevölkerung T 390
–, –, Entwicklungshilfe T 491
–, –, Erdölförderung T 456
–, –, Falklandkonflikt 556
–, –, Geburtenüberschuß G 389
–, –, Streiks u. Aussperrungen 456 T 456
–, –, Wehrbudget G 440
Großer Sprung 483
Großreiche, Äg. K 52
–, Alter Orient K 63
Grünewald, Matthias 173
Gruppe der Siebenundsiebzig, Erklärung, (1971) T 545
Gryphius, Andreas 181
Guardia Civil, Span. 460
Guatemala, (seit 1945), Alphabetisierungsrate T 550
–, –, Beschäftigungsstruktur T 550
–, –, Ernährung T 543
–, –, ethn. Gruppen G 535
–, –, Inlandsprodukt T 396
–, –, Landwirtschaft T 544
–, –, Lebenserwartung T 543
–, –, Sozialprodukt T 550
–, –, Urbanisierung T 542
–, –, Wirtschaft T 540
Gudea, Lagasch, Kg. 58
Guderian, Heinz 282
Guerilla-Organisationen, (Südamerika) 538
Guernica 254
Guevara, Ernesto ‚Che' T 538
Guinea, Bevölkerung T 497
–, Religion T 497
Guinea-Bissau, Bevölkerung T 497
–, Religion T 497
Gula 59
Gupta-Brahmi, indische Schrift 334
Gur Emir, Mausoleum 343
Gutierrez, Thomas Monje T 539
Gymnasion 79

H

Haager Internationaler Gerichtshof 263
Hadrian-Bibliothek 99
Hadrianus, Rom, Ks. 104
Hagia Sophia 146
Hagii Anargyri, Kirche 148
Haiti, Alphabetisierungsrate T 550
–, Beschäftigungsstruktur T 550
–, Entdeckungsgeschichte 188
–, ethn. Gruppen G 535
–, Landwirtschaft T 544
–, Sozialprodukt T 550
–, Urbanisierung T 542
–, Wirtschaft T 540
Hallstatt-Kultur K 41
Hallstein, Walter 436
Hambacher Fest (1832) 242
Hamburg, Hafen 248 276
–, Stadtentwicklung G 414
Hammerwerk, (MA) 177
Handel, Australien T 532
–, Bahrein T 513
–, BR Dtld. T 517
–, Entwicklungsländer G 399
–, Industrienationen G 399
–, Irak T 513
–, Iran T 517
–, Jemen, Arab. Rep. T 513
–, Jordanien T 513
–, Katar T 513
–, Kuwait T 513
–, Ozeanien T 532
–, Saudi-Arabien T 513
–, Syrien T 513
–, VAE T 513
Handelssprachen, Erde K 405
Handelswege, (MA) K 151
Hanse 162

Hansekontore 163
Hardenberg, Karl August v. 239
Hardenberg, Friedrich v. 241
Harmodios 73
Hartmann v. Aue 139
Harvard University 193
Hatschepsut, Ägypten, Kgn., Grabtempel 50
Hauff, Wilhelm T 241
Hauptmann, Gerhart 83 227
Hausbesetzung 413
Hausmann, Raoul 258
Haymarket-Aufruhr (1886) 368
Heerwesen, (seit 1945), nach Ländern T 422
–, Rom, (Prinzipat) 103
Hegel, Georg Wilhelm Friedrich 224
Heilige Kühe, Indien 525
Heilige Liga, (1571) 201
Heinrich, Kg./Ks., VI. 132
–, –, Raspe 161
Helfferich, Karl 246
Hellenismus, Kunst 90
Hellenistische Herrscher 88
Helsinki, Stadtentwicklung G 414
Henderson, Nevile 270
Hermes, griech. Gott 82
Herodot K 86
Herrscherdarstellungen, MA 132
Herterich, Ludwig. v. 142
Hessische Stiftung für Friedens- und Konfliktforschung T 425
Heuss, Theodor 449
Hieroglyphenschrift 55
Hildebrand, Adolf v. 225
Himmelstempel, Peking 317
Hindenburg, Paul v. 291 294
Hinduismus 333
Hippodamos v. Milet 90
Hirohito, Japan, Ks. (Tenno) 468
Hiroshima 289
Hispaniola, Entdeckung 188
Historismus 225
Hitler, Adolf 268 270 291 293 294 296 305
Hobbes, Thomas 187
Hochkommissare, Alliierte 438
Hochkulturen, (Antike) K 41
Hochofen 208
Höhlenmalerei 31 33
Hoffmann, Ernst Theodor Wilhelm (Amadeus) 241
Hofmannsthal, Hugo v. 83
Hohenlohe, v., B. 149
Hohlpfennig, Mgf. Albrechts d. Bären 135
Hokusai, Katsushika 331
Holbein, Hans d.J. 173
Holtzendorff, Henning v. 247
Honduras, Alphabetisierungsrate T 550
–, Beschäftigungsstruktur T 550
–, ethn. Gruppen G 535
–, Landwirtschaft T 544
–, Sozialprodukt T 550
–, Urbanisierung T 542
–, Wirtschaft T 540
Honecker, Erich 480
Hooge 266
Hopi-Indianer 352
Hopliten 74
Horatius Flaccus, Q. (Horaz) 100
Horus 51
Hsü, Paul 323
Huai-su 318
Hubschrauber, milit. 426
Hugo, Victor 223
Hui-tsung 318
Humanismus, Dtld. T 176
–, Wissenschaft 174
Humboldt, Wilhelm v. 240
Hungergürtel K 491
Hussein, Jordanien, Kg. 511
Hutten, Ulrich v. 199

I

Ibsen, Henrik 227
Idealismus 224
Idolito 358
IG Farben 301
Ikonen 147
Iktinos 80
Imperialismus 235
–, USA K 370
Impressionismus 228
Indianer, Kunst 354
–, Lebensgewohnheiten 352 353
Indien, (bis ca. 1100), Geschichte im Überblick K 335
–, –, Schrift 334
–, (12.–19. Jh.), Geschichte im Überblick K 335
–, (seit 1945), Atomenergie G 403
–, –, Bevölkerung T 390
–, –, Inlandsprodukt T 396
–, –, Konsumgüter T 524
–, –, Lebensstandard 523 T 502
–, –, pol. Gliederung K 524
–, –, pro-Kopf-Einkommen T 524
–, –, Religionskonflikte 525
Indios 533 535
Indonesien, (seit 1945), Bevölkerung T 497
–, –, Inlandsprodukt T 396
–, –, Religion T 497
Indus-Kultur, Kunst 62
Industrialisierung, Deutschland 214 248
–, Lateinamerika G 542
–, soz. Verhältnisse 218 219
–, techn. Entw. 218 219
Industrie, Automatisierung 396
–, DDR T 480
–, Europa K 435
–, UdSSR K 477 T 475
Industriegürtel, Erde K 394 395
Industrienationen, Bevölkerung G 388 390 399
–, Sozialprodukt G 399
Industriepflanzen, Erde K 393
Infrastrukturpolitik K 418
–, s.a. Stadtplanung
Inka, Architektur 359
Inlandsprodukt, ausgew. Länder T 396
–, Lateinamerika G 542
Inro 331
Intervision K 406
Irak, (seit 1945), Arab. Liga T 498
–, –, Außenhandel T 513
–, –, Bevölkerung T 500
–, –, Ölproduktion T 501
–, –, Öl- u. Gasreserven G 500
–, –, Sozialprodukt T 500
–, –, Streitkräfte 493 T 513
–, –, Verteidigungsausgaben T 499
Irakisch-iranischer Krieg (seit 1980) 513
Iran, (seit 1945), Atomenergie G 403
–, –, Außenhandel T 517
–, –, Bevölkerung T 497
–, –, Ölproduktion T 517
–, –, Religion T 497
Isabey, Eugène 231
Ischtar 61
Ischtartor 61
Isfahan, Freitagsmoschee 342
Isiskult 54 108
Islam, Ausbreitung K 337
–, Glaubenspflichten 344
–, Kunst 342 343
Islamabad, Kfz., (1980) T 496
Islamisch-arabische Welt K 494 495
–, (bis 1945), Geschichte im Überblick K 340 341 T 338 339
–, –, Kunst 342 343
–, Lebensbedingungen 503
–, (seit 1945), Alterspyramide G 502
–, –, Frauenanteil i. Bildungswesen G 502
–, –, Geschichte im Überblick T 339
–, –, Minderheiten K 504
Islamische Außenministerkonferenzen, 1. (1970)–14. (1983) T 496
Islamische Gipfelkonferenzen, 1. (1969)–4. (1984) T 496
Islamische Konferenz (1971), Mitgliedsstaaten T 497
Islamische Revolution, Iran 517
Islamische Staaten K 497
Israel, (seit 1945) K 510
–, –, Bevölkerung T 507
–, –, Einwanderung T 507
–, –, Geburtenüberschuß G 389
–, –, Streitkräfte T 499
–, –, territ. Entwicklung K 509
Istanbul, Kfz., (1976) T 496
–, Moschee 343
Italien, (Altertum), pol. Org. K 93
–, (NZ bis 1914), territ. Entw. K 210
–, (1914–1945) 308
–, (seit 1945) Atomenergie G 403
–, –, Außenpolitik K 308
–, –, Entwicklungshilfe T 491
–, –, Faschismus 308
–, –, Geburtenüberschuß G 389
–, –, Kirche 458
Iulius Caesar, C. 104
Ivain 139
Iwan Alexander, Bulgarien, Zar 148

J

Jagow, Gottlieb v. 246
Jaguardarstellung, Azteken 360
Jakobiten T 345
Jalta, Kfz. (1945) 373
Jamestown 365
Japan, (bis 1912) 235
–, –, Kunst 329 330 331
–, (1912–1945), Besitzungen in China K 328
–, (seit 1945), Atomenergie G 403
–, –, Entwicklungshilfe T 491
–, –, Inlandsprodukt T 396

–, –, innere Konflikte 468
–, –, Wirtschaft T 468
Jaruzelski, Wojciech 482 515
Jean Baptiste 186
Jemen, Arabische Rep., Arab. Liga T 498
–, –, Außenhandel T 513
–, –, Bevölkerung T 500
–, –, Sozialprodukt T 500
–, –, Streitkräfte T 513
–, –, Verteidigungsausgaben T 499
–, Demokratische Volksrepublik/Süd-Jemen, Arab. Liga T 499
–, –, Bevölkerung T 500
–, –, Sozialprodukt T 500
–, –, Streitkräfte T 513
–, –, Verteidigungsausgaben T 499
Jericho 64
Jerusalem, Felsendom 342
Jochgeschirr 150
Jodl, Alfred T 289
Johannes, d. Täufer 135
Johannes, Pp., XXIII. (1958–1963) 457
–, –, Paul, II. 458 525
Johannesminne, Holzplastik 153
Johns, Jasper 383
Jongleur, MA 140
Jordanien, (seit 1945), Arab. Liga T 498
–, –, Außenhandel T 513
–, –, Bevölkerung T 500
–, –, Sozialprodukt T 500
–, –, Streitkräfte T 499 513
–, –, Verteidigungsausgaben T 499
Joyce, James 256
Juan Carlos, Spanien, Kg. 460
Judenfriedhof, MA 136
Judenstempel 301
Judenstern 299
Judenverfolgung, (NZ) 300 301
Jugoslawien, (seit 1945), Atomenergie G 403
–, –, Truppenstärke T 465
Juliana, Niederlande, Kgn. 462
Junius-Bassus-Sarkophag 107
Jupiter, Planet G 18 19
Jupiter Anxur, Tempel 99
Jura, Schweizer Kanton 472 K 472
Justinian (Iustinian), Byz., Ks., I. 110
Justus van Gent 175

K

Kaaba 336 512
Kaffee-Verbrauch, (Preußen) 206
Kafka, Franz 259
Kairo, Moschee 342
Kaiserkrone, dt. 127
Kaiserpalast, Kyoto 329
–, Peking 314 316 317
Kaiserthron Karls d. Gr. 127
Kaisertum, Byz. T 104
–, Rom T 104
Kalkutta, Einwohner T 414
–, Slums 523
Kallikrates 80
Kalter Krieg 420
Kamerun, (seit 1945), Bevölkerung T 497
–, –, Religion T 497
Kanada, (seit 1945), Atomenergie G 403
–, –, Entwicklungshilfe T 491
Kandinsky, Wassily 260
Kanton, China 327
Kapitalfluß, USA-BR Dtld. G 432
Kapitolinische Wölfin 91
Kapovaja-Höhle 31
Kap Sunion, Poseidontempel 84
Karamanlis, Konstantin 464
Karatschi, Kfz., (1970) T 496
Karl, Ks., I. d. Gr. 126 135
–, –, IV. 160
Kaschmir, -Konflikt 526
Kassem, Abdel-Karim 511
Kastell, röm. 103
Kastell Lucera, Italien 145
Katar, Arab. Liga T 498
–, Außenhandel T 513
–, Bevölkerung T 500
–, Ölproduktion T 501
–, Öl- u. Gasreserven G 500
–, Sozialprodukt T 500
–, Streitkräfte T 513
Katechismus 180
–, s.a. Catechismus Romanus
Kathodenstrahlröhre ↗Braunsche Röhre
Katholische Kirche, Italien 458
Kazikenfiguren 360
Keilschrift 55
Keitel, Wilhelm 289
Kelten, Kunst 39
Kennedy, John F. 432
–, Robert F. 442
Kernenergie ↗Atomenergie
Kernwaffen 379
Ketteler, Wilhelm Emanuel v. 219
Kharoschti-Schrift, Indien 334
Khomeini, Ayatollah Ruhollah al- 517
Kilian, Philipp 181
Kinderarbeit, USA 368
Kirche, (seit 1945), Argentinien T 536
–, –, Lateinamerika 536
–, –, Schweiz K 310
–, christliche G 345
–, Ostkirche 345
Kirchenbauten, Gotik 152
–, Osteuropa 148
Kladderadatsch 236
Klapheck, Konrad 383
Kleopatra, Ägypten, Kgn., VII. T 88
KL (fr. Abk. für) ↗KZ (Konzentrationslager)
Knights of Labor ↗Noble Order of the Knights of Labor
Knochenorakel, China 313
Köln, Dom 152
Königsfelden, Klosterkirche 154
Körperbehinderte 419
Kohl, Helmut 437 451 513
Kohlenzeche 400
Kolbenpumpe 178
Kollektivierung, China, VR T 486
Kolonialreiche, Lateinamerika K 374
Kolonien 192 193
–, dt. 235
–, griechische K 41
–, karthagische K 41
–, phönikische K 41
Kolumbien, (seit 1945), Alphabetisierungsrate G 542
–, –, Automobilproduktion G 542
–, –, Einkommensverteilung T 543
–, –, Ernährung T 543
–, –, ethn. Gruppen G 535
–, –, Inlandsprodukt G 542
–, –, Landwirtschaft T 544
–, –, Lebenserwartung T 543
–, –, Lebenshaltungskosten T 543
–, –, Urbanisierung T 542
–, –, Wirtschaft T 540
Kolumbus, Christoph, Entdeckungsfahrten 188 K 189
Kommunikationsarten ↗Nachrichtenwesen
Kommunismus, Japan 468
Kommunistisches Manifest (1848) 218
Kommunistische Welt, (seit 1945), Intervision K 406
Kondo, Kulthalle, Japan 329
Konfliktforschung ↗Friedensforschung
Konkordat, Dt. Reich, (1933) 296
Konstantin, Rom, Ks., I. d. Gr. 104 107
Konstantinopel, Hagia Sophia 146
Konstantinsbogen 107
Konstanz, Urkunde z. Reichsfreiheit 133
Kopenhagen, Stadtentwicklung G 414
Kopten T 345
Koran 345
Kore 82
Korea, (seit 1945), Atomenergie G 403
Korin, Ogata 331
Kosuth, Joseph 382
KPdSU (Kommunistische Partei der Sowjetunion), (seit 1945) 474
Kraftwagen, arabische Welt 503
Krakauer Zunftbuch 163
Kraus, Karl 258
Kreisky, Bruno 471
Kreml 212
Kriegführung, Welt (1898–1968) G 422
Kriegserlebnis 254 281
Kriegsflotte, NATO G 441
–, UdSSR G 441
–, USA G 441
Kriegsschiffe 441
–, klass. Griechld. G 74
Kriegstechnik, MA 150
Kriegsverluste, Erster Weltkrieg G 422
–, Zweiter Weltkrieg G 422
Kriegswesen, Griechenland 74
Krimkrieg (1853–1856) 233
Kristallpalast 224
Kritios 82
Krönungsmantel, dt. Reichsschatz 347
Krüger, Franz 240
Kuala Lumpur, Kfz., (1974) T 496
Kuba, (seit 1945), Alphabetisierungsrate T 550
–, –, Beschäftigungsstruktur T 550
–, –, Ernährung T 543
–, –, Lebenserwartung T 543
–, –, Sozialprodukt T 550
Kudrunlied 141
Kücük, Fazil 466
Kultur, mykenische K 68
–, pontische K 68
Kulturformen, Gliederung G 26
–, Vorgeschichte G 26
Kulturkonflikte, alte u. neue Welt 432

–, Gastarbeiter 413
Kulturrevolution, China 487
Kulturverbindungen, Europa-Orient 347
–, Italien 145
–, Kolonien 190
–, Mittelmeerraum G 65
Kulturzentren, Mittelmeerraum K 65
Kummet 150
Kunersdorf, Schl. (1759) K 205
Kunst, (Paläolithikum) 30 32 33
–, (Bronzezeit) 37
–, (20. Jh.) 380 381 382 383
–, abstrakte 260
–, Ägypten 50 53
–, Afrika 350
–, Alter Orient 58 60
–, Barock 181 182 183
–, Byz. 146 147
–, China 314 316 317
–, Dadaismus 261 T 259
–, Dtld. (MA) 139 140 141
–, Etrusker 66
–, Expressionismus 261
–, Frankenreich 124 126 127 128 129 130
–, Frkr. (MA) 139 140
–, frz. Klassik T 186
–, Futurismus 261
–, Gotik 152 153 154 155
–, Griechenland 80 82
–, Hellenismus 90
–, Historismus 225
–, Indianer 352 354 358 359 360 361
–, Indus-Kultur 62
–, Islam 342 343
–, Japan 329 330 331
–, Kelten 39
–, Manierismus 172
–, Maya 355
–, Naturalismus 226 227
–, Ozeanien 377 378
–, Realismus 226 227
–, Renaissance 169 170 171
–, Rom 98 98 99 99 100 100 101
–, Romantik 222 223 241
–, Skythen 39
–, Surrealismus 259 261
Kuo Hsi 316
Kuros 82
Kutub Minar, islam. Siegessäule 343
Kuwait, Arab. Liga T 498
–, Außenhandel T 513
–, Bevölkerung T 500
–, Ölproduktion T 501
–, Öl- u. Gasreserven G 500
–, Sozialprodukt T 500
–, Streitkräfte T 513
–, Verteidigungsausgaben T 499
Kwannon-Figur 329
Kyklopische Mauer 68
Kyoto, Goldener Pavillon 330
–, Kaiserpalast 329
KZ (Konzentrationslager) 298 299 373
–, Mahnmal Dachau 302 303

L

La Centinela, Palast 361
Lafayette, Marie Madeleine Pioche de la Vergne T 186
La Fontaine, Jean de 186
Lahore, Kfz. (1974) T 496
Lamartine, Alphonse de 223
Lancelot 139
Land Art 382
Landbauzonen, Erde K 394 395
Landsgemeinde, Schweizer 469
Landwirtschaft, BR Dtld. G 396
–, China, VR T 486
–, Entwicklung G 362
–, Europa K 434
–, Genußmittelpflanzen K 393
–, Industriepflanzen K 393
–, Lateinamerika 544
–, MA 136 137
–, Mechanisierung 396 G 397
–, Nahrungsmittelpflanzen K 392
–, UdSSR 475
–, USA 372
–, s.a. Landbauzonen
Langer Marsch (1934–1935) 328 K 328
Lanzinger, Hubert 293
Laren-Heiligtum 108
La Rochefoucauld, François de T 186
Lasalle, Ferdinand 219
Lascaux 31
Laser-Gewehr 401
Lasne, Michel 186
Lateinamerika K 534
–, Automobilproduktion G 542
–, Beschäftigungsstruktur T 550
–, Bodenschätze K 546
–, Einkommensverteilung T 543
–, Ernährung T 543
–, ethn. Gruppen 535
–, Kirche 536
–, Kolonialreiche K 374
–, Lebenserwartung T 543
–, Lebenshaltungskosten T 543
–, Religionen 537
–, Rohstoffproduktion 545
–, Wirtschaftswachstum T 540
Latènekultur 40 K 41
latinische Kolonien, röm. Reich K 93
Laurel, Salvador 530
La Venta-Kultur, Plastik 359
Lebenserwartung, Lateinamerika T 543
Lebenshaltungskosten, Lateinamerika T 543
Lebensstandard, Indien T 524
–, Islamisch-arabische Welt T 502
–, Lateinamerika 543
Lederer, Hugo 245
Lenin, Wladimir I. 306 307
Lenkwaffen 427
Leonardo da Vinci 169 171
Lepanto, Schl. (1571) 338 T 201
Leuchtturm 178
Leviathan 187
Lex, (Völkerwanderungszeit), Salica 129
Libanon, (NZ), Arab. Liga T 498
–, –, Bevölkerung T 500
–, –, Bürgerkrieg 506
–, –, Sozialprodukt T 500
–, –, Verteidigungsausgaben T 499
–, (seit 1945), Streitkräfte T 513
–, US-Intervention, (1958) 443 505
Liber de intellectu 174
Libyen, (NZ), Arab. Liga T 498
–, –, Bevölkerung T 500
–, –, Ölproduktion T 501
–, –, Öl- u. Gasreserven G 500
–, –, Sozialprodukt T 500
–, –, Verteidigungsausgaben T 499
Liebermann, Max 228
Liebesgabenpakete ↗CARE-Hilfsgüter
Lima, Slums 551
–, Stadtanlage 103
Limes, röm. 103
Literatur, Dtld., (MA) 139 140 141
–, Frkr., (MA) 139 140
–, –, (Klassik) 186
–, moderne 256
–, Realismus/Naturalismus 226 227
–, Romantik 241
Liu Shao-ch'i 526
Lloyd George, David 274
Lochner, Stefan 155
Locke, John 187
Lokomotive, elektr. 221
London, Albert Memorial 225
–, Einwohner T 414
–, Stadtentwicklung G 414
Lorsch, Evangeliar v. 129
Los Angeles, Einwohner T 414
Losmaschine, klass. Griechld. 73
Lothar, Kg., II. 130
Louis, Morris 380
Lucera, Kastell 145
Ludwig, Frankreich/Westfrankenreich, Kg., XIV. 197
Lübeck, (MA) 163
Lübke, Heinrich 449
Luftbild-Archäologie 27
Luftkissenbahn 417
Luftverkehr 417
–, Welt K 407
Lukasbund, Künstlergemeinschaft T 222
Lumumba, Patrice 522
Luther, Martin 198 199
Luther-Schriften 180 199
Luxemburg, (seit 1945), Atomenergie G 403
Lykabettos 78
Lysipp, Bildhauer 82

M

Machu Picchu 359
Mack, Heinz 381
Madonna von Wladimir, Ikone 147
Madonnendarstellungen 172
Magalhães, Fernão de, Entdeckungsfahrten K 189
Magdeburg, Belagerung 181
Magnetbahn 417
Makarios, Zypern, Erzb., III. 466
Makedonien, künstler. Personifikation 101
Malapane 208
Malawi, Inlandsprodukt T 396
Malaysia, Bevölkerung T 497
–, Rassenunruhen 529
–, Religion T 497
Malewitsch, Kasimir 260
Mali, Bevölkerung T 497
–, Religion T 497
Manierismus 172
Mann, Thomas 256
Manutius, Aldo 175
Mao Tse-tung 328 442 483 T 487
Marchais, Georges 454
Marcos, Fernando 530

Marcus Aurelius, Rom, Ks. 98
Marcus-Aurelius-Säule 113
Margarita philosophica 189
Marienburg, Feste 143
Marlowe, Christopher 175
Marokko, (seit 1945), Arab. Liga T 498
–, –, Bevölkerung T 500
–, –, Sozialprodukt T 500
–, –, Verteidigungsausgaben T 499
–, -Vtg. (1911) T 180
Maroniten T 345
Mars, Planet G 18 19
Marsch auf Rom (1922) 308
Marschflugkörper 428
Marsch für die Freiheit, Spanien 460
Martini, Simone 154
Marx, Karl 218 224
Masaccio 171
Masken, Afrika 350
–, indianische 354
–, Ozeanien 377
Mastaba 50
Mauerbau, Berlin, (1961) 479
Mauretanien, (seit 1945), Arab. Liga T 498
–, –, Bevölkerung T 500
–, –, Sozialprodukt T 500
Maximilian, Mexiko, Ks. 375
Maya, Kunst 355 359 360
Mayflower T 363
Mayflower-Vertrag 363
McCarthy, Joseph Raymond 439
MCCA (Zentralamerikanischer Gemeinsamer Markt) K 404
Mechanisierung 214
megalithische Kulturen 38
Meister Franke 155
Meister von Flémalle 155
Mekka, Kfz., (1981) T 496
–, Moschee 336
–, -Wallfahrt 344
Melchiten T 345
Melonenernte 276
Mensch, Entwicklungsschema G 21
Menschenaffe, Entwicklungsschema G 21
Menschenbild, MA G 142
Merkur, Planet G 18 19
Merkurstatue 172
merowingische Kultur 124
Mesilim-Zeit, Kunst 57
Mesopotamien, (Siedlungsformen) 44
Metternich, Clemens v. 231
México-City 547
–, Einwohner T 414
–, Truppenaufmarsch, (1968) 548
Mexikanischer Bürgerkrieg, (1910–1917) T 249
Mexiko, (seit 1945), Alphabetisierungsrate G 542 T 550
–, –, Atomenergie G 403
–, –, Automobilproduktion G 542
–, –, Beschäftigungsstruktur T 550
–, –, Bevölkerung T 390
–, –, Einkommensverteilung T 543
–, –, Ernährung T 543
–, –, ethn. Gruppen G 535
–, –, Geburtenüberschuß G 389
–, –, Inlandsprodukt G 542 T 396
–, –, innere Unruhen 548
–, –, Landwirtschaft T 544
–, –, Lebenserwartung T 543
–, –, Lebenshaltungskosten T 543
–, –, Sozialprodukt T 550
–, –, Urbanisierung T 542
–, –, Wirtschaft T 540
Michelangelo Buonarroti 164 G 170
Mi Fu 316
Mihrab, Gebetsnische 342
Milchstraße 20
Militärbündnisse K 421
–, s.a. einzelne Militärbündnisse
Militärisch-Industrieller Komplex T 427
Minarett 342
Minderheiten, ethnische, arab. Staaten K 504
–, nationale, arab. Staaten K 504
–, religiöse, arab. Staaten K 504
Minimal Art 381
Miranda, Rogelio T 539
Miró, Joan 261
Missionierung, Welt K 191
Mistra, Kloster 146
Mithradates, Pontos, Kg., VI. Eupator Dionysos 88
Mithras 108
Mitterrand, François 437 454 455
Mixteken, Kunst 358 360
Moçambique ↗Mozambik
Moche-Kultur 359
Modell T, Ford 367
Mörike, Eduard 241
Mohammed, Prophet 338
Moldaubrücke, Prag 158
Molière, Jean Baptiste 182 186
Molotow, Wjatscheslaw 470
Molukken T 193
Mombasa 192
Mona Lisa 171
Mondlandung 401
Mondrian, Piet 260
Monet, Claude 228
Monte Albán, Tempelbezirk 358
Monte Sant Angelo, Kirche 145
Morise, Max 259
Morlando, Samuel 177
Morris, Robert 381
Moskau, Einwohner T 414
–, Stadtanlage NZ 212
Motonobu, Kano 330
Mozambik 488
Mubarak, Hosni 515
Müller, Ludwig, B. 296
Müller von Riga, J.J. 241
München, Kfz., (1938) 270
–, Stadtentwicklung G 414 415
Münchener Abkommen 304
Münster, Kathedrale in Freiburg 152
Münzen, China 315
–, Latènezeit 40
Münzwesen, MA 135
Mukteschwara-Tempel, Indien 333
Munch, Edvard 227 261
Musil, Robert 256
Muskat 193
Mussolini, Benito 270 308
Mykerinos, Ägypten, Kg. 51
Myron 82

N

Nachrichtensatelliten G 406
Nachrichtenwesen, DDR K 406
–, Deutschland, BR K 406
–, Eurovision K 406
–, Intervision K 406
Nagari-Schrift, Indien 334
Nagel, Johann Friedrich 207
Nahrungsmittelpflanzen, Erde K 392
Nahverkehr 417
Nairobi 520
Nantes, Edikt (1598) 201
Napoleon, Frkr., Ks., I. 238 250
Napoleonisches Zeitalter, (1795–1815) 250
Narmer, Äg., Kg. 51
Nasser, Gamal Abdel 489
Nationalismus, Europa K 264
Nationalitätszeichen ↗Flaggen
Nationalrat, Schweiz 472
Nationalsozialismus 294 296
–, Herrschaftssystem 295
–, Propaganda 281 292 300
–, Rassenideologie 299
NATO, (North Atlantic Treaty Organization) K 421
Naturalismus G 226 227
Nazarener ↗Lukasbund
Nazca-Kultur 359 361
Neger 535
Nehru, Jawaharlal Pandit 524
Neolithikum, Kultstätten 35
–, Werkzeuge 29
Neptun, Planet G 18 19
Nero, Rom, Ks. 104
Neruda, Pablo 259
Nestor, Heiliger 148
Nestorianer T 345
Netsuko 331
Neuseeland, (seit 1945), Schafzucht 532
Neves, Tancredo 556
Newcomen, Thomas 177 216
New Deal 373
New York, Börse (1929) 277
–, Einwohner T 414
–, Freiheitsstatue 351
–, UNO-Hauptquartier 384 425
Niamey, Kfz., (1982) T 496
Nicaragua, (seit 1945), Alphabetisierungsrate T 550
–, –, Beschäftigungsstruktur T 550
–, –, Erdbeben (1973) 550
–, –, Innenpolitik 549
–, –, Landwirtschaft T 544
–, –, Wirtschaft T 540
Nichtangriffspakt (1939), Deutsches Reich-UdSSR 278
Niederdollendorf, fränk. Grab 124
Niederlande, (seit 1945), Atomenergie G 403
–, –, Bevölkerung T 414
–, –, Entwicklungshilfe T 491
–, –, Geburtenüberschuß G 389
Niedersachsen, (seit 1945), Bevölkerung T 414
Niger, Bevölkerung T 497
–, Religion T 497
Nigeria, (seit 1945), Biafra-Krieg (1967–1970) 522
–, –, Inlandsprodukt T 396
Nike 90
Ningirsu 58
Ninive 60
Ni Tsan 316
Nixon, Richard M. 442
Noble Order of the Knights of Labor, Satzung 368
Nofret 53
Nolin 186
Nordirland, Religionskonflikte 413

Nord-Süd-Konflikt 402
Normandie, alliierte Landung (1944) 286
Normannen, England 116
–, Entdeckungsfahrten K 189
Norwegen, (seit 1945), Entwicklungshilfe T 491
–, –, Geburtenüberschuß G 389
Notre Dame, Kathedrale in Amiens 152
–, Kathedrale in Paris 152
Novalis ↗Hardenberg, Friedrich v.
Nowgorod, Hansekontor 163
Nowosibirsk, Gefängnis 478
Nürnberg, Reichsparteitag, (1929) 292
–, –, (1935) 298

O

OAPEC K 494 495
Obdachlosigkeit 413 419
Obervolta, Bevölkerung T 497
–, Religion T 497
OCAM K 404
Odeion 79
Odysseus 42
Öl (Erdöl), -Embargo 445 T 403
–, -Förderung GB T 456
–, -Produktion, arab. Staaten T 501
–, -Reserven K 403
–, –, arab. Staaten G 500
Öl-Pipelines 506
Öltanks, Oman 494
Österreich, territ. Entw. (976–1919) K 209
–, (1918–1938) K 243
–, (seit 1945), Atomenergie G 403
–, –, Besatzungszeit 470
–, –, Bevölkerung T 414
–, –, Entwicklungshilfe T 491
–, –, Geburtenüberschuß G 389
–, –, Staatsvertrag (1955) 470
Okipa-Zeremonie 353
Olympische Spiele, Mexiko, (1968) 547
Oman, Arab. Liga T 498
–, Aufstände 512
–, Bevölkerung T 500
–, Ölproduktion T 501
–, Öltanks 494
–, Sozialprodukt T 500
–, Streitkräfte T 513
–, Verteidigungsausgaben T 499
O'Neill, Eugene 83 257
Op-Art 381
Orakel, China 313
Organisation, Hochkulturen 46
Orientpolitik (Imperialismus) 236
Orlando, Vittorio Emanuele 274
Osaka, Einwohner T 414
Osiriskult 54
Oslo, Stadtentwicklung G 414
Osmanisches Reich, territ. Entwicklung K 346
Ospedale degli Innocenti, Florenz 170
Ossietzky, Carl v. 258
Ostia 102
Ost-West-Konflikt 424
Otto, Ks., II. 132
–, Ks., II. 123
Ovando Gandia, Alfredo T 539
Overbeck, Friedrich 222
Overkill-Kapazität G 429
Ozeanien, Kunst 377 378
–, (seit 1945), Außenhandel T 532
–, –, Bevölkerung T 390

P

Pacelli, Eugenio 296
Pacelli, Eugenio s.a. Pius XII., Pp.
Pacher, Michael 153
Padilla Arancibia, David T 539
Päpste, (seit 1922) 458
Pakistan, Atomenergie G 403
–, Bevölkerung T 390 497
–, Religion T 497
Paläolithikum, Waffen 29
–, Werkzeuge 28
Paläontologie 22 23
Palästina, bibl. Darst. 143
Palästinenser-Problem 508
Palmblätter, Schriftträger 56
Panama, Alphabetisierungsrate T 550
–, Beschäftigungsstruktur T 550
–, Einkommensverteilung T 543
–, Ernährung T 543
–, Landwirtschaft T 544
–, Lebenserwartung T 543
–, Sozialprodukt T 550
–, Urbanisierung T 542
–, Wirtschaft T 540
Panama-Kanal, Streit um Hoheitsrecht 548
P'anmunjom, Waffenstillstand (1953) 467
Pantheon 99
Paoy 192
Papadópoulos, Georgios 464
Papago-Indianer 353
Papen, Franz v. 196
Papier 56
–, Erf., China 319
Papiergeld, China 319
Papierherstellung 150
Papstresidenz, Avignon 158
Papsttum, (NZ) 458
Papyrus 56
Paraguay, Ernährung T 543
–, Landwirtschaft T 544
–, Lebenserwartung T 543
–, Lebenshaltungskosten T 543
–, Urbanisierung T 542
–, Wirtschaft T 540
Paris, Börse 224
–, Einwohner T 414
–, Stadtentwicklung G 414
Pariser Friedenskonferenz, (1919–1920) 274
Park Chung-hee 467
Parmigianio 172
Parteitage, KPdSU 474
–, NSDAP 292 298
Parthenon 68 78 80
Parzival 139
Pascal, Blaise T 186
Pa-Ta Shan-jen 317
Paul, Pp., VI. 536
Paulhan, Jean 259
Paulskirche, Frankfurt 232
Pavese, Cesare 259
Paz Estenssoro, Victor T 539
Pearl Harbor 289
Peking, Einwohner T 414
–, Himmelstempel 317
–, Kaiserpalast 314 316 317
Peñaranda, Enrique T 539
Pentagon 440
Pereda Asbun, Juan T 539
Péret, Benjamin 259
Pergament 56
Pergamonaltar 90
Perikles 73
Perón, Eva (Evita) 553
–, Isabel 553
–, Juan Domingo 553
Peronismus 553
Perry, Matthew C. 234
Persepolis 60
Perserkriege T 72
Perseus, Makedonien, Kg. T 88
Persien, (Alt.), künstler. Personifikation 101
Personalunion, Niederlande-Luxbg. 175
Pertini, Sandro 458
Peru, Alphabetisierungsrate G 542
–, Automobilproduktion G 542
–, Einkommensverteilung T 543
–, Ernährung T 543
–, ethn. Gruppen G 535
–, Geburtenüberschuß G 389
–, Inlandsprodukt G 542
–, Landwirtschaft T 544
–, Lebenserwartung T 543
–, Lebenshaltungskosten T 543
–, Urbanisierung 551 T 542
–, Weberei 541
–, Wirtschaft T 540
Perusia (Perugia) 67
Pesne, Antoine 203
Pétain, Henri Philippe 305
Peterhof, Hansekontor 163
Petersburg 212
Petersplatz, Rom 180
Petrarca, Francesco 175
Pfeffer 193
Pfemfert, Franz 258
Pflanzen, fossil 22
Philadelphia, Einwohner T 414
–, Weltausstellung (1876) 366
Philetairos, Pergamon, Herrscher 88
Philipp, Frankreich, Kg., VI. 132
–, Makedonien, Kg., V. T 88
Philippinen, (seit 1945), Atomenergie G 403
–, –, Innenpolitik 530
Philippos, Seleukidenreich, Kg., II. T 88
Phönix-Halle, Japan 329
Piano del Carpine, Giovanni da, Entdeckungsfahrten K 189
Picasso, Pablo 254 260
Pico della Mirandola G 174
Pietà, Plastik 153
Pilgerfahrten, MA 143
Pinay, Antoine 470
Pinochet Ugarte, Augusto 556
–, Lucia 556
Pius, Pp., V. 201
Plains-Indianer 352
Planeten 18 19 G 20
Planung, Hochkulturen 46
Plastik, gotische 153
–, griechische 82
–, römische 98
Plaza de las tres Culturas, Mexico-City 547
PLO (Palästinensische Befreiungsorganisation), Arab. Liga T 498
Pluto, Planet G 18 19
Poincaré, Raymond 372
Polen, (seit 1945), Atomenergie G 403

–, –, innere Konflikte 481 482
–, –, Wiederaufbau 481
–, –, Wirtschaft T 482
Polis 78 79
politische Organisation, Arabische Liga G 498
–, Europa, (19. Jh.) K 230
–, islamisch-arabische Welt, (seit 1945) K 492
–, Schweiz, (NZ) 469
–, UdSSR 474
–, Welt, (19. Jh.) K 230
Polo, Marco 323
–, Entdeckungsfahrten K 189
Polybios T 86
Polyklet 82
Pompeii 105
Pontinische Sümpfe, Trockenlegung 308
Populorum progressio T 536
Porphyrios 142
Porta Nigra, Trier 111
Portugal, (seit 1945), Bevölkerung T 414
–, –, Entwicklungshilfe T 491
–, –, Geburtenüberschuß G 389
–, –, Innenpolitik 461
Porzellan, China 314 316 317
Poseidontempel, Kap Sunion 84
Potsdam, Tag (1933) 295
Poussin, Nicolas 183
Prag, Moldaubrücke 158
Prager Fenstersturz (1618) 201
Praxiteles 82
Preußen, Kgr., Gewerbe 207
–, –, Heerwesen 204
–, –, Industrie 208
–, –, Kriegführung 205
Priene 78 79 90
Produktionsbrigaden, China ↗Volkskommune
Prometheus 167
Propyläen 78
Proust, Marcel 256
Provence 437
Provinzen, röm. K 95
Prozeßkunst 382
Ptolemaier (Lagiden), Dyn. T 88
Ptolemaios, Äg., Kg., I. Soter T 88
–, –, –, II. Philadelphos T 88
–, –, –, III. Euergetes T 88
–, –, –, IV. Philopator T 88
–, –, –, V. Epiphanes T 88
Pueblos 352
Puerto, Weltwirtschaftsgipfel (1976) 450
Pula, Theater 115
Pyramiden 47 50 51
–, Amerika 359

Q

Quin Shi Huan Di ↗Ch'in Shih Huang-ti, Ch'i-Reich, Kg.
Quintanilla, Carlos T 539

R

Raabe, Wilhelm 226
Rabat, Kfz., (1969) T 496
Rabelais, François 175
Racine, Jean 186
Raffael 171 259
Rahman, Mujib-ur 527
Rahotep 53
Raleigh, Walter 363
Ramses, Äg., Kg., II. 51
Rassenpolitik, Dt. Reich 299
–, Südafrikanische Union 519
Ravenna, San Vitale 145 146
Reagan, Ronald Wilson 451 515 549
Realismus 224 226 227
Rechenmaschine 177
Reformation, Dtld. 199
–, Europa K 194
Regie, (preuß. Behörde) 206
Reich, Röm.-dt., (MA) K 159
Reichsfreiheit, Urkunde 133
Reichsgründung Bismarcks (1867/1871) 244
Reichskonkordat, (1933) 296
Reichsparteitag, (1929) 292
–, (1935) 298
Reichspräsidentenwahl, (1932) 292
Reichsstädte s.a. Reichsfreiheit
Reichstag, Dt. R., Gebäude 246
–, –, Wahlen, (Juli 1932) 292
–, –, –, (1930) 292
Reichsverwaltung, röm. T 95
Reisch, Gregorius T 189
Reiseberichte 168
Religion, (Alt.), g. 54
–, –, Rom, (Prinzipat) 108
–, –, –, (Republik) 54
–, außereuropäische Länder, Afghanistan T 497
–, –, Bangla Desch T 497
–, –, Gabun T 497
–, –, Gambia T 497
–, –, Guinea T 497
–, –, Guinea-Bissau T 497
–, –, Indonesien T 497
–, –, Iran T 497
–, –, Kamerun T 497
–, –, Malaysia T 497
–, –, Mali T 497
–, –, Niger T 497
–, –, Obervolta T 497
–, –, Pakistan T 497
–, –, Senegal T 497
–, –, Sierra Leone T 497
–, –, Tchad T 497
–, –, Uganda T 497
–, Germanen 113
–, (NZ), Brasilien T 537
–, –, Erde K 385
Religionsgrenzen, (MA) K 151
Religionskonflikte, (Früh-NZ) K 195
–, (seit 1945), Irland 413
–, (20. Jh.), Indien 525
Religionsverteilung, regional K 195
Reliquiar 118 311
Rembrandt, Harmensz van Rijn 183
Renaissance, Karolingerreich 129
Republikanischer Kalender ↗Revolutionskalender
Resa, Iran, Schah, Pahlevi 516
Restauration, (1815–1830), Europa 231 232
Revolution, Deutschland, (1918/1919) 269
–, Europa (1848/1849) 231 232
–, Mexiko (1910–1917) T 249
–, Rußland, (1917) 306
Revolutionskalender, frz. T 229
RGW (Rat für Gegenseitige Wirtschaftshilfe) K 404
Rheinsberg 207
Ricci, Matteo 323
Richter, Ludwig 226
Riedel, Eduard 225
Riemenschneider, Tilman 153
Robespierre, Maximilien de 250
Römische Verträge (1957), Unterzeichnung 436
Rohstoffproduktion, Lateinamerika 545
Rokoko 225
Rom, Kunst 101
–, Petersplatz 180
–, (Republik), Stadt 94
–, –, Verfassung T 92
–, (mittlere Rep. 287–133) K 93
–, (späte Rep. 133–44), Reichsgebiet K 95
–, –, Religion 54
–, (Prinzipat 44 v.–285 n.), Gesellschaft 105
–, –, Handel K 114
–, –, Heerwesen 103
–, –, Religion 108
–, –, Stadt 102
Romantik 222 223 241
Rommel, Erwin 505
Roosevelt, Franklin D. 305 373
Rote Garden (VR China), Programm T 487
Round-Table-Kfzn. (1931/1932) 304
Rousseau, Jean-Jacques 187
Rubens, Peter Paul 183
Rudolf, Kg., I. (v. Habsburg) 132
Rübezahl 222
Rüstung, Dt. Reich, Ursachen u. Zusammenhänge T 425
–, –, (1933–1945) 277
–, USA 426 427
Rüstungsbegrenzung (seit 1945) G 429 T 427
Rumänien, (seit 1945), Atomenergie G 403
–, –, Truppenstärke T 465
Rummindei-Inschrift 334
Rundfunk ↗Nachrichtenwesen
Runenschrift 55
Rußland, (1505–1795/1796) K 211
–, –, Europäisierung 212
–, (1789–1914) 212
–, –, Sozialstruktur 235
–, –, territ. Entw. K 253
–, (1914–1917), Revolution 306
–, –, territ. Entw. K 253

S

Sachsenspiegel 137
Sachs, Hans 199
Sacsaiwaman, Festung 361
Sadat, Anwar-as 509 514
Säulenformen, klass. Griechld. G 80
Saint Pierre, Kathedrale 152
Sakkara 50
Salamanca, Daniel T 539
Salamis, Schl. (480 v.) K 72
Salazar, António de Oliveira 459
Salomo, Isr., Kg. 127
SALT (Strategic Arms Limitation Talks), -I.-Abk. (1972) T 429
–, -II.-Abk. (1979) T 429
Samarkand, Gur Emir-Mausoleum 343
Samarra, Moschee 342
San Biagio 170
San Francesco, Rimini 170
San Gimignano, Italien 158
Sankt Peter, Kirche, Rom 107
Sankt Wolfgang-Altar 153
San Spirito, Florenz 170
Santa Sabina, Kirche 107 109

Santschi, Stupas 332
San Vitale, Ravenna 145 146
Sarkophag, Dreikönigsschrein 118
–, Tutenchamun 49
Sartre, Jean-Paul 83
Saturn, Planet [G] 18 19
Saudi-Arabien, Arab. Liga [T] 498
–, Außenhandel [T] 513
–, (seit 1945), Bevölkerung [T] 500
–, –, Ölproduktion [T] 501
–, –, Öl- u. Gasreserven [G] 500
–, –, Sozialprodukt [T] 500
–, –, Streitkräfte [T] 513
–, –, Verteidigungsausgaben [T] 499
Schadow, Johann Gottfried 206
Schädel, präparierte, Ozeanien 377
Schamasch 58 59
Schedelsche Weltchronik 163
Schelling, Friedrich Wilhelm Joseph v. [T] 241
Schickele, René [T] 258
Schiffbau 178
–, Germanien 112
Schiwa, hinduist. Gott 333
Schlachtenplan, Kunersdorf (1759) [K] 205
Schleiermacher, Friedrich Ernst [T] 241
Schlüsselindustrien, Wandel 400
Schmidt, Helmut 481
Schmidt-Rottluff, Karl 258
Schneidergewerbe, MA 136
Schöne Madonna, Plastik 153
Schrift, Alter Orient 57
–, chinesische 318
–, etruskische 55 138
–, germanische 55
–, griechische 55 85 138
–, indische 334
–, latinische 55 138
–, phönikische 55 85
Schriftarten 138
Schriftträger 56 319 334
Schulfernsehen 411
Schweden, (seit 1945), Atomenergie [G] 403
–, –, Bevölkerung [T] 390 414
–, –, Entwicklungshilfe [T] 491
–, –, Inlandsprodukt [T] 396
Schweiz, (seit 1945), Atomenergie [G] 403
–, –, Bevölkerung [T] 414
–, –, Entwicklungshilfe [T] 491
–, –, Gastarbeiter 472
–, –, Geburtenüberschuß [G] 389
–, –, Innenpolitik 469
–, –, Jura-Kanton [K] 472
–, –, Konfessionen [K] 310
–, –, Sprachen [K] 310
–, –, Streitkräfte 473
–, –, Uhrenindustrie [G] 473
–, –, Wirtschaft [K] 310
Schwind, Moritz v. 222
Scott, George Gilbert 225
Scott, Walter 223
SEATO (South East Asia Treaty Organization) (1954) [K] 421
Segantini, Giovanni 228
Seidenbilder 147
Seidenverarbeitung, China 320
Sektor ↗Wirtschaftssektoren
Seleukiden, Dyn. 27 [T] 88
Seleukos, Seleukidenreich, Kg., I. Nikator 88
–, –, –, II. Kallinikos [T] 88
–, –, –, III. Soter [T] 88
Sella curulis 92
Selzen, fränk. Friedhof 125
Semper, Gottfried 225
Senegal, Bevölkerung [T] 497
–, Religion [T] 497
Septimius, Severus, Rom, Ks. 104
Servianische Mauer 94
Sesshu 330
Severin 120
Severini, Gino 261
Sewastopol 233
Shaka, Hptl. 348
Shakespeare-Bühne 185
Shakespeare, William 185
Shanghai, Einwohner [T] 414
Shang-Zeit, China 313
Shaw, George Bernard 257
Shelley, Percy Bysshe 223
Shen Chou 316
Shimonoseki, Frd. (1895) 327
Shintoschrein, Japan 329
Siebzehnter Juni (1953) 423
Siedlungen, (Antike) [K] 41
Siedlungsformen, Neolithikum 44
–, Vorgeschichte [K] 45
Siegfried von Eppstein, Ebf. 161
Siemens, Werner v. 221
Sierra Leone, Bevölkerung [T] 497
–, Religion [T] 497
Signac, Paul 228
Signorelli, Luca 100
Siles, Hernando [T] 539
Siles, Luis Adolfo [T] 539
Sippenburg, Saudi-Arabien 503
Sitting Bull 353
Skythen, Kunst 39
Slums, Asien 523
Smithson, Robert 382
Soares, Mario 461
Solidarität, poln. Gewerkschaft 482
Solidarność ↗Solidarität
Solschenizyn, Alexander 478
Somalia, Arab. Liga [T] 498
–, Bevölkerung [T] 500
–, Sozialprodukt [T] 500
Sonnenheiligtümer, Bronzezeit 38
Sonnensystem 18 19 [G] 20
Sonnentor, Tiahuanaco-Kultur 359
Sophokles [T] 83
Soupault, Philippe 259
Soweto 519
Soziale Frage, Dtld., BR 450 [T] 451
–, Industrienationen 419
–, USA 368
Sozialprodukt, arab. Staaten [T] 500
–, BR Dtld. [G] 396
–, China, VR [G] 483
–, DDR [T] 480
–, Entwicklungsländer [G] 399
–, Industrienationen [G] 399
–, Lateinamerika [T] 550
–, UdSSR [T] 475
–, s.a. Volkseinkommen
Spätantike, Kunst 107
Spanien, (seit 1945), Atomenergie [G] 403
–, –, Geburtenüberschuß [G] 389
–, –, Innenpolitik 461
–, –, NATO-Eintritt 461
Sphinx von Giseh 50
Spießrutenlaufen 204
Spinnautomaten 409
Spinntechnik, MA 150
Spinola, Antonio de 459
Sprachen, Afrika [K] 349
–, s.a. Handelssprachen
Sprachenstreit, Belgien 462
Sprachlabor 411
Staaten, Welt [G] 386 387
Staatsstreiche, arab. Staaten [T] 499
–, Lateinamerika [G] 539
Staatsvertrag Österreich (1955) 470
Stadt, Afrika 520
–, Induskultur 62
–, Röm. Reich 102
Stadtentwicklung [G] 414 415
–, s.a. Urbanisierung
Stadtplanung 416
–, s.a. Infrastrukturpolitik
Stalingrad, Schl. (1942/43) 278 288
Stalin, Josef 307 373
Sta. Sabina ↗Santa Sabina
Stein, Karl vom u. zum 239
Steinwerkzeuge, (Neolithikum) 29
–, (Paläolothikum) 24 28
Stephenson, Georges [T] 217
Steuer- und Regeltechnologie ↗Elektronische Steuerung
Stichnote, Werner E. 453
Stiftungen, BR Dtld. [T] 401
–, USA [T] 401
Stilicho 113
Stockholm, Stadtentwicklung [G] 414
Stonehenge 38
Stoph, Willi 423
Streitkräfte, arab. Staaten [T] 499 513
Stresemann, Gustav 270
Strindberg, August 227
Studentenbewegung, USA 439
Stupa, buddhist. Kultbau 332
Stuttgart, Stadtentwicklung [G] 414
Sudan, Arab. Liga [T] 498
–, Bevölkerung [T] 500
–, Sozialprodukt [T] 500
–, Verteidigungsausgaben [T] 499
Südafrika, Rassenfrage 519
Südosteuropa, (NZ) [K] 252
–, (1918–1948) [K] 309
Sueskanal 236
Sufetula (Sbeïtla) 102
Sukarno, Achmed 529
Sumerisch, Schrift 57
Surat 193
Surrealismus 259 261
Syrien, (seit 1945), Arab. Liga [T] 498
–, –, Außenhandel [T] 513
–, –, Bevölkerung [T] 500
–, –, Ölproduktion [T] 501
–, –, Öl- u. Gasreserven [G] 500
–, –, Sozialprodukt [T] 500
–, –, Streitkräfte [T] 499 513
–, –, Verteidigungsausgaben [T] 499

T

Taif, Kfz., (1981) [T] 496
T'ai-p'ing-Aufstand (1850–1864) 324
Taiwan, Atomenergie [G] 403
Tajin, Treppenpyramide 359
Takanobu, Fujiwara 330
Takis 381
Tang Yin 317
Taos, Pueblo 352
Tarquinii (Tarquinia) 66
Tartuffe 186

Tasman, Abel, Entdeckungsfahrten [K] 189
Tasmanier 187
Tausendsäulenkomplex, Chichen Itzá 355
Tausendundeine Nacht, arab. Geschichten 347
Tchad, (seit 1945), Bevölkerung [T] 497
–, –, Religion [T] 497
Technik, (Paläolithikum) 28
–, (Neolithikum) 29
–, Steinzeit 29
–, (Altertum) 48
–, (MA) 150 177
–, (NZ) 177 178 178 179 216 221
Technologie, moderne 401
Tee-Anbau, China 320
Teeschale, Japan 330
Tejeda Sorzano, José L. [T] 539
Tempel, ägypt. 50
Tempelformen, Griechld. [G] 80
Tepe Gaura 44
Teppich v. Bayeux 163
Terrorismus, Lateinamerika 538
–, Östr. 471
Textiltechnik, MA 150
Thailand, Inlandsprodukt [T] 396
Thamugadi (Timgad) 102
Thatcher, Margaret 437 456
Theater, Barock 182
–, Kontinuität 83
–, modernes 257
Themistokles [K] 86
Theotokópulos, Domenikos 172
Thessalonike, Apostelkirche 146
Thukydides 86
Tiahuanaco-Kultur 359
Tibet, Kunst 311
Tiere, fossil 22 23
Tinguely, Jean 383
Tirpitz, Alfred v. 247
Tito, Josip (Broz) 489
Tito, Josip (Broz) 465
Todesschwadronen, Brasilien 554
Tokio, Einwohner [T] 414
Tolstoj, Lew N. 226
Tolteken, Kunst 358
Tontafeln 56
Toro, José David [T] 539
Torres González, Juan Joseéé [T] 539
Totempfahl 353 354
Totenbund v. Attigny 129
Totenkult, Hochkulturen, (3.Jt.) 50
–, –, (2.Jt.) 50
–, –, (1.Jt.) 50
Totok, Pfostenfigur 377
Totonaken, Architektur 359
Toussaint l'Ouverture 374
Traiansmärkte 99
Traianssäule 103
Traianus, Rom, Ks. 104
Trier (Antike) ↗Porta Nigra, Trier
Triere [G] 74
Tripode, indian. Gefäß 358 359
Tripolis, Kfz., (1977) [T] 496
Tschechoslowakei, (seit 1945), Atomenergie [G] 403
–, –, Geburtenüberschuß [G] 389
Tsuba 331
Tucholsky, Kurt 258
Türkei, (seit 1945), Bevölkerung [T] 497
–, –, Inlandsprodukt [T] 396
–, –, Lebensstandard [T] 502
–, –, Religion [T] 497
–, –, Truppenstärke [T] 465
Tunesien, (seit 1945), Arab. Liga [T] 498
–, –, Bevölkerung [T] 500
–, –, Geburtenüberschuß [G] 389
–, –, Ölproduktion [T] 501
–, –, Sozialprodukt [T] 500
–, –, Verteidigungsausgaben [T] 499
Tupamaros 552
Turner, William 222
Tutenchamun, Ägypten, Kg. 49 53

U

UdSSR, (1918–1945), Landwirtschaft 306
–, –, Sozialstruktur 306
–, (seit 1945), Atomenergie [G] 403
–, –, Außenpolitik 420
–, –, Berlin-Eroberung 262
–, –, Bevölkerung [T] 390
–, –, Bodenschätze [K] 476
–, –, Dissidentenbewegung 478
–, –, Geburtenüberschuß [G] 389
–, –, Industrie [K] 477
–, –, Innenpolitik 474
–, –, Wirtschaft 475
UEAC (Union der Zentralafrikanischen Staaten) [K] 404
Uffizien, Florenz 172
Uganda, Bevölkerung [T] 497
–, Religion [T] 497
Uhland, Ludwig [T] 241
Uhrenindustrie, Schweiz [G] 473
Umschulung 419
Unabhängigkeitserklärung, Israel, (1948) 507
–, USA (1776) 229
Unabhängigkeitskämpfe, arab. Staaten [T] 499
UNCTAD (United Nations Conference on Trade andDevelopment) 490
Ungarn, (seit 1945), Atomenergie [G] 403
–, –, Truppenstärke [T] 465
Universität, (NZ) 193
–, Überfüllung 410
UNO, (United Nations Organization), Gründung 263
–, –, Hauptquartier 384 425
–, –, -Truppen 339
Unterernährung [K] 491
Unziale ↗Schriftarten
Uranus, Planet [G] 18 19
Urbanisierung, (seit 1945), Lateinamerika [T] 542
–, (20. Jh.) [G] 414 [K] 415
Ureinwohner, Australien 376
Urgeschichte ↗Vorgeschichte
Urkunden, MA 133
Urnenfelderkultur 68
Urriolagoitia, Mamerto [T] 539
Uruguay, Alphabetisierungsrate [G] 542
–, Inlandsprodukt [G] 542
–, Landwirtschaft [T] 544
–, Lebenserwartung [T] 543
–, Lebenshaltungskosten [T] 543
–, Urbanisierung [T] 542
–, Wirtschaft [T] 540
Uruk 27
USA, (1776–1945) 372 373
–, –, Bundesstaaten [K] 364
–, –, Eisenbahnbau 367
–, –, Erster Weltkrieg 369
–, –, Landwirtschaft 372
–, –, territ. Entwicklung [K] 370
–, –, Unabhängigkeitserklärung 351
–, –, Weltkriege [K] 370
–, (seit 1945), Atomenergie [G] 403
–, –, Außenpolitik 420 549
–, –, Beschäftigungsstruktur [T] 550
–, –, Bevölkerung [T] 390
–, –, Bundesstaaten [K] 364
–, –, Einkommen [T] 444
–, –, Entwicklungshilfe [G] 541 [T] 491
–, –, farbige Bevölkerung [K] 444
–, –, Geburtenüberschuß [G] 389
–, –, Inlandsprodukt [T] 396 445
–, –, Lebenshaltungskosten [T] 445
–, –, Rassenprobleme 445 [T] 444
–, –, Rüstung 426 427
–, –, Sozialprodukt [T] 550
–, –, Staatshaushalt [T] 445
–, –, Stiftungen [T] 401
–, –, Streitkräfte 441 [G] 440
–, –, Wehrbudget [G] 440
Utamaro, Kitagawa 331
Utrechtpsalter 128

V

Vasarély, Victor 380
Vasari, Giorgio 172
Vasenkunst, klass. Griechld. 81
Vatikan, Italien-Konkordat (1984) 458
Vatikanische Konzile, Erstes (1869–1870) 233
Venedig 222
Venezuela, Alphabetisierungsrate [G] 542
–, Automobilproduktion [G] 542
–, Bevölkerung [T] 390
–, Einkommensverteilung [T] 543
–, Ernährung [T] 543
–, Geburtenüberschuß [G] 389
–, Inlandsprodukt [G] 542
–, Landwirtschaft [T] 544
–, Lebenserwartung [T] 543
–, Lebenshaltungskosten [T] 543
–, Ölhandel [G] 545
–, Urbanisierung [T] 542
–, Wirtschaft [T] 540
Venus v. Milo 90
Venus, Planet [G] 18 19
Verdun, Schl. (1916) 267 271
Vereinigte Arabische Emirate, Arab. Liga [T] 498
–, Bevölkerung [T] 500
–, Ölproduktion [T] 501
–, Öl- u. Gasreserven [G] 500
–, Sozialprodukt [T] 500
–, Streitkräfte [T] 513
Vereinigte Arabische Republik (VAR), Bevölkerung [T] 390
Verfassung, Rom [T] 92
Vergilius Maro, P. 100
Verkehrswesen 416 417
–, s.a. Luftverkehr

Verrazano, Giovanni da, Entdeckungsfahrten [K] 189
Versailles, Frd., (1919) 274 275
–, Vtg. (1919) [T] 274
Verschlüsselung, Zweiter Weltkrieg 282 283
Verwaltung, (seit 1945), Ausmaß u. Folgen 412
Verwaltungsgebäude 412
Vespasianus, Rom, Ks. 98
Vesperbild 153
Vespucci, Amerigo [T] 189
Via Appia 47
Viehwirtschaft, Lateinamerika 544
Vierzehn Punkte Wilsons [T] 274
Vietnam 441
Vietnamflüchtlinge 528
Vietnamkrieg (1960-1973) 531
Viktor, Italien, Kg., Emmanuel III. 308
Villa, Francisco (Pancho) 375
Villaroel, Gualberto [T] 539
Villon, François 140
Völkerbund 273 275
Völkerbundpalast 273 275
–, Genf 425
Völkerbundstaaten [K] 275
Volkseinkommen,pro-Kopf-Anteil [K] 491
–, s.a. Sozialprodukt
Volksgerichtshof 297
Volkskommune [T] 485
Volksversammlung, röm. 92
Vorgeschichte, Gliederung [G] 26
–, Siedlungsformen [K] 45
Vostell, Wolf 380
Vulgata 180
VW-Automobilfabrik, Brasilien 540

W

Wachstafeln 56
Waffen, China 425
–, (Neolithikum) 29
Waffensysteme 426
Wahlplakate, nationalsozialistische 292
Walden, Herwarth [T] 258
Waldheim, Kurt 339 466
Waldseemüller, Martin [T] 189
Wałęsa, Lech 482
Wallinger, Geoffrey A. 470
Wallot, Paul 246
Walther, Franz Eberhard 382
Walther v. d. Vogelweide 140
Wang Hsi-chi 318
Wang Yüan-Chi 317
Wardak-Vase 334
Warschau, Wiederaufbau 481
Warschauer Pakt [K] 421
Wasserkraftwerk, Dnjepr 475
Wasserleitungen, röm. 47 48
Wassermühle 179
Wasserrad 177
–, MA 150
Waterloo, Schl. (1815) 238
Watt, James 216
Webtechnik, MA 150
Weigel, Helene 257
Weißes Haus 439
Welt, (19. Jh.) [K] 230
Weltausstellungen 224
–, Philadelphia (1876) 366
Weltbild, Alexanders d. Gr. [K] 89
–, MA [G] 142
–, Ptolemäisches 166
Weltkrieg, Erster (1914–1918) 266 267 268 269 290 [K] 265
–, –, Gaskrieg 268
–, –, Gefallene [T] 267
–, –, Kriegsende 272
–, –, Kriegserklärungen [T] 265
–, –, Luftkrieg 267
–, –, Seekrieg 267
–, –, Stellungskrieg 266 269
–, –, Tanks 267
–, –, US-Truppen 267 372
–, Zweiter (1939-1945) 254 278-288 [K] 279
–, –, Kapitulation 289
–, –, Kriegserklärungen [T] 279
–, –, Luftkrieg 280 284 289
–, –, Ostasien [K] 287
–, –, Ostkrieg 278 288
–, –, Panzerwaffe 285
–, –, Pazifikkrieg 286 289 [K] 287
–, –, Polenfeldzug 278 280
–, –, Rüstungsproduktion 277
–, –, Seekrieg 285 288
–, –, Waffenstillstandsabkommen 278 280
Weltraumfahrt ↗Mondlandung
Weltwirtschaft 276
–, (seit 1945) [G] 399
Weltwirtschaftskrise (1929–1933) 277
Wenzel, Kg. 160
Werkzeug, (Paläolithikum) 28
–, (Neolithikum) 29
Werkzeugherstellung [G] 28
Wesselmann, Tom 380
Westfälischer Frieden (1648) 201
West-östlicher Divan, Auszüge 347
West Point, Offiziersakademie 441
White, Andrew 263
Whitney, Eli [T] 366
Wieland, Christoph Martin 184
Wien, Burgtheater 225
Wiener, Kongreß (1814–1815) 231
–, Kongreß-Akte (1815) 231
Wikinger, Entdeckungsfahrten [K] 189
Wilhelm, dt. Ks., I. 233 245
–, –, II. 235 247
–, v. Holland, Kg. 161
Wilson, Woodrow 274
Windmühlen, MA 150
Wirtschaft, Dtld., BR [T] 451
–, Entwicklungsländer [G] 399
–, Industrienationen [G] 399
–, Japan [T] 468
–, Lateinamerika [T] 540
–, Schweiz [G] 473 [K] 310
–, UdSSR [T] 475
Wirtschaftsbündnisse [K] 404
–, s.a. einzelne Wirtschaftsbündnisse
Wirtschaftsgipfelkonferenzen (seit 1975) 450
Wirtschaftssektoren, Gliederung [T] 397
Wischnu, hinduist. Gott 333
Wislicenius, Hermann 244
Witzleben, Erwin v. 297
Wojtyla, Karol ↗Johannes, Pp., Paul, II.
Wolfram v. Eschenbach 139 140
Wols, Wolfgang Schulze 383
Wordsworth, William 223
Worms, Judenfriedhof 136

X

Xenophon [T] 86

Y

Yakushi-Figur 329

Z

Zambia, Inlandsprodukt [T] 396
Zapoteken, Kunst 358
Zecchinen 135
Zehnt ↗Zinszahlung
Zeremonialpaddel, Ozeanien 378
Zinszahlung, MA 137
Zivilisationstypen [G] 397
Zola, Emile 226 251
Zürich, Stadtentwicklung [G] 414
Zuggeschirr, MA 150
Zulu 348
Zunftbücher, Krakau 163
Zweibund, (1879), Dt. Reich-Österreich-Ungarn [K] 237

QUELLENNACHWEISE FÜR ABBILDUNGEN KARTEN UND ÜBERSICHTEN

Angegeben sind die Seitenzahlen
Die Abkürzungen bedeuten: l = links, M = Mitte, o = oben, r = rechts, u = unten

17, 263 u, 267 ur, 278 M, 280 o, 289 o, 295 o, 305 u, 308 o, 312, 328 Ml, 344 o, 367 o, 379, 396 Ml, 401 u, 423 u, 424 o, 424 M, 424 u, 426 Mu, 430, 431, 436 o, 437 u, 438, 439 M, 441 M, 445 ol, 445 u, 450 u, 451 ol, 451 u, 453 o, 453 u, 454 M, 454 u, 455 o, 455 u, 456 ol, 456 or, 456 u, 458 o, 458 u, 460 u, 461 o, 461 u, 464 o, 465 o, 469, 470 u, 474, 479 u, 482 ol, 482 or, 482 u, 488, 489, 490 o, 493, 499 M, 505 M, 506 u, 509 u, 513 o, 513 u, 515 o, 515 M, 515 u, 516 o, 517 o, 517 Ml, 517 u, 518 o, 518 u, 519, 525 ol, 525 or, 525 M, 525 u, 526 o, 527 ol, 527 u, 528, 530 o, 530 u, 542 or, 543 o, 547 o, 548 u, 549 o, 549 u, 550 o, 554 o, 556 ol, 556 or, 556 u: dpa, Stuttgart – 18, 19, 20/1, 20/2, 20/3, 20/4, 22 o, 22 u, 23 o, 23 u, 48 ol, 48 oM, 48 or, 48 M, 48 ul, 48 ur, 150 ol, 150 or, 150 Ml, 150 Mr, 150 ul, 150 ur, 178 o, 178 ul, 178 ur, 179 ol, 179 or, 179 Ml, 179 ul, 179 ur, 216 o, 216 u, 217 ol, 217 Mo, 217 Mul, 217 Mur, 217 u, 221 ol, 221 or, 221 Ml, 221 Mr, 221 ul, 221 ur: © Focus International Book Production, Stockholm, und © Verlag Herder, Freiburg i. Br. – 21, 26, 27 Ml, 28, 29, 34, 41 o, 41 u, 44, 45, 52, 62 Mlo, 65 o, 65 u, 68 u, 72 r, 72 ul, 73 or, 74 Mr, 75, 85 or, 85 Ml, 85 M, 85 ul, 85 ur, 88 M, 89 o, 89 M, 89 Mr, 89 u, 93, 94 Mr, 95, 114, 119, 142 u, 151 o, 151 u, 159, 176, 189 o, 189 M, 189 u, 191, 194, 195 o, 195 u, 196, 202, 209, 210, 211 o, 211 u, 220 o, 220 u, 230 o, 230 u, 237 ol, 237 or, 237 Mol, 237 Mor, 237 Mul, 237 MuM, 237 Mur, 237 ul, 237 ur, 243, 252, 253 o, 253 u, 265, 274 u, 275 M, 279, 299 u, 306 or, 308 ul, 309, 310 o, 310 u, 321 u, 322, 328 u, 335, 337, 346 ol, 346 or, 346 Mr, 346 u, 349, 356 ol, 356 or, 356 M, 356 u, 357 ol, 357 or, 357 u, 362, 364 o, 364 u, 366 r, 370 o, 370 u, 371 o, 371 u, 374 o, 385, 386, 387, 389, 390, 391, 392, 393, 394, 395, 396 ol, 396 oM, 396 or, 397 o, 397 M, 397 u, 399, 404, 405, 406, 407 o, 407 u, 408, 414, 415, 416, 417, 418, 421, 422 o, 422 M, 422 ul, 422 ur, 425 u, 427 o, 429, 434, 435, 447, 452, 476, 477, 491 o, 491 Ml, 491 Mr, 491 u, 492 o, 492 u, 510, 521 o, 521 u: Verlag Herder, Freiburg i. Br. – 24, 25, 49, 69, 87, 91, 118, 123, 166, 187 Ml, 188, 190 o, 190 u, 197, 214, 215, 218 ul, 219 ol, 224 ul, 232 u, 233 M, 235 or, 238, 239 l, 250 ol, 250 or, 254, 255, 262, 290, 305 M, 306 Ml, 306 Mr, 306 u, 308 Ml, 324 M, 336, 338 o, 366 ol, 366 ul, 368 Ml, 368 ur, 369 ol, 374 ur, 376, 442 o, 444 u: Archiv Gerstenberg, Frankfurt – 27 o, 30/2, 30/5, 36 u, 37/1, 37/2, 37/3, 37/4, 37/5, 37/6, 40 ol, 40 or, 40 M, 40 u, 46 o, 46 M, 46 u, 47 ol, 47 or, 47 M, 47 ul, 47 ur, 50/2, 50/3, 50/4, 50/5, 50/6, 51 ol, 51 oM, 51 or, 51 M, 51 ul, 51 uMl, 51 uMr, 51 ur, 55 ur, 56/2, 57 o, 57 M, 57 Mr, 57 u, 58 ol, 58 or, 58 Mr, 58 ul, 58 uM, 59 ol, 59 or, 59 Ml, 59 Mr, 59 ur, 60 o, 60 M, 60 u, 61 M, 61 u, 66 o, 66 M, 73 Ml, 73 u, 78 Ml, 78 Mr, 79 Mol, 79 Mul, 80/1, 80/2, 80/3, 80/4, 81/3, 81/4, 81 u, 82/1, 82/2, 82/4, 82/5, 82/6, 86 M, 90/1, 90/2, 90/4, 90/5, 90/6, 92 o, 98/7, 99/5, 101, 103 u, 104 ol, 105 ol, 105 Mu, 107/4, 107/5, 107/6, 107/7, 108 o, 108 M, 108 u, 109 ul, 112 o, 112 M, 127 ol, 127 or, 127 ul, 127 ur, 129 ol, 129 ul, 132 ol, 132 ul, 135 ul, 138 o, 138 Mo, 138 Mu, 138 u, 139 or, 142 Mr, 143 M, 143 ul, 145 or, 146/1, 146/2, 146/3, 146/4, 147/10, 148 ol, 148 ul, 148 ur, 152/1, 152/2, 152/3a, 152/3b, 152/3c, 152/4a, 152/4b, 153/1, 153/2, 153/3, 153/4, 153/5, 153/6, 154/1, 154/2, 154/3, 154/4, 155/6, 158 Mr, 158 ur, 163 M, 169 ol, 169 or, 169 M, 169 ul, 170/1, 170/2, 170/3, 170/6, 171/1, 172/1, 172/2, 172/3, 172/4, 173/6, 173/7, 174 ol, 174 ur, 175 oM, 175 or, 175 Ml, 177 ol, 177 or, 177 u, 180 or, 180 ul, 181 ol, 186 oM, 186 Ml, 186 M, 187 o, 187 M, 187 Mr, 187 u, 193 ol, 193 Ml, 193 u, 199 ol, 199 Ml, 199 Mr, 212 M, 213, 218 ol, 218 or, 218 M, 219 oM, 219 or, 219 Mr, 219 ur, 223 Mr, 223 ul, 223 uM, 224 or, 224 Mr, 224 ur, 226 or, 226 Mr, 226 ul, 226 uM, 226 ur, 227 or, 227 Ml, 227 ur, 229 M, 229 u, 231 Ml, 233 u, 241 or, 256 or, 256 Mr, 256 ul, 256 ur, 257 ol, 257 or, 257 Ml, 259 or, 260 ul, 260 ur, 261 or, 275 or, 289 ul, 295 u, 299 ol, 308 ur, 313 ol, 314/1, 314/3, 315 ol, 315 or, 315 Ml, 315 Mr, 315 ul, 315 ur, 316/5, 318 ol, 318 or, 318 Mr, 318 u, 319 ul, 319 ur, 321 o, 321 M, 323 ol, 323 or, 326 u, 327 M, 327 u, 329/2, 332 ur, 333 ol, 333 or, 333 ul, 334 o, 334 Ml, 343/9, 345 o, 358/5, 358/6, 359/12, 359/13, 359/14, 367 ur, 368 Mr, 369 or, 375 Ml, 409 oM, 425 ol, 425 or, 425 M, 426 o, 457 ul, 512 u, 516 u, 536 o, 536 ul: Bildarchiv Herder, Freiburg i. Br. – 27 Mr: Rheinisches Landesmuseum, Bonn – 27 ul, 27 ur: Historisches Seminar Universität Köln/Foto Prokop – 30/1: A. B. Weider – 30/3: A. B. Weider/Foto T. Herdeg – 30/4: Musée des Antiquités Nationales, Saint Germain-en-Laye – 31 o, 31 M, 31 u, 32 ol, 32 or, 32 ur, 33 or, 33 M, 33 u, 36 ol, 36 or, 38 or, 38 Mor, 38 Mul, 38 Mur, 38 ul, 38 ur, 39 ol, 39 oM, 39 or, 39 Ml, 39 Mr, 68 o: Prof. Dr. Karl J. Narr, Münster – 32 ul: Musée d'Aquitaine, Bordeaux/Foto J. Vertut – 33 ol: Foto Dr. Hell, Reutlingen – 35, 67, 70, 71, 76, 77, 84, 96, 97, 106, 110, 115, 116 o, 116 u, 117 o, 117 u, 120, 121, 122, 126, 130, 133, 134, 156, 157, 162, 242, 271, 273, 302, 303, 330/11: Toni Schneiders, Lindau – 37/7: Historisches Museum Stockholm/Foto ATA – 39 u, 136 ur, 139 ol, 140 or, 140 ul, 142 Ml, 163 o, 175 u, 184 ol, 184 or, 184 ur, 185 ol, 186 ur, 201 or, 201 ul, 203 o, 203 u, 212 Ml, 212 u, 222/1, 223 ur, 226 ol, 226 Ml, 229 o, 232 o, 233 o, 235 ol, 236 o, 239 or, 239 ur, 240 o, 240 u, 241 Mr, 244, 245 or, 245 u, 247 o, 247 u, 248 o, 251 ol, 251 or, 251 oM, 251 M, 251 ul, 251 ur, 256 ol, 257 u, 258 ul, 263 o, 268 o, 269 u, 270 o, 270 u, 277 u, 286 u, 288 u, 291 u, 307 o, 313 ur, 324 u, 328 Mr, 374 ul, 375 or: Bildarchiv Preußischer Kulturbesitz, Berlin – 42, 43, 64, 100 ol, 137, 140 ur, 160, 163 ul, 164, 165, 175 Mr, 180 ol, 185 or, 185 M, 185 u, 193 Mr, 198, 199 ur, 200, 201 ur, 224 ol, 227 ol, 227 ul, 250 u, 258 or, 258 ur, 268 u, 269 o, 291 o, 311: Archiv für Kunst und Geschichte, Berlin – 50/1, 50/3a: K. Michalowski, Ägypten, Freiburg i. Br. (Herder) 1969, S. 568 u. S. 147 – 53 oM, 53 or, 496 o: Foto J. Mazenod, Paris – 53 Mlo: Foto Jean Vertut, Paris – 53 Mlu, 53 Mr, 53 ur: Seminar für Ägyptologie der Universität Münster – 54 o: Claus Hausmann, München – 54 u: Laaths, Geschichte der Weltliteratur, München (Knaur) 1953, S. 18 – 55 ol, 55 Ml, 55 Mr, 55 ul: André Gürtler, Therwil/Schweiz – 56/1, 56/3, 334 Mr, 334 u: Staatliche Museen Berlin, Museum für indische Kunst – 56/4: Mummendey, Von Büchern und Bibliotheken, Bonn (Buchgemeinde) 1950, Abb. 34, S. 48 – 56/5: Bischöfliches Archiv, Chur/Schweiz – 56/6: Archivio Segreto Vaticano – 62 or, 62 Mlu, 62 ul, 62 ur: M. Wheeler, The Indus Civilization (Cambridge University Press) ^{3}1968, Tafeln XXVII, IX, V (Ausschnitt), XXI – 63 o, 63 M, 63 u, 264 o, 264 u, 287, 292 ol, 292 oM, 292 or, 292 u, 294 o, 294 u, 296 o, 296 u, 325, 338 u, 339 o, 340 o, 340 M, 340 u, 341 o, 341 M, 341 u, 345 M, 345 u, 365 M, 375 ur, 388 o, 401 or, 401 Mr, 403 o, 403 M, 403 u, 426 u, 432 or, 432 ur, 433, 440 Mr, 441 u, 444 o, 444 Ml, 445 or, 445 Ml, 445 Mr, 451 or, 451 M, 456 Ml, 456 Mr, 465 u, 466 M, 468 M, 472 M, 473 u, 475 u, 479 o, 480 Mo, 480 u, 482 M, 483 M, 485 o, 486, 487 M, 494 o, 495, 496 u, 497 o, 497 u, 498 o, 498 ul, 498 ur, 499 o, 499 ul, 499 ur, 500 o, 500 u, 501 o, 506 M, 507 Ml, 507 Mr, 507 ur, 509 or, 509 Ml, 513 Ml, 513 Mr, 517 Mo, 517 Mu, 524 M, 524 ul, 524 ur, 532 M, 534, 535 Ml, 537 M, 539 o, 539 u, 540 M, 541 ul, 541 ur, 542 ol, 542 ul, 543 Mo,

543 Mu, 543 u, 544 M, 544 ul, 544 ur, 545 ol, 545 M, 546, 550 u, 554 Ml: Verlag Ploetz, Freiburg i. Br./Würzburg – 66 uM: Archivio Fotografico Vaticano – 66 ur, 92 Mu, 92 u, 314/4: British Museum, London – 72 or, 98/1, 98/3, 99/1, 99/2, 99/3, 102 o, 102 Ml, 102 Mr, 103 M, 105 or, 109 ur: Deutsches Archäologisches Institut, Rom – 73 ol, 74 ul, 81/2, 82/7, 105 u, 107/2, 113 ur, 182/1: Foto Alinari, Florenz – 74 or: Staatliche Museen Berlin, Antikenabteilung/Foto Jutta Tietz-Glagow – 74 ur: Archäologisches Seminar der Universität München/Foto Mallow – 78 o: Elsevier, Amsterdam/Foto A.v.d. Heyden – 78 ur, 79 or, 79 Mr: Deutsches Archäologisches Institut, Istanbul – 79 u, 111, 131, 148 or, 149, 158 or, 161, 163 ur, 167: Bildarchiv Foto Marburg – 81/1: Nationalmuseum Athen/Foto TAP – 82/3, 88 ol, 88 oM, 88 or, 88 ul, 88 uM, 88 ur, 104 oM, 104 Ml, 104 Mr, 104 ul, 104 uM, 104 ur, 147/8: Hirmer Fotoarchiv, München – 82/8: Museo Nazionale, Neapel – 83 ol, 112 u, 136 ul, 347 M: Kunsthistorisches Museum, Wien – 83 or, 267 Mo, 274 o, 276 o, 277 ol, 281 o, 285 M, 295 M, 299 or, 299 M, 304 o, 304 u, 306 ol, 314/2, 348, 351 or, 351 u, 363 ur, 369 ul, 373 o, 384, 396 Mr, 400 Ml, 401 ol, 402 Ml, 402 Mr, 409 ol, 409 Mr, 409 ul, 410 o, 410 Ml, 411 o, 412 ol, 412 Ml, 412 Mr, 412 u, 413 or, 419 ul, 419 ur, 420, 426 Mo, 427 Mr, 428 Ml, 428 ur, 432 ol, 432 M, 432 ul, 437 o, 437 M, 440 Ml, 440 u, 441 o, 443 o, 448 o, 462 u, 463 o, 466 o, 467 u, 468 u, 471 u, 478 u, 481 o, 483 o, 483 u, 487 o, 490 u, 499 Mr, 506 o, 507 ul, 508, 511 M, 512 o, 514 o, 522 u, 523, 524 ol, 527 or, 531, 532 ol, 532 or, 532 u, 533, 535 ol, 535 Mr, 535 ul, 537 or, 537 ul, 538 or, 541 o, 545 u, 552 u, 553 o, 553 Mr: Süddeutscher Verlag, Bilderdienst, München – 83 Ml, 181 u, 192 Mr, 193 or, 246 o, 248 u, 257 Mr, 259 M, 267 o, 267 ul, 278 ol, 278 or, 278 u, 280 M, 281 M, 281 u, 284 u, 289 M, 289 ur, 293 o, 297 o, 297 u, 298 o, 308 Mr, 329/7, 342/2, 363 o, 367 ul, 372 u, 396 ur, 411 Mr, 411 u, 423 o, 449 o, 449 u, 505 o, 544 o: Ullstein-Bilderdienst, Berlin – 83 Mr, 83 ul, 83 ur: Rosemarie Clausen, Hamburg – 90/7: Staatliche Antikensammlung, München – 92 Mo, 94 ul: Fototeca Unione, Rom – 94 o: Gabinetto Fotografico Nazionale, Rom – 98/2: Ny Carlsberg Glyptothek, Kopenhagen – 98/4, 107/1: Musei Capitolini, Rom/Foto Alinari, Florenz – 98/5: Nationalmuseum Athen/Foto Alinari, Florenz – 98/6: Museo Vaticano, Rom – 99/4: Metropolitan Museum of Art, New York – 99/6: Foto Konrad Helbig, Frankfurt – 100 or, 100 ul, 100 ur, 171/2, 171/4: Scala, Florenz – 100 M: Biblioteca Apostolica Vaticana/Foto Scala, Florenz – 129 or: Biblioteca Apostolica Vaticana – 102 u, 182/2: Anderson, Rom – 103 o: Rheinisches Bildarchiv, Köln – 105 Mo: Landesmuseum, Trier – 107/3: Museum Damaskus/Foto Manceau – 109 o: Istituto Luce, Rom – 113/1, 113/2, 113/3, 113/4, 124 Mor, 124 Mr, 124 Mur, 125 ol, 125 or, 125 u: Foto Prof. Dr. Torsten Capelle, Münster – 113 ul: Römisch-Germanisches Zentralmuseum, Mainz – 124 o: Zeichnung nach Vorlage von Prof. Dr. Torsten Capelle, Münster – 124 ul: Rheinisches Landesmuseum, Bonn/Foto Prof. Dr. Torsten Capelle, Münster – 128/1: Propyläen-Kunstgeschichte, Bd. 5, Berlin (Propyläen-Verlag) 1969, Abb. 139 – 128/2: Landesdenkmalamt Westfalen-Lippe, Münster – 128/3: Hessisches Landesmuseum Darmstadt/Foto Peter Heimann – 128/4: Stadtbibliothek Trier/Foto Nelles – 128/5: Bibliothek der Rijksuniversiteit, Utrecht – 129 ur: Stadtbibliothek, Trier – 132 or: Histor. Museum der Pfalz, Speyer – 132 ur, 135 ol, 135 Mr, 135 ur: Staatliche Museen zu Berlin, Münzkabinett – 136 o: Städtische Kulturinstitute, Worms – 136 M: The Israel Museum, Jerusalem – 139 u, 182 o, 186 Mr, 186 ul, 223 ol, 223 oM, 223 Ml, 249: Photo Giraudon, Paris – 140 ol: CFL/Photo Giraudon, Paris – 141: Handschriftensammlung der Österreichischen Nationalbibliothek Wien/Foto Akademische Druck- und Verlagsanstalt, Graz – 142 or, 143 ol: Foto Bibliothèque Nationale, Paris – 143 or, 145 u, 183/4, 183/5, 212 o, 231 u: Bildarchiv Bruckmann-Verlag, München – 145 ol: Foto Dr. C. A. Willemsen, Bonn – 146/5: Foto Lala Aufsberg, Sonthofen – 147/6: Museo Arcivescovile, Ravenna/Foto Alinari, Florenz – 147/7, 342/4, 342/5, 358/3: Photo H. Roger-Viollet, Paris – 147/9: Tretjakov-Galerie, Moskau/Foto APN – 155/5: Hamburger Kunsthalle/Foto Ralph Kleinhempel – 155/7, 222/3: F. Hanfstaengl, München – 158 Ml, 168 o: Österreichische Nationalbibliothek, Wien – 168 u, 201 ol: Archivio di Stato di Siena (Autor. minist. n. 6.2162/8857.55 [75] del 23.3.1971) – 170/4, 170/5: Kunst des Abendlandes, hg. K. Martin, Teil 3, Neuzeit I, 3. Aufl. Karlsruhe (Braun) 1962, Abb. 249 u. 258 – 171/3: Hoesch, Mailand – 173/5: Alte Pinakothek, München/Foto Blauel – 173/8: Staatliche Kunsthalle, Karlsruhe/Foto Eva Bollert – 174 or: Hessisches Landesmuseum, Darmstadt – 174 ul: Württembergische Landesbibliothek, Stuttgart – 180 ur: Vivarelli & Gulla, Rom – 182 u, 225/1: Bildarchiv der Österreichischen Nationalbibliothek, Wien/ Lichtbildwerkstätte Alpenland – 183/3: Brogi, Florenz – 184 ul, 241 oM, 241 M, 241 ul, 241 ur, 256 M, 256 uM, 258 ol: Schiller-Nationalmuseum, Marbach – 192 or, 192 Ml, 192 u: A. Randa, Das Weltreich, Olten (Walter) 1962, Abb. 30, 33, 26/Foto M. Tague – 199 ul, 199 uM: Gero von Wilpert, Deutsche Literatur in Bildern, Stuttgart (Kröner) 1957, S. 75 u. 67 – 204 o, 204 u, 205 o, 205 u, 206 o, 206 u, 207 o: Karl-Heinz Jürgens, Ost und Europa Photo, Köln – 207 u: Staatliche Schlösser und Gärten, Potsdam-Sanssouci – 208: Wilhelm Salewski, Alte Eisenwerke in Schlesien und Mähren. Industrieansichten aus der Sammlung Albrecht Haselbach in München, Galtgarben-Verlag (Holzminden) 1962, Bildwiedergaben nach Aufnahmen von Lutz Braun, München – 218 ur, 219 ul, 235 u, 400 o, 400 Mr, 400 u: Presse- und Informationsamt der Bundesregierung, Bonn – 222/2: Schackgalerie, München/Foto Blauel – 224/4: Conzett & Huber, Zürich – 225/2: Foto-Löbl, Bad Tölz/Ellbach – 225/3: Foto Prof. Dr. Hans Gerhard Evers, Traisa bei Darmstadt – 225/4: Bayrische Staatsgemäldesammlung, München – 225/5: Österreichisches Museum für angewandte Kunst, Wien/Foto Ritter – 228/1, 228/2, 380 ul, 383 o: © Spadem, Paris / VG Bild Kunst; Bonn 1985 – 228/3, 380 or, 383 Ml, 383 Mr, 383 u: Sammlung Ludwig, Wallraf-Richartz-Museum, Köln – 228/4: Mit freundl. Genehmigung von Herrn Thomas Corinth, New York – 228/5: Photo Max, St. Moritz – 231 o, 234 o, 234 u, 275 ol, 276 u, 328 ol: Historia-Photo, Hamburg – 236 u: Bismarck-Album des „Kladderadatsch" – 241 Ml: Photohaus Carl Eberth, Kassel – 245 ol: Berlin-Museum, Lindenstr. 14, 1000 Berlin 61 – 246 u, 304 M, 339 u, 373 u, 388 u, 436 u, 439 o, 439 u, 442 ul, 442 ur, 443 u, 448 u, 450 M, 454 o, 457 ur, 459 oM, 459 or, 459 M, 459 u, 460 o, 460 M, 462 o, 463 u, 464 u, 465 Mr, 466 u, 467 o, 468 o, 470 o, 471 o, 472 o, 472 u, 473 o, 475 o, 475 M, 478 o, 480 o, 480 Mu, 481 Ml, 481 Mr, 481 u, 505 o, 507 o, 511 o, 511 u, 514 u, 520 o, 520 u, 524 or, 526 u, 529 o, 529 u, 538 u, 548 o, 550 M, 551 o, 551 u, 552 o, 553 o, 554 u, 555 o, 555 u: Keystone, Hamburg – 256 Ml: Photographie Giraudon, Paris, Nr. LAC 63326, u. S.P.A.D.E.M., Paris – 259 ol: Le Cuziat/Rapho, Paris – 259 oM: Suhrkamp Verlag, Frankfurt – 259 u: Dr. L. Bau, Hamburg, © 1973/ Copyright Photographie Giraudon, Paris – 260 ol: © 1972, Copyright by SPADEM, Paris, u. COSMOPRESS, Genf – 260 or: ©1972, Copyright by COSMOPRESS, Genf – 261 ol, 261 ur: © 1972, Copyright by ADAGP, Paris – 261 ul: © 1972, Copyright bei ADAGP, Paris, u. COSMOPRESS, Genf – 266 o, 266 u, 277 or, 280 u, 284 o, 284 M, 285 o, 285 u, 286 o, 288 o, 288 M, 305 o, 372 o: Bibliothek für Zeitgeschichte, Stuttgart – 267 Mu: Associated Press, Frankfurt – 272, 293 ul, 293 ur: Anschläge. Politische Plakate in Deutschland, 1900–1970, Ebenhausen bei München (Langewiesche-Brandt) 1972 – 282: Generalmajor a. D. Heinz Guderian, Bonn – 283: Prof. Dr. Jürgen Rohwer, Stuttgart – 298 u: Heinz Bergschicker, Deutsche Chronik 1933–1945. Alltag im Faschismus, Elefanten Press Berlin 1983 (1981 Verlag der Nation, Berlin) S. 399 – 300 ol, 300 or:

Stadtarchiv, Nürnberg, Stürmer-Archiv – 300 u: Landesbildstelle, Berlin – 301 o, 301 M: Gerhard Schoenberner, Der gelbe Stern (München 1960/1978): CDJC, Paris – 301 u: Panstwowe Muzeum w Oświecim – Brzezinska, Foto Archiv – 307 u: Propyläen Geschichte Europas, VI, Frankfurt/Berlin/Wien (Propyläen) 1976 – 313 or, 313 Mr, 359/16, 360 ul: Staatliche Museen, Berlin, Museum für Völkerkunde – 314/5, 343/8: Foto Esselte – 314/6: Östasiatiska Museet, Stockholm/Foto Carl Kempe – 316/1: National Palace Museum, Taipei, Taiwan/Foto Re Team – 316/2, 316/3: National Palace Museum, Taipei, Taiwan – 316/4: Foto Re Team – 317/6, 317/10, 317/11, 331/17, 331/18: Östasiatiska Museet, Stockholm – 317/7: H. M. Konungens Samling, Stockholm/Foto Esselte – 317/8: Rijksmuseum, Amsterdam – 317/9: Foto Martin Hürlimann, Zürich – 319 o: Forschungsstelle Papiergeschichte im Gutenberg-Museum, Mainz – 320 o: Verlag für ausländische Sprachen, Peking – 320 ul: Institut für Auslandsbeziehungen, Stuttgart – 320 ur: John Thomson – 323 u, 484 o: laenderpress, Düsseldorf – 324 o: Houghton Library, Harvard University – 326 o: Karte wurde vom Institut für wissenschaftliche Kartographie H. Kreuzkamp auf Grundlage der „Informationen zur politischen Bildung" Nr. 166/1976 erarbeitet – 327 o: Radio Times Hulton Picture Library – 329/1, 329/5: Japaninformation – 329/3, 330/9, 330/10: M. Sakamoto, Tokyo/SAS – 329/4: Thames & Hudson Ltd., London – 329/6, 329/8, 330/13, 330/14: Foto Lennart Nilzon, Grödinge – 330/12: Nationalmuseum Tokyo/Foto M. Sakamoto – 330/15: Nationalmuseum Tokyo/Foto Lennart Nilzon – 331/16: Nezu Art Museum Tokyo/Foto Lennart Nilzon – 331/19: Östasiatiska Museet, Stockholm/Foto T. Boström – 331/20, 331/21: Museum für Kunst und Gewerbe, Hamburg – 332 o, 333 ur: Musée Guimet, Paris – 332 ul, 332 uM: Staatliches Museum für Völkerkunde, München – 342/1: Foto Anna Riwkin, Stockholm – 342/3: Islamisches Museum, Berlin – 343/6: Türkisches Touristenbüro – 343/7, 358/9: Paul Popper Ltd., London – 347 o: Hodder & Stoughton Ltd., London – 350/2, 350/3: Foto Curcio Editore, Rom – 350/1, 350/4, 354/1, 354/2, 354/3, 354/4: Etnografiska Museet, Stockholm/Foto Göran Fredriksson – 352 ol, 352 or, 352 Mr, 353 o, 353 Ml, 353 ur: Smithsonian Institution National Anthropological Archives, Bureau of American Ethnology Collection – 352 Ml: Nach Maximilian Prinz zu Wied – 326 ul: Linden-Museum, Stuttgart/Didoni – 352 ur: Prof. Dr. Wolfgang Lindig, Frankfurt – 353 Mr: George Catlin, Illustrations of the Manners, Customs, and Conditions of the North American Indians, London 1876 – 353 ul: Western Ways Features, Tucson – 355 ol, 359/17, 360 Ml, 361 o, 361 Ml, 361 Mr, 361 ul: Foto Prof. Dr. Hermann Trimborn, Bonn – 355 or: Foto Reuthe – 355 ul: Foto Prof. Dr. Horst Nachtigall, Marburg – 355 uM: Foto Weidel/Völkerkundemuseum, Dresden – 355 ur: Foto W. Steinkopf – 358/1: Musée de l'homme, Paris – 358/2, 378/6, 378/7, 378/8, 378/9, 378/10, 378/11: Etnografiska Museet, Stockholm/Foto Jan Jansson – 358/4: Foto P. Almasy, Neuilly-sur-Seine – 358/7, 359/11: Bildagentur Mauritius – 358/8: Museo Regional Oaxaka/Mexiko/Foto Boudot-Lamotte – 359/10: Foto E. Boudot-Lamotte, Paris – 359/15: Koninklijk Instituut voor de Tropen, Amsterdam – 359/18: Foto IMS – 360 o: Foto Kropfinger – v. Kügelgen, Bonn – 360 ur: Museum für Völkerkunde, Wien – 363 Ml: De Brye, Americae, 1590. Titelbild der deutschen Ausgabe, Frankfurt a. M. 1600 – 363 Mr, 363 ul: Grundzüge der Geschichte, Quellenband II, 6. Aufl., Frankfurt (Diesterweg) 1973, S. 19 – 364 M: Staatsverfassungen, hg. v. Günther Franz, 2. Aufl., München (Oldenbourg) 1964 – 365 o: Patrick Campbell, Travels Through the Interior Inhabited Parts of North America (1973) – 369 Mr: „Simplizissimus" – 369 ur: Winston S. Churchill, Der Zweite Weltkrieg, Bern (Scherz) 1954, S. 567 – 377/1, 377/2, 377/3, 377/4, 377/5: Museo Pigorini, Rom/Foto Curcio Editore, Rom – 380 ol: © VG Bild-Kunst, Bonn 1985 – 380 ur: © VAGA, New York/ VG Bild-Kunst, Bonn 1985 – 381 o: Mack, Archiv des Künstlers – 381 M: Takis, Archiv des Künstlers – 381 u: Leo Castelli Gallery, New York – 382 o: Sammlung Paul Maenz, Köln – 382 M: Foto Timm Rautert, Essen-Werden – 382 u: Videogalery Gerry Schum, Düsseldorf – 396 ul: Hoesch AG/IBM – 402 ol, 412 oM, 419 o: Rudolf Dietrich, München – 402 or: Silvester/foto-present, Essen – 402 u: Thomas Höpker, Hamburg – 409 Ml: IBM-Pressefoto – 409 ur: Werkfoto Bayer – 410 Mr, 410 u, 450 o: Willy Pragher, Freiburg i. Br. – 411 Ml: IBM-Pressefoto – 413 ol: Hildenhagen/foto-present, Essen – 413 Ml, 413 Mr: Christoph/foto-present, Essen – 413 u: Foto Peyer, Hamburg – 419 Ml: Kluyver/foto-present, Essen – 419 Mr: Mielke/foto-present, Essen – 427 Ml, 440 o: A. Yarmolinsky, The Military Establishment, New York (Harper & Row) 1971 – 428 o, 428 Mr: Internationale Wehrrevue 2 (1975) S. 196 u. 3 (1974) S. 311 – 428 ul: Interavia 3 (1976) S. 261 – 432 or: Gallup Opinion Poll – 444 Mr: Zeiten und Menschen, hg. v. R. H. Tenbrock, K. Kluxen, H. E. Stier, Ausg. G 2, Paderborn (Schöningh) 1970 – 446 o, 446 u: Verlag Ferdinand Schöningh, Paderborn – 457 o: Pressebild KNA – 459 Mr: Werek, Bad Godesberg – 484 u: Informationen zur politischen Bildung Nr. 166/1976 – 485 u: China im Bild 1978/7 – 487 u: Informationen für die Truppe Nr. 112/1966, hg. v. Bundesministerium für die Verteidigung, Bonn – 494 u, 501 u, 503 o: Prof. Dr. Fred Scholz, Berlin – 502 ol, 502 or, 502 u, 504 o, 504 u: Karl Binswanger – 503 M: Prof. Dr. W.-D. Hütteroth, Erlangen – 503 u: J. Janzen, Göttingen – 522 o: Klijn/foto-present – 540 o: Volkswagenwerk AG, Wolfsburg – 547 u: Bavaria-Verlag, Gauting.

Das Nachschlagewerk zur Deutschen Geschichte

PLOETZ Deutsche Geschichte

Epochen und Daten

Das illustrierte Nachschlagewerk.
Herausgegeben von Professor Werner Conze
und Volker Hentschel.
Mit einer Einführung von Carlo Schmid.
3., aktualisierte Auflage. 368 Seiten.
Mit 64 Bildtafeln, davon 32 in Farbe. Geb. (40080)

„Der Verlag Ploetz, nachgerade ein Synonym für historische Daten-Werke, hat sich in seiner knappen, rund 350 Seiten umfassenden Deutschen Geschichte dafür entschieden, der chronikalischen Darstellung durch kurze problemorientierte Epochen-Abrisse Halt und Gestalt zu geben. Das wirkt als Gedanke wie im Ergebnis überzeugend. Überzeugend nicht zuletzt deshalb, weil wissenschaftlich ausgewiesene und didaktisch erprobte Autoren aufgeboten worden sind. Conze hat mit der Autorenschaft von vier Epochen-Abrissen das Gesicht des Bandes entscheidend bestimmt. Die gewichtige Ouvertüre gibt dem Band eine Einleitung, die Carlo Schmid noch im Sommer (vor seinem Tode) geschrieben hat."
Frankfurter Allgemeine Zeitung

VERLAG PLOETZ · FREIBURG · WÜRZBURG